西林年鉴·2017

XILIN NIANJIAN

西林县地方志编纂委员会　编

方志出版社

图书在版编目（CIP）数据

西林年鉴. 2017 / 西林县地方志编纂委员会编.—北京：方志出版社，2018.1

ISBN 978-7-5144-2968-8

Ⅰ.①西… Ⅱ.①西… Ⅲ.①西林县—2017—年鉴 Ⅳ.①Z526.74

中国版本图书馆CIP数据核字（2018）第034076号

西林年鉴（2017）

编　　者：	西林县地方志编纂委员会
责任编辑：	冯　松
出 版 人：	冀祥德
出 版 者：	方志出版社
	地址　北京市朝阳区潘家园东里9号（国家方志馆4层）
	邮编　100021
	网址　http://www.fzph.org
发　　行：	方志出版社图书经销中心
	电话（010）67110500
经　　销：	各地新华书店
印　　刷：	云南速盈印刷有限公司
开　　本：	889×1194mm　1/16
印　　张：	29.75
字　　数：	830千
版　　次：	2018年2月第1版　2018年2月第1次印刷
印　　数：	001~800册

ISBN 978-7-5144-2968-8　　定价：220.00元

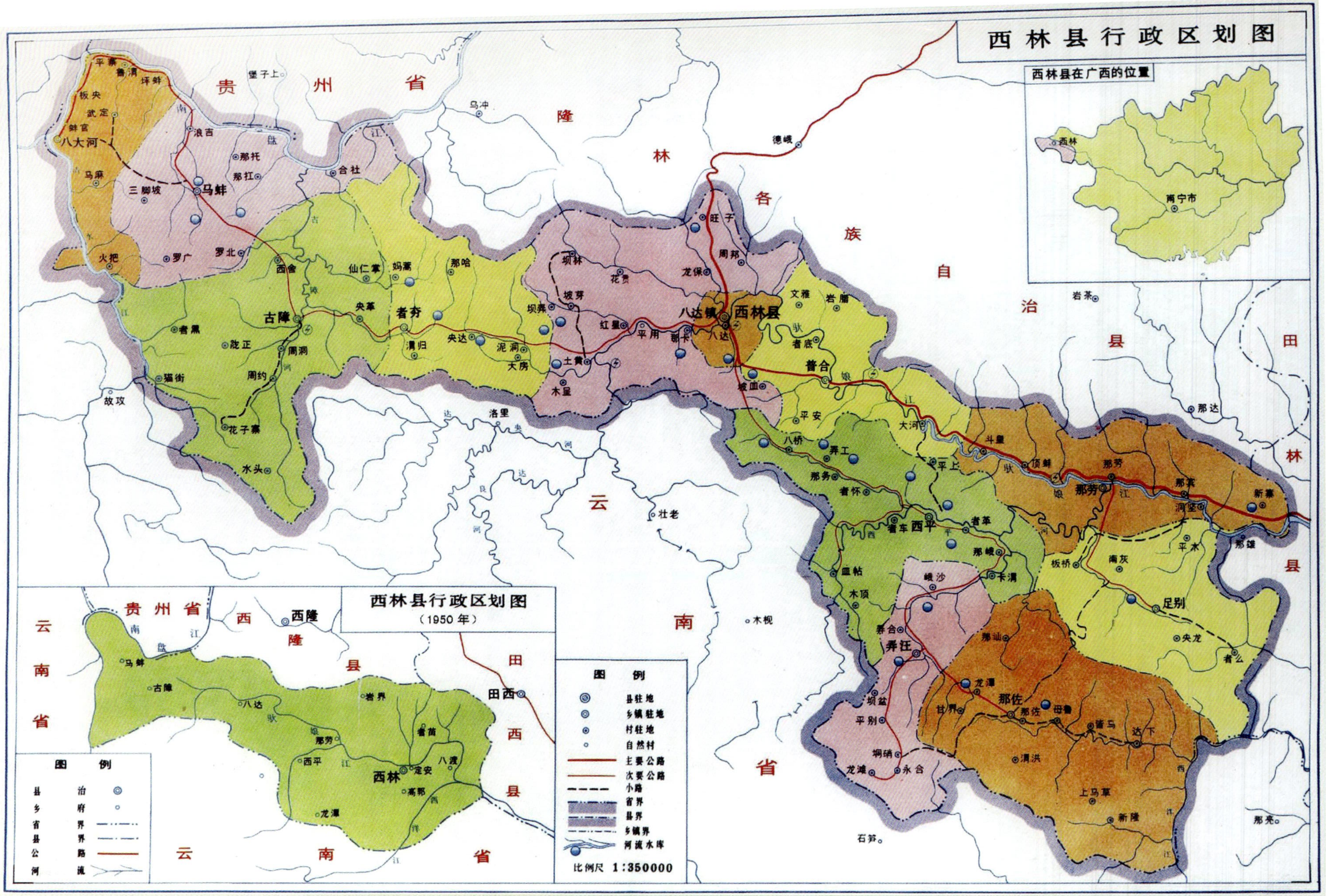
西林县行政区划图
西林县在广西的位置
西林
南宁市
贵州省
隆林各族自治县
田林县
云南省
八达镇
西林县
马蚌
古障
者夯
普合
西平
那劳
那佐
足别
弄汪
图例
县驻地
乡镇驻地
村驻地
自然村
主要公路
次要公路
小路
省界
县界
乡镇界
河流水库
比例尺 1:350000
西林县行政区划图
（1950年）
贵州省
西隆县
田西县
云南省
西林
图例
县治
乡府
省界
县界
公路
河流

西林县城八达城区图

石油公司
西林职业中学
特殊教育学校
农机局
水利局
新达村
西林中学
司法局
县教师进修学校
科教局
质监局
气象局
粮食局
外贸局
检察院
法院
公安局
冰淇淋批发中心
计生局
财政局
国土资源局
人行
县支行
国税局
中国移动西林分公司
地税局
烈士陵园
中国移动西林分公司第一营业厅
建设局
县电信分公司
县农村信用合作社联合社
农行县支行
农贸市场
工商局
中国移动西林分公司第二营业厅
图书馆
西林宾馆
开发区农贸市场
烟草专卖局
县直属机关幼儿园
金凤凰夜都
连发建材综合门市部
环卫站
皮防站
邮政局
新华书店
县糖厂
审计局
五金商场
县政府
百货大楼
中医院
电力公司
农行八达营业所
中国联通西林分公司
飞驰五金汽配店
水厂
交通局
县妇幼保健院
八达农村信用合作社
县人民医院
公路局
畜牧水产局
汽车总站
八达镇政府
八洋村
外滩农贸市场
林业局
油脂厂
交通征稽所
农业局
社会福利院
西林烈士墓
汽车总站（新站）
食品公司
西林汽修厂
广电局
卫生防疫站
县第一红砖厂
（13977679130）
至田林

领导活动

2016年7月6日至7日，自治区党委书记、自治区人大常委会主任彭清华(前排左三)到西林县进行扶贫调研，百色市委书记、市人大常委会主任彭晓春（前排左二）、县委书记冉光富（前排右一）陪同　（广西日报　韦克）

2016年11月9日至10日，自治区人民政府副主席黄日波（右三）到西林县旺子村检查扶贫工作，县委书记冉光富（右四）陪同　（县委宣传部办公室提供）

2016年9月21日,自治区民政厅厅长韩元利（左二）到西林县开展扶贫调研， 县委副书记刘启（左三）陪同 （县委宣传部办公室提供）

2017 年 11 月 3 日，百色市委书记、市人大常委会主任彭晓春（前排右二）到西林县城西新区开展调研活动，县长欧阳可爽（前排右一）陪同 （县人民政府办公室提供）

2016年9月24日，自治区旅游发展委员会主任甘霖（中）到西林县指导旅游工作，县委书记冉光富（左）陪同　（县委宣传部办公室提供）

2017年8月24日，自治区地方志办公室副主任唐中克（中）到西林县指导地方志工作，百色市史志办主任赵文刊（右二）、县委常委、宣传部长、副县长黄健生（左二）陪同　（县志办提供）

2016年5月18日，百色市委副书记欧波（右）到西林县古障镇王子山生态移民安置新区调研，县委书记冉光富（中）、县长欧阳可爽（左）陪同　（县委宣传部办公室提供）

2016年12月28至29日，百色市委副书记杨春庭（前排左二）到西林县那劳镇扶贫生态移民安置新区开展工作调研，县委书记冉光富（前排左一）陪同　（县委宣传部办公室提供）

2017年7月18日，百色市委常委、宣传部部长、副市长黄建宁（右二）到西林县调研县域义务教育均衡发展工作。县委常委、常委副县长李正对（右一），县委常委、宣传部部长、副县长黄健生（右三）陪同调研（县委宣传部办公室提供）

2016年10月12日，百色市委常委、副市长李强（右二）到西林县京桂茶叶加工厂调研，副县长农海燕（右三）陪同　（县委宣传部办公室提供）

2016年11月24日，百色市委常委、副市长谭丕创（右一）到西林县桂洁沙糖桔基地调研，县长欧阳可爽（右三）陪同　（县人民政府办公室提供）

2016年8月23日，百色市委常委、纪委书记覃荣化（右一）到西林县看望纪检干部　（县委宣传部办公室提供）

县委书记冉光富（右二）深入足别乡央龙村指导扶贫工作　（县委宣传部办公室提供）

原县委书记黄建南（左三）到那劳镇了解宫保府旅游项目建设情况　（县委宣传部办公室提供）

2016年4月，县人民政府县长欧阳可爽（右）在第13届中国—东盟博览会签约仪式上与客商签约 （县委宣传部办公室提供）

县人民政府县长欧阳可爽（中）深入贫困户家庭宣传扶贫政策 （县脱贫攻坚指挥部提供）

2016年4月，原政协西林县委员会主席农建华（左三）在马蚌镇八大河村清水江码头带队清理白色污染物　（县政协办公室提供）

政协西林县委员会党组书记、政协主席李正荣（左）到马蚌镇八大河村帮扶对象家了解情况并填写《贫困户脱贫台帐》
（县政协办公室提供）

原县人大常委会主任王正福（右）到那劳镇那宾村与贫困户交谈
（县人大办公室提供）

脱贫攻坚

全县农业农村工作暨扶贫工作动员会　（莫娇　摄）

那劳镇生态移民易地安置新区　（县脱贫攻坚指挥部提供）

西林县首批易地扶贫搬迁抽房仪式
（县脱贫攻坚指挥部提供）

贫困村人畜饮水安全提升工程施工现场 （县脱贫攻坚指挥部提供）

村屯道路硬化扶贫项目施工现场 （县脱贫攻坚指挥部提供）

农村电网提级改造工程 （王光明 摄）

贫困户通自来水　（黄炳育 摄）

发放特困少数民族优秀学生补助仪式　（县民族事务局办公室提供）

贫困户产业扶持资金发放现场　（那佐苗族乡人民政府办公室提供）

阳光助残扶贫技术培训　（县残联办公室提供）

帮扶单位（县地税局）向贫困户发放猪仔　（县地税局办公室提供）

帮扶单位（烟草专卖局）向贫困学生捐赠文具　（烟草专卖局办公室提供）

那佐苗族乡第一批贫困户脱贫仪式　（那佐苗族乡人民政府办公室提供）

乡村医生坐诊　（李光琳　摄）

平安西林

西林–广南两县签订防范和处理邪教工作协作框架书　（李黄鹏 摄）

全县政法工作暨平安建设表彰会（县政法委综治办提供）

2016年建设平安百色活动

平安先进县（市、区）

中共百色市委员会
百色市人民政府
2017年2月

涉案物品展示现场　（李黄鹏 摄）

“向人民群众报告工作提升公众安全感”暨“行车卫士”防盗系统建设启动仪式　（李黄鹏 摄）

举办消防站开放活动宣传消防知识　（县消防大队办公室提供）

深入人员密集场所开展消防安全宣传活动　（县消防大队办公室提供）

特色产业

沙糖桔基地　（韦荣峰 摄）

广西西林京桂古道茶业有限公司茶叶生产线　（徐菘　摄）

获国际金奖的“古障金螺”和“古障雪芽”白毫茶

广西西林京桂古道茶业有限公司有机茶园　（徐菘　摄）

西林麻鸭　（县委宣传部办公室提供）

西林麻鸭养殖基地　（县委宣传部办公室提供）

西林姜晶生产包装车间
（县委宣传部办公室提供）

西林火姜　（县委宣传部办公室提供）

西林地标产品姜晶　（县委宣传部办公室提供）

西林火姜基地（县质监局办公室提供）

社会事业

庆祝第32个教师节暨表彰大会　（县教育局办公室提供）

特岗教师、全科教师岗前培训　（县教育局办公室提供）

"驮娘情怀，孝行天下"感恩励志现场
（县民族初级中学办公室提供）

“快乐书童·争当故事大王”讲故事比赛　（县文体广电局办公室提供）

爱心扶贫义诊活动　（县人民医院办公室提供）

农家书屋　（黎文清　摄）

第二届农民工技能大赛　（县职业技术学校办公室提供）

参加百色市第二届残疾人运动会获团体总分第一名　（县残联办公室提供）

百色市第四届文艺汇演–西林专场　　（县委宣传部办公室提供）

科技三下乡活动　　（县脱贫攻坚指挥部提供）

民风民俗

彝簇篝火晚会　（覃永转 摄）

苗族芦笙舞　（覃日政 摄）

坝盆龙崖外 （黄炳育 摄）

瑶族成人礼仪式 （县民语局办公室提供）

纳布鞋 （黄炳育 摄）

乡村戏班　（黄清 摄）

壮族婚俗《欧贵》　（黎克平 摄）

“三月三”吃团圆饭　（李世华 摄）

“三月三”激情泼水　（韦荣峰　摄）

“三月三”红蛋祝吉祥　（廖世锋　摄）

“三月三”跨省区民族山歌比赛活动　（马国林　摄）

生态西林

西林县城老城区 （韦雄彬 摄）

西平乡政府所在地风光 （韦荣峰 摄）

八达镇大田风光

那来新村 （韦荣峰 摄）

瑶寨新村　（韦荣峰 摄）

普合苗族乡新寨新村　（丁韦震 摄）

普合苗族乡者底湖湾

普合苗族乡新寨田园风光

古障镇八索水库秋色　（朱小华 摄）

八达镇花贡河防洪整治工程　（县水利局办公室提供）

那佐苗族乡拖盆通天洞　（罗世金 摄）

王子山雉类自治区级自然保护区桫椤林　（那佐苗族乡人民政府办公室提供）

王子山古茶树　（黄斌　摄）

那佐苗族乡永合村秋色　（李光琳　摄）

节庆活动

第五届句町文化艺术节暨第六届沙糖桔产业、茶叶产业文化展示活动周，县委书记冉光富致开幕词　（县委宣传部办公室提供）

第五届句町文化艺术节暨第六届沙糖桔产业、茶叶产业文化展示活动周，县长欧阳可爽致欢迎词　（县委宣传部办公室提供）

桂、滇、黔三省（区）地方戏剧展演　（县委宣传部办公室提供）

第六届沙糖桔节文艺晚会　（县委宣传部办公室提供）

颁发县长质量奖　（县委宣传部办公室提供）

颁发最佳电商奖　（县委宣传部办公室提供）

颁发最美茶园奖　（县委宣传部办公室提供）

沙糖桔展示　（县委宣传部办公室提供）

沙糖桔评比　（县委宣传部办公室提供）

果农卖果欢　（县委宣传部办公室提供）

钓鱼大赛

颁奖仪式　（县委宣传部办公室提供）

钓鱼比赛现场　（县委宣传部办公室提供）

收获的喜悦　（县委宣传部办公室提供）

数字西林·2016

- 行政区域面积3020平方公里
- 乡（镇）8个
- 村（社区）97个
- 村民小组763个
- 自然屯594个
- 总人口160561人
- 人口自然增长率8.56‰
- 年平均气温20.40摄氏度
- 总降雨量958.30毫米
- 耕地面积2.23万公顷
- 林地面积23.81万公顷
- 森林覆盖率76.62%
- 地区生产总值23.50亿元
- 第一产业增加值9.29亿元
- 第二产业增加值4.67亿元
- 第三产业增加值9.56亿元
- 人均地区生产总值1.46万元
- 财政收入1.82亿元
- 财政支出16.12亿元
- 工业总产值7.31亿元
- 工业增加值2.66亿元元
- 规模以上工业产值5.49亿元
- 全社会固定资产投资完成29.02亿元
- 农、林、牧、渔业总产值14.96亿元
- 粮食播种面积14467公顷
- 粮食总产量57210吨
- 经济作物播种面积3452公顷
- 水果面积4505.20公顷
- 水果产量98989吨
- 茶叶面积3903.60公顷
- 茶叶产量3183吨
- 公路总里程1011千米
- 接待入境游客63.92万人次
- 参加城乡居民社会养老保险69521人
- 参加新型农村合作医疗农民136986人
- 参加城镇居民基本医疗保险16068人
- 城镇职工基本医疗保险16068人
- 城镇居民人均可支配收入22502元
- 农民人均可支配收入8604元
- 社会消费品零售总额6.22亿元
- 外贸出口总额70.51万美元
- 实际利用外资442万美元
- 金融机构各项存款余额34.83亿元
- 金融机构各项贷款余额20.46亿元
- 幼儿园65所，入园幼儿7118人
- 小学62所，在校小学生16998人
- 初中9所，在校初中生7796人
- 高中1所，在校高中生2336人
- 职业学校1所，在校学生50人
- 特殊学校1所，在校学生80人
- 医疗卫生机构16家
- 卫生技术人员1119人
- 床位数1077床
- 移动电话用户91903户
- 广播人口覆盖率99.50%
- 电视人口覆盖率99.50%
- 客运周转量10500万人/千米
- 货运周转量28518万吨/千米
- 县城规划面积3.50平方公里
- 县城建成面积3.00平方公里
- 县城绿化面积138.50公顷
- 城镇化水平36.30%
- 水库总数23座
- 水库总容量1403.40万立方米
- 水柜50座
- 维修水利103.50千米
- 水利灌溉面积176.27公顷

年度要闻·2016

上级领导视察

自治区党委书记彭清华，自治区副主席黄日波，自治区民政厅厅长韩元利，自治区公安厅党委副书记、常务副厅长许建忠，百色市委书记、市人大常委会主任彭晓春，百色市委副书记、市长周异决，百色市委副书记欧波，百色市委副书记、统战部长杨春庭，百色市委常委、宣传部长、副市长黄建宁，百色市委常委、市委秘书长黄瑞琼、黄彩毕等到西林考察调研，对西林扶贫等工作作出重要指示。

全县经济持续增长

全年地区生产总值完成23.50亿元，增长7.5 %；固定资产投资完成 29.02 亿元，增长15.32%；财政收入完成 1.82亿元，增长7.38%；社会消费品零售总额完成6.22亿元，增长10.49%；规模以上工业总产值和增加值分别完成5.49亿元和 1.96亿元，增长5.06%和3.7 %，城镇居民可支配收入完成22502元，增长7.5%，农民人均可支配收入完成8604元，增长9.8%。

扶贫工作成效明显

完成6个贫困村和2503户贫困户10963人脱贫任务，全县贫困发生率由原来的20.39%下降到13.36%。整合资金8.72亿元投入到产业发展、村屯道路、住房改造、移民搬迁等方面建设，贫困村基础设施进一步完善。

项目建设顺利进展

2016年，全县固定资产投资在建项目109项，其中新建81项，续建28项。列入区、市级层面重大项目7项，县城至八大河二级路三期工程、那佐母鲁至足别三级公路、者夯至堂上三级公路、民族实验小学、龙英水库扩容工程、民族高中扩建工程、宫保府AAAA级旅游景区建设项目、县城污水管网扩建工程、易地扶贫移民搬迁工程等一批重大项目顺利开竣工，完成29.02亿元的投资任务。首次举办西林县重点产业推介会暨项目签约仪式，签约项目12项，总投资11.27亿元，完成招商引资项目14项，总投资33.02亿元。

交通建设取得突破

西林至隆林（常么）二级路进入实质性开工建设阶段，县城至八大河二级路三期工程抓紧推进，完成县城至西平、那劳至足别二级路的前期工作，制约西林县发展的交通问题，正逐步得到解决，新的交通发展网络雏形基本形成。

马蚌镇撤乡建镇

1月23日，自治区人民政府下发《广西壮族自治区人民政府关于同意德保县那甲乡等3个乡改为镇建制的批复》（桂政函〔2016〕24号），批复同意德保县那甲乡、靖西市地州乡和西林县马蚌镇撤乡建镇的申请。改建后，马蚌镇成为西林县继八达镇、古障镇、那劳镇后的第四个镇，西林县城镇化建设又向前迈进了一步。5月24日，马蚌镇举行撤乡建镇揭牌仪式。

获准纳入国家重点生态功能区

9月28日，国家发改委《关于调整国家重点生态功能区范围的请示》获得国务院批复，广西壮族自治区有11个县市进入新增国家重点生态功能区名单，其中包括西林县。

“西林火姜”获准实施国家地理标志产品保护

11月4日，国家质检总局发布2016年第112号公告，正式批准对“西林火姜”实施地理标志产品保护。这是继2012年西林沙糖桔、2013年西林麻鸭、2015年西林姜晶先后获得国家地理标志产品保护后地标产品品牌建设取得的又一重大突破。

句町故地庆盛会

12月16日～20日，成功举办第五届句町文化艺术节暨第六届沙糖桔产业、茶叶产业文化展示活动周，举办首届中国·广西西林茶叶产业文化论坛。

城市荣誉·2016

- 全国重点产茶县
- 全国十大生态产茶县
- 国家木材战略储备桂西生产基地建设规范项目
- 全国十大生态文明示范工程试点县
- 全国石漠化综合治理重点县
- 全国科技发展进步县
- 国家级重点生态功能区
- 中国沙糖桔之乡
- 中国有机茶生产基地
- 全国有机茶农业示范县
- 中国桫椤之乡
- 国家地理标志保护产品——西林麻鸭
- 国家地理标志保护产品——西林沙糖桔
- 国家地理标志保护产品——西林姜晶
- 国家地理标志保护产品——西林火姜
- 国家重点文物保护单位——岑氏家族建筑群
- 广西园林县城
- 广西卫生县城
- 广西平安县
- 广西休闲渔业示范基地

编辑说明

一、根据国务院《地方志工作条例》第五条规定，依法编纂《西林年鉴·2017》。编纂工作以马克思列宁主义、毛泽东思想、邓小平理论、“三个代表”重要思想、科学发展观、习近平系列重要讲话精神为指导，坚持辩证唯物主义和历史唯物主义的立场观点和方法。

二、《西林年鉴·2017》全面、系统地记录2016年西林县的自然、政治、经济、文化、社会发展的基本情况，旨在为各级领导决策提供可靠的参考依据，为各行各业的工作提供咨询信息，为社会各界人士了解和研究西林县提供最新的基本情况，为编纂和续修县志积累资料。

三、《西林年鉴·2017》的基本内容设综合情况、动态信息、辅助资料三大部分。综合情况分设书前、特载、大事记、县情总貌4个专栏。动态信息部分设党政机关、社会团体、法治、人民武装和消防、农林 畜渔 水利、工业、交通 邮政 通讯业、国土资源 城建 环保、商务、金融、管理与监督、财政 税收、文化 广电 旅游、科技 教育、医疗卫生 计划生育、社会生活、乡（镇） 村 社区、统计资料等17个部类。辅助资料有人物、荣誉录、附录、编后记、索引。

四、《西林年鉴·2017》采用分类编辑法，按类目、分目、条目三个层次的体例编辑，以不同字体、字号和版式设计区分不同层次，条目标题均加【 】表示。

五、年鉴所记述的“自治区”指广西壮族自治区，“市”指百色市。

六、为使各单位和乡（镇）负责人任职连贯性，特将《西林县党政机关事业团体领导人》中的各单位和乡（镇）负责人任职起止时间确定为2016年1月至2016年12 月底。

七、本年鉴的文字稿件、图片主要由全县各部门、各乡（镇）以及各有关企事业单位提供（部分图片向社会征集），并经有关单位主要负责人审核和《西林年鉴》编辑部编辑加工。年鉴中的主要数据以统计局公布的数据为准，其他数据由撰稿部门提供。资料具有可靠性、科学性和权威性。

八、本年鉴统计资料中数字的表述一律按1996年1月实施的中华人民共和国国家标准《出版物上数字用法的规定》执行。统计数字小数点以下保留两位数，特别情况除外。

九、本年鉴所录图片、人物记述的内容不受年度限制。书前设计录入的城市荣誉为2011年至2016年所取得的荣誉。

序 言

何谓年鉴？古人云："年鉴者，吾人身观而亲知之最近史料也。"《西林年鉴·2017》是西林县人民政府主办的综合年鉴。它全面、系统、详实地记载了西林县委、县人民政府2016年推动经济社会发展的综合性资料。编辑出版本年鉴，意在发挥年鉴"资政、教化、存史"功能，旨在宣传西林，为海内外各界人士了解西林社会经济、政治、文化提供最新的参考资料。

2016年，中共西林县委员会和西林县人民政府高举中国特色社会主义伟大旗帜，深入贯彻落实党的十八大和十八届三中、四中、五中全会精神，以马克思列宁主义、毛泽东思想、邓小平理论、"三个代表"重要思想、科学发展观、习近平系列重要讲话精神为指导，坚持"五个生态"发展战略，坚定不移地发展特色种植业、特色养殖业、特色农副产品加工业、特色旅游业，走有西林特色的发展道路。紧扣脱贫奔小康这一主线，补齐短板，创新思路，精准发力，坚决打赢脱贫攻坚战。全力打造山川秀美、人民富裕、社会和谐的生态文明县，为建成美丽宜居和谐幸福西林而努力奋斗。

2016年，全县地区生产总值完成23.50亿元，增长7.5%；固定资产投资完成29.02亿元，增长15.3%；财政收入完成1.82亿元，增长7.4%；社会消费品零售总额完成6.22亿元，增长10.5%；规模以上工业总产值和增加值分别完成5.49亿元、1.96亿元，增长5.1%、3.7%；城镇居民可支配收入完成22502元，增长7.5%；农民人均可支配收入完成8604元，增长9.8%。

2016年，西林县紧紧围绕中共中央关于"五位一体"总体布局和"四个全面"战略布局、自治区党委关于营造"三大生态"、加快实现"两个建成"战略决策以及市委关于争当营造"三大生态"排头兵、坚决完成决战贫困决胜小康伟大使命等重大决策部署，扎实推进"脱贫奔小康、基础设施、城镇扩容、产业提级、均衡教育"五大攻坚战和"生态建设、改革开放、民生保障"三大工程建设，全县呈现出经济平稳增长、民生持续改善、社会和谐稳定、党建科学化水平不断提高的良好局面。经过不懈努力，西林县的交通基础设施建设取得新进展，发展环境日益优化，城乡建设统筹发展，城镇化水平逐年提高，扶贫工作力度不断加大，改善了贫困地区群众"饮水难""行路难""用电难"的状况，贫困地区的生产生活条件明显改善；项目建设和招商引资成效显著，投资规模不断扩大；全县经济发展，政治稳定，民族团结，社会进步，人民安居乐业。

在本年鉴付梓出版之际，谨向海内外读者表示致意。西林县将一如既往地敞开县门，欢迎海内外企业家、各界人士来到西林县投资置业，开发西林资源，共创美丽宜居和谐幸福新西林。

县委书记：冉光富

县　长：欧阳可爽

《西林年鉴·2017》编纂委员会

《西林年鉴·2017》编辑部

西林县党政机关、企事业单位及其领导人

（2016年度）

中国共产党西林县委员会

书　记　冉光富
　　　　黄建南（2016年5月离任）
副书记　欧阳可爽
　　　　刘　启
　　　　张国革（2016年5月离任）
常　委　韩云飞
　　　　李正对
　　　　李永斌
　　　　何琪洸（2016年5月离任）
　　　　黄健生
　　　　黄子锋（2016年5月离任）
　　　　韦荣黎
　　　　徐广成
　　　　韦　生（2016年3月离任）
　　　　黄　云
　　　　周俊杰（挂职）
　　　　王世英
　　　　李正荣（2016年5月离任）
　　　　韦　斌（挂职，2016年10月起任）
　　　　周家立（挂职，2016年3月离任）
　　　　朱雁林（挂职，2016年3月离任）
　　　　周　信（挂职，2016年5月离任）

西林县人民代表大会常务委员会

主　任　农建华
　　　　王正福（2016年5月离任）
副主任　黄少能
　　　　廖晨伊
　　　　肖怀兵
　　　　杨国文
　　　　谭邦敏（2016年5月离任）
　　　　韦振英（2016年5月离任）
　　　　黄必先（2016年5月离任）
　　　　熊艳英（2016年5月离任）
　　　　郑周成（2016年5月离任）

西林县人民政府

县　长　欧阳可爽
副县长　李正对
　　　　黄健生
　　　　周俊杰（挂职，2015年12月起任）
　　　　韦　斌（挂职，2016年10月起任）
　　　　魏　星
　　　　农永烽
　　　　周华东
　　　　农海燕
　　　　黄子锋（2016年5月离任）
　　　　谢君稳（2016年5月离任）
　　　　陈次平（2016年5月离任）
　　　　杨登祥（2016年5月离任）
　　　　农丰供（2016年5月离任）
　　　　黄彩雪（2016年5月离任）
　　　　周家立（挂职，2016年3月离任）
　　　　朱雁林（挂职，2016年3月离任）

中国人民政治协商会议西林县委员会

主　席　李正荣
　　　　农建华（2016年5月离任）
副主席　谭邦敏
　　　　韦振英
　　　　熊艳英
　　　　黄必先
　　　　廖晨伊（2016年5月离任）

黄少能（2016年5月离任）

西林县纪律检查委员会

书　记　李永斌
　　　　何琪洸（2016年5月离任）
副书记　韦建权
　　　　劳永争
常　委　劳永盛
　　　　李应王
　　　　农思用
　　　　农青海

西林县监察局

局　长　韦建权
副局长　劳永盛
　　　　李应王
　　　　李艳霞
　　　　宁浩淳

西林县人民法院

院　　长　岑万旺
　　　　　郑汉北（2016年5月离任）
副 院 长　陆权诗
　　　　　班百佐
　　　　　黄少文
纪检组长　李景茂

西林县人民检察院

检 察 长　钟日山
副检察长　韦　明
　　　　　黄云峰
　　　　　袁平秀
纪检组长　黄林生

反贪污贿赂局

局　长　李泳宏
副局长　李志颖
　　　　刘　恒

职务犯罪预防局

局　长　黎涛源

反渎职侵权局

副局长　姚茂鸿

县委各部委办局及直属事业单位

中共西林县委办公室

主　任　韦荣黎（2014年1月起任至今）
副主任　覃宗政（2016年5月起任至今）
　　　　王丽秋（2016年5月起任至今）
　　　　岑立坚（2016年5月起任至今）
　　　　黄卫梅（2016年5月起任至今）
　　　　黄光常（2016年5月起任至今）
　　　　何彦呈（2016年5月至2016年10月）
　　　　颜露锋（2012年8月至2016年5月）
　　　　何芳志（2014年8月至2016年5月）
　　　　何昱英（2016年1月至2016年5月）

中共西林县保密委员会办公室西林县国家保密局

主　任（局长）
　　　　黄显进（2011年6月起任至今）

中共西林县委机要局县国家密码管理局

局　长　王荣彪（2013年7月起任至今）
副局长　陆　桃（2013年1月起任至今）

中共西林县委督查室

主　任　覃宗政（兼，2016年5月起任至今）

中共西林县委政策研究室

主　任　黄光常（兼，2016年5月起任至今）
　　　　颜露锋（兼，2012年8月至2016年5月）

中共西林县委组织部

部　长　徐广成（2016年3月起任至今）
　　　　韦　生（2014年1月至2016年3月）
副部长　谭邦淇（2016年10月起任至今）
　　　　孙　勇（2011年5月起任至今）
　　　　李仁忠（2016年5月起任至今）

吴　一（2013年1月起任至今）
陆　槿（2016年5月起任至今）
韦文君（2013年4月起任至今）
农雪艳（2013年4月起任至今）
王正文（2013年4月至2016年5月）

中共西林县委组织部办公室
主　任　罗耀强（2013年4月至2016年5月）
陆　槿（2016年5月起任至今）
副主任　罗　绚（2016年10月起任至今）

中共西林县委组织员办公室
主　任　陆　槿（兼，2016年5月起任至今）
副主任　罗　津（2013年4月至2016年5月）
梁世雷（2016年5月起任至今）

中共西林县委非公党工委办公室
书　记　李仁忠（兼，2016年5月起任至今）
副书记　罗　津（2013年4月至2016年5月）
梁世雷（2016年5月起任至今）

中共西林县委组织部调研办公室
主　任　王正庭（2016年5月起任至今）

中共西林县委组织部远程教育办公室
主　任　吴　一（2016年5月起任至今）
副主任　黄厚凯（2014年8月至2016年10月）
罗　绚（2016年10月起任至今）

中共西林县委宣传部
部　长　黄健生（2016年5月起任至今）
黄子锋（2011年6月至2016年4月）
副部长　黄学忠（2012年2月起任至今）
王祖敏（2013年4月起任至今）
黄民乐（2016年1月起任至今）

中共西林县委统一战线工作部
部　长　王世英（2016年6月起任至今）
李正荣（2014年1月至2016年5月）
副部长　韦美岁（2011年5月起任至今）
谭邦淇（2016年7月至2016年9月）
廖世锋（2012年3月至2016年5月）

中共西林县委政法委
书　记　黄　云（2015年6月起任至今）
副书记　陈建华（2011年6月起任至今）
黄树雄（2016年5月起任至今）
刘万兵（2016年1月起任至今）
郑　彬（2013年5月至2016年2月）

西林县610办公室
主　任　陈建华（兼，2011年6月起任至今）
专职副主任　韦永成（2010年6月起任至今）

西林县维稳办公室
主　任　刘万兵（兼，2016年1月起任至今）
专职副主任　韦永成（2010年6月起任至今）

西林县综合治理办公室
主　任　黄树雄（兼，2016年5月起任至今）

西林县法学会
专职副会长　黄登位（2016年5月起任至今）
（注明：该职位2014年8月至2016年5月空缺）

西林县机构编制委员会办公室
主　任　廖世锋（2016年5月起任至今）
陆明东（2014年8月至2016月5月）
副主任　梁红燕（2010年2月起任至今）
岑建杰（2016年5月起任至今）
沈现启（2011年5月起任至今）

西林县事业单位登记管理局
局　长　王　琳（2015年6月起任至今）

西林县行政审批制度改革管理办公室
主　任　汤芝文（2015年6月起任至今）

中共西林县直属机关工作委员会
书　记　李长承（2016年5月起任至今）
陆绍光（2011年5月至2016年5月）
副书记　罗朝荣（2016年5月起任至今）
陆亭光（2015年6月至2016年5月）

中共西林县委员会、西林县人民政府信访局

局　长　陆　友（2016年6月起任至今）

　　　　黎前荣（2011年11月至2016年5月）

副局长　农超仁（2016年6月起任至今）

　　　　王系亿（2016年6月起任至今）

　　　　黄良军（2013年5月至2016年5月）

　　　　颜雪伦（2013年5月至2016年5月）

西林县委老干部局

局　长　孙　勇（兼，2015年6月起任至今）

副局长　王奕沣（2015年6月起任至今）

西林县委、县政府接待办公室

主　任　盘　峥（2016年5月起任至今）

　　　　农珍艳（2013年3月至2016年5月）

西林县精神文明办公室

主　任　王祖敏（兼，2013年4月起任至今）

中共西林县委党校

校　长　刘　启（兼，2016年5月起任至今）

副校长　韦贵廷（2015年12月起任至今）

　　　　黎美凤（2016年5月起任至今）

　　　　黎克雄（2011年5月至2016年5月）

中共西林县委党史资料征集委员会办公室

主　任　张　山（2016年6月起任至今）

　　　　黄永旗（2005年6月至2016年5月）

副主任　梁　德（2016年1月起任至今）

西林县绩效考评领导小组办公室

主　任　蒙应祥（2016年5月起任至今）

　　　　王岑华（2009年9月至2016年4月）

副主任　农建斌（2013年9月起任至今）

西林县宗教事务局

局　长　韦美岁（兼，2011年5月起任至今）

西林县外事侨务、台湾事务办公室

主　任　李汶和（2006年4月起任至今）

西林县人大常委会机构

西林县人大常委会办公室

主　任　杨兴富（2011年5月至2016年5月）

　　　　农　海（2016年5月起任至今）

副主任　陈春琼（2013年5月起任至今）

　　　　李正然（2016年5月起任至今）

　　　　李思阳（2016年8月起任至今）

　　　　王绍成（2008年9月至2016年5月）

西林县人大常委会财经教科文卫工作委员会

主　任　农安坤（2011年5月至2016年5月）

　　　　宁浩淳（2016年6月至2016年7月）

西林县人大常委会法制民族工作委员会

主　任　罗志芳（2013年5月至2016年7月）

西林县人大常委会代表联络工作委员会

主　任　王绍成（2016年5月至2016年7月）

（注：该职位2015年10月至2016年4月空缺）

西林县人大常委会信访室

主　任　王显达（2014年8月至2016年7月）

副主任　李思阳（2016年6月起任至今）

（注明：该职位2014年8月至2016年5月空缺）

西林县人民代表大会法制与内务司法委员会

主任委员　罗志芳（2016年8月起任至今）

副主任委员　刘　鹏（2016年8月起任至今）

西林县人民代表大会财政经济委员会

主任委员　王显达（2016年8月起任至今）

副主任委员　李思阳（2016年8月起任至今）

西林县人大常委会农业农村与环资城建工作委员会

主　任　梁燕山（2016年7月起任至今）

西林县人大常委会选举联络工作委员会

主　任　王绍成（2016年7月起任至今）

西林县人大常委会教科文卫与民族工作委员会

主　任　陈春琼（2016年7月起任至今）

西林县人民政府各委办局及事业单位

西林县人民政府办公室

主　任　王荣海（2014年8月起任至今）
副主任　陆　友（2016年5月起任至今）
岑家福（2016年5月起任至今）
王朝毅（2016年5月起任至今）
李　强（2016年5月起任至今）
何芳志（2016年5月起任至今）
农荞羽（2016年5月起任至今）
赵仁华（2011年5月至2016年5月）
黄苧锋（2013年4月至2016年5月）
黄光常（2013年5月至2016年5月）
周文仁（2013年11月至2016年5月）
杨创达（2013年4月至2016年5月）
李广娜（2014年8月至2016年5月）
张　山（2010年2月至2016年5月）

西林县人民政府督查室

主　任　岑家福（兼，2016年5月起任至今）

西林县人民政府应急办公室

主　任　李　强（兼，2016年5月起任至今）

西林县生态文明示范工程试点县工作委员会办公室

副主任　梁润梅（2015年5月起任至今）

西林县城市建设投资有限公司

董事长、总经理
黄苧锋（2014年8月起任至今）
副总经理　韦盛译（2015年2月起任至今）
岑伟志（2015年2月起任至今）

西林县人民政府招待所

所　长　赵泳吉（2015年6月起任至今）
支部书记、副所长
王攀任（2002年4月起任至今）
工会主席　王万芳（2015年9月起任至今）

西林县机关事务管理局

局　长　农舒桦（2013年4月起任至今）
副局长　王小议（2012年6月起任至今）
农小妹（2010年1月起任至今）
卢绍辉（2015年5月起任至今）

西林县人力资源和社会保障局

局　长　谭邦淇（2016年10月起任至今）
韦正文（2016年1月至2016年9月）
副局长　农喆成（2016年5月起任至今）
庄兰敏（2015年5月起任至今）
王彦蘅（2016年5月至2016年7月）
吴茂平（2016年1月至2016年4月）
曾智琼（2016年1月至2016年4月）
纪检组长　农建荣（2016年6月起任至今）
汤芝斌（2016年1月至2016年5月）

西林县社会保险事业局

局　长　黎前荣（2016年5月起任至今）
副局长　吴茂平（2016年5月起任至今）
农金锦（2016年5月起任至今）
王向平（2016年5月起任至今）

西林县审计局

局　长　赵荣克（2016年5月起任至今）
黎春宏（2013年5月至2016年5月）
副局长　农晓琼（2016年5月起任至今）
颜文婧（2016年11月起任至今）
李和莲（2013年5月至2016年5月）
农青海（2010年6月至2016年11月）
纪检组长　陆　毅（2016年5月起任至今）

西林县档案局

局　长　赵仁华（2016年5月起任至今）
陆　毅（2009年4月至2016年4月）
副局长　黎　霞（2016年5月起任至今）
王有成（2006年4月至2016年4月）

西林县民族事务局

局　长　陆　靖（2014年8月起任至今）
副局长　覃红星（2013年5月起任至今）

西林县少数民族语言文字工作局

局　长　廖俊清（2016年5月起任至今）
杨美英（2013年5月至2016年5月）
副局长　王芳震（2015年6月起任至今）

西林县民政局

党组书记、局长　黄小春（2013年5月起任至今）
党组书记　韦文艺（2013年5月至2016年5月）
副 局 长　蒙清莉（2016年5月起任至今）
　　　　　吴志雄（2016年6月起任至今）
　　　　　黄　先（2013年5月至2016年5月）
　　　　　蒙应祥（2009年3月至2016年5月）
纪检组长　农金沛（2014年8月起任至今）

西林县国土资源管理局

局　　长　农正洪（2014年9月起任至今）
副 局 长　龚　洁（2009年12月起任至今）
　　　　　刘代庆（2016年6月起任至今）
　　　　　陈佑赞（2016年6月起任至今）
　　　　　陆　哲（2013年9月至2016年5月）
　　　　　吴志雄（2005年12月至2016年5月）
纪检组长　罗　明（2013年9月起任至今）

西林县旅游局

局　长　李广娜（2016年5月起任至今）
　　　　黄仕伟（2013年4月至2016年5月）
副局长　卢军学（2009年4月起任至今）

西林县招商促进局

局　长　何昱英（2016年5月起任至今）
　　　　黄后生（2011年11月至2016年6月）
副局长　谢广林（2015年6月起任至今）
　　　　岑海榕（2016年10月起任至今）
　　　　王大盛（2013年6月至2016年9月）
　　　　李　诚（2015年6月至2016年10月）

西林县工业集中区管理委员会

主　任　李长承（2016年7月起任至今）
副主任　李娟科（2013年10月起任至今）

西林县地方志编纂委员会办公室

主　任　黄怀毅（2016年5月起任至今）
　　　　王合兵（2013年4月至2016年5月）
副主任　李振华（2014年8月起任至今）

西林县法制办公室

主　任　王志华（2016年5月起任至今）
　　　　陈　江（2011年5月至2016年5月）
副主任　韦建管（2016年5月起任至今）
　　　　王志华（2011年5月至2016年5月）

西林县人民政府调解处理土地山林水利纠纷办公室

主　任　郑　斌（2016年5月起任至今）
　　　　岳化龙（2011年5月至2016年5月）
副主任　杨升晟（2015年5月起任至今）
　　　　农春日（2016年5月起任至今）
　　　　韦绍东（2016年5月起任至今）
　　　　何　强（2013年5月至2016年5月）

西林县乡村建设管理办公室

主　任　农永烽（兼，2015年1月起任至今）
副主任　黄　敏（2016年5月起任至今）
　　　　颜露峰（兼，2015年1月至2016年5月）
　　　　陈春琼（兼，2015年1月至2016年5月）

西林县教育局

局　　长　玉　柱（2014年8月起任至今）
副 局 长　黄炳良（2015年5月起任至今）
　　　　　王国文（2015年1月起任至今）
　　　　　盘兰芳（2011年6月起任至今）
纪检组长　韦丽群（2016年5月起任至今）

西林县教师进修学校

副 校 长　黄建能（1993年9月起任至今）
　　　　　农启华（2008年11月起任至今）
教导主任　冯森广（2014年3月起任至今）

西林县民族高级中学

校　长　王国文（兼，2008年3月至2016年12月）
副校长　黄　晟（2013年12月起任至今）
　　　　韦　戬（2013年12月至2016年12月）
　　　　韦　农（2010年9月至2016年2月）
　　　　王遵雄（2013年12月至2016年12月）

西林县民族初级中学

校　长　黄建萱（2012年8月起任至今）
副校长　杨光照（2012年8月起任至今）
　　　　陆丰新（2012年8月起任至今）
　　　　李　晖（2015年5月起任至今）

西林中学

校　长　韦　农（2016年5月至2016年9月）

副校长　劳永敏（2009年3月至2016年9月，其中2016年1月至2016年5月，代理西林县西林中学校长）

陆海平（2010年10月起任至今）

何建强（2011年5月起任至今）

罗建斌（2015年6月起任至今，其中2016年12月起任至今，代理西林县西林中学校长）

西林县职业技术学校

校　长　黄　锋（2010年6月起任至今）

副校长　陆韦荣（2015年4月起任至今）

黄志文（2015年4月起任至今）

陆威延（2006年9月起任至今）

西林县八达镇第一小学

校　　长　粟　洪（2013年11月起任至今）

支部书记　李依娟（2013年11月起任至今）

副 校 长　田景华（1998年8月起任至今）

龚龙翠（2013年11月起任至今）

西林县八达镇第二小学

校　长　陈美兰（2016年12月起任至今）

邓忠武（2013年11月至2016年12月）

副校长　陈玉明（2006年9月起任至今）

韦彩萍（2008年3月起任至今）

田景锋（2008年3月起任至今）

西林县八达镇中心小学

校　长　巫卫民（2013年11月起任至今）

副校长　黄江泓（2008年7月起任至今）

刘文奇（2011年11月起任至今）

党支部书记　王绍绩（2012年4月起任至今）

西林县特殊教育学校

校　长　何　峰（2010年3月起任至今）

副校长　陆　新（2011年5月起任至今）

西林县县直机关幼儿园

园　长　黄　柳（2015年3月起任至今）

副园长　黄秀娟（2016年9月起任至今）

岑　枣（2016年9月起任至今）

何秀丽（2006年9月至2016年9月）

卢　燕（2015年3月至2016年9月）

西林县八达镇民族幼儿园

园　长　李茜希（2013年11月起任至今）

副园长　颜　妍（2013年11月起任至今）

陆燕兰（2013年11月起任至今）

党支部书记　陆梦南（2015年11月起任至今）

西林县科学技术局

局　　长　王岑华（2016年5月起任至今）

黄怀毅（2011年12月至2016年4月）

副 局 长　农定霖（2007年9月起任至今）

纪检组长　陆　明（2015年6至2017年7月）

西林县文化和体育广电局

党组书记　何昱英（2015年6月至2016年5月）

局　　长　王正文（2016年5月起任至今）

黄学勇（2015年6月至2016年5月）

副 局 长　谢丽芸（2015年6月起任至今）

杨　帆（2013年4月起任至今）

王德忠（2015年6月起任至今）

农显慧（2015年6月起任至今）

纪检组长　甘兆均（2014年8月起任至今）

西林县文化市场综合执法大队

大队长　罗振涛（2015年12月起任至今）

西林县文化馆

馆　长　黄达纯（1996年6月起任至今）

副馆长　班琼慧（2005年7月起任至今）

明文强（2015年6月起任至今）

西林县博物馆

馆　长　王合兵（兼，2015年7月起任至今）

副馆长　黄　季（2016年2月起任至今）

农海霞（2015年7月起任至今）

句町文化保护传承展示中心

主　任　李韦丽（2015年7月起任至今）

指导员　岑长青（2015年7月起任至今）

副主任　班俊精（2015年7月起任至今）

李　翔（2015年7月起任至今）

西林县电视台

台　长　黄学勇（兼，2015年6月起任至今）

副台长　汤芝松（2015年6月起任至今）

广西广电网络西林分公司

总 经 理　黎　明（2012年1月起任至今）

副总经理　凌　颖（2015年2月起任至今）

西林县新华书店

经　理　黄际菖（2006年6月起任至今）

西林县卫生和计划生育局

工委书记、局长

李成学（2016年5月起任至今）

杨文学（2015年6月至2016年5月）

副局长　岑福泽（2015年6月起任至今）

韦　飞（2015年6月起任至今）

韦抒彤（2016年5月起任至今）

岑建杰（2015年6月至2016年5月）

李晓波（2015年6月起任至2016年5月）

工委副书记　赵志强（2015年6月起任至今）

纪检组长　何文新（2015年6月起任至今）

西林县爱国卫生运动委员会办公室

主　任　梁凤文（2016年10月起任至今）

王向平（2015年6月至2016年10月）

西林县红十字会

副会长　汤芝碧（2016年5月起任至今）

梁　琳（2009年3月至2016年5月）

西林县新型农村合作医疗管理中心

主　任　李晓波（兼，2015年6月至2016年5月）

副主任　黄勇宁（2009年2月起任至今）

西林县人民医院

院　长　农卫兵（2009年3月起任至今）

副院长　吴文献（2007年1月起任至今）

岑桂珍（2007年1月起任至今）

农家隆（2011年5月起任至今）

黄国祥（2015年6月起任至今）

西林县中医医院

院　长　谭　力（2014年8月起任至今）

副院长　王颜升（2014年8月起任至今）

农　晔（2014年8月起任至今）

西林县疾病预防控制中心

支部书记　张光筋（2013年5月起任至今）

主　　任　韦李明（2013年5月起任至今）

副 主 任　农快妹（2007年4月起任至今）

岑玉昆（2015年12月起任至今）

西林县皮肤病防治站

站　长　王　力（2015年10月起任至今）

西林县卫生监督所

所　长　李　春（2015年6月起任至今）

副所长　刘　学（2008年5月起任至今）

西林县妇幼保健院

院　长　刘江兵（2012年12月起任至今）

副院长　韦文梅（2012年12月起任至今）

梁文学（2015年10月起任至今）

西林县食品药品监督管理局

局　　长　岑立波（2013年5月起任至今）

副 局 长　农炳立（2013年7月起任至今）

陈昌盛（2002年9月起任至今）

农昌全（2016年5月起任至今）

黎译祯（2012年8月至2016年5月）

纪检组长　岑伟莲（2013年5月起任至今）

西林县食品安全管理办公室

主　任　岑立波（兼，2013年5月起任至今）

副主任　农炳立（2013年7月起任至今）

西林县公安局

局　长　魏　星（兼，2016年5月起任至今）

谢君稳（2011年6月至2016年5月）

政　委　王国辉（2014年1月起任至今）

纪委书记　韦　翔（2016年5月起任至今）

陆春屹（2009年11月至2016年5月）

副政委　许爱秋（2013年8月起任至今）

何　盛（2016年5月起任至今）

苏建光（2016年1月至2016年5月）
副局长　郭明生（2006年6月起任至今）
李　鲲（2009年4月起任至今）
黄学辉（2016年5月起任至今）
苏建光（2016年5月起任至今）
玉文波（2009年4月至2016年3月）
何　盛（2016年1月至2016年5月）
政工室主任　颜　涛（2016年5月起任至今）
黄学辉（2013年7月至2016年5月）

西林县公安局交通警察大队

大队长　唐　斌（2016年10月起任至今）
苏建光（2013年5月至2016年10月）
教导员　李传海（2016年10月起任至今）
黄忠杰（2008年11月至2016年10月）
副大队长　王维坚（2007年11月起任至今）
黄　伟（2016年10月起任至今）
梁　军（2013年10月至2016年10月）
副教导员　李传海（2013年10月至2016年10月）
陆　迅（2013年10月至2016年10月）

西林县司法局

局　长　陆星堂（2013年5月起任至今）
副局长　李明岳（2016年5月起任至今）
毛志刚（2013年5月起任至今）
玉少伟（2016年10月起任至今）
黄　灿（2016年12月起任至今）
黄　文（2015年6月至2016年10月）
纪检组长　颜振华（2015年6月起任至今）

西林县发展和改革局

局　长　黄伟炽（2016年5月起任至今）
周华东（2011年5月至2016年5月）
副局长　颜能成（2010年12月起任至今）
农贞建（2013年4月起任至今）
农　勇（2015年6月起任至今）
吴宝福（2016年6月起任至今）
黄洪升（2015年6月至2016年1月）
黎译桢（2016年5月至2016年6月）
纪检组长　农丽芬（2015年6月起任至今）

西林县医改办公室

主　任　吴宝福（2016年6月起任至今）

西林县重大项目办公室

主　任　韦卫红（2016年5月起任至今）
汤家劲（2012年1月至2016年5月）

西林县物价局

局　长　农贞建（兼，2013年4月起任至今）

西林县价格监督检查分局

局　长　李向东（2007年12月起任至今）

西林县统计局

局　长　韦　益（2016年5月起任至今）
韦开元（2013年5月至2016年4月）
副局长　廖秀花（2011年5月起任至今）
黄晓力（2012年8月起任至今）
总统计师　王承勇（2016年5月起任至今）

西林县住建局

局　长　班海勇（2015年1月起任至今）
副局长　黄玉鹏（2015年6月起任至今）
黄苧锋（2016年4月起任至今）
周　鹏（2010年10月起任至今）
纪检组长　李正军（2016年5月起任至今）
颜振华（2011年5月至2016年5月）

西林县地震局

局　长　梁海江（2014年10月至2016年10月）

西林县住房管理所

所　长　黄冬梅（2015年11月起任至今）
副所长　陆春丽（2009年3月起任至今）

百色市住房公积金管理中心西林管理部

主　任　彭　蒋（2007年8月起任至今）

西林县市政管理局

党组书记　黄承道（2013年4月至2016年5月）
局　长　陆　哲（2016年5月起任至今）
李正军（2011年5月至2016年5月）
副局长　黎晓鹏（2015年6月起任至今）
李光可（2016年5月起任至今）
纪检组长　王爱国（2014年7月起任至今）

西林县环卫站

站　长　黄伟桓（2016年1月起任至今）

副站长　李金彪（2009年3月起任至今）

　　　　刘鹰生（2004年5月起任至今）

　　　　农　震（2009年3月起任至今）

西林县城建监察大队

大 队 长　韦　陆（2016年1月起任至今）

教 导 员　陈海彪（2014年8月起任至今）

副大队长　农礼光（2014年8月起任至今）

　　　　　黄梓锋（2016年1月起任至今）

　　　　　农志高（2014年8月起任至今）

西林县环境保护局

党组书记　黄　前（2016年7月起任至今）

　　　　　何治伸（2013年4月至2016年7月）

局　　长　黄　前（2014年8月起任至今）

副 局 长　李九涛（2011年5月起任至今）

　　　　　卢钟畅（2015年5月起任至今）

纪检组长　张　舜（2011年5月起任至今）

总工程师　苏宇忠（2015年6月起任至今）

西林县水厂

厂　　长　李光可（2016年5月起任至今）

　　　　　黄　敏（2008年9月至2016年5月）

支部书记　陆志良（2005年9月起任至今）

副 厂 长　郭申伟（2013年11月起任至今）

　　　　　陆劲舟（2016年3月起任至今）

西林县污水处理厂

副厂长　何有政（2016年7月起任至今）

西林县经济贸易局

局　　长　韦建文（2016年5月起任至今）

　　　　　农炳武（2014年8月至2016年6月）

党组书记　邓永寿（2013年4月至2016年5月）

副 书 记　李定嵘（2016年5月起任至今）

副 局 长　韦建学（2013年4月起任至今）

　　　　　黎远明（2016年5月起任至今）

　　　　　岑家福（2013年11月至2016年8月）

　　　　　黄　予（2015年6月至2016年12月）

总经济师　宁浩淳（2016年7月起任至今）

纪检组长　黄　海（2014年8月至2016年5月）

西林县市场开发服务中心

主　任　韦桂德（1999年1月起任至今）

副主任　卢觉德（2007年1月起任至今）

西林县安全生产监督管理局

局　　长　颜小赛（2016年5月起任至今）

　　　　　谭邦淇（2013年5月至2016年4月）

党组书记　颜小赛（2016年5月起任至今）

　　　　　罗荣新（2013年5月至2016年4月）

副 局 长　吴　海（2016年5月起任至今）

　　　　　黄厚凯（2016年10月起任至今）

　　　　　梁立新（2013年5月至2016年4月）

纪检组长　郑　平（2016年5月起任至今）

　　　　　农喆成（2014年8月至2016年4月）

西林县交通运输局

局　　长　丁韦震（2014年8月起任至今）

党组书记　李继宁（2011年至2016年10月）

副 局 长　韦　晖（2015年6月起任至今）

　　　　　袁平香（2011年起任至今）

　　　　　李朝义（2013年5月起任至今）

纪检组长　苏　阳（2015年6月起任至今）

西林县公路管理局

局　　长　瞿道坚（2009年11月起任至今）

党组书记　农炳严（2005年起任至今）

副 局 长　陆忠廖（2009年起任至今）

　　　　　黄陆柱（2012年起任至今）

工会主席　黄光兵（2002年起任至今）

西林县路政执法大队

大 队 长　黄炳克（2011年1月起任至今）

副大队长　陆星灵（2012年起任至今）

西林县财政局

局　　长　黎春宏（2016年5月起任至今）

　　　　　赵荣克（2014年8月至2016年5月）

副 局 长　黄　坤（2013年4月起任至今）

　　　　　黄良军（2016年5月起任至今）

　　　　　宁慧娟（2016年5月起任至今）

　　　　　黄伟炽（2013年5月至2016年5月）

　　　　　王朝毅（2012年8月至2016年5月）

纪检组长　李　清（2013年4月至2016年8月）

总会计师　陆艳群（2013年4月起任至今）

西林县粮食局

局　　长　周家良（2013年起任至今）

副 局 长　王政深（2015年起任至今）

　　　　　汤芝斌（2016年6月至2016年9月）

　　　　　黄炳智（2008年8月至2016年6月）

纪检组长　黄炳育（2014年8月起任至今）

西林县商务局

局　长　周文仁（2016年5月起任至今）

　　　　陆永祥（2013年4月至2016年4月）

副局长　汤芝录（2013年5月起任至今）

　　　　黄加伟（2015年6月起任至今）

西林县供销合作社联合社

理事会主任　岳化龙（2015年5月起任至今）

副　主　任　农铭章（2011年5月起任至今）

监事会主任　黄仕伟（2015年5月起任至今）

西林县质量技术监督局

局　　长　陆明峰（2016年7月起任至今）

　　　　　刘运日（2013年5月至2016年3月）

副 局 长　胡福巧（2012年6月起任至今）

　　　　　李　筱（2016年7月起任至今）

　　　　　黄红红（2013年5月至2016年6月）

纪检组长　陆恩铁（2016年5月起任至今）

西林县工商行政管理局

书记、局长　黄后生（2016年5月起任至今）

　　　　　　梁燕山（2003年3月至2016年5月）

副局长　黄炜炬（2006年11月起任至今）

　　　　梁明军（2010年2月起任至今）

　　　　韦抒邑（2016年5月起任至今）

　　　　陆恩铁（2002年5月至2016年5月）

副书记、纪检组长

　　　　苏江鸿（2016年5月起任至今）

　　　　韦抒邑（2009年4月至2016年5月）

西林县农业局

局　　长　陆志伸（2016年5月起任至今）

　　　　　韦建文（2011年5月至2016年5月）

副 局 长　陆国语（2011年5月起任至今）

　　　　　岑立坚（2016年12月起任至今）

　　　　　毛志刚（2016年12月起任至今）

　　　　　谢文龙（2006年4月至2016年5月）

　　　　　龙化勇（2010年12月至2016年5月）

　　　　　韦艳芳（2013年5月至2016年5月）

　　　　　李中山（2016年5月至2016年8月）

　　　　　陈居民（2016年5月至2016年10月）

纪检组长　何建泽（2015年6月起任至今）

西林县林业局

局　　长　陆明东（2016年5月起任至今）

　　　　　农　海（2013年5月起至2016年7月）

副 局 长　陆少东（2013年4月起任至今）

　　　　　余李农（2015年6月起任至今）

　　　　　赵光策（2016年5月起任至今）

　　　　　颜雪伦（2016年5月起任至今）

　　　　　李　树（2013年11月至2016年9月）

　　　　　梁润梅（2014年8月至2016年5月）

纪检组长　韦子健（2016年5月起任至今）

　　　　　张桃莲（2006年4月至2016年5月）

总工程师　农忠献（2015年6月起任至今）

西林县森林公安分局

局　长　陆少东（兼，2013年4月起任至今）

政　委　黄金杰（2013年4月起任至今）

副局长　覃海云（2009年11月起任至今）

西林县国有八达林场

场　　长　吴善广（2016年5月起任至今）

　　　　　梁润梅（2012年3月至2016年5月）

副　场　长　苏荣诚（2009年1月起任至今）

党支部书记　黄树伦（2015年7月起任至今）

西林县国有古障林场

场　长　吴善广（任至2016年5月）

　　　　覃韦威（代，2016年5月起任至今）

副场长　覃韦威（2015年7月起任至今）

党支部书记　韦俊杰（2014年3月起任至今）

西林县国有那佐林场

场　长　黄达宁（2015年6月起任至今）

副场长　黎天任（2015年6月起任至今）

党支部书记　黎天任（兼，2015年6月起任至今）

西林县水产畜牧兽医局

党组书记、局长　农炳武（2016年5月起任至今）
韦　益（2013年3月至2016年4月）
副 局 长　陈天海（2013年4月起任至今）
农忠仁（2013年4月起任至今）
纪检组长　梁　琳（2016年5月起任至今）
覃秋莲（2010年1月至2016年5月）

西林县水利局

党组书记、局长　岑　强（2015年6月起任至今）
副 局 长　郑存任（2013年4月起任至今）
韦　智（2016年6月起任至今）
黄红红（2016年6月起任至今）
吴宝福（2015年6月至2016年6月）
纪检组长　陆　胜（2011年5月起任至今）

西林县扶贫开发办公室

主　　任　陈光敏（2016年10月起任至今）
黄学勇（2016年5月至2016年10月）
副 主 任　谢文龙（2016年5月起任至今）
王志鸿（2016年5月起任至今）
黄　文（2016年10月起任至今）
李长承（2013年5月至2016年5月）
玉少伟（2014年9月至2016年10月）
纪检组长　盘文龙（2016年5月起任至今）
农春日（任至2016年5月）

西林县国营扶贫林场

场　长　韦定成（2014年5月起任至今）
副场长　罗志杰（2011年8月起任至今）
廖家儒（2014年5月起任至今）

西林县农业机械化管理局

局　　长　廖忠新（2013年4月起任至今）
副 局 长　吴纯静（2013年5月起任至今）
纪检组长　陆秀兰（2015年6月起任至今）

西林县水库移民工作管理局

局　　长　何政军（2014年8月起任至今）
副 局 长　岑志明（2016年5月起任至今）
农　丹（2013年4月起任至今）
韦仕祥（2016年5月起任至今）
陈荣斌（2016年5月起任至今）
张盛勇（2009年3月至2016年5月）
卢绍辉（2005年5月至2016年5月）
纪检组长　岑志明（兼，2016年5月起任至今）
韦仕祥（2015年6月至2016年5月）

政协西林县委员会机构

政协西林县第九届委员会常务委员

覃宗政（2016年8月起任至今）
宁浩淳（2016年8月起任至今）
李仁忠（2016年8月起任至今）
盘　峥（2016年8月起任至今）
陆国语（2016年8月起任至今）
李秀青（2016年8月起任至今）
吴文献（2016年8月起任至今）
班百佐（2016年8月起任至今）
陆韦荣（2016年8月起任至今）
王彦蘅（2016年8月起任至今）
黄民乐（2016年8月起任至今）
李艳霞（2016年8月起任至今）
黎译桢（2016年8月起任至今）

政协西林县委员会办公室

主　任　杨兴富（2016年5月起任至今）
副主任　农丽娟（2013年5月起任至今）
黄志安（2012年1月至2016年12月）

政协西林县委员会提案和民族宗教法制工作委员会

主　任　梁素云（2014年8月起任至今）

政协西林县委员会教科文卫体和学习工作委员会

主　任　李正嵘（2016年12月起任至今）
蓝荣敏（2011年5月至2016年12月）

政协西林县委员会经济人口环保和联谊外事工作委员会

主　任　农安坤（2016年5月起任至今）
罗世金（2006年4月至2016年5月）

人民团体　群众团体

西林县总工会

主　席　谭邦敏（兼，2007年7月起任至今）
常务副主席　何志葵（2013年4月起任至今）
副主席　冯文琉（2015年7月起任至今）

共青团西林县委员会

书　记　何彦呈（2016年9月起任至今）
　　　　陈光敏（2014年8月至2016年9月）
副书记　岑海禄（2013年11月起任至今）

西林县妇女联合会

主　席　罗兰花（2013年4月起任至今）
副主席　李一依（2016年5月起任至今）
　　　　黎美凤（2010年2月至2016年4月）

西林县残疾人联合会

理事长　邓永安（2016年5月起任至今）
　　　　韦志贤（2008年9月至2016年4月）
副理事长　农世官（2012年11月起任至今）
　　　　农双连（2012年12月起任至今）
纪检组长　李　诚（2016年9月起任至今）
　　　　农世官（2012年2月至2016年5月）

西林县科学技术协会

主　　席　李秀青（2013年4月起任至今）
副主席　韦素雪（2013年12月起任至今）
纪检组长　王正英（2015年12月起任至今）
党组书记　王清学（2016年5月起任至今）
　　　　黎炳锋（2007年1月至2016年5月）

文学艺术界联合会

主　席　王文飞（2015年9月起任至今）
副主席　沈现启（2016年5月起任至今）
　　　　岑　斌（2011年5月至2016年5月）
　　　　林裕昌（2013年9月至2016年5月）

西林县工商业联合会

主　席　黎泽桢（2016年8月起任至今）
　　　　农海燕（2012年3月至2016年5月）
副主席　黄　华（2016年12月起任至今）
　　　　刘建开（2012年3月至2016年5月）
　　　　袁春桃（2016年8月至2016年12月）

西林县社会科学界联合会

主　　席　巫清丽（2013年4月起任至今）
副主席　刘建开（2016年5月起任至今）
　　　　岑伟凤（2014年8月至2016年5月）
党组书记　龙化勇（2016年5月起任至今）
　　　　农正光（2013年4月至2016年5月）

自治区直、市直驻西林县单位

西林县气象局

局　长　李　建（2004年9月起任至今）
副局长　张玉录（2011年12月起任至今）

西林县水文水资源局

局　长　贺　云（2016年12月起任至今）
　　　　黄友忠（2011年7月至2016年11月）
副局长　潘建长（2011年7月起任至今）
　　　　贺　云（2011年7月至2016年11月）

西林县水利电业有限公司

总经理　黄学勇（2016年9月起任至今）
　　　　朱兴良（2014年1月至2016年9月）
副总经理　覃少铁（2011年1月起任至今）
　　　　朱兴良（2016年9月起任至今）
　　　　黄志诚（2014年1月至2016年9月）
副书记　岑剑波（2011年7月起任至今）
工会副主席　岑剑波（2016年9月起任至今）
　　　　王光明（2004年1月至2016年9月）

广西桂水西林发电分公司

总经理　黄学勇（2016年11月起任至今）
　　　　俸展德（2012年11月至2016年11月）
副总经理　陆　海（2012年2月起任至今）
　　　　陈双权（2010年7月起任至今）
专职副书记　黄建中（2011年12月起任至今）

西林县国家税务局

局　　长　黄炳权（2008年6月起任至今）
副局长　麦征尼（2007年6月起任至今）
　　　　王志伦（2009年10月起任至今）
　　　　卢觉锋（2014年11月起任至今）

简恒新（2015年3月起任至今）
纪检组长　吴世乐（2015年6月起任至今）

西林县地方税务局

局　　长　林玉囊（2016年3月起任至今）
梁　刚（2015年9月至2016年2月）
副 局 长　周才植（2013年10月起任至今）
陈旸宇（2016年6月起任至今）
纪检组长　李正桃（2015年7月起任至今）

西林县烟草专卖局

局长（经理）　陆忠彬（2015年9月起任至今）
副局长　何嘉欧（2015年9月起任至今）
副经理　沈江涛（2015年9月起任至今）
赵苑伶（2015年9月起任至今）

中国邮政集团公司西林分公司

总 经 理　田兴文（2015年5月至2016年12月）
副总经理　黄俊雄（2015年5月起任至今）
李　鹏（2016年12月起任至今）

中国人民银行西林县支行

行　长　黄海源（2014年9月起任至今）
副行长　岑杨森（2015年5月起任至今）
王功辉（2015年5月起任至今）

中国农业银行西林县支行

行　长　李振庄（代，2016年1月至2016年8月）
卢永耀（2016年9月至2016年12月）
副行长　李振庄（2016年1月起任至今）
杨宗坤（2016年9月至2016年12月）

西林县农村信用合作联社

理事长　农定丰（2010年10月起任至今）
主　任　陆建君（2015年5月起任至今）
副主任　陆韵丞（2011年4月起任至今）
监事长　王立明（2006年12月起任至今）

中国电信股份有限公司西林县分公司

总 经 理　翁　汛（2015年11月起任至今）
副总经理　农全伟（2015年11月起任至今）

中国移动通信集团广西有限公司西林分公司

总 经 理　李汶炳（2014年7月至2016年12月）
副总经理　雷　宇（2014年12月起任至今）

中国联通公司西林分公司

总 经 理　黄晓亮（2013年11月起任至今）
副总经理　韦　娇（2013年9月起任至今）

中国石化公司广西百色西林分公司

经　理　陆朝东（2000年9月起任至今）

中国人民财产保险股份有限公司西林县支公司

经　理　颜永坚（2013年8月起任至今）

中国人寿保险股份有限公司西林支公司

经　理　罗巧叶（2012年12月起任至今）

驻西林军事组织

西林县人民武装部

政　　委　韩云飞（2015年2月起任至今）
部　　长　魏岳光（2015年2月至2016年7月）
军事科长　陈志忠（2016年4月至2016年6月）

中国人民武警部队西林中队

中队长　黄尚迅（2011年12月起任至今）
指导员　刘斌凯（2016年7月起任至今）

中国人民武警部队西林消防大队

副大队长　罗建云（2016年11月起任至今）
教 导 员　邓广福（2015年起任至今）
参　　谋　陆镇智（2016年起任至今）
指 导 员　韦大区（2016年起任至今）
中 队 长　王先伦（2012年起任至今）

乡（镇）社区

八达镇

中共八达镇委员会

书　　记　黄剑盟（2016年7月起任至今）
周　信（2015年6月至2016年7月）

副 书 记　颜露锋（2016年5月起任今）
　　　　　李和莲（2016年5月起任至今）
组织委员　梁鸿森（2016年4月起任至今）
　　　　　陆　槿（2013年1月至2016年5月）
宣传委员　吴海燕（2016年5月起任至今）
　　　　　黄卫梅（2011年5月至2016年5月）
纪委书记　王　源（2016年5月起任至今）
　　　　　韦丽群（2013年4月至2016年5月）
武装部长　韦文健（2016年5月起任至今）
　　　　　吴　海（2013年4月至2016年5月）

八达镇人大主席团

主　席　李和莲（2016年5月起任至今）
　　　　邓永安（2013年4月至2016年5月）
副主席　蒙昆仑（2016年5月起任至今）
　　　　韦绍东（2011年5月至2016年5月）

八达镇人民政府

镇　长　颜露锋（2016年5月起任至今）
　　　　颜小赛（2013年4月至2016年5月）
　　　　彭　庆（2016年5月起任至今）
　　　　唐寸舒（2016年5月起任至今）
　　　　蒙昆仑（2010年6月至2016年5月）

古障镇

中共古障镇委员会

书　　记　罗志斌（2013年11月起任至今）
副 书 记　吴大忠（2016年5月起任至今）
　　　　　陆志坤（2013年6月至2016年5月）
组织委员　杨志娟（2016年5月起任至今）
宣传委员（统战委员）
　　　　　韦文先（2016年5月起任至今）
　　　　　农晓琼（2013年6月至2016年5月）
纪委书记　陆柳芳（2016年5月起任至今）
　　　　　潘仕立（2013年6月至2016年5月）
武装部长　黄　宵（2016年5月起任至今）
　　　　　韦　新（2013年6月至2016年5月）

古障镇人大主席团

主　席　韦天甲（2013年6月至2016年5月）
副主席　陆晓燕（2016年7月起任至今）
　　　　农荞羽（2013年11月至2016年5月）

古障镇人民政府

镇　长　吴大忠（2016年7月起任至今）
　　　　陆志坤（2013年6月至2016年5月）
副镇长　黄赞踴（2016年7月起任至今）
　　　　农植尊（2016年7月起任至今）
　　　　余吉玲（2016年7月起任至今）
　　　　李忠山（2013年6月至2016年5月）
　　　　陈居民（2013年6月至2016年5月）
　　　　陈佑赞（2013年6月至2016年5月）

那劳镇

中共那劳镇委员会

书　　记　韦义良（2014年8月至2016年5月）
副 书 记　韦天甲（2016年5月起任至今）
　　　　　林　华（2014年8月至2016年5月）
组织委员　黄　定（2016年5月起任至今）
　　　　　班超乐（2015年2月至2016年5月）
宣传委员　曹金敏（2016年5月起任至今）
　　　　　黄　贤（2013年4月至2016年5月）
纪委书记　韦家文（2015年11月至2016年5月）
武装部长　刘科麟（2016年5月起任至今）
　　　　　何彦呈（2011年5月至2016年5月）

那劳镇人大主席团

主　席　罗耀强（2016年5月起任至今）
　　　　李光可（2014年8月至2016年5月）
副主席　刘　迅（2016年5月起任至今）

那劳镇人民政府

镇　长　韦天甲（2016年5月起任至今）
　　　　林　华（2014年8月至2016年5月）
副镇长　黄赞踊（2016年5月起任至今）
　　　　盘嘉龙（2016年5月起任至今）
　　　　岑敏文（2016年5月起任至今）
　　　　黄　贤（2016年5月起任至今）
　　　　陆译宇（2013年4月至2016年5月）
　　　　赵光策（2011年5月至2016年5月）
　　　　陈荣斌（2011年5月至2016年5月）

马蚌镇

中共马蚌镇委员会

书　记　农程亮（2016年5月起任至今）
　　　　黄剑盟（2012年2月至2016年5月）
副书记　李　靖（2016年5月起任至今）
　　　　杨创达（2016年5月起任至今）
　　　　农程亮（2014年8月至2016年5月）
　　　　韦　智（2013年4月至2016年5月）
组织委员　农学延（2016年5月起任至今）
　　　　岑立坚（2011年5月至2016年5月）
宣传委员　何　飘（2016年5月起任至今）
　　　　蒙清莉（2013年4月至2016年5月）
纪委书记　农海宁（2015年11月起任至今）
武装部长　聂　康（2016年5月起任至今）
　　　　岑忠俊（2011年5月至2016年5月）

马蚌镇人大主席团

主　席　李　靖（2016年5月起任至今）
　　　　韦　智（2013年4月至2016年5月）
副主席　赵连喜（2016年5月起任至今）
　　　　汤芝碧（2013年4月至2016年5月）

马蚌镇人民政府

镇　长　杨创达（2016年5月起任至今）
乡　长　农程亮（2014年8月至2016年5月）
副镇长　岑忠俊（2016年5月起任至今）
　　　　陆俊宇（2016年5月起任至今）
　　　　王岑仕（2016年7月起任至今）
　　　　邹　华（2016年5月起任至今）
副乡长　王彦蘅（2013年4月至2016年5月）
　　　　杨世科（2013年4月至2016年5月）
　　　　黄树雄（2013年4月至2016年5月）

普合苗族乡

中共普合苗族乡委员会

书　记　林　华（2016年4月起任至今）
　　　　王世英（2013年4月至2016年4月）
副书记　熊振深（2013年4月起任至今）
　　　　毛志华（2016年5月起任至今）
组织委员　蒙　雷（2016年5月起任至今）
　　　　蒙　飞（2013年4月至2016年4月）
宣传委员　蒙　飞（2016年6月起任至今）
　　　　农超仁（2011年5月至2016年4月）
　　　　王奕璎（2016年5月至2016年6月）
纪委书记　韦　岚（2016年5月起任至今）
　　　　李　强（2013年4月至2016年5月）
武装部长　李盛辉（2016年4月起任至今）
　　　　黄赞踴（2013年11月至2016年4月）

普合苗族乡人大主席团

主　席　毛志华（2016年6月起任至今）
副主席　黄利芳（2016年7月起任至今）
　　　　韦子健（2011年7月至2016年4月）

普合苗族乡人民政府

乡　长　熊振深（2013年4月起任至今）
副乡长　王奕璎（2016年7月起任至今）
　　　　陈玉宁（2016年7月起任至今）
　　　　罗　津（2016年7月起任至今）
　　　　牙昱权（2016年7月起任至今）
　　　　毛志华（2013年4月至2016年5月）
　　　　王志鸿（2013年4月至2016年4月）
　　　　李艳霞（2013年4月至2016年4月）

足别瑶族苗族乡

中共足别瑶族苗族乡委员会

书　记　农珍艳（2016年4月起任至今）
　　　　李成学（2015年5月至2016年4月）
副书记　杨江平（2016年4月起任至今）
　　　　陆绎宇（2016年5月起任至今）
　　　　廖俊清（2012年9月至2016年5月）
　　　　覃宗政（2013年4月至2016年5月）
组织委员　鲁　祥（2016年5月起任至今）
　　　　韦抒彤（2013年4月至2016年5月）
宣传委员、统战委员
　　　　汤景文（2016年5月起任至今）
　　　　农金锦（2013年4月至2016年5月）
纪委书记　田维鹏（2015年5月起任至今）
武装部长　陆江峰（2016年5月起任至今）
　　　　汤景文（2013年11月至2016年5月）

足别瑶族苗族乡人大主席团

主　席　陆绎宇（2016年5月起任至今）
　　　　覃宗政（2013年4月至2016年5月）
副主席　农云鹏（2016年5月起任至今）
　　　　陆雄文（2012年9月至2016年5月）

足别瑶族苗族乡人民政府

乡　长　杨江平（2016年5月起任至今）
　　　　廖俊清（2012年9月至2016年5月）
副乡长　王绍生（2016年5月起任至今）
　　　　吴耀东（2016年5月起任至今）
　　　　刘　凡（2016年5月起任至今）
　　　　廖茄利（2016年5月起任至今）
　　　　王承勇（2013年4月至2016年5月）
　　　　王系亿（2011年5月至2016年5月）
　　　　刘代庆（2012年9月至2016年5月）

西平乡

中共西平乡委员会

书　　记　刘运日（2016年5月起任至今）
　　　　　农昌全（2015年6月至2016年5月）
副 书 记　曾智琼（2016年5月起任至今）
　　　　　黄　先（2016年5月起任至今）
　　　　　陆　友（2011年9月至2016年5月）
　　　　　王丰景（2014年9月至2016年5月）
组织委员　刘福财（2016年5月起任至今）
　　　　　王绍生（2014年8月至2016年5月）
宣传委员（统战委员）
　　　　　农珠梅（2016年5月起任至今）
　　　　　黎远明（2011年5月至2016年6月）
纪委书记　黄丽迷（2016年5月起任至今）
　　　　　卢德堃（2013年5月至2016年5月）
武装部长　劳永靖（2016年5月起任至今）
　　　　　韦文健（2014年9月至2016年5月）

西平乡人大主席团

主　席　黄　先（2016年5月起任至今）
　　　　陆　友（2011年9月至2016年5月）
副主席　王天富（2016年5月起任至今）
　　　　王廷国（2011年5月至2016年5月）

西平乡人民政府

乡　长　曾智琼（2016年5月起任至今）
　　　　王丰景（2014年9月至2016年5月）
副乡长　王荣飞（2016年5月起任至今）
　　　　鲁　华（2016年5月起任至今）
　　　　宋秀艳（2016年11月起任至今）
　　　　潘家劲（2016年5月起任至今）
　　　　李　靖（2011年5月至2016年5月）
　　　　卢德堃（2016年5月至2016年10月）
　　　　盘　峥（2013年5月至2016年5月）

那佐苗族乡

中共那佐苗族乡委员会

书　　记　王丰景（2016年4月起任至今）
　　　　　王丽秋（2014年1月至2016年4月）
副 书 记　杨世科（2016年5月起任至今）
　　　　　韦学坤（2016年5月起任至今）
组织委员　李春谕（2016年5月起任至今）
　　　　　宋春霖（2013年4月至2016年4月）
宣传委员　潘清贵（2016年5月起任至今）
纪委书记　杨金荣（2015年11月起任至今）
团委书记　余吉玲（2013年1月至2016年4月）
武装部长　陆　准（2016年5月起任至今）
　　　　　李盛辉（2013年4月至2016年4月）

中共那佐苗族乡人大主席团

主　席　韦学坤（2016年5月起任至今）
　　　　李仁忠（2013年4月至2016年4月）
副主席　农正新（2016年5月起任至今）
　　　　王耀平（2011年7月至2016年4月）

中共那佐苗族乡人民政府

乡　长　杨世科（2016年5月起任至今）
　　　　罗朝荣（2011年5月至2016年4月）
副乡长　熊思贵（2015年2月起任至今）
　　　　陈耀甲（2016年5月起任至今）
　　　　周爱云（2016年7月起任至今）
　　　　宋春霖（2016年5月起任至今）
　　　　杨江平（2013年10月至2016年4月）
　　　　吴大忠（2013年4月至2016年4月）

社　区

城北社区

书　记　黄慧香（2016年4月起任至今）

　　　　叶绍伦（2005年7月至2016年4月）

主　任　韦昌平（2016年4月起任至今）

　　　　叶绍伦（2003年1月至2016年4月）

副主任　陆世华（2016年4月起任至今）

　　　　农朝义（2005年8月起任至今）

　　　　黄慧香（2011年8月至2016年4月）

城中社区

主　任　陈钰才（2014年8月起任至今）

副主任　卢建芬（2014年8月起任至今）

　　　　颜桂艳（2014年8月起任至今）

城南社区

主　任　蒋瀚贤（2014年9月起任至今）

副主任　刘贺忠（2014年8月起任至今）

　　　　韦显标（2014年8月起任至今）

　　　　黄平卷（2014年8月起任至今）

目 录

特 载

大 事 记

县情总貌

党政机关

社会团体

法 治

人民武装和消防

农林　畜渔　水利

工　业

交通　邮政　通讯业

国土资源　城建　环保

商　务

金　融

管理与监督

财政　税收

文化　广电　旅游

科技　教育

社会生活

乡（镇） 村 社区

人　物

统计资料

荣 誉 录

附 录

特 载

乘势而上　顺势而为
为顺利实现脱贫摘帽目标而努力奋斗

——在中国共产党西林县第十二届代表大会第二次会议上的工作报告

县委书记　冉光富

（2017年2月5日）

一、2016年工作回顾

2016年是“十三五”规划开局之年，也是县、乡两级换届年。一年来，县委坚决贯彻落实上级各项决策部署，认真践行“五大发展理念”，积极推进供给侧结构性改革，全力以赴稳增长、调结构、促改革、惠民生、防风险，紧扣脱贫奔康主线，创新思路，精准发力，有力推动了全县经济社会各项事业又好又快发展。据统计，2016年全县生产总值完成23.5亿元，增长7.5%；固定资产投资完成29亿元，增长15.3%；财政收入完成1.8亿元，增长7.4%；社会消费品零售总额完成6.2亿元，增长10.5%；规模以上工业总产值和增加值分别完成5.5亿元和1.96亿元，分别增长5.1%和3.7%；城镇居民可支配收入完成22502元，增长7.5%；农民人均可支配收入完成8604元，增长9.8 %，实现了“十三五”良好开局。

（一）突出党建引领，党风政风焕然一新。一年来，县委始终坚持用党建工作统领经济社会各项事业发展，始终坚持党要管党，从严治党，努力增强基层党组织的创造力、凝聚力和战斗力，党风政风焕然一新。一是县委班子政治素养不断提高，履职能力不断增强。坚持县委理论中心组学习制度，进一步解放思想，理清思路，形成共识。充分发挥县委“统揽全局、协调各方”的作用，调整充实县四家班子成员组建七大联合工作组，促进县四家班子相互补台、齐心协力开展工作。县委认真贯彻执行《中国共产党地方委员会工作条例》，修订完善县委议事工作规则，进一步提升县委科学民主决策水平。二是圆满完成县、乡两级换届，县、乡两级领导班子结构进一步优化，整体能力得到提升。三是抓党建促脱贫有成效。全县共选派41名贫困村第一书记和315名美丽乡村（扶贫）工作队员，组织全县2136名干部职工与7086户贫困户开展结对帮扶，有力助推了脱贫攻坚。四是人才引进工作卓有成效。制定出台了《西林县人才引进管理办法》等一系列鼓励政策，年内成功引进各类人才412人，同比增长142.4%，有效缓解了全县人才紧缺、引才难、留才难等问题。五是基层党建工作不断夯实。在深化提升跨区域党建、“1234工作法”等党建品牌工作基础上，以开展“两学一做”学习教育和“双带双服”主题实践活动为载体，深入推进村级党组织“星级化”管理，扎实开展村级配套设施规范化建设，基层党建七项重点任务完成良好。不断深化“跨省区联合党建”扶贫工作模式，“党员+”和“党组织+”在脱贫攻坚中的引领作用不断增强。六是加强党风廉政建设，全面压实“两个责任”。全面贯彻落实中央八项规定精神，驰而不息纠正“四风”，深入开展查处发生在群众身边的“四风”和腐败问题专项工作，强化扶贫领域监督执纪问责，建立健全巡察工作机制，推进预防和惩治腐败体系建设，党风廉政建设取得了良好效果。2016年全县共立案83件，比2015年增长245.8%，结案81件，给予党纪政纪处分87人。七是加强意识形态工作。建立“三大机制”，建强“五个阵地”，强化“三大宣传”，积极探索建立县、乡（镇）、村（社区）三级网络舆情管控制度和滇黔桂三边舆情管控机制，意识形态工作体制机制不断完善。

（二）突出精准扶贫，脱贫步伐明显加快。一年来，县委认真贯彻习近平总书记精准扶贫的战略思想，全面落实上级决策部署，大胆探索扶贫工作新机制，统筹推进扶贫工作。一是敢于担当，主动作为。2016年上级下达我县6个贫困村出列，我县主动作为把脱贫任务调增到27个贫困村，为2017年实现全县脱贫摘帽争取了主动。二是创新开展贫困户“三双”认定做法，自治区党委书记彭清华同志到西林调研工作时给予充分肯定并在全区推广。三是夯实产业扶贫基础。加大涉农资金的整合力度，共整合财政资金2800多万元，为贫困户发展特色种养业提供资金支持，切实解决贫困户增收难题。四是大力发展村级集体经济，全县村级集体经济发展从无到有、由弱到强、百花竞放，特别是整合资金，扬长避短，在县城创立41个贫困村村级集体经济创业园，确保贫困村集体经济有长期稳定收入，得到了上级的高度肯定和赞扬。五是深入实施易地扶贫搬迁，全年共落实搬迁对象1270户5345人，综合进度在全区排名第三。六是提标实施贫困村屯道路建设，将砂石路建设标准提升为水泥路，全年共完成38条通屯道路和88条屯内道路的硬化工作，极大改善了贫困村屯的交通条件。七是充分发挥低保政策对农村脱贫兜底作用，全力推行低保标准与扶贫标准“两线合一”，实现应保尽保。在全县各族人民的共同努力下，我县顺利通过了自治区和百色市两级脱贫核验，完成了2015年1459户建档立卡退出户达标、2016年6个行政村和2503户贫困户10963人脱贫的任务。

（三）突出生态发展，资源长板更加优化。一年来，县委认真贯彻落实自治区党委书记彭清华同志的指示精神，坚持“五个生态”战略，不断推进“四大特色产业”发展。一是抓生态农业，2016年全县新种沙糖桔等优质水果2.6万亩，完成有机茶生产认证4600亩，新增油茶林面积5000亩，火姜（生姜）1.8万亩，麻鸭累计出栏90.5万羽。成功签约引进10万亩铁皮石斛种植等天然林林下经济开发重大项目。成功举办第五届句町文化艺术节暨第六届沙糖桔产业、茶叶产业文化展示活动周，首次启动电商销售仪式，沙糖桔在天猫网首日销量突破1万件，在全国同类产品中线上销量第一，生态优势逐步转化为经济优势，品牌知名度不断攀升。西林也获得“全国有机农业（茶叶）示范基地”荣誉称号，“西林火姜”成为继西林沙糖桔、西林麻鸭、西林姜晶之后，第四个获得国家地理标志产品保护，使西林地理标志保护产品数量跃居全区各县之首。足别瑶族苗族乡央龙村荣获农业部授予全国“一村一品”示范村称号，是我区获得此殊荣的11个村镇之一。二是抓生态工业，突出以农副产品加工业为主的工业发展路径，壮乡河谷农牧投资有限公司、泰源果业开发有限公司等一批农副产业加工企业迅速崛起，发挥龙头企业带动作用，壮大发展沙糖桔等特色产业，培育新增天韵茶业发展有限公司、西达物流有限责任公司等5家上规上限企业。三是抓生态城镇，以再造一座“西林新城”为目标，完成规划编制工作，征地拆迁工作进展顺利，项目征占用林地已获得自治区林业厅批复。积极推进“自治区文明城市”“国家园林县城”和“国家卫生城市”建设。巩固提升“清洁乡村”成效，持续开展“生态乡村”活动，大力推进县城交通秩序和市容市貌专项整治工作，城镇风貌进一步改观，人居环境逐步改善。马蚌镇荣获“自治区卫生镇”称号，西平乡者怀村克洋屯等4个屯荣获“自治区卫生村”称号，八达镇八达村等8个行政村入选“百色生态村”。四是抓生态旅游和生态文化，依托“一江两山两湖”山水资源和“一府一贵一风情”人文资源，成功创建宫保风情岛四星级乡村旅游区，稳步推进宫保府创建国家AAAA级景区，组织规划驮娘江国家湿地公园、九龙山生态园、万峰湖生态旅游区等一批生态景区。注重传承和弘扬优秀传统文化，丰富群众文化生活和公共文化服务体系，“千团万场”群众性文艺晚会精品倍出，西林“喊月亮”节目成为东盟迎宾晚会精品节目，西林荣膺“广西特色文艺之乡（山歌）”称号。五是积极推进生态文明建设，以创建“全国生态文明示范县”为抓手，加强生态保护和修复工作，全县森林覆盖率达到76.6%，跻身国家级重点生态功能区，生态文明建设得到进一步加强。

（四）突出保障设施建设，瓶颈制约逐年改善。一年来，县委始终坚持以突破交通瓶颈为目标，全力推进基础设施建设，筑牢脱贫攻坚基础。积极探索项目运行工作新机制，组建了“项目建设攻坚指挥部”，统筹推进全县项目工作。一是积极做好田林经西林到罗平高速路前期工作，工程可行性研究报告通过了自治区交通运输厅预审查。二是实现西林到隆林二级路开工，县城到八大河二级路第三期工程大部分完成，积极推进西林经那佐到云南富宁、那劳到足别等二级路前期工作，为2017年全线开工建设打下良好基础。三是完成2017年脱贫村通屯水泥路和村屯断头路规划设计等前期工作，为实现全县贫困村屯道路硬化建设目标打下坚实基础。四是加快实施实验小学、中医院、民高体艺中心以及农林水利电网等一批在建、续建的公共服务项目建设进度，全县重大项目建设步伐明显加快，有力推动了县域经济的发展。五是积极推进新型城镇化建设，完成马蚌镇撤乡建镇工作，全年城乡建设累计支出10105万元，城乡承载功能明显增强。古障镇、那劳镇获准列入全国重点镇。

（五）突出改革创新，发展活力不断增强。一年来，县委深入贯彻落实上级关于全面深化改革的决策部署，加快推进各领域改革工作。深化党的制度建设改革，人才发展环境不断优化，反腐倡廉工作不断深入。深化行政体制改革，办事流程不断优化，办事效率不断提高。推进农业产业供给侧结构性改革，生态品牌影响力不断扩大，农产品供给能力大幅提升，以沙糖桔、茶叶为主的农产品生产、加工、销售产业链初具规模。稳步推进农村金融改革，发放扶贫小额贷款1.92亿元，金融助推脱贫效果显著。推进农村土地制度改革，完成流转土地面积1.6万亩，完成农村土地承包经营权确权摸底调查工作。深化医疗卫生体制改革，在新农合支付方式、报销程序和信息管理平台方面初显成效，群众看病难、看病贵问题有所改善。推进司法体制改革，村级人民调解委员会实现规范化建设。推进科技创新改革，全年获得发明专利7件，每万人口发明专利拥有量增长75%。加快推进国有林场改革和县级党校设置调整改革前期工作。完成492户“营改增”工作。完成8个乡镇的“四所合一”改革工作。完成县城投公司年薪制改革工作。通过全面深化改革，提高了行政效率，激发了市场活力，提升了经济社会发展的质量和效益，改革成果更多惠及广大人民。

（六）突出民生保障，社会事业全面进步。一年来，县委始终坚持把保障和改善民生作为一切工作的出发点和落脚点，不断增强人民群众获得感。教育方面：坚持教育优先，逐步改善办学条件，不断提升教育教学质量，2016年高考一本、二本上线人数均创历史新高。体育方面：加快推进健康西林建设，西林勇夺全市第二届残疾人体育运动会及第四届体育运动会团体第一名和第二名的好成绩。社会保障方面：低保五保标准不断提高，医疗救助不断扩大，拥军优抚不断增强，易地安置逐步覆盖。民主法治建设方面：县人大、县政协充分发挥依法履职、建言献策和政治协商、民主监督、参政议政等作用，有效推动全县科学执政、民主执政、依法执政。不断加强新时期统战工作的领导，非公有制经济领域等工作不断深入。社会稳定方面:深入开展“平安西林”建设,加强对敌斗争和反恐工作,全力化解各类社会矛盾纠纷,严厉打击违法犯罪活动,社会大局和谐稳定,群众安全感和满意度在全区、全市继续排名前列,连续十年荣获“广西平安县”荣誉称号。

武装、工会、共青团、妇联、文联、社科联以及民族、残联等工作都有新发展,取得新成绩。

这些成绩的取得,是上级党委、政府正确领导、关心支持的结果,是全县各级党组织、党员解放思想、实事求是、与时俱进的结果,是全县广大干部群众真抓实干、艰苦创业的结果,是全县社会各界人士关心和支持的结果。在此,我谨代表县委向奋斗在各个领域和岗位上的党员、工人、农民、知识分子、干部职工、外来投资者以及各行各业建设者,向驻地解放军、武警官兵和公安干警,向关心、支持西林建设和发展的社会各界人士表示崇高的敬意和衷心的感谢!

在充分肯定成绩的同时,我们也要清醒地看到,我县经济社会发展还存在不少困难和问题:产业基础薄弱,经济总量小,发展质量不高,可用财力小,财力保障弱;交通落后、人才匮乏等发展“瓶颈”仍然没有得到根本改变;脱贫攻坚任务艰巨;一些党员干部改革创新的意识不强,克难攻坚的思路不宽、办法不多,解放思想任务艰巨;一些地方和部门管党治党不力,基层党建还有待夯实,少数党员干部落实中央八项规定精神还不到位,党风廉政建设和反腐败斗争任务还很艰巨,等等。我们一定要高度重视,在今后的工作中努力加以解决。

二、2017 年工作的总体要求和奋斗目标

今年是实施“十三五”规划承上启下的重要一年,也是我县奋力实现脱贫摘帽之年。我们将紧紧把握国家建设“一带一路”和自治区“双核驱动、三区统筹”战略布局等重大机遇,树立强烈的机遇意识和赶超意识,针对我县经济社会发展的瓶颈和薄弱环节,加大工作力度,全力推动全县经济社会发展再上新台阶。

2017年我县工作的总体要求是:全面贯彻党的十八大和十八届三中、四中、五中、六中全会和中央经济工作会议精神,深入学习贯彻习近平总书记系列重要讲话精神,按照自治区第十一次党代会、百色市第四次党代会的重大部署以及自治区党委书记彭清华同志到我县调研时的指示精神,紧紧围绕自治区“三大生态”和“两个建成”目标,坚持稳中求进工作总基调,牢固树立和贯彻落实“五大发展理念”,全力推进脱贫攻坚,深化供给侧结构性改革,做好“四大特色产业”提质升级,以优异成绩迎接党的十九大胜利召开。

2017年我县工作的奋斗目标是:实现全县脱贫摘帽,完成地区生产总值25.38亿元,增长8%以上;财政总收入1.89亿元,增长5%以上;全社会固定资产投资32亿元,增加10%以上;规模以上工业总产值和增加值分别为5.9亿元和2.13亿元,分别增长8%以上;全社会消费品零售总额完成6.85亿元,增长10%以上;城镇居民人均可支配收入24527元,增长9%;农民人均可支配收入完成9636元,增长12%以上。

要完成以上目标,必须切实做好以下“五个狠抓”:

(一)狠抓精准帮扶,奋力实现脱贫摘帽。今年,我们要继续把脱贫攻坚作为最大的政治任务、最大的民生工程和最大的发展机遇抓紧抓实,举全县之力投入脱贫攻坚战。一是要统一思想提高认识。开展“我脱贫我光荣”主题活动,牢固树立“脱贫可喜”“摘帽光荣”的思想。加强贫困户感恩教育,积极组织开展“三同”服务,帮助解决实际困难,增强贫困户获得感、认同感,提升脱贫满意度。全县各级党员干部要在政治责任上、感情立场上高度重视扶贫工作,切实肩负起脱贫摘帽责任,层层传导压力,扎实推进各项工作落实。二是要明确脱贫攻坚目标任务。全县要紧紧围绕上级下达我县脱贫摘帽的目标任务,对照脱贫考核标准,提前谋划,留有余地,确保通过上级的核验。三是要强化责任落实。县乡(镇)党政“一把手”负总责,统筹辖区内的脱贫攻坚工作;包村领导、包村单位、包村工作队员对联系贫困村负直接责任;包户的责任人对联系的贫困户脱贫工作负具体责任。四是重点推进产业扶贫,统筹使用扶贫资金,拟规划建设万亩扶贫产业园,以乡镇调控分开建设为主,吸收贫困户入园建设经营,力争达到户均5亩,积极带动周边贫困户脱贫致富。同时在一、二、三产业上因户施

策、因地制宜地指导做好产业规划和发展，促进贫困户增产增收；继续加强与深圳市罗湖区等对口帮扶单位的联系，做大做强产业扶贫项目。

（二）狠抓基础设施建设，增强持续发展后劲。今年，我们要继续以突破交通瓶颈为目标，着力完善基础设施体系，为加快实现西林脱贫奔康提供坚实保障。一是要加快推进交通路网建设。在高速路方面，全力配合市直相关部门推进田林经西林到罗平高速路的开工前期工作，力争实现年内开工建设目标；同时主动协调各方，启动兴义经西林、广南到麻栗坡的高速路西林段的建设前期工作，为实现西林半小时通高铁的目标打好基础。在二级路方面，加快开工前的各项准备工作，确保县城到西平和那劳到足别两条二级路年内全部开工建设；全力推进西林到隆林二级路建设；推进县城到八大河二级路第三期工程竣工，实现全线通车。在村屯道路方面，力争实现20户以上自然屯全部硬化目标。二是要加大水电网和科教文卫等公共服务基础设施项目投入力度。积极推进农田水利、江河治理、安全人饮、农村电网、农村宽带等工程项目建设，不断提升城乡居民生产生活能力和水平。三是要加大全县重大基础设施项目统筹推进力度，加强工作协调和督查，确保全县年度固定资产投资任务按期完成。

（三）狠抓生态建设，促进绿色协调发展。今年，我们要以跻身“国家重点生态功能区”为契机，继续坚持“五个生态”战略，做好“四大特色产业”提质升级工作，全力拉长生态优势长板。一是发挥好传统产业优势。加快传统产业转型升级，重点推进沙糖桔标准园、有机茶园、油茶示范园等“三园”建设。抓好滴灌技术种植示范建设，提质改造油茶、茶叶产业，促使林、果、茶和水电、农副产品加工等生态与经济双赢，建成具有西林特色的生态产业体系。二是大力发展林下经济。充分利用我县80万亩国有林场资源，深化林场改革，重点发展林下铁皮石斛等特色种植业和养殖业，力争把资源优势转变为产业优势，走出一条林下经济致富路子。三是积极构建生态产业承载平台。争取开工建设特色农产品加工集中区，为农业生产、加工、销售提供平台，实现产供销一体化；努力创建一个较为完善的物流集散中心，力争在后期冷链和物流运输环节上有所突破，为农业、工业产品提供中枢平台。四是提升生态文化旅游产业。深入挖掘句町历史文化，打造“一江两山两湖”和“一府一贵一风情”旅游格局，努力打造宫保府成为国家AAAA级旅游景区，推动历史文化资源转化为经济效益。

（四）狠抓城乡建设，打造宜居西林。全力抓好城镇化建设工作，一是再造一座“西林新城”要有新进展，重点推进城西新区征地拆迁工作和相关配套的移民搬迁、学校、医院、新区路网等公共服务设施建设。二是要加快推进特色小城镇建设，重点打造那劳历史文化民族风情小镇、马蚌广西“西部首镇”，同时加强其他乡镇的扩容提质工程。三是要建立健全依法打击“两违三乱”长效机制，启动城中山体公园建设，完善县城服务功能，推进“国家园林县城”建设。四是要以创建“全国生态文明示范县”为契机，巩固提升“清洁乡村”“生态乡村”建设成果，持续推进“宜居乡村”工作。重点推进产业富民、服务惠民、基础便民等三个专项活动，全面改善城乡环境，努力营造山清水秀的自然生态环境。

（五）狠抓民生改善，提升群众幸福感。坚持把保障和改善民生作为一切工作的出发点和落脚点，努力实现“学有所教、劳有所得、病有所医、老有所养、住有所居”的目标，营造团结和谐的社会生态环境。一是优先发展教育事业。打好义务教育均衡发展攻坚战，确保我县2018年通过评估验收。二是深化卫生体系改革。进一步加大公立医院改革、医疗保障体制改革、医务人员结构性改革等医改工作重点，下大力气解决群众看病难、看病贵等问题。三是抓好就业创业。结合深圳对口帮扶劳务协作招聘工作，积极转移安排就业劳动力，以此帮助有就业意愿的贫困户家庭通过外出务工实现脱贫。通过资金支持，大力扶持创业就业。四是健全社会保障体系。加大人才引进等保障性住房建设力度，完善各类社会救助制度，推进社会福利慈善事业发展。五是深化司法体制改革。推进司法执行体制改革，解决执行难等问题。建立健全公共法律服务体系，加大司法救助、法律援助力度，努力为人民群众提供便捷的司法服务。六是创新推动政法工作。以创建“广西平安县”为抓手，巩固接边刑事司法协作、职务犯罪侦查协作、警务协作等工作。深化“联管、联排、联调、联防、联打”等机制，开展“村级农情信息工作室”和矛盾纠纷化解“三个三”工作法，维护社会和谐稳定。七是加强法制教育，进一步完善安全生产监管体制机制，继续深入开展双拥共建工作，不断增强国防动员和后备力量建设。

三、加强和改进党的建设，不断提高党的执政科学化水平

要实现2017年奋斗目标，关键在党，关键在党要管党、从严治党。全县各级党组织和广大党员要不忘初心，继续前进，把党的政治优势、组织优势转化为引领发展、推动跨越的强大动力，为实现2017年脱贫摘帽、以优异成绩迎接党的十九大胜利召开提供坚强组织保证。

（一）加强思想政治建设，不断提升思想政治理论水平。坚持不懈抓好党员干部理论武装，落实意识形态工作责任制。一是坚持和创新党内学习制度。认真落实党委（党组）中心组学习制度，健全和规范“三会一课”等党内制度，做好党的十八届六中全会、自治区第十一次党代会以及即将召开的党的十九大精神宣传学习贯彻，使理论学习经常化、制度化。二是要深入推进“两学一做”学习教育。深入学习党章党规，以及习近平总书记系列重要讲话精神和治国理政新思想、新政策、新战略，突出融入日常、抓在经常，确保学习教育常态化、制度化。三是要推动各级领导干部带头参加学习教育。完善领导干部讲党课、上讲台制度，严格和规范双重组织生活制度。以开展“自治区文明城市”创建工作为契机，引导教育领导干部带头践行社会主义核心价值观，形成上行下效、整体联动的总体效应。充分发挥宣传部门和党校等单位的党性教育主渠道作用，营造理论学习的浓厚氛围。要充分发挥党支部主体作用，树立党的一切工作到支部的鲜明导向，坚持把支部建设作为最重要的基本建设，进一步优化设置形式、扩大党的组织和工作覆盖，注重把思想政治工作落到支部、把从严教育管理党员落到支部、把群众工作落到支部，指导党支部健全和落实各项工作制度，真正成为教育党员的学校、团结群众的核心、攻坚克难的堡垒。

（二）加强干部队伍建设，努力打造忠诚干净担当干部队伍。一是要强化精准识别。坚持德才兼备、以德为先，坚持五湖四海、任人唯贤的选人用人标准，不断改进干部考察识别方法，拓宽干部考察信息渠道，做到精准识别干部。二是要突出事业为上。结合脱贫攻坚等中心工作，大力选拔善于推进脱贫攻坚工作以及现代化发展的综合型干部。坚决破除论资排辈、干部部门化属地化的观念做法，坚持量才而用，用好各年龄段干部，实现干部队伍结构的科学配置，做到人尽其才、才尽其用、人事相宜、人岗相适。三是要坚持选管结合。做好干部选、育、用、管各个环节工作。要增强管理的经常性，把更多功夫下在平时，坚持和完善提醒函询诫勉办法，研究探索日常考核办法，强化巡察、个人有关事项报告抽查核实等成果运用，加强干部的经常性谈心谈话以及日常监督。要充分调动干部积极性。探索建立容错机制，为实干者鼓劲、为改革者撑腰、为担当者担当，保护好、调动好干部干事创业的积极性。

（三）加强人才队伍建设，着力激发创新创业强大活力。坚持党管人才原则，外引内育、双管齐下，推动我县人才工作再上新台阶。一是要加大人才引进力度。重点是推动县委、县政府关于人才引进和人才关爱各项政策制度的落实，着力解决制约我县经济社会发展的人才瓶颈问题。二是要实施人才培育工程。实施西林县“百名人才培养计划”“名校名师培育工程”“重点学科人才培育工程”，努力培养一批业务骨干，打造一批重点学科，充分调动各方面人才的积极性创造性。三是要完善人才激励机制。健全专业技术人才绩效考评和奖励机制，探索有利于体现人才创新价值的专业技术人才经费管理制度。完善人才宜居环境，适当解决人才住房、就医和子女就学等问题，逐步解决人才短缺、流失严重问题，激发人才干事创业活力。

（四）加强基层党建工作，不断增强各级党组织的整体功能。要继续深化提升跨区域党建、“1234工作法”等党建品牌，全面抓好2017年村（社区）“两委”换届工作。在全县范围内开展“争当八桂先锋，争做合格党员”“脱贫攻坚先锋行”“双带双服”和“民族携手脱贫先锋行”等活动，突出党组织的政治功能和引领作用。重点实施基层党建“五个一批”工程，力争实现培树一批脱贫攻坚典型、打造一批村级服务先锋、壮大一批村集体经济、选配一批优秀村干部、提

升一批薄弱领域党组织，推动基层党组织建设全面进步、全面过硬。要抓好意识形态工作创新。努力在理论武装、舆论引导、文明创建和文化发展上取得新突破，不断激发全县广大干部群众工作激情，为推进全县经济社会大发展、实现脱贫摘帽，提供坚强有力的精神动力、思想保证和舆论支持。

（五）加强党风廉政建设，努力营造风清气正的政治生态。一是全面加强和规范党内政治生活。各级党组织和广大党员干部要自觉学习贯彻《关于新形势下党内政治生活的若干准则》和《中国共产党党内监督条例》，增强“四个意识”，坚定维护党中央的集中统一领导，确保中央政令畅通。二是进一步压实“两个责任”。各级党组织要切实从“四个全面”战略布局高度，层层落实“两个责任”，确保党风廉政建设和反腐败工作责任落到实处。认真贯彻落实《中国共产党问责条例》，严肃追究问责，坚持有责必究，问责必严，确保从严治党取得新成效。三是坚持做深做细做实，持之以恒抓好作风建设。各级党组织要发扬钉钉子精神，以实实在在的作风建设成效取信于民；切实加强党风廉政宣传教育，注重正面典型宣传，发挥反面教材警示作用，推动党风政风和社会风气好转，强化落实中央八项规定精神常态化、长效化，使良好作风在坚持和深化中形成习惯。四是推动党内监督与外部监督相结合，构建全方位监督体系。加大监督执纪审查，巩固反腐败斗争压倒性态势。巩固查处发生在群众身边的“四风”和腐败问题专项整治工作中形成的好做法、好经验，紧盯扶贫民生，强化扶贫领域监督执纪问责，以精准监督助推精准脱贫。要健全县委巡察工作制度，创新巡察工作方法，增强巡察发现问题能力，推进廉政监督检查常态化；要运用好“四种形态”，以严明的纪律推进全面从严治党，始终保持惩治腐败的高压态势，做到惩治腐败力度不减，零容忍态度不改，形成强大震慑。

（六）加强党委自身建设，努力提升驾驭全局工作的能力和水平。县委是领导全县改革发展稳定的坚强核心，只有不断改正和加强自身建设，才能在错综复杂的历史进程立于不败之地，才能更好地团结带领人民实现“两个百年”目标。因此，县委自身一是要不断健全领导体制和工作机制，坚持县委理论中心组学习制度，加强理论学习、工作调研和干部培训力度，切实提升县委班子履职能力。二是要充分发挥县委领导核心作用，加强对全县政治、经济、文化、社会等各项事业的全面领导，集中精力抓好全局性、战略性和前瞻性的重大问题。三是要加强民主法治建设，支持人大依法履职和政协民主监督，坚持民主集中制原则，不断总结和完善党委议事规则和决策机制。牢固树立全局观念，坚持开展批评和自我批评，自觉维护班子团结，努力提升县委决策的民主化和科学化水平。

新的一年，孕育新的希望，承载新的梦想。我们要紧密团结在以习近平同志为核心的党中央周围，团结和带领全县各族人民，振奋精神，开拓创新，不忘初心，继续前进，坚决完成决战贫困决胜小康伟大使命，为实现与全国全区全市同步全面建成小康社会而努力奋斗。

西林县人民代表大会常务委员会工作报告

——2017年2月8日在西林县第十二届人民代表大会第二次会议上

西林县人大常委会主任　农建华

2016年工作回顾

2016年，在上级人大的指导和县委的正确领导下，县人大常委会紧紧围绕工作大局依法行使职权，充分发挥地方国家权力机关作用，各项工作都取得了新的成效。

一、坚持依法抓好换届选举，县乡代表和国家机关领导人员得到新优化

在县委的坚强领导下，县人大常委会在县、乡人大换届工作中，坚持“党委领导、人大为主、各方配合”的原则，精心组织、周密部署、压实责任、强化指导，2016年全县县、乡人大换届选举工作依法有序开展，顺利选举产生了新一届县、乡两级人大代表562名，选举出席百色市第四届人民代表大会代表22名，选举产生了新一届本级国家机关领导人员，为今后五年我县经济社会各项事业健康发展夯实了组织基础。

二、坚持依法行使监督权，监督工作取得新实效

（一）认真开展执法检查，强化法律监督。县人大常委会坚持突出重点、注重实效的原则，抓好法律监督。一是重点检查《中华人民共和国食品安全法》的贯彻实施情况。在执法检查时，针对实施《中华人民共和国食品安全法》存在的主要问题，提出了加大宣传普及力度、加大执法监管力度、加大源头管理力度、加大能力保障力度等建议，进一步推动了法治政府建设；二是跟踪检查《广西壮族自治区禁毒条例》执法检查情况和《西林县人民政府关于农民增收工作情况的报告》审议意见落实情况，提高了政府部门工作执行力；三是配合自治区、百色市人大常委会开展《中华人民共和国消防法》《中华人民共和国反恐怖主义法》《中华人民共和国预算法》执法检查活动，促进执法部门依法行政，保证了宪法和法律法规在我县的贯彻实施。

（二）认真开展专题调研，强化工作监督。为审议好“一府两院”专项工作报告，县人大常委会针对全县茶叶产业发展、“六·五”普法规划实施、“七·五”普法规划意见、农产品质量安全监管及检测体系建设、精准扶贫工作专题询问等进行专题调研。听取“一府两院”专项工作情况汇报，并通过召开常委会会议作出决议或审议意见。同时，通过采取“三监督、三通报、三落实”工作措施，推进“一府两院”不断改进工作方法，提高工作效率，促进依法行政、公正司法。此外，积极配合区、市人大常委会在我县开展民族乡经济社会发展情况、水产养殖业发展情况、《百色市百色起义文物保护条例》《广西未成年人保护办法（草案）》《广西古树名木保护条例（草案）》《广西消费者权益保护条例（修订草案）》等专题调研及意见建议征求工作，推进了相关工作的落实，得到了上级的充分肯定。

（三）加强维护社会稳定，强化信访监督。县人大常委会把做好人大代表和人民群众的来信来访作为了解社情民意、倾听群众呼声、帮助群众解决困难和维护社会稳定的重要工作来抓，根据分级负责、归口办理的原则，坚持按照《西林县人大常委会处理群众来信来访办法》规定，对受理的信访件进行登记、分类和转办、交办、督办，耐心地向来访群众宣传党的方针政策和国家的法律法规。一年来，共处理来信22件，接待来访27批64人（次）。其中涉法案件12件，市人大重点督办案件3件，做到了件件有着落，事事有回音，维护了群众的合法权益，促进了“一府两院”工作作风的转变，为维护社会稳定作出了贡献。

三、坚持依法行使重大事项决定权，全县重大决策部署落实取得新进展

2016年，对县人民政府提请依法作出决议决定的事项，在审议表决前，县人大常委会对提请的事项进行认真调查研究，反复讨论，广泛听取意见，并提出审议意见和依法作出决议决定。一年来，县人大常委会结合全县实际，作出了关于批准2015年西林县财政决算的决议、关于批准西林县2016年财政预算收支调整方案的决议、关于批准西林县2015年政府债务限额的决议等决议决定。督促政府运用积极的财政政策，加大财政专项投入，确保重点发展项目的资金需求，切实解决国计民生问题。督促审计部门加强对预算执行单位财政资金运行情况的审计监督，强化专项转移支付以及重大投资项目资金的审计，加强对“钱袋子”的监督。对审计报告中提出的问题和建议认真研究，督促相关部门认真落实整改，确保全县重大决策部署的落实。

四、坚持依法行使人事任免权，任免工作规范化得到新提高

县人大常委会始终坚决贯彻党委人事意图，坚持把党管干部和人大依法任免国家机关工作人员有机统一起来，以对人民高度负责的态度，依法行使人事任免权。严格规范任免程序，严肃人大法律授权制度，坚持颁发任命书、向宪法宣誓等形式，依法做好人事任免工作，切实加强任后监督。一年来，依法任免国家机关工作人员95人（次），其中任66人（次）、免29人（次），接受辞职9人，为促进西林各项社会事业的发展提供坚强的组织保证。

五、坚持尊重代表主体地位，代表工作取得新成效

（一）强化代表服务，拓宽代表知情知政渠道。县人大常委会坚持常委会组成人员联系人大代表制度，每位常委会组成人员负责联系3–6名基层人大代表，通过电话和走访形式，了解代表心愿，听取代表的意见和建议。坚持邀请市、县人大代表列席县人大常委会会议和县人大常委会组织的活动。一年来，共邀请各级人大代表156人（次）列席参加县人大常委会会议和县人大常委会组织开展的专题调研、执法检查等工作。坚持为全县人大代表订阅《广西人大》杂志，使人大代表深入了解党的主张，人大的决议、决定和政府的各项政策，保障了代表在知情知政的前提下有效行使职权。

（二）强化代表培训，提升代表履职能力和水平。县人大常委会注重发挥代表作用，全力支持和保障代表依法履职，采取多种形式组织代表学习宪法、监督法、选举法、代表法等法律法规和人大业务知识。县十二届人大代表选举产生后，县人大常委会于2016年12月在我县举办了人大代表依法履职培训班，邀请市人大常委会领导到会授课，对新当选的153名县人大代表进行法律法规和人大业务知识培训。同时，还邀请市纪委领导到会就人大代表反腐倡廉形势教育作专题讲座。通过培训，使人大代表进一步了解和掌握了人民代表大会制度和人大工作基本知识，增强了廉洁自律意识，提高了履职能力。同时，通过组织开展人大代表“五个一、两服务、五带头”活动，充分发挥代表在各条战线、各个行业、各个领域的作用，让代表在履职中施展才华、奉献社会。

（三）注重拓宽代表视野，认真组织开展代表视察活动。2016年12月，县人大常委会紧紧围绕城镇化建设、农产品营销（流通）、旅游扶贫、农业产业扶贫等内容，组织在我县选举产生的百色市第四届人大代表和部分县十二届人大代表到乐业县、田阳县开展集中视察活动，使人大代表开阔了眼界，增长了见识，进一步提高了代表履职的积极性。同时，认真做好市人大代表田阳代表团等到我县开展视察的服务工作。

（四）创新督办方式，提高代表建议办理质量。县十二届人大一次会议闭幕后，县人大常委会及时召开代表建议、批评和意见交办会，依法

把会议期间代表提出的195件建议、批评和意见通过县人民政府统一集体交办，并对承办单位跟踪督办。在代表建议办理工作中，通过开展办理人大代表建议“五延伸”工作，创新代表建议督办方式，做到哪里有代表建议，督办工作就延伸到那里。2016年12月，县人大常委会组织市、县部分人大代表深入到县水厂、县中医院在建项目工地、西平乡弄工村弄工屯、者怀村克洋屯、平上村三湾屯召开代表建议挂牌督办现场会，有效推进了代表建议办理的落实，提高了代表建议办理质量。

六、坚持加强宣传队伍建设，人大宣传工作有了新突破

县人大常委会坚持正确的舆论导向，以各级人大网站、报刊等媒体为主要阵地，加强人大宣传队伍建设，完善人大宣传激励机制，强化宣传效果，不断扩大人大工作的社会影响力。2016年12月，召开全县人大宣传工作会议，对积极宣传人大工作的8个先进单位和13位先进个人进行了表彰。一年来，各级人大通信员在上级有关媒体、报刊发表人大新闻报道300多篇，编发8期人大常委会公报。

七、坚持落实好县委工作部署，各项中心工作取得新成绩

按照县委各项重大工作组的分工，县人大常委会领导积极参与全县精准扶贫、城镇建设、农业农村、工业交通、社会事业和旅游招商、社会稳定等各项中心工作。重点组织协调城西新区征地拆迁和县城城区及周边“两违三乱”依法打击活动，以及处理各种矛盾纠纷。按照县委的统一安排，县人大常委会领导及机关全体干部职工，全身心投入精准扶贫工作，积极深入到联系乡（镇）、村屯和联系贫困户开展调研，帮助理清发展思路，捐助物资改善村“两委”办公条件，协调解决道路基础设施建设，为村集体经济及贫困户产业发展提供资金支持。一年来，共为群众办实事好事85件，协调解决各种项目资金76.8万元，为推进生态乡村和精准扶贫工作发挥了积极的作用。

八、坚持学习教育，常委会自身建设得到新提升

（一）**高度重视学习**。建立健全人大常委会党组和机关集中学习制度，深入学习贯彻党的十八届三中、四中、五中、六中全会及习近平总书记系列重要讲话精神，学习法律法规和人大业务知识。2016年10月，县人大常委会班子领导及各委室负责人参加了全市人大及“一府两院”依法履职培训班；县人大常委会于12月举办了全县人大及“一府两院”依法履职培训班，着力提高全县人大干部理论水平和业务素养。

（二）**加强廉政建设**。强化“一岗双责”意识，坚持把党风廉政建设作为一项政治任务来抓，与年度工作一起部署、一起落实，形成了“党组负总责，班子领导齐抓共管，各委室负责人各负其责，干部积极参与”的工作机制，并按照县《党风廉政建设责任状》的要求，认真抓好落实，确保县人大常委会及机关的党风廉政建设责任制落到实处。

（三）**强化作风建设**。按照县委的部署要求，县人大常委会认真开展“两学一做”学习教育，紧扣政治合格、执行纪律合格、品德合格、发挥作用合格四个方面进行党性分析。对照《关于新形势下党内政治生活的若干准则》和《中国共产党党内监督条例》，召开典型案例分析会和党组班子民主生活会，认真开展批评与自我批评，对存在的突出问题，深刻剖析原因，明确整改方向，提出整改措施，落实整改责任。认真贯彻落实中央八项规定精神，切实改进文风会风、节俭办公办事，完善长效机制，树立良好形象。抓好人大常委会领导联系乡（镇）人大工作制度，乡（镇）人大工作水平不断提高。

2016年，先后荣获全区人大宣传工作先进单位二等奖，全市人大代表活动工作先进单位一等奖、人大宣传工作先进单位二等奖、人大代表建议办理工作先进单位二等奖、人大监督工作先进单位、人大法治建设工作先进单位等荣誉称号。

各位代表，过去一年县人大常委会工作取得的成绩，是县委坚强领导的结果，是全县人大代表、人大常委会组成人员、人大各委室工作人员共同努力、辛勤工作的结果，是县人民政府、县人民法院、县人民检察院支持帮助的结果，是各乡（镇）、各部门密切配合的结果，也是广大人民群众和各位老领导、老同志积极支持的结果。在此，我谨代表县人大常委会向大家表示衷心的感谢和崇高的敬意！

一年来，县人大常委会的工作虽然取得了一定的成绩，但我们也清醒地看到，人大常委会工作还存在一些不足。主要是：监督实效有待进一步增强，代表议案和建议办理质量有待进一步提高，常委会自身建设有待进一步改进等。这些问题，需要我们在今后的工作中认真研究，切实加以改进。

2017年主要任务

2017年是实施“十三五”规划的重要之年，也是我县奋力实现脱贫摘帽之年。县人大常委会工作的总体要求是：全面贯彻党的十八大和十八届三中、四中、五中、六中全会精神，深入学习贯彻习近平总书记系列重要讲话精神，按照“四个全面”战略布局的要求，以“三个生态”和“两个建成”为目标，牢固树立和落实新发展理念，坚持党的领导、人民当家作主、依法治国有机统一，紧紧围绕自治区第十一次党代会、百色市第四次党代会和县第十二次党代会精神，依法履职，扎实工作，敢为善为，努力实现人大工作新突破，为完成县委第十二届党代会第二次会议确定的目标任务和迎接党的十九大胜利召开作出新贡献。

一、以坚持党的领导核心为原则，进一步把好正确政治方向

坚持把思想政治建设摆在首位，深入学习习近平总书记系列重要讲话精神，牢固树立“四个意识”，坚决维护习近平总书记的核心地位，坚决向以习近平同志为核心的党中央看齐，在思想上、政治上、行动上同党中央保持高度一致。坚定理想信念，自觉服从服务于党和国家工作大局，切实把人民代表大会制度坚持好、完善好、发展好。坚持在党委领导下开展人大工作，坚持重大事项、重要工作向县委报告制度，把握好人大工作正确政治方向。

二、以推进全县社会各项事业发展为目标，进一步依法行使重大事项决定权

坚持抓大事、议大事、论大事的原则，密切关注全县经济和社会发展运行情况，认真贯彻县委重大决策部署，按照宪法和法律的规定，依法行使好重大事项决定权，使县委的重大决策部署经过法定程序成为全县人民共同意志和自觉行动。要在深入调查研究，充分听取意见的基础上，针对全县经济社会发展的关键问题、重大问题以及人民群众关注的热点、难点问题，时适作出决议决定，并切实加强监督检查，促进贯彻落实，保障和推动全县经济社会发展。

三、以促进依法行政公正司法为出发点，进一步认真行使人大监督权

（一）加强法律监督。计划对全县贯彻实施《广西壮族自治区社会治安综合治理条例》《广西壮族自治区乡村清洁条例》情况进行检查，跟踪检查《中华人民共和国食品安全法》执法检查报告审议意见落实情况；计划听取和审议县人民法院关于基本解决执行难工作情况、县人民检察院关于开展国家司法救助情况专项报告；配合上级人大常委会开展执法检查和调研。认真处理好群众的来信来访，进一步化解社会矛盾，促进社会和谐稳定。

（二）加强工作监督。继续开展“三监督、三通报、三落实”（即：监督一个项目、监督一个单位、监督一个行业，通报一个项目、通报一个单位、通报一个行业，落实一个项目、落实一项工作、落实一项制度）工作。计划听取和审议县人民政府关于精准扶贫工作情况、重大项目建设情况、城市管理工作情况报告。认真贯彻预算法，进一步强化对计划预算的监督，重点审查和批准县人民政府2016年财政决算，听取和审议县人民政府关于2016年国民经济和社会发展执行情况与2017年国民经济和社会发展计划报告、关于2016年预算执行情况和2017年预算报告、关于2016年预算执行情况和其他财政收支情况的审计结果报告、关于2017年预算收支调整方案。对农业农村发展、教育及医药卫生体制改革工作等进行视察或开展专题调研。开展全县精准扶贫工作专题询问，推进精准扶贫工作开展。强化对“一府两院”任命后干部的综合监督，突出监督重点和监督实效，把监督与支持有效结合起来，依法行政、公正司法以及改正相关工作，确保县委重大决策部署的贯彻落实。

（三）抓好满意度测评。积极探索和实践以满意度测评为抓手，加大对“一府两院”工作监

督力度，选择1–2个群众普遍关注的热点、难点问题，组织常委会组成人员和人大代表开展专项工作满意度测评，进一步增强“一府两院”由人大产生、对人大负责、受人大监督的意识。通过满意度测评，达到监督发现问题、解决问题、促进发展的目的。

四、以提高任免质量为目的，进一步依法行使人事任免权

强化党管干部原则和人大依法任免干部相结合，确保实现党委的人事意图，不断规范和完善任免工作程序，努力提高人事任免工作质量。继续认真组织新任命人员公开向宪法宣誓活动，实行任职表态发言和颁发任命书等制度，加强对被任命干部进行现场法制教育和警示教育，切实增强被任命干部的法制意识、公仆意识、责任意识和自觉接受人大监督的意识。

五、以提升代表履职能力为要务，进一步认真做好代表工作

（一）抓好代表学习培训。继续加强县、乡（镇）人大代表履职能力学习培训，进一步丰富学习内容，拓宽学习形式，举办好县、乡（镇）代表学习培训班，分批次到区内外高等院校开展理论和业务知识学习，提高代表参与管理地方国家事务的能力和水平。

（二）拓宽代表知情知政渠道。坚持邀请人大代表列席县人大常委会会议、参加视察、执法检查和调研，不断拓展代表对常委会各方面工作的参与。继续为代表订阅《广西人大》杂志。认真完善和落实常委会组成人员联系人大代表“双联系”制度，进一步密切常委会组成人员与代表、代表与人民群众的联系，并制作联系卡片，听民声、察民情、汇民智。坚持和完善代表联系选民制度，抓好人大代表向选民述职工作，保持人大代表与选民的密切联系，接受选区选民的监督。

（三）抓好代表议案和建议办理督办工作。继续强化办理人大代表议案、建议“五延伸”（即：延伸到机关、延伸到单位、延伸到乡镇、延伸到企业、延伸到农村）工作机制，进一步加大代表议案和建议办理督办力度，切实提高解决率和满意率。推行代表议案、建议办理绩效考评工作，组织开展代表建议办理工作先进单位评选活动，激发代表履职和承办单位办理工作的积极性，着力提高代表建议办理质量。

（四）激发代表履职热情。继续开展人大代表“五个一、两服务、五带头”（即：岗位履职尽一心、知情知政献一策、联系选民进一言、服务群众办一事、化解矛盾稳一方，服务选区、服务选民，带头学习和宣传政策法规、带头学习和宣传科学技术、带头遵纪守法、带头扶贫济困、带头发展致富）活动，充分发挥人大代表的桥梁纽带、模范带头和监督推动作用，为全县经济社会健康发展作出积极贡献。

（五）抓好人大宣传工作。进一步加强人大宣传队伍建设，利用各类媒体载体，积极报道基层人大代表履职先进事迹。召开人大代表带头助推精准扶贫工作经验交流会。编写西林县基层人大代表履职故事和制作人大代表履职手册。

六、以围绕中心服务大局为己任，进一步扎实抓好中心工作

县人大常委会要贯彻执行县委的决策部署，切实抓好县委安排分管和联系的工作，积极推进各项中心工作的落实，特别要全力助推城西新区建设，确保再造一座“西林新城”抓出成效。继续深入挂点联系帮扶乡（镇）、村屯，突出精准，合力攻坚，扎实开展脱贫攻坚工作。通过参与中心工作、服务大局，努力在全县经济社会各项事业建设中发挥人大应有的作用。

七、以提高工作水平为取向，进一步加强常委会自身建设

（一）加强理论和法律法规学习，增强“四个意识”，提高常委会依法履职能力和水平，有计划地安排人大干部到全国人大培训基地进行培训。

（二）加强制度建设，完善人大各项工作制度、议事规则，完善适合地方国家机关、充满活力的人大组织和运行机制。

（三）加强作风建设和廉政建设，严格落实中央八项规定精神和自治区党委、市委和县委的有关规定；认真落实党风廉政建设“一岗双责”责任和《关于新形势下党内政治生活的若干准则》《中国共产党党内监督条例》。

（四）加强干部队伍建设，巩固“两学一做”学习教育成果，不断加强机关干部队伍建设，以

风清气正、求真务实、敢于担当的作风，推进人大各项工作开展。

（五）加强对乡（镇）人大工作的指导，密切工作联系，完善工作协同，增强人大工作整体实效。继续开展对外交往交流，增进了解，学习经验，促进发展。

做好新形势下的人大工作使命光荣、责任重大。让我们紧密团结在以习近平同志为核心的党中央周围，在县委的坚强领导下，坚定信心，扎实工作，以优异的成绩迎接党的十九大顺利召开，为加快西林脱贫奔康步伐作出新的更大的贡献！

政府工作报告

——2017年2月8日在西林县第十二届人民代表大会第二次会议上

县　长　欧阳可爽

一、2016年工作回顾

2016年，在上级党委、政府和县委的坚强领导下，县人民政府紧紧围绕建设“美丽宜居和谐幸福西林”的工作目标，以脱贫奔康为主线，扎实推进“脱贫奔康、基础建设、城镇扩容、产业提级”四大攻坚战和“生态建设、改革开放、民生保障”三大工程建设，推动经济社会赶超、跨越发展，经济社会发展呈现稳中向好的发展态势，较好地完成了年初确定的各项目标任务，实现了“十三五”良好开局。

全县地区生产总值完成23.5亿元，增长7.5 %；固定资产投资完成 29.02 亿元，增长15.32%；财政收入完成 1.8亿元，增长7.38%；社会消费品零售总额完成6.22亿元，增长10.49%；规模以上工业总产值和增加值分别完成5.49亿元和 1.96亿元，增长5.06%和3.7 %，城镇居民可支配收入完成22502元，增长7.5%，农民人均可支配收入完成8604元，增长9.8%。

过去的一年，我们的工作取得显著成效，影响力得到提升。新增1个“国字号”品牌—西林火姜继西林沙糖桔、西林麻鸭、西林姜晶之后第四个获国家地理标志保护产品，国家地理标志保护产品数量排在全区第一；新增3个国家级和1个自治区级荣誉—荣获“全国有机农业示范基地（茶叶）”荣誉称号、被列入国家级重点生态功能区、足别瑶族苗族乡央龙村（足龙茶）被农业部认定为全国“一村一品”示范村，是我区获得此殊荣的11个村镇之一、被广西文联授予“广西特色文艺之乡（山歌）”；脱贫攻坚任务顺利完成，贫困村集体经济发展模式以及“双认定”等脱贫攻坚工作措施得到了自治区党委、政府肯定等等。过去一年，主要工作及成效表现在：

——**扶贫工作成效明显。**我们按照自治区和百色市委、市政府及脱贫攻坚指挥部的要求，稳步推进脱贫攻坚工作。顺利完成了6个贫困村和2503户贫困户10963人的脱贫任务，全县贫困发生率由原来的20.39%下降到13.36%。整合资金8.72亿元投入到产业发展、村屯道路、住房改造、移民搬迁等方面建设，贫困村基础设施进一步完善。其中：投入820万元统一购置商铺打造贫困村集体经济创业园，投入2800万元和发放扶贫小额信贷1.92亿元，扶持脱贫户发展产业或入股企业分红。实施41个贫困村的71条通屯道路硬化及140个屯内道路硬化项目。实施贫困村190处人畜饮水巩固提升工程，改善14345人饮水条件。落实贫困户投亲靠友和易地扶贫搬迁1270户5345人。

——**交通建设取得突破。**我们以力争高速路项目落地、乡乡通二级路、屯屯通水泥路为目标，全力做好交通网络建设的各项基础工作。高速路项目的前期协调服务工作扎实推进，项目落地基本成熟。西林至隆林（常么）二级路已进入实质性开工建设阶段，县城至八大河二级路三期工程抓紧推进，完成县城至西平、那劳至足别二级路的前期工作，为今年的开工建设打好基础，一直制约我县发展的交通问题，正逐步得到解决，新的交通发展网络雏形基本形成。

——**城市建设提档升级**。为突破城市发展空间限制，我们结合实际，采取“削峰填沟”方式向西延展开发3.5平方千米的新区，以实现再造一座“西林新城”目标。目前，已完成详细规划，并启动了第一期5300亩的征拆工作，城西新区的规划建设取得实质性进展，并将成为今后几年拉动全县经济社会快速发展的重要引擎，“城镇扩容”攻坚战取得良好开局。完成鲤城新区集中办公区附属工程等项目建设，山体公园一期工程及市政、教育、卫生、交通等一批城市建设项目扎实推进，城市公共服务设施不断完善，首次安装太阳能垃圾箱和公益性爱心直饮水机，城市品位不断提升。完成那劳、古障、马蚌、普合等乡镇控制性详细规划，实施那劳、古障、西平、马蚌、者夯等易地扶贫安置点项目，城乡建设不断加强。

——**产业发展提质增效**。以创建国家地理标志产品保护示范区为目标，全力推进西林县驮娘江（西林沙糖桔）现代农业核心示范区建设，全年新种水果面积2.6万亩，其中在驮娘江沿江两岸新种沙糖桔1万亩，全县沙糖桔面积达15.8万亩，投产面积7.5万亩。结合第六届沙糖桔产业、茶叶产业展示活动周，启动沙糖桔线上线下销售工作和到北京举办推介会，西林沙糖桔的品牌进一步打响，品牌效益日益突显。全力推进有机标准化茶园建设，共完成有机茶生产认证面积4600亩，无公害茶叶基地认证面积6.2万亩，低产茶园改造2000亩。大力发展林下铁皮石斛种植，充分利用丰富林地资源，成功引进10万亩林下铁皮石斛种植项目，进一步丰富和扩展林下经济。抓好软枝油茶产业发展，编制《西林县2016～2020年油茶产业发展实施方案》，全年完成新种油茶5000亩，低产改造油茶10000亩。实施“抓大壮小扶微工程”，农副产品加工企业健康发展，汇浤工贸公司、京桂古道茶业、王子山茶业等农副产品加工企业均较好完成年度生产计划，完成培育天韵茶业、西达物流等5家企业上规上限。扎实开展旅游星级体系建设，成功创建宫保风情岛四星级乡村旅游区，稳步推进宫保府创建国家AAAA级景区，基础配套设施不断完善，乡村旅游业发展态势良好。全年旅游总人数63.92万人次，同比增长15.69%，旅游综合收入5.6亿元，同比增长28.73%。

——**生态建设扎实推进**。以建设全国生态文明试范工程试点县为契机，扎实推进生态文明建设，生态环境、空气质量不断优化，促进全县经济、社会、资源和环境可持续发展，2016年，我县升格列入国家级重点生态功能区，为进一步争取上级政策资金支持创造了良好的条件。扎实开展“生态乡村”建设活动，对乡村面貌进行升级改造，重点打造村屯绿化、饮水净化、道路硬化的“三化”建设工作，共实施40个村屯绿化示范点和94个行政村农村饮水安全净化工程。

——**改革工作不断深化**。进一步转变政府职能，继续推进行政审批事项的清理和下放工作，把简政放权、放管结合、优化服务改革推向纵深，全年取消审批事项30项，调整行政审批事项9项。深化经济体制改革，着重推进供给侧结构性改革，以创新供给带动需求扩展，提高县域经济发展的质量和效益。全面推开营业税改征增值税试点工作。农村土地承包经营权确权登记工作全面推开，完成摸底调查工作。开展供销合作社综合改革工作，完成那佐供销合作社、农民专业合作社、综合服务站“三位一体”组织架构。全面完成8个乡镇的“四所合一”改革工作。加强对外贸易工作，抓好出口基地建设，重点抓好茶叶、姜晶等农副产品的出口，大力培育新的出口增长点，实现了外贸出口新突破，完成出口额56万美元，同比增长24%。农村金融改革不断深入，县、乡、村等三级“农金村办”服务体系和信用体系初步建立，全县共2.09万户农户被评为“信用户”，信用率达68.8%，为创建“信用县”奠定坚实基础。

——**项目建设进展顺利**。充分利用百色市政策性金融扶贫实验示范区机遇，加大项目策划包装力度，在加快项目前期工作，缩短项目设计、预算、招投标时间上下功夫，促进了项目的投资拉动。全县固定资产投资在建项目共109项，其中新建81项，续建28项。列入区、市级层面重大项目7项，县城至八大河二级路三期工程、那佐母鲁至足别三级公路、者夯至堂上三级公路、民族实验小学、龙英水库扩容工程、民族高中扩建工程、宫保府AAAA级旅游景区建设项目、县城污水管网扩建工程、易地扶贫移民搬迁工程等一批重大项目顺利开竣工，全年完成29亿元的投资任务，有效拉动经济稳步增长。进一步加大项目招商引资工作力度，首次举办西林县重点产业推介会暨项目签约仪式，签约项目12项，总投资11.27亿元，全年共完成招商引资项目14项，总投资33.02亿元。

——**社会事业协调发展**。全年共投入教育、卫生、文化体育、民政等民生事业6.55亿元。突出抓好义务教育均衡发展工作，“全面改薄”工程项目顺利推进。完成古障、那劳、普合等乡镇中心幼儿园教学楼建设。拓展乡村教师补充渠道，完成招聘中小学教师234人，定向培养农村小学全科教师55人。执行乡村教师的扶持政策，实施校长和班主任岗位奖励性绩效工资。县级公立医院综合改革扎实推进，解决医改编制418名。开展计生小额贴息贷款、爱心保险、免费婚前、孕前健康检查，认真落实国家基本公共卫生服务项目，整合优化妇幼保健计划生育服务及卫生计生综合监督执法资源。深入开展群众文体活动，丰富广大群众文化生活。成功举办第五届句町文化艺术节暨第六届沙糖桔产业、茶叶产业文化展示活动周、中国·西林句町文化暨唱娅王民俗研讨会、百色市第四届文艺汇演、“千团万场”文艺展演等赛事活动，不断提高我县知名度和扩大西林影响力。加强非物质文化遗产传承保护工作，完成“八音坐唱”“瑶族度戒”等2项自治区级非遗项目的申报工作。体育工作成效显著，全市第四届运动会取得总分排行全市第二名，第二届残疾人体育运动会取得全市团体总分第一名。健全社会救助体系，不断加强民政救灾救助工作，在提高最低生活保障标准和补助标准基础上，将建档立卡贫困人口20789人纳入农村低保，社会救助充分发挥兜底保障作用。认真开展道路交通、建筑施工、非煤矿山等领域安全生产大检查和整治工作，安全生产持续稳定好转；深入开展影响社会稳定突出问题和“三大纠纷”调处攻坚活动，认真化解信访积案和信访突出问题，全年化解信访积案 19件；强化情报信息工作，提高预警预测能力和突出问题的防范处理工作，全县社会治安大局持续安全稳定。2016年，我县社会稳定动态八项工作排在全区第21位、全市第2位。

统计、审计、广播电视、水文、农机、物价、档案、编制、供销、地方志、质监、气象、邮政、通信、金融、保险、防震减灾、宗教、妇女儿童、残疾人、红十字会、外事、台务、侨务、应急、消防、国防动员、双拥、民兵预备役等工作都取得了新的发展。

——**政府建设不断加强**。全面推进依法行政，努力建设法治政府，不断强化政府自身建设。扎实开展“两学一做”学习教育活动，政府效能和作风建设取得新进步。坚决服从县委领导，不折不扣地执行县委各项决定。认真执行县人大及其常委会决议、决定，自觉接受政协民主监督，广泛听取工商联、无党派人士意见。全年办理人大代表议案和建议278件、政协委员提案54件，办复率100%。严格执行重大事项提交县政府常务会议讨论制度，全年召开县政府常务会议12次，形成集体决策259项，推进了政府决策过程的科学化、民主化和规范化。落实全面从严治党主体责任和监督责任，严格执行中央“八项规定”，始终把纪律和规矩挺在前面。按照法定权限和程序行使职权、履行职责，确保做到依法行政。

回顾过去一年工作，我们深深体会到，要实现经济社会的持续稳健发展，必须准确把握科学发展观和习近平总书记系列讲话精神的深刻内涵，必须积极面对矛盾，对问题不回避、不积累，坚定不移地抓好矛盾集中、事关全局的工作，为加快发展夯实基础；必须把创新贯穿于政府工作的始终，创新理念，创新机制，创新工作方法，靠创新攻坚克难；必须牢固树立“以人为本、执政为民”的思想，始终把广大群众的利益作为政府工作的根本出发点，认真解决群众关注的热点、难点问题；必须切实加强和改进政府自身建设，坚持科学决策、民主理政、依法行政，不断提高政府行政水平。

过去一年成绩的取得，是市委、市政府和县委正确领导的结果，是县人大、县政协监督支持的结果，是全县人民开拓创新、顽强拼搏的结果。在此，我谨代表县人民政府向给予政府工作大力支持的各位人大代表、政协委员、离退休老同志，向在各条战线、各个岗位上辛勤耕耘、努力工作的广大干部群众，向工商联、人民团体，向驻县单位、驻地人民解放军、武警官兵，向到西林创业的投资者和劳动者，向所有关心支持西林发展的各界人士，致以崇高的敬意和衷心的感谢！

在看到成绩的同时，我们也清醒认识到我县经济社会发展仍面临许多困难和问题，主要表现在：县域经济总量小，财政收入少，政府配套资金使用能力弱；交通基础设施薄弱，交通瓶颈问题尚未真正解决；工业总量小，发展后劲不足；

农业产业化程度不高，抵御自然风险和市场风险能力低；全县贫困面大，脱贫任务艰巨；各行业人才招录难、人才外流严重等等。对于这些问题，我们不能只接受其负面影响，而要正视现实，认真研究和探索破解难题的方式方法，力求在探索中求突破，在突破中求发展。

二、2017 年工作的总体要求和目标任务

2017年是实施“十三五”规划的重要一年，是供给侧结构性改革的深化之年，也是我县决战脱贫攻坚、决胜同步小康的关键之年，更是我县加速发展、争先进位的突破之年，做好政府工作意义重大。

2017年，政府工作的总体要求是：全面贯彻党的十八大和十八届三中、四中、五中、六中全会精神以及中央、自治区和百色市经济工作会议精神，深入学习贯彻习近平总书记系列重要讲话精神和治国理政新理念新思想新战略，坚持稳中求进工作总基调，紧紧围绕建设“美丽宜居和谐幸福西林”目标，以脱贫奔康为主线，扎实推进“脱贫奔康、基础建设、城镇扩容、产业提级、均衡教育”五大攻坚战和“生态建设、改革开放、民生保障”三大工程建设，全力做好稳增长、促改革、调结构、惠民生、防风险各项工作，全力补短板、拉长板、增动力，以优异的成绩迎接党的十九大胜利召开。

2017年全县经济社会发展主要预期目标是：地区生产总值完成 25.38 亿元，增长8%以上；财政总收入完成1.89亿元，增长5%以上；固定资产投资完成32亿元，增长10%以上；规模以上工业总产值和增加值分别完成5.9亿元和2.13亿元，分别增长8%以上；社会消费品零售总额完成 6.85亿元，增长10%以上；城镇居民人均可支配收入完成24527元，增长9 %以上；农民人均可支配收入完成 9636元，增长12 %以上。为实现上述目标，我们将着重抓好以下九个方面的工作：

（一）坚决打赢脱贫攻坚战，为全面建成小康社会夯实基础。继续把脱贫攻坚工作作为最大的政治任务、最大的民生工程和最大的发展机遇抓紧抓实，举全县之力打赢脱贫摘帽攻坚战，确保实现县摘帽、20个以上贫困村出列、减贫人口达14178人以上的脱贫目标，进一步夯实奔康基础。要在资金保障上下功夫，加大项目资金的整合力度和融资力度，计划投入脱贫攻坚5.3亿元，确保资金投入保障到位。要在产业扶贫上下功夫，解决村集体、贫困户发展产业目标不准、资金短缺、经营分散等难题，要加大向万亩集体经济产业园、万亩贫困户脱贫产业园倾斜，力争实现集体经济和贫困户产业扶贫全覆盖，确保贫困村集体、贫困户有收入来源。要在改善住房条件上下功夫，全面推进易地扶贫搬迁工程，改善贫困群众生产生活和住房条件。推进全县土坯房、木瓦危房的改造工作，确保仍居住在土坯房、木瓦危房的贫困群众住房条件得到明显改善。要在基础设施建设上下功夫，推进贫困村通屯和屯内道路硬化、饮水提级工程、通信网络服务等项目建设，确保贫困村基础设施提档升级。要在完善村级服务功能上下功夫，加快推进农村公共服务基础设施的建设力度，进一步完善村级服务功能、健全服务机制。要在民生保障工作上下功夫，落实好贫困户社保、医保、低保等社会保障问题，确保民生保障工作实现全覆盖。要在结对帮扶上下功夫，扎实开展“三同”活动，做到贫困户的家庭情况清楚，扶贫政策宣传及时，制定帮扶措施有效。要在建立健全脱贫奔康保障机制上下功夫，加大扶贫移民后期扶持力度，完善因病返贫、因学返贫和低保对象脱贫奔康保障机制，着力培养贫困户脱贫后自身发展能力，不断巩固脱贫成果。

（二）努力打好交通设施攻坚战，为县域经济注入新动力。以项目建设为抓手，力破交通瓶颈问题，争取高速公路项目落地，推进3条二级路建设，完成贫困村屯20户以上屯屯通硬化路。重点推进西林高速路项目的前期工作，主动配合做好线路规划、征地补偿等前期准备工作，努力争取田林至西林（滇桂界）高速公路项目开工建设。提前做好西林至云南广南高速公路互通前期工作，力争承接云贵高铁圈西林至广南高速公路规划立项。推进西林县东进西出接省通边及县际交通网络建设，加快实施西林至隆林（常么）二级路建设，年内争取县城至八大河二级路三期工程竣工使用。加快通乡二级公路建设，上半年开工建设县城至西平、那劳至足别二级公路，完成伟徕坡至那公沟进城大道改造项目的前期工作。加快优化县乡路网建设，开展贫困村通屯道路建

设攻坚战，力争在2017年完成41个贫困村71条通屯水泥路和140个屯内道路硬化建设。做好非贫困村20户以上自然屯通屯道路硬化项目的规划设计等前期工作，争取开工建设一批。稳步推进农村道路养护体制改革，强化乡镇养护主体责任，确保干线主道好路率达100%。完成22条农村公路水毁修复工程建设，建设一批农村道路危险路段的生命防护工程，进一步消除农村道路安全隐患。抓好交通配套设施建设，新建便民候车亭或简易站20座以上。认真制定西林县农村客运发展规划，完善天生桥库区、洞巴库区便民码头标准化建设，完成库边公路硬化和移民安置点通屯道路硬化。

（三）努力打好城镇扩容攻坚战，为县域经济发展添亮点。2017年，我们将继续按照围绕创建一座“西林新城”目标，推进城西新区建设，实施旧城区改造和一批特色小镇建设。全力推进城西新区建设工作，上半年完成第一期土地的征地和拆迁工作，完成城西新区整体设计方案。做好新区合作开发的各项协调服务工作，争取尽快有实质性的合作开发，确保新区建设资金落实到位。努力完成第一期项目“三通一平”，争取易地扶贫搬迁安置项目、西林综合性高中、八达镇初级中学、新区路网等公共服务项目开工建设；完善老城区基础设施建设，重点推进山体公园第一期工程、新兴路延长线至民高扩建项目，推进火亮山B地块、商业坡、老淀粉厂等棚户区改造工程。推进第二开发区大型停车场和商贸城项目前期工作和实施旧城区一批绿化、亮化改造工程；加快特色小镇建设步伐，以实施普合、足别、那佐三个民族乡建设项目和那劳、马蚌、古障特色小镇项目建设为契机，全面推进旅游小镇、边贸小镇、民族风情小镇等特色小镇建设。加快推进乡镇易地扶贫安置点项目建设和实施一批乡镇绿化、亮化、硬化改造工作。进一步加大市政规化管理工作，继续依法加大打击“两违三乱”工作力度，制定完善相关配套制度，形成长效管控机制，确保城乡建设健康有序发展。

（四）努力打好产业提质攻坚战，促进县域经济转型升级。围绕特色种植业、特色养殖业、特色农副产品加工业、特色旅游业“四大特色产业”资源优势，因地制宜调结构、创品牌，深入推进农业供给侧结构性改革。

做强优势特色种植业。继续实施优果工程，启动柑橘无病毒苗圃的建设，重点抓好柑橘黄龙病监测治理和沙糖桔低产园的改造工作，不断巩固特色水果产业规模。着力推进现代特色农业产业标准化建设，以现代农业（核心）示范区建设为抓手，努力完成驮娘江沙糖桔产业（核心）示范区、那劳弄南水果现代特色农业示范区、京桂古道茶业现代特色农业示范区、那劳宫保府沙糖桔现代特色农业示范区、足别九龙山茶业现代特色农业示范区、普合新丰软枝油茶示范区等一批现代特色农业示范区建设。全年新种沙糖桔面积2万亩，建设扶贫产业标准沙糖桔园10000亩、茶园3000亩、油茶园3000亩。积极发展林下经济，推进10万亩林下铁皮石斛种植项目建设工作，完成种植1万亩林下铁皮石斛，进一步丰富和扩展林下经济发展模式，辐射带动贫困群众增收致富。

做大特色养殖业。做大西林麻鸭地理标志保护产品文章，发展规模养殖场35个，年出栏麻鸭100万羽。依托山地资源优势，切实落实优惠政策，着力发展牛羊养殖产业，全年出栏猪、牛、羊各类牲畜22万头（只）。积极引进龙头企业，努力推进禽畜产品加工、储运，拉长产业链条，增强抵御市场风险能力。

培育特色农副产品加工业。继续深入实施“抓大壮小扶微工程”，加大对农副产品加工企业的培植和扶持力度，完成培育上规入统工业企业2家以上。开展好贫困户入股企业工作，引导企业使用好入股基金，扶持企业发展壮大。编制完成西林特色农产品加工区发展规划，争取特色农产品加工区开工建设，推动农副产品加工转型升级，进一步拉长产业链。

发展特色旅游业。加快宫保府景区建设，年内完成创建国家AAAA级景区，实现我县A级景区零的突破。将森林旅游纳入全县旅游规划统筹发展，结合十万亩林下铁皮石斛种植项目，加强森林养生、保健康体、森林环境综合利用等方面的开发。推进县城区山体公园四星级宾馆建设。做好九龙山生态旅游扶贫产业园、驮娘江乡村旅游带等项目建设前期工作。抓好旅游扶贫工作，通过旅游企业就业帮扶、贫困村旅游开发、旅游技能培训引导等，带动乡村旅游业加快发展。加强旅游区域合作，积极融入西南旅游经济圈，形成相对稳定的旅游市场和客源市场。抓好民族文化旅游发展，加强民族文化的保护和传承工作，认真做好本土民族文化的挖掘和保护。继续抓好“千团万场”群众性文艺演出活动，统筹开展瑶族“盘王节”、苗族“跳坡节”、彝族“火把节”、壮族“三月三”歌圩节等民俗节庆活动，通过深入挖掘西林原生态民族文化，不断提升我县文化旅游知名度。

抓好品牌创建和电商发展。增强农产品品牌意识，继续开展三品一标认证工作，推进国家地理标志产品保护示范区建设，全面推广和使用西林沙糖桔、西林姜晶、西林火姜、西林麻鸭等地理标志保护产品标识。大力推进“互联网+现代农业+电商龙头企业”，努力在农产品后期冷链体系和物流运输环节上有新突破，鼓励和扶持龙头企业在线上线下销售有所创新。积极创建和申报全国电子商务进农村综合示范县项目，加快乡（镇）电子商务服务中心建设，依托壮乡河谷集团、淘宝“特色百色馆”、京东一号店等网上营销平台，扩展农副产品销售渠道，引领农业产业提档升级，打造新的经济增长点，拉长服务业长板。

（五）努力打好均衡教育攻坚战，确保教育均衡发展。以创建“义务教育基本均衡发展达标县”为主线，统筹城乡教育发展，推进义务教育学校的标准化建设，逐步缩小城乡教育差距，确保2017年通过自治区级义务教育均衡发展督导评估。要均衡配置教育资源，优化中小学校布局，认真研判、超前谋划，科学制定学校设置和建设规划，合理确定全县学校布局。有序整合一批乡镇校点，新建、改扩建一批学校，解决“入学难”问题。要全面补齐教育短板，不断促进教育公平，巩固提升义务教育普及水平，均衡配置教育资源，保障特殊群体的教育权利。将进城务工人员随迁子女义务教育纳入公共教育服务体系，统筹安排就读。建立健全农村留守儿童关爱服务体系，确保留守儿童健康成长。要着力提升教育质量，实现均衡发展的内在要求，全面落实立德树人根本任务。深入实施素质教育，加强中华优秀传统文化、传统美德和社会主义核心价值体系教育，加强教学质量监测评估，加强教研机构和队伍建设，建立和完善以学生发展为核心、学科多元的教育质量评价制度，促进学生全面发展。要加强教师队伍建设，为均衡发展提供可靠保障，完善教师补充和交流机制，全面落实乡村教师支持计划。实施好乡村教师生活补助政策，落实中小学教师职称评聘改革政策，改善农村教师住宿条件。要加大资金投入，确保如期完成“全面改薄”目标任务，计划投入4.3亿元，保障教育发展优先规划、经费优先保障、困难优先解决、土地优先安排，进一步完善义务教育经费保障体制，将资金向农村学校和薄弱学校倾斜。

（六）持续推进生态建设工程，营造山川秀美的自然生态。强化生态环境保护和治理工作，进一步建立健全促进生态保护的制度和机制，维护生态安全。扎实推进生态建设，巩固好全国生态文明试范工程试点县建设成果，确保通过国家级终期评估验收。充分利用我县被列入国家级重点生态功能区的有利条件，主动争取上级生态建设政策资金的扶持。建立健全产业准入负面清单制度和生态环境质量监测评估制度，完善重点生态功能区绩效考评办法，加大生态环境保护和加大饮用水源保护力度，重点对毁林开荒、破坏水资源、违规排放等行为的执法打击力度，做好驮娘江、万峰湖等重点水域生态环境保护工作，确保国家重点生态功能区县域生态环境质量监测评估和考核的各项指标持续稳定向好并逐年提升。全面开展“美丽西林·宜居乡村”建设工作。巩固清洁乡村、生态乡村建设成效，着力在“产业富民”“服务便民”“基础惠民”等三个专项活动中实现宜居乡村建设目标。加强基础设施和公共服务设施建设，投入4550万元，完成那劳、马蚌两镇污水处理厂建设。完成5个乡镇农村生活垃圾处理中心项目和10个村级垃圾处理设施项目建设，完成一批“三改”项目建设，全面改善农村生产生活条件和人居环境。

（七）持续推进改革开放工程，营造持续良好的发展环境。持续推进深化改革，坚持开放发展，提高对外开放水平，力争在行政体制、农村土地、开放合作等方面取得新的突破。

全面深化重点领域改革。深化行政体制改革，继续推进行政审批事项的下放工作，把简政放权、放管结合、优化服务改革推向纵深，为创业创新营造良好环境。深化经济体制改革，围绕特色种植业、特色养殖业、特色农副产品加工业、特色旅游业“四个特色产业”，深入推进供给侧结构性改革，加快传统产业转型升级，以创新供给带动需求扩展，提高县域经济发展的质量和效益。

继续推进农村土地承包经营权确权登记颁证和小型水利工程管理体制改革，全面铺开供销综合改革和国有林场改革。

提升开放合作水平。加强扶贫协作，要紧紧抓住深圳罗湖区与西林建立结对帮扶协作关系的契机，充分利用深圳市丰富的资金、人才、信息、技术、管理等方面的优势，积极推进产业、劳务、医疗、教育等方面的合作。继续加强接边协作，充分发挥区位优势和后发优势，努力推动西林—广南生态产业示范园和广南—西林经济带建设，以及通过跨省区联建实现“党员共管、资源共享、产业共兴、和谐共创”。加强对外贸易工作，抓好出口基地建设，重点抓好茶叶、姜晶等农副产品的出口，大力培育新的出口增长点，实现外贸出口新突破。

强化精准招商工作。围绕特色种植业、特色养殖业、特色农产品加工业、特色旅游业等四大特色产业，充分利用去年我县重点产业招商推介会成果，积极创新工作方式方法，开展有目的、有针对性的招商活动。要找准上级产业发展政策扶持的着力点，找准与产业资源优势的对接点，找准市场需求的切入点，找准民生民需的关注点，提高招商引资的实效，力争实现全年招商引资到位资金6亿元以上。

（八）持续推进民生保障工程，营造团结和谐的社会生态。继续把保障和改善民生作为政府工作的出发点和落脚点，加强医疗卫生、食品安全、文化体育、安全稳定等民生重点领域建设，不断提升全县人民的幸福感和安全感。

继续深化公立医院改革，加强基层医疗卫生机构能力及公共卫生服务能力建设，加大疾病预防控制监控力度。实施健康扶贫工程，保障农村贫困人口享有基本医疗卫生服务，加强农村医疗保险制度的落实，确保农村居民重大疾病医疗得到保障。深化计划生育优质服务，落实全面两孩政策，创新计生家庭奖励扶助工作措施，营造全社会关心计生家庭的良好氛围。加快推进县中医院项目和县妇幼保健院综合楼项目建设，完成马蚌卫生院综合楼建设。完成食品药品检验检测中心项目建设，努力构筑食品药品安全防线，净化食品药品市场，推进检验检测体系建设，确保全县广大人民群众食品药品安全。

坚持民生优先，努力扩大就业，着力完善社会保障救助体系，进一步提高城乡居民基本养老、医疗保险等覆盖率；加强社会救助、社会福利、社会慈善体系建设，做好残疾人救助、康复、就业和创业服务工作，切实解决困难群众基本生活保障问题。推进城市公共就业及社会保障服务体系向农村覆盖，确保城镇就业人数不断攀升；加强《劳动合同法》等法律法规宣传和执法大检查，切实维护农民工合法权益。

推进全民健身中心和村级公共服务活动中心项目建设，谋划和开展好第七届沙糖桔、茶叶产业活动展示周。继续抓好“千团万场”文艺汇演工作，认真组织开展千团万场群众性文艺演出活动。抓好西林岑氏家族建筑群核心区域的文物维修和保护工作，进一步完善文物收集和陈列展览工作。推进西林句町博物馆项目工作。做好非物质文化遗产保护与传承工作，完成“唱娅王”国家级非遗项目的申报工作。

坚持贯彻“党政同责、一岗双责、齐抓共管、失职追责”的安全生产责任制，落实行业监管责任和企业主体责任，立足标本兼治做好遏制重特大事故安全防范工作，实现安全生产形势持续稳定。严厉打击各类违法犯罪行为，继续深入开展“平安西林”创建活动，加大社会矛盾纠纷排查和联动调处化解力度，加强社会稳定风险评估预警，创新社会治理体制，提升综治维稳工作水平，确保全年重大节庆活动、重要敏感节点及党的十九大召开期间社会大局持续和谐稳定。

全面加强国防动员、民兵预备役、宗教、外事、侨务、保密、科技、农机、供销、商务、消防、气象、水文、档案、地方志、应急管理、防震减灾、法律援助、妇女儿童、青少年、老龄、残疾人等工作，充分发挥工会、共青团、妇联、工商联、科协、红十字会等群团组织的桥梁纽带作用，促进经济社会全面协调发展。

（九）持续推进政府自身建设，营造风清气正的政治生态。各位代表，完成今年各项目标任务，对政府工作提出了更高要求。打铁还需自身硬，我们必须认真贯彻党的十八届六中全会精神，坚决把全面从严治党要求贯穿政府工作全过程，坚持以严的纪律、严的标准、严的举措建设勤廉双优政府。

要讲纪律，从严治政。坚持把纪律挺在前面，严守党的政治纪律和政治规矩，全面落实《关于新形势下党内政治生活的若干准则》和《中国共产党党内监督条例》规定要求，牢固树立“四个意识”，严肃规范党内政治生活，自觉在思想上政治上行动上始终同以习近平同志为核心的党中央保持高度一致。坚持党内监督和外部监督相结合，运用监督执纪“四种形态”强化党内监督，自觉接受人大依法监督、政协民主监督和司法监督、社会监督。加强审计监督，落实公共资金、国有资产、国有资源和领导干部经济责任审计全覆盖。加强党风廉政建设，注重源头防腐，持续纠正“四风”，持之以恒落实中央八项规定精神，加大对专项资金特别是扶贫惠农资金的监管，严肃查处各类违纪违法案件，坚决惩治和查处损害群众利益的不正之风和腐败问题。

要讲法治，依法行政。坚持民主集中制，实行重大决策事项目录管理，规范“三重一大”集体决策行为。严格行政执法，落实行政执法责任制和重大执法决定法制审核制度。坚持以百姓感受为标尺，改善政务服务环境，重点推进线上线下互动，优化审批流程，打造便民高效的政务服务团队。健全主动公开目录，推进政府决策、执行、管理、服务和结果“五公开”，推动政务更加阳光透明。

要讲奉献，实干勤政。坚持把强化落实、有效执行作为政府工作的生命线，严肃整治庸政懒政怠政行为。强化督查督办，构建“大督查”工作格局，确保政令“抵达终点”。坚持信任激励和严格监督相结合，开展机关绩效管理考核。健全容错纠错机制，鼓励干部改革创新、敢于担当、勇于负责、积极作为。

让我们在市委、市政府和县委的坚强领导下，牢固树立政治意识、大局意识、核心意识、看齐意识，以令行禁止的大局观念、雷厉风行的效率意识、迎难而上的担当精神、一抓到底的工作韧劲，不忘初心、坚定信心、树立雄心，为加快我县脱贫奔康步伐、建设美丽宜居和谐幸福西林而努力奋斗，以优异的成绩向党的十九大献礼！

中国人民政治协商会议西林县委员会常务委员会工作报告

（2017年2月8日在政协西林县第九届委员会第二次会议上）

西林县政协主席　李正荣

一、2016年工作回顾

2016年是贯彻落实党的十八大和十八届三中、四中、五中、六中全会精神的重要之年，也是实施“十三五”规划的重要之年，是我县解放思想、抢抓机遇、奋力开拓的关键之年。县政协常委会在中共西林县委的坚强领导下，高举中国特色社会主义伟大旗帜，牢牢把握团结和民主两大主题，紧扣我县“十三五”规划实施和脱贫攻坚工作，认真履行政治协商、民主监督、参政议政职能，把“懂政协、会协商、善议政”的重要思想贯穿于政协履职全过程，团结动员社会各界，以倾力服务大局、真情服务群众、全力服务发展为目标，尽精诚之力、建睿智之言、献务实之策、谋创新之举，高质量地推进各项工作，为建设美丽、宜居、和谐、幸福西林作出了积极贡献。

（一）精心组织，抓好换届选举工作，为政协工作发展增添新动力

做好新一届的换届选举工作，确保县政协九届一次会议顺利进行意义重大。根据上级的统一部署和安排，政协西林县委员会积极主动协助县委组织部、统战部组织抓好新一届政协委员的提名推荐、酝酿考察工作。并根据政协章程有关规定，协商决定了县政协新一届委员会委员名额和界别设置，保证了新一届政协委员队伍有较高的参政议政能力。同时，抓好县九届一次全会的各项筹备工作，从材料起草、会务组织、宣传工作等方面做了统筹安排，顺利召开了县政协九届一次会议，选举产生了新一届县政协领导班子。

（二）认真谋划，协商议政工作取得新突破

一年来，县政协紧紧围绕县委、县人民政府中心工作，认真制订专题协商计划，明确协商议题、协商时间、参与协商单位以及承办单位等，精心组织开展协商议政活动。组织委员通过政协全会、常委会议、主席会议和专门委员会等形式，就全县改革、发展和民生、稳定等有关重大事务进行积极的协商建言活动。2016年共组织召开政协全会2次、常委会议6次、主席办公会议6次，就相关议题开展了广泛的协商讨论。在市三届政协第十一、十二次主席联席会议上，我县提交的《助力生态旅游产业发展 推进精准脱贫攻坚》和《创新提案工作机制助推地方产业发展》的建言材料，均被作为重点发言。在市政协三届六次全会上，我县政协提交的《加大特色产业扶贫力度，实现贫困地区稳定脱贫》材料作为重点专题发言。

（三）务实履职，民主监督工作扎实有效

民主监督形式多样。我们立足服务大局，充分发挥人民政协人才优势，积极推荐县政协委员参与县委、县人民政府组织的各种督查、检查活动。县委组织部邀请5名政协委员参加西林县各乡镇党委书记落实主体责任述职评议会议；人事、教育等部门先后三次邀请政协委员15

人（次）担任事业单位招考、招聘人员面试监督员；县绩效办邀请30名政协委员对各部门年度绩效考评进行公众评议；县人民法院和县人民检察院分别邀请政协委员6人（次）参加现场旁听审理案件活动和开放日活动，民主监督的渠道进一步拓宽。

提案督办工作形式不断创新。认真组织广大政协委员充分运用提案、反映社情民意，进行民主监督。县政协九届一次会议以来，共收到提案33件，经审查符合立案29件，其中涉及经济建设方面11件，涉及教育卫生方面4件，涉及社会民生方面14件，截至2017年1月底，已办复24件，办复率为82.75%。在办理提案中，我们采取了主席、副主席领衔督办重点提案的办法，选择事关全局、针对性强的提案重点加强督办，将《关于加强财政扶贫资金和涉农资金的监督使用的建议》等3件重点提案开展协商办理，强化县政协领导重点督办、部门联合督办、上门约谈督办工作机制，促进提案办理工作与推动中心工作有机结合，使提案得到办理落实。

（四）围绕中心，参政议政有新作为

积极开展专题调研视察考察活动。2016年，县政协委员会紧紧围绕群众关心、社会关注的热点难点问题以及县委、县人民政府的点题，组织委员深入到我县乡（镇）村屯、企业、部门以及区内外部分县（市）开展了7次专题调研、考察、视察活动。形成了《西林县新型农村合作医疗运行情况调研报告》《关于开展对马蚌镇人民政府驻地变更必要性的调研报告》《关于西林县水果产业发展调研报告》《关于油茶产业发展情况的考察报告》《关于赴右江区考察整村脱贫摘帽考察报告》《关于组织市、县部分政协委员到古障、那劳镇、马蚌镇开展“同心—扶贫”视察活动视察报告》报送县委、县人民政府，供县委、县人民政府决策参考。

积极反映社情民意。一年来，我们积极收集和反映社情民意信息，采取多种有效措施，多做化解矛盾、理顺情绪、维护稳定的工作。2016年共组织政协委员收集反映社情民意12条，内容涉及发展特色经济、城市建设管理、服务业发展、公共设施配套、公共事业发展、机关效能建设、节约型机关建设等方面。委员反映的《发展地方特色油茶产业，增加农民收入》信息，引起了委员会的高度重视，及时组织委员到区内外部分县（市）开展专题调研，并将调研成果及时报送县委和县人民政府，政协反映社情民意信息的作用不断得到加强。

多措并举，充分发挥专委作用和委员的主体作用。为专委落实工作经费，组织协调开展各专项工作；认真开展“五个委员”活动，充分调动政协委员在全县经济社会发展的参政作用。

（五）高度重视，政协宣传和文史编纂工作取得丰硕成果

以各级各类报刊以及区、市、县政协网为平台，不断加强政协宣传工作。2016年，县政协机关干部、政协委员和政协信息员共向各级媒体投稿405篇（幅），被各级媒体采用348篇（幅）。县政协机关荣获自治区政协颁发报刊宣传工作先进单位一等奖。有2人荣获区、市政协宣传工作先进个人表彰。2016年度组织征集、编纂出版了《西林县实施西部大开发纪实》《西林县扶贫开发纪实》2本书籍，共36万字，收集图片280幅，为挖掘和传承西林历史文化作出了积极贡献。

（六）注重学习，人民政协理论与实践研究工作取得新成果

县政协委员会历来十分重视人民政协理论与实践研究工作，支持机关干部订阅政协理论有关书籍，鼓励机关干部多写政协理论文章，积极参加上级政协举办的协商民主理论研讨学习活动和征文活动。2016年政协机关干部撰写的《把“懂政协、会协商、善议政”新要求落到实处》等5篇理论文章先后被自治区政协、百色市政协收入论文集。荣获市政协评选的优秀论文一、二等奖各1篇。

（七）关注民生，服务发展大局有成绩

积极参与中心工作。按照县委分工，县政协领导班子成员在参与全县6大工作组和联系各乡（镇）工作中主动履行职责，积极作为。选派机关一名科级领导干部担任马蚌镇八大河村第一书记，支持其脱产下村，进村入户开展工作。组织机关全体干部职工深入马蚌镇八大河村开展精准扶贫工作，帮助104个贫困户制定脱贫计划，落实脱贫工作措施。与贫困对象签订《脱贫摘帽承诺书》、钉放《扶贫联系卡》，填写《帮扶手册》等。

积极为民办好事实事。联系驻南宁老知青

为八大河希望学校捐款9000元扶助30个贫困学生。为那劳镇那宾村、八达镇龙保村、马蚌镇那托村、普合苗族乡新丰村、足别瑶族苗族乡者么村解决150吨水泥用于冬修水利、村部道路等建设，价值10万元。出资2万多元为马蚌镇那托村、八大河村解决生态乡村经费。扶持马蚌镇八大河村、那托村、罗北村、马麻村、八达镇龙保村、普合苗族乡新丰村、那劳镇那宾村等129个贫困户2万多株软枝油茶苗，为贫困群众的产业发展提供了必要的援助及示范推进作用。

（八）与时俱进，不断加强委员队伍建设和机关的自身建设

一是举办政协委员专题学习讲座和业务培训班。2016年共举办政协委员书法知识、摄影知识、新闻写作专题讲座各一期。新一届委员产生后，在县党校举办了委员业务培训班一期，组织政协委员、政协机关干部到广西大学进行为期一周的综合素质能力提升培训。

二是不断完善机关内部各项规章制度。制度化、规范化、程序化建设是政协提高履职水平的保证。我们在认真总结以往成功经验的基础上，进一步完善了《政协委员视察调研工作规定》《常委会议工作规则》《主席会议工作规则》《提案工作考核》等13项工作制度，内容涵盖了政协工作的各个方面，使政协各项工作有章可循、有序进行。

三是加强理论和业务知识学习。组织机关干部职工进一步学习党的十八大和十八届历次全会精神和习近平总书记系列重要讲话精神，学习政协理论知识和有关的业务知识，学习相关的法律法规等，进一步提高机关干部职工的履职水平和能力。

四是认真抓好党风廉政建设工作。突出主题，开展党风廉政建设教育活动。充分利用政协机关例会、政协常委会、主席办公会和支部生活会，深入学习中央和自治区、市、县纪委的有关文件精神。按照上级部署和要求，深入开展“两学一做”学习教育活动。认真贯彻落实《廉政准则》和厉行节约、制止奢侈浪费等规定，及时传达市、县有关文件精神，不断完善机关内部各项廉政制度。实行“一把手负总责、一级抓一级、层层抓落实”的工作机制，加大对党风廉政建设工作落实情况的检查，努力把机关的党风廉政建设抓紧抓好，抓出成效。

各位委员，过去一年县政协工作取得的成绩，是县委正确领导的结果，是县人民政府、县人大和各乡镇党委、政府，县直各部门以及社会各界大力支持的结果，是全体政协委员共同努力的结果。在此，我代表九届县政协常委会，向所有关心支持政协工作的领导和同志们表示衷心的感谢！向广大政协委员表示崇高的敬意！

在取得成绩的同时，我们也清醒地认识到，工作中还存在着一些差距。比如，民主监督还比较薄弱；提案办理落实尚需加强；联系服务委员的工作有待提升；委员的履职能力仍需进一步提高。等等这些，都需要我们认真研究，在今后的工作中加以改进和解决。

二、2017 年工作意见

2017年是中共十九大召开的重要一年，是深入实施“十三五”规划和推进供给侧结构性改革的重要一年。县政协工作的指导思想是：坚持以马克思列宁主义、毛泽东思想、邓小平理论、“三个代表”重要思想、科学发展观为指导，深入学习党的十八大和十八届三中、四中、五中、六中全会精神和习总书记系列重要讲话精神，认真贯彻落实自治区第十一次党代会和中共百色市第四次党代会、县十二届二次党代会精神，认真履行政治协商、民主监督、参政议政职能，牢牢把握团结和民主两大主题，紧扣统筹推进“五位一体”总体布局和协调推进“四个全面”战略布局，牢固树立和贯彻落实创新、协调、绿色、开放、共享发展理念，把围绕“十三五”规划实施建言献策作为主线，坚持问题导向，深入调查研究，有效协商议政，多进诤言、多谋良策、多出实招。紧紧围绕县委、县人民政府的中心工作，进一步拓宽履职渠道，发挥政协优势，更好地协调关系、汇聚力量、服务大局，助推脱贫攻坚和全县经济社会健康发展，促进民生改善与社会和谐稳定积极贡献智慧和力量。

（一）认真学习贯彻党的十八届六中全会精神和习近平总书记系列重要讲话精神，夯实团结奋斗的思想政治基础

把学习领会、全面贯彻落实党的十八届六中全会精神和习近平总书记在全国政协新年茶话会讲话精神作为当前和今后一个时期的首要政治任务，学习贯彻习近平总书记关于“懂政协、会协商、善议政”等治国理政新理念新思想新战略，自觉把习近平总书记的讲话精神贯彻落实到政协各项履职工作中去。准确把握人民政协性质定位，坚持发展第一要务，把我县“十三五”规划实施和当前的扶贫攻坚工作作为议政建言的着力点，深入调查研究，主动作为，更好地发挥人民政协作为统一战线、协商民主重要渠道和专门协商机构的作用。积极引导各族各界人士深刻理解、认同支持县委的决策部署，不折不扣地贯彻落实县委的工作要求，进一步明确履职方向、找准工作要点，与县委、县政府同心、同力、同向、同行，把智慧和力量汇聚到县委确定的各项目标任务上来。

（二）自觉坚持党的领导，始终坚定正确的政治方向

坚决贯彻执行党的路线方针政策和决策部署。努力把党的指导思想和党的主张转化成为参加人民政协各族各界人士的思想政治共识，有效实现党的政治领导、思想领导和组织领导。

进一步坚定理想信念。自觉服从服务于党和国家工作大局，坚定中国特色社会主义政治制度的自信，增强走中国特色社会主义政治发展道路的信心和决心。进一步增强党性意识和统战意识，发挥政协团结和统战的功能作用，为巩固和扩大党的执政基础、实现党的总目标总任务作出新的贡献。

（三）创新方法，不断推动政协工作提升

坚持围绕中心、服务大局，自觉把政协工作放到党政工作全局中谋划和推进，跟上节奏，做到党政中心工作推进到哪里、政协履职就跟进到哪里，党委想什么、政协就议什么，政府做什么、政协就帮什么，人民群众关心的热点是什么，政协就如实反映什么。主动对接党委、政府的中心工作，积极搭建协商平台、丰富协商形式、细化协商内容、规划协商程序、促进协商成果转化运用。通过协商互动和讨论沟通，找到全社会愿意和要求的最大公约数，做好建言献策工作。

进一步推进协商民主工作。要深入贯彻中共中央关于协商民主的重要部署，认真贯彻落实中央《关于加强社会主义协商民主建设的意见》《关于加强人民政协民主建设的实施意见》和自治区党委《关于加强社会主义协商民主建设的实施意见》《〈关于加强人民政协协商民主建设的实施意见〉的贯彻意见》精神，深入推进政治协商制度建设。从规范协商程序、提高协商质量、丰富协商形式等方面积极探索。专题协商要加强协商的程序和保障机制建设，加强委员与党政部门领导面对面的交流互动；对口协商要更加经常化，推动相关部门和行业工作；界别协商要注重推进界别内部的协商、界别间的协商和界别与党委政府及其部门间的协商，进一步发挥界别作用；提案办理协商要协同推进“提、立、办、督”四个环节的有效衔接，使“提得准”和“办得好”有机结合，着力促进委员合理化建议的转化落实。重点围绕“十三五”规划中的重点领域和关键环节、聚焦全面改革发展、精准扶贫攻坚等工作，精准发力。

进一步推进民主监督工作。进一步完善民主监督机制，推进制度建设。要突出监督重点，着重就依法行政、精准扶贫、项目建设、重点提案办理落实、机关作风等方面开展民主监督，坦率提出批评和建议。要突出监督形式，综合运用建议案监督、视察监督、民主评议监督、提案监督、反映社情民意信息监督等多种形式，深入开展监督，努力做到“尽职而不越位”“帮忙而不添乱”“切实而不表面”，使民主监督更加扎实有力。制定政协民主监督工作方案和管理制度，进一步完善民主监督的组织领导、权益保障、知情反馈、沟通协调机制，提高监督工作制度化水平。要鼓励委员通过政协会议、提案、调研、视察、社情民意信息、大会发言等载体，务实灵活地开展民主监督。

推进参政议政工作。紧紧围绕县委、县人民政府中心工作，重点把经济社会发展、民生、特色产业等内容作为专门课题开展调研、视察、考察活动。高度重视意见和建议的反馈工作，推动建议案、提案、社情民意信息等的办理和落实，努力促进参政议政成果的转化。

（四）发挥优势，自觉服务科学发展

抓好调研视察考察活动。年内围绕党委、政府中心工作开展专题调研、专题视察和考察活动各两次以上，力争拿出立意高远，观点鲜明，建议实用的调研、视察、考察报告。

抓好提案办理工作。积极推进提案办理协商，规范提案办理流程，强力推进提案办理双方交流，使提案办理工作切实从“答复型”向“落实型”转变，不断提升提案办理成效，发挥提案在民意落实中的重要作用。

抓好“六个委员”活动。引导委员践行社会责任、积极投身我县改革实践，在实现“两个百年”目标的进程中施展才华、建功立业。围绕全县的精准扶贫工作，开展“委员助力扶贫”活动；坚持问计于民，服务群众，开展“委员贴近群众”活动；以界别委员组成科技服务组下到农村，开展实用技术培训，开展“委员科技服务组”活动；为企业发展服务，开展“委员服务企业”活动；尽力助推县域经济发展，开展“委员专题恳谈会”活动；为全县经济社会发展建言献策，积极开展“委员交流议政”活动。

抓好社情民意信息工作。发挥好社情民意信息工作在联系党委政府与广大人民群众方面的桥梁和纽带作用，注重做到方向明确、主题突出、人员精干、内容求真。完善手机报送社情民意信息制度。定期或不定期地走访委员，当面听取委员反映社情民意信息情况，并汇总专报县委、县人民政府。

（五）求真务实，认真抓好政协日常工作

组织开展好联谊联络活动。积极与区内外政协开展联谊联络活动，加强学习交流，团结协作、增进友谊。

继续做好文史资料征集、整理、编发工作。扩大文史资料征集联系面，争取更多对历史事件具有“三亲”经历的老同志的广泛参与，重点做好我县80年代前文史资料的挖掘和收集整理工作以及产业发展方面资料的收集工作。

进一步加强政协宣传工作。进一步加大政协宣传信息工作力度，加强宣传人民政协信息员队伍的培训，努力提高信息员的写作水平，积极向新闻媒体投（送）稿件，以扩大政协的影响力。

（六）强基固本，不断提高政协工作科学化水平

一是进一步加强理论学习。要按照习近平总书记提出的“懂政协、会协商、善议政”的要求，以提高履职能力为目标，加强委员的理论学习。通过主席办公会议、常委会议、委员集体会议、机关学习例会等多种形式，组织学习中共十八大和十八届六中全会精神、学习习近平总书记系列重要讲话精神、人民政协与统一战线理论、协商民主理论等内容，以理论武装头脑、指导实践、推动工作。二是加强委员培训和管理工作。努力提高政协委员的综合素质，充分发挥委员主体的能动作用。加强对委员履职的服务和管理，强化委员政治约束。充分尊重委员的民主权利，鼓励委员敢讲话、讲实话，努力营造畅所欲言、各抒己见的民主氛围。引导广大委员增强委员意识，重视履职机会，珍惜委员荣誉，维护委员形象，展现委员价值。加强与委员联系，完善委员联络制度，拓展交流平台。进一步活跃界别工作，突出界别特色和委员主体作用，发挥好专委的基础性作用。三是加强法律法规学习。通过学习法律法规，进一步增强委员的法治理念，自觉弘扬法治精神，做到认真学法、真正懂法、自觉守法，达到履行职责、建言献策于法有据的目的。四是加强班子建设和机关队伍建设。努力提高服务大局、服务基层、服务委员、服务群众的水平，更好地发挥参谋助手、综合协调、服务保障作用。严格遵守党的政治纪律、组织纪律、廉洁纪律、群众纪律、工作纪律、生活纪律，切实转变作风，改进工作方法，把政协的各项工作不断向前推进。巩固拓展“两学一做”学习教育成果、不断增强机关办会办文办事能力，为政协履职提供有力保障。

各位委员，在全面建成小康社会、全面深化改革、全面依法治国、全面从严治党的新形势下，人民政协肩负着更加光荣的责任和使命。让我们高举中国特色社会主义伟大旗帜，紧密团结在以习近平同志为核心的党中央周围，在中共西林县委的坚强领导下，倍加珍惜时代机遇，倍加珍惜组织重托，倍加珍惜人民期盼，以更加高昂的激情、更加科学的方法、更加务实的作风，努力开创政协工作的新局面，为加快推进我县小康社会建设、开创全县人民幸福美好生活而努力奋斗！

全面从严治党　强化党内监督
为建设美丽宜居和谐幸福西林提供纪律保障

——在中国共产党西林县第十二次代表大会第二次会议上的工作报告

西林县纪委书记　李永斌

（2017年2月5日）

一、2016年工作回顾

2016年，全县纪检机关认真贯彻落实党的十八届六中全会、中央、自治区纪委全会精神和百色市委、市纪委的重大决策部署，紧紧围绕中共西林县第十二次一次党代会精神，深入推进纪律检查体制改革，深化“三转”，强化执纪监督，落实推进“两个责任”，切实把纪律挺在前面，以零容忍态度惩治腐败，坚决遏制腐败蔓延势头，腐败存量明显减少，增量有效遏制，反腐败斗争压倒性态势已经形成，坚定不移推进党风廉政建设和反腐败工作。

（一）强化源头防控，促进惩防腐败体系建设

一是关口前移抓早抓小。组织对《廉洁自律准则》《处分条例》和《问责条例》的学习教育，免费发放学习单行本1200册，在全县举办学习党内法规专题讲座、培训会3次，参加人数累计2000余人；组织全县党员干部参加《廉洁自律准则》《处分条例》两项法规知识学习考试，营造了守纪律、讲规矩的浓厚氛围；开展“西林讲坛——审计法律法规”专题讲座，增强各级领导干部遵守财经纪律的自觉性；开展学习贯彻党的十八届六中全会精神报告会，坚决贯彻落实全面从严治党的部署；狠抓约谈，坚持关口前移，注重早发现、早提醒、早教育，让咬耳扯袖、红脸出汗成为常态。对查处“四风”和腐败问题专项工作、扶贫领域监督执纪问责工作推进缓慢以及有轻微违纪问题的单位、科级干部进行约谈共135人。二是强化反腐倡廉宣传阵地建设。开通运行“西林县纪检监察”微信公众号和廉政手机短信平台，拓宽反腐倡廉宣传教育形式，提高廉政教育的实用性和针对性。持续运用报刊、内部纪检网站等宣传手段。2016年，共在市级媒体发表信息稿件88篇，区级媒体发表信息稿件11篇。三是推进警示教育。通过上廉政党课、典型案例通报以及观看廉政警示教育片等方式，以案明纪，切实使广大党员干部自觉提高免疫力，在行动上筑起“不敢腐”的意识，筑牢“不想腐”的思想堤坝。

（二）强化责任担当，压实“两个责任”

紧紧围绕县委《关于落实党风廉政建设党的基层组织（党组）主体责任和纪委（纪检组）监督责任的实施办法》，按照《西林县落实党风廉政建设党的基层组织（党组）主体责任和纪委（纪检组）监督责任考评办法（试行）》，明确“两个责任”的具体内容，细化“两个责任”的

重点任务，纳入年终党风廉政建设专项绩效考评内容，强化督促考核。组织乡（镇）和县直单位签订《西林县2016年度党风廉政建设主体责任目标管理责任状》和《西林县2016年度党风廉政建设监督责任目标管理责任状》共131份，把党风廉政建设工作任务具体分解落实到各级领导班子成员和相关责任部门，级级压实，层层落实，切实做到明责履责、注重督责考责、强化追责问责，以严格的责任追究促进责任落实。

（三）强化作风建设，持之以恒纠“四风”

先后两次开展落实中央八项规定精神专项督查，对全县8个乡镇，78个县直单位进行专项大检查，督查中共发现问题253个，提出整改建议意见103个；对违反中央八项规定精神立案4起；开展脱贫攻坚工作专项督查3次，共发现问题109个，提出整改措施55个；开展纪律明察暗访检查，共组织和参加明察暗访活动13次，点名道姓通报曝光懒政怠政问题53人；通报违反中央八项规定精神典型案件1起，县直单位系统内通报4人；严肃换届工作纪律，严格对拟提拔干部的廉政审查，共进行廉政鉴定715人（次）。

（四）强化监督执纪主业，推进执纪问责常态化

一是全力抓好查处发生在群众身边的“四风”和腐败问题专项整治工作，坚持县委挂帅，纪委抓总，全县各级党组织、纪检合力推进，全县专项工作取得了预期成效。专项工作期间，全县共排查线索121件，立案73 件，结案73件；共有46人主动到县纪检监察机关交代问题，退缴违纪金额144.87万元。

二是强力推进扶贫领域监督执纪问责工作。研究制定《西林县加强扶贫领域监督执纪问责工作方案》，采取“1234”工作法（即1是紧盯精准监督精准脱贫这一个目标、2是全面压实“两个责任、3是突出抓宣传造势、线索处置、执纪审查“三个重点”工作、4是开展大接访、大约谈、大督查、大整改“四大活动”），强力推进扶贫领域监督执纪问责工作。2016年，全县共排查178条问题线索，立案44件，受党纪政纪处分46人，批评教育99人，通报曝光14起扶贫领域典型案例。

（五）强化纪律审查，保持反腐高压态势

一是抓好信访举报工作。深入推行领导接访、公开接访、带案下访和重点约访等“四访”活动，确保“件件有着落、事事有回音”。全县共受理群众信访件173件，同比去年增长92.22%；初核139件，办结 159件；按照执纪监督“四种形态”，对反映有轻微违纪苗头或轻微违纪行为问题，坚持抓早抓小，开展信访监督7次，函询4件，信访监督谈话3次，及时提醒、及时纠正。二是加大惩治腐败力度。2016年，全县共立查案件84件，比去年增长245.8%；结案81件，给予党纪政纪处分87人，其中：涉及科级干部12人，一般干部10人，村级党员干部65人；挽回经济损失81.5万元，退缴违纪金额65.7万元。三是落实领导包案制度。持续加大乡（镇）纪委执纪审查支持力度。2016年，8个乡（镇）共立案54件，同比去年增长217.65%，结案53件。四是落实县执纪执法部门反腐败工作联席制度。充分发挥牵头抓总作用，不定期召开执纪执法部门联席工作会议，大力构建社会反腐的整体合力。

（六）强化党内监督，把纪律挺在前面

一是开展廉政谈话。县委书记与乡（镇）党委、县直各单位党（工）委、党组负责人进行集体廉政约谈2次共214人；对4个乡（镇）、14个县直重要部门的负责人及纪委书记、纪检组长进行单独廉政约谈2次共36人，强化了全面从严治党主体责任，提升领导干部廉洁从政意识，推动党内监督端口前移。二是探索试点推行“1123”廉政监督制度，加强日常监督管理。在县纪委、农机局、地税局等三个单位进行廉政纪律监督“一薄一档两牌三卡”（一薄即建立一本谈话提醒记录薄，一档即一本廉政档案、两牌即明确干部去向牌和工作岗位职责牌、三卡即实行“黄、橙、红”纪律监督卡）试点，着力抓好监督工作。三是开展巡察工作。调整充实县委巡察工作领导小组成员，建立健全《西林县巡察工作办法》《西林县巡察工作实施方案》，制定《西林县2016年第一轮巡察工作方案》，组织5个巡察组对4个乡（镇）、7个县直单位开展为期两个月的第一轮巡察，切实加强党内监督，利剑高悬。

（七）强化自身建设，提升执纪水平

以开展“两学一做”学习教育为契机，认真组织学习习近平总书记系列重要讲话精神、党的十八届六中全会精神，扎实加强理想信念教育，全面落实从严治党职责。深入组织学习《廉洁自律准则》《处分条例》和《问责条例》三部党内法规，促进纪检干部队伍依规依矩执纪。以换届为契机，配齐配全乡（镇）纪委和部门纪检组，巩固“三转”成果。加强业务学习，举办全县新任纪检监察干部业务培训会1期，共培训65人；选派10名机关干部到中纪委监察学院、浙江大学参加纪检监察业务培训，选派15名基层纪检干部到市纪委业务室跟班或协助纪律审查，增强和提高纪律审查业务技能与水平；安排8个乡（镇）纪委书记分批次到县纪委跟班学习，加强实践锻炼，不断提高履职能力；加强内部管理，落实13项内部管理制度，始终做到严格要求、严格教育、严格管理、严格监督，严防“灯下黑”。

2016年全县党风廉政建设和反腐败工作取得了一些成绩，这是县委正确领导的结果，是全县各级党委（党组）对主体责任主动担当的结果，是全县纪检监察干部辛勤付出的结果，更是全县广大干部群众鼎力支持的结果。

在总结成绩的同时，我们清醒地认识到工作中存在一些问题和不足：少数党组织和党员领导干部对党风廉政建设和反腐败斗争严峻复杂形势的认识不深，从严管党治党的意识不强，落实主体责任的新措施、新办法不多，传导责任压力不够；违纪问题依然存在，减少腐败存量压力大，特别是对贯彻落实中央八项规定精神方面有些单位整改任务难以完成；作风建设还停留在治标层面，长效机制还没有形成，遏制“四风”反弹的压力较大，实现常态化还任重道远。有的纪检组“三转”力度还不到位，少数纪检监察干部还存在自身不硬、作风不实、能力不足等问题，难以适应新形势新任务的需要。对此，我们要高度重视，切实解决。

二、2017 年工作部署

2017年是党的十九大召开之年，也是全面贯彻落实中国共产党西林县第十二次党代会精神的第一年，全县各级纪检机关要全面贯彻落实党的十八大和十八届三中、四中、五中、六中全会精神，深入贯彻习近平总书记系列重要讲话精神，坚决维护以习近平同志为核心的党中央权威，严肃党内政治生活，加强党内监督，推进标本兼治，深化纪律检查体制改革，强化监督执纪问责，驰而不息纠正“四风”，严肃查处群众身边特别是扶贫领域的不正之风和腐败问题，保持惩治腐败高压态势，维护好党内政治生态，推动全面从严治党向纵深发展。打铁还需自身硬，必须严格执行监督执纪工作规则，加强领导班子和干部队伍建设，用担当诠释忠诚，以良好精神状态和优异工作成绩迎接党的十九大召开，为建设美丽宜居和谐幸福西林提供纪律保障。

（一）深入贯彻十八届中央纪委七次全会及区、市纪委全会精神，严肃党内政治生活，强化党内监督

习近平总书记在十八届中央纪委七次全会上的重要讲话，站在时代发展和战略全局的高度，充分肯定全面从严治党取得的显著成效，明确提出今后工作的总体要求和主要任务，强调要冷静清醒判断形势，着眼实现“两个一百年”奋斗目标和中华民族伟大复兴的历史使命，凝聚党心民心，坚定不移推进全面从严治党。讲话思想深刻、内涵丰富，既直面问题，又充满自信，蕴含着质朴真挚的为民情怀、许党许国的担当精神，是新形势下全面从严治党、深入推进党风廉政建设和反腐败斗争的强大思想武器和行动指南。王岐山同志的工作报告，总结工作实事求是、把握规律深刻透彻、部署任务重点突出，是一个凝聚思想共识、务实开拓进取的好报告，是我们做好今后工作的遵循。自治区党委书记彭清华同志在自治区第十一届纪委二次全会上的讲话，紧密结合广西实际，从政治和全局的高度对学习贯彻十八届中央纪委七次全会特别是习近平总书记的重要讲话精神、深入推进党风廉政建设和反腐败斗争提出明确要求，具有很强的指导性、针对性、操作性，全县各级纪检机关要深入学习领会，坚决把各项任务落到实处。

运用好《准则》《条例》，严肃党内政治生活，强化党内监督。党的十八届六中全会审议通过的《关于新形势下党内政治生活的若干准则》和《中国共产党党内监督条例》，是全面从严治党、净化党内政治生态的重要抓手，也是纪检机关履行职责、强化监督执纪问责的重要标尺。以贯彻新《准则》和新《条例》为契机，通过把纪律教育、纪律监督、纪律执行挺在前面，真正体现党纪严于国法，让纪律严起来、立起来，把纪律贯穿到线索处置、纪律审查、执纪审理各环节中，全面履行监督执纪问责职责。确保党要管党治党，保证县委政令畅通。

（二）深入推进作风建设，坚持不懈纠正“四风”

持之以恒落实中央八项规定精神。严格执行自治区党委《关于进一步贯彻落实中央八项规定精神的实施办法》、自治区纪委《关于进一步加强监督执纪问责持续推动中央八项规定精神落实的通知》，强化中央八项规定精神落实情况监督检查，把纠正“四风”往深里抓、实里做。继续紧盯违规公务接待、私车公养、公款旅游、违规收送礼品礼金、滥发奖金补贴以及隐秘场所聚会等群众反映强烈的突出问题，不断采取新招数，对顶风违纪者“当头棒喝”，言出纪随，体现越往后执纪越严。继续抓关键节点、关键环节，对岁末年初、传统节日、婚丧喜庆等问题易发多发时段，开展明察暗访，每季度开展一次例行检查，每半年开展一次大督查活动。多敲打多提醒，坚决防止“四风”反弹回潮。密切注意“四风”新动向新表现，深挖细查由地上转入地下、从传统形式异化变种的“四风”问题，发现问题线索绝不放过。对不收手、不知止，规避组织监督的一律从严查处。

进一步严格执行纪律。加大纪律监督和执行力度，推进纪检制度创新工作。推行我县“1123”廉政监督制度，加强日常监督管理。开展党的纪律执行情况监督检查，坚决纠正无组织、无纪律问题，坚决纠正有令不行、有禁不止现象。要把服务于县委、县政府中心工作放在监督检查突出位置，把推动落实各项工作任务作为监督检查的重中之重，及时解决影响和干扰发展的突出问题，确保县委、县政府各项重大决策部署得到全面贯彻落实。

深化党风廉政宣传教育。探索创新反腐倡廉教育宣传阵地，启动两广总督岑春煊反腐倡廉研究；抓好《准则》《条例》的宣讲学习，运用报刊、电视、全国农村党员干部现代远程教育网络等传播手段的同时，充分运用“西林县纪检监察”微信公众号；广西西林网“纪检监察专栏”和手机短信平台的建设，促进反腐倡廉教育延伸到底到边。充分利用典型违纪违法案件开展警示教育，编辑制作我县近两年来查处的重大违纪违法案例专题片，组织党员干部收看。分两批组织科级干部到南宁监狱和县反腐败警示教育基地、旁听重大贪污案庭审、上廉政党课、通报等方式开展警示教育，以案明纪，切实使广大党员干部自觉提高免疫力，在行动上筑起“不敢腐”的意识。

（三）深入实施《中国共产党问责条例》，夯实全面从严治党责任

党内问责问的是党组织和党的领导干部的政治责任。要坚持把贯彻问责条例与落实“两个责任”相结合，强化制度执行，健全工作机制，有针对性地解决当前管党治党中存在的突出问题。把检查主体责任落实情况作为监督执纪的重点，推动各级党组织和党的领导干部切实担当责任。严格执行自治区贯彻落实问责条例实施办法，加强纪检机关与组织、审计及行业监管单位的协作配合，对党的领导弱化、党的建设缺失、全面从严治党不力的，对维护党的政治纪律和政治规矩失责、贯彻中央八项规定精神不力、选人用人问题突出、腐败问题严重，巡察整改落实不到位的，紧盯不放，严肃问责。对失职失责性质恶劣、后果严重的，实行终身问责。问责情况定期报告和备案制度，每年盘点问责情况，对问责典型问题加大通报曝光，将问责条例执行情况纳入督查重点，适时开展专项检查，用督查传递压力，以问责倒逼责任落实。

压实主体责任。党委主体责任是党风廉政建设和反腐败斗争的“牛鼻子”、总根子，落实主体责任是党章规定的重申，是各级党组织职责所在、使命所系。落实主体责任要层层传导力度不减，做到千斤重担人人挑，压力传导不递减。落实主体责任的核心是“一把手”的自觉担当。各级党委（党组）“一把手”要敢于担当，敢抓敢管，认真履行“一岗双责”。

落实监督责任。强化党内监督，必须坚持、完善、落实民主集中制，确保党内监督落到实处，见到实效。纪委作为党内监督的专责机构，要进一步聚焦中心任务，履行好监督责任，主要在“真、严、铁”三个字上下功夫：“真”就是真担当、真落实，敢于查处、敢于问责，敢于“红脸”；“严”就是严监督、严处理；“铁”就是守铁律，以“金刚不坏之身”敢学钟馗打鬼，勇做金刚伏魔。

（四）深入实践“四种形态”，加大执纪审查，巩固反腐败斗争压倒性态势

当前，党风廉政建设和反腐败斗争形式依然严峻复杂，全面从严治党仍然任重道远，要克服力度“减一减”、力度“缓一缓”、尺度“松一松”的思想，持续保持惩治腐败高压态势，坚决减少腐败存量，重点遏制增量。建立监督执纪协作机制，试点推行划片连管、交叉协作、执纪方式，加强组织协调，形成工作合力。做好基础工作，进一步畅通信访举报渠道，拓宽发现问题途径，分类处置问题线索，依规依纪、安全文明执纪审查，提高审查质量和效率。充分发挥反腐败协调小组的作用，推动检察、公安、审计等成员单位各尽其职。要运用监督执纪“四种形态”处置问题线索，该谈话的谈话，该查处的查处，坚决把存量减下来；切实把纪律挺在前面，坚持问题导向，更新观念，进一步树立纪委也是“干部之家”的理念，做到小错批评提醒，咬耳扯袖、红脸出汗成常态，使监督无处不在，动辄则咎，党纪轻处分、组织处理经常用，坚决把增量遏制住。要坚定决心和信心，切实维护党章党规党纪的严肃性，决不能用约谈代替执纪审查、用诫勉谈话代替纪律处分。要突出惩治重点，严肃查处党的十八大后不收敛、不收手，问题严重、群众反映强烈，现在重要岗位可能还要提拔使用的党员领导干部，持续形成震慑，努力实现不敢腐的目标。坚持标本兼治，深化改革，完善制度，强化权力运行监督制约，严格按照“好干部”的标准选对人、用对人，在实现不能腐、不想腐上取得新成效。

强化扶贫领域监督执纪问责。巩固运用查处发生在群众身边的“四风”和腐败问题专项工作中形成的好做法、好经验，广泛宣传动员，扩大群众参与，精准发现问题。紧盯扶贫政策执行、项目安排、资金落实等环节，对反映集中、性质恶劣的，重点挂牌督办，动态监管，限期办结，点名道姓曝光。凝聚各方力量，督促各职能部门建立负面清单，规范扶贫资金投放，加大对资金和项目申报、分配、管理、使用等环节的监管，对胆管向扶贫等民生款物伸手的坚决查处。对抓扶贫领域监督执纪问责工作不力、“两个责任”落实不到位导致扶贫领域腐败问题频发，或者对突出问题整治不力、查处问题不认真、责任处理不到位的，实行“一案双查”。加大对“村霸”和宗族恶势力的整治，决不允许其横行乡里、欺压百姓，巩固党的基层政权。

（五）深入开展巡察工作，不断发挥巡察利剑作用

坚决落实党中央巡视工作方针和习近平总书记关于巡视工作的重要讲话精神，深化政治巡视，坚定政治方向，查找政治偏差，强化对被巡察党组织和党的领导干部坚定理想信念宗旨、落实党的路线方针政策、坚持党管干部原则、选对人用好人情况的监督检查。

聚焦突出问题开展巡察。今年将分别于5月、10月分两轮对那劳镇、古障镇、县扶贫办、县发改局等12个单位进行巡察。对被巡察单位执行上级党委的路线方针政策和县委、县人民政府重大决策部署等情况进行巡察，加大覆盖面，发挥巡察利剑作用，推动巡察向纵深发展。重点加强对党内监督制度执行情况的监督检查，督促党委（党组）落实约谈、函询、诫勉等制度，推进执纪问责工作制度化、常态化。对巡察发现的问题和线索，要分类处置、注重统筹，在件件有着落上集中发力。

（六）深入推进体制机制改革，激发纪检监察工作活力

推进派驻机构改革。今年6月底前要完成县纪委派驻纪检组改革工作，稳步推进县纪委派驻机构改革各项工作，选好配强派驻干部，做好调整工作衔接，发挥“派”的权威和“驻”的优势。完善派驻机构改革配套制度，研究制定派驻机构干部管理考核办法，强化对派驻机构统一管理和业务指导。派驻机构要重点加强对驻在部门领导班子及其成员、中层干部的监督，不承担驻在部门党风廉政建设日常工作。要从问题线索抓起，延伸监督触角，伸长耳朵，瞪大眼睛，发现苗头就及时提醒，有了问题就谈话诫勉，严重违纪就立案查处。对重大问题，该发现没发现就是失职，发现问题不报告、不处置就是渎职，都要追究责任。派驻纪检组组长要聚精会神做好纪检工作，及时向上级纪委报告工作，经常与被监督单位党组（党委）书记交换意见、通报情况。派驻干部要强化派驻意识，敢字当头、无私无畏。

（七）深入践行忠诚、干净、担当精神，打造让党放心，人民信赖的纪检监察干部信任不能代替监督

各级纪检监察机关要严字当头，强化自我监督，加强党内监督，接受社会监督。广大纪检监察干部要心存敬畏和戒惧，严格遵守政治纪律、组织纪律、办案纪律和保密纪律。纪委书记、纪检组长要认真履行第一责任人职责，对机关干部既要考验、锻炼、培养，又要言传、身教、严管，坚决领好班子、带好队伍。对纪检监察机关干部从严要求、从严教育、从严管理、从严监督。健全完善内控措施，严肃查处纪检监察干部违纪违法行为，用铁的纪律打造一支政治过硬、作风过硬、纪律过硬的纪检监察干部队伍，以适应新常态下对纪检监察工作的新要求。加大纪检监察干部的培训力度。分批组织纪检干部到区内外学习培训，到外地学习考察监督执纪工作。不断培养纪检监察干部忠于职守、秉公执纪、敢于担当的精神。

我们要紧密团结在以习近平同志为核心的党中央周围，在县委和上级纪委的坚强领导下，保持政治定力，坚持全面从严治党，勇于负责担当，聚焦主业，正风肃纪，把纪律挺在前面，锲而不舍落实好中央八项规定精神，坚决遏制腐败蔓延势头，以坚如磐石的意志和决心不断开创我县党风廉政建设和反腐败工作新局面，为建设美丽宜居和谐幸福西林提供纪律保障。

关于西林县2015年国民经济和社会发展计划执行情况与2016年国民经济和社会发展计划草案的报告

——2016年1月27日在西林县第十一届人民代表大会第八次会议上

西林县发展和改革局

一、2015年全县经济社会发展计划执行情况

2015年是"十二五"收官之年，在新常态的背景下，我们正视错综复杂的宏观经济形势和前所未有的经济下行压力，认真贯彻落实国家、自治区、百色市稳增长决策部署，坚持"稳中求进"的工作总基调，向改革要动力、增活力，努力破解稳增长难题，扎实推进各项工作，全县经济社会继续保持平稳较快增长的良好态势，较好完成了各项工作任务，"十二五"实现圆满收官。

（一）全县经济运行稳中有进，综合实力不断增强

地区生产总值（GDP）预计突破20亿元大关，达20.37亿元，增加1.72亿元，同比增长9.42%，完成任务的100.2%，完成"十二五"计划的109.16%。其中："一产"增加值完成8.69亿元，同比增长7%，占GDP总额42.66%，下降了1.44个百分点，还是全县地区生产总值结构的主体；"二产"增加值完成3.91亿元，同比增长9.9%，占GDP总额19.2%，上升了0.2个百分点，"二产"中工业增加值完成1.97亿元，同比增长6.13%，占GDP总额9.67%；建筑业增加值完成1.93亿元，同比增长15.46%。占GDP总额9.47%；"三产"增加值完成7.77亿元，同比增长11.5%，占GDP总额38.14%，上升了1.24个百分点。二、三产比重有所提升，产业结构进一步优化。财政收入完成1.6787亿元，同比增长10.06%，完成市年度任务1.65亿元的101.74%。固定资产投资预计完成25.16亿元，同比增长16.39%，完成年度任务的100.64%，完成"十二五"计划的154.64%。规模以上工业总产值预计完成4.96亿元，同比增长10.86%，完成年度任务105.99%；增加值预计完成1.63亿元，同比增长6.6%，完成年度任务101.94%。社会消费品零售总额预计完成5.79亿元，同比增长10.03%，完成年度任务100%。城镇居民人均可支配收入预计突破2万元，达21067元，同比增长10.07%，完成年度任务100%。农村居民人均纯收入预计完成6131元，同比增长15%，完成年度任务100%，提前五年实现翻番目标。全县居民消费价格指数（CPI）上涨2%，控制在年度目标以内，物价保持稳定。

（二）创建"全国有机农业示范基地"通过国家组织验收，高效特色生态农业发展加快

2015年，"全国有机农业示范基地"创建工作通过国家农业部组织的专家组验收，全县农业生产形势总体向好，粮食等主要作物稳产增收，全年

完成粮食作物播种面积22万亩，粮食总产量5.7万吨，粮食供给保持安全稳定。全县农林牧渔业总产值14.1亿元，同比增长6.95%。农业在年度实现GDP总额中占据了明显地位，占GDP总额比重达42.66%，其中：农业占20.62%；林业占9.18%；牧渔业占13.35%，主要得益于水果和渔业两大产业的有效拉动。一是以水果为主的特色生态农业发展势头强劲，全县新增水果面积3万亩，水果全年产量62198万吨，产值17719万元，同比增长22.65%，占农业产值比重12.45%。完成低产茶园改造5000亩，推进有机茶生产示范基地1800亩，新增有机茶生产认证2600亩，无公害茶叶基地认证面积6.2万亩。特色中医药产业加快推进，新增田七种植1506亩，化橘红、铁皮石斛1550亩，全县草药达8576亩，产值2000多万元。农产品品牌建设再取新突破，“西林姜晶”确定为国家地理标志保护产品，“西林火姜”国家地理标志保护产品申请通过国家质检总局初审，《地理标志产品西林沙糖桔》标准被评为广西重要技术标准，在获评的标准中为广西唯一针对县（区）特定产品的标准。二是水产畜牧业平稳健康发展，水面养殖业不断壮大，全县发展水面养殖47250亩，其中网箱养殖11434箱，水产品产量17300吨，完成任务100.12%，产值达2.08亿元。畜牧业加快推进，全县肉猪出栏13.35万头，肉类总产量15406.17吨，完成任务128.38%，产值达5.46亿元。三是林业产业稳步发展。抓好林产品加工企业服务，扩大企业生产规模，抓好木材生产销售，累计发放木材生产计划指标25.7865万立方米（蓄积量），完成木材销售15.351万立方米（出材量），产值9978.15万元。四是设施农业不断巩固，不断筑牢农村经济发展基础。全年完成投资1.36亿元，农村饮水工程、郁江支流河道整治工程、应急抗旱井项目、水库除险加固项目、中央财政造林项目、森林抚育建设项目等加快推进并建成，水利基础设施建设不断加强。全年完成交通基础设施建设13个，完成投资4.8亿元，项目包括周约至水头水泥路等项目建成使用，西林县县城至八大河二级路、母鲁至足别三级路等项目加快推进。

（三）生态工业稳步增长，助推经济稳增长

全年完成工业总产值6.17亿元，同比增长9.73%，完成任务的103.92%，工业增加值完成1.97亿元，同比增长6.13%，占GDP总额9.67%。年内新增规模以上企业1家，培育京桂古道茶业有限公司提升为规上企业，2个企业产值超亿元，实现了工业产值量上的提高，全县工业继续保持稳步增长的良好势头。一是规模以上工业总产值完成4.96亿元，同比增长10.86%，完成任务的105.99%；规模以上工业增加值完成1.63亿元，同比增长6.6%，完成任务的101.94%。桂水发电公司实现产值1.59亿元，汇浤公司实现产值1.19亿元，产值实现新突破。二是规模以下工业总产值完成1.21亿元，同比增长5.3%，增加值完成0.46亿元，同比增长5.33%。规模以下工业主营业务收入0.92亿元，同比增长109.1%。三是工业投资稳步增长，全年工业技改在建项目19个，完成更新改造投资5.13亿元，同比增长3.31%，完成市下达技改任务4.8亿元的106.9%，其中生源酒业厂房扩建基础设施建设、正光贸易技改扩建、县污水管网扩建三四期工程等项目竣工投产；西林县天韵茶场技改扩建、津海贸易技改扩建、混泥土搅拌站等9个项目扎实推进。

（四）培育特色旅游文化产业，服务业快速发展

一是高起点编制旅游规划。科学规划并加快推进旅游基础设施建设，通过争取那劳岑氏家族建筑群（宫保府）保护和旅游开发工程已进入自治区实施《左右江革命老区振兴规划》三年行动计划；西林县万峰湖生态保护与开发项目已列入《左右江革命老区重大项目建设大会战项目规划》；西林县驮娘江乡村旅游带建设项目列入《广西生态经济重大项目方案》；完成了“中国桫椤之乡”九龙山国家生态公园和驮娘江国家湿地公园项目可行性研究报告、项目建议书及项目立项等前期工作。二是景区景点建设进度加快。主要建设项目有总投资1235.8万元宫保府景区旅游基础设施建设项目和323万元驮娘江系列景观台项目；乡村旅游蓬勃发展，主要围绕宫保风情岛、鲁维休闲垂钓区、新丰野外垂钓休闲区三个乡村旅游区开展，各项目建设进度进一步加快。三是文化旅游成效显著。成功举办了2015年“千团万场”、第四届“驮娘江”杯野外钓鱼大赛，第五届沙糖桔产业—茶叶产业文化展示周等系列活动，成功打造文化旅游名牌，2015年，全县接待游客人数达54.11万人，同比增长10%，旅游总收入4.48亿元，同比增长19.3%。全年实现社会消费品零售总额5.79亿元，比上年同期增长10.03%；外贸出口45.23万美元，同比增长198.94%。第三产业增效明显，全县三产实现增加值7.77亿元，占GDP总额38.14%，占比逐年提升，是全县地区生产总值结构的再生产业。年内服务业整体运行平稳，其中：非营利性服务重点核定的行业财政一般预算公共服务支出同比增长23.82%，实现增加值21651万元，占GDP总额10.62%；营利性服务实现增加值6731万元，同比增长33%；石油企业新增那佐、马蚌两个销售点的正常运营也实现了营业额的相应上升。

（五）项目建设加快推进，实现投资拉动经济稳增长

2015年全县上下攻坚克难，强化重大基础设施载体作用，扎实推进112个500万元以上重大项目，总投资436.30亿元，全年完成固定资产投资25.16亿元，完成市层面重大项目建设2亿元，重大项目建设保持稳定增长良好态势。一是固定资产投资增势稳定，全年固定资产投资在建项目105个，其中新建项目62个（其中房地产项目2个），续建项目43个（其中房地产项目6个），完成投资25.16亿元，同比增长16.39%，完成市下达年度任务25亿元的100.64%。二是重点项目建设有序推进，2015年全县重点推进的重大项目共73个，总投资347.77亿元，年度计划投资13.15亿元。其中计划新开工项目29个，已开工建设16个，开工率55.2%；续建（竣工）项目18个，完成投资70247万元，稳步推进26个前期工作项目。列入市层面重大项目13个，其中计划新开工项目3项、续建项目5项、计划竣工项目2项、前期工作项目3项。全年完成市层面重大项目建设投资2亿元，完成市下达1.5亿元任务的133.33%，超额完成年度任务。三是斥资启动重大项目前期工作，积极筛选出了19个重大项目作为实施左右江革命老区振兴规划重点项目加快开展前期工作，根据项目前期工作有关收费标准，前期工作经费预计为2250万元，该方案已通过县委、县政府同意，顺利启动。四是项目资金筹措成效显著，根据国家产业政策和投资导向，通过认真研究产业政策，注重项目的筛选与包装，积极与上级部门汇报沟通，有针对性地做好项目规划申报和争取工作，项目资金争取工作继续保持良好态势。2015年全县申报落实中央预算内投资计划17类99个项目，下达年度投资总额1.614亿元，其中中央预算内投资1.044亿元、地方投资0.57亿元，西林全民健身活动中心获批专项债券1400万元，年度争取获得的中央预算内投资补助资金继续保持超亿元的良好态势。有力促进了我县经济社会持续保持平稳较快发展。五是招商引资稳步推进，2015年我县招商项目累计区外到位资金5.02亿元，完成任务的100.38%；利用全口径外资52万美元，完成任务的104%。

（六）聚焦重大规划及政策，为西林谋取更多发展红利

一是建立县级项目库，力推项目带动战略。围绕实施左右江革命老区振兴规划，我们认真研究产业政策和投资导向，积极谋划重大项目建设计划，谋划挖掘出一批合理、切合实际的项目和产业规划，建立县级国家重大建设项目库，项目库收录包括生态产业、新型城镇化、节能环保产业、交通基础设施、信息消费、现代服务业、民生保障、文化旅游等8大类共141项目，总投资965.21亿元。同时积极录入国家重大建设项目库，已完成项目录入278个，总投资1005.5亿元。当前，那劳岑氏家族建筑群保护与旅游开发、县城区污水管网工程及20万亩沙糖桔无公害水果生产基地等3个项目已列入自治区左右江革命老区重大项目建设三年行动计划，总投资1.96亿元，已获得上级补助1600万元；黄田高速公路广西段（田林—西林桂滇界）、雍河高速公路广西段（兴义—隆林—西林—广南），西林风电，西林驮娘江湿地重点生态工程，西林县旬町文化，那劳生态旅游文化型特色城镇建设等已列入《广西贯彻落实〈左右江革命老区振兴规划〉实施方案》中。二是积极组织申报西林自治区级重点生态功能区升格为国家级重点生态功能区。根据国家发改委、自治区改革委《关于开展国家重点生态功能区范围调整工作的通知》精神，为争取西林实现永续发展，县委、县人民政府高度重视，安排专门力量，加紧组织编制申报材料上报，及时上报自治区发改委，且已通过初审上报国家发改委审核，同时组织人员到国家发改委作专门汇报，为申报工作打下良好基础，目前，项目材料正在国家发改委组织评估审核中，待国家发改委组织评估后报国务院审定。三是争取古障镇扶贫移民新区列为自治区级示范安置点。列为区级示范点后，将从自治区层面推进项目，并对示范安置点建设项目打包，以工程包的形式由自治区带出招商引资，为此积极到市、区作争取，并通过自治区政府的批复同意。四是高质量编制“十三五”规划，积极谋划西林发展新蓝图。挂牌成立“十三五”规划编制领导小组办公室，安排专门力量集中编写，并委托有资质的单位及专家帮助编制规划，提早谋划“十三五”重大项目建设，修改完善重大工程、重大项目和重大政策，完善项目库建设，及时上报落实，加强中央预算内投资项目的申报和争取工作，争取落实更多项目资金。当前“十三五”规划建议、“十三五”纲要已编制完成初稿并多次征求各单位、各乡镇意见，并积极梳理汇总，由编写组进行修改完善，县委《关于制定国民经济和社会发展第十三个五年规划的建议》已提交县委十一届七次全会讨论通过，目前，正在根据县委关于制定“十三五”规划的建议，认真修改完善西林县国民经济和社会发展第十三个五年规划纲要。下一步将进一步加大调研和征求各方面意见的工作力度，力求规划进一步切合西林经济社会发展实际，积极促进全县经济社会平稳较快发展。

（七）生态城镇建设步伐加快，拓展经济发展空间

一是科学编制城乡建设规划。2015年，我县启动县域县城总体规划修编工作，已召开县级规划评审委员会评审；启动县域县城控制性详细规划修编工作，目前完成初期文本，县域城区规划面积由原来15.8平方千米扩大到23平方千米；完成了那岩杆栏建筑保护修复设计；完成了新红新区、火亮新区等8个新区系列的规划编制工作；完成了古障镇和那劳镇控制性详细规划编制初稿。各项专项规划、修建性详细规划和村庄规划的启动和实施，为推进城乡城镇化发展铺垫了发展建设的道路。二是城镇建设扎实推进。加快实施大县城战略，鲤城新区、阳光小区、旺盛中央家园、江滨花园、龙御尚城、御景水岸、时代广场等项目竣工，拉动城建效果明显。完成县城污水扩建（四期）工程项目建设和西林县城镇垃圾收运系统项目建设。实施古障镇新区、那劳镇新区、古障镇者夯村、马蚌镇马蚌村等4个扶贫生态移民安置区的兴建。加快城乡建设步伐，实施旧城、棚户区改造，增加城市功能。坚持建管并重，深入开展城市市容环境综合整治工作，启动创建“广西文明城市”工作，城镇服务功能和基础设施建设逐渐完善，城镇化率不断提升，预计达到36.5%，增加1.5个百分点，增长4.29%。

（八）生态文明建设扎实推进，积极促进经济绿色可持续发展

一是深入推进“全国生态文明示范工程试点县”建设。积极按照全国生态文明示范工程试点县建设27个约束性和预期性指标要求，扎实推进生态综合治理工作，逐项落实工作任务，确保各项指标达到终期评估要求，确保我县全国生态文明示范工程试点县建设通过国家终期评估验收，为西林争取升格为国家级重点生态功能区和创建全国生态文明示范县打下良好基础。二是强力推进植树造林工程，以项目推动营造林，成功实施珠防林人工造林工程、巩固退耕还林工程、国家木材战略建设项目、石漠化综合治理工程等项目，全县完成造林5.4481万亩完成任务168.7%，全县森林覆盖率达76.58%。三是扎实推进“美丽西林·生态乡村”工程建设，完成35个绿化示范屯和200个一般村屯的绿化工作，完成5亩“百村增绿”行动任务，荣获自治区级生态村9个，申报通过农村环境综合整治项目21个。四是稳步推进农村生态能源建设，农村生态能源消耗得到有效控制，2015年完成农村沼气建设完成农村户用沼气建设600座，旧病池改造400座。并经过努力，为广西西林县宏昌畜牧发展有限公司争取得大中型沼气建设中央财政补助项目资金112.5万元。五是着力推进万峰湖保护与开发，联合三省五县市编制《万峰湖生态环境保护实施方案》，我县区域内项目已通过国家财政部和环保部批复。六是加大环境执法力度，保障生态环境，开展环境保护大检查，排查整治企业16家，关停产企业4家；严抓项目环评审批，清理2012年以前遗留“未批先建”项目一个，从根源上管住环境污染问题；七是“美丽西林·清洁乡村”活动持续深入开展，全县生态环境质量明显提升，空气质量和主要河流水质总体保持良好。

（九）社会民生保障能力稳步提升，不断提高民众幸福指数

1. 扶贫攻坚夺取阶段性胜利。围绕创建“自治区扶贫进步县”目标，进一步创新扶贫工作机制，多渠道整合资金推进扶贫攻坚工程，2015年共争取落实中央、社会、县本级资金3570.81万元，撬动脱贫工程，预计实现脱贫1900户8000人。一是实施产业到户扶持工程，投入1000万元资金，精准到户扶产业，着力于种养、劳务输出和地头水柜等农业基础设施扶持；二是实施整村脱贫攻坚工程，整合资金2500万元，对7个贫困村实施基础设施和55个产业项目攻坚；三是实施基础设施攻坚工程，整合资金1500万元，实施屯屯通水泥路工程，修通砂石路25条，里程80千米，受益3500人，实施“村屯绿化”工程，10个屯已全部竣工；四是实施扶贫移民工程，整合落实扶贫生态移民资金6500万元，依托产业资源，结合城镇化，采取集中安置和分散安置方式扶贫移民432户1961人，同时，切实做好“十三五”扶贫移民规划工作；五是抓好教育培训工作，安排教育培训扶贫资金240万元，用于731个贫困家庭学生升学补助。同时，推行“2234”工作模式，做好新一轮精准识别工作，顺利完成全县22129户贫困户的入户评估评分工作，做到看真贫、识真贫、扶真贫，真扶贫。

2. 坚持教育优先战略，全面振兴教育。对全县学校布局进行调整，为义务教育均衡发展夯实基础。加大教育投资力度，全年教育投入0.9亿元，加强学校基础设施建设，办学条件进一步改善。学生营养改善计划、学生资助、乡村教师生活补助、校长岗位奖励等教育惠民政策落实到位，师生保障机制进一步完善。全力抓好教育教学，教育质量不断提升，高考取得百色市2015年高中教育教学质量A2类三等奖；中考成绩显著，全县A+共有110人，比2014年增加23人。

3. 卫生计生工作成效明显。全面铺开县级公立医院综合改革，继续落实新农合筹资政策，推动建立基本医保、城乡居民大病保险、疾病应急救助、医疗救助等制度的信息互通和操作衔接机制。今年我县卫计系统共获得中央预算内投资资金建设县中医院整体搬迁工程、县妇幼保健院业务楼、乡镇卫生院、计生设备等项目共计2950万元，为十三五建设和2016年创建“国家卫生县城”打下了坚实的基础。

4. 社会保障体系进一步健全。社会保障体系不断健全，改造农村危房1600户，总补助资金3072万元；完成新建续建建设公共租赁住房164套；完成八达镇、古障镇、那劳镇等3个镇的棚户区综合整治项目，总改造户数为268户；新增发放廉租房租赁补贴68户，超额完成年度任务。社会保险各项指标取得新进展，均完成指标任务。2015年县城镇新增就业人数 887人，完成市局下达任务110.9%；城镇登记失业控制数3.01%；农村劳动力转移就业2976人，完成任务的119.04%，顺利完成上级下达的指标。

5. 创新社会管理，社会更加和谐稳定。创新社会治理，深入推进“平安建设”“法治建设”活动，扎实推进“三大纠纷”调处攻坚，强化矛盾纠纷排查化解，妥善解决群众合理诉求，严密防范和严厉打击违法犯罪活动，深化三省（区）接边维稳协作机制，强化安全监管，有力遏制重特大安全事故发生，群众安全感和满意度在全区排名前列，连续9年被评为自治区级“平安文明县”。

（十）深化经济体制改革，适应新常态保持稳增长

1. 全力推进政府职能机制改革，加快建立精干高效政府，保障稳增长。一是抓好简政放权，加快政府职能转变。2015年我县共承接自治区和百色市下放管理权限56项，取消行政审批项目177项，调整218项，委托下放到乡（镇）11项，目前，我县共有行政许可289项，其他行政权104项。审批的项目从去年的530项减少到393项，精减了25.3%，简政放权力度加大，强化事中事后监管措施管理，办事效率进一步提高，有效地激发了经济社会发展活力。二是着力优化审批流程，推动政务服务体系改革。全县共有48个单位进驻县政务服务中心窗口，进驻率达100%，2015年全年共受理件44245件，办结44773件（含2014年受理，2015年办结件数），办结率101.12%，办事流程进一步优化，缩减办事时限1/4以上；及时公布行政审批事项目录清单，将权力在阳光下运行。三是全力推进政府职能转变和机构改革，加快建立精干高效政府体系。启动政府部门权力清单和责任清单工作，顺利推进县卫生和计划生育局、县文化和体育广电局组建工作，完成县直部门“三定”调整；推进事业单位分类改革，在县幼启动事业单位法人治理结构试点，将县民政局、审计局等7个部门列为2015年政府购买服务试点单位，盘活编制；同时，深化乡镇行政体制改革，在八达镇推行乡镇站所“四所合一”改革试点，取得初步成效。

2. 推进商事制度改革，活跃市场经济。大力推进“先照后证”工商审批制度改革，明确将148项工商登记前置审批事项改为工商登记后置审批事项，已有907户市场主体在办理工商注册登记时受惠“先照后证”工商登记制度改革。启动建立“先照后证”工作联席会议机制，推行“双告知”制度，推动确立“放管并重、宽进严管”原则下的工作基础框架，工商登记制度改革不断完善，进一步放宽和简化经营场所登记，全年完成登记各类市场主体1613户；实行注册资本“认缴制”登记制度，取消了有限责任公司注册登记的最低资金要求，2015年新登有限责任公司73户，注册资本38984万元，同比增长43.14%、20.87%，有力的促进了经济发展特别是非公有制经济的新发展，提振了市场经济。

3. 转变金融机制体制，支持企业发展。一是推进电力税费改革，减轻企业经营成本。通过实施深化电力体制改革，降低企业运营成本，对全县工商业销售电价平均降低了6.34分/每千瓦时，暂停征收临时电力价格调节基金（1分/千瓦时），新增的电力用户免交临时接电费；实行丰枯水期季节性电价，切实减轻企业减产停产期间基本电费负担；实施小微企业税收优惠政策，降低一批取消一批收费项目，累计免收税费1000多户，免收税费200多万（不完全统计），切实减轻企业和社会负担的收费；落实企业奖励办法，激发企业积极性。二是构建政府主导的融资担保体系，2015年6月通过区金融办批准，注册资本1000万元成立西林县福林融资担保有限公司，为解决我县农户、中小微企业、农业产业发展等融资难问题提供重要的保障。三是搭建政银企合作平台，推进县域小微企业金融服务，目前，共向企业发放民贸民品贷款余额1900万元；推进“小额担保贷款委托协议”支持创业，累计为创业者提供678万元，扶持起一批小微企业。同时，加大防范和化解金融风险力度。

4. 深化财政体制改革，提高经济发展支撑力。一是推进预算管理制度改革，推行预算绩效管理，实行预算信息公开，将全县75个一级预算单位纳入预算绩效管理，纳入预算绩效项目总资金额18314万元，占比为12.53%。二是推进预算支出管理改革，简化财政资金审批流程，加快资金拨付进度，全年支出147204万元，同比增长18.96%，完成年度预算数150652万元的97.71%，切实发挥财政资金杠杆作用。三是加强资金筹措，加快安排使用政府债券资金，2015年安排新增债券3700用于新红桥、句町民族博物馆、西林民族高中体艺中心项目，安排置换债券11800万元用于置换审计认定的14笔政府性债务。四是清理盘活存量资金，认真清理结转结余资金，建立健全消化结余资金长效机制，全县共收回存量资金30251万元，已安排使用28100万元，结余2151万元。

5. 深化农村经济体制改革，提振农村经济。坚持把农村金融改革作为全县经济体制改革的重头戏，着力推进农村金融组织培育、信贷服务、支付服务、信用建设、保险配套等工作，力推农村金融发展和农业增效、农民增收。一是加快推进农村信用体系建设，搭建农户信用信息系统，全面铺开农户信息采集工作，完成13436户信息采集，录入7560户，向贫困户发放信用贷款15万元。二是完善农村金融服务体系，搭建村级“三农金融服务室”，推进三农保险服务网点向乡（镇）延伸，设立保险服务站（点），推进三农保险服务网点向乡（镇）延伸，推动农业保险发展，推动农村金融产品和服务创新；三是创新农村融资方式，顺利完成普合苗族乡农村土地承包经营权确权登记试点工作；稳步推进开展农村产权融资，累计完成林木抵押贷款203宗，涉及贷款数额9.52亿元，林地流转172宗，流转面积1.2万亩。四是农业经营体制改革，极引进和鼓励水果、茶叶企业及种植大户因地制宜采取多种模式对农村土地进行流转，推广集约经营，全年共流转土地1.2万亩；培育和支持新型农业生产经营组织，全年全县新增农民专业合作社38家。

6. 深化社会体系改革，保障社会民生。一是全面铺开县级公立医院综合改革，2015年9月份医改全面铺开，11月1日起取消药品加成，执行药品零差率销售，同步进行医疗服务价格调整、同步开展医保支付改革，落实财政补偿工作，实现“一取消两同步”目标。当前，正进行清产核资和人事制度改革准备，各项改革工作正在有序推进中。二是全面推进公车制度改革，2015年12月底，全县涉改车辆全部封存停驶，并启动运行公车服务平台，积极做好交通补贴发放前期准备工作，根据车补标准测算，节支率为9.3%，符合节支要求，当前，车改工作正在有序开展，较好完成了各阶段的改革工作任务，工作进展程度走在了全市的前列。三是巩固和完善新农合制度，全面落实新农合筹资政策，参合率巩固在97%以上。推进新农合支付方式改革，将符合条件的村卫生室纳入新农合定点医疗机构，扩大定点医疗机构支付方式改革覆盖范围。改革新农合管理机制，加快异地结算工作机制建设。四是开展重大疾病保障工作，继续推行新农合大病保险工作，完善和落实基金监管措施，增强新农合基金抗风险能力，保障资金安全。改革新农合报销政策，引导病人在基层就诊，推进疾病应急救助机制。推动建立基本医保、城乡居民大病保险、疾病应急救助、医疗救助等制度的信息互通和操作衔接机制。

2015年，我县经济社会虽然保持平稳较快增长，但我们必须清醒的认识到，我县经济总量偏小、差距加大，产业结构单一、交通基础设施落后、农业基础设施薄弱，工业化刚起步就进入新常态，工业发展滞后，技术人才短缺、科技创新力弱等发展制约因素多，经济下行和产业转型升级压力增大，补齐民生短板和脱贫攻坚任务艰巨。我们必须正视这些实际困难和问题，在今后的工作中采取切实措施加以解决。

二、2016年经济社会发展计划总体要求及主要目标

按照县委的总体部署和西林“十三五”规划目标要求，2016年，我县经济社会发展总体要求是以科学发展观为指导，深入贯彻落实党的十八大、十八届三中、四中、五中全会精神和习近平总书记系列重要讲话精神，认真贯彻落实中央“四个全面”战略布布局和自治区党委“两个建成”战略决策及百色市“三中心两区一市”战略部署，紧扣脱贫奔康主线，坚持发展第一要务，紧紧围绕“生态立县”战略，以建设“生态富民文明和谐新西林”为目标，主动适应经济发展新常态，积极贯彻创新、协调、绿色、开放、共享、扶贫优先的发展理念，加快生态农业、生态工业、生态城镇、生态文化、生态旅游发展进程，切实保障和改善民生，促进经济平稳健康发展，坚决打赢决胜小康之首战，为如期实现全面脱贫，全面建成小康社会打下扎实基础。

2016年是“十三五”开局之年，也是决胜全面建成小康社会首战之年，我县经济社会发展存在利好机遇，但下行压力加大。从利好方面看，一是我国经济长期向好的基本面没有变，自治区“双核驱动”战略部署为我县经济发展添加新动力，国家批复《左右江革命老区振兴规划》，对我市、我县的项目支持力度将加大；二是行政审批制度改革、投融资体制改革、财税金融改革等改革事项日趋深化，发展环境更加优化，城镇化建设深入推进，经济增长动力增强；三是经过历届党委、政府和广大干部群众的不懈努力，西林经济基础明显增强，后发动力加大，西林县经济社会发展已经站在了新的更高的平台上；四是生态品牌效应凸显，“中国沙糖桔之乡”“全国重点产茶县”“全国十大生态产茶县”“全国生态文明示范工程试点县”“中国桫椤之乡”“广西休闲渔业示范基地”，西林沙糖桔、西林麻鸭、西林姜晶等荣获地理标志保护产品等系列生态品牌响亮，为西林发展迎来了新机遇，新一轮投资热潮正在逐渐形成。不利因素方面，我国经济处于增速换挡、结构调整、风险释放的新阶段，转型发展将成为新常态，经济运行的不确定因素仍然较多，经济增长动力依然不足，经济仍将面临较大下行压力，稳增长、调结构、促改革的任务十分艰巨，我县二产、三产发展相对滞后，特色产业尚处于打基础、创品牌、塑特色的发展阶段，经济结构欠优带来的下行压力依然显著，在新型电商、物流的冲击下，我县自身传统的商贸物流和零售业增长乏力，市场预期不稳。

充分考虑2016年全县发展环境、发展现状和主要任务以及衔接“十三五”规划目标，我们要充分认识新常态更要主动适应新常态，作为后发展的西林，在保证经济发展质量的同时，还需保持一个高于全国、全区的发展速度，才能进一步缩小差距，为同步全面建成小康社会打下坚实基础，2016年全县国民经济和社会发展主要预期目标计划如下：

——地区生产总值22亿元，增长8%；

——固定资产投资27.68亿元，增长10%；

——财政收入1.7962亿元，增长7%；

——规模以上工业总产值5.56亿元，增长12%；

——社会消费品零售总额6.37亿元，增长10%；

——城镇居民人均可支配收入22858元，增长8.5%；

——农村居民人均纯收入6867元，增长12%；

——城镇化率38%以上，增长1.5个百分点；

——万元GDP能耗降低率2%；

——城镇登记失业率控制在3%左右；

——人口自然增长率控制在12‰以内；

——居民消费价格指数涨幅控制在3.5%以内；

——贫困人口脱贫7000人，减贫率24.22%；

——主要污染物排放量控制在国家下达目标内。

力争工作目标：

——地区生产总值22.2亿元，增长9%；

——固定资产投资28.18亿元，增长12%；

——规模以上工业总产值5.60亿元，增长13%；

——社会消费品零售总额6.46亿元，增长11.5%；

——城镇居民人均可支配收入23714元，增长10%；

——农村居民人均纯收入6989元，增长14%。

三、2016年经济社会发展主要任务和措施

（一）加快推进项目建设，不断增强经济发展动力

紧紧围绕国家实施左右江革命老区振兴规划，认真谋划“十三五”重大项目建设，积极培育经济新增长点，时刻关注国家产业发展导向，加强项目的筛选和申报工作，全面落实《西林县政府投资项目建设管理办法》，继续扎实推进领导联系重大项目建设责任制，不断掀起项目建设新的高潮。全县固定资产投资计划完成27.68亿元，同比增长10%。计划统筹推进重大项目61项，其中新开工项目19项、续建项目15项、竣工项目10个，前期工作项目17项，总投资270亿元，年度计划投资12.86亿元。争取列入自治区层面重大项目1项、市层面重大项目8项，其中新开工4项、续建3项、前期工作2项，总投资31.94亿元，年度计划投资4.7亿元，继续保持投资对经济增长的主要拉动作用，促进全县经济持续较快增长。

1. 抓好项目开工建设。重点抓好隆林—西林（西林段）二级公路、保障性安居工程、那劳镇污水处理厂建设工程、马蚌镇污水处理厂建设工程、县城污水厂扩建工程、那佐苗族乡污水处理厂建设工程、县妇幼保健院综合业务用房、县强制隔离戒毒所、县交通安全执法服务站、县公安局业务技术用房、县公安局八达古障派出所、20万亩沙糖桔无公害水果生产基地、民高至八洋桥沿河亮化景观、西林旧城区主干道改造工程、重点水源龙英水库扩容工程、句町文化博物馆、220kv句町（西林）送变电工程、县残疾人康复服务中心和托养中心、2015年第七批农田水利专项县工程、2016年度扶贫移民工程等19个计划新开工项目开工建设，争取完成投资4.14亿元。

2. 抓好项目建设进度，重点推进西林（土黄）至八大河公路升级改造（三期工程）、县中医院整体搬迁、宫保府景区开发建设、龙御尚城、者夯至堂上三级路、县城区桥梁建设、民族实验小学、民高体艺中心、扶贫移民安置工程、混泥土搅拌站、御景水岸、大东百货、坝林河和马麻河应急供水工程、管道天然气建设等14个续建项目的建设进度，争取年内完成投资5.20亿元。

3. 抓好项目竣工投产，重点抓好中心粮库、县看守所改扩建（迁建）工程、民高教学楼和学生宿舍楼、山体公园一期工程、2015年公共租赁房、鲤城新区职能部门集中办公区院内基础服务设施、时代广场、鲤城新区农副产品批发市场、城投公司福景新苑、母鲁至足别三级路等10个竣工项目建设进度，争取年内建成使用，完成投资2.02亿元。

4. 抓好项目前期工作，重点抓好田林至西林（桂滇界）高速公路、驮娘江乡村文化旅游带建设、万峰湖生态保护与旅游开发、古障水果茶叶综合交易市场、那劳水果综合交易市场、富强置业（鲤城新区K地块）、国地税旧址、总工会电影院旧址、新源物流、西林县"中国桫椤之乡"九龙山国家生态公园、驮娘江国家湿地公园、八达镇初级中学、八达镇中心小学、皿帖水库、农业综合开发县项目等17个项目前期工作，争取年内开工建设，力争完成投资1.5亿元。

5. 突出方式转变，增强招商引资发展活力。夯实招商基础，提高招商针对性。围绕农业种养、商贸物流、文化旅游、新能源、农产品加工5大

产业，认真做好项目挖掘和筛选，从项目建设优势、必要性、优惠政策、市场需求等方面进行深挖提炼。转变招商方式，提高工作实效。实施以商招商，采取以情感染、紧跟对接的方式，努力实现以商招商的突破。提升招商档次，力促产业转型。努力通过加大招商引资力度，弥补项目投资后劲不足问题，积极促进投资加快增长，为完成全年投资目标提供强有力支撑。

（二）提升现代特色农业发展，着力打造“全国有机农业示范基地”

1. 积极稳妥抓好粮食安全工程建设。以创建粮食高产基地为抓手，大力推广种植超级稻、杂交高产玉米良种，超级稻种植面积要达到5万亩以上，杂交高产玉米种植10万亩以上，良种推广率达98%以上，创建粮食高产示范基地1万亩，进一步提高粮食单产水平，增加粮食总产，保障粮食供给安全，自给有余。

2. 推进特色优势产业发展，不断增强农业经济活力。继续巩固和扩大优质粮、优质水果、有机茶、中草药等优势特色产业，利用农产品产地资源优势，逐步构建一批集生态循环农业、“三品一标”产地和产品、生态农业休闲旅游和农业科技成果转化为一体的现代生态农业核心示范区。以《地理标志产品西林沙糖桔》标准被评为广西重要技术标准为契机，继续深入实施优果工程，全力推进驮娘江现代农业核心示范区和驮娘江水果产业带建设，力争在驮娘江沿江两岸建设1万亩的标准化水果产业带，全年全县新种水果2万亩。积极开展水果低产园改造，加强柑橘黄龙病防控工作，力争全县柑橘果园黄化率控制在3%以内。启动“互联网+”行动计划，推动电子商务企业与农产品加工企业、专业合作社、种养大户对接，拓宽全县农产品销售渠道。积极发展以化橘红、铁皮石斛等中草药材基地。加强“三品一标”品牌建设，创建国家地理标志产品保护示范区，加快发展标准化、产业化、品牌化的生态有机农业，努力打造农业升级版，不断提高农业经济效益。

3. 大力发展特色养殖业，着力打造西林特色养殖和休闲渔业品牌。一是大力发展肉牛、肉羊产业，积极引进外资企业到我县发展肉牛、肉羊规模标准化养殖，落实我县牛羊产业发展实施方案和奖励扶持政策，大力推进牛羊产业发展。二是认真抓好库区标准集约化网箱建设和改造工作，指导养殖户科学、规范养殖。结合万峰湖综合开发抓好我县库区大水面养殖发展规划编制工作。加大发展库区“养殖—垂钓—农家乐”于一体的休闲渔业，完善相关配套设施，使休闲渔业成为库区移民增收的新亮点。三是积极引进实力企业，助推麻鸭产业的发展，通过电子商务平台加大产品市场宣传和销售工作，着力打造“西林麻鸭”品牌，不断提高特色养殖效益。四是继续落实蜜蜂养殖扶持政策，加强养殖技术方面的服务和指导工作，大力发展蜜蜂养殖产业。

4. 着力推进设施农业建设，提升农业发展支撑力。一是加快推进在建项目建设进度。加快实施2016年度农村饮水安全工程，投资2000万元，解决1.3万农村人口的饮水困难安全问题；组织实施好渭老、那俄2项小流域水土保持综合治理工程；继续抓好2015年农田水利项目县工程，完成八达、普合、那劳节水灌溉工程建设任务；加快龙英水库扩容工程项目建设，争取年底前完成建设任务；完成2015—2016年水利冬春修项目建设任务。完成西平河西平乡抗旱应急供水工程和足别河足别瑶族苗族乡抗旱应急供水工程建设任务。二是努力争取并组织实施一批新项目。抓好中小河流治理项目，推进古障河二期、那佐河、那劳河等3条中小河流防洪整治工程；继续完善小流域水土保持治理工程；推进抗旱规划项目，做好古障镇、那劳镇抗旱应急供水工程；争取建设农村饮水提质改造工程；争取那维、马麻、皿帖、炮台等4座水库新水源工程建设；争取建设23个水库进库公路项目。

（三）依托资源优势，加快生态工业发展

坚持“扶大壮小工程”，采取“一对一”专员服务制度，进一步推进电力、林产、农副产品加工等规上企业发展，2016年规模以上工业产值计划完成5亿元，工业增加值计划完成1.65亿元。全县工业固定资产投资计划完成5亿元，更新改造计划完成投资5亿元；计划新增规上企业1家；争取规模以上万元工业增加值能耗下降1%以上。一是推进电力工业增长。重点培植桂水电力西林发电分公司和水利电业有限公司两个龙头企业，同时加快推进风力发电场项目和无痕水电项目的开发建设，不断推进我县电力工业发展。二是做好林产工业发展。充分利用我县的森林资源，大力发展木材产品工业，重点培植澳林木业、嘉华木业、兴霖木业等三家木材深加工业企业的发展，切实帮助澳林、嘉华、兴霖等重点木材加工企业进行技术改造，提高产品档次品质，提高产品附加值。同时，积极帮助企业扩大木材原料基地建设，大力发展用材林，确保原料供应加工。三是做强农副产品精加工。充分发挥资源优势和生态优势，依托全县沙糖桔、油茶、桐油、生姜、茶叶、薏米等特色农副产品，加快农副产品精深加工业。重点培植汇浤工贸、王子山有机茶业、京桂古道茶业、津海贸易、正光贸易、生源酒业等龙头企业的技改扩建。积极引进优质水果贮藏、保鲜、果酱及茶油等精深加工项目，不断提高农业产业整体效益。四是积极推进冶炼建材工业发展。针对我县矿产资源的特点，积极做好矿产资源的勘探开发和冶炼工作，适度加快矿产、冶炼建材工业发展。完成新增邦邦锑业锑精深加工项目生产线投入生产；重点培植妈蒿锑矿区、闽鑫矿业等企业，积极帮助妈蒿锑矿区恢复生产，帮助邦邦锑冶炼厂足额生产达产。

（四）打响生态旅游品牌，拓展经济发展新业态

一是重点抓好宫保府AAAA级景区申报评定工作。围绕宫保府景区创AAAA级目标任务，努力做好宫保府景区申报国家AAAA级景区各项工作，力争该景观2016年12月前通过国家AAAA级景区评定。二是积极做好旅游项目前期工作。做好驮娘江乡村旅游带项目可行性研究报告、项目建议书、环评等项目前期工作；争取编制万峰湖景区、驮娘江国家湿地公园、中国“桫椤之乡”九龙山国家生态公园旅游详细规划。三是全力打造旅游精品路线，深入挖掘保护和传承句町历史、西林原生态民族文化和生态环境旅游资源，以打造那劳旅游名镇为中心，高起点、高水准统筹规划一批生态休闲旅游精品路线。打造那劳宫保府国家AAAA级旅游景区、创建驮娘江国家湿地公园、打造驮娘江湿地乡村旅游带、推进建设“中国桫椤之乡”九龙山国家生态公园，推进西林县民族特色村寨保护及旅游开发建设，继续投入、完善鲁维村、新丰村、驮娘江旅游带、万峰湖旅游基础设施，创建“全国野外休闲垂钓基地”；打造句町文化艺术节、沙糖桔、茶叶产业文化展示活动周、“驮娘江杯”野外钓鱼大赛活动等文化旅游品牌，不断提高知名度，打造全国休闲农业与乡村旅游示范县，融入滇黔桂大西南旅游圈，积极打造西林“一日游三省”的独特旅游品牌，促进第三产业的繁荣发展。

（五）加快新型城镇化建设步伐，努力构建城乡发展新格局

以创建“国家园林县城”为目标，科学规划编制我县“十三五”城镇规划，使城镇布局更加合理，突出新型城镇化驱动，加快统筹城乡发展。一是高标准定位，要按照“山区特色、都市标准”定位，加强城乡规划建设，全力打造以县城为中心、以重点小城镇为依托的新型城镇发展格局。二是统筹推进新型城镇化建设，推动县城提质扩容，不断扩大县城规模，加快实施水泥厂片区的房屋征收工作，启动并实施商业坡片区、火亮山片区（原农、林、畜牧局）、县府大院等房屋征收和改造，做好新红新区、火亮新区、进城大道片区、驮娘江西桥至绕城线隧洞口一带（驮娘江新区）、江南路至驮娘江西桥一带（江南新区）的开发建设，做大城市经济总量。加快推进小城镇建设，继续实施古障镇新区、那劳镇新区、古障镇者夯村、马蚌镇马蚌村等4个扶贫生态移民安置区的兴建，积极推进县城扶贫移民小区建设，力争镇化率达38%以上。

（六）坚持以改善社会民生为重点，推进共建共享发展理念

一是坚决打赢扶贫攻坚战，按照精准扶贫、精准脱贫要求，举全县之力打好开局之年扶贫攻坚战，切实完成7000贫困人口脱贫，减贫率达24.22%的目标。围绕贫困村特色产业发展规划，抓好产业扶贫各项政策的落实；着力搞好扶贫开发“整村推进”，加强推进贫困村通路、通电、通水等基础设施建设，不断改善就业、住房等民生状况，切实改善贫困村生产生活条件。重点加快实施扶贫移民工程，2016年计划扶贫移民1307户5521人，其中搬迁建档立卡贫困户1222户5175人、同步搬迁85户346人，要积极宣传引导贫困人口到生产生活条件较好的地方进行安置，确保实现脱贫一批。同时，扩大社会保险覆盖面实施农村贫困生资助项目，结合产业开发抓好贫困村劳动力就业培训，保证贫困户家庭掌握2–3项实用技术。加强社会保障性扶贫，特别是要织好保障基本民生安全网，兜住保障困难群众基本生活这个底，让发展成果更多、更公平地惠及全县人民。

二是坚持教育优先，强化教育体系建设。加快教育基础设施建设，加快建设民族实验小学，力争开工建设八达镇初级中学，切实抓好八达镇第三小学迁建征地工作和前期工作，加快鲤城新区幼儿园、普合苗族乡中心幼儿园、那劳镇中心幼儿园等学前教育项目建设，鼓励支持社会力量发展学前教育；实施中小学校布局调整，解决“大班额”和“大通铺”问题，切实做好“控辍保学”工作，巩固九年义务教育工作。努力提升高中阶段教育质量，改善职业学校办学条件，深入实施教师素养提升工程，切实提高教育教学水平。进一步改善办学条件，切实提高全县九年义务教育巩固率和高中阶段毛入学率。

三提高卫计工作水平，积极建设健康西林，为启动创建“国家卫生县城”打下良好基础。加强医疗卫生基础设施建设，加快推进县中医院整体搬迁、县妇幼保健院业务楼、乡镇卫生院和村级卫生室等项目建设，提高基本医疗保障水平和重大疾病防控能力。继续推进县级公立医院综合改革工作，切实减轻群众用药负担；抓好新型农村合作医疗制度和城镇居民基本医疗保险制度建设。切实做好优生优育工作，认证贯彻“全面两孩”生育政策，强化出生人口性别比综合治理，建立完善整治“两非”区域协作机制，人口自然增长率控制在12‰以内，为启动创建“国家卫生县城”打下良好基础。

四是完善社会保障体系，提高群众获得感。推进“五险”扩面，扩大新型农村养老保险参保覆盖面；认真做好城乡最低生活保障、农村五保供养、特困户、水库移民扶持等工作，提高城乡低保标准、农村五保供养标准；加大城乡医疗救助工作力度，扩大门诊医疗救助病种和救助人员范围。加强就业再就业工作，千方百计开辟就业渠道，确保城镇失业登记率控制在3%以内，新增城镇就业人数800人；加强廉租房、公租房等保障性住房建设，解决112户低收入家庭住房困难问题，继续推进危房改造工程，使全民共享发展成果，提高全民幸福指数。

五是创新社会治理和安全生产，不断提高群众安全感。加强信访维稳力度，积极化解信访积案和突出问题，扎实推进“三大纠纷”调处攻坚工作，严厉打击各种违法犯罪活动，切实维护社会稳定大局。扎实开展非煤矿山、建筑施工、森林防火、道路交通、公共场所等领域综合治理，加强食品药品安全监督管理工作，确保全县安全生产形势稳定，争创“民族团结进步示范区”。

（七）全面推进生态文明建设，争创国家重点生态功能区

一是加大全国生态文明示范工程试点县建设评价指标和主要建设项目的推进力度，确保森林覆盖率等27个约束性和预期性指标达到最终目标任务，确保通过国家终期考核验收。二是努力争创国家级重点生态功能区。加强与自治区、国家发改委跟踪汇报，争取将西林自治区级重点生态功能区提升为国家级重点生态功能区。三是严抓项目环评审批，划定生态保护红线，加强环境污染防治和监测，从根源上防治环境污染问题，着力抓好环境监察执法工作，重点抓工业污染，确保完成化学需氧量、氨氮、二氧化硫、氮氧化物等节能减排指标任务，着力抓畜禽养殖污染、农业面源污染和渔业污染的防护工作；联合五县（市）实施《万峰湖生态环境保护实施方案》，抓好万峰湖、驮娘江等水质环境治理。四是实施重大生态项目建设，夯实绿色发展基础，抓好油茶产业发展，重点推进万峰湖生态保护与旅游开发、风力和光伏发电、九龙山桫椤国家生态公园、驮娘江国家湿地公园、龙英水库扩容工程、国家木材战略贮备建设项目、扶贫生态移民工程、石漠化综合治理、巩固退耕还林和“生态乡村”建设等一批重大环境保护工程和生态基础设施工程，确保完成造林面积4万亩以上，不断夯实生态文明基础，形成生态建设与绿色发展互促互进的良好局面。

（八）全面深化体制改革，释放改革新红利

1. 深化行政体制改革。一是进一步转变政府职能。推进政企、政事、政府与市场中介组织分开，把与政府性质及职能不相符的事务交给企事业单位和市场中介组织，积极推行政府服务外包。清理、回收不宜由事业单位承担的行政事务，理顺政府部门与事业单位的关系。进一步缩小行政审批范围，政府控制的重要产品、资源、工程、服务等的指标、额度和规模，或引入市场机制配置调节，或依靠法律法规规范操作，把行政审批限制在最必要的限度内。二是强化政府维护市场经济秩序职能。加强政府社会公共服务，加大公共产品投入，为城乡提供提供产权保护、法律保护、市场秩序、市场监管、市场安全等方面的公共产品、公用公益事业产品、卫生类公共产品、农村公共基础设施类公共产品等。集中人力和财力解决就业、救济、扶贫、保护居民财产权、防范和化解危机等最突出的经济社会问题。

2. 深化经济体制改革。一是深化企业改革。巩固和发展公有制经济，提高国有企业核心竞争力和国有资本效率，不断增强国有经济活力、控制力、影响力、抗风险能力。毫不动摇地鼓励、支持、引导非公有制经济发展，落实非公有制政策，大力扶持小微企业发展，加强对非公有制企业的服务、指导和规范化管理，鼓励民营企业依法进入更多领域，引入非国有资本参与国有企业改革，激发非公有制经济活力和创造力。二是深化财税体制改革。深化预算管理体制改革，实行全面规范、公开透明的预算管理制度，完善政府预算体系。加大政府性基金预算、国有资本经营预算与一般公共预算的统筹力度。盘活财政资金存量，保障重点支出，严控一般性支出。积极争取上级加大转移支付力度。清理规范各项财税优惠政策。推广政府购买服务，健全优先使用创新产品、绿色产品的政府采购政策。推进营改增，将营改增范围扩大到建筑业、房地产业、金融业和生活服务业等领域。制定完善金融市场体系实施方案，深化农村信用社改革，推出存款保险制度。推出巨灾保险，推动信用保证保险领域产品创新，探索食品安全责任保险试点。创新资本运营方式，发挥政府资金杠杆作用，灵活运用PPP融资模式，引进民间资金参与公共基础建设及社会服务体系建设，多渠道破解融资难题，扩大投资规模，形成稳投资拉动稳增长，稳增长吸引稳投资的良性循环。结合百色市建设全国政策性金融扶贫实验示范区工作，探索金融、财政、社会扶贫三方融合的扶贫机制。推动易地扶贫搬迁和重点领域贷款品种创新，探索打造扶贫开发投融资主体，整合财政资金新模式，精准使用扶贫资金新方式，政策性银行与其他金融机构金融扶贫合作新机制，加强金融扶贫、财政扶贫、社会扶贫的结合，发挥政策性金融特殊融资机制优势和地方政府组织优势，探索政策性金融扶贫新机制。

3. 深化农村经济体制改革。一是加快构建新型农业经营体系。积极鼓励农民承包经营权向专业大户、家庭农场、农民合作社、农业企业和社会化服务组织流转，发展多种形式规模经营。二是推进农村土地改革。推进农村土地承包经营权确权登记颁证试点，探索落实土地承包关系长久不变途径。分类开展农村土地征收、集体经营性建设用地入市、宅基地制度改革试点。三是进一步改革农村集体所有制新的实现形式。积极推进农村土地股份合作，进一步推进农村产权制度改革，赋予农民对土地的占有、使用、收益以及经营权的抵押担保权、农民对集体资产的股份占有、有偿退出、抵押担保和继承权，促进资源资本化。进一步推进土地征收改革、农地入市改革和农村宅基地管理改革，彻底破除城乡二元结构。四是创新农村金融改革。推行以土地承包经营权、林权、房产、长效农业产业园及大型农机具为农村抵押担保物，鼓励发展农村新型金融合作，允许农民开展信用合作、组建扶贫资金互助社，从根本上解决“三农”贷款难题。五是深化农村水利改革。在明确农田水利设施所有权的基础上，落实管护责任主体。鼓励小型农田水利设施通过拍卖、承包、租赁、股份合作等形式进行产权流转，鼓励经营者自建小型农田水利设施。加快农民用水合作组织建设，提高农业灌溉组织化程度，建立用水户自主管理与水管单位专业化服务相结合的管理模式。加强基层水利站所的建设，发挥基层水利部门的管理职能。

4. 深化社会体系改革。一是扎实推进县级公立医院综合改革，贯彻落实好《西林县全面推进深化医药卫生体制改革工作实施方案》，确保2017年前全面完成县级公立医院综合改革工作。进一步巩固和完善新农合制度，参合率巩固在97%以上。推进新农合支付方式改革，改革新农合管理机制，完善异地结算工作机制建设，继续扩大定点医疗机构支付方式改革覆盖范围。二是深入推进公车制度改革，深入推进公车制度改革，做好行政单位、参公单位车补发放工作，进一步完善公务用车服务中心平台建设，确保公务用车正常开展。按照国家实施方案，积极开展事业单位、国有企业公务用车制度改革前期工作。

5. 以科技创新为核心，拓展新业态。牢牢把握国家新一轮科技革命和产业变革大趋势，大力推进科技进步和创新，建成有区域特色的产业产品新体系。新常态下，必须推进以科技创新为核心的全面创新，积极培育绿色中医药产业，提升生态旅游业，加快发展现代服务业，统筹发展其他传统服务业，稳步发展县域金融业，同时聚焦发展重点，通过实施一批重大工程和重大项目，推动投资消费增长空间，进一步挖掘和培育新增长点，拓展新的发展空间，培养新业态，促进产业转型升级。

6. 创新扶贫机制，保障贫困摘帽。积极融入百色市建设全国政策性金融扶贫实验示范区，探索政策性金融扶贫制度创新、产品创新、管理创新，以精准扶贫、精准脱贫为核心，创新扶贫管理机制、扶贫投入机制，整合资源，创新模式，努力走出一条扶贫开发可持续发展的新路子。通过加大扶贫开发机制体制创新力度，以强化扶贫投入机制、资金管理、组织管理、建立扶贫工作责任制为主要内容，创新扶贫投入机制，全面实施"精准扶贫"，整合资源，因地制宜、因户施策，将教育扶贫、旅游扶贫、金融扶贫和扶贫生态移民等措施有机结合，形成多层次、多渠道的立体扶贫模式，积极引导扶贫工作规范化发展，努力走出一条特困地区可持续发展的扶贫开发新路子。争取国家在天生桥一级电站开发水电资源占用集体土地试行给原住居民集体股权方式补偿试点落户本县，探索对贫困人口实行资产收益扶持制度。强化扶贫资金管理，严格扶贫到户资金管理，确保扶贫到户资金用于扶贫对象发展生产和增加收入。健全和加强扶贫开发工作组织管理。创新扶贫考评新机制，落实考核激励机制和问责机制。

7. 加强区域交流合作，提升开发合作水平。挖掘滇、黔、桂三省（区）结合部区位优势，推动三省区接边县市交通、旅游、文化、产业等合作共建事项。积极推动三省区接边县区的互动合作，推动与云南省广南县共建跨省区生态产业合作示范园区建设和文山—广南（珠街）—西林经济带，推动三省（区）五县市共同保护和开发万峰湖等。通过加强区域交流合作，为经贸全方位开发提供新的更为便捷的途经和平台，促进产业结构、生产规模、产品质量、资金流向等方面的自然调结和转换升级，扩大开放合作，激活多边贸易，促进经济社会发展。

（九）高质量编制好"十三五"规划

根据县委《关于制定国民经济和社会发展第十三个五年规划的建议》，认真编制完成国民经济和社会发展"十三五"规划纲要。全面评估"十二五"规划，客观评价"十二五"规划纲要和各专项规划确定的发展目标、重点任务、政策措施等执行情况，科学总结分析规划执行成效、存在的问题及其原因，强化规划的科学性、严肃性、持续性，为"十三五"规划的科学编制奠定基础。积极创新发展理念、转变规划思路、准确把握总体定位，精心编制完成国民经济和社会发展"十三五"规划纲要和"十三五"重点专项发展规划，各部门要加强与上级的汇报衔接，修改完善重大工程、重大项目和重大政策，组织编制好本部门本行业的专项规划，争取更多内容和项目列入国家、自治区"十三五"规划盘子。

做好2016年经济建设和社会发展各项工作，任务繁重，意义重大，责任重大。我们将积极按照本次会议确定的目标任务和工作要求，以为民务实清廉的作风，全面践行"三严三实"要求，主动适应经济发展新常态，全面推进深化改革，坚定信心，抢抓机遇，扎实工作，克难攻坚，尽职尽责，努力完成各项工作目标任务，努力实现"十三五"开好局、起好步。

关于西林县2015年预算执行情况和2016年预算（草案）的报告

——2016年1月27日在西林县第十一届人民代表大会第八次会议上

西林县财政局

一、2015年财政预算执行情况

2015年，在县委的正确领导及县人大、县政协的有效监督与支持下，县人民政府及其财税部门努力克服收入严峻形势和支出巨大压力，以深化财税体制改革为动力，努力发挥财政“稳增长、促改革、调结构、惠民生”的重要作用，着力抓好预算执行，优化支出结构，促进了全县经济社会发展。

（一）一般公共财政预算收支情况

1. 财政收入完成情况。

2015年，全县组织的财政收入完成16787万元，同比增收1534万元，增长10.06%，完成市下达任务数16500万元的101.74%。其中：上划中央“两税”收入完成2463万元，同比减收176万元，下降6.67%；上划中央所得税收入完成2249万元，同比增收412万元，增长22.43%；上划自治区“四税”收入完成2398万元，同比增收511万元，增长27.08%；公共财政预算收入9677万元，同比增收787万元，增长8.85%。收入进度排全市第七位，增速排全市第八位。

收入分结构看，全县组织的财政收入中，税收收入13451万元，占财政收入16787万元的80.13%，同比增收1392万元，增长11.54%；非税收入3336万元，占财政收入16787万元的19.87%，占地方公共财政预算收入9677万元的34.47%，同比增收142万元，增长4.45%。

收入分部门看，国税部门收入5439万元，完成收入任务数5500万元的98.89%，同比增收280万元，增长5.43%；地税部门收入8302万元，完成收入任务数7900万元的105.09%，同比增收1164万元，增长16.31%；财政部门收入3046万元，完成收入任务数3100万元的98.26%，同比增收90万元，增长3.04%。

主要收入项目完成及增减变动的情况：

（1）增值税收入3669万元（其中，营业税改增值税收入392万元），同比减收153万元，下降4.00%。

（2）营业税收入3955万元，同比增收1066万元，增长36.90%，主要是建安、销售不动产、其他行业比上年同期增幅，分别为33.40%、104.33%、48.10%。

（3）企业所得税收入3250万元，同比增收605万元，增长22.87%。

（4）个人所得税收入488万元，同比增收80万元，增长19.61%，主要是工资薪金个人所得税收入增收109万元。

（5）城市维护建设税收入535万元，同比增收98万元，增长22.43%。

（6）契税收入108万元，同比减收217万元，下降66.77%。

（7）土地增值税收入1047万元，同比增收998万元，增长20倍多，主要是西林县城市投资有限公司720万元，百色市田园房地产催缴以前年度未缴数130万元。土地增值税收入属于一次性收入，不具有连续性和稳定性。

（8）非税收入完成3336万元，同比增收142万元，增长4.45%。

2. 公共财政预算支出完成情况及主要增减因素分析。

2015年，全县公共财政预算支出147204万元，完成年度预算数151070万元的97.44%，同比增支23466万元，增长18.96%，支出增速排全市第五位。

财政支出主要项目完成情况及增减变动分析：

（1）一般公共服务支出15817万元，同比增支1827万元，增长13.06%，主要原因：一是各乡镇基层政权支出253万元，上年无此项支出；二是全县财政财务集中监管系统建设经费支出150万元，去年无此项支出；三是今年调整机关事业单位人员基本工资标准，形成增支；四是在年终兑现一部分的绩效奖励金形成增支。

（2）国防支出132万元，同比减支135万元，下降50.56%，去年人武部对旧办公楼进行维修改造，而今年无此项支出形成减支。

（3）公共安全支出5938万元，同比增支1021万元，增长 20.76%。主要原因：一是消防同比增支88万元；二是法院同比增支708万元；三是今年交警下放地方形成增支。

（4）教育支出35187万元，同比增支7729万元，增长28.15%。主要原因：一是2015年上级追加学前教育专项2318万元，2014年无此专项资金；二是县民族实验小学建设前期工程1070万；三是今年调整机关事业单位人员基本工资标准，教师人员较多形成增支；四是用新增债务安排民高体艺中心建设项目1900万元。

（5）科学技术支出2117万元，同比增支329万元，增长18.40%，主要是兑现田七补助资金形成增支。

（6）文化体育与传媒支出2378万元，同比增支72万元，增长3.12%。

（7）社会保障和就业支出14022万元，同比增支3093万元，增长28.30%，主要原因：一是农村最低生活保障金支出同比增支1223万元；二是就业补助同比增支224万元；三是行政事业单位人员离退休费增支768万；四是残疾人事业增支391万。

（8）医疗卫生支出16838万元，同比增支5357万元，增长46.66%。主要是中医院整体搬迁建设项目支出2000万元；公立医院改革资金支出390万元；妇幼综合业务用房项目资金支出630万元；新型农村合作医疗同比增支1076万元；基层医疗卫生机构同比增支1081万元。

（9）节能环保支出7860万元，同比增支1712万元，增长27.85%。主要是污染防治同比增支662万元；退耕还林同比增支883万元。

（10）城乡社区事务支出2615万元，同比减支2431万元，下降48.18%。主要是城乡社区管理事务同比减支1852万元；城乡社区公共设施同比减支1123万元。

（11）农林水事务支出31052万元，同比增支10064万元，增长47.95%。主要是水利专项支出同比增支7928万元，扶贫专项支出同比增支2637万元。

（12）交通运输支出4508万元，同比减支6595万元，下降59.40%。主要是公路新建同比减支2279万元，车辆购置税用于农村公路建设支出同比减支5162万元。

（13）资源勘探电力信息等事务支出279万元，同比增支93万元，增长50%，主要是支持中小企业发展和管理支出同比增支95万。

（14）商业服务业等服务支出1136万元，同比增支858万元，增长三倍多，主要是旅游产业管理与服务支出同比增支847万元。

（15）国土资源气象等事务支出900万元，同比减支20万元，下降2.17%。

（16）住房保障支出5884万元，同比增支802万元，增长15.78%。主要是棚户区改造同比增支993万元。

（17）粮油物资储备管理事务支出384万元，同比增支25万元，增长6.96%。

（18）其他支出157万元，同比减支267万元，下降62.97%。

3．预备费安排使用情况。

2015年年初预算按公共预算支出的1%安排预备费950万元，因本年内无重大自然灾害等特殊情况发生，因此，预算调整安排用于以下民生支出项目：2015年农村饮水安全工程县级配套资金100万元；2015年家庭经济困难留守儿童暖冬行动计划50万元；今冬明春沙糖桔、沃柑水果苗木采购经费800万元。

4．公共财政总收支平衡情况。

2015年，公共财政总收入151273万元，其中：公共财政预算收入9677万元，上级财政补助收入132359万元，上年结余收入3892万元，政府性债券转贷收入3700万元，调入资金1645万元。财政总支出147407万元，其中：公共财政预算支出147204万元，上解支出203万元，年终滚存结余3866万元（其中：结转结余3444万元，净结余422万元）。

（二）政府性基金预算执行情况

1．政府性基金收入执行情况。

2015年，全县政府性基金收入11028万元，同比减收1103万元，下降9.09%，完成年初预算9647万元的114.32%，完成预算调整9881万元的111.61%。其中：1．本年收入5809万元，同比减收1405万元，下降19.48%，增减主要原因是：政府住房基金收入74万元，同比上年增收59万元，增长393.33%；国有土地使用权出让收入5700万元，同比减收1388万元，下降19.58%；其他政府性基金收入（物价基金）35万元，同比减收76万元，下降68.47%。2．上年结余1324万元，同比增加226万元，增长20.58%。3．上级补助收入3895万元，同比增加76万元，增长1.99%。

2．政府性基金支出执行情况。

2015年，全县政府性基金预算支出10648万元，同比减支4140万元，下降28.00%，完成年初预算数9647万元的110.38%，完成预算调整数9881万元的107.76%。其中：文化体育传媒支出80万元，同比上年增加80万元，增长100%；社会保障和就业支出1144万元，同比增支120万元，增长11.72%；城乡社区事务支出5912万元，同比减支3415万元，下降36.61%；农林水事务支出1892万元，同比减支329万元，下降14.81%；资源勘探信息支出50万元，同比增支31万元，增长163.16%；其他支出1570万元，同比减支627万元，下降28.54%。

3．政府性基金收支平衡情况。

2015年，基金总收入11028万元，其中：地方征收收入5809万元，上级补助收入3895万元，上年结余1324万元。基金预算总支出10648万元。收支相抵，年终滚存结余380万元（含2016年转列一般公共预算的住房基金结余59万元）。

（三）社会保险基金预算执行情况

1．新型农村合作医疗基金2015年度执行情况。

（1）参合情况。我县2015年应参合人数135212人，当年实际参合人数为134960人，当年参合率为99.81%。

（2）基金收入情况。2015年新农合基金收入7677万元，其中：农民缴费收入1215万元（含县财政代参合农民交人均90元的20%部分243万元）；政府资助收入5128万元（中央补助3617万元，自治区级财政补助1196万元，县级财政补助316万元）；利息收入53万元；上年结余1281万元（含累计提取风险基金514万元）。

（3）基金支出情况。2015年1-12月新农合基金支出为6091万元，其中：住院5412万元，购买大病保险238万元，门诊438万元，其他3万元。

（4）基金结余情况。2015年本年收支结余数为305万元，年末滚存结余1586万元（含风险基金634万元），基金累计结余率为30.15%，略高于自治区新农合基金结余标准。

2．城乡居民社会养老保险基金2015年执行情况。

（1）参保情况。2015年我县应参保人数为68045人，当年实际参保人数为54060人，缴费人数为44587人，参保率96%。

（2）基金收入情况。2015年城乡居民社会养老保险基金收入5527万元，其中：个人缴费收入464万元，政府补贴收入1824万元（对基础养老金补贴收入1647万元，对个人缴费补贴收入148万元，丧葬抚恤补助29万元），利息收入99万元，上年结余3140万元。

（3）基金支出情况。全年总基金支出为1682万元，其中：基础养老金支出1647万元，个人帐户养老金支出11万元，丧葬抚恤补助支出24万元。

（4）基金结余情况。2015年本年收支结余数为705万元，年末滚存结余3845万元。

（四）政府债务及债务资金使用情况

2015年，年初政府债务余额26049万元，当年新举借15500万元（其中，新增债券3700万元，置换债券11800万元），当年偿还17223万元（其中：一是使用置换债券偿还八达林场造林项目5000万元，交通局农村公路贷款3780万元、城投公司BT项目2700万元及其他政府债务320万元；二是年初预算安排偿还215万元；三是上级专项转移支付偿还88万元；四是使用收回存量资金偿还4751万元），年末政府债务余额24326万元（其中，政府负有偿还责任债务余额21653万元，政府负有担保责任债务余额2613万元，政府可能承担一定救助责任的债务60万元），比上年减少1354万元，下降5.20%。根据财政厅《关于做好2015年政府债务限额管理工作的通知》（桂财预〔2016〕6号）文件中自治区人民政府核定我县2015年末政府债务限额26900万元，我县2015年债务余额未超自治区核定的限额。

（五）全县财政预算执行的主要特点

1．收入结构趋于合理，主体税种表现良好。2015年，税收收入完成13451万元，非税收入完成3336万元，非税收入占地方公共财政预算收入的34.47%，同比下降1.46%，未受11项政府性基金预算收入转列一般公共预算收入以及交警、质监、工商下划非税收入等不可比因素的影响，在形势较为不利的情况下，实现了我县非税收入占比的下降，使我县收入质量、收入结构有了不同幅度的提升，主体税种均呈现大幅增长趋势。

2．着力惠民生，大力推进社会事业建设。民生方面支出124881万元，占全县公共财政预算支出84.84%，重点保障了群众关心关注的就业、教育、医疗卫生、社会保障等方面资金需求。支持教育事业优先发展，切实加大财政教育投入，推进农村义务教育薄弱学校建设，支持学前教育加快发展。积极推进公益性文化事业发展，推进文化体制改革。支持就业和社会保障体系建设，认真落实创业就业财税扶持政策，引导更多劳动者通过创业带动就业；健全城乡居民养老保障制度，完善社会救助体系。支持保障性安居工程建设，推进棚户区改造。支持医疗卫生事业改革发展。继续落实城乡困难居民重特大疾病医疗救助政策，推动公立医院改革。

（六）当前财政运行存在的主要困难和问题

1．可持续增收的税源不足，阻碍财政收入稳定增长。受经济形势下行影响，重点税源行业持续减收，项目投资建设速度放缓，增收后劲明显不足。

2．财政支出压力大，部门项目的实施进度相对缓慢，滞留大部分的项目资金，预算资金大量结转、国库存款沉淀较多。

（七）财政管理工作采取的措施

1．细化征管措施，做到应收尽收。落实收入目标责任制，加大综合治税工作力度，坚持财税库联席会议制度，密切关注收入入库情况，定期分析研判经济运行趋势和财政收入形势，有针对性地提出对策措施，及时解决收入组织中存在的困难和问题。继续加大综合治税力度，加大重点行业、重点企业、重点税源监控，适时开展税务稽查、纳税评估，切实堵塞征管漏洞，确保应收尽收。

2．加快支出预算执行。进一步明确部门预算执行主体责任，建立健全部门预算编制和预算执行相结合的机制。对于在年度内预算难以执行或执行偏慢的，及时调整或收回财政总预算，将资金调剂用于其他亟需支持的领域和项目。紧紧围绕全年目标任务狠抓财政支出管理，大力推动项目尤其是中央及自治区预算内基建项目和其他重大项目进度，加快资金审核支付进度，加大专款兑现力度，提高支出进度。

3．积极推进财政体制改革。健全预算管理体制。严控“三公”经费支出。进一步扩大部门预算公开范围，除涉密单位外，全县所有使用财政资金的单位公开部门预算和“三公”经费预算，按要求公开财政总决算、部门决算、“三公”经费决算。推进预算绩效管理工作，全县一级预算单位全部开展预算绩效管理工作，充分发挥财政资金使用效益。完善国库管理制度。清理规范财政专户，统一归并国库管理。编制《权责发生制政府综合财务报告》，摸清政府资产负债情况。加强政府债务管理，严格控制债务率，有效化解债务风险，建立政府性债务管理和风险预警机制。通过清理甄别盘活结转结余资金30251万元，及时调整用于其他急需支出的项目，保障民生等重点支出需要。

2015年是“十二五”的收关之年，财政部门不断推进财税体制改革，加大财政资金统筹力度，努力盘活沉淀存量资金，加强绩效预算管理，实施积极的财政政策，优化财政支出结构，围绕稳增长、调结构、促改革、治污染、惠民生、防风险的目标要求，向生态环境治理倾斜，向改善民生倾斜，为全县经济社会发展提供财力支撑。

二、2016 年财政预算草案

2016年，我们将全面贯彻党的十八大、十八届三中、四中全会精神，围绕县委、县人民政府的各项工作部署，紧密结合我县财政经济形势，主动适应财政经济发展新常态，全面实施新的预算法，深化财税体制改革，坚持依法理财、从严从紧、勤俭节约原则，加强预算管理，提高资金使用绩效；强化全口径预算，规范项目设置和管理；盘活存量，用好增量，优化财政支出结构；坚持有保有压，突出重点，坚持保工资，保民生政策的落实；继续深化部门预算改革，推进预算细化和绩效管理，提高预算编制的科学性、合理性和准确性，逐步构建全面规范、公开透明的预算管理制度。2016年，全县财政收入目标任务17962万元（国税部门6000万元，比上年实际收入5439万元增收561万元，增长10.31%，比上年年初预算5500万元增收500万元，增长9.09%；地税部门8670万元，比上年实际收入8302万元增收368万元，增长4.43%，经上年年初预算7500万元增收1170万元，增长15.60%；财政部门3292万元，比上年实际收入3046万元增收246万元，增长8.08%，比上年年初预算3000万元增收292万元，增长9.73%），比上年实际完成数16787万元增收1175万元，增长7%，比上年年初预算数16000万元增收1962万元，增长12.26%。其中：非税收入3592万元，占地方公共财政预算收入10591万元的33.92%，比上年实际非税占比降低了0.56个百分点。

（一）2016年公共财政预算草案

1．2016年公共财政预算总收入情况。

2016年，全县公共财政总收入预算112701万元，比上年年初预算数增收19151万元，增长20.47%，其中：地方公共预算财政收入10591万元，同比上年实际完成数9677万元增收914万元，增长9.45%，同比上年年初预算数9175增收1416万元，增长15.43%；上级补助收入98185万元，同比上年年初预算增收17538万元，增长21.75%；上年结转结余收入3866万元，同比上年年初预算增收138万元，增长3.70%；调入资金59万元，是政府住房基金收入转入公共预算，属不可比因素。

2016年公共财政预算收入中，税收收入完成6999万元，同比上年实际数增收659万元，增长10.39%，其中：增值税1135万元，增长43.31%；企业所得税927万元，下降4.43%；营业税2337万元，下降1.52%；个人所得税125万元，增长2.46%；城市维护建设税600万元，增长12.15%；城镇土地使用税150万元，增长89.87%；土地增值税250万元，下降76.12%；烟叶税200万元，增长250.88%；契税600万元，增长455.56%。

非税收入完成3592万元，同比上年实际数增收255万元，增长7.64%，其中：专项收入1131万元，增长52.02%；行政事业性收费收入1775万元，增长1.89%；罚没收入430万元，增长17.17%；国有资源（资产）有偿使用收入256万元，下降26.86%。

2．2016年公共财政预算总支出情况。

2016年，公共财政预算总支出112701万元，比上年年初预算数增支19151万元，增长20.47%，其中：上解上级支出323万元，公共财政预算支出112378万元；年度财政收支平衡。

公共财政预算支出项目安排情况是：

（1）一般公共服务支出20540万元，比上年年初预算增支5507万元，增长36.63%，增支的原因除了因调整工资标准增加的人员经费外，主要是增加了以下项目支出：预留全县车改交通补贴1100万元；预留全县换届选举经费150万元；预留提高公用经费标准经费800万元；上级提前下达2016年革命老区项目资金412万元；预留全县工会经费431万元。

（2）国防支出118万元，比上年年初预算增支9万元，增长8.40%，增支的主要原因是调整工资标准后人员经费同比增支。

（3）公共安全支出4133万元，比上年年初预算增支511万元，增长14.11%，增支的原因除了因调整工资标准增加的人员经费外，主要是增加了以下项目支出：鲤城新区、西平、那佐等监控系统项目120万元。

（4）教育支出21935万元，比上年年初预算增加2300万元，增长11.71%，增支的主要原因是调整工资标准后人员经费同比增支。

（5）科学技术支出1294万元，比上年年初预算增加401万元，增长44.88%，增加的主要原因是新增以下项目支出：驮娘江水果产业带建设补助资金500万元。

（6）文化体育与传媒支出1534万元，比上年年初预算增支781万元，增长101.66%，增支的原因除了因调整工资标准增加的人员经费外，主要是增加了以下项目支出：百色市专业文艺汇演演出活动费60万元；“欢乐红城、和谐壮乡”群众性春节文体活动11万元；第四届全区基础文艺汇演活动经费12万元；广西八桂群星评奖活动经费16万元；西林县千团万场群众文艺演出活动经费16万元；木顶村唱娅王遗址建设项目20万元；广西壮族自治区西林县岑氏家族建筑群文物保护规划编制费61万元；那劳宫保府岑氏家族群展览提升设计费20万元；普合民族博物馆项目工程建设设计费35万元；参加百色市2016年百色市少年儿童锦标赛比赛经费26万元；句町艺术节文艺晚会演出活动经费80万元。

（7）社会保障和就业支出12731万元，比上年年初预算减支1714万元，下降11.87%，减支的主要原因是上年按在职人员全年工资总额的28%预留机关事业单位养老保险制度改革经费4032万元，而今年由于机关事业单位养老保险制度尚未正式启动，因此没有预留。

（8）医疗卫生支出12596万元，比上年年初预算增加2025万元，增长19.16%，增支的原因除了因调整工资标准增加的人员经费外，主要是上级下达一般转移支付同比增加1859万元。

（9）节能环保支出3442万元，比上年年初预算增加674万元，增长24.34%；增支的原因除了因调整工资标准增加的人员经费外，主要是增加了以下项目支出：污水处理厂贷款本金及利息260万元；污水处理厂运维经费156万元；那佐苗族乡、西平乡集中式饮用水源保护区建设150万元；县域内生态环境委托监测经费70万元。

（10）城乡社区事务支出1876万元，比上年年初预算增支347万元，增长22.68%，增支的原因除了因调整工资标准增加的人员经费外，主要是增加了以下项目支出：鲤城新区集能集中办公区附属工程200万元；市政设施维护经费20万元。

（11）农林水事务支出20168万元，比上年年初预算增支2019万元，增长11.30%，增支的原因除了因调整工资标准增加的人员经费外，主要是增加了以下项目支出：芒果种植补助资金173万元；那劳镇、足别瑶族苗族乡农村土地承包经营权登记颁证试点工作经费260万元；预留第四届沙糖桔产业展示交易会经费200万元；预留句町艺术节经费120万元；水利设施管护费50万元；水利项目前期经费200万元；最严格水资源管理56万元；上级下达专项转移支付增加173万元。

（12）交通运输支出2479万元，比上年年初预算增支1638万元，增长194.77%，增支的原因除了因调整工资标准增加的人员经费外，主要是上级下达专项转移支付增加1603万元。

（13）资源勘探电力信息等事务支出177万元，比上年年初预算增支15万元，增长9.28%，增支的主要原因是调整工资标准后人员经费同比增支。

（14）商业服务业等事务支出591万元，比上年年初预算减支10万元，下降1.65%，减支的主要原因是2014年专项转移支付结转至2015年支出，而2015年专项转移支付没有结余。

（15）国土资源气象等事务支出598万元，比上年年初预算增支150万元，增长33.49%，增支的原因除了因调整工资标准增加的国土部门人员经费外，主要是增加了以下项目支出：气象事业单位职工绩效工资13万元（由地方负担）；气象现代化建设项目费用120万元。

（16）住房保障支出4103万元，比上年年初预算增支1665万元，增长68.27%，增支的原因除了因调整工资标准增加的国土部门人员经费外，主要是上级下达专项转移支付增加1428万元。

（17）粮油安全物资储备等事务支出685万元，比上年年初预算增支575万元，增长523.06%，增支的原因除了因调整工资标准增加的人员经费外，主要是增加了以下项目支出：上级下达专项转移支付增加172万元；西林县古障粮食收纳库100万元；西林县普合苗族乡应急网点建设项目50万元、西林县中心粮库200万元。

（18）预备费1200万元，比上年年初预算增支250万元，增长26.32%，达到公共财政预算支出1~3%的要求。

（19）其他支出2178万元，比上年年初预算增支2113万元，增长3250.77%，增支的主要原因除增加地方政府债券利息支出656万元外，其他预留同比增加了1470万元。

（二）2016年政府性基金预算草案

2016年政府性基金总收入4555万元，其中：本年本级收入3624万元，上级补助收入610万元，上年结转收入321万元；政府性基金总支出4555万元，收支平衡。政府性基金收支同比上年年初预算数9647万元减少5092万元，下降52.78%。减少的主要原因是：政府住房基金收入转列公共财政专项收入、物价调节基金于2015年4月起停收、国有土地使用权出让收入预计同比减少，支出相应减少。

1. 2016年政府性基金预算收入情况。

2016年政府性基金总收入4555万元，具体收入项目如下：

（1）本年本级收入3624万元，为国有土地使用权出让收入，比上年年初预算国有土地使用权出让收入8000万元减少4376万元，下降54.70%；比上年实际国有土地使用权出让收入5700万元减少2076万元，下降36.42%。

（2）上级补助收入610万元，为大中型水库移民后期扶持基金收入，比上年年初预算增支540万元，增长771.43%。

（3）上年结余收入321万元，比上年年初预算减少1211万元，下降79.05%。

2. 2016年政府性基金预算支出情况。

2016年政府性基金总支出4555万元，具体支出项目如下：

（1）社会保障和就业支出610万元，比上年年初预算增支540万元，增长771.43%，增支的原因主要是上级下达大中型水库移民后期扶持基金同比增加540万元。

（2）城乡社区事务支出3873万元，比上年年初预算减支4211万元，下降52.09%，减支的主要原因是国有土地使用权出让收入比上年年初预算减少4376万元，支出也相应减少。

（3）商业服务业等支出15万元，为2015年上级追加的旅游发展基金结转结余。

（4）其他支出57万元，比上年年初预算减支345万元，减少85.82%，减支的主要原因：一是物价调节基金停收，今年只安排上年结余52万元，比上年年初预算减支209万元；二是上级彩票公益金收入同比减少136万元，支出也相应减少。

（三）2016年社会保险基金预算草案

1. 新型农村合作医疗基金2016年收支预算情况。

（1）参合情况。2016年应参合人数是以2015年实际参合134960人为基数预算，预测2016年参合人数增减不大，所以根据2015年参合人数134960人作为2016年参合人数预算。

（2）基金收入情况。2016年收入总预算8936万元，其中：①2016年本年收入预算7350万元，其中:农民缴费收入1620万元，农民人均缴费从2015年的90元提高到120元（其中：农户个人缴纳80%，县财政补助20%），人均提高30元；政府资助收入5668万元，政府资助收入从2015年的380元提高到420元，人均提高40元；预计利息收入62万元。②上年结余收入1586万元。

（3）基金支出情况。2016年支出总预算为7128万元，计算方法：2016年基金支出=2015年全年基金支出6091万元+2015年收入增长率17.03%的增长1037万元=7128万元（按2015年补偿方案测算）。

（4）基金结余情况。2016年预测本年收支结余222万元，本年结余率为3.01%。年末滚存累计结余为1808万元（含风险基金514万元），累计结余率为24.60%，符合自治区新农合基金补偿方案制度“累计结余不超过本年基金总收入的25%”的要求。

2. 城乡居民社会养老保险基金2016年收支预算情况。

（1）参保情况。2016年全县城乡居民基本养老保险参保人数预计62094人，同比增长2139人，增长率3.56%，缴费人数预计47314人，同比增长1805人，增长率4%，其中：一般人群36266人，贫困残疾人1800人，重度残疾人440人，五保对象70人，低保对象8738人，领取待遇人数预计14780人，同比增长334人，增长率2.3%。

（2）基金收入情况。2016年城乡居民基本养老保险基金预算总收入6448万元，同比增加206万元，增长率8.72%，其中：①本年预算收入2603万元，同比增加216万元，增长9.03%，其中：个人缴费收入预算498万元，同比增加34万元，增长率7.29%；二是政府补贴收入预算2010万元，同比增加186万元，增长率10.20%，其中：对基础养老金的补贴1827万元，对个人缴费的补贴144万元，丧葬抚恤补助39万元；三是利息收入预计95万。②上年滚存结余收入3845万元。

（3）基金支出情况。2016年城乡居民基本养老保险基金预算总支出1886万元，同比增加194万元，增长率11.47%，增长原因：根据2012年至2015年9月领取待遇人数的新增、死亡情况分析，预计2016年我县领取待遇人数14780人，且基础养老金支出由原来95元提高到103元。

（4）基金结余情况。预测2016年末收支结余数为717万元，年末滚存结余4562万元。

3. 机关事业单位基本养老保险基金2016年收支预算情况。

机关事业单位基本养老保险基金预算为新增预算项目，根据上级部门要求，2016年机关事业单位基本养老保险基金暂作列收列支预算。

（1）参保情况。2016年全县机关事业单位基本养老保险基参保人数预计5508人，其中在职职工4138人，退休、退职人员1370人。

（2）基金收入情况。2016年全县机关事业单位基本养老保险基实际缴费人数预计4138人，缴费基数总额为21536万元（在职职工全年工资总额），应缴机关事业基本养老保险费=缴费基数总额×28%（单位20%，个人8%）=6030万元，预计投资收益（利息等）3万元，全年收入WW预计6033万元。

（3）基本养老金支出情况。2016年全县机关事业单位基本养老金支出预计5754万元，当年收支结余279万元。

（四）2016年财政工作重点

2016年，我们将以党的十八大精神为统领，以服务大局、科学发展为主线，认真贯彻落实中央和自治区的政策方针和县委的决策部署，努力做好各项财政工作，确保圆满完成2016年预算任务。

（五）继续贯彻落实新《预算法》，着力完善现有预算管理制度

新《预算法》全面贯彻了党的十八大和十八届三中全会精神，充分体现了党中央、国务院确定的财税体制改革总体要求，对深化财税体制改革、推进建立现代财政制度具有重大意义。我们将结合工作实际，继续学习新《预算法》，提高思想认识，全面理解、准确把握新预算法精神、原则和具体规定，切实增强预算法意识。依俯预算法的精神实质，完善现有预算管理制度。同时，注重政策衔接，协调推进财税改革。将学习新《预算法》与学习深化财税体制改革总体方案相结合，把新预算法中关于政府预算体系、政府预算公开、地方政府债务管理等内容的修订，与财税体制改革总体方案的基本精神相衔接，相互协调，同步推进，坚持用制度引领和推进改革，健全财政预算管理机制，推进完善财政运行机制，为依法理财奠定坚实的制度基础。

（六）坚持培值财源与税收征管并重，着力保障收入目标完成

积极争取专项资金的投入，加大对固定资产的投资力度，努力实现项目对财政贡献率的稳步增长；争取上级资金对地方企业的扶持和地方财力的循环投入扶持，进一步加大对一些利大税大的重点产业、支柱产业的支持力度；进一步加快招商引资步伐，推动本级财源的发展壮大。完善地方税制体系，稳步推进“营改增” 财税改革工作；加强征管、堵塞漏洞、惩治腐败、清缴欠税；加大税收征管力度和稽查力度，依法治税，杜绝跑、冒、滴、漏，加强对非税收入征管力度，努力增加收入。

（七）坚持加快支出进度与提高绩效并重，促进经济社会更好更快发展

2016年，将继续坚持厉行节约，大力压减行政性支出，集中财力确保民生支出的投入。一是严格控制机关新增支出，在预算执行中除县委、县人民政府确定的重点民生支出外，一律不再追加支出预算；二是压缩一般公共支出，抓紧专项支出，严控不必要支出，坚决制止花钱大手大脚的行为。严格预算执行，要求各部门要切实增强节支意识，重点抓好对单位会议费、接待费、公务费、差旅费及车辆购置等开支事项的控管。在多方化解支出压力的同时，依靠勤俭理财，增加资金调度的宽裕度，集中财力办大事，保障县委、县人民政府各项重大部署及民生项目资金的落实；三是切实加快支出进度，促进经济社会更好更快发展。进一步提升财政资金拨付进度，坚持“集中财力办大事”和“勤俭办一切事情“的原则，确保机构运转及涉及民生资金的拨付，加强对部门预算执行的日常督促，凡是已经安排的项目资金，督促有关单位加快实施，加快报账；尚未安排到具体项目的切块资金，协助和督促部门尽快落实项目。

（八）坚持改革创新与基础管理并重，促进科学理财水平提升

1. 积极推进预算信息公开工作。细化政府预决算公开内容，除涉密信息外，政府预决算全部细化公开到支出功能分类的项级科目。细化部门预决算公开内容，逐步将部门预决算公开到基本支出和项目支出。按经济分类公开政府预决算和部门预决算。重点推进财政预决算公开、部门预决算公开、地方政府债务公开、预算绩效信息公开、财政政策和规章制度公开等公开工作。加大“三公”经费公开力度，细化公开内容，除涉密信息外，所有财政资金安排的“三公”经费都要公开。推进预算公开，增强政府理财工作的透明度，让财政资金在阳光下运行。

2. 完善预算管理制度。完善政府预算体系，加大政府性基金预算与公共财政预算的统筹力度，建立将政府性基金预算中应统筹使用的资金列入公共财政预算的机制。健全预算标准体系，进一步完善基本支出定额标准体系；公共财政预算执行中如出现超收，超收收入用于冲减赤字、补充预算稳定调节基金；清理规范重点支出同财政收支增幅或生产总值挂钩事项，一般不采取挂钩方式。对重点支出根据推进改革的需要和确需保障的内容统筹安排，优先保障，不再采取先确定支出总额再安排具体项目的办法；建立结转结余资金定期清理机制，加大结转资金统筹使用力度，对不需按原用途使用的资金，统筹用于经济社会发展亟需资金支持的领域。建立预算编制与结转结余资金管理相结合的机制，细化预算编制，提高年初预算到位率。

3. 强化预算执行管理。依法加强收入征管，做到应收尽收，严禁采取虚收、空转等方式违规增加收入。严格实施国库集中收付制度和公务卡制度，提高国库资金收支运行效率。按照文件规定，全面清理整顿财政专户和已经发生的财政借垫款。规范权责发生制核算，严格权责发生制核算范围，控制核算规模。

4. 规范地方政府债务管理。严格执行《国务院关于加强地方政府性债务管理的意见》（国发〔2015〕43号）和《广西壮族自治区人民政府关于进一步加强政府性债务管理的意见》（桂政发〔2015〕73号）。把政府债务分门别类纳入全口径预算管理，进一步加强地方政府性债务管理，认真贯彻落实中央和自治区加强地方地方政府债务管理的规定，积极防控地方政府债务风险。

5. 健全预算绩效管理机制。逐步扩大绩效目标管理和绩效评价的覆盖面，增加预算绩效评价项目，逐步将预算绩效管理范围覆盖全县预算单位和所有财政资金。着力推动财政专项资金的绩效评价，同时开展部门整体支出绩效综合评价。

各位代表，新的一年，财政各项工作任重道远。我们将以邓小平理论、“三个代表”重要思想、科学发展观为指导，深入贯彻习近平总书记系列重要讲话精神，在县委、县人民政府的正确领导下，认真落实好各项工作部署，自觉接受人大及其常委会的监督和指导，虚心听取人民政协的意见和建议，坚定信心，统一思想，稳中求进、改革创新，全力以赴完成全年目标任务，为推动西林县经济发展做出新的更大贡献。

大事记

◎ 1月

6～7日，广西交通规划勘察设计研究院副院长李迎春、总工办副总工程师简志辉一行8人的调研组，深入西林县详细勘察西林县K线，并对田林县至西林县（滇桂界）高速公路项目路线选址等工作进行调研。

18日，广西西林县和云南省广南县句町文化学术交流座谈会在西林县句町文化艺术中心二楼小会议室召开。

19～20日，自治区人民政府副主席黄日波到西林县开展春节慰问和冬修水利活动。

25日，召开中共西林县第十一届委员会第七次全体会议。全会表决通过了农永烽、农正洪、陆永祥等3位县委候补委员递补为县委委员，审议通过黄建南同志受县委常委会委托所作的工作报告，通过《中共西林县委员会关于制定国民经济和社会发展第十三个五年规划的建议》和《中共西林县委员会、西林县人民政府关于坚决打赢“十三五”脱贫攻坚战的决定》。

25日，西林县举办大学生电子商务培训班，来自全县返乡大学生、创业青年等参加培训60人。

25日，县委书记黄建南深入八达镇、县城城南社区开展春节慰问活动，给老干部、困难党员、困难群众送去慰问金、慰问品和新春的美好祝福。

25日晚，西林县在句町文化艺术中心举办第二届“最美西林人”暨2015年度“千团万场”群众文艺汇演颁奖晚会。对“西林孝子（女）”“诚信人物”“爱心市民”“创业模范”“敬业标兵”5类共49人进行表彰，同时为2015年度“千团万场”群众文艺汇报演出进行颁奖。

26日，中共西林县第十一届代表大会第六次会议在句町文化艺术中心召开。

26日，西林县长欧阳可爽深入到县武警中队、离退休老干部、困难群众家中开展春节前走访慰问活动，给驻地武警官兵、离退休老干部、困难群众送去党和政府的关怀与温暖。

26日，西林县政协主席农建华深入到困难职工、离退休老干部家中开展春节前走访慰问活动，给困难职工和离退休老干部送去党和政府的关怀与温暖。

27日下午，西林县第十一届人民代表大会第八次会议在句町文化艺术中心大厅隆重召开。

28日，西林县人大常委会主任王正福到那劳镇和县城区开展春节慰问活动，给老干部、困难党员、困难群众和消防官兵送去慰问金、慰问品和新春的美好祝愿。

31日，西林县民政、残联、红十字会、皮防站等单位在第63个“世界防治麻风病日”联合开展“消除麻风病”宣传活动。

31日晚上，百色市西北五县2016年春节联欢晚会（西林专场）在西林县句町文化艺术中心上演。

◎ 2月

2日，县委宣传部牵头开展2016年文化科技卫生“三下乡”活动启动仪式暨集中服务活动在那劳镇举行。

9日，西林县西平乡木顶村与广南县者烈村在木顶村开展跨省篮球友谊赛，用运动的方式共度佳节，为新年增添健康元素，增进两地群众沟通交流及友谊。

14～15日，西林县人力资源和社会保障局紧紧抓住节后农民返乡热潮，在县汽车客运站开展2016年“就业帮扶 真情相助”春风行动现场招聘会。

19日，西林县召开金融扶贫工作会议，部署全县政策性金融扶贫实验示范区建设。

20日，西林县召开县乡（镇）换届工作会议。

25日下午，西林县召开进一步加强查处发生在群众身边的“四风”和腐败问题专项工作集体约谈会，传达贯彻自治区纪委专项工作约谈会以及百色市纪委专项工作约谈会精神，查找乡（镇）、县直单位在开展专项工作中存在的突出问题，研究部署全县专项工作。

28日，西林县民族高中在操场举行2016届迎高考百日冲刺誓师大会。

◎ 3月

3日，第17次全国“爱耳日”，也是第4次“国际爱耳日”，西林县在民族文化公园组织开展大型宣传教育服务活动。

3～4日，广西壮族自治区人大常委会民族委员会副主任冯成善一行6人到西林县足别瑶族苗族乡和普合苗族乡对民族经济社会发展状况进行专题调研。

7日，西林县在民族文化公园开展“清廉巾帼·舞动人生”广场舞比赛暨廉政文化进家庭宣传活动。

10日，自治区台办副巡视员唐煦渊一行6人到西林县开展对台工作调研。

10日，西林、广南两县2016年林区森林防火联防工作座谈会在西林县古障镇国有林场青岗林分场召开，来自古障镇国有林场、马蚌镇，云南省广南县坝美镇、清水江、石山农场等乡、镇、场负责人以及接壤区域的各村干部、护林员等参加座谈会70余人。

11日，西林县妇联组织县直各单位123位妇女干部职工在中共西林县委党校多媒体教室举办女性健康知识讲座。

15～16日，钦州农业学校招生工作人员一行4人到西林中学、那劳初级中学等开展中职招生宣传活动，拉开西林县2016年中职招生宣传工作序幕。

17日，百色市水产畜牧兽医局专家一行4人到八达镇龙保村开展蜜蜂养殖产业帮扶技术培训并免费发放蜂箱100箱。来自龙保村、周帮村、旺子村养蜂户获得帮扶80余人。

21日，由国际新锐导演傅澍坤执导，著名演员王放、成龙弟子闫彦龙、著名女演员唐小然等领衔主演，一批长期支持广西电影事业发展的广西籍明星客串演出的电影《月·色》在西林县那劳镇正式拍摄。

22日，自治区民政厅副厅长韦力行一行17人，到西林县开展“兴水利、种好树、优生态、惠民生”主题活动。

23日，西林县与百色市工业和信息化委员会举行重点中小企业“惠企贷”贷款合作协议正式签约仪式。

28日下午，西林县召开全县农业农村暨扶贫工作动员会。

30日，西林县在县人民政府四楼会议室召开宫保府景区创建AAAA级景区动员会。

◎ 4月

11日，自治区人民医院何鹏和徐璧云两位专家到西林县中医医院开展义诊活动。

12日，西林县马蚌镇2016年“三月三”跨省（自治区）民族团结山歌赛系列活动在马蚌镇八大河村街区隆重举行，来自桂滇黔3省（自治区）各有关单位领导干部、新闻媒体记者、民间歌手、人民群众近万人参加活动。

15日，西林县开展首个全民国家安全教育日宣传活动。

15日，西林县在县文化和体育广电局会议室召开《一门三总督事迹展览》征求意见座谈会，并邀请广西师范大学教授黄振南先生到场指导工作。

16日，西林县在那劳镇宫保府风情岛内举行“西林、田林、广南”3县艺术交流活动。

18日，西林县组织民间山歌歌手到田林县参加“美丽南方·广西”系列歌曲采风创作活动。

19日，西林县举行西林荣获“全国有机农业（茶叶）示范基地”授牌仪式。

25日，西林县召开“两学一做”（学党章党规、学系列讲话，做合格党员）学习教育动员大会，深入学习贯彻中央、自治区、百色市“两学一做”学习教育工作座谈会精神，动员部署全县学习教育工作。

27日，西林县表彰社会管理综合治理目标管理先进集体和先进个人。

◎ 5月

4日，县委召开2016年共青团工作会议，会议总结交流2015年工作经验，部署共青团西林县2016年工作，并表彰2015年度表现突出的共青团先进集体和个人。

10日上午，西林县召开全县领导干部大会，传达中共百色市委任命决定：冉光富任中共西林县委员会委员、常委、书记；黄建南不再担任中共西林县委书记、常委、委员，另有任用。

12日，是中国第八个防灾减灾日，西林县开展主题为“减少灾害风险，建设安全城市”宣传活动。

17日上午，县委、县人民政府在县会堂召开迎接国务院安全生产委员会对百色市安全生产巡查动员部署会。

18日，是第40个国际博物馆日，西林县博物馆以此为契机，采取多举措开展“国际博物馆日”系列宣传活动。

18日，中共百色市委副书记欧波率市扶贫办、农业局、水产畜牧局等主要领导到西林县开展精准扶贫调研工作。

19日，百色市湖北商会会长彭小龙一行9人到西林县那劳镇新寨村开展排水渠爱心项目捐赠爱心款。

23日，自治区换届风气巡回督察组到那劳镇开展督查活动。

24日下午，中共西林县委、县人民政府主要领导一行深入乡镇指导全县防汛工作。

27日，西林县妇联、团委与云南省广南县妇联、团委联合在西林县八达镇那卡村希望小学开展跨省区“桂滇手拉手·共筑中国梦”主题联谊活动，两地县乡领导、学校师生参加活动400多人。

30日，百色市文联领导以及作家一行5人到西林县那劳农民文学社对10多位社员进行文学创作培训。

31日，县委、县人民政府在县句町文化艺术中心一楼观众厅召开2016年县、乡人大换届选举工作培训会。

◎ 6月

2日，云南省广南县政协主席赵世翔率广南县政协考察组一行9人到西林县开展“西林县与广南县接边行政村、村民小组基础设施、产业发展情况”考察活动。

2～4日，县委书记冉光富率县政协党组书记李正荣，县委常委、县委办公室主任韦荣黎，县人民政府党组成员农永烽等一行7人到陕西省海升集团参观考察。

6日，中共西林县委召开2016年青年干部暨选调生工作座谈会。

8日，西林县召开第十一届人大常委会第三十次会议。会议通过审议表决，决定任命周华东、农海燕为西林县人民政府副县长，并任命宁浩淳为西林县人大常委会财经教科文卫工作委员会主任，任命李思阳为西林县人大常委会信访室副主任。

13日，广西青年企业家协会组织南宁双创科技公司、广西双赢投资公司、华劲集团、广西国沪能源投资公司、广西地大集团公司、广西中科机电设备有限责任公司、南宁南盾电子科技公司、广西顾荣投资集团、广西恩度高科技股份公司、广西中盟世纪创业投资公司、广西绿希望农业发展公司、广西御东信息科技公司、广西德诚实业集团等10多个企业共12人到西林县八达镇土黄小学开展“一个阅览室、一支小牙刷”捐赠和献爱心活动。

15日，西林县不动产权证颁发仪式在县政务大厅不动产登记中心举行，颁发首本《不动产权证书》，是百色市第三个对外受理不动产登记业务的县份之一。

28日下午，县委、县人民政府组织召开庆祝建党95周年暨“七·一”表彰大会。

29日，县人民政府率先在全市政府信息公开网站公开发布西林县发展和改革局等48个部门权力清单和责任清单。

◎ 7月

3日，西林县惠农扶贫专项预防项目获自治区“优质项目”。

4日，县委书记冉光富、县长欧阳可爽深入那劳镇开展驮娘江沿线旅游产业及水果产业发展、基层党建、村屯基础设施等调研工作。

5日，百色市工商业联合会主席农长效率广西华东集团考察组到西林县考察城镇建设、农业开发等相关项目。

6日，西林县公诉案件获得全区检察机关“化解社会矛盾精品刑事案件”。

6日，广西壮族自治区党委书记、自治区人大常委会主任彭清华在自治区党委常委、秘书长范晓莉和自治区人民政府副主席张秀隆等领导陪同下，一行6人到百色市西林县开展脱贫攻坚调研。

7日，县委、县人民政府在县会堂组织召开全县实施全面两孩政策暨2016年卫生和计划生育工作会议。会上表彰2015年度人口和计划生育工作先进单位和先进个人。

9～10日，右江民族医学院地中海贫血志愿服务队到西林县开展暑期“三下乡”活动。

9～10日，广东湛江岭南师范学院有关师生到西林县足别瑶族苗族乡开展“三下乡”活动。

11日，县委、县人民政府组织开展“7·11”世界人口日宣传服务活动。

12日，县委、县人民政府在县句町文化艺术中心二楼大会议室组织召开创建自治区文明县城动员会。

12日晚上，县委、县人民政府在县句町文化艺术中心一楼观众厅举办《不忘初心 跟党前行》专题文艺晚会。

12～14日，中国共产党西林县第十二次代表大会隆重开幕并胜利闭幕。

15日上午，西林县公安局在县民族文化公园后门广场举行“神剑2号”3+专项行动阶段性破案赃物发还仪式暨开展打击“盗抢骗”违法犯罪宣传活动。

20日上午，西林县首个“走转改”新闻采访培训基地在八达镇揭牌。

20日上午，西林县委老干部党校正式挂牌成立。

22日上午，西林县举行龙英水库扩容工程暨第三季度重大项目开工仪式。

22日，农业部发文件，西林县足别瑶族苗族乡央龙村获得全国一村一品示范村，成为2016年广西壮族自治区获得此称号的11个村镇之一，西林县2016年是广西唯一获得全国“一村一品”示范村。

26日，自治区壮剧团领导到西林县调研督导非物质文化遗产保护工作。

26～27日，自治区荣誉军人康复医院、自治区假肢康复中心组织医护人员到西林县开展医疗、康复巡回义诊活动，为西林县残疾军人、复员军人、带病回乡退伍军人、军烈三属、参战参试退役军人、农村老义务兵、抗战老兵等对象进行义诊。

28日，县委、县人民政府组织召开2016年“八·一”建军节座谈会，并开展走访慰问活动。

◎ 8月

1日，县委、县人民政府在县委五楼会议室组织召开县四家班子领导联席会，研究讨论西林县易地扶贫移民搬迁安置新区规划设计等相关工作。

2日，县委、县人民政府在县句町文化艺术中心二楼大会议室组织召开全县查处发生在群众身边的“四风”和腐败问题专项工作总结暨扶贫领域监督执纪问责工作动员会。

2日，县委、县人民政府在县句町文化艺术中心二楼大会议室组织召开创建自治区文明县城推进会，对创建自治区文明县城工作进行再动员、再部署。

4日，县人民政府召开中国能建集团和西林县人民政府项目对接洽谈会。

8日上午，县委、县人民政府启动2016年广西第八届体育节西林县分会场开幕式暨“全民健身·健康广西”百万群众健身走（跑）活动。

13日，中央媒体《农民日报》记者深入西林县采访扶贫创新工作。

22日上午，西林县与广西福地金融投资集团举行投资合作签约仪式。

22日上午，政协西林县第九届委员会第一次全体委员会议开幕。

23日，西林县第十二届人民代表大会第一次会议在县句町文化艺术中心一楼观众厅开幕。

25～29日，自治区能源办公室项目督查组一行3人到西林县检查验收2011～2014年农村沼气中央预算内投资项目。通过实地检查和查阅资料，验收组一致同意项目通过验收。

27日，西林县首批“两后生”（在建档立卡贫困家庭中，年龄15至22周岁，未婚，未继续升学，含退学、辍学等的初中、高中毕业后，简称“两后生”）登上开往广西交通技师学院的大巴，踏上继续学习深造新征程，进行职业培训专项计划。

31日，山西大学第二批支教队6名成员成功接过首批“接力棒”。

31日，共青团西林县委员会组织召开大学生联谊会第七次会员代表大会，选举产生新一届大学生联谊会理事。

◎ 9月

1日，右江医学院附属医院专家到西林县开展爱心扶贫义诊活动。

2日，县委召开中共西林县第十二次代表大会及“我为西林建一言”活动意见和建议交办会。

2日，西林县举行2016年易地扶贫搬迁安置协议书、定购房协议书签订现场会。

5日，县委县人民政府召开扶贫资金整合工作会议，审定2017年统筹整合使用财政涉农资金项目，部署下一阶段扶贫重点项目实施工作。

9日，县委组织开展“两学一做”学习教育暨“七一”重要讲话精神专题讲座，讲座邀请中共中央办公厅法规局备案处处长、桂平市委常委、副市长刘伟到场进行授课。

29日，贵港市人大常委会副主任罗联华一行9人到西林县开展对口帮扶工作。

11日，第13届东盟博览会开幕。西林县重大项目成功签约18亿元，即西林县老乡家园——扶贫移民搬迁安置及配套产业园区。

13日晚，西林县“千团万场”民间器乐文艺汇演在县句町文化艺术中心一楼观众厅举行。

住建部、国家发改委等7部委联合下发通知，发布最新全国重点镇名单3675个，其中，百色市被列为重点镇12个，西林县古障镇和那劳镇名列其中。

24～25日，自治区旅游发展委员会党组书记、主任甘霖一行到西林县调研指导旅游工作。

25日，西林县2016年第一期领导干部综合素质提升培训班在中国人民大学开班。

25日，百色市第四届人民代表大会第一次会议开幕。西林县21名市人大代表出席会议，并与来自全市各条战线的代表会聚一堂，共同履行宪法和法律赋予的神圣职责，共绘革命老区“十三五”和新一年发展蓝图，共商百色改革发展大计。

30日，西林县在烈士纪念日举行烈士公祭活动。

◎ 10月

1日，西林县在民族文化公园隆重举行升国旗唱国歌仪式，热烈庆祝中华人民共和国成立67周年。

1日，县委、县人民政府审议通过《西林县全面推进乡镇“四所合一”改革实施方案》并印发实施，这标志着西林县乡（镇）“四所合一”改革工作在全县范围内全面铺开。

8日，西林县召开2016年脱贫攻坚“百日行动”暨脱贫攻坚指挥部工作会议，部署全县2016年脱贫攻坚“百日行动计划”工作，为脱贫攻坚战奏响冲锋号角。

9日，山东省商会驻广西分会会长李永存一行11人专程来到西林县古障镇王子山考察林下种植（铁皮石斛、珍贵树种）扶贫项目投资工作。

广西文联下发通知，颁发牌匾，授予西林县“广西特色文艺之乡（山歌）”称号。

国务院印发《关于同意新增部分县（市、区、旗）纳入国家重点生态功能区的批复》，西林县被纳入国家重点生态功能区。

10日，西林县开展主题为“心理健康·社会和谐”第25个“世界精神卫生日”宣传服务活动。

10日，西林县2016年第二期领导干部综合素质提升培训班在上海交通大学开班。

9～16日，西林县在北京大学举办妇女领导干部培训班。

17日，西林县举行非公有制经济组织“脱贫攻坚 爱心企业在行动”捐赠仪式，全县34家企业捐出29.88万元爱心款助力脱贫攻坚。

18日，西林县瑶族民间文化研究会成立。

21～23日，广西·西林第五届“驮娘江杯”野外钓鱼大赛在普合苗族乡新丰村举办。

西林县召开法学会第二次会员代表大会，会议审议通过西林县法学会第一届理事会工作报告，并选举产生新一届法学会理事会和领导机构。

24日，县委、县人民政府出台《西林县脱贫攻坚工作问责办法（试行）》，针对在脱贫攻坚工作中组织领导不力、政策执行不到位、工作业务不精通、工作作风不扎实、工作任务未完成等情形进行问责。

31日，西林县召开油茶产业推进会。

◎ 11月

1日，广东省第二扶贫协作工作组副组长兼百色指挥部指挥长吴军军一行5人，深入到八达镇周帮村开展对口帮扶工作调研。

1日，西林县民政局完成省际周边县与县之间的边界联检工作。

1～3日，在百色市第二届残疾人体育运动会中，西林县代表团以7金12银4铜、总分148分的好成绩夺得团体总分第一名。

1～5日，由中共西林县委统战部与浙江大学共同主办的浙江大学——广西西林县统战、党外干部暨非公有制经济人士能力提升培训班在浙江大学开班。

4日，国家质检总局发布2016年第112号公告，正式批准对“西林火姜”实施地理标志产品保护。这是继2012年西林沙糖桔、2013年西林麻鸭、2015年西林姜晶先后获得国家地理标志产品保护后地理标志产品品牌建设取得的又一重大突破。

8日，县委召开2016年首轮巡察工作动员部署会。

8日，西林县举行“广西特色文艺之乡（山歌）”挂牌仪式。

9～10日，自治区人民政府副主席黄日波一行到西林县开展扶贫工作调研。

9日，西林县组织召开41个贫困村集体经济发展协商工作会议，会上举行抽签商铺仪式。

17日，西林县首届以“党旗领航——电商扶贫”为主题的农村经纪人暨电子商务培训班在中共西林县委党校开班。

20日，西林县举行广西红十字民族教育助学协会“祥梦园丁奖”表彰大会。

21～25日，国家发改委督查办处长高思伟在自治区和百色市发改委相关领导陪同下深入西林县开展易地搬迁扶贫专项督查。

25日，西林县在百色学院举办“西林县2016年引进高校优秀人才宣讲报告会”。

25日，西林县举行2016年农村适用技术培训暨“十月科普大行动”活动启动仪式，拉开主题为“创新放飞梦想　科技引领未来”的“十月科普大行动”序幕。

27日，广西西林县、云南广南县两县老年体育协会在西林县民族广场举办第三次武术交流活动。

28日，西林县召开依法打击县城城区“两违三乱”专项工作动员大会，启动“违建拆迁”行动，部署集中打击“两违三乱”行为工作。

29日，百色市残联就业服务管理中心主办、西林县残联协办的“2016年西林县扶贫攻坚残疾人职业技能培训班”分别在西林县八达镇和那劳镇开班。

◎ 12月

4日，西林县举办“千团万场——西林县广场舞大赛”专题文艺晚会。

6日，西林县在广西西林壮乡河谷分选厂举行西林沙糖桔北京兴隆嘉超市发车仪式，首批25吨西林沙糖桔正式启程进京销售。

县委书记冉光富，县长欧阳可爽率西林县党政代表团一行16人到深圳市罗湖区对接对口扶贫工作。

西林县召开2016年人大宣传信息工作表彰会，表彰2015年度全县人大宣传信息工作先进单位8个和先进个人13人，县人大常委会主任农建华为获得先进个人代表颁奖。

自治区精神文明建设委员会发文表彰第16批文明村镇、文明单位、军（警）民共建精神文明先进单位，西林县普合苗族乡新丰村和西平乡皿帖村荣获“自治区文明村镇”称号，西林县审计局和公安局交通警察大队荣获“自治区文明单位”称号。

西林县与广西德兴永合投资开发公司十万亩天然林林下经济开发项目举行合作意向签约仪式。

13日，西林县举行公务用车取消车辆拍卖会，本次拍卖工作委托第三方“广西百亿拍卖有限责任公司”实施。

16日，西林县在广西师范学院和广西民族大学开展题为“让青春之花绽放在基层”的人才引进宣讲报告会。

16～20日，西林县举行第五届句町文化艺术节暨第六届沙糖桔产业、茶叶产业文化展示活动周。

28日，西林县工商业联合会（商会）举行第五次会员代表大会，选举产生西林县新一届工商联（商会）领导班子。

28～29日，中共百色市委副书记杨春庭一行，到西林县就精准扶贫、旅游开发建设、统战工作等开展调研。

编辑：黄怀毅
黄文华

县情总貌

◎ 县情综述

【概况】 西林县位于广西西部，地处桂、滇、黔三省（区）结合部，东与田林县接壤，南与云南省广南县毗邻，西与云南省罗平县和贵州省兴义市隔江相望，北与隆林各族自治县山水相连。是广西西进和云贵东出重要门户之一，也是少数民族聚居县、革命老区县、广西28个国家贫困县之一、桂滇黔石漠化治理区域重点县、天生桥库区县和百色水利枢纽工程库区县。辖4镇4乡94个行政村3个社区，行政区域总面积3020平方公里，总人口16.00万，居住着壮、汉、苗、瑶、彝、仡佬等15个民族，少数民族人口占总人口90%以上，1992年经广西壮族自治区人民政府批准享受自治县待遇。

西林县历史悠久，春秋战国至秦代属古句町国，西汉至三国属句町县，宋代至元代称上林峒，明代称上林长官司，清康熙五年（公元1666年）改称西林县至今。西林县曾属“句町古国”活动中心而一枝独秀。20世纪70年代初出土“铜棺铜鼓”属世界罕见珍贵文物，1856年发生“西林教案”是引发第二次鸦片战争导火索之一而引起世人瞩目！清末民初走出大山“岑氏一门三总督”等67人七品以上文武官员而赫赫有名。岑毓英官至云贵总督加兵部尚书衔，其弟岑毓宝代理云贵总督，其子岑春煊在清代任四川总督、两广总督。民国初年参与讨袁，任两广护国军都司令、护国军抚院副抚军长，中华民国广州军政府总督等职。他们曾在中国近代史上保留有较完整的岑氏古建筑群，被列为国家级文物保护单位。

西林县属亚热带季风气候，其特点是夏无酷暑，冬无严寒，半年雨水半年干，西北多雨易洪涝，东南少雨常干旱。年均气温20.4摄氏度，年均日照1594.8小时，年均无霜期358天，年均降雨量1086.2毫米。西林县地处云贵高原余脉向广西丘陵过渡的褶皱带。地势为南北两侧有高山，西北渐向东南倾斜。地形为土岭连绵、沟壑纵横，随山峦逶迤而形成驮娘江、古障河、那佐河3个明显河谷地带，水田多分布在此。全县平均海拔890米。境内土山占全县总面积93%。境内河溪密布，全县有大小河溪295条，属珠江流域上游，主要河道有驮娘江、南盘江、西洋江、清水江等。全县有水力发电站16座，其中威后、母湖、者甲、那维、克林、新那维、那劳、那宾、那沙、弄南10座水电站接入广西电网；猫街、土黄、斗皇、八书、普合6座水电站承担西林县生产生活用电。自治区级森林生态自然保护区有那佐苏铁自然保护区。全县公路通车总里程781.59千米，其中二级路94.12千米，三级路47千米，四级路640.47千米。8个乡镇全部通油路，路面硬化率100%，94个行政村全部通公路。西林县民族风情多姿多彩，民族民俗浓郁。壮族“欧贵”婚俗、苗族“跳坡节”、瑶族“盘王节”、彝族“火把节”等民族节庆活动保持完好。主要矿业有锑矿、金矿、铁矿、砖瓦用页岩、建筑用石灰岩、白垩等。工业经济主要有水力发电、林产品加工、土特产品加工、建材生产等。耕地面积2.23万公顷。粮食作物播种面积1.45万公顷，有林面积 20.97万公顷，森林覆盖率76.62%，森林木材蓄积量1140.19万立方米，用材林有杉木、松木、速生桉、毛竹、麻竹等。经济林有沙糖桔、贡柑、茶叶、油桐、油茶、板栗、八角、杜种等。较大宗土特产品西林沙糖桔、贡柑、姜晶、十姜片、薏谷、王子山白毫茶、桐油、板栗、野生灵芝、云耳等闻名区内外，远销东南亚及欧美各国。西林水牛是全国13个地方优良品种水牛之一，西林麻鸭和乌骨鸡属本地优良家禽品种。

改革开放以来，中共西林县委员会、西林县人民政府以经济建设为中心，以加快发展为第一要务，以科学发展观为统领，大力实施“开放活县、工业立县、农业稳县、科教兴县、文化名县”，战略围绕“建设生态西林，改善山区民生”主题，以调整产业结构为主线，以项目建设为抓手，转变发展理念，创新发展思路，解决发展难题，破解发展瓶颈，构建具有互补性强和良性发展经济格局，使县域经济持续健康发展，综合实力得到提升。1978年~2016年，全县地区生产总值由0.13亿元增加到23.50亿元，固定资产投资由121万元增加到29.02亿元，财政收入由62万元增加到1.82亿元，城镇居民可支配收入由100元增加到22502元，农村居民可支配收入由62元增加到8604元，社会消费品零售总额由623万元增加到6.22亿元，城乡居民储蓄存款余额从42万元增加到34.83亿元。2005年荣获全区“2004年度县域经济发展进步县”，被国务院评为“民族团结进步模范集体”，取得百色市第一轮“文明县城”称号；2008年被评为“广西科学发展进步县”，普合苗族乡新寨屯和古障镇央洪屯分别荣获百色市新农村试点建设先进村屯一等奖和三等奖。2012年，被列入国家新一轮扶贫开发全国14个重点连片特困地区之一的“桂滇黔石漠化片区”中；西林县被评为“全国十大生态产茶县”，西林县沙糖桔获得认证，实现“国家地理标志保护产品”零突破。2013年，西林县通过全国科技进步县考核，通过“全国计划生育优质服务先进单位”自治区级验收；荣获“广西园林城市”“广西卫生县城”和“平安广西活动先进县”称号；“那劳岑氏家族建筑群”入选国家级重点文物保护单位。2014年，“全国生态文明示范工程试点县”通过国家中期考核；“全国有机农业示范县”创建通过自治区初审；荣获“中国桫椤之乡”和“广西休闲渔业示范基地”称号；荣获广西城市市容环境综合整治“南珠杯”竞赛特等奖；财政综合绩效管理工作在广西排第八名；提前一年基本实现“村村通水泥路”；连续8年没有发生较大安全生产事故；西林县民族高中考生首次考取北京大学。2015年，西林京桂古道茶业公司、王子山有机茶叶有限公司生产茶叶在第十一届“中茶杯”全国名优茶叶评比中荣获一等奖。

【经济社会发展】 2016 年，中共西林县委员会、西林县人民政府围绕建设“美丽宜居和谐幸福西林”工作目标，以脱贫奔小康为主线，扎实推进“脱贫奔康、基础建设、城镇扩容、产业提级”四大攻坚战和“生态建设、改革开放、民生保护”三大工程建设，推动经济社会赶超跨越发展，经济社会发展呈现稳中向好发展态势，较好地完成年初确定各项目标任务。

经济综合实力明显增强。全县地区生产总值完成23.50亿元，增长7.5%；固定资产投资完成29.02 亿元，增长15.32%；财政收入完成1.82亿元，增长7.38%；社会消费品零售总额完成6.22亿元，增长10.49%；规模以上工业总产值和增加值分别完成5.49亿元和1.96亿元，增长5.06%和3.7%；城镇居民可支配收入完成22502元，增长7.5%；农民人均可支配收入完成8604元，增长9.8%。

社会影响力提高。新增1个“国家号”品牌—西林火姜，继西林沙糖桔、西林麻鸭、西林姜晶之后第四个获国家地理标志保护产品，国家地理标志保护产品数量排在全区第一；新增3个国家级和1个自治区荣誉称号，被列入国家级重点生态功能区，足别瑶族苗族乡央龙村（足龙茶）被农业部认定为全国“一村一品”示范村，是广西壮族自治区获得此殊荣的11个村镇之一；被广西文联授予“广西特色文艺之乡（山歌）”；脱贫攻坚年度任务顺利完成，贫困村集体经济发展模式以及“双认定”等脱贫攻坚工作措施得到自治区党委政府肯定。

扶贫工作成效明显。西林县按照自治区和中共百色市委员会、百色市人民政府及市脱贫攻坚指挥部要求，稳步推进脱贫攻坚工作。顺利完成脱贫任务贫困村6个贫困户2503户人口10963人，全县贫困发生率由原来20.39%下降到13.36%。整合资金8.72亿元投入到产业发展、村屯道路、住房改造、移民搬迁等方面建设，贫困村基础设施进一步完善。其中：投入820万元统一购置商铺打造贫困村集体经济创业园；投入2800万元和发放扶贫小额信贷1.92亿元扶持脱贫户发展产业或入股企业分红；实施41个贫困村71条通屯道路硬化及140个屯内道路硬化项目；实施贫困村人畜饮水巩固提升工程190处，改善人畜饮水条件14345人；落实贫困户投亲靠友和易地扶贫搬迁1270户5345人。

交通建设取得突破。西林县以力争高速路项目落地、乡乡通二级路、屯屯通水泥路为目标，全力做好交通网络建设各项基础工作。高速路项目前期协调服务工作扎实推进，项目落地基本成熟。西林县至隆林各族自治县（常么）二级路已进入实质性开工建设阶段，县城至八大河二级路三期工程抓紧推进，完成县城至西平、那劳至足别二级路前期工作。

城市建设提档升级。为突破城市发展空间限制，西林县结合实际，城西新区采取“削峰填沟”方式向西延展开发3.5平方公里，实现再造一座“西林新城”目标。年内已完成详细规划，并启动第一期5300亩征拆工作，城西新区规划建设取得实质性进展，“城镇扩容”攻坚战取得良好开局。完成鲤城新区集中办公区附属工程等项目建设，山体公园一期工程及市政、教育、卫生、交通等一批城市建设项目扎实推进，城市公共服务设施不断改善，首次安装太阳能垃圾箱和公益性爱心直饮水机。完成那劳、古障、马蚌、普合等乡镇控制性详细规划，实施那劳、古障、西平、马蚌、者夯等易地扶贫安置点项目，城乡建设不断加强。

产业发展提质增效。以创建国家地理标志产品保护示范区为目标，全力推进西林县驮娘江（西林沙糖桔）现代农业核心示范区建设，全年新种水果面积1733.33公顷，其中在驮娘江沿江两岸新种沙糖桔666.67公顷，全县沙糖桔面积10533.33公顷，投产面积5000公顷。结合第六届沙糖桔产业、茶叶产业文化展示活动周，启动沙糖桔线上线下销售工作和到北京举办推介会，西林沙糖桔品牌进一步打响，品牌效益日益突显。全力推进有机标准化茶园建设，完成有机茶生产认证面积306.67公顷，无公害茶叶基地认证面积4133.33公顷，低产茶园改造133.33公顷。大力发展林下铁皮石斛种植，充分利用丰富林地资源，成功引进林下铁皮石斛种植项目6666.67公顷，进一步扩展林下经济。抓好软枝油茶产业发展，编制《西林县2016 ~ 2020年油茶产业发展实施方案》，全年完成新种油茶333.33公顷，低产改造油茶666.67公顷。实施“抓大壮小扶微工程”，农副产品加工企业健康发展，汇浤工贸公司、京桂古道茶业、王子山茶业等农副产品加工企业均较好完成年度生产计划，完成培育天韵茶业、西达物流等5家企业上规上限。扎实开展旅游星级体系建设，成功创建宫保风情岛四星级乡村旅游区，稳步推进宫保府创建国家AAAA级景区，基础配套设施不断完善，乡村旅游业发展态势良好。全年旅游总人数63.92万人次，同比增长15.69%，旅游综合收入5.6亿元，同比增长28.73%。

生态建设扎实推进。以建设全国生态文明试范工程试点县为契机，扎实推进生态文明建设，生态环境、空气质量不断优化，促进全县经济、社会、资源和环境可持续发展，2016年，西林县升格列入国家级重点生态功能区，为进一步争取上级政策资金支持创造良好条件。扎实开展“生态乡村”建设活动，升级改造乡村面貌，重点打造村绿化、饮水净化、道路硬化的“三化”建设工作，实施40个村屯绿化示范点和94个行政村农村饮水安全净化工程。

改革工作不断深化。进一步转变政府职能，继续推进行政审批事项清理和下放工作，把简政放权、放管结合、优化服务改革推向纵深，全年取消审批事项30项，调整行政审批事项9项。深化经济体制改革，着重推进供给侧结构性改革，以创新供给带动需求扩展，提高县域经济发展质量和效益。全面推开营业税改征增值税试点工作。农村土地承包经营权确权登记工作全面推开，完成摸底调查工作。开展供销合作社综合改革工作，完成那佐供销合作社、农民专业合作社、综合服务站“三位一体”组织架构。全面完成8个乡镇“四所合一”改革工作。加强对外贸易工作，抓好出口基地建设，重点抓好茶叶、姜晶等农副产品出口，大力培育新出口增长点，实现外贸出口新突破，完成出口额56万美元，同比增长24%。

农村金融改革不断深入，县、乡、村等三级“农金村办”服务体系和信用体系初步建立，全县被评为“信用户”农户2.09万户，信用率68.8%，为创建“信用县”奠定坚实基础。

项目建设进展顺利。充分利用百色市政策性金融扶贫实验示范区机遇，加大项目策划包装力度；加快项目前期工作，在缩短项目设计、预算、招投标时间上下功夫，促进项目投资拉动。全县固定资产投资在建项目109项，其中新建81项，续建28项。列入自治区和百色市级层面重大项目7项，县城至八大河二级路三期工程、那佐母鲁至足别三级公路、者夯至堂上三级公路、民族实验小学、龙英水库扩容工程、民族高中扩建工程、宫保府AAAA级旅游景区建设项目、县城污水管网扩建工程、易地扶贫移民搬迁工程等一批重大项目顺利开竣工，全年完成投资任务29亿元，有效拉动经济稳步增长。进一步加大项目招商引资工作力度，首次举办西林县重点产业推介会暨项目签约仪式，签约项目12项，总投资11.27亿元，全年完成招商引资项目14项，总投资33.02亿元。

【社会事业发展】 2016年，西林县社会事业协调发展。全年投入教育、卫生、文化体育、民政等民生事业6.55亿元。突出抓好义务教育均衡发展工作，“全面改薄”工程项目顺利推进。完成古障、那劳、普合等乡镇中心幼儿园教学楼建设。拓展乡村教师补充渠道，完成招聘中小学教师234人，定向培养农村小学全科教师55人。执行扶持乡村教师政策，实施校长和班主任岗位奖励性绩效工资。县级公立医院综合改革扎实推进，解决医疗改革编制418人。开展计生小额贴息贷款、爱心保险、免费婚前、孕前健康检查，认真落实国家基本公共卫生服务项目，整合优化妇幼保健计划生育服务及卫生计生综合监督执法资源。深入开展群众文体活动，丰富广大群众文化生活。成功举办第五届句町文化艺术节暨第六届沙糖桔产业、茶叶产业文化展示活动周、中国·西林句町文化暨唱娅王民俗研讨会、百色市第四届文艺汇演、“千团万场”文艺展演等赛事活动，不断提高西林县知名度和扩大西林影响力。加强非物质文化遗产传承保护工作，完成“八音坐唱”“瑶族度戒”等自治区级非物质文化遗产项目2项申请工作。体育工作成效显著，全市第四届运动会取得总分排行全市第二名，第二届残疾人体育运动会取得全市团体总分第一名。健全社会救助体系，不断加强民政救灾救助工作，在提高最低生活保障标准和补助标准基础上，把建档立卡贫困人口纳入农村低保对象20789人，社会救助充分发挥兜底保障作用。认真开展道路交通、建筑施工、非煤矿山等领域安全生产大检查和整治工作，安全生产持续稳定好转；深入开展影响社会稳定突出问题和“三大纠纷”调处攻坚活动，认真化解信访积案和信访突出问题，全年化解信访积案19件；强化情报信息工作，提高预警预测能力和突出问题防范处理工作，全县社会治安大局持续安全稳定。年内西林县社会稳定动态八项工作排在全区第21位、全市第2位。

统计、审计、广播电视、水文、农机、物价、档案、编制、供销、地方志、质监、气象、邮政、通信、金融、保险、防震减灾、宗教、妇女儿童、残疾人、红十字会、外事、台务、侨务、应急、消防、国防动员、双拥、民兵预备役等工作都取得新发展。

撰稿：黄文华
编辑：黄怀毅
黄文华

党政机关

◎ 中共西林县委员会重大决策

【全县经济社会发展主要目标】 2016年，中共西林县委员会制定西林县“十三·五”经济社会发展主要目标：在群众生活上要实现脱贫全面小康。全县2.9万农村贫困人口脱贫、贫困县“摘帽”、贫困村出列，城镇居民年人均可支配收入超3万元，农民人均纯收入超1.2万元。20户以上的自然屯实现屯屯通电、通硬化路、通广播电视、通宽带网络。在经济发展上要实现跨越发展。到“十三五”末，地区生产总值突破30亿元，年均增长8%；全社会固定资产投资累计投资突破170亿元，年均增长10%；财政收入突破2亿元，年均增长5%以上；工业总产值突破10亿元，年均增长10%；中药产值3亿元以上，旅游业收入10亿元以上，两项产业指标均实现翻一番以上。在产业培育上实现品牌效益。打造优质水果、有机茶、生态文化休闲旅游、特色中医药、火姜、麻鸭等六大特色品牌，形成全产业链、高价值链的新型绿色产业体系。在城镇建设上要实现扩容宜居。力争到“十三五”末县城城区面积扩展到5平方公里以上，人口规模5万人以上，城镇化率50%以上。在环境建设上要实现生态绿色。力争到“十三五”末，基本形成重点发展区（城镇）、农业生产区、生态保护区空间布局和发展格局，全县森林覆盖率78%以上，城镇绿化率40%以上，创建成为国家生态文明示范县。在文明建设上要实现和谐幸福。中国梦和社会主义核心价值观深入人心，爱国主义、集体主义、社会主义思想广泛弘扬，广大人民群众思想道德素质、科学文化素质、健康素质明显提高，社会和谐稳定，人民群众生活美满幸福。

【全县工作重点】 实施精准扶贫、精准脱贫工程。围绕全县脱贫摘帽目标，深入实施精准扶贫、精准脱贫工程。着力推进产业扶持脱贫一批、转移就业精准脱贫一批、扶贫移民搬迁精准脱贫一批、低保兜底精准脱贫一批、教育扶智精准脱贫一批、医疗救助精准脱贫一批等“六个一批”脱贫工程；开展特色产业富民、扶贫生态移民搬迁安置、基础设施建设大会战、教育科技文化扶智、农民工培训创业、金融扶贫、贫困户产权受益、农村电商扶贫、社会保障兜底和社会帮扶等“十大行动”。加快实施生态移民工程，深入实施国家教育扶贫工程和“雨露计划”，大胆创新扶贫保障机制。

推进绿色生态发展，做大做强特色产业。狠抓优质水果和精品茶叶扩面提质，发展西林麻鸭、节粮型肉牛、肉羊等畜牧养殖和休闲渔业。全力推进农副产品加工、电力、林木精深加工、中药材加工、冶炼建材“五个亿元产业”发展。做好工业招商引资工作，编制和完善中长期产业发展规划。鼓励民营经济加快发展，着力扶持和培育一批带动作用大、核心竞争力强的民营企业。强力推进生态文明建设，探索建立健全生态文明建设长效机制。

推进创新驱动发展，为实现经济跨越发展提供强力支撑。加快传统农业产业转型升级，把生态优势转化为产业优势、经济优势和发展优势。推动投资消费空间增长，深入释放消费潜力，开拓农村市场。提升生态旅游业，打造精品旅游产品和旅游线路。积极培育绿色中医药产业，打造以名贵珍稀药材为主的产业链和产业群。加快培育和发展现代物流业，探索建立新型、高效的农副产品营销网络。稳步发展县域金融业，发展新型农村金融组织，防范和打击非法集资。加快传统服务业与现代服务业融合发展。

扩大改革开放局面，为县域经济注入新动力。着力深化行政体制改革、经济体制改革、财税体制改革和农村改革。加强区域合作，积极与周边县市合作共建句町文化圈，将西林打造成为我国西南重要的文化高地和文化产业增长极。建立万峰湖生态保护与旅游开发合作协调机制，推进万峰湖生态经济圈保护与开发。充分发挥区位优势和后发优势，推动与云南省广南县共建跨省（区）“广南—西林跨省（区）生态保护与生态产业合作试验示范区”。

推进共建共享发展，实现全面小康社会。深入推进以社会主义核心价值体系建设为主体的精神文明建设，用“中国梦”和社会主义核心价值观凝聚共识、汇聚力量。优先发展教育事业，努力增加教育投入，全面提高教育教学质量。加快推进健康西林建设，深化医疗卫生体制改革，加强计划生育工作，提高全县人均预期寿命。推动“大众创业，万众创新”。大力繁荣文化事业和文化产业，大力发展体育事业，建立健全社会保障体系，加强和创新社会治理。

深挖发展潜能，全力建设现代基础设施。加快交通、水利、能源、信息四大网络基础设施建设。形成便捷的通边连省交通网络，完善防洪减灾、水资源供给、水环境保护体系。积极探索风能发电新路子，提高全县自然灾害预警防范能力，推进三网融合发展。

推进新型城乡一体化发展，打造绿色美丽乡村。着力优化城乡空间布局，培育特色中心节点集镇，形成区域优势明显、城乡联系紧密、互动顺畅的城乡一体化发展格局。不断提高城镇规划水平、完善城镇基础设施，逐步推进农村转移人口市民化、推进城乡基础设施、生产要素一体化，全面推进“美丽西林”乡村建设，逐步开展“宜居乡村”“幸福乡村”建设活动。

实施依法治县战略，建设稳定和谐新西林。加强和创新社会治理，完善社会管理机制，健全社区管理组织，加强社会治安综合治理，做好各类安全工作。加强法制政府建设，严格公正文明执法，强化对政府权力的制约和监督，不断深化司法体制改革。

加强和改善党的领导，确保“两个建成”目标实现。充分发挥各级党委领导核心作用，建立健全各级党委领导经济社会工作体制机制。广泛宣传动员，为实现规划目标汇聚力量，积极创建“全国民族团结进步示范县”。坚持党要管党、从严治党，深入推进党风廉政建设和反腐败工作，加强反腐体制机制创新和制度保障，严明党的各项纪律，强化执纪监督，保持反腐高压态势。以勤政务实的作风确保规划全面落实。

◎ 重要会议

【党员大会】 2016年1月26日，召开中共西林县第十一届代表大会第六次会议。中国共产党西林县第十一届代表大会第六次会议代表名额212人，其中：八达镇代表团26人，古障镇代表团24人，马蚌镇代表团23人，普合苗族乡代表团14人，那劳镇代表团14人，足别瑶族苗族乡代表团14人，西平乡代表团18人，那佐苗族乡代表团19人，县直代表团60人。大会听取并审议黄建南代表中共西林县第十一届委员会作题为《践行五大理念 加快脱贫攻坚 为奋力夺取全面建成小康社会新胜利而努力奋斗》的工作报告和县委常委、县纪委书记何琪洸代表县纪委所作的题为《坚持全面从严治党 把纪律挺在前面 为建设和谐美丽西林提供强有力的纪律保证》的书面工作报告。当天，各代表团热烈讨论这两个报告，并举手表决通过《中国共产党西林县第十一届委员会工作报告的决议》和《中国共产党西林县第十一届纪律检查委员会工作报告的决议》。

2016年7月13日，召开中国共产党西林县第十二次代表大会。238位党代表，其中：各级领导干部代表占58%；各类专业技术人员代表占23%；各条战线的先进模范人物代表占21%；军警代表占1.9%；妇女代表占18%；少数民族代表占92%；45岁以下的代表占50%。认真听取和审议县委工作报告和县纪委工作报告，大会审议通过《县委工作报告》和《纪委工作报告》，民主选举产生新一届中共西林县委班子、中共西林县纪委班子和西林县出席百色市第四次党代会代表，实事求是地总结回顾中共西林县第十一次代表大会以来的工作，充分肯定“十二五”全县经济社会发展取得的成绩，进一步明确“十三五”时期全县经济社会发展的奋斗目标、总体思路和主要任务。

【常委会】 2016年1月20日下午2时30分，中共西林县第十一届委员会第61次常委会议在县委五楼会议室召开，会议由县委书记黄建南主持。会议听取和审议县委办公室、县人大办公室、县人民政府党组、县政协办公室、县委组织部等提交有关议题。

2016年1月25日上午9时50分，中共西林县第十一届委员会第62次常委会议在县句町艺术中心二楼小会议室召开，会议由县委书记黄建南主持。会议听取中共西林县第十一届委员会第七次全体会议各讨论组讨论情况汇报，以及听取和审议县委宣传部提交的有关议题。

2016年1月28日上午9时50分，中共西林县第十一届委员会第63次常委会议在县句町艺术中心二楼小会议室召开，会议受县委书记黄建南委托，由县委副书记、县人民政府县长欧阳可爽主持。会议听取和审议县人大、县纪委、县委组织部提交有关议题。

2016年2月23日20时，中共西林县第十一届委员会第64次常委会议在县委五楼会议室召开，会议由县委书记黄建南主持。会议听取和审议县纪委、县委组织部提交有关议题。

2016年3月23日19时，中共西林县第十一届委员会第65次常委会议在古障镇人民政府召开，会议由县委书记黄建南主持。会议听取和审议县委组织部提交的有关议题。

2016年4月6日17时，中共西林县第十一届委员会第66次常委会议在县委五楼会议室召开，会议由县委书记黄建南主持。会议听取和审议县纪委、县委政法委、县委组织部提交有关议题。

2016年4月27日10时30分，中共西林县第十一届委员会第67次常委会议在县委五楼会议室召开，会议由县委书记黄建南主持。会议听取和审议县纪委、县委组织部提交有关议题。

2016年5月3日15时，中共西林县第十一届委员会第68次常委会议在县委五楼会议室召开，会议由县委书记黄建南主持。会议听取和审议县人大党组、县委组织部提交的有关议题。

2016年5月13日上午9时30分，中共西林县第十一届委员会第69次常委会议在县委五楼会议室召开，会议由县委书记冉光富主持。会议听取和审议县委办、县委组织部等提交有关议题。

2016年5月27日上午11时，中共西林县第十一届委员会第70次常委会在县委五楼会议室召开，会议由县委书记冉光富主持。会议审议县人大常委会党组、县人民政府党组、县纪委、县委组织部和县编委会提交相关议题。

2016年6月6日下午4时30分，中共西林县第十一届委员会第71次常委会在县委五楼会议室召开，会议由县委书记冉光富主持。会议审议县委办和县委组织部提交的相关议题。

2016年6月8日上午9时，中共西林县第十一届委员会第72次常委会在县委五楼会议室召开，会议由县委书记冉光富主持。会议审议县委组织部提交的相关议题。

2016年6月16日上午9时，中共西林县第十一届委员会第73次常委会在县委五楼会议室召开，会议由县委书记冉光富主持。会议审议县委办、县人大党组、县纪委和县委组织部提交的相关议题。

2016年6月17日上午11时20分，中共西林县第十一届委员会第74次常委会议在县委五楼会议室召开，会议由县委书记冉光富主持。会议审议县纪委、县委组织部和县编委会提交有关议题。

2016年6月28日晚，中共西林县第十一届委员会召开第75次常委会议，会议由县委书记冉光富主持。会议主要是学习上级有关文件精神，审议县人大常委会党组和县人社局提交有关议题。

2016年6月30日上午11时30分，中共西林县第十一届委员会第76次常委会议在县句町文化艺术中心二楼大会议室召开，会议由县委书记冉光富主持。会议审议县委组织部提交有关议题。

2016年7月7日上午11时30分，中共西林县第十一届委员会第77次常委会议在县句町文化艺术中心二楼大会议室召开，会议由县委书记冉光富主持。会议组织学习上级有关文件精神和审议县委组织部提交有关议题。

2016年7月11日下午3时30分，中共西林县第十一届委员会第78次常委会议在县委五楼会议室召开，会议由县委书记冉光富主持。会议审议县政协党组、县纪委和县委组织部提交的有关议题。

2016年7月14日上午11时30分，中共西林县第十一届委员会第79次常委会议在县句町文化艺术中心二楼小会议室召开，会议由县委书记冉光富主持。会议听取和审议县人大提交有关议题。

2016年8月1日上午9时，中共西林县第十二届委员会第1次常委会议在县委五楼会议室召开，会议由县委书记冉光富主持。会议审议县人大常委会党组、县人民政府党组、县纪委和县委组织部提交有关议题。

2016年9月1日上午10时30分，中共西林县第十二届委员会第2次常委会议在县委五楼会议室召开，会议由县委书记冉光富主持。会议审议县委组织部提交有关议题。

2016年9月7日下午3时30分，中共西林县第十二届委员会第3次常委会议在县委五楼会议室召开，会议由县委书记冉光富主持。会议学习自治区纪委有关文件精神，听取县安监局、县环保局工作情况汇报，审议县人民政府党组、县委办和县委组织部提交有关议题。

2016年9月27日下午3时30分，中共西林县第十二届委员会第4次常委会议在县委五楼会议室召开，会议由县委书记冉光富主持。会议审议县政协、县纪委、县委组织部、县委统战部和县委政法委提交有关议题。

2016年9月30日上午9时45分，中共西林县第十二届委员会第5次常委会议在县委五楼会议室召开，会议由县委书记冉光富主持。会议审议县委组织部提交《有关干部辞职申请的事宜》《干部人事调配事宜》有关议题。

2016年11月1日上午9时30分，中共西林县第十二届委员会第6次常委会议在县委五楼会议室召开，会议由县委书记冉光富主持。会议审议县人大常委会党组、县人民政府党组、县纪委、县委组织部和县人社局提交有关议题。

2016年12月12日上午10时，中共西林县第十二届委员会第七次常委会议在县委五楼会议室召开，会议由县委书记冉光富主持。会议审议县委办公室、县人民政府党组、县纪委、县委组织部、县委统战部提交有关议题。

2016年12月15日下午2时50分，中共西林县第十二届委员会第八次常委会议在县委五楼会议室召开，会议由县委书记冉光富主持。会议审议县人民政府党组、县委组织部提交有关议题。

【县四家班子领导联席会暨项目推进会】 6月22日上午，在县句町文化艺术中心二楼大会议室召开县四家班子领导联席会暨项目推进会。会议主要内容：党建、城建、农业农村、社会事业和旅游招商、工业交通、社会稳定和安全生产工作组分别汇报本组工作进展情况；县人民政府县长欧阳可爽部署项目工作；中共西林县委书记冉光富讲话。

◎ 重要活动

2016年3月23日，召开2016年项目现场推进会。

2016年9月9日，召开庆祝第32个教师节暨表彰大会。

11月22日上午，在普合苗族乡召开西林县2016年油茶产业种植现场推进会。

2016年12月16日至20日，在县城举办中国·广西西林第五届句町文化艺术节暨第六届沙糖桔产业、茶叶产业文化展示活动周。

2016年12月17日举办西林县重点产业推介及项目签约仪式暨西林沙糖桔（茶叶）线上线下产销对接会。

◎ 中共西林县委办公室

【机构人员】 中共西林县委办公室内设秘书股、行政股、督查股，定编制 18 人（行政 14 人，事业 4 人）。2016 年，在编 23 人（包括县委正副书记 2 人），配主任 1 人，副主任 5 人，秘书 3 人，工作人员 12 人（干部 7 人，工作人员 5 人）；具有研究生学历 4 人，大学学历 12 人，大专学历 7 人。

【办文办会】 2016 年，中共西林县委员会办公室撰写各类工作报告 1000 篇，印发西委 246 件，西发 33 件，西报 50 件，西函 37 件，西办通 107 件，西办函 20 件，西办发 191 件。全年承担召开县党代会、县委常委会、县四家班子联席会议以及各式各类活动等 120 场。全力做好全县中国·广西西林第五届句町文化艺术节暨第六届沙糖桔产业、茶叶产业文化展示活动周的协调统筹工作。安排接待自治区党委书记彭清华，中共百色市委常委、纪委书记覃荣化等各级领导视察活动。

【信息调研】 2016 年，中共西林县委员会办公室根据县党委部署下发《西林县党委系统信息工作规定》《关于成立西林县信息工作领导小组的通知》《关于进一步加强和改进党委系统信息工作的通知》，不定期地组织全县信息员学习中共百色市委办公室编印《党委信息工作务实》《党委信息政策汇编》。年内上报信息 452 条，被中办采用 24 条；自治区采用 91 条，其中：广西信息采用 77 条，每日汇报 7 条，值班要情采用 7 条，年内在自治区得分 657 分，完成率 365%，提前半年完成自治区要求 180 分的绩效任务；百色市采用 36 条，其中：百色信息采用 8 条，快日快报采用 6 条，完成约稿 19 条，年内在百色市得分 1499 分，完成率 125%。编制《西林信息》12 期 408 条信息。县党委办公室被西林信息采用 17 条，超额完成县直单位被采用 4 条的绩效任务。

【机要工作】 2016 年，全年没有出现泄密和延误事件，确保县党委、政府与上级领导机关密码通信安全与畅通。

【保密工作】 2016 年，中共西林县委保密委办公室、县国家保密局定编行政编制 1 人，事业编制 2 人，在职在编 3 人。保密投入保密经费 2 万元，接收无密级版式公文 354 份，没有发生任何泄密事件。

【督查督办】 2016 年，中共西林县委督查室牵头组织开展决策督查 11 次。领导批示件 47 件，其中中共百色市委领导批示件 6 件，县委领导批示件 41 件。完成上级党委督查部门下达督查调研专报任务 4 期，完成上报市委督查办理情况报告及市委督查室要求上报专项工作情况汇报 12 篇（期）。重大会议督查 23 场次。

【综合协调】 2016 年，慎重协调县委领导之间、县委与各大班子之间、县委与下级党委之间、办公室与各部门之间的工作关系，保证县委领导班子意图顺利实现和全局工作协调运转。同时，办公室领导班子合理确定内部分工，对信息调研、督促检查、文稿起草、公文处理、会议安排、行政后勤、机要保密、信访文印等各项工作明确任务职责，不断简化程序，提高服务质量，确保各项工作高效运转。

【后勤服务】 2016 年，接待各类检查组、领导、客商等 557 批次 4329 人（次）。其中外国来宾 1 批次 6 人（次）；省级领导 8 批次 106 人（次）；市级领导 336 批次 1780 人（次）；客商 114 批次 912 人（次）。完成全县“三会”换届后勤服务，完成西林县第五届句町文化艺术节暨沙糖桔产业·茶文化产业展示交易活动周各项后勤工作。完成西林县到南宁举办中国东盟博览会招商引资后勤接待工作。

撰稿：黄建荣
王自忠
编辑：黄怀毅
黄文华

◎ 组织工作

【机构人员】 2016 年，中共西林县委组织部机构内设办公室、调研室、组织股、干部股、人才工作股、干部监督股、干部教育股、县委组织员办、远程办等 9 个股室 24 人。有县委常委、组织部部长1人，副部长、县人事劳动和社会保障局局长1人，副部长4人，部务委员、远程办主任1人，部务委员、办公室主任1人，办公室副主任1人，调研室主任1人，组织一股股长1人，组织一股副股长2人，组织二股股长1人，干部监督股股长1人，干教股股长1人，县委组织员办公室副主任1人，干部一股股长1人，干部二股股长1人，干部二股副股长1人，人才股股长1人，远程办公室主任1人，远程办公室工作人员1人，司机1人。

【“两学一做”学习教育】 2016年，县委组织部开展调研，先后召开乡镇、县直部门、窗口单位、教育系统等6个座谈会，同时向老领导、老干部、老党员等广泛征求意见，形成《西林县“两学一做”实施方案》，县委成立“两学一做”工作领导小组并下设办公室，负责统筹协调全县“两学一做”学习教育。县财政安排专项经费100万元，为全县“两学一做”学习教育工作提供经费保障。以“真学”提升实效。以党支部为单位，重点围绕“四讲四有”组织开展专题学习讨论。全县13个党（工）委和322个党支部均已完成四个专题学习研讨，7600多名党员自觉参与到学习教育中来；对照标准学。结合纪念建党95周年活动，选出“十名好支书”“百名好党员”，带动基层党组织和广大党员学优看齐、对标赶超；课堂体验学。在全县开展“我到基层讲党课”行动，组织党员领导干部到基层单位党支部讲党课。全县参与讲党课人员325人（次），其中县处级领导带头讲党课108场次，听课党员人数2.6万人次。以“实做”推动发展。通过“我为西林建一言”活动为载体，查找问题102个并全部整改落实，全县各级党组织、党员为群众办实事好事383件；开展查处发生在群众身边的“四风”和腐败问题专项工作以及扶贫领域监督执纪问责工作，查处“一岗双责”渎职案件12起14人。针对查找到问题，制定整改方案，通过建立责任清单、实行销号管理、接受公众评议等方式，将整改责任落实到人。

【领导班子和干部队伍建设】 2016年，全县成立8个换届调研工作组，分赴全县8乡（镇）、90个县直单位，就领导班子工作运行情况、干部队伍建设、干部选拔任用等工作广泛征求意见，重点对党政领导班子职数配备、干部构成现状、后备干部培养等情况进行全面调研摸底。同时，县委书记分别与县四家班子成员、各乡（镇）党委书记进行谈心谈话；县纪委、县委组织部主要负责同志分别与各乡（镇）、县直各单位主要领导干部开展一次全面谈心谈话活动，为全县县乡换届选举工作提供参考依据。8个换届考察组从3月起深入各乡镇、县直各单位开展换届考察工作，按照班子结构要求、班子配备需要，推荐、考察拟提拔科级领导干部人选。年内换届人事调整292人，其中提拔92人，提任正科级29人，提任副科级63人。

严肃换届纪律和换届风气。严格实行换届纪律承诺制，发放《换届纪律提醒卡》4856张，组织全县785名副科级以上领导干部与县党委签订《严肃换届纪律承诺书》；各乡镇、县直各单位与干部职工、各村党支部书记、村民委员会主任签订《严肃换届纪律承诺书》1856份，发放《换届风气测评表》5249份。开展谈心谈话活动，换届期间开展谈心谈话1582人（次）。落实全程纪实监督，全县有2名干部因群众举报或审计发现问题被撤销提名，有10名县党代表候选人，5名县人大代表、14名乡镇人大代表候选人被依法依规取消代表候选人资格。

完善干部管理制度。先后制定《西林县科级领导班子和领导干部约谈暂行办法》《西林县机关事业单位借调人员管理暂行办法》，下发《关于脱贫攻坚期内保持全县乡镇领导班子和科级领导干部队伍相对稳定的通知》等一系列干部管理制度和文件，加强对干部纪律方面的监督，明确科级干部监督工作要求和任务，在全县上下形成干事创业的良好氛围。

做好干部档案专项审核。严格按程序和要求扎实推进全县干部人事档案专项审核工作，全年完成审核在职干部1450卷，收集整理入档材料2559份。在换届调整中严格执行干部任前档案审核制度，坚持“凡提必审”的原则，重点审核干部的“三龄二历一身份”等基本信息和干部任职资格，把干部任前档案审核贯穿于干部选拔任用全过程，将干部任前档案审核作为干部选拔任用的必经程序和干部监督的有力手段，对所有拟选拔任用干部、新进任用干部的档案进行严格审核。完成提拔对象任前审核工作157人。

【党建工程】 2016年，按照上级工作部署，西林县分别于5月、7月召开乡镇党代会和人代会，选举产生新一届乡镇领导班子。将505名同志（其中大学生村官1名、扶贫专干29名、退伍军人9名、经济能人59名、乡土人才95名，其他312名）纳入村干部后备干部库，并从中选派82名挂任村支书（主任）助理进行为期3个月的培养锻炼。

选派贫困村党组织第一书记41人、县乡干部驻村开展工作315人。成立西林县贫困村党组织第一书记管理办公室，在全县8个乡镇建立第一书记之家，出台《关于明确县级选派贫困村第一书记全脱产驻村工作的通知》，加强管理和服务第一书记。同时，落实第一书记享受乡镇工作补贴待遇每人每月300元，引导第一书记把工作重心转向脱贫攻坚上来。

全面推行“党组织+”模式，通过“党组织+产业”“党组织+企业”“党组织+合作社”“党组织+协会”等模式，充分发挥党组织引领作用，采取“1名党员+1名贫困户”或“1名党员+N名贫困户”的帮扶带动机制，帮助贫困户理清发展思路，帮助解决产业发展资金和技术瓶颈，形成一批抱团发展的“党群致富联合体”。充分发挥村级党组织引领作用，全面推进全县抓党建促脱贫攻坚工作。

年内全县评定五星级村级党组织6个、四星级村级党组织11个、三星级村级党组织17个，在全县形成比学赶超、争创五星级党支部的浓厚氛围。同时，针对8个软弱涣散和2个后进村党组织存在突出问题，按照一村一方案的工作要求，分别制定整改方案，采取县领导挂点联系、第一书记具体负责方式，开展整顿工作。

推进村级组织活动场所规范化建设。县财政落实资金800万元用于41个贫困村活动场所规范化建设，使贫困村组织活动场所规范化达标率从2015年36.6%提高到100%。

发展村级集体经济。探索“3+X”模式多元化发展农村集体经济，使全县农村集体经济实现从无到有，由弱变强，先后涌现出八达镇坡皿村、马蚌镇那扛村、那劳镇顶蚌村和那宾村、那佐苗族乡坝盆村等一批先进典型。年内全县有村级集体经济项目86个，辐射带动贫困户1624户6496人，全县村级集体经济发展呈现出百花齐放的良好势头。

提升跨区域党建工作。发挥已建立50个跨省区联合党组织作用，加强与接边县（市）联系协商，先后创建桂滇黔富民水产养殖合作社、跨区域旅游产业联盟、跨区域产业扶贫示范园区，建立起“目标同向、作用互补、互相监督、共同发展”的跨省区经济社会发展关系，促进接边地区水产养殖、水果种植、区域旅游等产业发展。年内，接边区域成立水产养殖合作社14个，发展会员210户，发展网箱养鱼8500箱，产值1.2亿元；种植水果面积1200公顷，带动农户实现脱贫致富5039户。

【党的基层组织和党员队伍建设】 2016年，围绕“两学一做”学习教育，党员组织关系集中排查、党代会代表和党员违纪违法未给予相应处理情况排查清理、基层党组织按期换届检查指导、党费收缴工作专项检查、非公有制企业和社会组织“两个覆盖”、抓党建促脱贫攻坚、抓严抓实领导机关党员干部学习教育等基层党建7项重点任务，着力解决党员队伍和基层党建工作中存在突出问题。

经排查，全县失联党员190人，占党员总数的2.56%。经多方查找，取得联系的失联党员143人，继续纳入组织管理137人，给予组织处置6人。经查找仍未取得联系的失联党员47人，给予自行脱党除名22人，暂未给予组织处置25人；排查出违纪违法未给予相应处分、处理的各级党代表，人大代表、政协委员中的党员，受到刑事追究和行政处罚的党员85人，已处分、处理85人。其中党代表7人，人大代表5人，受到刑事追究、行政处罚的党员73人；排查出任期届满后没有按期换届基层党组织123个，已按照程序完成换届整改123个；完成党费收缴专项检查工作的党支部298个，应补交党费的党员2869人，已补交党费的党员2656人，经批准少补交或不补交党费的党员169人，全县累计补交党费51.5万元，个人最高补交1984元。

【社区党建】 2016年，采取个人自主报到、集体统一报到、领导带头报到等多种方式，有计划、有秩序地组织在职党员到社区报到服务活动。截至2016年底，全县在职党员到社区报到1235人，为群众办好事实事132件。选聘3名社区党建组织员，充实社区服务力量，提高社区服务水平。

【机关党建】 2016年，制定机关事业党员联系基层方案，全县在职党员到社区报到1235人，加强联系与指导3个社区党建工作；3个社区通过探索建立“党支部+服务站+服务小组”的模式，实行网格化管理辖区内，实现目标管理化、岗位职责化、考核制度化，不断提升社区服务群众的主体功能。

西林县庆祝中国共产党成立95周年暨“七一”表彰大会

【“两新”组织】 2016年，非公企业建立党组织16个，党组织覆盖率71.9%，比2015年底提高10个百分点。建立社会组织党组织23个，党组织覆盖率100%。

【人才引进】 2016年，全县通过公开招考、公开招聘等渠道，引进各类人才412人，比2015年170人增长142.35%。

【干部教育培训】 年内举办专题培训班2个，完成全县村（社区）“两委”干部轮训1次，举办新提拔科级领导干部培训班1期。组织领导干部到高校参加培训班学习。先后到中国人民大学、上海交通大学举办有关乡镇和有关部门处级、科级领导参加为期5天的全县党政领导综合素质提升培训班2期91人；到井冈山干部学院举办组工干部暨青年干部培训班1期，共有青年干部参加培训33人；到浙江大学举办党外干部暨非公有制经济人士素质提升培训班，党外干部参加培训33人。利用“百色讲坛”“广西时代前沿知识讲座”等平台，开展各类视频培训活动。先后组织县处级领导干部、科级领导干部参加百色讲坛培训2期和广西时代前沿知识培训2期共800人。

做好领导干部到县外参加调训协调工作。先后选派组织领导干部外出参加中共百色委举办各类干部培训班34期61人（次），其中赴区外高校学习17期31人（次），赴自治区党委党校和市委党校学习17期30人（次）；推荐处级领导干部外出调训24人（次），推荐科级领导干部外出调训37人（次）。

【远程教育】 2016年，全县58个计划内站点的电视机已全部更新为液晶电视机，71个远教电信站点的故障率降至7%以内；根据自治区远程办公室《关于组织摄制2016年党员教育电视系列片的通知》，摄制《力量》《漂泊的印痕》两部党员教育电视片，其中《漂泊的印痕》荣获自治区“三等奖”；组织力量摄制西林县先进党员和党建先进经验等类型的专题片和新闻，按时完成百色市电视台党建电视专栏《脱贫攻坚先锋行》电视节目报送工作。

撰稿：黎柳杏
编辑：黄怀毅
黄文华

◎宣　传

【机构人员】 2016年，中共西林县委宣传部编制16人，职位设置：部长1人，副部长3人（含兼职副部长1人）。在编15人，其中部长1人、副部长3人（含兼职副部长1人），干事11人（其中公务员2人，事业编7人，工勤人员2人）。在编人员中，研究生学历2人、大学学历11人、大专学历2人。

【理论宣传】 2016年，成立县级宣讲团，学习贯彻落实习近平总书记系列重要讲话及党的十八届六中全会精神。县累计开展学习活动126场，参加学习党员干部群众10038人（次）。并完善学习制度，征订《习近平总书记系列重要讲话读本（2016年版）》等书籍5000册。丰富学习资料，推动学习常态化。

把“讲习所”和脱贫攻坚政策宣传教育结合起来。深入村屯宣传扶贫政策，提高群众对扶贫政策的知晓率。把“讲习所”的宣讲员扩展到第一书记和驻村工作队员，形成人人都是“讲习所”成员的良好氛围，通过他们宣讲，使党和国家政策传递到千家万户。做好县委理论中心组学习服务工作。年内开展县委理论中心组学习会7次，主持人从县委书记冉光富到各常委领导。主要学习习近平总书记系列重要讲话及各条例。

【新闻报道】 2016 年，在人民网、广西新闻网《广西日报》、广西电视台、《右江日报》《百色早报》、百色电视台等各级新闻媒体上稿 2060 篇（件）。其中，人民网 150 篇，广西人民广播电台 45 篇，广西日报 35 篇（含广西新闻网），右江日报 400 篇，百色新闻网 1300 篇，百色早报 130 篇。与广西华娱国际影业投资有限公司合作拍摄反映西林县本土特色文化的电影《月·色》已在 4 月杀青。

做好各类重大活动和节日宣传活动。广西“三月三”壮族传统节日宣传工作；党代会、换届选举宣传工作等。10月举办广西·西林第五届“驮娘江杯”野钓大赛和12月举办第五届句町艺术节第六届沙糖桔产业茶叶产业文化周。

【网络宣传】 2016 年，西林电视台在原有《西林新闻》基础上，增设“句町故事”栏目，平均每周 1 期，累计已开播 47 期。1 月至 11 月在“广西西林网”发布各类新闻 2190 条。同时创建广西西林网官方微信公告号“和美西林”，利用多种渠道宣传西林县。

【精神文明建设】 2016 年，西林县成立创建自治区文明城市指挥部领导小组。印制《西林县创建城市知识手册》1 万册，制作创建文明城市宣传画 3 万张，分发到学校、单位、社区以及大街小巷商铺进行宣传。在县城挡土墙，单位围墙上张贴图说社会主义核心价值观。要求全县各个单位，开展文体活动都要冠名“创文明城市”，并在活动现场拉挂横幅和标语。在县民族公园和行政办公区建设两个核心价值观主题公园。

开展系列特色活动。开展城市差乱脏专项整理活动，由交警、市政、药监、工商共同完成；开展第三届“最美西林人”道德模范评选活动，评选70人；在学校开展“小手拉大手”创建文明城市活动。广泛开展系列志愿服务工作。春节期间通过开展送温暖慰问活动；三月围绕雷锋精神，开展志愿者服务主体活动月等。

【学习贯彻落实中共十八届六中全会精神】 11 月 1 日西林县召开常委会，专门传达学习贯彻六中全会精神。会议强调中共十八届六中全会的召开表明中共中央坚定不移推进全面从严治党的政治决心，使“四个全面”战略布局得到系统部署，“四个意识”更加明确，“制度笼子”扎密扎牢，“关键少数”真正严守规矩。

通过学习讲堂、巡回宣讲、微信学习平台等有效形式，扩大学习辐射层面，形成深入持久的学习宣传热潮。新闻媒体及时宣传报道学习党的十八届六中全会精神和自治区党委十一届六次全会精神的进展情况，切实营造好舆论氛围。全县各部门各单位把贯彻落实中共十八届六中精神贯穿于工作始终，以深化全面从严治党，解决党内存在的突出矛盾和问题，有效应对党面临的“四大考验”、克服“四种危险”，不断增强党自我净化、自我完善、自我革新、自我提高意识，把学习成效体现在推动西林县经济社会发展上，做到与脱贫攻坚、“两学一做”、财税增收、民生建设等重点工作相结合。相互促进，共同推进，取得实效。

【文化体制改革】 2016 年，中共西林县委宣传部加强公共数字文化平台建设，利用信息技术拓展公共文化服务能力和传播范围，构建数字化、信息化、网络化环境下文化建设新平台，新阵地，全面提升公共文化服务能力和服务水平。新建非物质文化遗产传习基地 2 个，安排活动“非遗”项目进校园 2 个。进一步完善非物质文化遗产保护制度，继续扩大传承人群，提高保护传承水平，推动非物质文化遗产事业可持续发展。西林县非物质文化遗产展示馆已建成；做好新建非物质文化遗产传习基地 2 个；做好为百色市第三批非物质文化遗产项目传承人王世文等 7 人的申报工作。

【爱国主义和国防教育】 开展“中国梦 我的梦”等主题教育活动。参加演讲和讲故事比赛的学校有 18 所学生 64 人。优秀选手代表西林县参加市级比赛，县委宣传部获得市级组织二等奖。在国防教育工作中，做好全县征兵宣传工作，发放宣传资料 3000 份，拉横幅 35 条，并在西林电视台和民族广场大型显示屏播放宣传短片，在各单位电子 LED 播放宣传标语，营造宣传氛围。组织放映工作人员深入各乡（镇）、各学校播放爱国主义教育片，观看群众有 10018 人。不定时组织各学校瞻仰烈士墓纪念碑爱国主义教育基地。

【未成年人思想道德建设】 开展“做一个有道德的人”主题实践活动。4 月 29 日，县文明办公室联合八达镇二小开展“积微善·成大德”微善进校园活动。开展“清明祭英烈”“向国旗敬礼”等主题活动。开展“科普大篷车“进校园巡展活动；组织文明单位开展“志愿服务”“关爱留守儿童”等为未成年人办好事实事活动。

那佐苗族乡龙滩小学成功申报2016年乡村少年宫建设工作。

【文明村、文明单位创建】 2016年11月，县审计局、县交警大队、普合苗族乡新丰村、西平乡皿贴村成功申报自治区文明单位（村）。

【群众文化工作】 筹备、创作和排练好西林优秀节目参加汇演，同时把百色市第四届文艺汇演（西林专场）作为第五届句町文化艺术节暨第六届沙糖桔产业、茶业产业文化展示活动周的开幕式。

2016年春节前到元宵节，全县先后举办“最美西林人”表彰晚会暨“千团万场”群众文艺汇演颁奖晚会、百色市桂西北五县（西林、隆林、田林、凌云、乐业）2016迎春文艺联欢晚会（西林专场）、老年门球和地掷球等各球类比赛、百名山歌队比赛、送春联下乡活动、各乡（镇）业余文艺队演出等丰富多彩的文艺文体活动35场。

推进文化科技卫生“三下乡”活动。有县委宣传部、县卫计局、县文体广局、县农业局等16个单位领导干部参加。

年内开展“千团万场”群众文艺汇演围绕精准扶贫，中共西林县第十二次代表大会，县、乡（镇）两级换届选举，“两学一做”学习教育，“美丽西林·生态乡村”建设等宣传内容，以山歌、快板、小品等群众喜闻乐见的演出方式，在举办“喜迎党代会 建设新西林”暨“两学一做”专题等“千团万场”群众文艺专题汇演上进行演出。

开展纪念建党95周年系列文艺活动。组织开展“永远跟党走”——庆祝中国共产党成立95周年演讲比赛，西林县选派参赛选手荣获百色市级比赛二等奖，中共西林县委宣传部获组织三等奖。组织西林县开展纪念建党95周年“唱红歌、颂党恩、跟党走”歌咏比赛参加歌咏比赛，有县四家班子领导合唱队在内共9支合唱队805名党员干部参加。

推进综合文化服务中心示范点建设。推进八达镇新达村、古障镇央达村、那劳镇那宾村、那佐苗族乡弄汪村综合文化服务中心示范点建设工作。

撰稿：郑周兰
编辑：黄怀毅
黄文华

◎ 纪检监察

【机构人员】 2016年，中共西林县纪律检查委员会和西林县监察局内设机构6个室，编制21人（行政编制18人，机关事业工勤编制3人），在编人数17人，其中，纪委书记1人，纪委副书记2人（其中兼监察局局长1人），常委4人（其中兼监察局副局长2人、第一纪检监察室主任1人、信访室主任1人），非党副局长1人，第二纪检监察室主任1人，案件审理室主任1人，信访室主任1人，党风室主任1人，办公室主任1人，秘书1人（1名为机关工勤事业编制），司机2人。乡镇设纪委8个，配纪委书记8人，监察室主任8人。县级部门设纪委、纪检组34个，配备纪检组长34人，设监察室7个，配备监察室主任3人，监察员1人。

【党风廉政建设】 2016年，中共西林县纪律检查委员会和西林县监察局组织全县副科级以上领导干部签订廉洁从政承诺书。开展整治“懒政怠政”活动，在一定范围内公开曝光，对相关人员进行通报，以示警戒。

开展查处发生在群众身边的“四风”和腐败问题专项活动。节假日期间，深入乡镇、县城娱乐场所、高档消费会所等地方，对干部节假日值班、乡镇干部走读、公车使用管理、公款高消费娱乐活动等行为进行明察暗访，对个别乡镇出现“空城”情况、公车不按指定地点停放、节假日期间乡（镇）安排带班领导和值班人员值班而当天只有值班人员到岗的情况当场责令整改。

印发《关于进一步加强在全县开展查处发生在群众身边的“四风”和腐败问题专项工作的通知》（西发〔2016〕3号）、《西林县开展扶贫领域监督执纪问责工作集中大排查活动方案》

（西办通〔2016〕57号）、《西林县开展落实中央“八项规定”情况专项督查工作实施方案》（西办通〔2016〕92号）等专项督查检查，全年立案结案85件，受到党政纪处分93人。

召开全县落实中央八项规定精神通报暨培训会

【宣传教育】 2016年，在市级以上媒体刊登廉政信息116篇，其中广西纪检监察网11篇，党风廉政教材3篇，广西新闻网3篇，右江日报7篇，百色纪检监察网87篇，百色新闻网5篇。全年为党员干部征订《廉政教材》《广西纪检监察》等报刊1200份。由县委常委、纪委书记以《习近平关于党风廉政建设和反腐败斗争论述摘编》《中国共产党廉洁自律准则》《中国共产党纪律处分条例》《中国共产党问责条例》等作为授课内容亲自授课、座谈9场次，受到教育的党员干部累计760人。建立“干部提醒谈话制度”等廉政约谈制度，年内由处级领导约谈党员干部101人。

【信访举报】 2016年，收到各类信访件118件，接待来访22件（次），电话举报9件，网络举报24件，受理173件，初核139件，初核了结120件，转立案19件。

【案件查处】 2016年，立案85件，结案85件，给予党政纪处分93人，涉及科级干部22人，一般干部21人，村干部49人，其他23人。行文通报及网络通报33批次，违纪人员受到通报批评156人。

撰稿：廖远广
编辑：黄怀毅
黄文华

◎ 统一战线

【机构人员】 2016年上半年，中共西林县委统战部实际在职人数5人，其中：部长1人，副部长2人，台湾工作办公室1人，司机1人。在编人数4人，其中：行政编制2人，组织调配1人，机关工勤编制1人。下半年，实际在职人数4人，其中：部长1人，副部长1人，台湾工作办公室1人，司机1人。在编人数4人，其中：行政编制2人，组织调配1人，机关工勤编制1人。

【统一战线宣传】 广泛宣传《中国统一战线工作条例（试行）》等有关统战政策；组织统一战线成员订阅《中国统一战线》《广西统一战线》《台湾工作通讯》《中国宗教》《右江日报》等报刊。

中共西林县委员会统战部副部长、县工商联党组书记、县宗教局局长韦美岁被评为2016年度全市统战系统优秀信息员。

【党外干部工作】 建立党外干部物色筛选制度。结合年度考核和科级后备干部民主推荐情况，由县组织部和县统战部共同物色筛选一支党外干部后备队伍100人，实行“双部双库双培养”机制。建立党外干部教育培训制度。年初中共西林县委统战部把党外干部教育培训工作纳入干部教育培训总体规划。10月31日，组织全县部分党外干部和非公有制经济人士赴浙江大学进行培训一周。实职安排。5月，西林县换届调整人事，其中有1名工商联主席担任县人民政府副县长，有2名副科级党外干部提拔为正科级领导职务，有1名副科级党外干部担任政府部门行政正职；14名党外后备干部提拔担任乡（镇）政府、人大副科级领导职务。新调整县直部门领导干部181人，其中党外干部16人，在县人民法院和人民检察院领导班子中，按要求各配备党外干部1人以上。

西林县工商联合会（商会）第五次会员代表大会投票现场

【工商联换届】 2016年，中共西林县委统战部按照法定程序和自治区及百色市工商联换届工作总体方案要求，做好非公有制经济人士走访工作、代表人选的民主推荐、组织考察和综合评价及公示等，严把程序关，筹备县工商联（商会）换届工作，并召开换届会议，完成换届任务。

【非公经济发展环境】 2016年，各级政府简化行政审批事项，创新机制和简化程序，全面清理行政许可审批事项，相关部门公开许可事项、许可依据、办理期限、监督电话等，进一步优化政务环境，提高服务企业效率和质量。县工商部门立足简政放权而转变职能，深化商事制度改革，落实“三证合一、一照一码”登记制度改革，进一步营造良好服务环境。

广西西林县统战、党外干部暨非公经济人士培训学员合影

【服务非公经济】 2016年，组织有关企业及人员参加各类专业技术培训和会展、贸易洽谈。针对企业反映的共性和个性问题主动调研，为企业出谋划策，帮助企业解决发展中面临困难和问题。争取上级项目扶持资金，通过加强政银企合作，为企业积极搭建合作平台，促进全县非公经济健康快速发展。

【招商引资】 2016年，中共西林县委统战部引进一批能带动产业提档升级而改变未来发展格局的大项目好项目：西林县城西新区开发建设项目投资额18亿元、西林县天然林保护及林下经济开发项目10万亩投资额5亿元，西林县那佐苗族乡种草养牛项目投资额3亿元等一批亿元以上项目签订合作协议，为非公有制经济发展增添新活力。

【“千企扶千村”扶贫行动】 2016年，广西西林九龙山茶叶有限公司与足别瑶族苗族乡央龙村结对帮扶后，坚持走“企业＋农户＋基地”的发展道路，与当地群众合作，承租农户山地，扩大茶叶种植面积，发展茶叶产业，增加群众收入，使茶叶产业逐步成为央龙村促农增收的主要产业。汇泫工贸有限公司、京桂古道茶业有限公司、友丰生物资源发展有限公司等结对企业，自觉把就业扶贫作为企业的应尽职责，把有限的就业岗位优先留给贫困村群众，吸纳贫困村群众就近就地就业。各个非公结对企业，通过聘请水果、茶叶等专业技术员实地授课、大型种植户现身说法等方式，定期或不定期为贫困村群众开展技术培训，让农民掌握水果、茶叶等科学管理知识、精品生产技术，增强农民增收致富本领。

在2016年全国第三个扶贫日活动中，全县36家爱心非公企业及人士捐助爱心款31.38万元，其中西林县嘉华木业有限公司捐赠6万元，西林县邦邦锑业有限公司捐赠5万元。用于购买电视500台赠送8个乡镇无电视看的贫困户。同时，大银子铁皮石斛合作社林贤赞助周帮村发展铁皮石斛产业8万元，九龙山茶业有限公司帮扶央龙村茶叶产业6万元等。

西林县非公经济组织“脱贫攻坚　爱心企业在行动”捐赠仪式现场

【民族宗教】 西林县现有宗教信徒4人，其中基督教3人，佛教1人。他们活动场所都在自家念经。

建立“联防共建”工作机制，做好防控工作。制止非法传教和渗透，年内无境外宗教势力建立渗透点和邪教组织闹事相关敏感事件。

【对台工作】 2016年，中共西林县委统战部及台办跟踪协调，引进中华两岸台商和平发展促进会副会长、台湾农产品流通经纪人协会常务理事、尚壹兴业有限公司董事长孙保霖到西林县以西蒙农业发展公司，在投资开发沙糖桔种植基地66.67公顷的基础上，又引进安徽省宏基建筑有限公司徐洪轩董事长到西林县建立西林泽西农业发展有限公司，投资开发沙糖桔种植基地46.67公顷。中共西林县委统战部和对台办公室都积极为他们做好协调服务工作。在重大节假日，开展“同心·送温暖”慰问活动，给台属送去礼品和慰问金。

【扶贫攻坚】 2016年，中共西林县委统战部选派2名干部作为驻村工作队员，投入到全县农村精准扶贫工作和“美丽乡村”扶贫建设工作中，为该部挂点联系村和群众做好事实事：为足别瑶族苗族乡南灰屯协调解决“生态乡村”工作经费3000元、解决南灰村6户贫困户产业扶持资金及教育扶贫资金6000元和电视3台价值1680元；解决古障镇和足别瑶族苗族乡贫困户防寒被子8床价值1080元；解决古障镇仙人掌村路灯费5000元；解决西平乡为民办实事工程10000元；解决西平乡伟布屯贫困户教育经费3000元；解决西平乡高维村“清洁乡村”1000元；解决西平乡精准扶贫宣传经费3000元；解决足别瑶族苗族乡板桥村“两学一做”暨“生态乡村”晚会宣传经费1000元。

撰稿：李汶和
编辑：黄怀毅
黄文华

◎ 直属机关工作

【机构人员】 2016年，西林县直属机关工作委员会编制3人，在职人员4人，其中书记、副书记各1人，主任科员、副主任科员各1人。县直属机关工作委员会设县直机关人民武装部，部长由副书记兼任。

【思想政治教育】 2016年，各级党组织班子和领导干部坚持“一岗双责”，承担起做好单位干部职工思想政治工作责任，深化推行“落实党建主体责任”，将“两学一做”的主体责任细化实化具体化。各党组织在开展“三会一课”组织生活时，引领党员群体自觉参与到“两学一做”中来；每名基层党员都能及时开展“两学一做”，真正读懂、学会、悟透党章党规，系列讲话精神。坚持以党支部为基本单位，以组织生活为基本形式，以落实党员日常教育管理制度为基本依托，把党的思想政治建设抓在日常、严在经常，将“两学一做”制度化，融入全面从严治党的战略部署。

【基层党组织建设】 党员活动阵地建设。年内所属各机关党员活动室基本达到“有一间活动室、有一套电教设备、有一批书报学习资料、有一个网络学习平台、有一个宣传栏”建设目标。

党建主题。各支部窗口单位党组织开展“党员示范岗”“党员先锋岗”创建活动，所辖机关事业单位党员积极到社区报到并开展志愿服务活动，对全县经济社会发展起到有力保证和促进作用。

机关支部结对联系基层党组织。坚持共同过组织生活制度。抓好党建资源共享。充分发挥机关单位优势，向结对村党组织赠送党报党刊，为结对村党组织提供实用技术和职业技能培训。参与和支持现代远程教育工作，指导结对村党组织做好经常性播放和组织收看工作。

党员教育课堂。按照“两学一做”学习教育要求，坚持和完善“三会一课”、民主生活会、党员培训等制度和作法，针对部分党员宗旨意识、党性观念淡化的倾向，重点抓好党建基本理论、基本路线、基本知识教育。

规范基本制度建设。健全“三会一课”、

党内组织生活会、民主生活会、民主评议党员、党费收缴、党员学习培训、流动党员管理、发展党员等党的组织制度。认真落实党组织党建工作责任制、党组织议事规则、党组织决策程序、党务公开等党的工作制度。同时把公开承诺与在职党员岗位职责、无职党员设岗定责、党员结对帮扶困难群众、党员述职评议等结合起来进行，切实抓好支部制度建设。

【党支部换届选举】 2016年，到期换届选举的党支部有41个。新组建县旅游局、县志办、县农业局退休干部、人社局退休干部、财政局退休干部党支部5个。

【发展和管理党员】 2016年，县直机关发展新党员46人，批准预备党员转正33人。针对不断变化的情况，采取集中培训、电化教育等多种形式，强化教育管理党员。“七一”期间，组织新老党员到县革命烈士陵园进行入党宣誓，增强党员党性教育。

【民主评议党员】 2016年，西林县直属机关工作委员会有基层党组织89个，其中党总支部4个，党支部85个。县直属机关1726名党员中，除了体弱多病或外出党员151人外，其余党员参与民主评议党员，其中优秀人数318人，其余均评议合格。

【党风廉政】 2016年，县直机关系统认真组织学习《党章》活动，把自觉遵守《党章》、贯彻《党章》、维护《党章》，贯穿全年反腐倡廉教育始终，切实做到经常抓、抓经常。

撰稿：廖家云
编辑：黄怀毅
黄文华

◎ 机构编制管理

【机构人员】 2016年，西林县机构编制委员会办公室（简称县编委办），编制4人，在职人员4人（简称国家公务员，下同），配备主任1人、副主任2人，股室工作人员1人；下设二层机构两个：西林县事业单位登记管理局，事业（参公）单位，核定事业（参公）编制5人，配备局长1人，工作人员2人，相当副科级事业单位。西林县行政审批制度改革管理办公室，核定事业编制4人，配备主任1人，工作人员3人，相当于副科级事业单位。

【政府职能转变和机构改革】 截至2016年12月31日，西林县已顺利完成包括县质量技术监督局在内涉及改革相关政府工作部门“三定”方案重新修订工作，并以县政府办公室名义行文下发。

科学调整机构设置。根据中共中央转发《中共全国人大常委会党组关于加强县乡人大工作和建设的若干意见》（中发〔2015〕18号）、自治区党委转发《中共广西壮族自治区人大常委会党组关于加强县乡人大工作和建设的实施意见》（桂发〔2015〕12号）和中共百色市委转发《中共百色市人大常委会党组关于加强县乡人大工作和建设的实施意见》（百发〔2016〕3号）等文件精神，经县编委和县委同意行文《关于调整县人大及其常委会机构设置编制事项的请示》上报百色市编委会审定。2016年6月8日，经百色市编委会同意，西林县人大常委会机关机构设置调整为“一室四委”，即办公室、法制与内务司法委员会、财政经济委员会、农业农村与环资城建工作委员会（加挂教科文卫与民族工作委员会）、选举联络工作委员会，机构级别定为正科级。

推进乡镇“四所合一”改革工作。根据《自治区党委办公厅自治区人民政府办公厅关于印发〈全年推进乡镇“四所合一”改革的指导意见〉的通知》（桂办发〔2016〕20号）和《中共百色市委办公室百色市人民政府办公室关于印发〈百色市全面推进乡镇“四所合一”改革实施方案〉的通知》（百办通〔2016〕59号）文件精神，结合西林实际，2016年9月27日，西林县印发《西林县全面推进乡镇“四所合一”改革实施方案》，完成各乡镇“四所合一”国土规建环保安监站（综合行政执法队）“三定”方案。截至2016年12月31日，全县乡镇“四所合一”改革工作已落实“六个有”目标，即有机构、有班子、有队伍、有场所、有制度、有保障，同时基本完成第二阶段工作，实现新机构运转磨合和调整完善。

【行政审批制度改革】 清理规范行政审批前置中介服务事项。按照自治区和百色市统一部署，西林县对全县现有行政审批事项前置环节的技术审查、评估、鉴证、咨询等有偿中介服务事项及其收费标准、相关依据进行清理。经两次清理，县本级行政审批涉及中介机构37个、清理规范行政审批中介服务事项72项。

开展非行政许可审批事项清理工作。按照《广西壮族自治区人民政府关于全面清理规范非行政许可审批事项的决定》（桂政发〔2015〕49号）要求，针对未明确如何规范调整非行政许可审批项目，经县编委办与县法制办、县政务办共同审核，提出调整列入权力清单、取消列入责任清单、调整为政府内部审批事项45项。全县已无非行政许可事项。

完善行政审批事项动态化管理工作。西林县按要求及时调整本县实施行政审批事项，对全县行政许可事项进行全面摸底核实和规范清理，实行行政审批项目目录动态化管理，及时印发《西林县人民政府办公室关于进一步加强县政务服务中心进驻单位和政务服务事项管理的通知》（西政办发〔2016〕37号），推动全县政务服务事项集中公开办理，优化政务服务窗口设置，促进依法行政，提高办事效率，切实方便企业和群众。

【政府部门权力清单制度】 2016年，西林县机构编制委员会办公室对纳入西林县推行政府部门权力清单制度工作48个部门（单位）行政权力进行全面清理规范，并率先全市公布政府部门权力清单和责任清单。40个部门（单位）梳理出行政权力事项4096项。其中，取消302项、下放0项、转移0项、整合1149项、暂不执行178项，精减权力事项比例为35.3%。40个部门（单位）保留权力事项2651项，各部门共性权力事项10项；48个部门（单位）明确主要职责456项，细化明确具体工作职责1655项，明确部门间职责边界事项59项，明确公共服务事项122项，建立事中事后监管制度304项。

2016年12月16日，西林县8个乡镇政府正式向社会全部公布权责清单，全面打通政府权责清单制度体系建设“最后一千米”，实现县乡两级政府权责清单全覆盖。乡镇人民政府有法律法规规章授权类行政职权706项（平均每个乡镇88.25项），承接上级人民政府及其工作部门委托类职权196项（平均每个乡镇24.5项），法定职责262项（平均每个乡镇32.75项），公共服务事项408项（平均每个乡镇51项）。公布县乡两级政府权责清单，厘清与市场、与社会、政府部门之间以及政府层级之间的关系，初步形成边界清晰、分工合理、权责一致、依法保障的县人民政府职能体系。

【事业单位分类改革】 2016年，西林县在完成事业单位清理规范基础上，按照要求对行政类事业单位、公益类事业单位和经营类事业单位进行分类，全县分行政类5个、生产经营类5个、公益一类279个、公益二类22个、暂未列明分类14个。

【机构编制实名制管理】 优化升级实名制管理系统，做好维护机构编制综合管理信息平台。结合机构编制统计工作，对上报数据逐一清查核对，更新完善信息平台数据，增强精细化管理能力。动态化管理实名制数据库。自全区机构编制系统电子政务工作培训后，县编委办即通过公文系统下发通知，要求全县所有单位立即对本单位实名制系统进行升级，同时为持有网络版系统的单位系统进行升级。凡是自治区编办电子政务处下发最新系统升级包，全县均通过县编办邮箱和机构编制实名制群及时下发，截至2016年12月6日，全县机关事业单位实名制系统完成升级和数据更新90%。随时调整因职务变动、调动、退休、辞职辞退等原因引起人员编制台账变动；与部门单位及时反馈、核对台账，随时保持实名制数据库信息准确。

【机构编制调研】 2016年，西林县机构编制委员会办公室人员深入基层走访调研，完成撰写调研论文3篇：《关于基层机构编制管理工作现状及对策研究——以边远山区县为例》《县级落实事业单位统一社会信用代码制度的思考》《西林县深化行政审批制度改革问题研究》。其中自治区采用《关于基层机构编制管理工作现状及对策研究——以边远山区县为例》，市级采用《县级落实事业单位统一社会信用代码制度的思考》《西林县深化行政审批制度改革问题研究》。

【中文域名注册】 2016年，已注册域名单位418个，其中行政（含群团）61个，事业单位357个，完成覆盖率100.97%；全县使用自建网站党政群机关事业单位有5个，已全部加挂统一网络标识，使用自建网站的党政群机关事业单位挂标率100%；县财政统一支付域名续费4.5万元，完成域名续费415个。全县机关群团统一社会信用代码赋码工作。截至年底，全县符合登记事业单位完成全部统一社会信用代码赋码，已发放新版事业单位法人证书212个，完成率97.25%；完成机关类统一社会信用代码赋码55个，群团类统一社会信用代码赋码10个，完成率100%。

【机构年审登记】 截至2016年12月6日，全县登记事业单位218个，完成设立登记7项，变更登记237项，注销登记17项，2015年度事业单位法人年度报告公示网上报送率100%。

撰稿：廖世锋
李高盛
编辑：黄怀毅
黄文华

◎ 老干部管理

【机构人员】 2016年，中共西林县委老干部机关有干部3人。设局长1人，副局长1人，副主任科员1人。

【老干部分布】 2016年，中共西林县委老干部局服务管理离休干部有5人，其中就地安置有2人，异地安置有3人。全县离退休干部总数1091人，其中党政机关437人，事业单位533人，企业121人。

【老干部管理】 阵地建设。2016年7月20日，挂牌成立中共西林县委老干部党校，举办第一期老干部党员骨干培训班，全县老党员参加培训93人；组织老干部代表团30人，参加全市第三届“多彩金秋”文化活动周“山歌比赛”“太极拳比赛”等8个项目均获得良好成绩；举办广南·西林两县老体协第三次武术交流活动，增进云桂两省周边县友谊和文化交流。在春节与重阳节期间举办气排球、门球、地掷球、乒乓球比赛及游园和文艺晚会等活动，展示老干部健康向上的精神风貌。

组织老干部开展志愿服务活动。县委老干部督查组积极参与全县扶贫攻坚工作和查处“四风”、腐败问题专项工作督查；县老促会组织专家到全县各乡镇开展水果工作调研，为县党委、县人民政府工作出谋献策；县关工委利用庆祝五四青年节和六一儿童节期间，联合各中小学校开展以“弘扬文明家风·争做美德少年”主题的系列活动，受到师生广泛欢迎；县老科协到农村开展科技“三下乡”、服务“三农”活动，助力全县精准扶贫工作。

【政策落实】 落实老干部政治待遇和生活待遇。年内老干部参与县党代会、工作通报会、老干部座谈会、老干部正能量专题讲座活动6次，参与人员210人（次）；创新设制离退休干部党组织，成立县教育工委、卫计工委、人社局、财政局、农业局、林业局、水利局、畜牧局、地税局等离退休干部党支部，完善配备班子建设、办公设备、党支部制度建设等，“七一”期间西林县退休党员干部韦启荣、曾志开、梁振基等荣获西林县优秀党员称号；创新老干部宣传学习平台，创建“西林县老干部微网”，加强离退休干部网络宣传员、网络宣传协助员队伍。

年内，老干部局解决离休干部的医药费、护理费、遗属困难补助费27.75万元，在春节、“七一”、重阳节前夕，开展“送温暖、促和谐”慰问活动，县四家班子领导亲自登门慰问离休和县处级退休老干部以及生活困难老党员，送去各类慰问金16.5万元。

2016年10月8日，在句町艺术活动中心举办2016年重阳节文艺晚会

撰稿：王奕沣
编辑：黄怀毅
黄文华

◎ 党　校

【机构人员】　2016年，中共西林县委党校教职工9人，设常务副校长1人，副校长1人，主科科员1人，教师5人（其中兼任办公室主任1人，兼任教学设施设备和出纳工作1人），工勤人员1人。有职称的教职工6人，其中获得中级职称3人，获得初级职称3人。在职大学学历8人，在职大专学历1人。

【“两学一做”活动】　2016年，中共西林县委党校建立学校“两学一做”领导小组办公室，制定学校“两学一做”活动实施方案，定期组织学校党员干部集中学习讨论，撰写学习心得体会文章，召开民主生活会，进行批评与自我批评，切实抓好整改落实。县党校从教学研究人员中，推荐一些政治思想好、理论功底深、对党理论创新成果有研究、关注中央、自治区、市和县各项重大决策部署，熟悉基层党员干部群众思想需求的业务骨干教师作为县“两学一做”学习教育宣讲团成员，主动为基层党员 干部群众讲解党章党规和习近平总书记系列重要讲话精神。学校领导带领教师到扶贫联系村贫困户家中做好结对帮扶工作，指导贫困户发展种养产业，激发贫困群众脱贫摘帽的内生动力。

【干部培训】　2016年，中共西林县委党校教师主动下乡（镇）、社区和县直部门宣讲21场次，受到宣传教育干部群众3081人（次）。全年协助县直部门和社会服务机构举办培训班24期，参加培训人数2872人（次）。

2016年11月9日上午，中共百色市委党校副教授梁振芳在西林县2016年村（社区）干部培训班（第二期）班上给学员解读十八届六中全会精神

【科研成果】　2016年，中共西林县委党校教学科研人员获得广西壮族自治区级论文奖项目有：《新形势下社科普及的载体创新研究》在广西社科联社会科学普及及创新与发展研讨会获得优秀论文二等奖，《广西供给侧结构性改革对策研究》在广西科学发展第十八期论坛上获得优秀论文三等奖，《南盘江流域扶贫产业发展现状及对策研究》在桂滇黔三省（自治区）第二届发展论坛获得优秀论文奖。完成中共百色市委党校调研课题立项有《西林县开展查处和整治侵害群众利益的不正之风和腐败问题的现状与对策研究》。在《右江论坛》发表的论文有：《西林县农业产业化发展问题研究》（2016年第2期）、《浅谈培养优秀会计人员的有效途径》（2016年第2期）、《基层组织反腐倡廉探讨——以西林县反“四风”问题为例》（2016年第3期）、《西林县开展精准脱贫摘帽推进工作管见》（2016年第4期）。完成县委县政府课题调研有：《县乡党委如何在整治和查处不正之风和腐败问题中发挥关键作用》《西林县开展精准脱贫摘帽推进工作研究》《抓好党建促脱贫、创建美丽和谐新西林》《西林县抓党建促脱贫和推动村级集体经济科学发展调研报告》。在西林《社科通讯》杂志发表论文有：《新形势下社科普及的载体创新研究》（2016年第2期）、《深入学习党章党规系列讲话努力做一名合格的党员和党校教师》（2016年第3期）、《广西供给侧结构性改革对策研究》（2016年第3期）、《南盘江流域扶贫产业发展现状及对策研究》（2016年第3期）、《改变繁琐丧葬、助力精准扶贫》（2016年第3期）。

【行政后勤管理】　2016年，中共西林县委党校行政后勤工作人员完成县校领导交办的办会及办文事务。明确和调整行政后勤工作相应岗位职责，即《中共西林县委党校工作管理制度》。向县政府申请并获批准改善办学条件资金17.42万元，修缮教室和会议室，安装电子显示屏和投影仪，新添置打印机等教学办公设备，进一步改善学校硬件设施。强化校内治安综合治理，利用监控摄像头，24小时监控校园动态，定期检查落实治安防范措施情况，确保无重大治安案件发生。完成县党校各种文件和汇报材料撰写工作。做好党校各类文件资料收集整理归档工作。

【教师队伍建设】　2016年，中共西林县委党校，先后组织学校领导班子成员和骨干教师8人（次）到北京大学、中国人民大学、浙江大学、井冈山干部教育学院、广西妇女干部学校等高校学习理论和业务知识，全面提升党校领导班子成员和骨干教师综合素质，3人作为县“两学一做”宣讲团成员，1人作为县委组织部抽调参加组织人事考核工作，2人协助八达镇开展精准扶贫工作队。

撰稿：黄文华
编辑：黄怀毅
黄文华

◎党　史

【机构人员】 2016年上半年，中共西林县委党史资料征集委员会办公室在编人数3人，其中主任1人，副主任1人，编辑1人，大学文化3人。2016年下半年，中共西林县委党史资料征集委员会办公室在编人数3人，实在职4人，其中主任1人，副主任1人，正科级干部1人、编辑1人，大学文化4人。

【党史资料征集与编纂】 2016年，中共西林县委员会党史办公室按月收集2016年中共西林县大事记资料；完成《中国共产党西林县历史（1934–1976）》第三次书稿修改补充编纂工作；完成自治区和百色市党史交办的《中国工农红军滇黔桂边区游击根据地革命斗争—西林课题研究》第三阶段资料征集并上报自治区；开展西林县革命地下交通站调研和史料征集工作，完成《西林县地下机要交通站综述》材料并上报百色市；按月征集全县大事记，认真做好西林县党史资料收集、挖掘、研究和运用，并积极配合上级党史部门开展除上述课题外涉及西林县其他党史史料征集和调研工作。继续收集资料整理编写《西林县历届人代会简介》《政协西林县历届委员会简介》。

撰稿：郑兰芬
编辑：黄怀毅
黄文华

◎信　访

【机构人员】 2016年，中共西林县委员会西林县人民政府信访局核定行政编制3人，事业编制3人，机关工勤编制1人。在职公务员3人，职位设置为局长（局长兼任县人民政府办公室副主任）1人。副局长2人，在职事业编制干部3人，在职机关工勤编制1人。信访局下设群众工作服务中心，功能室包括办公室、领导接待室、视频接访、律师代理信访工作室等。

【信访基础业务】 截至2016年12月31日，西林县信访总量149件，同比上升19.2%。其中：来信38件，同比上升8.5%；来访111批210人次，同比批数和人数分别上升23.3%和下降6.2%（其中：集体访7批51人（次），批次同比下降50%，人数同比下降49.5%）。其中：到县级上访109批206人次，致信县级0件，到上级机关上访2批4人次，致信上级机关38件。没有发生进京赴邕到百色市非正常上访想象。百色市级交办信访积案3件，化解3件。

基础信访业务规范化。年内信访局遵循《信访条例》加强对信访基础业务规范化的督导，本级本部门自行受理群众来信（网投件）信访事项，不存在应录未录、未及时录入的情况。信访人、信访事项基本信息、信访概况登记录入完整规范。统一和规范受理告知书、送达回执、答复意见书等信访书面材料格式和书写要求。部门对上级转办交办信件（网投件）严格按照《信访条例》规定及时转办或交办到有权处理的行政机关。严格按照规定在4个工作日内受理办理上级交办信访事项（积案），按照诉访分离工作要求，分类处理信访事项。

2016年1月9日，县政府副县长杨登祥接访群众

【信访制度改革】 2016年，针对土地征用、房屋拆迁、社会劳动保障等方面突出问题，县委县人民政府在相关政策设置上充分考虑群众切身利益，加大保障和改善民生力度，重大项目重大决策出台前，通过专家论证、上级部门评审和征求干部群众意见等程序，提高科学民主决策水平，从源上预防和减少信访问题发生。

加强信访法治化建设。打造“阳光信访”“责任信访”和“法治信访”，运用法治思维和法治方式大力推动解决信访问题。西林县于2016年9月，实现信访系统本级内以及自治区和百色市信访网络互联互通，上级部门可随时统计调取地方信访件的办理情况，系统设置办结时限，黄、红灯预警可提醒办信访单位加快办理进度。群众可以在网上查询办理进度和办理结果或者进行评价。在“法治信访”方面，年内发放宣传资料2000份，强化信访法制宣传教育，引导信访群众正确行使权利，依法理性反映诉求。县维稳办公室联合县公检法司对少数几个违法信访行为人进行教育和依法处置。在“责任信访”方面，西林县严格按照“属地管理、分级负责，谁主管、谁负责”的原则，严格落实依法逐级走访，着力强化初信初访办理，进一步健全完善联合接访工作机制。县委县政府领导高度重视信访工作，严格落实责任制，县委县人民政府党政主要领导分管领导接待群众来访、阅批群众来信规范化、常态化。组织部门联合解决重大疑难信访事项，坚持县领导包案制度，对疑难重大信访事项和信访积案落实包案领导和责任人，具体落实“五包”：包掌握情况、包解决困难、包教育转化、包稳控管理、包依法处理的工作制度。年内全县化解百色市级交办信访积案3件，化解率100%。

2016年4月14日，市副秘书长、市信访局局长周智华率督查组到西林开展信访督查工作。

撰稿：王系亿
编辑：黄怀毅
黄文华

◎ 绩效考评

【机构人员】 2016年，西林县绩效考评领导小组办公室（简称绩效办），核定行政编制3人，在职人员3人，配主任、副主任各1人，股室工作人员1人，其中大学本科学历1人，大学专科学历2人。县绩效办公室下设西林县绩效评估中心，核定事业编制3人，在职人员3人，其中在职大学本科学历3人。

【绩效考评】 2016年，西林县绩效考评领导小组办公室全面性考评全县乡（镇）8个、县直（含中直）单位85个完成年度各项指标工作任务。

撰稿：王胜杰
编辑：黄怀毅
黄文华

西林县2016年度绩效考评县直指标党委系统类结果汇总表

被评单位名称	指标考评得分情况		公众评议得分情况		领导评价得分情况		年度考评总得分	年度绩效考评等次
	年终核验得分	按75%比例计算指标考评得分	公众评议活动得分	按15%比例计算公众评议得分	领导评价活动得分	按10%比例计算领导评价得分	指标考评综合得分+公众评议综合得分+领导评价综合得分	
县委办［含机要局、保密办（局）］	1015.48	761.61	979.67	146.95	981.90	98.19	1006.75	
县人大办（含各工委）	1013.75	760.31	973.00	145.95	981.94	98.19	1004.45	

被评单位名称	指标考评得分情况		公众评议得分情况		领导评价得分情况		年度考评总得分	年度绩效考评等次
	年终核验得分	按75%比例计算 指标考评得分	公众评议活动得分	按15%比例计算公众评议得分	领导评价活动得分	按10%比例计算领导评价得分	指标考评综合得分+公众评议综合得分+领导评价综合得分	
县委组织部（含县远程办）	1014.25	760.69	963.76	144.56	974.58	97.46	1002.71	
县纪委监察局（含县绩效办）	1009.90	757.43	968.75	145.31	984.35	98.44	1001.18	
县政协办（含各工委）	1008.35	756.26	971.87	145.78	979.16	97.92	999.96	
县委统战部（含县宗教局）	1010.55	757.91	960.13	144.02	973.23	97.32	999.25	
县工商联合会	1012.55	759.41	954.33	143.15	960.67	96.07	998.63	
县编制办	1010.95	758.21	956.42	143.46	960.67	96.07	997.74	
县科学技术协会	1011.70	758.78	955.34	143.30	953.33	95.33	997.41	
共青团西林县委员会	1012.56	759.42	951.41	142.71	952.00	95.20	997.33	
县妇女联合会	1012.10	759.08	943.56	141.53	954.67	95.47	996.08	
县社会科学联合会	1008.50	756.38	952.36	142.85	936.00	93.60	992.83	
县委党校	1002.57	751.93	950.88	142.63	950.33	95.03	989.59	
县党史办	1001.15	750.86	947.37	142.11	952.67	95.27	988.24	
县信访局	1000.82	750.62	944.04	141.61	950.00	95.00	987.23	
县总工会	997.75	748.31	942.41	141.36	966.67	96.67	986.34	
县直属工委	995.70	746.78	951.92	142.79	951.00	95.10	984.67	
县文学社联合会	989.01	741.76	947.98	142.20	932.00	93.20	977.16	
县人民武装部	983.52	737.64	929.56	139.43	938.00	93.80	970.87	

西林县2016年度绩效考评县直指标政法执法类结果汇总表

被评单位名称	指标考评得分情况		公众评议得分情况		领导评价得分情况		年度考评总得分	年度绩效考评等次
	年终核验得 分	按75%比例计算指标考评得分	公众评议活动得分	按15%比例计算公众评议得分	领导评价活动得分	按10%比例计算领导评价得分	指标考评综合得分+公众评议综合得分+领导评价综合得分	
县委政法委（含综治，610，维稳，流动人口，法学会）	1011.75	758.81	955.97	143.40	971.61	97.16	999.37	
县地税局	1012.83	759.62	939.95	140.99	978.00	97.80	998.41	
县人民法院	1014.15	760.61	935.10	140.27	973.20	97.32	998.20	
县食品药品监督管理局	1014.55	760.91	929.67	139.45	969.33	96.93	997.29	
县人民检察院	1010.05	757.54	937.96	140.69	986.00	98.60	996.83	
县公安局	1013.05	759.79	926.16	138.92	980.33	98.03	996.74	
县司法局	1010.90	758.18	945.40	141.81	955.33	95.53	995.52	
县交警大队	1009.94	757.46	942.38	141.36	965.68	96.57	995.39	
县工商行政管理局	1009.05	756.79	941.96	141.29	955.67	95.57	993.65	
县安全生产监督管理局	1010.91	758.18	930.11	139.52	954.00	95.40	993.10	
县环保局	1002.71	752.03	931.78	139.77	959.33	95.93	987.73	
县质量技术监督局	1002.00	751.50	936.24	140.44	953.33	95.33	987.27	
县森林公安局	991.65	743.74	921.01	138.15	962.58	96.26	978.15	
县国税局	983.40	737.55	940.70	141.11	976.67	97.67	976.33	
县物价局	985.45	739.09	928.15	139.22	959.33	95.93	974.24	

西林县2016年度绩效考评县直指标宣传文卫类结果汇总表

被评单位名称	指标考评得分情况		公众评议得分情况		领导评价得分情况		年度考评总得分	年度绩效考评等次
	年终核验得分	按75%比例计算指标考评得分	公众评议活动得分	按15%比例计算公众评议得分	领导评价活动得分	按10%比例计算领导评价得分	指标考评综合得分+公众评议综合得分+领导评价综合得分	
县委宣传部（含文明办）	1013.35	759.98	950.16	142.52	974.67	97.47	999.97	
县卫计局	1009.95	757.46	954.39	143.16	962.37	96.24	996.86	
西林县民族高级中学	1013.70	760.28	936.39	140.46	960.16	96.02	996.76	
县科学技术局	1007.75	755.81	956.83	143.52	963.00	96.30	995.54	
县文体广电局	1013.75	760.31	931.46	139.72	955.00	95.50	995.53	
县教育局	1014.30	760.73	945.69	141.85	927.67	92.77	995.35	
西林县民族初级中学	1007.40	755.55	942.44	141.37	967.74	96.77	993.69	
西林县初级中学	1010.10	757.58	936.92	140.54	945.65	94.57	992.69	
西林县职业技术学校	1002.00	751.50	924.24	138.64	961.29	96.13	986.27	
县疾病防控中心	1002.24	751.68	919.43	137.91	962.00	96.20	985.79	
县农合办	994.22	745.67	931.07	139.66	964.67	96.47	981.80	
县人民医院	1004.93	753.70	876.17	131.43	944.67	94.47	979.60	
县卫生监督所	988.55	741.41	925.64	138.85	963.87	96.39	976.65	
县妇幼保健院	990.70	743.03	919.18	137.88	956.00	95.60	976.51	
县中医院	991.49	743.62	911.01	136.65	962.00	96.20	976.47	
县皮防站	978.50	733.88	907.45	136.12	963.23	96.32	966.32	

西林县2016年度绩效考评县直指标经济管理类结果汇总表

被评单位名称	指标考评得分情况		公众评议得分情况		领导评价得分情况		年度考评总得分	年度绩效考评等次
	年终核验得分	按75%比例计算指标考评得分	公众评议活动得分	按15%比例计算公众评议得分	领导评价活动得分	按10%比例计算领导评价得分	指标考评综合得分+公众评议综合得分+领导评价综合得分	
县财政局	1011.85	758.89	980.29	147.04	986.48	98.65	1004.58	
县发改和改革局	1012.35	759.26	978.29	146.74	983.85	98.39	1004.39	
县农业局	1009.13	756.85	970.02	145.50	981.29	98.13	1000.48	
县林业局	1009.03	756.77	957.91	143.69	984.67	98.47	998.54	
县城乡住房和规划建设局	1009.53	757.15	966.32	144.95	942.00	94.20	996.30	
县水产畜牧兽医局	1007.02	755.27	962.23	144.33	966.67	96.67	996.27	
县水库移民管理局	1003.95	752.96	965.13	144.77	970.33	97.03	994.76	
县商务局	1004.35	753.26	956.34	143.45	977.33	97.73	994.44	
县粮食局	1002.30	751.73	961.49	144.22	972.67	97.27	993.22	
县交通运输局	998.45	748.84	973.22	145.98	979.45	97.95	992.77	
县水利局	1002.15	751.61	963.10	144.47	953.55	95.36	991.44	
县扶贫开发办公室	1001.45	751.09	950.51	142.58	956.00	95.60	989.27	
县经贸局	991.92	743.94	975.17	146.28	982.58	98.26	988.48	
县农业机械化管理局	1000.10	750.08	940.41	141.06	951.03	95.10	986.24	
县金融办	994.55	745.91	949.52	142.43	963.00	96.30	984.64	
县供销社	986.00	739.50	975.73	146.36	977.67	97.77	983.63	

西林县2016年度绩效考评乡（镇）指标结果汇总表

被评单位名称	指标考评得分情况		公众评议得分情况		领导评价得分情况		年度考评总得分	年度绩效考评等次
	年终核验得分	按75%比例计算指标考评得分	公众评议活动得分	按15%比例计算公众评议得分	领导评价活动得分	按10%比例计算领导评价得分	指标考评综合得分+公众评议综合得分+领导评价综合得分	
八达镇	1022.700	767.025	980.600	147.090	981.320	98.132	1012.247	
那劳镇	1025.255	768.941	972.700	145.910	973.350	97.335	1012.186	
马蚌镇	1023.440	767.580	975.400	146.310	981.160	98.116	1012.006	
足别瑶族苗族乡	1019.380	764.535	982.800	147.420	981.490	98.149	1010.104	
那佐苗族乡	1016.840	762.630	985.700	147.855	983.810	98.381	1008.866	
古障镇	1017.965	763.474	982.100	147.315	976.200	97.620	1008.409	
普合苗族乡	1020.550	765.413	975.200	146.280	966.740	96.674	1008.367	
西平乡	1010.555	757.916	979.200	146.880	956.550	95.655	1000.451	

西林县2016年度绩效考评县直指标政务服务类结果汇总表

被评单位名称	指标考评得分情况		公众评议得分情况		领导评价得分情况		年度考评总得分	年度绩效考评等次
	年终核验得分	按75%比例计算指标考评得分	公众评议活动得分	按15%比例计算公众评议得分	领导评价活动得分	按10%比例计算领导评价得分	指标考评综合得分+公众评议综合得分+领导评价综合得分	
县政府办（含政务中心、应急办、接待办）	1008.90	756.68	981.04	147.16	974.48	97.45	1001.29	
县国土资源局	1013.70	760.28	956.54	143.48	949.33	94.93	998.69	
县审计局	1009.35	757.01	969.85	145.48	942.67	94.27	996.76	
县人力资源和社会保障局	1008.60	756.45	963.43	144.51	942.00	94.20	995.16	
县民政局	1000.55	750.41	979.47	146.92	971.67	97.17	994.50	
县市政管理局（含绿化队、城管大队）	1006.72	755.04	957.83	143.67	956.00	95.60	994.31	
县旅游局	1004.50	753.38	969.29	145.39	948.06	948.81	993.58	
县法制办	1002.61	751.96	969.38	145.41	934.67	93.47	990.84	
县民族局	995.85	746.89	975.71	146.36	971.90	97.19	990.44	
县残疾人联合会	998.40	748.80	973.30	146.00	954.97	95.50	990.30	
县招商促进局（含工管委）	995.38	746.54	971.54	145.73	967.00	96.70	988.97	
县档案局	998.30	748.73	964.71	144.71	942.00	94.20	987.64	
县机关事务管理局	993.90	745.43	970.67	145.60	959.33	95.93	986.96	
县调处办	999.55	749.66	952.09	142.81	940.00	94.00	986.47	
民语局	999.11	749.33	942.72	141.41	947.63	94.76	985.50	
县统计局	991.19	743.39	970.29	145.54	961.33	96.13	985.06	
县生态办	996.20	747.15	962.22	144.33	931.54	93.15	984.63	

被评单位名称	指标考评得分情况		公众评议得分情况		领导评价得分情况		年度考评总得分	年度绩效考评等次
	年终核验得分	按75%比例计算指标考评得分	公众评议活动得分	按15%比例计算公众评议得分	领导评价活动得分	按10%比例计算领导评价得分	指标考评综合得分+公众评议综合得分+领导评价综合得分	
县志办	998.60	748.95	956.00	143.40	918.00	91.80	984.15	

西林县2016年度绩效考评中直驻西林单位类结果汇总表

被评单位名称	指标考评得分情况		公众评议得分情况		领导评价得分情况		年度考评总得分	年度绩效考评等次
	年终核验得分	按75%比例计算指标考评得分	公众评议活动得分	按15%比例计算公众评议得分	领导评价活动得分	按10%比例计算领导评价得分	指标考评综合得分+公众评议综合得分+领导评价综合得分	
县气象局	989.50	742.13	925.91	138.89	964.67	96.47	977.48	

◎ 西林县人大常委会

【县人大班子成员】 2016 年 1 ~ 7 月，西林县第十一届人民代表大会常务委员会有组成人员 13 人，其中，主任 1 人，副主任 4 人，委员 8 人。2016 年 8 月换届选举后，西林县第十二届人民代表大会常务委员会有组成人员 25 人，其中，主任 1 人，副主任 4 人，委员 20 人。

【县人大工作机制】 2016 年，西林县第十二届人民代表大会常务委员会机关机构设置调整为“一室四委”即办公室、法制与内务司法委员会、财政经济委员会、农业农村与环资城建工作委员会（加挂教科文卫与民族工作委员会）选举联络工作委员会等工作机构 5 个。

【市县乡人大代表】 2016 年，全县县、乡人大换届选举工作依法有序开展，顺利选举产生新一届县人大代表 153 人，乡（镇）人大代表 409 人，选举出席百色市第四届人民代表大会代表 22 人，选举产生新一届本级国家机关工作人员。

【执法监督】 2016 年，西林县人大常委会组织检查《中华人民共和国食品安全法》贯彻实施情况，跟踪检查《广西壮族自治区禁毒条例》执法检查情况和《西林县人民政府关于农民增收工作情况的报告》审议意见落实情况；对全县茶叶产业发展、“六五”普法规划实施情况和“七五”普法规划意见、农产品质量安全监管及检测体系建设、精准扶贫工作专题询问等进行专题调研，召开精准扶贫专题工作询问会；听取“一府两院”专项工作情况汇报，并通过召开常委会会议作出决议或审议意见；听取和审议县人民政府关于要求审议批准 2015 年西林县财政决算（草案）的议案、关于要求审议批准西林县 2016 年财政预算收支调整方案（草案）的议案、关于要求审议批准西林县 2015 年政府债务限额的议案等议案并作出相关决议决定；认真处理群众来信来访，年内处理来信 22 件，接待来访 27 批 64 人（次），其中涉法案件 12 件，百色市人大重点督办案件 3 件，维护群众合法权益。

【县人民代表大会】 2016 年，西林县第十一届人民代表大会第八次会议于 2016 年 1 月 27 日至 28 日在县城举行，到会代表 140 人。会议先后听取和审议县人民政府县长欧阳可爽作县人民政府工作报告，审查和批准县发展和改革局作关于西林县 2015 年国民经济和社会发展计划执行情况与 2016 年国民经济和社会发展计划草案的报告（书面），审查和批准县财政局作关于西林县 2015 年预算执行情况和 2016 年预算草案的报告（书面），听取和审议县人大常委会主任王正福作县人大常委会工作报告，县人民法院院长郑汉北作县人民法院工作报告，县人民检察院检察长钟日山作县人民检察院工作报告。会议批准以上各项报告并作出相应决议。

西林县第十二届人民代表大会第一次会议于2016年8月22日至25日在县城举行，到会代表141人。会议先后听取和审议县人民政府县长欧阳可爽作县人民政府工作报告，审查和批准县发展和改革局作关于审议西林县国民经济和社会发展第十三个五年规划纲要草案的报告（书面），听取和审议县人大常委会党组书记农建华作县人大常委会工作报告，县人民法院院长岑万旺作的县人民法院工作报告，县人民检察院检察长钟日山作县人民检察院工作报告。会议批准以上各项报告并作出相应决议。会议选举产生县人大常委会主任、副主任、委员，县人民政府县长、副县长，县人民法院院长，县人民检察院检察长，其中，县人大常委会主任农建华，副主任黄少能、廖晨伊、肖怀兵、杨国文，委员王绍成、王显达、韦克斌、韦学坤、毛志华、刘鹏、农海、李靖、李和莲、李思阳、何志葵、陆绎宇、陈光敏、陈春琼、罗兰花、罗志芳、罗耀强、徐广成、黄先、梁燕山，县人民政府县长欧阳可爽，副县长李正对、黄健生、魏 星、农永烽、周华东、农海燕，县人民法院院长岑万旺，县人民检察院检察长钟日山。会议通过审议和表决同意成立县人大法制与内务司法委员会、县人大财政经济委员会2个专门委员会，通过选举产生县人大法制与内务司法委员会主任委员罗志芳，副主任委员刘鹏，县人大财政经济委员会主任委员王显达，副主任委员李正阳。会议通过选举产生县出席百色市第四届人民代表大会代表22人：王小莫、王玉雪、王清林、韦林平、韦明青、韦佳妙、古俊彦、冉光富、农建华、杨文才、李青晖、吴风雷、何昱英、张荣安、陈运强、陈国煌、陈春琼、欧阳可爽、罗茱娟、黄少能、黄彩毕、覃迎夏。

【县人大常委会会议】 2016年，西林县人民代表大会常务委员会召开会议8次，即县十一届人大常委会第二十七至三十一次会议，县十二届人大常委会第一至三次会议。

县十一届人大常委会第二十七次会议于1月22日在县城举行。应到会13人，实到会11人。会议议程：审议（初审）通过县十一届人民代表大会第八次会议有关事项和材料；补选百色市第三届人民代表大会代表。

县十一届人大常委会第二十八次会议于5月11日在县城举行。应到会13人，实到会11人。会议议程：审议和通过县人大常委会2016年工作要点（草案）；审议西林县2015年政府债务限额议案；审议人事任免议案。

县十一届人大常委会第二十九次会议于5月30日在县城举行。应到会13人，实到会12人。会议议程：审议通过县、乡（镇）人大换届选举工作的相关事项；审议决定人事任免事项。

县十一届人大常委会第三十次会议于6月8日在县城举行。应到会13人，实到会11人。会议议程：审议决定人事任免事项。

县十一届人大常委会第三十一次会议于7月26日在县城举行。应到会13人，实到会9人。会议议程：审议（初审）通过县十二届人大一次会议有关事项和材料；审议决定人事任免事项。

县十二届人大常委会第一次会议于9月19日在县城举行。应到会25人，实到会20人。会议议程：审议通过关于成立西林县第十二届人民代表大会常务委员会代表资格审查委员会的决定（草案）；审议决定人事任免事项。

县十二届人大常委会第二次会议于10月17日在县城举行。应到会25人，实到会19人。会议议程：审议决定人事任免事项。

县十二届人大常委会第三会议于11月15日在县城举行。应到会25人，实到会20人。会议议程：审查和批准西林县2015年财政决算草案报告；审查和批准西林县2016年财政预算调整方案（草案）；听取和审议县人大常委会执法检查组关于检查《中华人民共和国食品安全法》实施情况的报告。听取和审议县人民政府关于“六五”普法实施情况和“七五”普法规划意见的报告。审议通过县人大常委会关于开展第七个五年法治宣传教育的决议（草案）。审议人事任免案。

【县人大常委会主任会议】 2016年，西林县人民代表大会常务委员会召开主任会议13次，即县十一届人大常委会第31～37次主任会议，县十一届人大常委会第1～5次主任会议。县十一届人大常委会第31次主任会议，初审县十一届人民代表大会八次会议有关事项和材料；决定在县十一届人大常委会第二十七次会议补选百色市第三届人民代表大会代表。县十一届人大常委会第34次主任会议，初审县人大常委会2016年工作要点（草案）、西林县2015年政府债务限额议案、审议人事任免议案，并决定提交县十一届人大常委会第二十八次会议审议通过。县十一届人大常委会第35次主任会议，初审县、乡（镇）人大换届选举工作相关事项和人事任免事项，并决定提交县十一届人大常委会第二十九次会议审议通过。县十一届人大常委会第36次主任会议，初审人事任免事项，并决定提交县十一届人大常委会第三十次会议审议通过。县十一届人大常委会第37次主任会议，初审县十二届人大一次会议有关事项和材料，初审人事任免事项，并决定提交县十一届人大常委会第三十一次会议审议通过。县十二届人大常委会第1次主任会议，讨论确定县人大常委会领导成员工作分工和县、乡人大代表补选工作有关事宜，初审县人民政府提请人事任职议案。县十二届人大常委会第2次主任会议，初审西林县人民政府提请人事任免职议案和县人大常委会委员关于请求辞去西林县人大常委会委员职务的报告，并决定提交县十二届人大常委会第二次会议审议决定。县十二届人大常委会第3次主任会议，初审西林县2015年财政决算草案报告、西林县2016年财政预算调整方案（草案）、县人大常委会执法检查组关于检查《中华人民共和国食品安全法》实施情况的报告、县人民政府关于“六五”普法实施情况和“七五”普法规划意见的报告、县人大常委会关于开展第七个五年法治宣传教育的决议（草案）、人事任免议案，审议县人大常委会办公室关于要求调整部分人大代表视察活动经费作为县人大常委会和县人大机关精准扶贫产业扶持资金的请示。

【地方国家机关工作人员任免】 2016年，西林县人大常委会依法任免国家机关工作人员95人（次）。其中，县人大机构人员16人（次），县人民政府提请任免人员60人（次），县人民法院提请任免人员14人（次），县人民检察院提请任免人员5人（次）。

【人大代表议案和建议办理】 西林县十一届人民代表大会第八次会议期间大会没有收到代表提出的人大议案。县十一届人大八次会议期间代表提出建议、批评和意见84件，会议闭幕后，县人大常委会及时召开代表建议、批评和意见交办会，依法把会议期间代表提出83件建议、批评和意见通过县人民政府统一集体交办，并对承办单位跟踪督办。至6月，这些建议、批评和意见全部答复代表，至8月底，已经解决或基本解决的有22件，正在解决或已列入计划逐步解决的有19件，因当时条件限制或其他原因暂不能解决的有42件。

西林县十二届人大一次会议期间大会收到议案23件，经议案审查委员会审查，23件均不符合议案要求，建议作为代表建议意见处理，并获大会主席团会议同意。县十二届人大一次会议期间代表提出建议、批评和意见195件，会议闭幕后，县人大常委会及时召开代表建议、批评和意见交办会，依法把会议期间代表提出的195件建议、批评和意见通过县人民政府统一集体交办，并对承办单位跟踪督办。至11月，这些建议、批评和意见全部答复代表，至12月底，已经解决或基本解决的有27件，正在解决或已列入计划逐步解决的有85件，因当时条件限制或其他原因暂不能解决的有83件。在代表建议办理督办工作中，县人大常委会通过开展办理人大代表建议督办工作“五延伸”，创新代表建议督办方式，做到哪里有代表建议，督办工作就延伸到那里。2016年12月，县人大常委会组织市、县部分人大代表深入到县水厂、县中医院在建项目工地、西平乡弄工村弄工屯、者怀村克洋屯、平上村三湾屯召开代表建议挂牌督办现场会，有效推进代表建议办理的落实，提高代表建议办理质量。

【人大执法检查和调研】 2016年6月，西林县人大常委会组成执法检查组对县人民政府贯彻落实《广西壮族自治区禁毒条例》情况报告审议意见进行跟踪检查。通过跟踪执法检查，进一步督促政府及相关部门更好地推进《禁毒条例》的贯彻实施，增强全民防毒、拒毒意识，营造良好的社会禁毒氛围，减少吸毒人员的滋生，遏制毒品违法犯罪活动。

9月至10月，西林县人大常委会组成执法检查组对全县贯彻实施《中华人民共和国食品安全法》进行执法检查，形成相关执法检查报告和审议意见。通过执法检查报告和提出审议意见推动法治政府建设，保证相关法律法规在本行政区域内的贯彻实施，为推进西林县法治建设营造有利环境。

10月至11月，西林县人大常委会组织调研组对全县开展农产品质量安全监管及检测体系建设专题调研，督促相关职能部门认真履行职责，依法监管，完善检测体系建设。

11月，县人大常委会组织调研组对全县“六五”普法规划实施情况和“七五”普法规划意见开展专题调研，推动全县“七五”（2016–2020年）普法规划的制定和实施，加快西林县法治建设进程。

11月至12月，县人大常委会组织调研组对全县茶叶产业发展情况进行专题调研，提出有针对性的意见和建议，助推茶叶产业化发展。

11月至12月，县人大常委会组织调研组对全县精准扶贫实施情况进行专题调研，督促和支持政府及职能部门的履职责任，有效助推全县精准扶贫顺利开展。

2016年，县人大常委会积极配合自治区和百色市人大常委会在西林县开展民族乡经济社会发展情况、水产养殖业发展情况、《百色市百色起义文物保护条例》宣传情况等专题调研，推进相关工落实。

【人大信访】 2016年，西林县人大常委会对受理信访件进行登记、分类和转办、交办、督办，耐心地向来访群众宣传党的方针政策和国家法律法规。年内处理来信22件，接待来访27批64人（次）。其中涉法案件12件，百色市人大重点督办案件3件。

【县乡（镇）人大代表工作】 2016年，西林县各乡（镇）人大顺利完成换届选举工作，选举产生乡（镇）人民代表大会409人。

2016年3月，西林县各乡（镇）召开人民代表大会，听取和审议乡（镇）人民政府工作报告和乡（镇）人大主席团工作报告。

7月，西林县各乡（镇）召开新一届人民代表大会，听取和审议乡（镇）人民政府工作报告和乡（镇）人大主席团工作报告，选举产生乡（镇）级国家机关工作人员56人，其中，乡（镇）人大主席8人，副主席8人，乡（镇）人民政府乡（镇）长8人，副乡（镇）24人。西林县各乡（镇）人大组织有关执法检查，围绕民生热点难点问题组织开展视察和调研活动，并形成相关报告，提出意见和建议交乡（镇）人民政府及其相关部门抓落实。

积极将大会期间代表提出的建议、批评和意见交由乡（镇）人民政府及其相关部门办理。乡（镇）人民政府及其相关部门及时研究和办理代表建议，并依法答复代表，乡（镇）人大开展代表建议办理督办工作。西林县人大会议主席团交付县人大各专门委员会审议议案。西林县十一届人大八次会议和西林县十二届人大一次会议期间，大会主席团没有议案交付县人大各专门委员会审议。

撰稿：农海弟
编辑：黄怀毅
黄文华

2016年西林县人大常委会任免国家机关工作人员情况

时间	会议	任免	姓名	职务
5月11日	十一届二十八次	决定任命	魏　星	县公安局局长
5月11日	十一届二十八次	任命	岑万旺	县人民法院审判委员会委员、副院长、代理院长
5月11日	十一届二十八次	任命	农　海	县人大常委会办公室主任
5月11日	十一届二十八次	任命	王绍成	县人大常委会代表联络工作委员会主任
5月11日	十一届二十八次	任命	李正然	县人大常委会办公室副主任
5月11日	十一届二十八次	决定任命	赵荣克	县审计局局长
5月11日	十一届二十八次	决定任命	黎春宏	县财政局局长
5月11日	十一届二十八次	决定任命	李成学	县卫生和计划生育局局长
5月11日	十一届二十八次	决定任命	韦建文	县经济贸易局局长
5月11日	十一届二十八次	决定任命	陆明东	县林业局局长
5月11日	十一届二十八次	决定任命	颜小赛	县安全生产监督管理局局长
5月11日	十一届二十八次	决定任命	王正文	县文化和体育广电局局长

时间	会议	任免	姓名	职务
5月11日	十一届二十八次	决定任命	陆志伸	县农业局局长
5月11日	十一届二十八次	决定任命	韦　益	县统计局局长
5月11日	十一届二十八次	决定任命	黄伟炽	县发展和改革局局长
5月11日	十一届二十八次	任命	黄宣榕	县人民法院专职审判委员会委员
5月11日	十一届二十八次	任命	潘冠霖	县人民法院审判员、审判委员会委员、那劳人民法庭庭长
5月11日	十一届二十八次	决定免去	周家立	县人民政府副县长（挂任）
5月11日	十一届二十八次	决定免去	朱雁林	县人民政府副县长（挂任）
5月11日	十一届二十八次	免去	杨兴富	县人大常委会办公室主任
5月11日	十一届二十八次	免去	王绍成	县人大常委会办公室副主任
5月11日	十一届二十八次	免去	农安坤	县人大常委会财经教科文卫工作委员会主任
5月11日	十一届二十八次	决定免去	谢君稳	县公安局局长
5月11日	十一届二十八次	决定免去	赵荣克	县财政局局长
5月11日	十一届二十八次	决定免去	黎春宏	县审计局局长
5月11日	十一届二十八次	决定免去	韦建文	县农业局局长
5月11日	十一届二十八次	决定免去	周华东	县发展和改革局局长
5月11日	十一届二十八次	决定免去	黄学勇	县文化和体育广电局局长
5月11日	十一届二十八次	决定免去	杨文学	县卫生和计划生育局局长
5月11日	十一届二十八次	决定免去	农炳武	县经济贸易局局长
5月11日	十一届二十八次	决定免去	谭邦淇	县安全生产监督管理局局长
5月11日	十一届二十八次	决定免去	农海	县林业局局长
5月11日	十一届二十八次	决定免去	韦开元	县统计局局长
5月11日	十一届二十八次	免去	覃绍星	县人民法院审判员、那佐人民法庭庭长
5月30日	十一届二十九次	决定任命	黄健生	县人民政府副县长
5月30日	十一届二十九次	决定任命	魏　星	县人民政府副县长
5月30日	十一届二十九次	决定任命	农永烽	县人民政府副县长
6月8日	十一届三十次	决定任命	周华东	县人民政府副县长
6月8日	十一届三十次	决定任命	农海燕	县人民政府副县长
6月8日	十一届三十次	任命	宁浩淳	县人大常委会财经教科文卫工作委员会主任
6月8日	十一届三十次	任命	李思阳	县人大常委会信访室副主任
7月26日	十一届三十一次	任命	梁燕山	县人大常委会农业农村与环资城建工作委员会主任
7月26日	十一届三十一次	任命	王绍成	县人大常委会选举联络工作委员会主任
7月26日	十一届三十一次	任命	陈春琼	县人大常委会教科文卫与民族工作委员会主任（兼）
7月26日	十一届三十一次	决定任命	陆明峰	县质量技术监督局局长
7月26日	十一届三十一次	决定任命	黄后生	县工商行政管理局局长
7月26日	十一届三十一次	免去	罗志芳	县人大常委会法制民族工作委员会主任
7月26日	十一届三十一次	免去	王显达	县人大常委会信访室主任
7月26日	十一届三十一次	免去	王绍成	县人大常委会代表联络工作委员会主任
7月26日	十一届三十一次	免去	李思阳	县人大党委会信访室副主任
7月26日	十一届三十一次	免去	宁浩淳	县人大常委会财经教科文卫工作委员会主任
7月26日	十一届三十一次	决定免去	梁燕山	县工商行政管理局局长
7月26日	十一届三十一次	免去	梁耀文	县人民法院审判员
7月26日	十一届三十一次	决定免去	黄紫山	县人民检察院检察员
9月19日	十二届一次	决定任命	韦斌	县人民政府副县长（挂任职）
9月19日	十二届一次	免去	潘冠霖	县人民法院审判员、审判委员会委员、那劳人民法庭庭长

时间	会议	任免	姓名	职务
10月17日	十二届二次	决定任命	魏　星	县公安局局长
10月17日	十二届二次	决定任命	王荣海	县人民政府办公室主任
10月17日	十二届二次	决定任命	黄伟炽	县发展和改革局局长
10月17日	十二届二次	决定任命	陈光敏	县扶贫开发办公室主任
10月17日	十二届二次	决定任命	玉　柱	县教育局局长
10月17日	十二届二次	决定任命	韦建权	县监察局局长
10月17日	十二届二次	决定任命	黄小春	县民政局局长
10月17日	十二届二次	决定任命	陆星堂	县司法局局长
10月17日	十二届二次	决定任命	黎春宏	县财政局局长
10月17日	十二届二次	决定任命	农正洪	县国土资源局局长
10月17日	十二届二次	决定任命	黄　前	县环境保护局局长
10月17日	十二届二次	决定任命	班海勇	县住房和城乡规划建设局局长
10月17日	十二届二次	决定任命	丁韦震	县交通运输局局长
10月17日	十二届二次	决定任命	岑　强	县水利局局长
10月17日	十二届二次	决定任命	陆志伸	县农业局局长
10月17日	十二届二次	决定任命	陆明东	县林业局局长
10月17日	十二届二次	决定任命	王正文	县文化和体育广电局局长
10月17日	十二届二次	决定任命	李成学	县卫生和计划生育局局长
10月17日	十二届二次	决定任命	赵荣克	县审计局局长
10月17日	十二届二次	决定任命	颜小赛	县安全生产监督管理局局长
10月17日	十二届二次	决定任命	韦　益	县统计局局长
10月17日	十二届二次	决定任命	岑立波	县食品药品监督管理局局长
10月17日	十二届二次	决定任命	黄后生	县工商行政管理局局长
10月17日	十二届二次	决定任命	陆明峰	县质量技术监督管理局局长
10月17日	十二届二次	决定免去	黄学勇	县扶贫开发办公室主任
10月17日	十二届二次	决定免去	韦正文	县人力资源和社会保障局局长
11月15日	十二届三次	决定任命	谭邦淇	县人力资源和社会保障局局长
11月15日	十二届三次	任命	李一芳	县人民法院审判员、那劳人民法庭副庭长
11月15日	十二届三次	任命	黄卉菁	县人民法院民事审判第一庭庭长
11月15日	十二届三次	任命	熊保明	县人民法院审判委员会委员、审判监督庭庭长
11月15日	十二届三次	任命	谭献婵	县人民法院审判委员会委员、民事审判第二庭副庭长
11月15日	十二届三次	任命	陆昱伶	县人民法院刑事审判庭副庭长
11月15日	十二届三次	任命	李在英	县人民法院执行局副局长
11月15日	十二届三次	任命	谭志美	县人民法院审判员
11月15日	十二届三次	任命	邹　剑	县人民检察院检察员
11月15日	十二届三次	任命	唐晶文	县人民检察院检察员
11月15日	十二届三次	任命	岑傈娟	县人民检察院检察员
11月15日	十二届三次	任命	刘　恒	县人民检察院检察员
11月15日	十二届三次	免去	黄卉菁	县人民法院审判监督庭庭长

撰稿：农海弟
编辑：黄怀毅
黄文华

◎ 西林县人民政府

【经济社会发展主要目标】 2016年，《西林县国民经济和社会发展第十三个五年规划纲要（草案）》提出“十三五”时期西林县经济社会发展目标是：到“十三五”期末，地区生产总值突破30亿元，年均增长8%；全社会固定资产投资累计突破170亿元，年均增长10%；财政收入突破2亿元，年均增长5%以上；规模以上工业总产值突破8亿元，年均增长10%。社会消费品零售总额8.91亿元，年均增长9%；城乡居民收入达到小康水平，城镇居民人均可支配收入超3万元，年均增长8.5%；农村居民人均纯收入超1万元，年均增长12%。

【经济工作重点】 2016年，西林县人民政府坚持“主题不变、镜头不换”和“一任接着一任干”的精神，继续按照建设“五个生态”发展思路，坚决打赢脱贫奔小康、基础建设、城镇扩容、产业提级“四大攻坚战”，扎实做好生态建设、改革开放、民生保障“三大工程”。以实现脱贫摘帽为目标，攻坚克难打赢“脱贫奔小康”攻坚战。坚持把脱贫攻坚作为最大的政治任务、最大的民生工程和最大的发展机遇抓紧抓实，按照“两年脱贫摘帽、三年巩固提升”的思路扎实推进精准脱贫，确保到2017年实现贫困县“摘帽”、41个贫困村全部脱贫出列、7086户28911人贫困人口全面脱贫目标，在此基础上再利用三年时间巩固和提升脱贫成果，确保到2020年同步实现全面小康。以突破交通瓶颈为目标，竭尽全力打好“基础建设”攻坚战。打造“外引内联”交通网络，积极争取开工建设高速路，打通“两横三纵”出省通道，着力提升乡村道路网络，解决村屯断头路问题。加大民生基础设施投入。以再造一座“西林新城”为目标，聚智集力打好“城镇扩容”攻坚战。“十三五”期间，西林县将着力突破城镇发展空间受限制约，统筹推进城镇规划提升、城镇承载提升、城镇管理提升“三大提升”行动，建设具有“历史记忆、地域特色、民族特点”的“魅力之城、活力之城、文明之城”的生态城镇，力争县城城区面积突破5平方千米，人口规模突破5万人，城镇化率突破50%，实现再造一座“西林新城”目标。以“四大特色产业”为重点，多措并举打好“产业提级”攻坚战。以创建“全国生态文明示范工程试点县”“生态功能示范区”“地理标志产品保护示范区”为抓手，按照集约化、标准化、规模化、产业化、品牌化的发展方向，做好西林特色种植业、特色养殖业、特色农副产品加工业和特色旅游业四篇生态产业文章。以打造秀美山川为目标，坚持不移推进“生态建设”工程。以创建“全国生态文明示范县”为抓手，扎实推进生态文明建设，以更高的标准、更严的要求，谋划推动生态环境全面改善，打造山川秀美生态宜居新西林。以激活发展动能为目标，积极稳妥推进“改革开放”工程。坚持深化改革，力求在重点领域和关键环节取得新的成果。同时，坚持开放发展，提高对外开放水平，加快与周边市县之间全面发展与合作。以提升群众幸福感为目标，统筹推进“民生保障”工程。坚持把保障和改善民生作为政府工作的出发点和落脚点，加强教育、医疗卫生、社会保障、安全稳定等民生重点领域建设。

【经济社会发展】 2016年，全县地区生产总值完成23.50亿元，增长7.5 %；固定资产投资完成29.02亿元，增长15.32%；财政收入完成1.82亿元，增长7.38%；社会消费品零售总额完成6.22亿元，增长10.49%；规模以上工业总产值和增加值分别完成5.49亿元和1.96亿元，增长5.06%和3.7 %，城镇居民可支配收入完成22502元，增长7.5%，农民人均可支配收入完成8604元，增长9.8%。新增1个“国字号”品牌——西林火姜继西林沙糖桔、西林麻鸭、西林姜晶之后第四个获国家地理标志保护产品，国家地理标志保护产品数量排在全区第一；新增3个国家级和1个自治区级荣誉——“全国有机农业示范基地（茶叶）”荣誉称号、被列入国家级重点生态功能区、足别瑶族苗族乡央龙村（足龙茶）被农业部认定为全国“一村一品”示范村，是广西壮族自治区获得此殊荣的11个村镇之一、被广西文联授予“广西特色文艺之乡（山歌）”；脱贫攻坚年度任务顺利完成，贫困村集体经济发展模式以及“双认定”等脱贫攻坚工作措施得到自治区党委、政府肯定。

【县人民政府常务会议】 2016年，西林县人民政府召开常务会议12次。

1月14日，西林县人民政府县长欧阳可爽在县政府四楼大会议室主持召开十一届县人民政府第63次常务会议，审议《2016年政府工作报告》等议题。

3月4日，西林县人民政府县长欧阳可爽在县政府四楼大会议室主持召开十一届县人民政府第64次常务会议，审议《关于落实中小企业“惠企贷”平台信贷引导资金的函》等议题。

3月25日，西林县人民政府县长欧阳可爽在县政府四楼大会议室主持召开十一届县人民政府第65次常务会议，审议《西林县2016年脱贫攻坚督查专责工作方案》等议题。

4月20日，西林县人民政府县长欧阳可爽在句町艺术中心二楼小会议室主持召开十一届县人民政府第66次常务会议，审议《西林县党政机关公务交通补贴发放实施方案》等24个议题。

5月17日，西林县人民政府县长欧阳可爽在县政府四楼大会议室主持召开十一届县人民政府第67次常务会议，研究县人民政府领导分工，安排部署重点工作，审议《2015年度年终绩效考评结果和后续计发绩效奖励》等议题。

6月23日，西林县人民政府县长欧阳可爽在县政府四楼大会议室主持召开十一届县人民政府第68次常务会议，审议《西林县2016年第1期（扶贫生态移民项目）国有建设用地使用权挂牌出让方案》等议题。

7月22日，西林县人民政府县长欧阳可爽在县政府四楼大会议室主持召开十一届县人民政府第69次常务会议，审议《西林县2016年第2期（那劳镇扶贫生态移民项目C地块）国有建设用地使用权挂牌出让方案》等议题。

9月2日，西林县人民政府县长欧阳可爽在县政府四楼大会议室主持召开十二届县人民政府第1次常务会议，组织学习扶贫领域监督执纪问责相关文件精神，研究部署党风廉政建设和安全生产“一岗双责”工作，审议《西林县2016年度乡（镇）、县直绩效考评工作方案》等议题。

10月18日，西林县人民政府县长欧阳可爽在县政府四楼大会议室主持召开十二届县人民政府第2次常务会议，审议《中国·广西西林第五届句町文化艺术节暨第六届沙糖桔产业、茶叶产业文化展示活动周实施方案》等议题。

11月2日，西林县人民政府县长欧阳可爽在县政府四楼大会议室主持召开十二届县人民政府第3次常务会议，审议《关于要求行文明确开展城西新区征地工作的请示》《关于要求审定西林县城西新区房屋征收决定公告的请示》等议题。

11月23日上午及25日，县人民政府县长欧阳可爽分别在县政府四楼大会议室、县迎宾馆二楼会议室主持召开十二届县人民政府第4次常务会议，审议《广西西林福地投资有限公司与县城投公司投资合作协议书》等议题。

12月15日，西林县人民政府县长欧阳可爽在县人民政府四楼大会议室主持召开十二届县人民政府第5次常务会议，审议《西林县2016年度年终一次性奖金发放实施方案》等议题。

撰稿：乃艳飞
吴春萍
编辑：黄怀毅
黄文华

◎ 西林县人民政府办公室

【机构人员】 2016年，西林县人民政府办公室内设第一秘书股、第二秘书股、第三秘书股、第四秘书股、第五秘书股、第六秘书股、第七秘书股、文电股、信息股、行政会务股、人事股11个职能股室。定编21人，其中行政编制16人（含县人民政府处级领导），工勤服务编制5人；在编23人，其中行政编制17人，工勤服务编制6人；配主任1名，副主任5名，其中县人民政府督查室主任1名（由县人民政府办公室副主任兼任）、县政务服务中心管理办公室主任1名（由县人民政府办公室副主任兼任），县人民政府应急管理办公室主任1名（由县人民政府办公室副主任兼任）。

【综合协调】 2016年，西林县人民政府办公室充分发挥“协调员”作用，围绕全县中心和重点工作，不断推动工作创新，坚持急事急办，特事特办，和县直各部门、乡镇形成有效的联系配合机制，为县里顺利开展工作提供基础保障。在制度上规范、安排上精细、执行上提速，提升办公室各项工作服务水平。制定规范会议议题征集、会议筹备和发文等工作流程和相关工作规则，办公室按流程要求开展日常工作。完善来电、来件办理制度，实行登记造册全部文件，特别是对领导批示件、传阅件实行即时登记，确保随时掌握各种批示件的流向。健全管理制度并认真抓好执行。强化细节服务，采取主任协调服务、秘书股综合服务等方式，全面加大为县领导、为全县人民服务力度。增强文字综合工作，提高以文辅政水平。认真执行文件起草、校核和公文传阅、请示办理等岗位责任制度，严把政策关、程序关、文字关、格式关，严格文审签程序，不断提高公文质量，公文格式趋向科学规范，可操作性、权威性进一步增强，较好地发挥以文辅政的作用。从严控制发文，精简文件和各类材料，注重实效，提高质量。年内全年起草大型会议材料65份，撰写工作汇报、典型材料、工作总结和讲话材料127篇；印发通知134件，内部明电25件；印发县人民政府及办公室文件535件；办理乡镇、各部门以及群众来文3827件。收到县人大、县政协转来的建议提案332件，其中，人大建议278件、政协提案54件。4月底县人民政府分管领导组织召开2016年县人大代表建议和政协委员提案交办会，转交相关部门办理建议提案332件。对于承办单位落实建议的答复件，退回承办单位重新办理6件。

【督查督办】 2016年，西林县督查室全年共收到自治区和百色督查室交办督办任务17项，主要涉及企业上规上限入统工作、稳增长工作、城市建设和教育建设项目等方面，办结率100%。全年累计督办《政府常务会议纪要》《城建工作会议》等重大会议决策落实情况14期；完成全县热点难点工作督查9项。重大项目督查方面，列入自治区层面重大项目1项，总投资10.5亿元，列入市级层面重大项目8项，总投资21.94亿元，本县重点推进重大项目78个总投资274亿元。建立“三个一”督查制度，通过加强联合县委督查室、县重大办公室开展督查通报，并把重大项目进展中存在困难问题分别向各联系项目的县领导请示汇报，有力地推进全县重大项目建设工作。

【其他业务】 2016年，共向自治区和百色市编发上报信息2488条，被采用40条，其中广西信息采用21条，信息早报19条。同时，继续强化信息网络建设，推动信息工作水平全面提高。

撰稿：乃艳飞
编辑：黄怀毅
黄文华

◎ 西林县政务服务

【机构人员】 西林县政务服务中心（以下简称“中心”），成立于2007年8月，设在县人民政府办公室的正科级行政机构。中心成立管理办公室，管理办公室设有秘书股、综合股、督查协调股、政务公开政府信息公开股4个股室，核定事业编制7人。设主任1人，副主任1人，办公室1人，其他工作人员4人。

【改善办公条件】 西林县政务服务中心新办公室地点位于鲤城新区。2013年2月开工建设，项目用地面积1623.29平方米，建筑总面积11000平方米，工程总造价2100万元，中心楼层数为局部地下1层，地上7层，框架结构，建设内容包括建筑、装饰、水电、电气、消防、暖通、人防、附属等工程。中心设计为敞开式大厅，环境宽敞明亮，绿化区、停车区、休息区、填单区、查询区、刻章区、咨询导引台、服务指南、窗口吊牌、电子显示屏、背景音乐广播、视频监控等设备设施一应俱全。2015年7月24日，正式进驻中心办公，部门进驻率100%。中心内设服务窗口22个，进驻单位56个，有工作人员98人，集中受理行政审批事项和服务事项282项。

【内部管理】 2016年，西林县政务服务中心按照“一站式”办公要求，参照窗口服务行业特点，设置窗口前台和审批后台，方便办事群众与窗口工作人员无障碍沟通交流、办理事项。实行“一窗受理、一次性告知、联合审批、限时办结、一窗收费、统一送达”的“一站式服务”，实现“进一个门办好，在承诺时限内办结”。中心设有电子监察系统，对各窗口行政审批事项的实施过程进行实时监控，严格实行首问负责制、限时办结制、责任追究制。

【改革便民服务】 2016年，县政务服务管理办公室协调水厂、电业、广电网络、移动公司、婚育综合服务平台、婚姻登记处、不动产登记中心进驻到中心，办理公共服务事项。“一服务两公开”向基层延伸取得新进展加快推进基层政务服务中心建设，实现全县乡（镇）和村（社区）建立政务服务中心100%的目标，基层政务服务中心覆盖率排在自治区和百色市前列，超额完成自治区和百色市下达工作任务，进一步整合和完善乡镇政务服务中心办公场所。

【政务监督与服务】 2016年，西林县政务服务中心抓好政务监督与服务工作。贯彻执行国务院、自治区和百色市行政审批及行政审批制度改革的法律、法规、规章、政策和决定，制定各项规章制度和管理办法并组织实施。对进驻政务服务中心常驻单位和非常驻单位进行调整，对进入或者退出政务服务中心集中受理的政务服务事项进行审核并报同级人民政府决定。对进驻政务服务中心单位的窗口政务服务事项的依据、对象、范围、申请材料、办理权限、办理条件、办理程序、收费标准、办结时限等进行审查。对进驻政务服务中心的单位对窗口服务的授权是否充分进行审查。组织政府采购、建设项目招投标和产权交易等机构进入政务服务中心服务，并进行规范和监督。协调和监督集中受理的政务服务事项，组织并联审批或指定部门、机构窗口牵头组织并联审批，适时通报政务服务工作情况。对依法决定撤销或停止执行的已纳入政务服务中心集中受理的政务服务事项，监督其在规定期限内停止执行。对各乡（镇）人民政府报送县人民政府组成部门、机构审批的政务服务事项办理情况进行监督协调。对各部门、机构在政务服务中心设置窗口提出具体意见，对进入政务服务中心服务的各部门、机构窗口及其工作人员进行日常管理和考核。受理申请人对部门、机构窗口及其工作人员的投诉、举报；对有过错责任的部门、机构窗口及其工作人员进行批评教育或提出责任追究意见。

2016年1月7日，市政务办副主任王明辉率督查组到县政务服务中心开展督查工作

【政务信息公开】 2016年，西林县专门成立由分管政务服务工作的县领导任组长、县政务服务管理办公室主任为副组长，全县各单位负责人为成员的政务公开政府信息公开工作领导小组，明确将政务公开政府信息公开工作办公室并入政务服务管理办公室，由政务服务管理办公室具体负责政务公开政府信息公开日常事务工作，做到有领导牵头，有专人负责，有经费保障，确保政务公开政府信息公开工作长期稳定开展。

多渠道做好政务公开工作。为进一步扩大政务公开透明度，畅通人民群众表达诉求，方便群众进行监督。充分利用地方电视台、户外显示屏、政务公开宣传栏等有效载体，对广大群众较为关心政务信息、招工信息等热点信息进行公开。将政务公开工作与党风廉政建设进行检查考评，考评结果纳入岗位目标责任制。严把公开内容关，既防止该公开而不公开或搞半公开、假公开；又防止不该公开而乱公开。采取多种形式，强化监督检查工作，设立举报电话和意见箱，广泛接受广大群众的监督，通过广大群众参与监督和自查，发现问题和不足及时整改，不断完善和深化政务公开工作。

把具有审批职能部门集中起来，在政务服务中心大厅统一办公，实现“一站式服务”。实行审批项目、法律依据、审批数量、审批内容、审批程序、承诺时限、申报材料、收费标准等“十公开”，规范办事程序，减少审批环节，优化审批流程，缩短审批时间，提高行政效能，推进决策公开和办事公开，方便广大群众和企业办事。年内集中受理行政审批事项和服务事项282项，已全部纳入电子监察系统进行实时监控，确保审批事项有效管理和运行透明。

【政府信息公开】 2016年，西林县政务服务中心实行政府信息公开。设立和完善县政务服务中心、档案馆、图书馆政府信息查阅点。在县政务服务中心大厅和县民族文化公园都安装政府信息公开显示屏。在县政务服务中心大厅各窗口均设立有政府信息公开和申请公开窗口，受理广大群众提出的申请，方便群众知情、方便群众办事、方便群众监督。

加强信息公开平台建设。探索提高政府门户网站作用，提高网站服务能力；完善政府信息公开考核机制，不断加大各单位对政府信息公开工作指导和监督力度；充分发挥信息统一平台作用，及时规范发布政府信息，方便公众获取政府信息。年内全县通过政府信息公开统一平台更新、审核和录入相关政府信息6697条。

【服务网络建设】 2016年，西林县政务服务中心设有全区一服务两公开标准化数据综合管理平台，对行政审批事项和公共服务事项进行动态管理。政务服务业务通用软件和电子监察系统，严格按照行政机关首问负责制度、限时办结制度、责任追究制度，设立监督和投诉岗，对各窗口行政审批事项实施过程进行实时监控。

【行政项目审批清理】 2016年，西林县政务服务中心深化行政审批制度改革，提高行政审批事项目录管理科学化、规范化和标准化，梳理出西林县保留行政许可事项目录282项，其中县直部门保留273项，中直驻西林县单位行政许可事项目录9项。并对列入目录的行政许可事项全部纳入县政务服务中心集中办理，实行动态化管理，降低群众办事门槛，方便群众办事。

撰稿：吴佳忆
编辑：黄怀毅
黄文华

◎ 发展和改革

【机构人员】 2016年，西林县发展和改革局下设股室13个，分别为县重大办、县医改办、县车改办、县国民经济动员办、局办公室、财务股、社会发展股、资源节约和环境保护股、产业发展股（挂高技术产业股）、地区发展股、农业经济发展股、就业和服务业股、固定资产投资股。全局在职在编干部职工16人。设党组书记、局长1人，党组成员、副局长、物价局局长1人，党组成员、副局长2人，党组成员、副局长、县医疗改革办公室主任1人，党组成员、纪检组长1人，党组成员、总经济师1人，办公室主任1人，国民经济动员办公室工作人员1人，其他工作人员7人。

【年度目标完成情况】 2016年自治区下达西林县易地扶贫搬迁任务1307户5521人（含2014年和2015年自治区下达计划搬迁建档立卡贫困对象），其中：搬迁建档立卡贫困对象1222户5175人，同步搬迁85户346人。2016年西林县易地扶贫搬迁工程计划实施有古障镇旺子山新区、那劳宫保新区；古障镇者夯村、马蚌镇马蚌村，西平乡西平村；县城易地扶贫移民安置点、县城购房及各乡镇分散移民安置点；八达镇周帮村龙弄屯、张家寨屯等移民安置点8个，计划总投资3.64亿元。年内全县报名3113户14339人，全县报名要求易地扶贫搬迁贫困对象人数已超过“十三五”期间全县规划搬迁的总贫困人口数，2016年度搬迁对象及“十三五”规划搬迁对象均已落实。截至2016年12月底，投资完成27733万元，投资完成率76.05%；竣工住房套数657套，住房竣工率50.27%；已搬迁入住2248人，搬迁率40.72%。

西林县参加公务用车制度改革的机关和参公事业单位有136个，全县符合参加公务用车制度改革条件的人员有1275人，其中：处级34人、正科级304人、副科级354人、科员及以下583人。2016年1月开始发放交通补贴，每月全县公务交通补贴890562元；西林县涉改车辆266辆，除去注销和报废等车辆外，实际涉改车辆240辆。车改后保留车辆171辆，其中：保留实物保障岗位车辆2辆；保留执法执勤用车85辆；应急和机要通信用车84辆（其中：平台38辆、四大办公室20辆、乡（镇）24辆）；涉改取消车辆95辆（其中：报废和注销车辆35辆；拟拍卖车辆60辆）。2016年底，县车改办公室已下发《西林县机关公务用车制度改革涉改车辆报废、拍卖实施办法》。根据实施办法要求，县车改办公室和县财政局国资股等通力协作，通过政府采购方式确定鉴定评估机构和拍卖机构，已成功进行第一批涉改车辆拍卖会，成交47辆，流拍2辆。起拍价55.95万元，成交价97.75万元，溢价41.8万元，溢价率74.75%。

【医药卫生体制改革】 2016年，西林县发展和改革局抓好医药卫生体制改革工作。破除以药补医机制，健全财政补偿机制。自2015年10月30日零时起，全县三家公立医院取消药品加成，严格执行零差率销售（即实行“一取消两同步”）。

深化编制人事制度改革。2016年3月14日，西林县机构编制委员会核定县级三家公立医院事业单位编制180人，聘用人员控制数418人，后勤服务人员（控制数）67人。三家医院新增聘用人员控制数418人，西林县计划用5年时间通过政府购买服务形式面向社会公开招聘。

推进城乡居民大病保险工作。按照市级缴纳大病保险费标准169元/人/年，西林县及时从当年新农合补助基金中为参加新农合人员缴纳大病保险费用46.88万元，参合人员不需再另行交费，确保参合人员都能享受大病保险制度。2016年全县城乡居民大病保险超起付线案件739个（其中城镇居民5个，新农合734个），已赔案件135个，已赔金额12.3万元。

健全药品供应保障机制。按国家基本药物配备要求，统一在自治区药招平台采购，基本药物配送率90%以上。国家基本药物全部纳入医保、新农合病人报销范围，截至2016年11月底，县级公立医院使用基本药物品种占全部药品品种77.33%；基本药物采购金额占全部药品采购金额71.51%；使用基本药物销售额占全部药品销售额58.57%；平均药占比与2015年同期相比下降9.98%；医院门诊急诊量与2015年同期相比上升24.04%，患者门诊急诊均次费用与2015年同期相比下降4.21%；医院住院量与2015年同期相比下降22.90%，患者住院均次费用与2015年同期相比上升12.04%。

做好基层医疗卫生机构公开招聘和毕业生“双选”招聘引进工作。2016年10月，通过事业单位公开招聘到卫生技术人员39人，到各乡镇卫生院充实基层医疗机构技术队伍，新聘任卫生医疗人员实行同岗同酬，聘用单位为其办理社会保险等参保手续。

【项目争取】 2016年，西林县发展与改革局争取到中央预算内投资项目16个。项目总投资16573万元，2016年下达投资计划10727万元，其中：中央投资8735万元，地方配套1992万元。2016年全县争取到以工代赈项目10个，其中小型农田水利项目1个（即马蚌镇那托村那托屯水利渠道工程完成采购），新建道路项目5个（即：1. 西平乡平上村三湾屯至普合苗族乡大河村新寨屯道路工程；2. 八达镇八达村八洋屯至普合苗族乡者底村渭猫屯道路工程；3. 马蚌镇合舍村红绸屯至平那屯道路工程；4. 八达镇周帮村至普合苗族乡者底村乡村道路；5. 古障镇花子寨村花子寨屯至水头屯道路工程），改扩建道路项目3个（即：1. 古障镇央革村勒德屯至古障村陇西屯道路工程；2. 八达镇那卡村老肖道路工程；3八达镇那卡村至伟社、伟林道路工程），独立桥涵项目1个（即普合苗族乡普合村那合屯便民桥），下达计划总投资1310万元。

【重大项目推进】 2016年，西林县列入自治区层面重大项目1项，即西林县扶贫生态移民安置工程，总投资10.50亿元，2016年计划完成投资1亿元。项目前期工作已完成，部分资金已落实，那劳新区正在进行统建房建设，古障镇王子山扶贫新区完成三通一平，正在进行统建房建设，已完成4栋楼基础地梁，其余5栋正在进行基础开挖，道路和桥梁工程正在进行场地平整及监理公司询价采购；古障镇者夯新区已完成三通一平，安置房及配套综合农贸市场正在进行施工图设计；马蚌新区已完成场地平整；县城安置点分为3个：福景新苑安置小区已完成工程量80%，阳光安置小区二期已进行基础开挖，环城二级路扶贫生态移民安置区正在规划设计。

西林县列入市级层面重大项目8项，总投资21.94亿元，年内计划完成投资2.65亿元，其中计划新开工项目3项，计划投资1.23亿元；续建项目3项年度计划投资1.43亿元；前期工作项目2项。计划新开工项目3项，已开工3个开工率100%，前期工作项目1项，正加快推进，续建项目3项，正加快推进。三是年内全县级列入县层面重大项目78项，总投资274亿元，年内计划完成投资

11.07亿元。其中，新计划开工项目26项，总投资15.31亿元，年度计划投资4.19亿元，截至12月已开工8个，开工率36.36%；续建项目14项，总投资23.38亿元，年度计划投资5.04亿元，项目进展较慢；竣工投产项目12项，总投资4.4亿元，年度计划投资1.84亿元，12项项目正加快推进中；前期工作项目26项，总投资234.97亿元。

【基础设施建设】 2016年，实施西林县扶贫生态移民安置工程、西林县中医院整体搬迁建设项目、西林县鲤城新区农副产品批发市场等基础设施建设项目，总投资11亿元。

【项目审批与备案】 2016年，全县在线审批项目有93项，其中政府投资项目审批有70项，事业单位和企业投资项目备案23项。

【规划编制】 2016年，西林县发展与改革局认真抓好"十三五"规划编制工作，在深入调研，广泛征求各部门和县乡人大代表及各界人士意见的基础上，经过10多稿修改完善，形成《西林县国民经济和社会发展第十三个五年规划纲要》，《纲要》通过委托有资质专家进行评审并与自治区和百色市规划指标进行衔接，同时将《纲要》上报县委、县人民政府审定，经西林县第十二届人民代表大会第一次会议审议通过。

【项目资金到位情况】 2016年，全县争取到中央预算内投资项目16个，项目总投资1.66亿元，2016年下达投资计划1.07亿元。截至年底，项目资金已全部到位。

【固定资产投资】 截至2016年12月31日，全县完成固定资产投资29.02亿元，同比增长15.32%。在库项目数137项，其中新建项目109项，续建项目28项。

撰稿：岑明根
编辑：黄怀毅
黄文华

◎ 人力资源和社会保障

【机构人员】 2016年，西林县人力资源和社会保障局核定编制26人，其中行政编制10人，参照公务员法管理编制14人，事业编制2人。在岗党组书记、局长1人，副局长3人，纪检组长1人，主任科员2人，办公室正副主任2人，劳动监察大队3人，就业管理中心4人，劳动仲裁院1人，人才管理办公室2人，工资股2人，公务员股2人，事业股1人，职称股1人。

西林县社会保险事业局核定编制59人，其中原属县人力资源和社会保障局参照公务员法管理编制26人，县新型农村合作医疗管理中心并入县社会保险事业局工勤事业编制33人，属于该局城乡居民医疗保险股。在岗县人力资源和社会保障局党组书记、社会保险事业局局长1人，县社会保险事业局副局长3人，办公室人员2人，其他岗位人员53人。

【公务员管理】 2016年，西林县人力资源和社会保障局落实国家公务员制度，组织实施国家公务员录用、轮岗交流、竞争上岗、培训、回避、职位分类、考核、职务升降、职务任免、纪律、奖励、惩戒、申诉控告、辞职辞退等政策规定；按照干部管理权限，负责全县机关、参公事业单位科员以下工作人员调配，指导人才合理流动，调整人员结构；负责全县国家公务员统计与综合分析工作；全年新招录公务员60人。

【事业单位人事制度改革】 2016年，西林县人力资源和社会保障局会同有关部门指导全县事业单位人事制度改革，拟订事业单位人员和机关工勤人员管理政策，负责事业单位岗位设置管理；会同有关部门拟订全县事业单位人才工作总体目标，参与人才管理；年内招聘事业单位工作人员326人，安置退伍士官（兵）2人，"三支一扶"6人、特岗教师87人。

【专业技术人才管理】 2016年，人力资源和社会保障局全面推进事业单位岗位设置管理和聘用制度，全县符合申报条件高级职称23人，中级职称63人，初级职称61人。

【工资与福利】 2016年，西林县人力资源和社会保障局办理机关事业单位退休手续59人；办理机关事业单位病故抚恤金45人，遗属生活困难补助19人；办理工资转移手续67人；办理新录聘用人员工资手续386人；办理兑现职级并行工资23人；办理各种津贴补贴4109人；办理更改连续工龄28人；办理工资标准调整3806人；办理机关事业单位正常晋升3900人。

【军转安置工作】 2016年，西林县人力资源和社会保障局开展军队转业干部安置和教育培训工作；会同有关部门拟订部分企业军队转业干部解困和稳定对策，统筹指导自主择业军队转业干部管理服务工作。年内安置退伍士官（兵）2人。

【大中专毕业生管理】 2016年，西林县人力资源和社会保障局办理大中专毕业生报到、注册、登记、档案管理等工作，为非在职大中专毕业生提供推荐就业服务。年内托管人事档案3775份，其中新托管人事档案651份，档案转出277份，出具档案证明87份；全年大中专毕业生报到登记444人，其中本科140人，大专304人；实名登记未就业毕业生263人。

【就业和再就业】 2016年，西林县城镇新增就业840人，完成率105%；失业人员再就业158人，完成率105.3%；就业困难人员实现就业38人，完成率108.6%；城镇登记失业人数173人，城镇登记失业率3.51%，总体控制在3.80%以内。全县农村劳动力转移就业3111人（次），完成率119.7%。

【劳动保障监察】 2016年，西林县人力资源和社会保障局到471个用人单位进行检查，涉及劳动者4400人；拖欠农民工工资立案167件，结案167件，办结率100%；受理追缴被拖欠农民工工资案件涉及金额548.44万元，涉及劳动者978人。受理劳动争议案件6件，结案6件，案外调解9件；工伤认定受理12件，认定11件，不予认定1件。

【社会保障基金征缴】 2016年，西林县人力资源和社会保障局拟出全县养老保险、失业保险、医疗保险、工伤保险、生育保险、农村保险改革方案和发展规划，并组织实施；行政监督养老、失业、医疗、生育、工伤、农村等社会保险基金，确保基金安全和专款专用。年内完成社会保险各项指标任务。城镇企业职工社会养老保险：城镇企业职工社会养老保险参保总人数3718人，完成率102%；城镇企业职工养老保险基金征缴收入2674万元，完成率194.90%。城镇基本医疗保险：基本医疗保险参保总人数16068人，完成率103.66%；城镇职工医疗保险基金征缴收入2247万元，完成率124.83%。工伤保险：工伤保险总参保人数4743人，完成率103.1%；工伤保险基金征缴收入90万元，完成率100%。生育保险：生育保险参保人数4434人，完成率103.1 %，生育保险基金征缴收入91万元，生育保险基金完成率101.1%。失业保险参保人数3800人，完成率106.95%，征缴失业保险基金217.51万元，完成率129.47%。城乡居民养老保险：参加城乡居民基本养老保险参保人数69521人，完成率112.5%，其中缴费人数47325人，缴费率86.19%；发放养老金14606人，累计发放养老金1669.82万元，发放率100%。

【人力资源市场建设】 2016年，西林县人力资源和社会保障局组织开展人力资源调查，拟订人力资源市场发展规划和人力资源流动政策，建立统一规范人力资源市场，促进人力资源合理流动和有效配置。年内全县城镇新增就业840人，完成率105%；失业人员再就业158人，完成率105.3%；就业困难人员实现就业38人，完成率108.6%；城镇登记失业人数173人，城镇登记失业率3.51%，总体控制在3.80%以内。全县农村劳动力转移就业3111人（次），完成率119.7%。

年内结合精准扶贫工作，分别在27个预脱贫村开展果树工、家畜饲养员、装载机司机等工种培训21期1045人，发放职业资格证书711本，其中参加培训建档立卡贫困户420人，获取资格证书411本。

鼓励全县群众以创业带动就业。就业形势日益严峻，下岗、失业人员不断增多，为解决就业困难问题，西林县人力资源和社会保障局充分利用政策鼓励创业带动就业。年内就业困难人员申请小额担保贷款140笔，已发放贷款79笔561万元，其中，失业人员44笔，高校毕业生25笔，退伍军人10笔；发放农民工创业担保贷款9笔76万元，助推有创业志向而无资金的农民工顺利走上自主创业之路。

年内托管人事档案3775份，其中新托管人事档案651份，档案转出277份，出具档案证明87份；全年大中专毕业生报到登记444人，其中本科140人，大专304人；实名登记未就业毕业生263人。

全面推进事业单位岗位设置管理和聘用制度；年内全县符合申报条件高级职称23人，中级职称63人，初级职称61人。

【农村劳动力转移培训】 2016年，全年结合精准扶贫工作，分别在27个预脱贫村开展果树工、家畜饲养员、装载机司机等工种培训21期1045人，发放职业资格证书711本，其中参加培训建档立卡贫困户420人，获取资格证书411本；全县农村劳动力转移就业3111人（次），完成率119.7%。6月2日全县成功举办第二届农民工技能大赛，本次比赛设砌筑工、电焊工、钢筋工、中式烹调师、餐厅服务员、客房服务员工种6个，选手参赛233人，选派各工种前三名获奖者参加百色市级复赛，并获二等奖一名，三等奖一名；选派参加自治区决赛选手获得三等奖一名。

【劳动和社会保障机制】 2016年，西林县人力资源和社会保障局在辖区8个乡镇设立劳动和社会保障管理服务所。在统一机构、统一名称、统一标准、统一标识的基础上，落实人员、场地、经费、职责，按照“集中到一厅”要求，建立市、县（市）区、街道（乡镇）、社区四级“一站式”服务窗口体系。常年为灵活就业人员免费提供职业指导、职业介绍、技能培训、劳动事务代理、社会保险接续、档案托管、政策咨询等服务。

【劳动仲裁】 2016年，西林县人力资源和社会保障局加强劳动人事争议仲裁调解工作，受理劳动争议案件6件，结案6件，案外调解9件；工伤认定受理12件，认定11件，不予认定1件。

【劳动法律法规宣传】 2016年，西林县人力资源和社会保障局组织实施劳动、人事争议调解仲裁制度和劳动关系政策，完善劳动关系协调机制；组织实施消除非法使用童工政策和女工、未成年工的特殊劳动保护政策；组织实施劳动保障监察，协调劳动者维权工作，依法查处重大案件。年内参与普法夜市4次（每季度一次），国家宪法日活动一次，重点宣传劳动法规、社保政策、就业政策、医保政策和养老政策。

【医疗保险征管】 2016年，全县城镇基本医疗保险参保总人数16068人，完成率103.66%，城镇职工医疗保险基金征缴收入2247万元，完成率124.83%。

【离退休人员及工资管理】 2016年，西林县人力资源和社会保障局全年办理机关事业单位退休手续59人；办理机关事业单位病故抚恤金45人，遗属生活困难补助19人。

撰稿：陆　坚
编辑：黄怀毅
黄文华

◎ 水库移民

【机构人员】 2016年，西林县水库移民工作管理局事业编制19人。在职人员17人，其中局长1人，副局长3人，纪检组长1人，一般干部9人，工人3人。根据单位职责，西林县水库移民工作管理局内设5个职能股室：办公室、政策法规股、工程规划股、后期扶持股、财务股。

【库区移民安置概况】 2016年，西林县水库移民工作涉及天生桥一级水电站、洞巴水电站、威后水电站、克林水电站等4个国家大中型水库（水电站）和驮娘江流域梯级电站及地方小型水库库区，淹没涉及全县7个乡镇29村民委81个村民小组，影响及搬迁移民现状总人口37911人，占全县总人口26%。主要分布在马蚌镇、古障镇、八达镇、普合苗族乡、西平乡和那佐苗族乡，有后靠移民、县内外迁移民和隆林跨县外迁西林安置移民。

【移民搬迁安置点】

天生桥一级水电站

马蚌镇。火把村：火把村那哈村民小组、那央村民小组、火把村民小组；马麻村：高寨村民小组、黄果园村民小组；八大河村：夜德村民小组、清水江村民小组、蚌关村民小组、教关村民小组、板央一二村民小组、平寨村民小组；鲁维村：鲁维上队村民小组、鲁维中队村民小组、鲁维下队村民小组、平蚌村民小组；浪吉村：平安村民小组、达南村民小组、平寨村民小组、平用村民小组；那托村：田湾村民小组、平南村民小组；那扛村：坝桑村民小组；合社村：平纳村民小组、合社村民小组；马蚌村：开发区村民小组、街上村民小组。

古障镇。西舍村：西舍上寨村民小组、西舍下寨村民小组、蚌德村民小组、小八达村民小组、田坝村民小组；者黑村：坝孟一组村民小组、坝孟二组村民小组；同乐村：同乐村民小组、医院村民小组、古榕村民小组、坡龙村民小组；古障村：三台村民小组、街上村民小组；仙人掌村：下俄村民小组；周洞村：新寨村民小组；泥洞村：泥洞三组村民小组。

八达镇。新达村：新红一组村民小组、新红二组村民小组、宏达村民小组；木呈村：平廊村民小组；东街村：城东村民小组。

普合苗族乡。新丰村：新丰一组村民小组、新丰二组村民小组、新丰三组村民小组、新丰四组村民小组。

西平乡。西平村：坡车村民小组。

足别瑶族苗族乡。南灰三组村民小组。

洞巴水电站

那佐苗族乡。达下村：达下村民小组、良同村民小组；

威后水电站

普合苗族乡。者底村：者底村民小组、那良村民小组；岩腊村：岩腊村民小组；文雅村：赵家堡村民小组、亨沙村民小组、沙石口村民小组、龙浪村民小组、上文雅村民小组、下文雅村民小组。

八达镇。周帮村：河口村民小组、龙帮村民小组、张家寨村民小组；八达村：渭猫村民小组、上渭茫村民小组、下渭茫村民小组、八洋一组、八洋二组、八洋三组、东街一组、东街二组、合成村民小组、小算盘村民小组、火亮山村民小组。

克林水电站

西平乡。那俄村：克林村民小组、那努村民小组。

【移民后期生产扶持】 后期扶持资金。全县核定水库移民后期扶持指标13350人，后期扶持资金按季度发放。至2016年10月，发放4个季度后期扶持资金813万元。

水库移民后期扶持政策实施跟踪监测和评估工作。抽查10个样本村200户样本户进行跟踪监测和系统评估，客观评价2015年移民后期扶持政策实施情况。

【库区移民项目建设】 2016年，西林县水库移民工作管理局实施移民村屯道路硬化项目7个，总长30.515千米，总投资1033万元，受益移民户313户，受益移民人口1449人。其中：2016年天生桥一级水电站西林库区遗留问题处理应急项目4个（鲁维下组至上组出行道路硬化、平蚌二组至鲁维下组出行道路硬化、夜德二组至三组出行道路硬化、夜德三组至四组出行道路硬化），全长22.81千米，投资761万元，项目涉及鲁维、平蚌、八大河3个村民小组，受益移民户141户，受益移民人口672人；2016年第二批大中型水库移民村屯道路硬化项目3个（古鲁码头至古鲁寨上道路硬化、文雅村部至沙石口屯道路硬化、亨沙路口至猪场进屯道路硬化），全长7.705千米，投资272万元，项目涉及合社、古鲁、赵家堡、沙石口、亨沙5个村民小组，受益移民户172户，受益移民人口777人。实施生活码头项目2个，总投资53万元。其中：平用码头工程项目总投资22万元；古鲁码头工程项目总投资31万元，项目涉及平用、古鲁2个村民小组，受益移民户91户，受益移民人口445人。实施人饮工程项目3个，总投资36万元。其中：平南人饮工程项目，总投资6万元；那央人饮工程项目，总投资16万元；火把人饮工程项目，总投资14万元。

【移民资金使用与管理】 2016年涉及移民资金来源包括：后期扶持基金（每人每年600元）、后期扶持结余资金、应急资金、库区基金、小型水库移民扶助金、用于解决移民突出困难和问题，支持库区和移民安置区发展的资金等，全年计划金额2148万元。其中：2016年库区移民春节慰问金12万元；2016年度大中型水库移民后期扶持资金813万元；2016年天生桥一级水电站广西库区移民遗留问题处理项目资金850万元；2016年大中型水库移民后期扶持政策实施工作专项补助经费17万元；2016年第二批大中型水库移民村屯道路硬化项目资金272万元；2016年大中型水库库区基金32万元；2016年大中型水库移民收入倍增计划项目资金9万元；2016年第三批水库移民基础设施建设项目资金100万元；2016年地方小型水库移民扶助项目资金43万元。

全县移民资金实行年度项目计划管理和年度预算管理，资金支付严格按照上级移民主管部门批准的年度项目计划组织实施。直补到人资金按户建卡登记，以银行一卡通形式发放到人。移民工程项目严格按上级主管部门批准的计划进行政府采购、工程招投标、签订施工合同、办理工程验收和决算。项目资金拨付按合同及工程进度支付工程款。移民资金严格执行县级报账制，实行统一资金拨付、会计核算、报账管理，建立项目支出审批管理制度，对资金拨付、日常财务收支、往来款项等经济业务，明确审批程序和相关人员的审批权限。实行移民资金财务公开，在政府政务公开统一平台进行公开发布。

【遗留问题处理】 2016年，自治区从大、中型水库库区基金中切块安排850万元用于西林县天生桥一级水电站库区移民遗留问题处理项目。用于交通工程项目6个和人饮工程项目3个，受益移民426户1926人。

【移民技术培训】 2016年，西林县水库移民工作管理局安排人员分别参加自治区水库移民工作管理局举办广西水库移民工作管理领导干部政策法规专题培训班、全区水库移民工作管理系统移民安置监察工作业务专题培训班、全区水库移民安置工作综合业务专题培训班、全区移民管理系统美丽广西生态乡村项目和资金管理培训班4期，培训人数4人（次）。组织库区移民参加依托学校举办农业实用技术培训班、就业技能（电焊工）培训班、就业技能（电工）培训班3期，培训人数75人（次）。

【移民信访维稳】 2016年，西林县水库移民工作管理局健全责任机制，强化责任意识，层层落实责任，确保移民信访维稳工作责任落实到人。结合开展发生查处在群众身边“四风”和腐败工作深入库区和移民安置区开展排查，努力化解矛盾在基层。坚持在重大节日和敏感时期进行水库移民问题矛盾纠纷排查和零报告制度。重视来信来访，畅通信访渠道，解决群众合理诉求。全年接待移民群众来访4批16人（次），对移民群众反映的问题，由专人负责认真做好登记，及时回复及调处；县信访局转交办理信件4件，已答复办理。全年无移民上京赴邕上访和群体性事件。

撰稿：农　燕
编辑：黄怀毅
黄文华

◎ 土地山林水利权属纠纷调处

【机构人员】 2016年，西林县人民政府调解处理土地山林水利纠纷办公室，核定编制8人，实有工作人员7人。其中主任1人，副主任3人，主任科员2人，一般干部1人。

【“三大纠纷”调处】 2016年，西林县人民政府调解处理土地山林水利纠纷办公室在案件排查方面，做到早发现、早调处，及时解决矛盾纠纷，坚持月底排查、特殊时期专项排查的“双排查”机制，确保情况早知道，纠纷早解决。在信息报送方面，执行专人负责报送制度，及时做好汇总和报送工作，保证信息流畅。坚持回访制度，有效防止案件出现反复。辖区全年“三大纠纷”案数73起，调解73起，调解率100%，调结66起，调结率90%。其中，新案36起，调结36起，新案调结率100%；积案37起，调结30起，积案调结率81%，为群众挽回经济损失30万元。

【跨省跨市跨县“三大纠纷”调处】 2016年，西林县调处办积极配合自治区、百色市跨省跨市跨县“三大纠纷”调处工作组，开展“三跨”纠纷案件调处工作，组织骨干人员深入纠纷地开展实地调查、核实证据等工作，为一批“三跨”纠纷案件调结做大量基础性工作，为11月份自治区、百色市跨省跨市跨县“三大纠纷”调处工作组、12月份百色市三林（田林隆林西林）跨县“三大纠纷”研判会在西林县召开打下的基础。经过这两次会议的研判推进，基本调结广西西林县马蚌镇火把村那哈屯与云南省师宗县高良乡窝德村下窝德屯土地侵权纠纷、西林县足别瑶族苗族乡平木村发当屯与田林县定安镇那雄村三湾屯山界纠纷等一批“三跨”纠纷案件。

召开足别瑶族苗族乡者幺村三保田屯与田林县定安镇那雄村那朗屯山界纠纷调解会

【调处培训】 2016年，西林县人民政府调解处理土地山林水利纠纷办公室先后两次组织调解骨干分别到南宁、桂林参加自治区举办全区“三大纠纷”调处干部业务培训班学习。平时坚持一月一学制度，组织调处干部学习《森林法》《土地管理法》《广西壮族自治区土地山林水利权属纠纷调解处理条例》等法律法规和政策，交流学习案件调处技巧和经验，提高调处干部业务素质和办案水平。对乡镇参加调处工作人员进行新修订的《广西壮族自治区土地山林水利权属纠纷调解处理条例》内容和办案技能进行培训，提高基层调处人员的调处业务水平。

【信访维稳】 2016年，西林县人民政府调解处理土地山林水利纠纷办公室着力抓好矛盾纠纷特别是敏感事（案）件、敏感群体和敏感人员“三个敏感”问题的排查化解工作。畅通信访渠道，解决群众合理诉求，层层落实责任，确保信访维稳工作责任落实到人。积极开展矛盾纠纷排查工作，努力化解矛盾在基层。坚持在重大节日和敏感时期进行矛盾纠纷排查和零报告制度，确保西林县不发生有重大影响的群体性事件、恶性案（事）件和非正常上访事件，维护社会大局持续稳定。年内调处办接待群众来访28批83人（次）。对群众反映的问题，由专人负责做好登记，认真解释相关政策，及时给予调解。此外，还组织力量积极参与综治维稳平安建设等活动，助推平安西林建设。

撰稿：梁　艳
编辑：黄怀毅
黄文华

◎ 机关事务管理

【机构人员】 2016年，西林县机关事务管理局有编制人员41人，设局长1人，副局长3人，其他工作人员37人。内设办公室、财会股、保卫股、会务股、机关车队、公共机构节能股及综合股7个职能科室。

【后勤管理】 2016年，西林县机关事务管理局推进行政中心公共机构节能工作，切实降低机关运行成本，以加强后勤管理规范化为重点，加强制度建设，完善后勤服务监督，加强干部职工技能培训，保证后勤服务工作科学规范有序，全力做好机关后勤保障各项工作，为领导解决后顾之忧。

【会务】 2016年，西林县机关事务管理局协助“四办”做好各项会议的会务工作，严格执行操作标准，进一步完善服务工作职责，抓好会前准备、会中服务和会后完善三个环节，完成县党代会、人代会、县政协会等全县性各类会议服务任务150次，其中180人以上大型会议45次。

【公务用车管理】 2016年，西林县机关事务管理局抓好公务用车管理工作。1月1日，成立组建西林县公务用车服务中心，主要管理全县公务用车60台，其中“四办”用车20台；公务用车服务平台40台；对公务用车进行规范化运行管理，确保全县大小活动公务用车服务到位。制定《西林县公务用车服务中心组建方案》《西林县机关事务管理局用车服务中心管理制度》《西林县公务用车服务中心管理办法》为公务用车建立长效机制。严格按照公务用车使用审批手续，做好车辆调度工作；建立以网络信息化平台为主车辆申请、调度和反馈工作机制，为保障公务用车快捷优质；对公务车辆进行统一标识、定点加油、维修和定期保养，及时做好年检和保险工作，确保公务车辆的正常运行；督促驾驶员注意行车安全，确保公车安全行驶、文明行驶。全年完成派车2876辆次。

【五大楼绿化美化亮化】 2016年，西林县机关事务管理局抓好县五大楼绿化美化亮化工作。按照创卫标准，加强对机关大院、句町文化艺术中心、领导干部公寓楼、党政办公楼、政务服务中心楼的绿化美化亮化工作，实行卫生保洁分片包干制，层层落实，责任到人，做到“五不”（即不见积水、不见积尘、不见杂物、不漏垃圾、不乱倒垃圾），确保五大楼干净整洁。完成对政府大院下片区75个停车位划分工作，对机关大院破损路面及下水道井盖及时修补，花坛、雨棚、绿化等基础设施及时维修改造，全年累积投入人力210人（次），经费5.75万元。

【机关安全保卫工作】 2016年，西林县机关事务局保卫科有职工17人，实行24小时值班制，负责机关大院、句町文化艺术中心、党政办公楼、政务服务中心楼的安全保卫工作，保卫科不断完善安全保卫工作制度，秉承安全优先的安全理念，防患于未然，加强巡逻值守，做到把每个安全事故隐患消除在萌芽状态，确保西林县机关楼安全。

【创建节约型机关】 2016年，西林县机关事务管理局抓好创建节约型机关工作。印发《西林县2016年公共机构节约能源资源工作安排》给全县各公共机构，明确全县公共机构节能主要目标及措施。加大公共机构节能宣传力度，利用“节能宣传周”开展节能宣传，悬挂有关宣传横幅76条，出宣传板报28期次，发放相关宣传手册3000份；12月底建成西林县首台新能源汽车充电桩，响应市级新能源汽车推广应用。创建县级节约型、节水型示范单位；投入改造经费20.26万元，改造节能灯6011盏，水龙头3774个；把西林县民族初中作为县级节约型及节水型示范单位创建，投入6.5万元用于改造LDET8双管节能灯820组，节水型水龙头630个。全县公共机构总用电量482.06万千瓦时，人均用电719.5度；总用水量61.74万立方米，人均用水22.99立方米；汽油总消耗量47.19万升，车均用汽油1747.59升；柴油总消耗量4.34万升，车均用柴油1885.48升；单位建筑面积用电12.97千瓦时，单位建筑面积用水1.66立方米，以上指标均完成市级下达指标。西林县机关事务局与县质量监督局联合下发关于切实加强公共机构能源资源计量工作有关事项的通知后，建成的单位各类能源和水分户计量器具配备率100%。

2016年6月16日，西林县机关事务局开展西林县2016年公共机构节能宣传活动

撰稿：韦丽娇
编辑：黄怀毅
黄文华

◎ 地方志工作

【机构人员】 2016年，西林县地方志编纂委员会办公室是正科级参照公务员法管理的事业单位。在编5人，在职4人，其中主任兼主编1人，副主任兼副主编1人，编辑2人。

【县志编纂】 第二轮《西林县志》资料收集工作截止2016年12月20日，应报材料单位94个，已报送84个，未报送10个，年内已完成文字资料收集7万字，收集彩色图片100张，完成年度收集文字资料任务95%，图片任务98%。

【综合年鉴编纂】 截至2016年底，《西林年鉴·2011～2012》已完成编纂任务，进入排版校对阶段。《西林年鉴·2013》和《西林年鉴·2014》资料已收集到110个单位，占完成收集资料120个单位任务的92%。广西、百色年鉴组稿截至2016年底，完成《广西年鉴2015·西林》《百色年鉴2015·西林》及其他上级业务部门安排的撰稿任务。

【其他资料收集】 截至2016年底，《西林简史》资料收集已完成95%，完成编辑工作80%。《西林简志》编目提纲调研论证和编纂工作方案已完成，报县委县人民政府和上级业务主管部门审定后实施。十一届人民政府重要资料汇编截至2016年底，《西林县第十一届人民政府重要资料汇编》完成资料收集工作90%，编辑工作已在进行。

【地情网建设】 西林地情网（http://xl.gxdqw.com）于2012年12月25日正式开通，由广西方志文化惠民工程项目资助建设，是广西地方志系统网站群子网站之一，隶属西林县委宣传部监管，由西林县地方志编纂委员会办公室主办，设西林概况、地情书籍、风景名胜、地方特色、大事记、工作动态、法规文件等栏目。网站自开通运行之日起，县志办即安排专人负责运行维护，及时更新、丰富各板块相关内容，为社会各界深入认识西林、了解西林开辟一条新渠道。

撰稿：乃艳飞
编辑：黄怀毅
黄文华

◎ 档案管理

【机构人员】 2016年，西林县档案局（馆）编制人数6人，在职干部7人，其中局长1人，副局长1人，办公室工作人员1人，业务指导股2人，编研利用股1人，现行文件查阅中心1人。

【档案管理】 2016年，西林县档案局定期对国家规定应当立卷归档的材料，按照规定及时移交并能集中管理收集和整理。定期对库房档案安全系数，用电安全等进行检查，定期对库房和档案柜清洁和消毒，坚持库房内外温度登记制度，做好防汛、防盗等档案“八防”工作，年内投入10万元经费对库房档案进行数字化扫描，扫描文书和婚姻等档案2070卷131909页，完成任务占馆藏档案29.64%。

【业务指导】 2016年，西林县档案局指导8个乡镇和县直党政机关企事业单位档案材料收集整理和归档工作。全县85个全宗单位，其中有62个单位完成归档立卷13308件1331盒。接收退伍军人和其他文书档案12177件（其中退伍军人档案599卷，其他文书档案6187件）进馆，征集到相片档案110张。举办全县性档案业务培训班1期，分散培训班12期，培训各单位专（兼）档案管理人员300人（次），投入培训费用1万元。

2016年9月23日，在全县档案业务培训会上，县委常委、宣传部长、副县长黄健生同志作动员讲话

【档案编研】 2016年，西林县档案局先后在业务报刊、党报和自治区和百色市档案网上发表档案文章6篇。收集自治区和百色市党政领导视察西林县图文相片和西林县党委、人民政府主要领导在本届任职发表讲话整理成册；开展政府信息公开工作。建立健全政府信息公开送交制度，不断完善服务措施，实现政府信息公开制度化、规范化。

【档案利用】 2016年，西林县档案局接待档案利用者168人（次），提供利用档案资料181卷，复印档案资料1228页。为全县经济社会建设提供详实第一手资料，扩大档案工作知名度。

撰稿：王有成
编辑：黄怀毅
黄文华

◎ 招　商

【机构人员】 2016年，西林县招商局核定编制6人，实际在编10人。其中：局长1人，党组副书记1人，副局长2人，纪检组长1人，其他工作人员5人。

【项目签约】 2016年，西林县新建项目7个，投资额4.73亿元。

【资金到位】 2016年，全县招商项目累计区外到位资金6.39亿元，完成百色市下达给西林县全年总任务数6亿元的106.56%；利用全口径外资442万美元，完成百色市下达西林县任务数200万美元的221%。

【项目实施】 2016年，全县实施项目（含续建）14个，总投资额17.78亿元，其中续建项目7个，投资额13.05亿元。

【工业区经济运行】 2016年，西林县工业总产值2.45亿元，完成目标任务2.4亿元的102%；工业增加值0.6576亿元，完成目标任务0.62亿元的102%；基础设施投资0.11亿元，完成目标任务0.1亿元的107%。

【招商亮点】 2016年，西林县在第13届东盟博览会上成功签约西林县老乡家园—扶贫移民搬迁安置及配套产业园区、山羊保种与精准扶贫养殖、高产无公害水果种植示范基地项目，总投资20.9亿元；筹备且成功举办西林县重点产业推介会、沙糖桔（茶叶）线上线下产销对接会暨项目签约仪式。会上签约西林县山体公园五星级酒店、西林县普合苗族乡生猪生态养殖、西林县油茶种植与深加工、西林县十万亩天然林林下经济开发、西林县普合苗族乡光伏发电扶贫等项目12个，总投资11.7亿元。

撰稿：罗程中
编辑：黄怀毅
黄文华

◎ 政协西林县委员会

【班子成员】 2016年，政协西林县第九届委员会设常务委员19名。主席1人，副主席4人，秘书长1人，委员13人。

【工作机构】 2016年，政协西林县第九届委员会下设“一室三委”工作机构，即办公室、提案民族宗教法制工作委员会、经济人口环保联谊外事工作委员会、科教文卫体学习工作委员会。办公室设主任1人，副主任2人，会计1人，出纳1人，司机2人。提案民族宗教法制工作委员会设主任1人；经济人口环保联谊外事工作委员会设主任1人；教科文卫体学习工作委员会设主任1人。

◎ 主要工作

【办公室工作】 认真做好办文服务工作。2016年，共草拟形成委员会文件、党组文件、办公室文件共33份，为各级各类会议准备相关的材料或会议发言材料20多份；认真做好“三会”服务工作。2016年，圆满完成县八届政协六次全委会议、县九届政协第一次全委会议、县八届3次常委会议、3次主席办公会议以及县九届3次常委会议、4次主席办公会议的协调、服务工作，保证县政协委员会各项工作的有序开展；认真做好综合协调工作。2016年，组织委员深入到西林县乡（镇）村、企业、部门以及区内外部分县、市、区开展了4次专题调研、1次专题考察、4次专题视察活动，并形成相应的调研、考察、视察报告8个。

【提案民族宗教法制工委工作】 2016年，提案民族宗教法制工作委员会紧紧结合西林县实际，认真做好提案工作，不断提高提案工作的整体水平，充分发挥提案在促进西林经济社会全面发展中的作用。第八届委员会第六次会议和第九届委员会第一次会议，共立案的60件提案中已有46件办理完毕，办结率达77%，并已按要求完成书面征求委员答复意见，满意45件，满意率为95.7%。

【经济人口环保联谊外事工委工作】 2016年，经济人口环保联谊外事工作委员会，认真组织开展专题调研，履行参政议政职能。共撰写《关于西林县水果产业发展调研报告》《关于西林县油茶产业发展调研报告》《关于赴右江区考察整村脱贫摘帽考察报告》《关于西林县水果滞销视察报告》提交县委、县人民政府，认真履行参政议政职能。

【教科文卫体学习工委工作】 2016年，教科文卫体学习工作委员会，进一步加强西林文史资料的挖掘、整理与编撰工作，共收集《西林文史》第五辑史料20篇，2万字，图片51幅，为下一步编纂出版工作打下坚实的基础。上报《广西通志·政协志》收集资料5篇，1万字，图片15幅；上报《珠江—西江经济带建设纪实（文化卷）》和《珠江—西江经济带建设纪实（经济卷）》收集到资料15篇，2万字，图片25幅；组织征集、编纂出版《西林县实施西部大开发纪实》《西林县扶贫开发纪实》2本书籍，36万字，收集图片280幅，为挖掘和传承西林历史文化做出积极贡献；组织机关干部、政协委员和信息员向各级媒体投稿，全年共投稿件405篇（幅），被各级新闻媒体、网络采用348篇（幅）。县政协机关荣获自治区政协报刊宣传工作先进单位一等奖，有2人荣获区、市政协宣传工作先进个人。

【政协委员人数】 2016年，政协西林县第八届委员会于8月任期届满。政协西林县第九届委员会委员设8个界别：中共、财经计划、教育科技、农林水、卫生医药文体、少数民族港澳台侨属、政法特邀、工商联等。西林县第九届政协委员名额129人。其中，新任委员99人，占委员总数76.7%，留任委员30人，占委员总数23.2%。委员中的中共委员、妇女委员、少数民族委员的比例符合政协章程及上级指示精神。129人委员中，其中：中共委员50人，占38.8%；农工民主党1人，占0.77%；无党派委员78人，占60.5%；妇女委员44人，占34.1%；少数民族委员105人，占81.4%。年龄结构方面：51岁以上15人，占11.6%；31岁至50岁106人，占82.3%；30岁以下的委员8人，占6.2%。本届委员年龄最小24岁，委员平均年龄40.9岁，基本形成梯形结构。委员文化水平有较大提高，具有大专以上文化程度113人，占87.6%；中专6人，占4.6%；高中8人，占6.2%；初中2人，占1.5%。具有专业技术职称委员70人，其中：高级职称9人，中级职称26人，初级职称35人。汇聚全县各行各业和各个方面人才，具有广泛的代表性，既体现大团结、大联合的精神，又体现智囊团和人才库的特点。

【机构人员】 西林县政协办公室主任：杨兴富；副主任：农丽娟、黄志安。政协经济人口环保联谊外事委员会主任：罗世金（2006年4月至2016年5月）、农安坤。政协科教文卫体和学习委员会主任：蓝荣敏。政协提案民族宗教法制委员会主任：梁素云。

◎ 重要会议

【政协第八届西林县委员会第六次会议】 政协第八届西林县委员会第六次会议于2016年1月27日至28日在县城召开。会议议程：听取和审议政协第八届西林县委员会常务委员会工作报告；听取和审议政协第八届西林县委员会常务委员会关于八届五次会议以来提案工作情况报告；列席第十一届西林县人民代表大会第八次会议，听取并讨论政府工作报告及其他有关报告；审议通过政协第八届西林县委员会第六次会议政治决议；审议通过政协第八届西林县委员会第六次会议关于常务委员会工作报告的决议；审议通过政协第八届西林县委员会第五次会议以来提案工作情况报告决议。会上安排9位委员作专题发言。

【政协第九届西林县委员会第一次会议】 政协西林县第九届委员会第一次会议于2016年8月22日至23日在县城召开，选举产生新一届主席李正荣，副主席谭邦敏、韦振英、熊艳英、黄必先、秘书长杨兴富、常委委员覃宗政、宁浩淳、李仁忠、盘峥、陆国语、李秀青、吴文献、班百佐、陆韦荣、王彦蘅、黄民乐、李艳霞、黎译桢。会议听取和审议政协西林县第八届委员会常务委员会工作报告；听取和审议政协西林县第八届委员会常务委员会关于八届一次会议以来提案工作情况报告；列席县十二届人大一次会议，听取并讨论《政府工作报告》及其他报告；通过政协西林县第九届委员会第一次全体会议各项决议：政治决议，常委会工作报告决议，八届一次会议以来提案工作报告的决议。其他事项。

◎ 常委会议

◆政协第八届西林县委员会

【第二十二次常务委员会议】 2016年1月18日，政协第八届西林县委员会召开第二十二次常务委员会议，会议审议通过关于召开县政协八届六次会议的决定（草案）；审议通过县政协八届六次会议筹备工作方案（草案）；审议通过县政协八届六次会议议程（草案）；审议通过县政协八届六次会议日程（草案）；审议通过常务委员会工作报告（草案）；审议通过关于推举县政协主席农建华作为县政协常委会工作报告人的建议（草案）；审议通过关于八届五次会议以来提案工作情况的报告（草案）；审议通过关于推举县政协副主席农永烽作为八届五次会议以来提案工作情况报告人的建议（草案）；审议通过政协第八届西林县委员会第六次会议主席团名单（草案）；审议通过政协第八届西林县委员会第六次会议主席团常务主席名单（草案）；审议通过政协第八届西林县委员会第六次会议执行主席名单（草案）；审议通过政协第八届西林县委员会第六次会议正、副秘书长名单（草案）；审议通过政协第八届西林县委员会第六次会议提案审查委员会名单（草案）；审议通过政协第八届西林县委员会第六次会议各界别联络员、工作人员名单和讨论地点（草案）；审议通过政协第八届西林县委员会第六次会议委员编组及召集人名单（草案）；审议通过政协第八届西林县委员会第六次会议特邀县领导、老领导名单；审议通过政协第八届西林县委员会第六次会议列席人员（部门和企业）名单（草案）；审议通过政协第八届西林县委员会第六次会议政治决议（草案）；审议通过政协第八届西林县委员会第六次会议常委会工作报告决议（草案）；审议通过政协第八届西林县委员会八届五次会议以来提案工作情况报告决议（草案）；审议通过关于表彰2015年度提案先进个人、提案承办先进单位的决定和建议名单（草案），审议通过关于表彰2014～2015年度社情民意工作先进单位、先进个人的决定和建议名单（草案）；审议通过关于表彰2015年度政协宣传工作先进个人决定和建议名单（草案）。

【第二十三次常务委员会议】 2016年1月17日，政协第八届西林县委员会召开第二十三次常务委员会议，会议听取各界别小组汇报讨论《政协第八届西林县委员会常务委员会工作报告》《中国人民政治协商会议第八届西林县委员会常务委员会关于八届五次会议以来提案工作情况的报告》、县委书记黄建南《讲话》以及政协第八届西林县委员会第六次会议政治决议、政协第八届西林县委员会第六次会议关于常务委员会工作报告的决议、政协第八届西林县委员会第五次会议以来提案工作情况报告决议的情况。

【第二十四次常务委员会议】 2016年4月13日，政协第八届西林县委员会召开第二十四次常务委员会议，会议传达全国“两会”精神和部署当前工作人事任免：1. 副主席黄必先宣读中共西林县委提名文件《关于提名黎权同志免职的通知》；2. 县政协常委表决。

【第二十五次常务委员会议】 2016年5月23日，政协第八届西林县委员会召开第二十四次常务委员会议，会议宣读县政协领导分工，人事任免，其他。

【第二十六次常务委员会议】 2016年6月20日，政协第八届西林县委员会召开第二十六次常务委员会议。会议审议政协第九届西林县委员会换届工作方案（送审稿），审议政协第九届西林县委员会政协委员建议名单，审议政协第九届西林县委员会常务委员会委员建议名单，审议政协百色市第四届（驻西林县）政协委员建议名单，审议特邀参加政协全会的县领导名单，审议列席政协全会的县直单位领导建议名单，审议政协第九届西林县委员会第一次会议议程（草案），政协第九届西林县委员会第一次会议日程（草案），政协西林县委员会常务委员会工作报告（送审稿），政协第八届西林县委员会第一次会议以来提案工作情况报告（送审稿），政协西林县委员会2016年工作要点，其他事项。

【第二十七次常务委员会议】 2016年8月19日，政协第八届西林县委员会召开第二十七次常务委员会议。会议学习贯彻百色市政协《关于进一步规范县（市、区）政协换届工作会议的程序说明》，审议确定《常务委员会工作报告》报告人和《政协八届一次会议以来提案工作情况的报告》报告人；人事任免（黄志安同志试用期满正式任职）。

◆政协第九届西林县委员会

【第一次常务委员会议】 2016年11月21日，政协第九届西林县委员会召开第一次常务委员会议。会议传达学习中国共产党第十八届中央委员会第六次全体会议精神及自治区、和百色市政协常委会议精神。其他事项。

【第二次常务委员会议】 2016年12月26日。政协第八届西林县委员会召开第二次常务委员会议，会议审议县政协调研组提交《关于马蚌镇人民政府驻地变更必要性的调研报告》（送审稿）；其他事项。

◎ 主席办公会议

◆政协第八届西林县委员会主席办公会议

【第二十五次主席办公会议】 2016年1月8日，政协第八届西林县委员会召开第二十五次主席办公会议。会议秘书长黎权通报有关事项；听取各位委员会领导就年前需抓工作意见和2016年委员会工作思路建议；县政协主席农建华部署下一步工作。

【第二十六次主席办公会议】 2016年1月21日，政协第八届西林县委员会召开第二十六次主席办公会议。会议讨论确定县政协2016年议政性常委会议协商议题；讨论确定县政协2016年专题协商会协商议题；讨论确定县政协2016年对口协商会协商议题；讨论确定县政协2016年界别协商会协商议题；讨论确定县政协2016年提案办理协商议题。其他事项。

【第二十七次主席办公会议】 2016年3月24日，政协第八届西林县委员会召开第二十七次主席办公会议。会议研究讨论四个调研考察方案：西林县政协关于"发展电子商务，促进农民增收"的调研工作方案；政协西林县委员会关于开展实施精准扶贫先进经验和做法考察学习工作方案；关于开展乡村旅游扶贫开发工作考察活动方案；政协西林县委员会关于林业产业扶贫开发工作调研方案。

【第二十八次主席办公会议】 2016年6月20日，政协第八届西林县委员会召开第二十八次主席办公会议。会议审议《政协第九届西林县委员会换届工作方案》；研究提出西林政协第九届西林县委员会委员名单；讨论本届拟定五个调研活动；其他事项。

◆政协第九届西林县委员会主席办公会议

【第一次主席办公会议】 2016年10月24日，政协第八届西林县委员会召开第一次主席办公会议。会议讨论领导分工；审议讨论政协调研组《关于西林县新型农村合作医疗运行情况调研报告》（讨论稿）。

【第二次主席办公会议】 2016年11月21日，政协第八届西林县委员会召开第二次主席办公会议。会议讨论通过《关于西林县新型农村合作医疗运行情况调研报告》；初审《关于组织市、县部分政协委员到那劳开展"同心－扶贫"视察活动视察报告》（送审稿）和《关于赴右江区考察贫困村整村脱贫摘帽工作考察报告》（送审稿）；决定成立马蚌镇人民政府驻地整体搬迁调研工作领导小组。

【第四次主席办公会议】 2016年12月26日，政协第八届西林县委员会召开第四次主席办公会议。会议讨论《关于征集西林县九届二次会议大会发言材料有关事项》；审议县政协调研组提出《关于马蚌镇人民政府驻地变更必要性的调研报告》（送审稿）；讨论确定召开九届二次会议常委会时间；讨论修改西林县政协2016年度工作总结。

【重要活动】 9月，组织开展西林县新型农村合作医疗运行情况调研。10月，组织在全县开展"同心－扶贫"视察活动。组织部分市、县政协委员赴右江区考察贫困村整村脱贫摘帽考察活动。

撰稿：杨兴富
黄志安
编辑：黄怀毅
黄文华

社会团体

◎ 西林县总工会

【机构人员】 2016年，西林县总工会行政编制2人，设主席（县政协副主席兼）1人，常务副主席1人，副主席1人（从县文化体育和广电局带编制），副科级干部1人，县总工会自收自支工作人员3人，县总工会自聘工会工作者4人。

【获奖情况】 2016年，百色市总工会授于西林县总工会2015年度全市工会工作先进单位和全市工资集体协商工作一等奖；县委、县人民政府授于西林县总工会2015年人口和计划生育目标管理履职优秀奖；西林县总工会常务副主席何志葵被县人民政府授于安全生产先进工作者称号；西林县总工会办公室主任蓝启铭被县委、县人民政府分别授于2015年度西林县综治维稳处邪和平安建设工作先进个人和西林县2015～2016年度好党员称号。

【竞赛活动】 2016年，西林县总工会组织基层工会开展建功杯劳动竞赛、岗位练兵、技术革新和开展合理化建议等群众经济技术活动。全县开展竞赛活动单位有43个。全县基层工会开展创建“职工之家”和“双爱双评”活动，占全县基层工会89%。

【医疗互助保障】 2016年，百色市总工会下达西林县参加医疗互助保障工作任务933份，年内西林县职工参加医疗互助保障有1130份，完成任务103%。

【干部培训】 2016年，西林县总工会完成上级工会举办每期工会干部培训任务，选派工会干部参加上级工会举办培训班12人。

【协调推进各项工作】 2016年，西林县总工会开展“五一”系列活动。开展法律法规宣传咨询活动。开展劳模走访慰问活动。发放慰问资金6000元。举行全县庆祝“五一”国际劳动节气排球比赛活动。

【来信来访】 2016年，西林县总工会接待职工来访189人（次）。

【职工疗养】 2016年，西林县总工会根据自治区总工会疗养对象的要求，推选各基层工会一线职工到南宁、陆川、桂林等工人疗养院疗养26人。

【“工会爱心驿站”】 2016年，根据自治区总工会工作要求，西林县选在第二开发区建设一间“工会爱心驿站”，解决县城环卫职工无热饭、饮水、休息地点等实际困难。

【县委、县政府中心工作】 2016年，西林县总工会选派何志葵、冯文琉、韦荣波驻足别瑶族苗族乡者么村和西平乡高维村开展精准扶贫工作。年内资助木呈村、西平村、土黄村等7个村春节开展文娱活动补助1.3万元。给挂点村者么村和高维村经费补助1.2万元，资助给予西平乡高维村10户贫困户购买猪仔和17户贫困户购买电视接收器共支出人民币2.36万元。

【工会财务】 2016年，完成工会经费收缴任务557.9万元，比2015年增长58.7%，其中：企业拨缴工会经费156.9万元。全县党政机关事业单位按工资总额2%工会经费足额预算和足额划拨工会经费401万元。用好用活工会经费，确保工会重点工作所需，严管专项资金，杜绝违反财经纪律和截留挪用工会经费现象。

【维权和服务】 2016年，西林县总工会建立健全职工服务平台，完善本级帮扶中心、做好困难职工精准识别建档录入工作。用好中央、自治区、市级财政、自治区总工会专项帮扶经费，加强审查审计帮扶经费工作。组织开展“两节”送温暖慰问活动。元旦、春节期间，组织有关人员下到困难企业慰问特困职工243人，发放慰问金7.29万元。开展重大疾病医疗救助和金秋助学活动。年内已为患重大疾病的困难职工提供医疗救助24人，发放救助金5万元。开展高考“考前慰问”活动，给困难职工（农民工）子女高考前每人补助500元10人共5000元。开展金秋助学救助7人2.1万元。开展春节“农民工平安返乡”行动，在汽车总站设立“暖流行动”和“春风送岗位”活动。开展女职工“关爱行动”，为女职工开展“两癌”检查51人。加强劳模管理和服务工作。元旦和春节期间，组织有关人员慰问困难劳模，发放慰问金1.5万元。并做好推荐评选2016年广西乃至全国五一劳动奖状、奖章和广西乃至全国工人先锋号工作。

【厂务公开制度】 2016年，全县有企业（国有）及事业单位56个，其中，学校系统26个，卫生系统14个，国有企业16个（涵盖84个站所企业），全部建立厂务公开、职代会，建制率100%。全县有非公企业工会199个，其中已建立厂务公开和职代会非公企业有190个，建制率95%。其中3个行业企业工会（涵盖185个私营企业）建立厂务公开和职代会制度。全县已建立工会组织的企业有299家，其中国有集体56家（涵盖个84企业），非公企业工会199家，3个行业（涵盖185家），已签订工资集体协商企业286家，建制率95.7%，其中25人以上企业21家，已签订工资专项集体合同19家，3个行业工会全部签订工资集体合同，建制率91%。

撰稿：蓝启铭
编辑：李振华
黄文华

◎ 共青团西林县委员会

【概况】 2016年，团县委定编4人，其中行政编制2人，设书记1人，副书记1人，办公室人员1人，下设机构预防青少年违法犯罪办公室1人。在职3人，书记1人，副书记1人，预防青少年违法犯罪办公室主任1人。

【共青团组织建设】 2016年，团县委依托桂滇黔跨省区域联合党建平台，组建桂滇两省区八达镇木呈村坝美镇洛里村等13个跨省区联合团总支部，加强桂滇黔三省区结合部三地团员青年交流、沟通和协作。推进“1+100”团干部直接联系青年工作，实现互动常态化，沟通零距离。团县委举办2016年“青春引擎”团干部培训班，培训全县各基层团干部128人。

2016年4月换届后，直团系统县单位全部配备有团委书记，全县八个乡（镇）全都配备有专职并在岗的乡（镇）团委副书记；全县97个行政村（社区）都配备有团支书；其中，乡（镇）团委有本科以上学历7人，硕士研究生1人，97个行政村（社区）团支书都是中专学历以上，全县团干部配备率95%以上。

2016年，共青团西林中学委员会被评为百色市五四红旗团委，西林县人民医院及西林县国税团支部被评为百色市五四红旗团支部，西林中学、西林民高、西林县国税局的团委书记刘金凤等3人获百色市五四优秀团干部称号。

【青少年思想政治教育】 2016年，团县委结合纪念五四运动97周年活动，组织全县各界青少年团员围绕“我的家乡美”开展全县青少年品读地域文化系列活动，征集家乡民间小说、画家乡美景、摄家乡美景，让广大青少年更加了解家乡和爱家乡，深化“我的中国梦”意识。

利用活动平台凝聚青少年做好思想教育引领。1月28日团县委举办2016年“快乐青春 炫舞西林”青少年舞蹈大赛，大赛有18个队伍参加，舞蹈大赛进一步增进青少年们的交流，引领青少年向积极方向发展。

在“五四”期间开展“助力脱贫·青春西林”主题团日系列九大活动，暑假期间开展“助力脱贫·青春建功”暑假三下乡活动，联系岭南师范学院数学与计算科学学院“曦望”社会实践队到足别瑶族苗族乡南灰村开展暑期支教活动和右江民族医学院大学生地中海贫血志愿服务队开展以“携手防控地贫，共筑健康中国”为主题的实践活动。

【青年志愿者服务】 暑假期间，团县委组织全县大学生在全县8个乡镇开展宣传西林县“精准扶贫”政策，通过青少年志愿者宣讲、走访发传单等方式，到边远村屯开展扶贫政策宣传，发出宣传单5000份，拉挂横幅87条，出动青年志愿者1719人（次）。同时，志愿者们还结合精准扶贫宣传，在全县就五类重点青少年群体进行摸底排查。做好第二批山西大学研究生支教团到西林县支教服务对接工作，引导和指导支教团服务和参与西林县教育事业建设。组织青年志愿者参与西林县第五届句町文化艺术节和第六届沙糖桔产业、茶叶产业文化展示活动周志愿服务活动和在全县范围内开展西林县创建自治区文明城市工作宣传。

【青年创业就业】 围绕生产扶贫，引导推进青年创业就业服务。团县委通过观念引导、技能培训、岗位对接、创业扶持等方式，实施“扶贫致富，青年引路”青年创业创新示范工程，此项目荣获百色市“百团大绽”主题活动项目评比二等奖，有效地服务青年就业创业进入“快车道”。同时，为全面了解和掌握全县团员青年创业情况，针对青年创业中遇到的实际困难提供有效服务，先后对星胜禽业蛋品养殖农民专业合作社等80户命名为首批“西林县青年创业示范点（户）”。并扶持一批青年就业创业，树立一批青年创业典型，在资金、政策、信息、技能给予相应的扶持和支持。

围绕电商扶贫，做好青年创业助推工作。团县委先后成功举办西林县大学生、返乡青年、返乡农民工电子商务培训班、西林县团干部“青春引擎”培训，促使更多青年开办网店和微店，激发他们创业欲望，还开展西林县助力脱贫青春西林电商——贫困村结对帮扶。其中，在年初还组织全县优秀电子商务创业青年到右江区、平果县、田东县、田阳县进行电子商务考察，学习借鉴先进地区电商工作好经验好做法，同时也邀请百色市优秀电商到西林考察，为西林电商传经送宝，以提升青年电子商务创业与经营能力。

【学校少先队】 团县委坚持为少先队开展活动出思路和把方向，优化环境。10月13日至14日在县委党校开展2016年西林县少先队辅导员培训班，在校辅导员参加培训65人，通过理论知识、专业知识、教学实践等内容方式培训。培训期间，还组织辅导员到县第二小学开展少先队特色课程教育，在少先队辅导员中进一步培育和践行社会主义核心价值观，全面提升全县基层少先队辅导员理论素养和工作技能。

10月23日，组织全县13名优秀少先工作者和少先队员到百色市参加全市第三届少先队代表大会，进一步地推动全县基层少先队工作。

【青少年权益维护】 结合“关爱明天，普法先行”活动，开展以《预防未成年人犯罪法》《未成年人保护法》为主要内容的青少年普法教育，各级各类学校聘请法律工作者、政法干警为中小学生上法治课和法治讲座，突出抓好在校生的法治教育。

参与开展“普法夜市”活动。县预防办公室充分利用县民族文化广场作为宣传阵地，开展“普法夜市”宣传活动，通过设宣传台、摘录《中华人民共和国未成年人保护法》《预防未成年人犯罪法》等法律法规制作宣传板报、宣传单等形式，每次普法宣传日在广场向群众发放宣传资料的同时做好解读和咨询工作。向群众发放《未成年人保护法》《预防青少年违法犯罪》等法制宣传资料3000份，发放禁毒宣传单2800份，防艾知识小册子1000册，展出展板10板次，拉挂横幅18幅。利用假期组织返乡大学生开展预防青少年违法犯罪进村屯活动，对农村适龄青年进行普法宣传。

年内组织志愿者进村、社区、学校12场次，发放相关资料2305份，教育参与活动的青少年382人（次）。

开展“维权岗在行动”活动。把维护青少年合法权益作为团结教育青少年的一项重要工作来抓，联系检察院、公安局、工商局等“青少年维权岗”成员单位，开展法律知识讲座、校园安全广播站等形式多样的维权活动。此项工作被共青团百色市委授予“2016年度重点青少年群体服务管理和预防犯罪工作先进单位”称号。

【希望工程】 2016年，团县委坚持多方筹备助学资金，重点组织开展好“圆梦行动”等希望工程品牌活动。年内团县委争取到广西青年企业家协会到西林县八达镇土黄村开展扶贫捐赠活动，为土黄小学捐赠物资价值35143元，同时，团县委还捐赠近1000册希望图书室书籍给该县八达镇土黄村小学等四所学校。

开展“学雷锋 好榜样 我有我的样”主题志愿服务活动月，组织青少年志愿者到县敬老院开展慰问活动，送去3000元慰问物资，为孤寡老人、留守儿童送去温暖，其中还为团县委包村贫困户黎建英上大学争取到补助5000元。

开展“合力监护，相伴成长”关爱留守儿童送温暖主题活动，为320名留守儿童送去毛毯320床，保证留守儿童安全过冬。

撰稿：黄丽霖
编辑：李振华
黄文华

◎ 西林县妇女联合会

【机构人员】 2016年，西林县妇女联合会在编人数4人，其中主席1人，副主席1人，妇女儿童工作委员会办公室1人，妇联办公室1人。大学本科学历3人，大学专科学历1人。

【妇女素质教育】 2016年，西林县妇女联合会通过举办各种妇女培训班提升妇女素质。10月9日至16日，县妇联组织全县各条战线上女领导干部59人到北京大学培训，通过培训提升女性领导综合能力和素质。6月3日，县妇联联合县科协到西平乡平上村开展“产业到家·牵手妈妈”巾帼脱贫行动暨扶贫小额信贷宣传培训活动，参加培训人数63人。11月28日，县妇联到那佐苗族乡坝盆村开展“送科技下乡”精准扶贫培训活动。活动邀请县农业局资深水果农艺师黄茂景进行授课，来自坝盆村坝盆屯和拖盆屯的沙糖桔种植户和即将发展沙糖桔种植产业的农户参加沙糖桔管护技术培训125人。并到沙糖桔种植基地进行实地示范指导，现场为学员答疑解惑，增强种植户有信心发展沙糖桔产业。

【“三八”庆祝活动】 3月4日，在县民族文化公园举办“清廉巾帼·舞动人生”广场舞比赛，纪念“三八”国际劳动妇女节成立106周年，展示西林县妇女积极健康的精神风貌，营造昂扬向上和喜庆欢乐的节日气氛。3月7日，组织国税、地税巾帼文明岗和巾帼服务队，以学雷锋活动周为契机，到八达镇红星村开展岗村“手拉手”结对共建活动，各巾帼文明岗结合本单位实际和行业特点，以实际行动展示西林县女性风采。3月11日，在县委党校举办女性健康教育知识讲座，邀请资深专家刘勇老师亲临授课，县直单位女干部职工到场听课139人。

【“六一”儿童节庆祝活动】 5月27日，西林县妇联联合广南县妇联在八达镇那卡希望学校举办西林·广南县跨省区联合党组织、妇联共同庆祝“六一”儿童节联谊活动。当天活动有三大内容：①西林县那卡希望学校和广南县底先完小学生互赠贺卡、小礼物并交友；②两个小学学生联合举行文艺汇演，表演节目类型有舞蹈、唱歌、小品、乐器演奏、合唱等；③开展西林·广南县跨省区联合妇儿工委“庆六一·颂祖国”少儿现场书画比赛，两地学生共同参加比赛。5月30日至5月31日，组织县妇联执委、巾帼文明岗、乡（镇）妇联和县妇儿工委各成员单位下到各乡（镇）各学校开展关爱贫困儿童和留守儿童慰问活动，开展“爱心妈妈”牵手“留守儿童”活动，与孩子们一起开展游园活动，与农村贫困留守儿童结成帮扶对子，为贫困儿童和留守儿童送去慰问品。联合县检察院到特殊学校看望和慰问残疾儿童，在特殊学校开展法律知识进校园宣传活动。到社会福利院看望和慰问孤儿，为7名孤儿送去食品、学习用品、生活用品及新衣服，使孤儿们感受到妈妈般温暖和关怀。

【家庭教育大讲堂暨安全知识进校园活动】 6月20日至21日，县妇联联合县交警大队、消防大队到八达镇木呈小学、花坝小学开展家庭教育大讲堂暨安全知识进校园活动。活动邀请八达镇二小资深家庭教育专家汤芝昕老师为家长们授课，学生家长参加讲座237人。活动还邀请县交警大队、县消防大队讲解日常交通安全和消防安全知识。两天活动向两校师生及家长发放《交通安全知识读本》《消防安全知识手册》和《女童自我防护手册》等资料1000份。

【依法维护妇女儿童合法权益】 社会化维权网络建设。县妇联与县司法局联合加强建设法律援助工作站，调整充实人员，利用人民陪审员身份参加案件审查。加强法制宣传和反家庭暴力工作，及时处理家庭暴力投诉案件。年内县妇联受理来信来访16件，办结率98%。其中，婚姻家庭纠纷11件，侵权纠纷2件，其他3件。做到事事有答复，件件有落实，有效地维护妇女儿童合法权益。

【妇女儿童扶持】 春节前夕，县妇联到八达镇花贡村和那卡村开展“情系特困妇女儿童”春节慰问活动。为12名因病致困、因灾致贫的特困妇女送上慰问金每人300元和棉被等价值300元的节日礼物，为花贡村花坝小学特困女童20人送去棉衣价值3000元。争取中央彩票公益金支持农村贫困母亲两癌救助项目，开展“贫困母亲两癌救助”信息统计工作，上报申请人2人，为贫困两癌妇女办实事做好事。

【妇女儿童福祉】 2016年，投入经费26万元创建“儿童之家”13个，分别建在：古障镇水头村和渭归村，八达镇木呈村和那卡村，马蚌镇那扛村，那佐苗族乡甘界村和皆马村，西平乡平上村和者车村，普合苗族乡平安村，那劳镇新寨村，足别瑶族苗族乡板桥村和平木村。

按照“儿童之家”建设“六有”标准和要求，每个“儿童之家”都已挂牌，都有儿童活动场所及部分设施，完善各种档案材料，制定儿童之家各种管理机制和活动安排计划。

投入1.60万元创建县级“妇女之家”示范点16个，自治区级“妇女之家”示范点1个，为其配备电视机、音响设备等设施，组织指导开展活动，使“妇女之家”真正成为深受妇女群众信赖和热爱的“温暖之家”。

撰稿：凌桂英
编辑：李振华
黄文华

◎ 西林县残疾人联合会

【组织机构】 2016年，西林县残疾人联合会在职干部职工13人，设正、副理事长、党组书记、纪检组长各1人。县残联内设残疾人就业服务所、残疾人康复服务中心、用品用具管理站等下属机构。全县8个乡镇成立乡（镇）残联，乡（镇）残联理事长有专职人员2人，兼职人员6人，各设有残疾人专职委员1人。全县94个村、3个社区成立残疾人协会，各设残协主席、副主席、残疾人专职委员各1人，村（社区）残协主席、副主席均为兼职。县级设五个残疾人专门协会，各设主席、副主席各1人。

【社会保障】 2016年，西林县残疾人联合会配合县民政局开展重度残疾人护理补贴审核工作。对全县重度残疾人1012人和生活困难残疾人940人发放补贴每人600元，全年发放补贴117.12万元。开展阳光家园计划项目，为全县就业年龄阶段因贫困、智力、精神、重度残疾人350人发放生活和护理补贴每人1500元，共计发放金52.50万元。170名残疾人获燃油补贴每人260元，全年发放补贴金额4.42万元。为28名灵活就业和个体就业人员发放养老金补贴每人1200元，全年发放3.36万元。开展贫困残疾人春节和助残日期间慰问工作。为残疾人95人发放慰问金4.75万元。开展残疾人及其子女教育助学补助工作。

【康复工作】 2016年，西林县残疾人联合会输送白内障患者到西林县人民医院实施免费复明手术63人，完成筛查聋儿（人工耳蜗）5人；为低视力残疾人发放辅助器40人；为重度残疾人免费发放价值3.60万元的残疾人轮椅60件。11月再次向西林县重度及低视力残疾人55人发放辅助器具，这些器具包括多功能轮椅、护理床、多功能盲杖、助视器、语音电饭煲等；完成残疾无障碍设施改造工程40户，户均投入4000元，共投入16万元。

【教育】 2016年，西林县残疾人联合会为全县贫困残疾人及其子女62人发放助学补助金14万元。

【就业】 2016年，西林县残疾人联合会在全县开展个体就业和自主创业的残疾30人发放扶持资金11.70万元。全县各企业和行政事业单位按比例安排就业78人，收取残疾人就业保障金96万元。与百色市残联联合举办两期残疾人果树种植工培训班，培训残疾人100人。

2016年9月13日，西林县残联到西平乡为残疾人进行农村实用技术培训

【扶贫】 2016年，西林县残疾人联合会开展“党员扶残·温暖同行”活动3期。发放猪仔给贫困残疾户每户2头价值1000元。利用西林县阳光助残基地扶持贫困残疾户101户，发放中华蜜蜂蜂种和养蜂设备每户2箱，户均获得补助1400元；开展农村残疾人实用技术培训5期，培训全县农村残疾人450人。举办残疾人文化扫盲班1期，培训残疾人10人。

2016年12月11日西林县残联实施“党员扶残，温暖同行”项目，向130户贫困残疾家庭发放每户2头小猪

【体育】 2016年，西林县残疾人联合会抓好残疾人体育工作。11月，在百色市第二届残疾人体育运动会上，西林县残联以总分150分获团体总分第一名。

2016年11月2日，西林县残联在百色市第二届残疾人运动会获团体总分第一名

【基础设施】 2016年3月，西林县残疾人托养服务中心项目开工；12月完成主体楼建设工程，总建筑面积2000平方米，总投资300万元。

撰稿：农双连
编辑：李振华
黄文华

◎ 西林县科学技术协会

【机构人员】 2016年，西林县科学技术协会实际在职8人，设主席1人，党组书记1人，副主席1人，党组副书记、纪检组长各1人，科级干部1人，会计1人，办公室人员兼出纳员1人，办事员1人。

【青少年科技教育活动】 3月18～20日，县科协联合县教育局组织各学校36名科技辅导教师和12名中小学生去南宁观摩第31届广西青少年科技创新大赛决赛。

4月28～29日，邀请百色市科协“科普大篷车”到八达镇一小、八达镇土黄小学、那劳镇中心小学3所学校进行巡回展出。

6月1日，在八达镇一小组织开展“科普进校园六·一”活动。为该校捐赠青少年科技创新和青少年科普读本等科普书籍550册，发放科普知识竞答文具奖品450份。

11月2日，由县科协牵头联合教育局组织西林县各个学校科技辅导员16人，到百色市逸夫小学和靖西市第五小学开展青少年科普考察活动。

【科普宣传】 科普宣传活动。通过农村科普带头人向周边群众传授成功经验和科学技术，发挥“田教授”“土专家”的示范带动作用。

利用西林县者车村科普学校为广大农民群众开展科学知识培训，让广大农民掌握更多科学技术，促进增收，达到科普宣传实际意义和目的。

利用村级科普宣传栏向群众宣传科普知识。县科协利用在西平乡者车村制作“科普宣传栏”，通过不断更新科普宣传栏内容，让当地群众在家门口就能学到丰富实用科普知识。

开展科普进社区活动。结合党员干部为社区服务工作，县科协积极开展科普进社区活动，为社区制作节能、环保、医药、养生等知识的科普板报，受到群众欢迎。上半年，为麻鸭养殖示范基地创建科普书屋1个，捐赠农业生产科技、农村生活科普、健康生活常识、科学种植养殖常识、农业实用技术丛书等科普书籍1000册。

创建科普书屋，为该示范基地开辟科技普及和宣传的新阵地，为群众提供丰富科普知识，从而提升养殖户和周边群众科技水平，为提高群众科学种植养殖水平，增长致富本领提供保证。同时，还为该示范基地购买孵化机和出雏机各1台，为该示范基地发展麻鸭养殖提供有力保障。

【农村适用技术培训】 2016 年，西林县科学技术协会组织技术人员到者车村、平上村、坝林村、大河村开展各类科技培训 8 期，培训 470 人（次），引导农村科普带头人开展技术指导培训 100 人（次），组织科普示范基地完成技术培训任务 700 人（次）。培训内容包括沙糖桔栽培管理技术、科学饲养麻鸭技术、生姜种植管护技术等内容，深受群众的欢迎。通过培训，提高群众科学种植、养殖水平，增强他们致富能力。

2016年5月20日，西林县科协会同西林县姜晶生产销售协会深入八达镇坝林村开展生姜种植技术培训。其目的是让姜农掌握新技术，提高生姜种植效益

【项目申报】 2016 年，西林县科学技术协会完成全国基层科普行动计划和广西科普惠农兴村计划项目申报工作。推荐上报李青晖被自治区科协和自治区财政厅授予“广西科普惠农兴村带头人”称号。

撰稿：龙金婕
李秀青
编辑：李振华
黄文华

◎ 西林县文学艺术界联合会

【机构人员】 2016 年，西林县文学艺术界联合会编制核定 3 人，实有在职人员 5 人，其中主席、副主席各 1 人，主任科员 1 人，副主任科员 2 人。

【文联协会】 2016 年，西林县文学艺术界联合会依据上级文件精神，摸底调查西林县各个艺术流派，年初成立“西林县音乐家协会”“西林民间艺术协会”等 2 个协会。全年成立有山歌协会、书法协会、摄影协会、作家协会等协会。此外，全县中小学成立文学社 26 个，农民文学社 1 个（那劳农民文学社）。

【《驮娘江》杂志出版】 《驮娘江》杂志是西林县委宣传部主管、西林县文学艺术界联合会主办的纯文学杂志，以挖掘本土作者、展示西林人文风貌为主。刊物设有“本地辣姜”“小说看台”“散文空间”“诗歌守望族”“大学生之页”等栏目。2016 年《驮娘江》已经出版春季刊、夏季刊、秋季刊、冬季刊。被百色市文联评为百色市优秀刊物。

【文学作品出版】 2016 年，西林县文学艺术界联合会向县财政申请资金资助县作家协会会员 3 人。出版文学专著 3 本，分别是：岑斌诗歌集《情满驮娘江》，廖远广文集《孤村秋月》，程婉婷散文集《一米阳光》。

【文艺交流活动】 2016年5月，西林县文学艺术界座谈会在那劳镇举行，邀请田林县、广南县作家协会会员参加座谈采风。会议围绕深入学习贯彻习近平总书记在文艺工作座谈会上的重要讲话精神和县委县人民政府提出打造“文化名县”的发展战略工作要求，统一思想、把握导向，推动西林文艺事业繁荣发展。

【特色艺术文艺申报工作】 2016年8月，西林县被自治区文学艺术界联合会命名为“广西特色文艺之乡（山歌）”，命名“广西千村万户文艺惠民工程”文艺村4个，即西平乡西平戏剧村、西平乡木顶山歌书法村、那佐苗族乡坝盆龙崖外（春牛舞）村、那劳镇那劳文艺村，文艺屯1个，即古障镇者夯村八索八音演奏屯，文艺之家2户，即那佐苗族乡陆亮丰家和那劳镇韦永近家。

撰稿：沈现启
编辑：李振华
黄文华

◎ 西林县工商业联合会

【机构人员】 2016年，西林县工商业联合会，简称工商联。实际在职4人，其中在编4人，设主席1人，副主席1人，主任科员1人，科员1人。

【换届工作】 2016年12月28日上午，西林县工商业联合会（商会）第五次会员代表大会在西林县城召开。会议根据《中国工商业联合会章程》有关规定，审议并通过《西林县工商业联合会（商会）第五次会员代表大会选举办法》，选举产生西林县工商业联合会（商会）第五届执行委员会委员35人、常委11人、主席1人、常务副主席1人、专职副主席1人、兼职副主席9人、秘书长1人和商会会长1人、副会长10人。

2016年11月28日，西林县工商业联合会第五次会员大会投票现场

【参政议政】 2016年，根据政协西林县第九届委员会委员界别人员结构和名额安排要求，推荐政协西林县第九届委员会工商联界人员（非公经济人士提名17人）。在政协西林县第九届委员会第一次会议上，工商联界政协委员提出建议和意见8条。为县委县人民政府决策部署提供参考意见。

西林县工商业联合会荣获广西工商联“六有”商会牌匾

【商会建设】 2016年，西林县已成立商会（协会）11个，其中：乡（镇）商会8个，行业协会3个。

【会员发展】 2016年，西林县工商联会员476人；其中个人会员430人，企业会员46家。

【荣誉】 2016年，那劳镇商会、西平乡商会被评为广西壮族自治区“六有商会”（有办公场所、有人员、有工作经费、有工作制度、有资料档案、有丰富活动）荣誉称号。

【参与招商引资】 2016年12月17日，广西西林第五届句町文化艺术节暨第六届沙糖桔、茶业产业文化展示活动周重点产业项目推介会暨项目签约仪式中，联系自治区内外企业及商会到西林县参加重点产业推介会并进行考察43家，会上签约项目2个。

【脱贫攻坚】 2016年，组织非公企业及经济人士召开开展“千企扶千村”活动座谈会、非公经济人士参与脱贫攻坚工作座谈会，发放《“脱贫攻坚 爱心企业在行动”倡议书》等多种形式，动员广大非公经济人士积极投身精准扶贫精准脱贫攻坚战场。在全国第三个“扶贫日”即2016年10月17日，西林县举行非公有制经济组织“脱贫攻坚 爱心企业在行动”捐赠仪式，全县34家企业捐出31.38万元爱心款助力脱贫攻坚。

2016年10月17日，西林县非公有制经济组织“脱贫攻坚 爱心企业在行动”捐赠仪式

【对外交流】 2016年，组织外出考察学习3次。分别为参加百色市非公有制经济人士培训班、到浙江大学参加西林县2016年统战、党外干部暨非公有制经济人士综合素质提升培训班、到云南省曲靖市麒麟区学习考察。

【文体活动】 2016年9月，举办西林县非公经济人士决战脱贫攻坚“同心杯”气排球赛。

2016年9月23日，西林县非公经济人士脱贫攻坚行动“同心杯”气排球赛闭幕式

撰稿：黎译桢
编辑：李振华
黄文华

◎ 西林县社会科学界联合会

【机构人员】 2016年，西林县社会科学界联合会有团体会员8个。内设机构3个（办公室、科普部、学会部），工作人员6人。现任领导机构是第二届委员会，有委员23人，其中常务委员9人。主席1人、党组书记1人。专职副主席1人；正科级干部1人，副主任科员1人，办公室工作人员1人。

【学术活动】 召开茶叶产业文化论坛、句町文化暨唱娅王民俗研讨会2场，西林县社会科学界联合会分别与县农业局、县文化和体育广电局联合举办西林县第五届句町文化艺术节暨第六届沙糖桔产业、茶叶产业文化展示学术研讨会活动，参会人数106人（次）。

农正光先后到县财政局、交通局、移民局、粮食局、那劳镇和隆林各族自治县天生桥镇举办宣讲报告会6场。

【社科普及】 2016年5月17日、18日、19日，利用圩日分别下到八达镇、那劳、普合三个乡镇，以“创新引领 共享发展”为主题开展社科知识科普赶集宣传活动。活动采取免费发放科普知识宣传资料和开展科普知识咨询等形式，对扶贫优惠政策、司法、农业新品种新技术、食品药品安全、气象防灾减灾、计划生育政策及防艾知识、新农合医疗等相关知识进行广泛宣传。活动发放各类社科宣传资料2500份，到场咨询518人（次）。2016年出版《西林社科通讯》内刊4期。

2016年5月17日，西林县社科联干部职工到那劳镇开展社科知识科普赶集宣传活动

【课题研究】 2016年，课题组开展《西林县特色旅游产业现状及发展对策研究》和《如何发挥基层组织党员在扶贫攻坚中先锋模范作用》两个课题调研。11月7日至9日，西林县社科联应邀参加在贵州省黔西南州兴义市举行“贵州省黔西南州黔滇桂三省（自治区）第二届南盘江流域发展论坛”，为南盘江流域生态环境、水资源、旅游资源、民族文化保护与开发利用献计献策。11月23日，在田林县举办的桂黔滇三省（自治区）南盘江流域扶贫产业联动开发论坛，撰写《南盘江流域扶贫产业发展现状及对策研究》，为推进接边地区贫困群众产业致富架设理论桥梁。

【其他工作】 2016年，按照县委县人民政府安排，派员下到定点帮扶联系村——那劳镇洞坚村开展春季森林防火、抗旱；夏季防汛救灾；清洁家园、清洁水源、清洁田园，建设生态乡村，做好精准扶贫，结对帮扶贫困户等工作。即：在挂点村悬挂《乡村清洁条例》宣传横幅6条，在村屯显眼地方张贴《广西壮族自治区乡村清洁条例》内容，为单位干部职工和村屯群众熟悉《条例》相关内容创造条件，开展“美丽西林·清洁乡村”建设活动，并使该项活动走上规范化和制度化，为推进生态乡村做出贡献。认真开展“两学一做”专题教育活动。按县委要求，6月24日西林县社科联党组书记龙化勇到挂点帮扶村—那劳镇洞坚村给村里23名党员上党课，并资助该村清理垃圾运输费800元。

2016年8月19日，西林县社科联下挂点村—那劳镇洞坚村开展清洁乡村活动

撰稿：岑伟凤
编辑：李振华
黄文华

法　治

◎ 法制政府建设

【机构人员】　2016年，西林县法制办公室设综合管理股、行政复议股、法律事务股（挂公职律师办公室）等3个内设机构。行政编制2人，事业编制3人；设主任1人，副主任1人，工作人员3人。

【政府规范性文件审查】　2016年，法制办公室审查各种涉法事务文件82件，其中涉及经济事务36件，涉及社会事务24件，涉及行政事务22件。在审查规范性文件中，内容合法建议政府发文30件，内容缺建议修改后行文52件，为西林县人民政府提出法律意见书66件。

【行政复议】　2016年，受理行政复议案件13件，其中作出维持原处理决定5件，撤销处理决定4件，驳回申请2件，变更处理决定1件，申请人自行撤回申请1件。

【行政诉讼】　2016年，西林县法制办公室出庭参加行政诉讼18起，法院维持判决7起，原告撤诉5起，法院撤销6起。

撰稿：李永文
编辑：李振华
李金银

◎ 政法委及综治

【机构人员】　2016年，中共西林县委政法委员会，设定编制15人，实有15人。

【维护国家安全和社会稳定】　2016年，加大防范打击敌对势力、暴力恐怖势力和“法轮功”等邪教组织捣乱破坏活动的工作力度。年内组织召开5次情报信息研判会，查获2起“门徒会”案件，全县没有发生一起影响国家安全和社会政治稳定的案（事）件。

2016年6月14日，西林县召开社会稳定和安全生产第一次工作会议

【矛盾纠纷排查调处】　2016年，排查出“三大纠纷”案件53起（积案30起，新案23起），其中跨省、跨县的案件15起，县内“三大纠纷”案件38起，案件调处率达95%。年内

没有发生在全区、全市造成较大影响的事（案）件，也没有发生到市赴邕进京非正常上访事件。

【“严打”整治斗争】 2016年，查处治安案件491起，结案152起。立刑事案件407起，破案186起，破案率与去年同期相比上升5.8个百分点，其中命案立4起破4起，实现命案全破目标。

【年度荣誉】 2016年，全县群众安全感综合排名：第一季度排全区第24名、全市第2名；第二季度排全区第9名，全市第1名；第三季度排全区第13名，全市第3名。第四季度排全区第71名，全市第9名；全县群众安全感排全区第21名、全市第2名，获2016年百色市“平安建设先进县”荣誉称号，连续11年获“广西平安县”荣誉称号。

【治安防控体系建设】 到2016年11月，社会治安电子视频监控系统覆盖全县各主要交通主干道，实现出入境交通关口电子视频监控全覆盖，重点部门、场所、部位、企业等电子视频监控系统接入公安监控平台。继续推进综治信息系统平台建设，建成综治视联系统和“平安西林”网站等通信平台和宣传阵地。

【防范和处理邪教工作】 2016年，建立20户“家庭拒绝邪教中心户”和“创建无邪教中心户”；抓好反邪教宣传，教育转化工作取得明显成效，实现在册“法轮功”人员全部转化，5名重点人员转化后得到巩固。2016年度，全县工作得到百色市防范和处理邪教问题领导小组通报表扬。

【流动人口管理】 2016年，以对出租房屋管理为突破口，把“以证管人”“以房管人”“以业管人”等多种服务管理手段有机结合起来，对流动人口的服务管理工作进一步规范。以八达镇城北社区为试点，成立“流动人口服务管理工作站”“出租房屋管理工作站”和“计生服务管理站”，全面采集辖区内住户的信息并把采集到的信息录入公安机关警用综合服务平台，提高管理的信息化水平。

【跨区接边维稳】 2016年，加强平安共建协作，推动西北五县接边政法综治信访维稳协作机制，使跨省（区）综治维稳协作机制不断完善。在巩固百色市西北五县平安和谐区域创建协作成果的同时，共商新一轮和谐区域创建和接边维稳协作大计。与隆林、田林、凌云、乐业等百色市西北县份及罗平、广南、兴义等滇黔两省县、市密切合作，维护接边地区的社会稳定。与云南省富宁、广南、罗平县和贵州省兴义市签定接边民族团结创建、民族文化交流合作协议，建立三省（区）民族宗教维稳制度，进一步加强三省（区）民族工作交流与合作，维护接边地区民族团结。

【队伍建设】 2016年，西林县政法机关人员调配71人，其中提拔33人，交流38人，补充配备6个乡（镇）综治办专职副主任；接收77名高校毕业大学生到政法部门岗位就业见习，解决97个行政村（社区）警务助理配备。

【政法宣传】 2016年，开展普法夜市活动4场（次），发放宣传资料和宣传品3.7万份，播放法制电影12场，电视广播宣传25小时，受教育人数达6万人（次）。

撰稿：李黄鹏
编辑：李振华
李金银

◎ 法　院

【机构人员】 2016年，西林县人民法院设办公室、政工科、纪检组、立案庭、刑事审判庭、民事审判第一庭、民事审判第二庭、行政审判庭、审判监督庭、执行局、司法警察大队、审判管理办公室等内设机构12个。辖古障、那佐、那劳3个法庭。行政编58个，在编49人，其中：行政编47人，事业编2人，编外人员27人。

【年度荣誉】 2016年，西林县人民法院荣获自治区先进个人7人（次）；市级先进集体奖励12个，先进个人10人（次）；县级先进集体奖励3个，县级先进个人7人（次）。

【审判质量与审判效力】 2016年，西林县人民法院12项审判质效主要指标中生效案件改判率、生效案件发回重审率、3年以上久押不决、司法赔偿率、信访投诉率均为零、18个月以上长期未结诉讼案件比重均为零，民事一审服判息诉率85.96%等7项指标居全市法院前列。

【司法改革】 按照百色市中院核定33%的入额比例推荐入额法官，经区高院审核同意19名进入首批入额法官系列；经中共西林县委、县人民政府同意，西林县人民法院聘用35名司法辅助人员。

【审判执行信息化建设】 2016年，西林县法院于4月25日搬进新审判综合楼办公，完成新审判综合楼机房及诉讼服务中心建设，建成7个科技法庭，全部实现庭审同步录音录像。信息化建设的大力推进，提升了审判执行工作质量和效率。

【审判工作】 2016年，法院受理各类案件1432件，同比上升7.35%，审结1288件，同比上升1.49%，结案率89.94%。其中，受理刑事案件239件，审结230件，结案率96.23%；受理民商事案件943件，审结832件，结案率88.23%；受理行政案件17件，审结13件，结案率76.47%；受理执行案件233件，受理标的3929万元，案件执结213件，案件执结率91.42%，执结标的2906万元，标的到位率73.98%，清理执行暂存款43笔，金额48.72万元。在所审结的刑事案件中审结故意杀人、故意伤害等暴力性犯罪案件15件21人；审结涉枪涉爆案件140件143人；审结盗窃、诈骗等侵财类犯罪案件26件32人；审结职务犯罪、贪污、贿赂、渎职等犯罪案件3件6人；审结贩卖毒品、非法持有毒品等案件8件11人；审结滥伐林木案件8件10人；审结其他案件30件35人。

【司法为民和司法公开】 一是推进诉讼服务中心转型升级建设工作，落实五道窗口（①登记立案、先行调解，②案件查询、材料收转，③诉讼咨询、判后答疑，④诉讼保全、联系法官，⑤诉讼收费、司法救助）和十个工作室（调解室、听证室、院长接待室、信访申诉接待室、远程视频接访室、12368热线服务室、律师工作室、第三方工作室、人民调解工作室、阅卷室），实现了“一站式”诉讼服务。

二是推进网上办案，通过阳光司法网、司法政务网受理网上预立案20件。健全简易程序和小额速裁机制，依法快速审结小额诉讼，有效减轻当事人诉累；坚持巡回审判、双语审判等利民举措，根据实际需要将庭审开进偏远村屯百姓家门、深沟瑶寨、高山苗寨、桔园调解等人性化的巡回办案受到群众的欢迎和点赞；加强判后回访、判后答疑、法官带案下访、远程视频接访、做好当事人服判息诉工作，解决群众合法诉求。加大对弱势群体的司法救助力度，依法减收、缓收诉讼费15.80万元，依法对6名生活困难的申请执行人发放司法救助金3.50万元，彰显司法人文关怀。完善“诉非衔接”工作机制，不断探索多元化解决矛盾纠纷路径，充分发挥诉调对接平台和机制的作用，努力将矛盾纠纷化解在庭前、在萌芽状态。2016年，受理诉非衔接案件105件，全部达成调解协议并自动履行，涉案金额112.98万元。

三是加大司法公开力度，进一步提升司法公信力。全年在互联网公布各类裁判文书911份，举办新闻发布会、公众开放日、阳光评议、邀请人民陪审员现场监督执行案件等活动300人（次），评查各类案件387件，审核各类案件1432件。

【民商事纠纷调处与行政争议化解】 2016年，受理民商事纠纷案件943件，审结832件，结案率88.23%。其中，诉前调解82件，诉前联调23件。受理行政争议案件17件，审结13件，结案率76.47%。

【队伍建设】 一是强化思想理论武装。深入学习贯彻党的十八大和十八届六中全会精神及习近平总书记系列重要讲话精神，开展“两学一做”学习教育，打牢高举旗帜、听党指挥、忠诚使命的思想基础，坚持用中国特色社会主义法治理论指导司法实践。二是队伍活力建设。针对干警辞职、外调、提前退休等造成的部分部门负责人空缺情况，县法院党组及时作出有效调整，启用5名青年骨干充实到法庭、办公室等岗位担任负责人，为2名干警解决职级待遇问题，提请县人大对7名干警进行人事任免，进一步激发队伍活力。三是能力训练。组织干警参加各类业务培训100人（次），让青年法官参与大要案审理等实战锻炼，不断提高法官队伍的审判水平。通过优秀示范庭审、裁判文书评比、精品案件打造等活动激励干警多办案、快办案、办好案。四是廉洁司法。全面落实“两个责任”，坚持“一岗双责”“一案双查”，严格执纪问责。实施随案廉政监督卡、错案责任追究、廉政监察员制度，拓宽内外监督渠道，预防司法腐败。落实《关于新形势下党内政治生活的若干准则》和《中国共产党党内监督条例》，严格落实“五个严禁”“十个不准”等铁规禁令。坚持从严教育、从严管理、从严监督、从严查处。通过开展专题学习、签订廉政责任状、观看警示教育片、开展案件回访等举措，把党风廉政建设和反腐败工作责任落到实处，打造一支廉洁的法院队伍。

◆古障法庭

【机构人员】 古障人民法庭辖古障、马蚌两个镇，距离县城52千米。有干警3人，法官、书记员、协警各1人。

【工作概述】 2016年，受理各类民事案件191件，审结179件，结案率为93.72%；调解、撤诉112件，调撤率86.15%。始终以“调解优先、调判结合、案结事了”为目标，做细庭前、庭中、庭后的调解工作，在所审结的案件中，诉讼调解72件，撤诉21件，判决86件，调解率40.22%，撤诉率11.73%，所判决的案件无被发回重审或改判。

◆那劳法庭

【机构人员】 那劳人民法庭辖那劳、足别、普合三个乡（镇），距离县城53千米。有干警3人，法官、书记员、协警各1人。

【工作概述】 2016年，受理各类民事案件101件，审结84件，结案率83.1%，其中调解29件、撤诉13件，服判息诉率95.2%。

◆那佐法庭

【机构人员】 那佐人民法庭辖那佐、西平两个乡，距县城90千米。有干警3人，法官、书记员、协警各1人。

【工作概述】 2016年，受理各类民事案件152件，审结141件，结案率为92.76%，调解50件、撤诉9件，调撤率38.82%。

撰稿：王艳芳
编辑：李振华
李金银

◎检　察

西林县人民检察院办公大楼

【机构人员】 2016年，西林县人民检察院设办公室、反贪污贿赂局、反渎职侵权局、职务犯罪预防局、侦查监督科、公诉科、控告申诉科、监所检察科、政工科、民事行政检察科、检察技术科、法律政策研究室、司法警察大队、派驻古障镇检察室、派驻那劳镇检察室、派驻那佐苗族乡检察室等16个内设机构。编制数36名，在编34人，配备检察长1人，副检察长3人；在职干部中，研究生3人，大学本科28人，大专3人；员额内检察员13人，助检员9人，书记员5人，法警2人；行政职级副处级1人，正科级8人，副科级13人，科员12人。

【年度荣誉】 2016年，西林县人民检察院获集体和个人表彰22项，其中自治区级表彰9项，市级表彰8项，县级表彰5项。院检务综合接待大厅获得全区检察机关“文明接待室”称号、院妇女儿童维权岗获“自治区妇女儿童维权岗”称号。

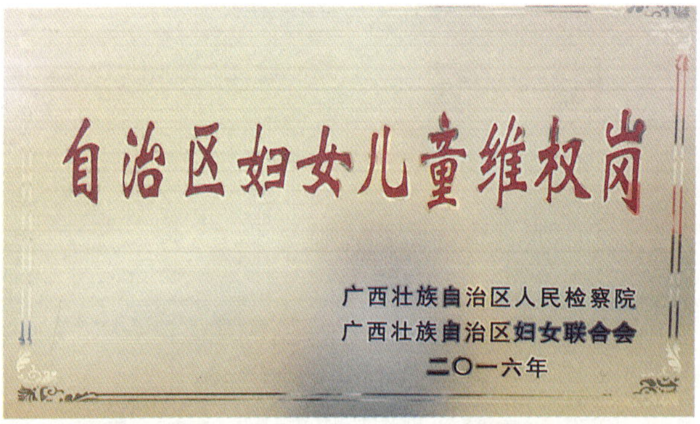

西林县人民检察院于2016年获得“自治区妇女儿童维权岗”荣誉奖牌

【检察体制改革】 2016年，完成首批员额内检察官遴选考试考核工作。经考试、考核，有13名检察员进入检察官员额人选。

西林县人民检察院首批入额检察官宣誓仪式现场

【检察公开制度改革】 2016年，西林县人民检察院深化检务公开制度，注重公开内容实质化，全面运行案件信息公开系统，发布重要案件信息5条、公开法律文书246份，发布检察信息696条。

【检察监督】 一是刑事诉讼监督。全年办理应立而不立案件5件7人；办理公安机关不应立案而立案案件8件24人。

二是民事诉讼监督。全年审查处理各类民事行政监督案件21件，其中民事执行活动监督案件4件、行政机关违法行为监督案件2件、审判活动违法行为监督案件15件、审查终结并发出检察建议21件、执行监督案件获采纳3件、行政机关违法行为监督案件获采纳2件、审判活动违法行为监督案件获采纳15件。

三是刑罚执行和监管活动监督。对刑罚执行和监管活动中各类违法情形提出检察建议、提出书面纠正意见12件，办理羁押必要性审查案件12人，对12名不需要继续羁押的犯罪嫌疑人建议释放或变更强制措施。开展社区服刑人员脱管、漏管专项检查活动，监督有关部门纠正监外执行、社区矫正中的违法情形5次。

四是信访申诉接待工作。年内受理群众来信来访24件，其中举报6件、控告2件、申诉16件；阻碍辩护人、诉讼代理人行使诉讼权审查处理1件，比去年同期人均数上升0.03%，开展国家司法救助3件，发放救助金2.40万元。

西林县人民检察院邀请人大代表、政协委员、人民监督员到院参观视察

【公诉案件审查制度改革】 一是保障犯罪嫌疑人、被告人合法权益和律师辩护权的行使，听取律师关于量刑和程序适用的意见；适当提高值班律师待遇，探索值班律师的设置及职能作用；赋予值班律师通过适当方式行使阅卷、会见的权利，使犯罪嫌疑人、被告人获得更全面更有效的法律帮助。

二是对被害人的权利保障予以充分的关注。在适用认罪认罚从宽制度过程中，不将被害人置于事外，防止为了加快诉讼进程而忽视被害人的权益保障，使其遭受二次伤害。

三是加强对认罪认罚案件办理的监督制约，对社会上担心的认罪认罚从宽制度可能带来的打击不力、冤错案件增加，特别是“权权交易”“权钱交易”等司法腐败问题，高度重视和警惕。一方面严格落实办案责任制，细化权力清单、责任清单、审批流程和责任追究，实行内部制约和主动接受外部监督，公开办理过程和相关法律文书，“以公开促公正”；另一方面加强对认罪认罚案件侦查和审判活动的法律监督，坚决排除非法证据，防止刑讯逼供等非法取证行为，对于裁判确有错误的，检察机关及时提出纠正意见或者抗诉。

【综合检务服务平台建设】 2016年6月建成占地面积350平方米综合检务服务中心。中心设置控告举报申诉接待、案件受理、行贿犯罪档案查询、案件信息查询、律师接待、妇女儿童信访六个窗口，建成集体访接待室、检察长接待室、远程视频接访室、调解室、律师阅卷室、法律咨询室、心理咨询室七个工作室，使窗口成为检察业务、对外事务和“一站式”管理、协调服务平台。

【检察队伍建设】 按照高检院“五个过硬”的要求，坚持不懈地加强检察队伍的教育、管理和监督，努力提升队伍整体素能和司法公信力。部署开展“规范化建设年”活动，组织全院各部门深入查找、整改司法办案不规范及其他检察工作不规范的突出问题；积极开展“两学一做”教育活动，加强队伍建设，使干警自觉遵守党章，加强党性修养，坚定理想信念，做到在思想、行动上始终与党中央保持高度一致。

【刑事、民事诉讼质量与成效】 刑事诉讼全年受理移送审查起诉案件215件255人，审结203件238人，起诉200件235人，纠正漏诉14人，撤回起诉案件1件1人；刑事诉讼全年共审查处理各类民事行政监督案件21件，其中民事执行活动监督案件4件，行政机关违法行为监督案件2件、审判活动违法行为监督案件15件、审查终结并发出检察建议21件、执行监督案件获采纳3件、行政机关违法行为监督案件获采纳2件、审判活动违法行为监督案件获采纳15件。在通报的核心业务数据中，审判活动监督、执行活动监督检察建议19件，采纳18件。

【典型案件】 西林县人民检察院民行科于2016年办理的李保裕申请执行监督案，取得良好的法律效果和社会效果。西林县那佐苗族乡人民政府自2002来拖欠李保裕建设工程款60万元，2015年法院判决确认欠款为61.97万元及利息35.65万元，共计97.62万元。李保裕于2015年9月30日申请强制执行未果，向检察机关申请监督。西林县人民检察院认为法院逾期执行，同时那佐苗族乡人民政府未作行政机关拒不履行债务且拖欠十几年的违法事实，采用“一案两监督”（即执行监督和行政违法行为监督）方式于2016年6月21日、22日分别向法院和政府提出检察建议，同时进行充分的沟通协调，促使上下两级党委政府及其部门多方联动，共同解决拖欠10多年的历史工程债务问题。2016年11月，西林县财政局通过转账方式支付李保裕67.88万元工程款，案件得以执行完结。当事人为表达谢意，为办案检察官送来“人民检察为人民”字样的锦旗。

李保裕送锦旗现场图片

【反贪污贿赂】 2016年，受理各种职务犯罪案件线索7件10人，初查案件线索6件8人，初查后立案侦查贪污贿赂案5件7人，其中大案3件5人，要案1件1人，成功追逃1名重大案件的在逃嫌疑人—西林县劳动保障监察大队原大队长王某，为国家、集体挽回经济损失26.79万元。

【反渎职侵权】 2016年，反渎职侵权局以涉嫌滥用职权罪、受贿罪对原西林县水库移民工作管理局局长杨某（正科级）进行立案侦查，并移送本院公诉科审查起诉，西林县人民法院以杨某犯受贿罪，判处有期徒刑十个月，并处罚金12万元；以杨某犯单位受贿罪，判处有期徒刑六个月，总和刑期一年零四个月，并处罚金12万元。

【监所检察】 2016年，检察院监所科针对混管混押、违法提讯、违法使用械具和禁闭、售销和流入违禁品、阻碍律师会见等违法情形向西林县公安局看守所及西林县公安局发出《纠正违法通知书》《检察建议》累计12件，看守所及县公安局均已采纳并认真整改。通过审查各公安派出所和司法所的考察材料、实地抽查档案材料、核对有关材料及数据、对监外执行罪犯进行面对面询问谈话等方式，对全县8个乡镇的监外执行和社区矫正情况进行检察，做到监外执行罪犯和社区矫正人员的底数清、脱管漏管情况清、脱管漏管的原因清。通过检查，向西林县司法局及各乡镇司法所发出《纠正违法通知书》《检察建议》5份，均得到采纳和整改。全年审查看守所、法院提请或决定暂予监外执行1件，通过审查提请机关提请程序是否合法、材料是否齐全、是否有医疗部门出具的医学证明、提请的犯罪是否符合暂予监外执行条件等，发现提请暂予监外执行的犯罪不符合条件或者交付环节不符合法律规定的，向法院发出纠正违法通知书1件并已纠正。通过建立羁押必要性审查受理登记制度、科学的评估制度和审查报告制度，根据在押人员的犯罪性质、犯罪事实、主观恶性、悔罪表现、羁押表现、身体健康状况以及侦查取证进展、证据变化、可能判处罪刑等因素，综合评估其是否有需要继续羁押的必要性，并提出是否需要继续羁押的意见。累计开展羁押必要性审查12人，建议办案机关释放或者变更措施全部获得采纳。

【廉政建设】 根据高检院《关于落实党风廉政建设“两个责任”实施方案》《中共广西壮族自治区人民检察院党组关于落实党风廉政建设主体责任的实施意见》《人民检察院监察工作条例》《人民检察院执法办案内部监督暂行规定》《检察人员执法过错责任追究条例》《检察人员纪律处分条例》等法律法规，西林县人民检察院以落实“严格规范执法，严明纪律作风”的工作要求，以责任自觉、责任担当、挺纪在前、追责问责为总要求，采取精细化管理方式，建立党组、党组书记、班子成员和纪检监察四级责任主体，进一步明确主体和监督责任，构建层级责任体系。并狠抓队伍纪律作风建设和自身反腐倡廉建设，通过对办案部门的办案情况进行监督，把干警的办案行为与检察权的行使置于有效的监督之下，确保干警公正执法、文明办案，杜绝队伍出现违法违纪问题，一年来，无干警违法违纪，保证检察队伍的廉洁。

【职务犯罪预防】 2016年，检察院结合执法办案深入推进职务犯罪预防工作，开展预防调查15件，进行职务犯罪案例分析13件；针对调查中发现的隐患和问题，提出预防检察建议11件；受理行贿犯罪档案查询402次，开展警示宣传教育26次，接受教育的人员达561人，发放预防职务犯罪工作宣传资料1500份，从源头上防止和遏制腐败现象的发生。

西林县人民检察院与县林业局召开职务犯罪预防联席会议

【查办惠农扶贫领域职务犯罪专项活动】 2016年，检察院查办惠农扶贫领域职务犯罪案件4件4人，占同期立案总人数的50%。在查办惠农扶贫领域案件过程中，返还受害贫困群众各类款项3万元，切实维护农民群众的合法利益。开展专项活动以来，推动惠农扶贫主管部门围绕登记申报审核、项目审批立项、专项款物管理、补贴资金发放等关键环节进行专项整改检查3次，完善制度5项。“精准扶贫、廉洁为民”，检察院组织干警，深入到乡、镇和挂点联系的农村进行宣传深入部分乡镇，挂点扶贫村和职务犯罪预防示范村，将警示宣传工作送到基层；为参加培训的97个行政村（社区）的村干部进行职务犯罪预防讲座，提醒他们在配合精准扶贫工作的过程中，注意洁身自好，贴近群众。

西林县人民检察院向受害群众退还惠农扶贫领域案件涉案款现场

撰稿：陆禹含
陈科先
编辑：李振华
李金银

◎公 安

【机构人员】 2016年，西林县公安局设政工、警务保障、纪检监督、禁毒委员会办公室等4个室，指挥、情报2个中心和国保、治安、刑侦、禁毒、经侦、督察、法制、网安、户政、出入境、预审、巡警、交警等13个大队，下辖11个派出所（包括已合署办公的弄汪、者夯、八大河派出所）、1个看守所、1个拘留所；定编148个，（其中，行政编140个，事业编2个，后勤（工人）6个）。

【年度荣誉】 2016年，全县群众单项安全感排名全区第21名，全市第2名，连续10年获“广西平安县”荣誉称号，2016年绩效考评工作排在全市第5；年内全局有4名民警荣立三等功，8个单位和15名民警获自治区人民政府、公安厅、市委政法委、市公安局等单位表彰，6个单位12人得到县委、县人民政府表彰，13个单位26人受到县局嘉奖。

【重要保卫工作】 2016年，完成元旦、春节、人大政协“两会”、G20峰会、自治区“两会一节”、野钓大赛、句町文化艺术节等重大节庆活动的安保维稳工作，期间没有发生重大案事件。

2016年两会安保工作动员会议

【公安宣传工作】 2016年，公安局民警积极向公安内网、外部媒体投送稿件，被区、市各类报刊网站刊用98篇，被区公安厅刊用4篇，被市局公安网站刊用198篇。

【公安监管工作】 2016年，收押收拘各类涉案人员234人，变更强制措施、释放58人，送监狱执行刑罚7次42人，留所服刑21人，提出提讯在押人员645人（次），接待律师会见146人（次），接待家属人员196人（次），提供深挖犯罪线索7条，转递办案单位查证破获刑事案件5起，抓获违法犯罪嫌疑人3人。一年来，监所无安全事故发生。

【打击刑事犯罪】 2016年，立刑事案件492起，破216起，破案率43.90%；抓获犯罪嫌疑人203人，逮捕92人，移送起诉242人；打掉犯罪团伙11个41人，团伙涉案19起。一是命案全破。相继破获“罗某龙故意伤害致死案”“马某兰故意伤害致死案”“杨某济被故意伤害致死案”“谭某胡被故意伤害致死案”等4起命案，命案破案率100%。二是深入开展“神剑”专项行动。“神剑2号”专项行动中破获“盗抢骗”案件73起，抓获犯罪嫌疑人54人，逮捕32人，移送起诉21人，打掉盗窃犯罪团伙4个成员18人，团伙涉案9起。“神剑1号”专项行动战果排在全市第一。

【公安改革】 探索“大部门、大警种制”工作。年内完成刑侦中队并入八达派出所，法制大队与预审大队合署办公两项工作；改进实战化警务运行机制；完成“三台合一”接处警系统、警用地理信息系统、350兆无线指挥集群等系统的升级改造，完成八达派出所多功能综合指挥调度室建设工作；改进户籍管理，贯彻执行广西区内跨市县迁移户口和区内异地办理居民身份证两项便民利民措施，为跨市县群众网上迁移户口2614件，异地换领居民身份证229证；建立“一村一警务助理”工作机制，在全县各村（社区）配备97名“警务助理”；加强公安信息化工作；推进“天网”工程建设，拓展“天网”系统的深度和广度；完成在那劳、足别、西平、那佐、鲤城新区等乡镇（城区）的视频监控系统建设，安装监控摄像头172个；推进物防体系建设，探索基于定位功能的物联网数据采集中心即“地网工程”建设；在全县推广应用基于定位功能的摩托车“行车卫士”安全防控系统。

【禁毒斗争】 2016年，破获毒品刑事案件13起，逮捕起诉涉毒嫌疑人17人，查处毒品行政案件18起，查获吸毒人员17人，强制隔离戒毒17人，社区戒毒3人，缴获各类毒品9322.62

克，运毒车辆2辆，毒资3.60万元，铲除毒品原植物罂粟1478株。

【经济犯罪案件】 2016年，受理各类经济案件8起，破案7起，逮捕6人，起诉7人，追回群众经济损失18.70万元。

【治安案件】 2016年，受理治安案件630起，查结224起，查结率35.60%，与去年同期相比分别上升10.30%、下降12.84%；抓获违法人员235名，其中罚款115名、行政拘留66名、其他处理54名，罚没款金额9.23万元。查处赌博行政案件50起，抓获违法嫌疑人116人，收缴高压气枪7支，收缴赌博游戏机20台。

【巡逻防范工作】 2016年，110接警台接有效报警2991起，其中涉及违法犯罪报警992起，公民求助及其它问题1471起。

巡警大队承担县城巡逻任务。每天实行“四班三运转”巡逻工作机制，在县城主要街道实行24小时巡逻防范工作，提高街面的见警率；此外，重要节日还增派巡逻力量实行武装巡逻，全年巡逻8009次，处警5006次，先期处置各类案件606起，抓获各种犯罪嫌疑人33名，当场调解、化解各种矛盾纠纷3009起；解决各类求助1600起；先期到达现场处置交通事故115起；组织搞好50场重要会议、活动、演出等安保工作。

【户政管理】 2016年，受理第二代居民身份证11380证，为西林籍外异地人员办理身份证229证；为群众制发临时身份证1678证，为群众打印流动人口“居住证明”430份；户口项目变更、更正审批22516人（次）；出生入户2614人，死亡注销866人；省外迁入人员325人，省外迁出人员458人；市内户口变动2955人，无户口人员落户414人，为群众、各单位及外省、市部门提供人口信息查询368人（次）。

【出入境管理】 2016年，办理出入境证件1856本（证），普通护照709本（其中新证702本，换补发7本）；内地居民往来港澳通行证891证（其中新证750证，旧证加签141证）；大陆居民往来台湾通行证256本（其中新证255本，旧证加签1本），全年办理出入境证件无错证，查外出入境违法犯罪案件3起16人（次），遣送“三非”外国人16人。

【和谐警民关系构建】 2016年，西林县公安局与足别瑶族苗族乡足别村96户农户进行结对帮扶，成立工作队每月深入足别村开展精准扶贫、清洁乡村等工作，为足别村14户贫困户购买电视机，全局民警自发捐款3.10万元扶贫足别村。

【基层派出所】 2016年，西林县公安局辖八达、八大河、马蚌、古障、者夯、西平、弄汪、那佐、普合、那劳、足别等11个派出所，其中八大河派出所与马蚌派出所合署办公，者夯派出所与古障派出所合署办公，弄汪派出所与那佐派出所合署办公，分别挂马蚌派出所、古障派出所、那佐派出所牌子。

撰稿：杨　杰
黄秀江
编辑：李振华
李金银

◎ 道路交通安全管理

【机构人员】 西林县公安局交通警察大队为西林县公安局内设执法勤务机构，编制11个，设大队长1个，教导员1个，副大队长2个，副教导员1个。大队下设办公室、秩序中队、事故中队、车辆管理所4个科室。

2016年12月20日，民警在第五届句町文化艺术节暨第六届沙糖桔产业、茶叶文化展示活动现场执勤

【工作概况】 2016年，全县发生交通事故451起，死亡18人，受伤216人，直接经济损失24.98

万元，与2015年同期交通事故463起，死亡25人，受伤167人，直接经济损失27.64万元相比，四项指标为“三降一升”。2016年大队民警先后25次深入各乡镇开展驾驶员考试工作，切实落实便民服务措施，办理机动车注册登记3612辆，其中小型汽车注册登记695辆，摩托车注册登记2772辆，办理电动自行车注册登记145辆；核发机动车检验合格标志5887份，受理驾驶员考试申请人3506次，核发机动车驾驶证2503本；联合开展查处“酒驾、毒驾”统一行动46次，查处酒后驾驶27起，醉酒驾驶3起；深入客运企业开展32次交通安全检查，开展交通违法行为集中整治行动45次，查处各类交通违法行为14515起。强制拆除三轮摩托车违法载人座椅、车棚等装置356辆；排查交通安全隐患并上报安委办47处（其中重大安全隐患17处）；深入20所中小学校和7个企事业单位开展交通安全宣传36次，成立西林县八达镇二小“农村交通安全示范学校”；组织违法计分驾驶员开展20期安全教育培训，培训700名违法驾驶员；发送手机安全提示短信9万条，微博信息1000条，发放交通安全提示卡5万份，发放驾驶员和中小学生交通安全宣传读本1万册，组织交通安全志愿者开展“机动车礼让斑马线、行人文明过马路”活动37次。

撰稿：李传海
李书愿
编辑：李振华
李金银

◎ 司法行政

【机构人员】 2016年，西林县司法局设办公室、法制宣传股、政工股、基层工作股、矫正帮教工作股、公证与律师管理股、司法考试和司法鉴定工作股、法律援助工作股等8个内设机构，有法律援助中心、公证处、法律服务所、律师事务所（国资所）、西林县社区矫正中心等5个二层机构和8个乡镇司法所。中央政法专项编制（行政编制）30个，地方事业编制11个，在编39人，其中中央政法编制30人，事业编制9人，主管局设局长1人，副局长4人，纪检组长1人。

【法制宣传教育】 2016年，全县有15万人接受“七五”普法教育，占应普法对象总数的92%，其中领导干部和国家公务员（机关工作人员）普及率100%，青少年学生普及率100%，企事业经营管理人员普及率90%，居（农）民普及率90%，外来民工普及率70%。开展法制宣传56场次，制作48张展板，法律咨询1260次，发出法制宣传短信26000条，印发宣传资料24000份，挂出横幅18条，出动宣传车52次，受教育人数32000人，发送各种法律信息56000条，90%以上的村（社区）建立专门的法制宣传栏或在村（社区）宣传栏中设有法制宣传专版。

【人民调解】 全县有8个乡（镇）人民调解委员会、辖区97个村（社区）均设立村级人民调解委员会，行业性人民调解组织3个（即交通事故人民调解委员会、医患纠纷人民调解委员会、库区人民调解委员会各1个），跨省边界人民调解委员会1个，有调解员625人（其中村级调解员521人），信息联络员575人；按标准抓好3个试点村（八达村、土黄村、普合村）调委会的规范化建设；2016年，全县各级人民调解组织调处各类矛盾纠纷184起，调处184起，化解成功184起，调解率100%，成功率100%。

【律师工作】 西林县现有律师事务所2个：即星云律师事务所、知君律师事务所，执业律师6名；2016年，律师务所代理诉讼事务113件，其中民事案件103件，刑事案件8件，行政案件2件，法律咨询900人（次），代写法律文书360人（次），全年参与信访接待13次。

【公证工作】 2016年，公证处受理各类公证事项65件，出证65件，公证涉及财产标的额156万元，接待当事人法律咨询147人（次）。

【法律援助】 2016年集中开展法律援助宣传活动10次，发放法援宣传资料1.80万份，解答法律咨询2100人（次）；办理各类法律援助案件179件，其中办理刑事援助案件17件，办理民事援助案件162件；受援人185人（次），其中残疾人6人（次），老年人15人（次），未成年人8人（次），农民34人（次），农民工65人（次），妇女57人（次）。

【社区矫正和安置帮教】 2016年，全县累计接收社区服刑人员449人，累计解除252人，在册社区矫正对象197人，其中：缓刑195人，假释2人。安置帮教人数累计536人，帮教率100%。

◆八达司法所

【机构人员】 2016年，八达司法所有一栋两层办公楼，面积380平方米。内设办公室、所长办公室、人民调解室、刑释解教办公室、社区矫正室等。在职在编人员3人，其中所长1人，工作人员2人。

【调解工作】 2016年，八达司法所调处各类纠纷21件，调解成功21件，调处率100%，调处成功率100%。

【社区矫正】 2016年，累计接收社区矫正对象105人，解除59人，在册46人。

【安置帮教】 2016年，八达司法所监管刑释解教人员16名。

【法制宣传】 全年开展普法集中宣传活动7次，受教育人数达8000人（次），发放宣传资料5000册。

◆普合司法所

【机构人员】 2016年，普合司法所有一栋两层办公楼，面积120平方米。内设办公室、所长办公室、人民调解室、刑释解教办公室、社区矫正室。在职在编2人，其中所长1人，事业编1人，聘用人员1人。

【调解工作】 2016年，调解各类矛盾纠纷案件18起，调解率100%，调解成功18起，调解成功率100%，接待群众来信来访和法律咨询300人（次）。

【社区矫正】 2016年，累计接收社区矫正人员33人，解矫23人，在册10人。

【法制宣传】 2016年，开展法制宣传活动11次，受教育人数3100人（次），发放宣传资料3300册。

◆那劳司法所

【机构人员】 2016年，那劳司法所有一栋两层办公楼，面积120平方米。内设办公室、所长办公室、人民调解室、刑释解教办公室、社区矫正室等。在职在编2人，其中所长1人，事业编1人，聘用人员1人。

【调解工作】 全年调解各类矛盾纠纷12件，调解12件，调处率100%，调解成功12件，调处成功率100%。

【社区矫正】 2016年，累计接收社区矫正人员18人，解矫7人，在册11人。

【法律援助】 2016年，代写法律文书16件，诉讼代理12件，见证5件，解答法律咨询98人（次），提供法律援助6件。

【法制宣传】 2016年，开展法制宣传活动9次，受教育人数2500人（次），发放宣传资料2800册。

◆西平司法所

【机构人员】 2016年，西平司法所有一栋两层办公楼，面积181平方米，内设有办公室、所长办公室、人民调解室、刑释解教办公室、社区矫正室。在职在编1人，其中所长1人，聘用人员1人。

【调解工作】 2016年，开展矛盾纠纷排查12次，排查出矛盾纠纷17起，成功调处17起。

【社区矫正】 2016年，西平司法所接收社区矫正人员17人，解矫14人（其中撤销缓刑1人），在册26人。

【安置帮教】 2016年，西平司法所接收到刑释解教人员15人，已建立帮教档案，并有专人负责跟踪帮教。

【法律援助】 全年参加非诉讼3件，代写法律文书25份，解答法律咨询132人（次），担任法律顾问1家，提供法律援助5起。

【法制宣传】 联合计生办、民政办、综治办、国土所等集中开展法律宣传活动5次，张贴法律宣传标语80条、悬挂横幅10条、发法宣传材料8000册，接受宣传的人数11000人（次）；到中小学校进行以预防青少年犯罪和交通安全为主题的法制宣讲活动2次，受教育师生达1032人（次）。

◆足别司法所

【机构人员】 2016年，足别司法所有一栋三层办公楼，面积270平方米。内设办公室、所长办公室、人民调解室、刑释解教办公室、社区矫正室。在职在编2人，其中所长1人，工作人员1人，聘用人员1人。

【调解工作】 2016年，接收各类纠纷35起，调解35起，调解率100%，调解成功34起，调解成功率97%。

【社区矫正】 2016年，累计接收社区矫正人员19人，解矫13人，在册6人；组织社区服刑人员集中教育学习和参加公益劳动60人（次），走访教育60人（次）。

【安置帮教】 2016年，提刑释回归人员3人，已落实帮教措施，安置率100%，帮教率100%，无重新犯罪行为。

【普法宣传】 2016年，加大《村民委员会组织法》《农村土地承包法》《治安处罚法》《道路交通安全法》等法律法规的宣传力度，播放光碟2次（场），受教育人数150人（次）；深入村、屯开展各种维护群众利益的法律法规宣传活动4次，受教育人数600人（次）。

◆那佐司法所

【机构人员】 2016年，那佐司法所有一栋两层办公楼，面积120平方米，内设办公室、所长办公室、人民调解室、刑释解教办公室、社区矫正室。在职在编2人，其中所长1人，副主任科员1人。

【调解工作】 2016年，受理各类纠纷38件，调解纠纷38件，调解成功35件，调解率100%、调解成功率92%。

【安置帮教与社区矫正】 2016年，在安置帮教工作方面，那佐苗族乡辖区45名刑满释放人员，无一重新犯罪行为的发生，为社会治安稳定工作的开展奠定良好的基础；在社区矫正工作中，采取宽严相济的管理措施，促进社区矫正对象改过自新，重新做人。截至2016年底，在册的17名社区服刑人员，无一脱管、漏管、重新违法犯罪行为。

【法制宣传】 2016年，组织开展各种法律宣传活动4场（次），宣传相关法律法规15次，发放宣传资料2000份，接受法律咨询2000人（次）。

◆古障司法所

【机构人员】 2016年，古障司法所有三层办公楼一栋，面积240平方米。内设有办公室、所长办公室、人民调解室、刑释解教办公室、社区矫正室等。在职在编3人，其中所长1人，副主任科员1人，事业编1人，公益性岗位1人。

【调解工作】 2016年，进行矛盾纠纷排查12次，排查矛盾纠纷54起，调解54起，成功调处54起，调解率100%，成功调解率100%。

【安置帮教与社区矫正】 2016年，全镇有刑释解教人员13人，无一人重新犯罪。社区矫正对象56人。

【法制宣传】 一是开展法制集中宣传活动4次，挂宣传横幅4条，宣传板报4栏，宣传资料500册，受教育人数3000人（次）；二是做好中小学校的法制教育，到中小学校上法制课2次，对学生进行有关法律法规的教育学习，受教育师生人数1000人（次）。

◆马蚌司法所

【机构人员】 2016年，马蚌司法所有一栋三层办公楼，面积270平方米。内设有办公室、所长办公室、人民调解室、刑释解教办公室、社区矫正室。在职在编2人，其中所长1人，事业编1人。

【调解工作】 2016年，建立调解委员会14个，其中乡级调解委员会1个，村级调解委员会13个，调解员44人；2016年，马蚌司法所调解各类矛盾纠纷24件，调解24件，调处率100%，调解成功24件，调处成功率100%。

【社区矫正】 2016年，接收11人，累计在册31人，无一人重新犯罪，无脱管漏管现象发生，确保了社区矫正工作顺利有序地开展。

【安置帮教】 2016年，马蚌司法所对3名安置帮教对象妥善安置。

【法制宣传】 2016年，马蚌司法所开展大型法制宣传活动3次，张贴法宣标语120条，悬挂横幅12条，发放法宣材料5000册，接受教育的人数4000人（次）。

撰稿：黄露莹
编辑：李振华
李全银

人民武装和消防

◎ 人民武装

【概况】 2016年，西林县人民武装部坚持把政治信念、使命意识、党的先进性要求，强化执行力要求、做合格党员要求和牢固树立安全发展理念，团结带领干部职工干事创业，集中精力全面推进各项工作科学发展为抓手，注重在落实中推进，在建设中提高，较好地完成分区党委和县委、县人民政府赋予的各项任务，确保了人武部高度集中统一和安全稳定。

【思想政治建设】 2016年，西林县人民武装部坚持以“两学一做”主题教育贯穿始终，部党委领导高度重视专题教育活动，成立教育活动领导小组，深入调查研究，制定实施方案，健全各项制度，组织干部职工全面学习党规党章和习主席系列讲话精神，以整风整改为基调，着力在纠治人武部问题积弊上见到实效，引导党员做对党忠诚、个人干净、敢于担当、善谋打仗、务实干事、依法履职、清正廉洁的合格党员。

【正规化建设】 2016年，西林县人民武装部着眼提高应对能力，深化军事斗争准备，坚持军事斗争准备龙头地位不动摇；按照基于任务、基于威胁、基于能力的原则，深化军事斗争准备；加强核心军事能力建设，深刻领会上级党委的战略意图，把确保防区安全稳定，支援边防和应对突发事件作为军事斗争的准备，坚持党委统筹、突出重点、深化准备，提高应对能力。

【年度征兵和兵役登记】 征兵宣传，2016年7至8月，西林县征兵办全体成员通过发放宣传单和现场咨询开展宣传；2016年8月1日，西林县人民政府组织召开全县征兵工作会议，会议就全县的征兵工作作了全面的布置和安排；2016年8月31日，在西林县人武部召开全县定兵工作会议；2016年9月10日，在西林县人武部举行新兵入伍欢送仪式。

【民兵组织与军事训练】 2016年3月12日，县人武部组织召开全县民兵组织整顿工作会议，县人武部部长总结了去年民兵整组工作情况，并部署2016年度民兵整组工作任务；2016年5月3至7日，县人武部组织全县班以上民兵骨干进行集训，此次集训以教学组训为重点，着重提升民兵骨干的组训能力，为下一步民兵集训储备组训骨干队伍；2016年5月9至16日，西林县人武部组织民兵应急连进行集训；2016年7月5日，西林县人武部组织民兵开展仓库应急处突演练，确保仓库警卫人员能够正确处置和应对各种突发情况。

【武器装备管理】 2016年1月22日，百色军分区领导到西林县人武部检查报废弹药清查情况。

【部队扶贫，抢险救灾】 2016年，人武部始终把建武装与用武装结合起来，充分发挥民兵突击力强的作用，本着地方所需，群众所盼，民兵所能的原则，组织民兵参与驻地新农村建设，植树造林，扶贫帮困，捐资助学，森林防火，抢险救灾，社会综合治理和平安创建等活动。

【全民国防教育】 贯彻全民（国防教育大纲），大力普及（国防法），宣传（国防法）和（兵役法）；开展全民国防教育，进一步营造人人关心国防，热爱国防，建设国防，支持国防建设的良好氛围。

撰稿：王华锋
编辑：李振华
李全银

◎ 武警部队

【思想政治建设】 2016年，武警西林县中队坚持用党的创新理论灌注官兵，学习贯彻习主席系列重要讲话精神，把强军目标要求落实到中队的工作、建设当中；学习中共十八届六中全会精神，贯彻落实习主席关于改革强军的重要论述和关于武警部队建设的重要指示；开展主题教育，在全体党员中开展“两学一做”学习教育活动和党员承诺践诺活动。

【军事训练】 2016年，武警西林县中队按照“多能一体、有效维稳”的战略要求，注重在提高遂行任务能力上下功夫，严抓实战化训练，认真培养一批懂训练的教学骨干，提升部队训练质量，突出警士官训练，一方面解决不会不懂引发思想认知上的定位偏差，另一方面摆脱“五个不会，一个不知道”造成的能力提升瓶颈，从而发挥引领作用，带动部队训练工作；抓好应急班训练，确保遇有情况能够高效稳妥处置；2016年中队在支队组织的应急班集训中，取得第一名的好成绩，在10月份总队军事训练交叉考核中考出较好成绩，得到总队、支队领导的一致好评。

【军事执勤】 2016年，武警西林县中队狠抓正规化执勤，认真研究执勤兵力优化调整后的勤务组织，严格落实执勤八项制度，深入开展三共活动，坚持每周勤务讲评、每月专题议勤，常态纠治哨兵警惕性不高、执勤动作不规范等“多发病”，不断规范执勤组织；认真落实战备工作集训要求，对以车代库、编携配装和执勤方式优化等方面进行完善；重大节日和敏感期组织应急班紧急出动演练，始终保持箭在弦上的备战态势，确保县看守所目标连续34年无安全事故。

【部队管理】 2016年，武警西林县中队坚持依法从严治警，从强化法治思维和法治方式入手，着力在推动“三个根本性转变”上下功夫，不断强化官兵法规意识；深入贯彻安全工作“八个规范”，认真开展百日安全竞赛活动，定期组织学习和警容风纪检查，进一步严明部队秩序；认真抓好条令条例和安全法规学习贯彻，狠抓精细管理，树立“部队抓秩序、营区抓卫生、个人抓形象、长期抓养成”的工作思路，从日常养成抓起，对集合站队、礼节礼貌等细节规范统一；每周组织内务秩序评比，警容风纪检查，建立和保持良好的“四个秩序”。

【后勤保障】 2016年，武警西林县中队紧盯质量效益，在优化完善中提升后勤保障能力，着重抓好新营区附属设施建设，突出抓好农副业生产效益，科学种养，维护好中队现有设施，制定中队营产营具管理实施细则，签订营具管理责任书，成立维修小组，定期对营产营具进行维护和维修；制定卫生防病措施，开展卫生防病和心理健康知识教育，每天检查内务卫生，引导官兵树立讲卫生的好习惯。

【拥政爱民】 2016年，武警西林县中队官兵与驻地各单位一起，到革命烈士纪念碑前，向革命先烈敬献花圈；积极参加县政府组织的植树活动，全年植树300棵；组织官兵参加文明县城创建活动，清扫城区和街道环境卫生；组织老兵在退伍之前到县敬老院慰问孤寡老人；国庆节中队派出官兵参加升国旗仪式；义务献血2次，献血5000毫升。

【安全保卫】 2016年，武警西林县中队在重大节日、全国两会、重要活动等敏感时期，派出官兵参与县城武装巡逻，担负东盟博览会环桂设卡勤务，执行任务16次，出动兵力80人（次）。

撰稿：张　超
编辑：李振华
李全银

◎消　防

【机构人员】 2016年，西林县消防大队下辖一个中队，编制现役干部5人，战士2人，地方政府合同制消防员39人；大队为正营级单位，设大队长、教导员、大队参谋、中队长、中队指导员、中队长助理等职。

【基础设施】 2016年，消防大队办公点在西林县环城东路002号，营区占地面积0.2公顷，现有营房一栋五层，占地面积350平方米；干部公寓楼一栋四层八套房，占地面积160平方米；新建大队办公楼一栋5层，占地面积327.24平方米；新建队员公租房一栋6层，占地面积125.63平方米。

【消防装备】 2016年，消防大队装备有水罐消防车3辆，抢险救援车1辆，32米登高平台车1辆，大队宣传车1辆，冲锋舟1挺，行政公务车2辆；空气呼吸器、救生气垫、救生抛投器、液压剪扩器等抢险救援装备42件（套）。

【战训工作】 2016年，消防大队始终坚持“以练为战”的练兵原则，年内对全县消防重点单位开展实地演练24次，对非重点单位场所开展演练38次，共制定灭火预案286份，开展其他消防演练126次，出动警力900人（次），车辆223车（次）。通过开展演练，有效地提高部队灭火战斗能力。

【抢险救灾】 火灾：2016年，全县发生火灾26起，无人员伤亡，消防大队出动消防车辆64车（次），出动人员690人（次），抢救财产86.56万元，抢救被困人员12人。

抢险：2016年，消防大队参加抢救救援事故35起，出动消防车辆48车（次），出动人员560人（次），抢救财产95万元，抢救被困人员21人。

抗旱：2016年中旬，西林县发生较为严重的的旱灾，大地龟裂，河流枯竭，田地无水灌溉，消防大队发挥突击队作用，积极投入到抗旱救灾的行动中，年内出动车辆125车（次），出动人员560人（次），为全县各乡镇送水986吨。

【防火监督】 一是消防工作社会化。大队每年及时提请政府召开消防工作会议，由县政府与各乡镇、职能部门和消防安全重点单位签订消防工作目标责任书，同时下发《社会消防安全“防火墙”工程分解目标》，将乡镇的消防工作责任目标进行具体分解，使消防工作深入人心，责任到人。二是开展消防安全专项治理。2016年，消防大队按照“五个一”宣传活动，对建筑消防设施专项整治和“清剿火患”战役工作部署，向当地党委政府汇报工作，得到大力支持，各阶段工作政府亲自发文督办，成立专门工作机构，组织多部门联合检查，确保消防安全专项治理工作顺利进行。三是严格执法。严格行政许可制度，从源头上消除火灾隐患。2016年，网上受理建筑工程设计备案20个，验收备案14个，建设工程验收3个，消防安全检查合格证17份，完成材料送检任务38份，做到审核内容不漏项，审核意见明确，依据充分，及时出具规范文书。四是开展检查整改和处罚行动。年内检查单位（场所）685个，发现隐患738处，整改723处，办理行政处罚案件17起，罚款13.73万元，临时查封单位15家，责令三停9家，行政拘留6人，强制执行12家、查处消防产品案件2起，及时消除了一批火灾隐患，确保全县消防安全稳定。

【消防宣传】 2016年，紧紧围绕消防宣传进社区、进农村、进企业、进学校、进家庭的“五进”活动，大力开展消防宣传工作，促成社区成立义务消防队3个，指导社区开展消防安全检查，消除火灾隐患550处；在农村宣传方面，以景区岑氏古建筑群、那岩古木楼、新农村建设示范村为试点，全面开展千街万村宣传活动，向村民发放宣传资料15000份，赠送灭火器70具，消防水枪8支，火勾6把，消防水带300米，开展灭火演示68场，传授防火灭火常识，节假日致信村委加强节日安全防火，使火灾隐患不断下降；在企业宣传方面，大队对岗、特种工种火灾特点开展消防知识讲座，使用灭火器材，演示灭火方法；在学校宣传方面，大队以“教育一个学生、带动一个家庭、影响整个社会”为目标，开展互动游戏，学生喜闻乐见的消防常识，应急逃生疏散演练，切实抓好基础教育宣传工作；同时，每年都在“安全生产月”“119”消防日开展宣传，2016年发放宣传资料25000份，开办灭火演示250场（次），知识讲座180场，招募消防志愿者1000人。

【**拥政爱民**】 2016年，积极参加当地政府组织的植树造林绿化活动，植树造林600株，重大节庆、会议期间冲洗街道累计56千米；在重大节庆活动会场，重大会议会场，驻地多次执行安全保卫任务，累计出动官兵400人（次）；在开展消防安全示范学校活动中，大队官兵主动上门为西林中学、西林民族高中、西林民族中学、八达镇一小、二小、民幼等学校（园）开展消防安全检查31次，组织逃生和灭火演练21场；大队官兵还积极开展拥政爱民行动，坚持在节假日期间慰问军烈属和孤寡残疾老人，帮助老人打扫卫生、采买生活必需品等。

撰稿：邓广福
黄建超
编辑：李振华
李金银

农林 畜渔 水利

◎ 农 业

【机构人员】 2016年，西林县农业局设农村经济经营管理站、水果生产技术指导站、农业行政综合执法大队、农村区划办公室、农业技术推广站、土肥站、经济作物站、种子管理站、植物管理站、病虫测报站、中草药生产管理办公室、茶叶办公室、农产品质量安全检测中心、农业科学技术研究所等14个内设机构和八个乡镇农业技术推广站。主管局定编8个、在编11人，内设机构（含乡镇）定编83个，实际在编81人。

【农业农村经济发展】 培育龙头企业。全县市级重点龙头企业11家，自治区级龙头企业1家，建立“企业+合作社+基地+农户”经营模式，发展订单农业，建立二次分配，形成利益共同体。积极发展家庭农场，至2016年10月，在工商部门注册的家庭农场6个，累计达到19个。

发展一村一品工作。经过严格评选并上报获批：西林县足别瑶族苗族乡央龙村（足龙茶）被农业部认定为第六批全国“一村一品”示范村。

【惠农政策落实】 2016年，全县8个乡（镇）农业支持保护补贴28710户，农业支持保护面积12131.57公顷，补助标准为每公顷7.50元，全年发放补贴资金2046万元，完成任务100%；实施驮娘江水果产业带建设补助资金项目、土地确权项目48个（含2014和2015年续建项目）项目资金3000万元。发放耕地地力补贴2046.88万元，农机购置补贴99.99万元，受益农户1022户。实施水稻参保面积333.33公顷，水果种植参保2000公顷，烟叶参保66.67公顷，田七参保66.67公顷，全县32个村开展一事一议工作，群众集资140.35万元，直接受益群众13683人。

【现代特色农业示范区建设】 2016年，共建成3个现代农业示范区，分别是：西林县驮娘江沙糖桔产业（核心）示范区（自治区级）；王子山茶叶现代特色农业示范区（市级）；那劳弄南水果现代特色农业示范区（县级）。

【产业化经营与信息化建设】 2016年，全县有自治区级龙头企业1家，市级重点龙头企业11家，登记注册农民专业合作社245家，合作社成员6113人，带动非成员农户13806户。今年新增合作社84家，注册家庭农场19个，年内新增6个。有全国示范合作社1家，自治区示范社7家，市级示范社3家。

【农民科技培训】 2016年，全县举办农民科技培训班196期，培训人数2.70万人（次），（其中在贫困村培训50期，培训贫困户0.55万人（次）；组织各类科技宣传活动10次，发放宣传资料3.80万份；组织全县100名村级农技员，参加中央农广校“农村经济综合管理”专业中专班学习，确定2016年度200名生产经营型新型职业农民培训对象并开展教育培训。

【病虫害测报防控】 2016年，下派各级专业技术人员40名，围绕春耕生产、田间管理、病虫害综合防治等工作，推广绿色植保防控技术，采购诱虫黄板3.33万张，防控面积133.33公顷；发布病虫情报16期，其中：长期预报1期，中期预报4期，短期预报11期，平均预报准确率为100%；组织群众开展统防统治78次，水稻统防统治面积2000公顷（次），水果17333.33公顷（次）；在古障镇央格村开展柑橘黄龙病防控示范266.67公顷。统一开展柑橘木虱统防统治，砍除可疑病株1.43万株。

撰稿：农文珍
编辑：李振华
李金银

◎ 粮食作物种植

【粮食生产】 粮食生产播种情况：年内市下达西林县粮食生产计划任务14466.67公顷。总产量5.50万吨。截至11月20日，全县已完成粮食作物播种面积14653.33公顷，总产量5.83万吨，其中，水稻3800公顷，玉米7266.67公顷，其他杂粮3400公顷。

超级稻示范及推广情况：全县推广超级稻面积达3666.67公顷。

上半年“三免”“三避”等技术培训、示范和推广完成情况：全县举办“三免”“三避”技术培训班6期，培训3500人（次）。推广水稻免耕抛秧1333.33公顷，其中示范5个点，面积66.67公顷；玉米免耕3333.33公顷，其中，示范12个点，面积66.67公顷；马铃薯免耕13.33公顷，2015年冬至2016年春全县面积13.33公顷，经验收，公顷产18900公斤。

在那劳镇那宾村那沙屯实施全国小宗粮食薏苡品种区域试验1个，共10个品种，3个重复，实施薏苡品种生产试验1个，品种为Y002-3。

在那劳镇那宾村那沙屯实施水稻高产攻关试验1个，面积5亩，品种为中浙优8号。

在西平乡者怀村那马屯实施幼龄果树下间种水稻，开展水稻旱栽无水栽培技术试验。

撰稿：农文珍
编辑：李振华
李金银

◎ 经济作物种植

【经济作物生产】 2016年，全县种植经济作物7033.33公顷，其中，生姜1200公顷，蔬菜4706.67公顷，花生308.67公顷，西香瓜156.67公顷，其他694.67公顷。

【蔬菜生产】 2016年，全县蔬菜种植面积（指复种面积）已达到4706.67公顷，其中以1200公顷的生姜为大宗种植蔬菜面积。

【中药材生产】 2016年，全县田七种植面积66.67公顷，产值720万元。

【其他经济作物种植】 种植铁皮石斛148公顷，化橘红266.67公顷，绿肥2733.33公顷，食用菌30万平方米。

撰稿：农文珍
编辑：李振华
李金银

◎ 烤烟生产

【生产概况】 2016年，全县有2个乡镇5个村11个自然屯共72户种植烤烟，合同种植面积98.67公顷；其中普合苗族乡26.67公顷（田烟），那佐苗族乡80公顷（地烟），超额完成市局下达的种植任务，共收购3987.86担，总产值456.99万元，创税95.92万元；均价10.94元/斤，上等烟比例45%，中等烟比例41%，下低等烟比例14%，烟农亩均单产2.7担，亩均收益3085.69元（含产投）。

【科技推广】 一是技术推广取得新突破。技术上全面推行大棚育苗技术和自动化密集型烤烟房烘烤，不但降低烟农劳动强度，而且种烟成功率较高；推广专分散收模式，收购前做好烟叶分级预检工作，提升烟叶纯度；推行烟叶生产专业合作社的运行机制，并推行烟叶生产辅导员管理制度，提高群众种烟专业化程度，充分调动了农村种烟技术能人的积极性。二是烟区布局得到进一步优化。年内主要集中在那佐苗族乡烟区龙滩、永合、垌硝、坝盆4个石山村和普合苗族乡大河村新民屯，户均种烟面积达20.5亩，烟区群众基础好，便于管理和指导。

【技术培训与指导】 2016年，累计举办烤烟育苗、烟苗移栽与大田管理、病虫害防治、烟叶烘烤等技术培训16期，培训人数360人（次），向烟农发放技术资料1000份。

【经济效益】 2016年，全县共收购烤烟3987.86担，总产值456.99万元，创税95.92万元，平均每斤烟价10.94元，公顷均收益46285.35元。

撰稿：农文珍
编辑：李振华
李金银

◎ 茶叶生产

【茶叶生产概况】 2016年，茶叶生产重点是全国有机农业示范基地（茶叶）建设，扶持和培育茶叶产业龙头企业，打造西林茶叶品牌产品；指导和协调广西西林九龙山茶业公司央龙茶场有机茶认证工作，按照有机茶栽培管理标准和要求进行生产加工；扶持广西西林京桂古道茶业公司扩大生产，完成该公司新建的黄果园茶叶加工厂建设并投入生产。按照有机茶栽培管理标准（NY/T 5197–2002））对广西西林京桂古道茶业有限公司现有低产茶园53.33公顷改造成为高产稳产有机生态茶园核心示范基地，集成应用物理、生物等病虫害综合防治技术、有机茶标准化管理技术和《农产品质量可溯源信息体系的建立与示范》等技术措施，茶叶产品实现“生产有记录、信息可查询、流向可跟踪、质量可追溯”目标；推进“公司+基地+农户”经营模式，促进西林茶业产业化发展。

【茶叶生产区域及面积】 2016年，茶业产业生产覆盖全县8个乡镇，依托龙头企业大力发展有机茶生产示范基地，茶叶种植面积7886.67公顷，茶园投产面积5866.67公顷。

【茶叶生产技术推广】 一是优质茶园工程。做好野生茶茶树良种繁育工作，提高全县良种茶普及率，为名特优茶开发做好原料保障；加快有机茶叶基地建设，推广有机茶先进的适用生产技术，主要推广茶叶优质高产栽培技术、茶园平衡施肥技术、中低产茶园改造技术等，以促进茶叶优质高产，完善茶园建设扶持政策，捆绑使用项目资金，重点解决低产茶园改造等薄弱环节。

二是品质提升工程。重点抓好加工环节整治，对茶叶加工企业进行优化改造，使之符合有机茶叶加工标准，确保茶叶质量安全；做好优化改造技术帮扶工作，按照《无公害食品茶叶加工技术规程》要求对加工厂和加工设备进行优化改造，实行标准化、清洁化加工；推行《有机茶叶加工技术规程》行业标准，实行有效全程监控，加强监督，严加管理，加强培训，提高茶业从业人员综合素质。

三是品牌塑造工程。做好品牌宣传和推介，通过奖励的形式，组织企业参加“国饮杯”和开展西林第六届沙糖桔茶叶评比等有影响的茶节、茶展活动，进一步扩大西林茶叶的知名度；与外地客商合作，构建西林茶叶营销网络；抓好茶业协会和农民协会建设，增强茶农应对市场和抗御风险的能力，实现规模化、标准化生产。

【茶叶生产产值、产量】 2016年，全县茶叶鲜叶产量1.60万吨，产值8591万元，干茶产量3201.20吨，产值10476.83万元。

撰稿：农文珍
编辑：李振华
李金银

◎ 水果生产

【水果生产概况】 2016年，完成以西林沙糖桔为主的优质水果新种植面积1533.33公顷，芒果新种植面积206.67公顷，其他水果66.67公顷。全县以西林沙糖桔为主优质水果种植面积达11200公顷，其中西林沙糖桔9200公顷，芒果433.33公顷，沃柑80公顷，其他水果14200公顷。种植面积0.67~1.33公顷亩以上有0.25万户，种植面积1.33~13.33公顷有189户，13.33公顷以上的有25户。成立水果专业合作社73个。2016年，全县水果投产面积5000公顷，产量超10万吨，年产值达到3.90亿元。

【水果栽培技术推广应用】

（一）创新技术培训模式，全面提高果农整体素质

至2016年11月底，全县共举办各种水果培训班75期次，培训人员9100人次。技术员入园指导360人次，发放技术资料18000份。

（二）增加投入，以标准园建设为抓手，改善水果生产条件，实现果业增产增收

今年以来，全县加大水果生产投入的力度。目前共投入1970万元，用于新种果园的补助，驮娘江水果产业带的补助，老果园的基础设施配套投入，示范园建设等。完成200公顷沙糖桔标准园创建示范园、333.33公顷水肥一体化示范园、100公顷沙糖桔提质增效示范园；

（三）抓好低产果园改造

2016年共完成实施166.67公顷低产果园改造。

（四）加大柑桔黄龙病防控工作力度

目前全县发现柑桔黄龙病可疑病株277692株，其中那劳镇409株，足别瑶族苗族乡256株，普合苗族乡0.85万株，八达镇42500株，西平乡75104株，那佐苗族乡17482株，古障镇138437株，马蚌镇2651株，已清除处理黄化果树共15810株。

（五）成立水果专业合作社，提高果业组织化程度

2016年，先后扶持20个水果专业合作社的规范发展，在一定程度上增强全县水果产业合作化程度，拓展水果销售渠道，品牌化营销得到进一步的增强。

（六）强抓无公害标准生产，不断提高水果的质量安全水平

2016年，实行果品安全追朔制度，严把质量安全关，在全县11133.33公顷果树全部实行无公害标准化生产技术管理，确保果品100%达到国家食品质量安全卫生标准，打响西林水果业绿色环保优质安全品牌，以高品质赢得高效益。

【经纪人队伍】 2016年，西林县涌现出一批以刘建军为代表的经纪人队伍，截至2016年12月，西林县辖区内已建有4个沙糖桔打蜡包装厂（西林县泰源果业开发公司、西林新百农水果打蜡包装厂、西林县晨顺水果打蜡包装厂、西林县者夯连民果业）。

附：西林第一位水果销售经纪人——刘建军

刘建军，1979年8月出生，汉族，古障周洞人，初中文化。

1993年，14岁的刘建军因家庭经济困难辍学回家，开始走村窜寨卖雪条、收破烂、卖茶叶、卖板栗等，从小练就灵敏的市场嗅觉和敢闯敢干的胆识。

2007年，刘建军伙同寨上几个兄弟合伙收购生茶叶加工干茶及销售，当年销售茶叶盈利近100万元，获取人生的第一桶金。

2008年，刘建军又在云南省文山州丘北县开建了一家木材加工厂，经营起木材生意，在生意场上积累了不少人脉。

2015年，随着西林县水果沙糖桔的大量上市，嗅觉灵敏的他毅然返乡，创办了广西西林泰源果业有限公司，走向了西林沙糖桔销售之路。2016年底，公司水果销售量达6000吨，销售额达4000万元。成为了当地名副其实的水果经纪人。

撰稿：农文珍
编辑：李振华
李金银

◎ 国家地理标志产品

【西林县国家地理标志保护产品简介】 西林沙糖桔，生长的地理环境处于西林低纬度高海拔、具有独特气候地区，其果形扁平饱满、果色橙红鲜亮，果皮薄，触摸有起沙感，果肉风味清甜，爽脆化渣，肉嫩多汁，味道清甜可口，风味独特，果肉富含维生素，柠檬酸和糖份，鲜果食用具有清心、润喉、养颜、促进消化等功能，在市场上供不应求。2009 年被列为自治区无公害农产品生产基地和农业部无公害食品，2011 年 11 月西林县被中国经济林协会评为“中国沙糖桔之乡”。西林沙糖桔于 2012 年 12 月获批成为西林县首个“国家地理标志保护产品”。

西林麻鸭是一个具有悠久饲养历史且品质优良而又珍稀的地方小型鸭，是广西小麻鸭的种源鸭，被称为“广西第一鸭”，入选中国家禽遗传目录。于2013年12月获批为“国家地理标志保护产品”。

西林姜晶是以生鲜西林火姜为主要原料，采用传统工艺，利用先进的蒸馏技术设备提取原汁，双效浓缩后，配以高山峰蜜、优质白沙糖、红糖精致而成的固体饮料，具有温胃和脾，提神醒脑，亮颜丽容，药膳同功等功效，是老少皆宜的天然养生佳品。其产销量逐年大增长，销售区域遍布全国，2013年开始出口俄罗斯等国家，西林县以此为主要产品，建成中国西南地区规模最大、现代化程度最高的姜产品生产加工基地。于2015年12月获批为“国家地理标志保护 产品”。

西林火姜，人称姜中“高材生”，姜球较小，根、径皮肉皆为淡黄色，因其姜辣素含量高，食用口感火辣，故被称为“火姜”。西林火姜肉质细腻，辛辣味浓，具有益脾胃，除湿消痞，止咳祛痰等功效，经深加工制成姜粉、姜汁、姜油、姜晶、姜露和酱渍姜等一系列产品。西林火姜于2016年11月获批为“国家地理标志保护产品”。

西林县质量技术监督局
编辑：李振华
李金银

◎ 农业机械化管理

【机构人员】 西林县农业机械化管理局设农机安全监理站、农机化技术推广站、农机化技术学校3个内设机构；定编（事业编）6名，在编9人，超编3人，主管局设局长1名，党组书记1名，纪检组长1名，副局长1名，全局（含内设机构）现有干部职工21人；在职干部职工中，大专文化17人，中专文化4人，具有专业技术职称7人。

【农业机械化概况】 2016年，全县拥有大中型拖拉机22台，小型拖拉机1306台，耕整机3023台，微耕机5901台；大中型拖拉机配套农具24台；小型拖拉机配套农具1334台；农业动力机械21405台，其中农用排灌机械1363台、农副产品初加工动力机械18789台；稻麦联合收割机80台；机动脱粒机2342台。

【农业机械化投入和作业】 2016年，全县下田作业的拖拉机达3950台，完成机耕作业面积21652公顷，其中完成水稻机耕作业面积4090公顷，完成水稻机械种植面积207公顷，完成水稻机收作业面积2479公顷。

【农机服务及补贴资金投入】 2016年，2月至5月，分别下到那劳、那佐、古障等8个乡（镇）为农机户免费修理农业机械，共修理各类农机具350台（套）。

2016年，西林县农业机械化管理局分期分批发放春季抗旱柴油补贴资金10万元，其中补贴水果种植抗旱82户，抗旱面积800公顷；帮助烤烟种植抗旱31户，抗旱面积73.33公顷。10月19日组织机耕服务队，雇请那劳镇那宾村农机合作社6台大型拖拉机就普合苗族乡秋冬种示范片、八达镇秋冬种示范片和那佐苗族乡秋冬种示范片进行免费机耕服务，完成秋冬种机耕面积66.67公顷，共投入机耕费5.50万元。

【农机产品质量监督】 2016年，西林县农业机械化管理局共开展两次农机专项打假工作，对全县35个农机经销点进行农业机械产品检查，对经销农机“三无”的产品进行严厉地查缴，有效净化农机产品供应市场，保护农机消费者的合法权益。

【农机安全执法】 2016年，西林县农业机械化管理局共检查拖拉机250台/次，查处无证驾驶6人，无牌无证1台，补检6台，限期培训驾驶员6人，限期整改1台，扣证1本；完成拖拉机年检任务250台，占任务100%。全年无农机安全事故发生。

【农业机械化教育与培训】 2016年，西林县农业机械化技术学校共举办拖拉机驾驶员培训班2期，共培训机手40人。培训农机维修人员65人。

【农业机械化购置与补贴】 2016年，西林县农机购置补贴任务110万元，其中中央补贴资金100万元，自治区补贴资金10万元，截止11月16日，西林县已申请使用中央补贴资金99.99万元，完成99.99%；已申请使用自治区补贴资金1.32万元，完成13.20%。购机补贴受益农户1022户，补贴机具共1036台，补贴额2000元以上的大型机械14台，其他小型机具1022台。

撰稿：李囿霖
编辑：李振华
李金银

◎ 畜牧水产业

【机构人员】 2016年，西林县水产畜牧兽医局设动物卫生监督所、动物疫病预防控制中心、畜牧技术推广站、渔政渔港监督管理站、水产技术推广站、屠宰管理办公室等6个内设机构和8个乡（镇）水产畜牧兽医站。主管局定编8个（行政编5个，事业编3个），实际在编10人。设局长1人，副局长2人，纪检组长1人。内设机构（含乡镇）核定编制49个，实际在编39人。

【畜牧水产产业政策】 西林县出台《西林县发展特色农业产业奖励补助试行办法》西政办发〔2015〕114号文件。对生猪、麻鸭、林下养鸡及蜜蜂养殖产业进行扶持奖励（内容祥见文件原文）。

【畜牧业项目投资建设】 2016年投资370万元，在鲤城新区建成1000平方米的业务办公用房；投资 35 万元在普合苗族乡岩腊村岩腊屯建成生猪标准化养殖小区；投资 250 万元在那劳镇建成西林麻鸭国家地理标志保护产品示范区。

【畜牧业品种改良】 牛的品种改良情况。2016 年，共选留合格西林水牛种公牛 188 头，西林黄牛 125 头，淘汰不合格种公水牛 30 头、黄牛 24 头，合格种公畜配种率达 95% 以上。

猪的品种改良情况 。全县选留合格种公猪102头（其中长白公猪12头，约克79头，杜络克6头，本地公猪5头），有10头采精进行人工授精。全年累计采用人工授精1.687万胎（次），利用人工授精覆盖率达85%以上，比上年同期增长6个百分点。

羊的品种改良情况。共选留黑山羊种公羊1998只，保种选育本地母山羊1.356万只，淘汰山羊种公羊96只。

【畜牧业标准化养殖】 2016 年，全县存栏生猪 100 头以上的规模场 26 个，存栏达 1.00 万头的场有一个。成功引进西林谢氏牧业，投资 1000 万元在普合苗族乡者底村建成 1 个生态标准化养猪场；发展存栏 50 头以上的肉牛规模养殖场（小区）5 个，牛存栏 5 头以上的有 130 户；发展常年存栏 500 只以上山羊养殖场（小区）19 个， 100 只以上山羊养殖场（小区）68 个；新增年出栏 0.50 万羽以上麻鸭养殖规模场 5 个，规模养殖场累计达 38 个。

【生态养殖业】 2016 年，全县林下养殖的有 38 户，其中“百林”鸡养殖规模户 20 户，年出栏 1 万羽以上的场有 8 个，转养蛋鸡的有 2 户，截止 2016 年底，全县出栏林下养鸡 200.7 万羽，完成市、县下达任务 200 万羽的 100.35%。

【养殖技术培训】 2016 年举办养殖技术培训班 40 期，参加培训人数 0.60 万人（次），发放各种技术资料 1.28 万份 。

【项目资金扶持】 2016 年，投人财政资金 100 万元用于发展养殖业。全年发放各项养殖补贴 77.94 万元，其中：生猪规模养殖场 11 个，补贴资金 35.18 万元；林下规模养殖场 8 个，补贴资金 13.32 万元； 20 箱以上蜜蜂养殖 3 户，补贴资金 3.69 万元，西林麻鸭规模养殖场 17 个，补贴资金 25.75 万元。

【动物疫病防控及动物疫病检验、检疫】

一、开展春秋季重大动物疫病强制免疫集中行动。全县全年生猪饲养量16.08万头，应免疫15.28万头，已免猪瘟、猪蓝耳病、口蹄疫苗分别是15.28万头，免疫率100%，免疫猪肺疫、猪丹毒苗分别是8.62万头；牛饲养量1.25万头，应免疫1.03万头，已免疫W病苗1.03万头，免疫率100%，免疫气肿疽苗0.46万头，免疫牛出败苗0.50万头，免疫炭疽苗0.72万头；马饲养量1.86万匹，免疫炭疽苗0.71万头；羊饲养量4.84万只，应免疫W病苗4.34万只，已免疫W病苗4.34万只，免疫率100%，应免疫小反刍兽疫4.12万只，已免疫4.12万只，免疫率100%，已免疫山羊痘苗3.20万只；家禽饲养量45.64万只，应免Q病苗38.64万只，已免38.64万只，免疫率100%，应免鸡新城疫苗22.03万羽，已免22.03万羽， 免疫率100%；犬饲养量0.85万只，全年共免狂犬病疫苗0.66万只，免疫率达到78%。

二、做好疫情监测和疫情调查工作。全县共完成规模猪场仔猪腹泻样品采集送检20份、鸡病采集送检5份、炭疽土壤样品采集送检12份、布病样品采集送检240份、马传贫样品采集送检80份、家畜家禽疫病监测采样送检200份、规模场禽流感免疫抗体检测自检120份、免疫抗体监测采样送检猪80份、牛60份、羊60份、鸡80份、鸭60份；完成全县牛、羊病疫情调查一次和全县8个活禽批发（交易）市场基本情况调查一次。

三、严格动物及动物产品检疫工作程序。全县10个动物产地检疫申报点一线动物检疫员共检疫生猪4.28万头，牛羊0.92万头（只），马骡0.25万匹，禽11.64万羽；检出染疫动物57头（只），隔离留验49头（只），无害化处理8头（只）。按照屠宰检疫操作规程认真开展屠宰检疫工作，全县7个动物屠宰检疫申报点的检疫人员共检疫猪3.28万头、牛0.10万头、马骡36万匹、禽1.47万羽，检出染疫动物25头（只），无害化处理25头（只），确保肉食品卫生安全。

【水产品养殖区域及面积】 2016 年，全县已发展养殖水面 4.73 万亩，其中：网箱养殖 1.14 万箱，与去年同比持平，库湾围拦生态养鱼 0.76 万亩。养殖户进行网箱标准化改造 500 箱，完成市下达任务 100 箱的 500% 和县下达任务 500 箱的 100%；累计集约化网箱改造 0.65 万箱，完成市下达任务 6294 箱的 102.96%。水产品产量 1.85 万吨，完成上级下达任务的 100.24%，产值达2.22亿元。

【渔业安全管理】 一是出动宣传车到马蚌、古障、那佐等渔船集中的乡（镇）和驮娘江沿边的八达、普合、那劳等三个乡（镇）宣传渔业法律法规，发放法律法规知识。年内累计出动宣传车12辆（次），宣传人员48人（次），发放宣传资料0.50万份。

二是通过办墙报专栏、播放渔业安全生产宣传片等形式宣传渔业法律法规和政府规章。年内共办专栏2期，下乡播放渔业安全生产宣传片2次，累计检查排查渔船390艘（次），网箱10900箱，水上看守棚190间。经过检查，未发现安全隐患。

【渔政执法监督管理】 2016年，渔政执法车出动82次，船艇出动35船（次），执法人员出勤320人（次），检查鱼苗种场3家，养殖场（户）372家，投入经营企业7家，累计检查排查渔船390艘（次），网箱10900箱，水上看守棚190间；发放宣传资料5000份，悬挂横幅15条，张贴标语660张，制作法律宣传板报2期，举办渔船安全生产培训班2期，培训人员120人；制止、处理各类案件13起，收缴并销毁电瓶5台，充电器2台，捞捕20个，电鞭2根，闸刀2个，发电机一台（8WK），带电拖网一张，拆除或销毁抬网700张，迷魂阵300张，地笼网1000张，绳子5000米，电线1000米，磨盘35个；渔船船主和主管局签订渔船安全生产责任书180份；签写渔船安全生产承诺书180份。教育在生产中不穿救生衣的渔民14人（次），重点清查了“四无”（无船舶检验证书、无船员培训证书、无船舶登记证书、无捕捞许可证书）船只，年审渔业船舶检验证180本，受检率达100%，登船检验率100%；180艘渔船的船主全部参加了渔业互保，参保人数380人，参保率100%。

【水产品经济效益】 2016年，水产品产量1.85万吨，完成上级下达任务的100.24%，产值2.22亿元。

【村级防疫队伍建设】 2016年，全县配有94名村级动物防疫员。年龄、学历、专业结构情况：50~60岁17人、40~50岁41人、40岁以下36人；初中文化42人、高中文化20人、中专文化28人、大专以上4人，党员38人，畜牧兽医专业46人，取得村级防治资格证书74人。

村级防疫员的经费补助情况：2016年，全县94个村级动物防疫员的补贴均由县级财政全额拨款，每人每月工资670元，中央、自治区财政基层动物防疫工作经费补贴年平均每人3300元，共4.3万元。

撰稿：黄翠莲
编辑：李振华
李金银

◎ 乡（镇）水产畜牧兽医站概况

◆八达镇水产畜牧兽医站

【机构人员】 2016年，八达镇水产畜牧兽医站编制人员3人，其中大学学历1人，大专学历1人，中专学历1人，中级职称2人。

【工作概述】 2016年新增2个以上规模养牛大户、2个以上规模养羊大户、1815箱蜜蜂养殖。麻鸭年出栏量14.01万只，完成100.1%、林下养鸡年出栏量33.10万羽，完成100.4%、肉猪出栏量1.85万头、肉牛0.44万头、肉羊0.77万只。

◆古障镇水产畜牧兽医站

【机构人员】 古障镇水产畜牧兽医站编制名额3人，在编1人，中级职称1人；缺编2人。

【工作概述】 2016年全镇新增4个规模麻鸭场、5个规模林下养鸡大户、5个规模养牛大户、10个规模养羊大户。麻鸭年出栏量13.28万只，林下养鸡年出栏31.54万羽，牛出栏0.40万头、山羊出栏0.72万只，肉猪出栏1.80万头。

◆那劳镇水产畜牧兽医站

【机构人员】 那劳镇水产畜牧兽医站编制2人，在编2人，现有科技人员1人，其中大学学历1人。

【工作概述】 2016年，全镇生猪存栏0.74万头，防疫W病和猪瘟0.74万头，防疫蓝耳0.74万头，牛存栏0.03万头，防疫0.03万头，羊存栏0.18万只，禽类1.74万羽，免疫1.74万羽，其中鸭0.52万羽、鸡1.10万羽，免疫密度达100%。共治疗病畜0.18万头匹，治愈0.17万头匹，治愈率90.8%，家畜死亡率控制在9.2%以内。

◆马蚌镇水产畜牧兽医站

【机构人员】 2016年，编制2人，在编2人。其中大专学历1人，中专学历1人，中级职称1人，初级职称1人。

【工作概述】 2016年，新增牛养殖场5个、麻鸭养殖场3个、猪场2个、鸡场1个；农技推广示范户8户，网箱养鱼500箱，蜜蜂养殖200箱；全年免疫猪0.99万头、牛0.65万头、羊0.47万只、小反刍兽疫0.47万只、鸡新城疫2.60万羽、禽流感4.90万羽。

◆普合苗族乡水产畜牧兽医站

【机构人员】 2016年，普合苗族乡水产畜牧兽医站设编制2个，在编1人，其中大学本科学历1人，初级职称1人。

【工作概述】 2016年，新增2个20头以上规模养牛大户、2个100只以上规模养羊大户、1个规模麻鸭场；全乡猪存栏数1.85万头，牛存栏数0.07万头，羊存栏数0.45万头，鸡存栏数4.00万羽，水禽存栏数1.70万羽；7个村生猪应免数为1.50万头，共注射猪瘟、口蹄疫疫苗1.50万头，免疫率100%；猪蓝耳疫苗注射1.50万头；注射牛口蹄疫疫苗0.07万头，免疫率100%；注射山羊口蹄疫疫苗0.40万只，免疫率100%；山羊痘疫苗注射0.10万只；注射禽流感疫苗3.60万羽；注射鸡新城疫苗3.60万羽等。

◆足别瑶族苗族乡水产畜牧兽医站

【机构人员】 2016年，编制2人，在编1人，其中大专学历1人，初级职称1人。

【工作概述】 2016年，新增央龙村一个饲养量达700只的山羊养殖小区、1个养牛示范户、1个土鸡养殖示范户和板桥村一个山羊养殖示范户；完成麻鸭出栏1.10万只，林下养鸡出栏12.50万羽，完成肉猪出栏0.18万头、肉牛0.03万头、肉羊0.25万只。

◆西平乡水产畜牧兽医站

【机构人员】 2016年，编制2人，在编3人，大专学历2人，中级职称1人，

【工作概述】 2016年，全乡新增2个规模养牛场、1个规模麻鸭场、3个规模养羊大户、600箱蜜蜂养殖；年完成麻鸭出栏8.06万只，林下养鸡出栏19.70万羽，完成肉猪出栏1.56万头、肉牛0.14万头、肉羊0.32万只。

◆那佐苗族乡水产畜牧兽医站

【机构人员】 2016年，编制3人，在编1人，现有科技人员1人，其中本科学历1人。

【工作概述】 2016年，全乡新增4个100只以上规模养羊大户、1个规模麻鸭养殖场、1个规模林下养鸡大户、300箱蜜蜂养殖；完成肉猪出栏1.17万头、肉牛2311头、肉羊0.72万只、麻鸭出栏8.01万只，林下养鸡出栏22.30万羽。

撰稿：黄翠莲
编辑：李振华
李全银

◎水　利

【机构人员】 2016年，西林县水利局设水利水电工程与质量安全监管站、水电工程管理站、

防汛抗旱指挥部办公室、水利建设管理站、水土保持站、抗旱服务队、龙英水库管理所等7个内设机构。核定行政编制6名，在编8人，其中局长1名，副局长3名，党组书记、纪检组长各1人。二级机构有6个事业单位，定编34人，在职在编32人，空编2名（全部为事业编制）。

【农田水利工程建设】 2016年，完成八达灌区、普合灌区及那劳灌区46座堰坝、25千米渠道、水柜50座等建设任务。

“十二五”期间，全县小型农田水利建设总投资3428.99万元，完成2012年度和2013年度农田水利专项县工程

【小流域水利治理】 完成西林县城区防洪整治花贡河坝林段治理工程，新建护岸13.75千米和郁江主要支流西林县城区防洪治理工程，新建防洪堤或护岸4.48千米。水毁修复工程。完成渠道10条17.2千米，堰坝2座、抽水站1座等工程修复和古障镇妈蒿村文洞屯河道水毁修复工程。

【防汛抗旱工作】 抓好防汛备汛工作。落实防汛物资和队伍建设，组建以消防大队和森林防火队为主体的县自然灾害应急抢险骨干88人组成的防汛抗旱抢险专业队，成员单位也组成立177人防汛抗旱应急抢险队，各乡（镇）也成立了432人防汛抗旱应急抢险队，全县的应急抢险队伍规模达697人。做好防汛监测预警系统的保障工作。2016年，完成23座水库和18座水电站的防洪应急预案，2016年3月8至17日，西林县水利局分别在全县各山洪灾害危险点和水库下游的10个行政村举行防汛及山洪灾害防御演练，参与的干部群众达600人（次），2016年10月12日在普合苗族乡普合村下伟徕屯举办两场山洪灾害防御演练，参与的干部群众达200人。投入9.70万元，在全县8个乡镇25个水库下游村屯安装25块山洪灾害防御警示牌、25块山洪灾害防御宣传栏；投入116.20万元的山洪灾害调查和分析已于2016年12月14日在水利局主持通过履约验收。投入78.78万元建成县级监测预警平台并延伸到乡镇。

【业务培训】 2016年4月22日，召开全县防汛抗旱工作暨业务培训会议。

【水土流失综合治理】 渭老小流域水土保持综合治理工程。完成坡改梯工程30.27公顷，蓄水池38座、排水沟2.54千米，生产道路0.89千米，标志牌32个、水保林359.47公顷，经果林44.09公顷等建设任务。那俄流域水土保持综合治理工程。完成治理面积14.45平方千米、坡改梯35.63公顷、蓄水池22座、排水沟2.44千米、生产道路4.80千米，标志牌7块、水保林312.74公顷、经果林160.86公顷。项目总投资3054万元，共治理土黄、者夯、泥洞、那劳老街、渭老、西平6条小流域。

“十二五”期间小流域水土保持综合治理

【水资源管理】 年度目标任务为：控制用水总量0.70亿立方米。万元工业增加值用水量比2010年下降30%，农田灌溉水有效利用系数为0.50，主要江河水库工程区水质达标率86%，1~11月，县（区）河流交接断面水质水量达标率100%。1~12月，用水总量为0.60亿立方米，主要江河水库工程区水质达标率100%，县（区）河流交接断面水质水量达标率92%，无水质超标现象。

【水利执法】 2016年，共征收水政、水保“两费”96万元。水政监察和水行政执法取得新进展，及时调处水事纠纷，维护社会稳定，促进水行政管理工作迈上法治化、规范化、科学化的轨道。

【河道环境治理】 推进水资源优化配置工作，推进水功能区管理制度的实施，加强入河排污口的监督工作，抓好水土保持整治，强化对地下水的保护和治理，促进县域内河流水质的改善，通过科学调度水资源，生态效益明显，有效保障供水安全。

“十二五”期间中小河流治理防洪整治工程总投资6097.4万元，共治理西平河、古障河、花贡河、花贡河坝林河段4条中小河流

撰稿：黄红红
编辑：李振华
李金银

◎林　业

【机构人员】 2016年，西林县林业局设办公室、财务室、防火办、林业技术推广站、林政股、森林公安局、农村能源办、项目办、设计队、森防站、退耕办、种苗站、森林管护执法大队等13个内设机构；八大河水陆木材检查站、那劳木材检查站、猫街木材检查站3个木材检查站；木材公司、林业开发公司2个公司；八达林场、古障林场、那佐林场、弄汪林场、开发林场5个林场；8个乡（镇）林业工作站。主管局设局长1人，党组书记1人，副局长4人，纪检组长1人，全县林业系统有干部职工574人，其中具有林业专业及相近专业技术人员72人，中级职称18人，初级职称33人，技术员21人。

【林业经济概况】 2016年，完成林业总产值212725万元、八角119吨、板栗730吨、油茶籽2220吨、松脂3142吨。

【林下经济】 2016年，全县林下种植铁皮石斛79.43公顷。

【树种结构调整与苗圃建设】 2016年，全县新建苗圃2个，其中1个是企业经营，在普合乡新丰村培育规范化标准化软枝油茶良种苗2.05公顷，该苗圃总投资246.13万元，已经完成在育苗床内铺好细沙播种4.5吨油茶种子，截至2016年底，全县还在有效期内的苗圃共有14个，占地面积23.33公顷。

【国家储备林基地建设】 2016年主要任务是完成2015年上级下达西林县的国家储备林基地建设项目904.47公顷。古障林场项目设计总面积为377.80公顷。其中：新造林286.47公顷（新造杉木纯林143.33公顷、新造马尾松纯林18.67公顷、新造枫香纯林10公顷、新造杉木与马尾松混交林55.33公顷、新造桉树与马尾松混交林59.13公顷），改培杉木46.87公顷，马尾松套种珍稀树种44.47公顷；国有弄汪林场项目设计总面积为333.33公顷，其中：新造杉木纯林66.67公顷、香椿纯林66.67公顷，改培松树66.67公顷；森林抚育133.33公顷（抚育方式均为割灌除草）；国有那佐林场项目设计总面积为193.33公顷，其中改培马尾松183.33公顷，改培西南桦10公顷。

【造林绿化与封山育林】 2016年，全县累计完成造林面积3016.90公顷，其中用材林1954公顷，经济林1062.90公顷。用材林中：马尾松68.40公顷，杉木1865.60公顷，红椿20公顷。经济林中：核桃74.80公顷，油茶298.70公顷，水果类689.40公顷。完成义务植树造林45万株。全县育苗面积14公顷，苗木产量3919万株，其中杉木3452万株，马尾松419万株，桉树10万株，红椿10万株，秃杉20万株，香椿8万株。

【“美丽西林·生态乡村”绿化专项活动】 2016年，西林县完成示范村屯41个，完成年度任务100%；种植绿化主要树种有芒果、枇杷、秋枫、大花紫薇、美丽异木棉、桂花、玉兰等。种植米径3厘米、高1.5米以上绿化树种有0.92万株；地径

0.8厘米、树高0.6米以上的果树苗有3548株。新增绿化面积16.16公顷。共建有40个村屯的护村林、护宅林，护路林长度8.46千米，绿道5.68千米。41个村屯建有绿化休闲小区共1.07公顷，生态小区共30.40公顷，41个村都有微田园（含新建和原有小花园、小菜园、小果园、小茶园）。共完成一般村屯绿化300个，完成率100%，种植绿化主要树种有芒果、李果、枇杷、水密桃、龙眼、沙糖桔等，种植米径3厘米、高1.5米以上绿化树种有0.43万株，地径0.8厘米、树高0.6米以上的果树苗有3.17万株。每个村屯都制订有绿化管理制度或村屯植绿护绿内容的村规民约。

【森林管理与林业资源经营】 2016年，受理各类森林案件161起，其中；立刑事案件18起，破案22起（含往年案件），提请逮捕3人，直诉29人；立林政案件143起，查处143起，查处率100%，林政罚没金额29.93万元；2016年，共完成木材生产20.47万立方米，完成木材销售19.36万立方米，创税650万元；全县调运木材19.36万立方米，2016年森林覆盖率76.62%，同比上年76.58%增0.04%。活立木总蓄积量1600.12万立方米，同比上年1480.22万立方米增119.90万立方米。“十三五”期间年采伐限额蓄积量40.48万立方米。

【护林防火与森林病虫害防治】 2016年全县共发生森林火灾1起，过火面积3.30公顷，无森林受害面积，与去年相比，森林火灾发生起数、过火面积、受害面积、受害率分别下降91%、96.7%、100%和100%。

2016年，监测到有害生物危害面积362.93公顷，马尾松毛虫发生轻度面积266.67公顷，桉大蝙蛾轻度面积96.26公顷。

年内完成林业有害生物防治362.93顷，其中利用白僵菌、阿维菌素等生物药剂和2%敌敌畏烟剂进行无公害防治362.93公顷。

2016年9月20日，全面完成9轮外业普查工作。踏查覆盖8个乡镇和5个林场。普查中发现的林业有害生物48种，其中：林木害虫有29种；林木病害17种；有害植物2种，有害动物1种。

【野生动物与珍贵植物保护】 截至2016年底，全县共查有野生陆生动物398种，其中国家I级重点保护动物5种、国家II级重点保护动物53种、自治区级保护野生动物96种。已知野生植物1755种，其中国家I级保护3种、国家II级保护13种、广西重点保护野生植物68种，全县的野生动物和珍贯植物都得到有效的保护。

【能源与自然保护区建设】 2016年，全县乡镇累计建有农村户用沼气池24024座，（每座8立方米，年产沼气400立方米）全县入户率为81%，可建池入户率为95.4%；建有大中型沼气项目4个，分别为：西林县宏昌畜牧发展有限公司大型沼气工程1000立方米、西平乡高维村农村有机垃圾沼气化处理项目工程350立方米、那劳镇农村有机垃圾沼气化处理项目工程2000立方米、八达镇平用屯联户沼气供气项目工程400立方米。全县累计年产沼气1068万立方米。建有村级沼气服务网点63个，覆盖全县各乡镇。2005年5月10日。经自治区人民政府批准，将西林县3个县级自然保护区合并升级为两个省级自然保护区；即广西那佐苏铁自治区级自然保护区和广西王子山雉类自治区级自然保护区。

广西那佐苏铁自治区级自然保护区地跨西林县的那佐和足别两个建制乡，涉及那佐乡的母鲁村、达下村、那讪村和足别乡的足别村、央龙村、者么村等6个行政村。东西长21.6千米，南北宽12.8千米，总面积12458公顷，其中核心区5821.87公顷，缓冲区5810.80公顷，实验区825.33公顷。共设有5个护林站，专职管护人员51人。设自然保护区界碑2座，自然保护区简介牌2块，核心区、缓冲区界线碑26座，宣传牌6块。

王子山雉类自治区级自然保护区占西林县面积的10.67%，由猫街片和花贡片两部分组成，地跨西林县古障、八达2个镇，总面积为32209公顷，其中猫街片面积14455.10公顷；花贡片面积17753.90公顷。王子山雉类自治区级自然保护区共设有11个护林站（分场），专职管护人员102人，共设核心区、缓冲区界线碑52座，宣传牌12块。核心区内实行严格保护，王子山雉类自治区级自然保护区国家重点保护动物有44种，其中Ⅰ级保护动物有鼋、蟒蛇等6种，Ⅱ级保护动物有大鲵等38种；广西重点保护动物有沼水蛙等90种，珍稀濒危植物有桫椤等19种，国家重点保护野生植物有贵州苏铁等12种。

撰稿：农蕙伊
编辑：李振华
李金银

◎ 各乡（镇）林业站

【概况】 全县设有马蚌镇、古障镇、八达镇、普合苗族乡、西平乡、那佐苗族乡、那劳镇和足别瑶族苗族乡等8个乡镇林业工作站。设定编制23人，现有干部职工32人（含护林员临时职工10人），每个站3～5人。有专业技术人员23人，大专以上学历23人。专业技术初级职称23人，专业技术人员平均年龄为35岁。各站设有站长、副站长及护林员等。

◆西林县国有八达林场

【机构人员】 八达林场核定编制数为54人，性质为事业单位，企业管理，自负盈亏，经费来源由单位解决。

【林场概况】 西林县国有八达林场森林总面积（1978年统计数）13799.30公顷，经营面积13711.30公顷，林业用地面积12075.40公顷，有林地面积9297.60公顷，与古障林场共同代管广西王子山雉类自治区级自然保护区。

【森林资源管理区域】 八达林场有6个分场，涉及到4个乡镇、57个行政村。

【国有林场改革】 定性：西林县机构编制委员会定性为公益二类相当正科级事业编制单位。定编：按照（桂发〔2016〕12号）文件关于“坚持因地制宜、因养林而养人”的原则，根据“生态建设需要科学合理核定国有林场事业编制，保持现有在职在编人员稳定”的精神，西林县机构编制委员会核定八达林场事业编制54个。安置富余人员：根据（中发〔2015〕6号）、（桂发〔2016〕12号）文件精神，按照“内部消化为主，多渠道解决就业”和“以人为本，确保稳定”的原则妥善安置富余人员。定经费：改革后林场按照公益二类事业单位财政全额拨款，林场利用国家资源、国有资产等提供特定公共服务取得的政府非税收入按照“收支两条线”规定，上缴国库或财政专户；对向社会提供经营服务取得的收入，全额纳入单位预算，统一核算统一管理，主要用于林场公益事业发展。

【林场营林生产】 八达林场经营类型以商品林为主，森林采伐以主伐为主、间伐为辅，采伐树龄按《森林采伐更新管理办法》规定执行。

【林场经济效益】 林场经济效益反映林场在经营林业生产过程中，投入对产出，所费对所得的比较，在保护开发利用森林资源的过程中产生的经济效益。

【林场基础设施建设】

房屋建筑现状：职工总户数126户，人口378人，办公用房面积中总场750平方米，分场110平方米。生产、管护用房中工区8000平方米，护林站590平方米。职工食堂300平方米。

道路现状：林区道路共计303千米，其中三级道路118千米、四级道路133千米、等级外路52千米。地方公路共计34千米，其中二级公路6千米，三级公路28千米；永久桥梁8座，其中危桥1座，永久涵洞31座。

给排水现状：集中供水工程中，地表水供水能力700立方米/日，受益人口331人；分散供水工程中，引水管线长度9千米，受益人口47人，排水管网长度1.8千米，受益人口331人。

用电现状：通电户数126户，110（66）kv变电容量580（MVA）共2座，线路2千米。3~10kv配变容量50（MVA），共2台，线路6千米。

◆西林县国有那佐林场

【机构人员】 依照（西编字〔88〕12号）文件精神，核定那佐林场的编制数为23人。现有职工71人，正式职工27人；编制性质为事业单位，企业管理，自负盈亏，经费来源由单位解决。

【林场概况】 根据历年统计资料，西林县国有那佐林场总面积：8445.47公顷，公益林面积4960.80公顷，（其中国家级402.93公顷，自治区级168.80公顷，一般402.93公顷）。

【森林资源管理区域】 那佐国有林场辖5个林业站，涉及3个行政村、11个自然屯。

【国有林场改革】 西林县机构编制委员会定性为公益二类相当于正科级事业单位。定编：根据西林县机构编制委员会1988年核定的机构设置和人员编制，核定那佐林场编制54个。安置富余人员：根据桂发〔2016〕12号文文件精神，按照“坚持因地制宜、因养林而养人”和“生态建设需要科学合理核定国有林场事业编制，保持现有在职在编人员稳定”的原则妥善安置富余人员。定经费：改革后，林场按照公益二类事业单位财政全额拨款，林场利用国家资源、国有资产等提供特定公共服务取得的政府非税收入，按照“收支两条线”规定，上缴国库或财政专户；对向社会提供经营服务取得的收入，全额纳入单位预算，统一核算、统一管理，主要用于林场公益事业发展。

【林场营林生产】 林场经营类型为商品林，森林采伐主要以主伐为主，间伐为辅。按照《森林采伐更新管理办法》的规定执行。

【林场经济效益】 主要为营林生产，森林采伐运输，木材加工，林产化学和森林培育，保护及开发利用森林资源的过程中产生的经济效益。

【林场基础设施建设】 房屋建筑现状：职工总户数50户，人口150人，场部办公用房面积467平方米，护林站生产、管护用房总1200平方米，职工食堂455平方米。道路现状：林区道路共计58.70千米，其中三级道路10千米、四级道路20千米、等级外28.70千米。永久桥梁1座，永久涵洞12座。给排水现状：集中供水工程中地表水供水能力800立方米/日，受益人口230人。分散供水工程中引水管线长度4千米，受益人口10人。用电现状：通电户数50户，3~10kv配变容量50（MVA），线路8千米。

◆西林县国有古障林场

【机构人员】 2016年，全场有管理人员116人，其中事业编制31人（含2个保护区编制），合同工71人，临时工14人。

【林场概况】 古障林场全场总面积24751.1公顷，经营面积为20000公顷，现有林地面积22800公顷，其中生态公益林面积14182.10公顷，占林地总面积的62%，商品林面积8617.90公顷，占林地总面积的38%，森林覆盖率82.6%；全场活立木蓄积量为121.07万立方米，其中防护林蓄积量为2.39万立方米；特用林蓄积量为79.84万立方米；用材林蓄积量为32.53万立方米；经济林蓄积量为6.32万立方米。共有人工用材林4749公顷，其中场外造林627公顷。

【国有林场改革】 西林县机构编制委员会已定性为公益二类相当于正科级事业编制单位。定编：根据西林县机构编制委员会（1988）12号文件精神，核定古障林场事业编制31名；安置富余人员：按照“坚因地制宜、因养林而养人”和“生态建设需要科学合理核定国有林场事业编制，保持现有在职在编人员稳定”的原则，妥善安置富余人员；定经费：改革后林场按照公益二类事业单位财政全额拨款，林场利用国家资源、国有资产等提供特定公共服务取得的政府非税收入，按照“收支两条线”规定，上缴国库或财政专户，对向社会提供经营服务取得的收入，全额纳入单位预算，统一核算，统一管理，主要用于林场公益事业发展。

【森林资源管理与保护】 森林防火工作。在重点林区悬挂横幅25幅，张贴标语及宣传单6000份，设固定警示牌30块；利用学校开展宣传，森林资源管护工作，贯彻落实森林资源管护责任制，加大对林木，林地资源管护力度，严历打击破坏森林资源的违法行为。

【林场营林生产】 完成2015年度中央财政森林抚育任务1226.67公顷。2015年度全国木材战略储备基地建设项目总任务377.80公顷，完成中央财政林业科技马尾松材用良种推广示范项目53.33公顷，自治区财政林木良种二代马尾松种子园建设项目14.67公顷，2015年度中央财政林木良种补贴项目培育马尾松良种苗木120万株培育任务、2016年度中央财政林木良种补贴项目培育马尾松、杉木良种苗木120万株和2015年度欧洲投资银行林业贷款营造林项目造林面积851公顷任务。

【林场经济效益】 2016年，全场经济总收入621.70万元，总支出817.80万元。

【林场基础设施建设】 2016年，全场总建筑面积1500平方米，完成新建林区公路36千米，维修林区公路120千米，修复防火隔离林带和防火线32.50千米。

◆西林县国有弄汪林场

【机构人员】 根据（西编〔88〕第12号）文件精神，弄汪林场核定事业编制数5名，在编5人。

【林场概况】 全场总面积2876.73公顷，林业用地总面积2488.33公顷，占总面积的86.5%，下设坡皿、大河两个分场。其中坡皿分场位于八达镇、西平乡境内，面积为173.33公顷；大河分场位于普合苗族乡、那劳镇境内，面积2703.40公顷。全场有林地面积2215.06公顷。其中：人工用材林563.33公顷（马尾松中幼林353.33公顷，成熟杉木林43.33公顷，桉树速丰林166.67公顷）；经济林177.47公顷；防护林1736公顷；薪炭林98.33公顷。“十一五”全场活立木蓄积量为11.7302万立方米，森林覆盖率77%。区划界定为国家及自治区重点生态公益林区1356.33公顷。

【森林资源管理与保护】 强化林业有害生物防治，强化森林防火工作，加强资源保护的宣传力度，严格林木采伐管理，加强林业安全生产工作。

【国有林场改革】 根据西林县机构编制委员会《关于西林县林业局所属事业单位分类意见的通知》（西编〔2015〕34号）文件精神，西林县国有弄汪林场定性为公益二类事业单位。定编：根据西林县机构编制委员会《关于调整西林县事业单位机构编制的通知》（西编字〔88〕第12号）文件精神。核定弄汪林场事业编制5名。安置富余人员：按照“内部消化为主，多渠道解决就业”和“以人为本，确保稳定”的原则妥善安置富余人员。定经费：林场改革后，所有经费按照公益二类事业单位财政全额拨款，实行收支两条线管理。

【林场产业发展】 培育速生丰产林，盘活森林资源培育，加强资源保护，巩固发展成果，转变发展方式，加大珍贵树种造林，增强林场发展后劲。

【林场营林生产】 营造林：2016年已完成木材战略储备造林200公顷，其中：香椿新造66.67公顷，杉木新造66.67公顷，马尾松改培66.67公顷。2016年木材产销存情况：全年共完成木材销售0.36万立方米，库存木材0.37万立方米（含上年库存数）。

【林场经济效益】 2016年，全场经济总收入152万元，其中：木材销售收入80万元，其它收入72万元；营林投入166万元，职工工资支出79万元。

【林场基础设施建设】 修复林区公路50千米，改善各分场通水、通电等基础设施，新开林区公路15千米，新开防火线10千米，完成大河分场饮水工程，解决职工日常生活用水和平麻分场架设配电专线安装工程；2016年，新建大河分场站房围墙、院内硬化、绿化，改善了该分场职工住宿与生产生活条件，同时对坡皿分场的危旧站房和蓄水池进行维修加固。

撰稿：农蕙伊
编辑：李振华
李金银

工 业

◎ 经济贸易

【机构人员】 2016年，西林县经济贸易局有干部职工17人。配备局长1名、副局长2名、总经济师1名、其他干部职工13人。内设1室7股，分别是：办公室、综合股、经济运行股、工业规划发展和投资股、中小企业发展股、节能与循环经济股、农产品加工股、能源股（加挂企改办、行政审批办公室牌子）。

【工业经济】 2016年，全县有工业企业40家，同比2015年增加1家，其中：规模以上工业企业8家，规模以下工业企业32家（不含乡村个体工业企业），分为：电力生产和供应业、农产品加工业、有色金属冶炼、非金属矿物制品业（建材业）、其他行业5个行业。

全年完成工业总产值66068.23万元，与2015年同期相比增长3.64%；工业增加值完成23335.45万元，增长12.66%。其中:规模以上工业产值完成54927.54万元，同2015年相比增长5.08%，完成市下达预期目标5.5亿元的100%；工业增加值完成19652.5万元，增长速度14.65%，完成市下达预期目标18091万元的108.63%。规模以下工业完成产值11140.69万元（不含乡村个体工业企业）同2015年相比下降2.92%。

【投资项目建设】 2016年，全县在建工业固定资产投资项目22个，工业固定资产投资累计完成50685万元，与上年同期的35640万元同比增长42.21%；制造业投资累计完成11405万元，与上年同期的21640万元比减47.3%；更新改造项目累计完成投资42624万元，与上年同期51371万元比减17.03%。

【融资扶持】 2016年，帮助西林天韵茶业有限公司申请自治区工信委中小企业扶贫资金130万元；帮助邦邦锑业有限公司申请百色市中小企业“惠企贷”项目2500万元，为企业生产经营提供保障。

2016年3月22日，百色市工业和信息化委员会副主任唐星善与西林县人民政府签订百色市重点中小企业“惠企贷”贷款平台信贷引导资金合作协议

【企业减负】 出台《关于加快工业发展评选奖励办法》，配套出台“西林县强优工业企业奖励办法”“西林县创品牌企业奖励办法”“西林县工业企业家奖励办法”“西林县企业技术创新奖励办法”“西林县新上规企业扶持奖励办法”等5个奖励办法，帮助企业解决各种实际困难和问题，促进企业扩大生产、增产增效，推动工业经济稳定增长。

放开发用电计划，完善电力交易规划，扩大电力直接交易规模和范围。以园区为试点，用市场化方式建设以增量配电网为主的园区型区域电网，实现对区域电网内用户的低价、便捷、可靠供电，落实企业调整计费方式和电力增容、减容、暂停、变更等政策措施，降低用电成本。落实完善两部制电价政策，放宽基本电价计费方式变更周期和减容（暂停）期限限制，支持企业转型，增加电价政策灵活性，降低企业运行成本。

【节能降耗】 组织县重点企业签订目标责任书，做到“目标、任务、标准、时限、奖惩”五明确。完善能耗监测调度体系，按月调度重点企业能耗数据，对7户能源消耗量大、具有行业代表性的重点企业实行网上直报，分析能源消耗，解决突出的矛盾和问题。同时指导重点企业开展能源管理和能源管理体系试点工作，规范企业能源管理。围绕工业锅炉改造、余热余压利用、电机节能、能量系统优化等。2016年，万元工业增加值能耗下降-3.1%。

【企业发展】 2016年，引进广西西林县天韵茶业有限公司，该公司已建成1300平方米的食品安全许可车间、200平方米的办公室及厂区的硬化。建设期间大部分建设员工都是聘请当地群众，给群众带来经济收入。

截至2016年10月，广西西林天韵茶业发展有限公司已经取得茶叶出口资格（2016年7月5日通过商检基地备案，2016年8月5日通过了QS认证，2016年10月18日通过商检的生产厂房备案），是西林县唯一具备茶叶出口资格的企业。2016年12月，完成产值2000万元，已列入西林县规模以上企业。

【农林产品加工业】 2016年，农产品加工业总产值4.2亿元，同比增长4.89%；增加值1.25亿元，同比增长16.36%，主要分为：木材加工业、油脂加工业、农副食品加工业。

2016年，木材加工企业的主要产品：指接板、拼板、锯材、细木工板、合板等，年产量77716立方米，销量43402立方米，产品主要销往浙江、上海、安徽、江苏等省市，部分产品经过深加工后还销往日本、韩国及欧美等地区。

油脂加工企业主要产品：桐油、松节油、松香等，年产量4352吨，销量2869吨，产品主要销往国内市场。

农副食品生产加工主要产品：姜片、姜块、姜粉、姜粒、姜晶（茶）、姜油、八角、桂芯条、薏仁米、脱水香葱、欧洲芹菜、白洋葱，年产量5166吨，销量4268吨，产品主要销往国内市场，部分产品如低硫干姜片、姜晶、八角、脱水香葱经过检验，各项指标均达到出口标准要求，已打入日本、韩国、荷兰、俄罗斯等国外市场。

【安全生产管理】 2016年，及时调整安全生产工作领导小组，把安全生产工作落实到股室和人员，与县辖区内工业企业签订《西林县工贸企业2016年安全生产责任书》，推进企业安全生产主体责任的落实，与40家工业企业签订安全生产责任书，强化制度建设。着重对企业主履行安全生产职责的情况和企业健全、落实生产管理制度的情况进行全面检查，督促其认真履行职责，做到企业安全生产工作有制度、严监督、实落实，与企业一起形成上下一致、常抓不懈的安全生产监管机制。年内检查企业31家（处），出动84人（次），查处安全隐患11项

2016年3月22日，市工业和信息化委员会副主任唐星善到西林县开展第一季度安全生产工作督查

（处），督促整改11项（处），责令整改1家（次），有效杜绝安全事故的发生，全县工业企业没有发生安全事故。

撰稿：廖钒荣
编辑：秦应海
何建泽

工业企业主营业务收入变化情况表

企业名称	主营业务收入			
	本月实际	本年累计	上年同期累计	比上年+-%
总　计	5376.92	47203.27	58677.51	-19.55
规模以上企业合计	3285.4	36645.32	47578.25	-22.98
规模以下企业合计	2091.52	10557.95	11099.26	-4.88
一、电力及水的生产和供应	1456.6	17237.01	23285.62	-25.98
（一）规模以上企业	1431.6	16695.9	22031.70	-24.22
桂水电力股份有限公司西林分公司	900.3	11303.4	16904.7	-33.13
水利电业有限公司	531.3	5392.5	5127	5.18
（一）规模以下企业	25	541.11	1253.92	-56.85
丰水河水利发电公司		176.1	882.32	-80.04
三江水利发电有限公司		1.81		
自来水厂	25	363.2	371.6	-2.26
二、农产品加工业	3824.82	27772.62	32089.50	-13.45
1．木材加工业	467.89	7616.76	12752.36	-40.27
（一）规模以上企业	277.1	5288.8	9766.20	-45.85
嘉华木业有限公司	220.6	2647.3	2365.1	11.93
澳林木业有限责任公司	56.5	888.5	5149.1	-82.74
西林县兴霖木业有限公司	0	1753	2252	-22.16
（二）规模以下企业	190.79	2327.96	2986.16	-22.04
微永木业有限责任公司	56.2	448.8	256.4	75.04
林业开发公司	18.9	198.1	437.8	-54.75
八达林场木材加工厂		25	190.4	586.22
古障林场木材加工厂	75.69	1306.56	1791.23	#REF!
瑞桂吉纯生态木棉有限公司	40	283	188	50.53
源林木业有限公司		66.5	122.33	-45.64
2．农副食品加工	2102.8	15030.1	16359.00	-8.12
（一）规模以上企业	1576.7	12254.6	13764.2	-10.97
汇浤工贸有限责任公司	1178.50	10243.5	11438.9	-10.45
西林大西南林化有限公司	398.20	2011.1	2325.3	-13.51
（二）规模以下企业	526.1	2775.5	2594.8	6.96
荣兴油脂有限责任公司				
正光贸易有限公司				
东银油脂有限公司				
乐丰源有限责任公司		110	156	-29.49
津海贸易有限公司	450	923	835	10.54
永明贸易有限公司	64	168	262	-35.88
姜制品厂				
云山姜晶厂	4.2	57	60	-5.00
食品公司屠宰场	7.9	77.5	81.8	-5.26
汇林油脂有限公司				

企业名称	主营业务收入			
	本月实际	本年累计	上年同期累计	比上年+-%
金桐油脂有限公司		1440	1200	20.00
3. 饮料制造业	1254.13	5125.76	2978.14	72.11
（一）规模以上企业	0	2406.02	2016.15	19.34
西林京桂古道茶业有限公司		2406.02	2016.15	19.34
（二）规模以下企业	1254.13	2719.74	961.99	182.72
生源酒业有限公司		60	52	15.38
爽滴滴纯净水有限公司	6	90.8	86.4	5.09
西林王子山有机茶业有限公司		10.21	701.27	-98.54
西林天韵茶叶有限公司	1248.13	2452.13		
西林九龙山茶叶有限公司		106.6	122.32	-12.85
三、有色金属采选冶（规下）	0	944.94	2533.18	-62.70
西林邦邦锑业有限公司		944.94	2533.18	
四、非金属矿物制品业（规下）	58	623.2	505.2	23.36
西林县诚信砖厂	42	436.7	354	23.36
红砖厂				
凿鑫页岩砖厂	16	186.5	151.2	23.35
六、其他（规下企业）	37.5	625.5	264.01	136.92
印刷厂	6.5	44.5	32.4	37.35
富源植物开发有限公司（百达生物）		320	48	566.67
峰达科技炭有限责任公司	31	261	183.61	42.15

◎ 重点企业简介

广西澳林木业有限责任公司　位于西林县普合苗族乡工业园区，占地面积9公顷，于2005年6月开工建设，同年12月建成投产，公司资产总额1.05亿元，建筑面积5万平方米、120立方米干燥窑17座、指接板、细木工板2个成品生产车间，年生产指接板、细木工板8万立方米。有国营扶贫林场大房分场666.67公顷杉木林地，木材蓄积量20万立方米以上，有员工300人，其中：大专以上学历30人。公司生产的主要产品为杉木指接板、细木工板、胶合板等板材，被广泛应用于家具制造、室内装修、建筑业等，产品主要销往浙江、上海、安徽、江苏、江西、重庆等省市。2010年至2016年累计产值15928万元，累计销售收入30159万元，累计上缴税金476万元，安排就业300人。

西林县嘉华木业有限公司　成立于2004年8月，现有职工326人，公司占地面积52500平方米，建筑面积1700平方米，固定资产投资5000万元，是一家以生产指接集成板、复合模板、细木工板、画框料、机拼板为主的木材加工生产和销售的企业，年生产能力4万立方板材，是广西西部最大的木材深加工企业之一，产品不仅销往上海、杭州等国内市场，还远销西班牙、德国等国外市场。获“全国质量诚信AAA级品牌企业”百色市“非公有制经济先进单位”等荣誉称号。2016年，公司年均销售额达6000万元，年上税200万元，是西林县纳税大户之一。

广西西林汇泫工贸有限责任公司　成立于2005年，是一家以经营香辛料、脱水蔬菜为主的食品生产加工和出口销售为一体的现代企业。主打产品有低硫姜片、姜块、姜粉、姜粒、姜油、八角、桂芯条、薏仁米、脱水香葱、欧洲芹菜、白洋葱等，产品远销日本、韩国、德国、荷兰等国家和地区，供不应求。公司旗下的农产品综合加工厂2007年兴建，总投资9600万元，占地9.13公顷。公司取得广西质量技术监督局、广西出入境检验检疫局颁发的食品生产许可证、出口食品卫生安全证，通过ISO9001质量管理体系和ISO22000食品安全管理体系国际认证，是西林县第一个出口食品卫生注册企业。公司的低硫干姜片、八角、脱水香葱等产品经过检验，各项指标均达到出口标准，销往欧美、日本等国外市场。

广西西林大西南林化有限公司 成立于2011年7月，是一家以生产松香、松节油为主要产品的地方特色企业，项目总投资2080万元，年产值超过5千万，利税300万元，可安置就业人数80人。公司占地面积1.6公顷，厂房及车间3500平方米，拥有蒸汽法松香生产线2条，分别购置安装松香蒸馏机、松节油分流器等机械设备，可日产松香30吨，松节油3吨，年生产能力为松香1万吨、松节油1千吨，产品95%达到国际一级标准。公司的产品市场需求量大，销售前景广阔。

西林县桂水电力发电有限公司 成立于2003年10月15日。2007年12月19日，广西水利电业集团有限公司收购东送公司控股的西林驮娘江水电开发有限公司，成立由国有企业控股的新的西林县桂水电力发电有限公司。

公司设有经理工作部、财务部、人力资源管理部、生产技术部和安全生产监察部五个职能管理部门，下辖1个发电调度中心，1座那雄220KV变电站以及13座水电站（即：威后、母湖、者甲、斗皇、旧那维、克林（含新那维）、那劳、那宾、那沙、弄南、八书、普合电站）。电站总装机容量12.93万千瓦，公司总资产13.93亿元。截止10月份公司发电量为：1.47亿千瓦/时。公司所属水电站送出线路全长93.38千米，其中：110千伏安线路68.98千米，35千伏安线路24.4千米。公司13座水电站均通过那雄220千伏安变电站与广西电网联网运行，上网电价0.29元/千瓦/时，是广西水利电业集团有限公司目前已运行的最大发电企业。

广西西林京桂古道茶业有限公司 于2013年3月由绿色联盟农产品发展集团有限公司和广西农垦茶业集团有限公司共同投资组建，注册资金1000万元，是一家集茶叶种植、加工和销售为一体的茶叶企业。现有良种生态核心茶园86.67公顷，其前身是扶贫异地安置场，始建于1995年12月，是从西林县那佐苗族乡龙滩、永合等村石漠化地区搬迁出来的特困农户，该扶贫异地安置场有83户337人，其中管理茶园有57户230人；年生产加工成品茶能力可达500吨，年产值达5000万元。同时，公司规划筹建茶产业文化园，深化茶产业链，通过茶饮料、茶食品、茶文化与旅游等延伸西林县茶产业的发展。

公司有高级职称人员3名，中级职称人员8人，专业技术管理人员20人，公司已成功注册“京桂古道”商标，取得QS生产许可证。公司主要以生产红茶、绿茶、白茶为主，统一以“京桂古道”为注册商标，生产的“古道红”“古道玉芽”和“古道雪芽”茶产品。

广西西林天韵茶业发展有限公司 成立于2015年4月，注册资金1000万元。公司法人代表林森，系广西博白县江宁镇人，承包古障镇央达茶场，首次租期为26年，同月开始对央达茶厂进行全面升级改造，包括重建厂房、修整茶山、购买新设备、工艺改造等。在政策与市场的推动下，公司又于2016年6月租赁古障镇大房茶场，首次签租25年，自有茶山达125.93公顷。

公司主要以加工特色传统红碎茶出口为主，国内外销售中高端红茶、绿茶为辅。公司利用新建央达茶厂为核心加工区，采取“公司+合作社+农户”方式，成立农民茶叶专业合作社，对社员和职工进行茶叶专业技术培训，提供技术指导和有机肥料、有机农药支持，带动和引导周边农民发展无公害茶、绿色食品茶、有机茶，加快改变茶农落后的种植生产方式，走茶业可持续发展之路。公司有1300平方米的食品安全许可车间、200平方米的办公室及厂区的硬化。在试产茶叶过程中，重新摸索整理出了古法手工红碎茶加工工艺，是国内唯一一家还能够古法手工加工红碎茶的茶企，所加工出来的红碎茶得到俄罗斯大客商的高度认可。

2016年10月，广西西林天韵茶业发展有限公司已经取得茶叶出口资格（2016年7月5日通过商检基地备案，2016年8月5日通过QS认证，2016年10月18日通过商检的生产厂房备案），是百色市少有的具备茶叶出口资格的企业。

截至2016年8月，广西西林天韵茶业发展有限公司已经完成623万元的销售额，已缴税14.58万元，还签有740万元的内销订单、90万美元的出口订单，公司年内计划完成2000万元的销售额。

撰稿：廖钒荣
编辑：秦应海
何建泽

◎ 西林县水利电业有限公司

【机构人员】 西林县水利电业有限公司下设经理工作部、人力资源管理部、财务部、生产技术部、安监部、营销部、党群工作部、建设部、调度中心、安装板块业务部等10个职能部室，下辖12个乡镇供电营业所和13个变电站；县内电网有110千伏变电站1座，35千伏变电站12座，公司注册资本1461万元，总资产9866万元。现有正式在岗员工164人，派遣员工53人。其中：工程师1人，经济师1人，助理工程师22人，技术员8人，技师34人。

【企业效益】 2016年，完成供电量11209万千瓦时，同比上年10572万千瓦时增加636.68万千瓦时，增长6.02%；完成售电量10240万千瓦时，同比上年的9655.82万千瓦时增加了584.50万千瓦时，增长6.05%；完成综合线损率8.64%，同比上年8.67%下降0.03个百分点。完成电费回收率100%；售电收入完成5392.49万元，比上年同期5127.01万元增加265.48万元，增长5.18%；实现利润总额-291.88万元，比上年同期-365.97万元减亏74.09万元，减亏20.24%。

【电网建设】 2016年完成2015年（含新增部分）农网改造升级工程10千伏及以下项目9条10千伏线路，长41千米，新建及更换配电变压器49个台区，容量10305千伏安，改造一户一表4505户。

【企业发展】 2016年，与当地党委、政府和相关部门集团公司沟通，开展大客户座谈会，了解客户需求，根据全县负荷情况，科学合理地调整电网运行方式，将小水电接入本县电网，减少大网购电，降低购电成本。同时加强电网的巡视维护，处理设备缺陷和隐患，保证电网始终处于健康运行状态。

撰稿：郎　娜
编辑：秦应海
何建泽

◎ 城镇供水

【机构人员】 西林县水厂成立于1968年12月，系西林县唯一的一家独立核算、自负盈亏的国有自来水生产和供应企业。企业设有办公室、财务室、供水股、计量股、化验室和收费室等6个股室，下辖有爽滴滴纯净水有限公司、乡镇供水服务中心、污水处理厂、古障镇污水处理厂等4个企业。2016年，有职工81人，其中在职75人，退休6人。

【供水能力】 水厂在县城有供水厂两座，设计供水能力2.50万立方米/日，2016年实现供水量255万立方米，实现售水量215万立方米，用水普及率达95%。

乡镇供水服务中心有供水管理所6所，设计供水能力1500立方米/日，2016年实现供水量76万立方米，实现售水量64万立方米，用水普及率达86%。

【生产管理】 2016年，消耗电量26.43万度，制水单位耗电量为25.25立方米/度。消耗药剂量30000千克，混凝剂单位制水耗用量为11.76千克/千立方米。消耗消毒剂量4500千克，消毒剂单位耗用量为1.76千克/千立方米。

【管网建设】 2016年有75毫米以上管道长度71.32千米，其中取水管道12千米，供水管道59.32千米，其中铸铁管6.5千米，钢管26.9千米，塑料管30.7千米，其他管材7.22千米。新建设供水管道5.6千米。管网漏损水量52万立方米，管网漏损率为15.71%。供水管网密度为14.64千米/平方千米，安装计量水表7022个。

【安全供水与服务】 建有化验检验室一个，负责水源水、出厂水、管网水和爽滴滴纯净水的水质检验，检验能力为12项。2016年供水综合合格率为99.89%，出厂水合格率为100%。供水管网压力合格率为85%，管网水平均压力值达0.5兆帕。供水面积为5平方千米，其中低压区供水面积为0.45平方千米，占供水面积9%。

【经济效益】 2016年，有固定资产974.67万元（其中：在建工程843.56万元），固定资产净值131.11万元。全年实现产品销售收入386.73万元，实现利润56.17万元。单位售水成本1800元/千立方米。

【供水价格】 供水价格按照用水性质进行分类，分为居民生活用水、非居民生活用水、特种用水三种用水类别。2016年居民生活用水1.8元/立方米，非居民用水2.2元/立方米，特种用水2.80/立方米。

分表一　供水管道

供水单位名称	7 管道长度（千米）		8	9 管道材质（千米）						10 管道建设（千米）		11 水表（支）			
	长度总计	其中75毫米以上	管网密度（千米/平方千米）	球墨铸铁管	钢管	铸铁管	预应力钢筋混凝土管	塑料管	其他管材	新建	改造	总数	其中		
													生活	工业	其他
西林县水厂	71.32	71.32			26.90	6.50		30.70	7.22				7045.00	24.00	16.00

分表二　供水水质水压

供水单位名称	12 水质检验项目合格率（%）								13 管网压力		14	15 低压区面积占供水区面积比重		
	综合合格率	管网水水质检验项目合格率（%）							管网压力合格率（%）	管网水平均压力值（兆帕）	水质检测能力（项）	比重（%）	供水区面积（平方千米）	低压区面积（平方千米）
		浑浊度	色度	臭和味	余氯	菌落总数	总大肠菌群	耗氧量（CODMn）						
西林县水厂	99.89	0.30	<5	无	0.18	2.00	未见	0.90	85.00	0.50	12	9	5	0.45

分表三　供水价格

供水单位名称	16	17居民家庭用水现行价格（元/立方米）							18	19	20	21
	现行价格批准日期	自来水价	实行阶梯水价			污水处理费	水资源费	其它	生产运营用水现行价格（元/立方米）	公共服务用水现行价格（元/立方米）	其他用水现行价格（元/立方米）	单位平均售价（元/立方米）
			第一阶梯水价	第二阶梯水价	第三阶梯水价							
西林县水厂	2010.10.01	居民生活用水	1.80	1.80	1.80	0.80	0.10					2.70
西林县水厂	2010.10.01	行政事业用水	1.80	1.80	1.80	0.80	0.10					2.70
西林县水厂	2010.10.01	工业用水	2.20	2.20	2.20	0.80	0.10					3.10
西林县水厂	2010.10.01	经营服务用水	2.20	2.20	2.20	0.80	0.10					3.10
西林县水厂	2010.10.01	特种用水	2.80	2.80	2.80	0.80	0.10					3.70

分表四　供水生产消耗

供水单位名称	22 消耗电量			23	24	25 管网漏损		26 管网漏失	
	耗电总量（万千瓦·时）	单位供水耗电量		混（助）凝剂耗用总量（千克）	消毒剂耗用总量（千克）	漏损水量（万立方米）	漏损率（%）	漏失水量（万立方米）	漏失率（%）
		制水单位耗电量（千瓦·时/千立方米）	送（配）水单位耗电量（千瓦·时/千立方米、兆帕）						
西林县水厂	26.43	25.25		30000	4500	52	15.71		

分表五　供水财务经济

供水单位名称	27 固定资产（万元）		28	29 利润（万元）		30	31 水厂（座）		32 在建水厂		33	34 单位从业人员（人）			
	原值	净值	销售收入（万元）	总额	净利润	单位售水成本（元/千立方米）	总计	其中地下水厂	能力（万立方米/日）	座数（座）	工资总额（万元）	总数合计	在岗职工	其他从业人员	其中专业技术人员
西林县水厂	974.67	131.11	386.73	56.17	56.17	1.83	2	0	1.5	1		81	75		4

撰稿：李金荣
编辑：秦应海
何建泽

◎ 城镇污水处理

【机构人员】 污水处理厂竣工投产以来，暂由西林县水厂代管。设有办公室、中控股、化验股、工艺股、机修股五个部门共 13 人（其中 9 人由县人社局公开招考录用，其余四人由县政府同意补录），聘请一名临时工清理排污截水口。

【基础设施】 西林县污水处理厂位于西林县八达镇环城东路，东经 105。06 ' 03 " 、北纬 24。29 ' 56 "，厂区占地面积 12000 平方米，污水处理能力 0.50 万立方米 / 日。于 2010 年 9 月 19 日竣工投产。主要建设内容为粗格栅间、进水泵房、细格栅间、旋流沉砂池、配水井、氧化沟、二沉池、污泥泵房、污泥浓缩脱水车间、变配电室、综合办公楼、进出水口在线监控等附属设施，配套敷设 DN300—DN600 的排污管网 5.94 千米，总投资 3555.56 万元。污水处理采用改良氧化沟工艺，污水排放标准为一级 B 标，污泥处理采用浓缩脱水一体机处置，尾水采用紫外光消毒方式。

【管网建设】 从 2012 年起，进行污水管网扩建及雨污分流，经过二期、三期、四期污水管网扩建，2016 年，城区铺设污水收集管网及雨水分流管网总长度 43.90 千米，基本实现污水管网全覆盖和雨污分流的目标。

【运行情况】 2016 年，污水处理总量 214.76 万吨；进水口 COD 浓度平均 142.32mg/L，出水口 COD 浓度平均 17.32mg/L；COD 削减量 267.91 吨；进水口氨氮浓度平均为 17.68mg/L，出水口氨氮浓度平均为 4.62mg/L；氨氮削减量 28.11 吨；污水处理率 94.88%。污水处理负荷率 117.36%。

撰稿：李筱洁
编辑：秦应海
何建泽

交通　邮政　通讯业

◎ 交通运输

【机构人员】 西林县交通系统设交通运输局、公路管理局、公路路政执法大队、公路管理所、道路运输管理所、地方公路路政执法大队、港航管理所、国防交通战备办等 8 个行政、事业单位及广西驰程集团公司西林汽车总站、广西宏运汽车有限责任公司西林分公司等 2 个企业单位，在职干部职工 228 人。

【基础设施】 2016 年，公路通车总里程 876.46 千米。其中，国道 2 条 200.98 千米，县道 6 条 169.37 千米，乡道 13 条 107.62 千米，村道 45 条 394.18 千米，专用道 1 条 4.31 千米。8 个乡镇已通油路通客车，94 个村民委驻地已通汽车。通往省外和县外主要交通干线分别为省道县城至八大河（第一、二期已完工，2016 年实施第三期建设），隆林（常么）至西林。县乡道联网项目有西林至西平至云南富宁（西林段），那劳至田林高龙（西林段，含板桥至平燕支线）。县道古障至猫街、弄汪至果木、者夯至堂上、那劳至足别、新屯至那佐、县城至隆林县三级油路。

年内，公路水运交通建设责任目标为全年完成责任投资37908万元。其中：路网项目完成责任投资22531万元，农村公路完成责任投资2377万元，社会交通投资项目完成投资13000万元。

【公路养护】 2016 年，纳入经常性养护管理的地方公路 79 条 675.48 千米，其中县道 6 条 169.37 千米、乡道 13 条 107.62 千米、村道 45 条 394.18 千米、专用道 1 条 4.31 千米。

按照自治区确立的“县乡自筹、省市补助、多元筹资”的原则，县政府筹集农村公路管理养护资金，县道每年每千米7000元，乡道每年每千米5000元，村道每年每千米2500元，全年投入县分道公路维修养护资金276万元。

【路政管理】 2016 年有路政管理执法人员 8 人全年上路巡查、治超 144 天，576 人（次），清理路障 100 余处，纠正各类路政违章 10 件，立案查处 1 件，控制公路两旁违法建房 3 起，清除路边堆积物 23 余处 3000 平方米，清理公路非标 1105 块，疏通人为水沟 860 米等，立案处理路产损赔 1 件，结案 1 件，收取路政赔补偿款 5000 元。

开展路政法律法规宣传，张贴《公路安全保护条例》92处，发放资料宣传单4000份。

设立新屯至那估公路坡四村农村公路超限检测站，加大对超限运输车辆的整治工作。

【公路运输行业管理】 2016 年，有营运车辆 2767 辆，其中：营运客车 167 辆（3011 个座位），营运货车 2600 辆。开通广东、兴义、师宗、罗平、广南、南宁、百色、隆林、田林以及全县各乡（镇）55 条班线（其中跨省班线 8 条、跨市班线 1 条、跨线班线 8 条，县内班线 40 条，直达线路 3 条）。完成客运量 210 万人、客运周转量 10500 万人 / 千米；完成货运量

469.84万吨、货运周转量28518万吨/千米。

县万马公交公司有32部公交车，现代桂通公交公司有15部公交车，从县城发往普合苗族乡大河村、西平乡克洋村、八达镇木呈村、旺子村、坝林村及古障镇泥洞村等。

【交通安全生产】 成立专门的安全生产工作领导小组，年初制定安全生产工作计划，每月定期或不定期的召开安全生产会议部署工作，严格落实安全生产责任。

年初，与各站所、各相关单位签定安全生产目标管理责任书，进一步健全完善管理制度，做到职责明确，责任到人。建立健全值班工作制度，针对节假日、汛期和敏感时期，制定值班计划，强化值班工作。严格履行“三关一监督”工作职责，加强车站源头管理，认真落实运管人员驻站管理制度，严禁车辆超员出站、带病出站。汽车站严格落实安检报班、“六不出站”“三品”检查等安全管理制度，及时排查处理工作中发现的问题和安全隐患，保证客运安全。

完善安全生产制度，加强应急机制建设。做好安全生产规章制度的完善工作，健全并落实安全生产“一岗双责”制度，严格源头管理，加强日常安全生产监督。制定印发各项安全生产工作方案、应急预案，以进一步加强交通工作应急组织管理和应急预案体系建设，严格履行应急值守职责，确保各项交通建设工作有序进行，及时、迅速、妥善处理各类安全生产事件，降低事故损失。

针对公路交通基础设施建设、公路运输、水路交通等方面开展“打非”专项行动，打击本县交通运输非法违法生产建设经营行为，及时排查、治理安全生产隐患，预防和减少交通运输安全生产责任事故的发生。2016年，全县道路、水路、工程建设等领域均无安全事故发生，交通行业安全生产平安稳定。

【交通战备】 抓好辖区高次等级公路和农村公路工程项目规划建设工作；做好国防动员指挥信息网络系统建设工作，进一步规范和完善交通战备信息系统。

【交通行政执法】 履行交通便民服务承诺，对4个执法门类市级行政许可、行政处罚、行政强制等规章制度制定流程图并对社会进行公开，做到全县公路、水路无“三乱”。加强政府行政服务中心交通窗口建设，基本实现“四统一”，通过县行政效能监察专项检查。全年办理人大、政协建议提案9件，回复率、见面率、满意和基本满意率达到100%。

西林县交通主要指标

指标名称	2016
公路管养里程（千米）	848.78
营运载货汽车（辆）	1589
营运载客汽车（辆）	166
客渡船船舶（艘）	47
公路货运量（万吨）	101
公路客运量（万人）	54
水路货运量（万吨）	0
水路客运量（万人）	8.9

撰稿：周　鹏
何吉芳
编辑：秦应海
何建泽

◎ 公路管理

【机构人员】 2016年，西林公路管理局领导班子成员设局长1人，党总支部书记1人，副局长2人、副书记兼工会主席1人。2016年有在岗职工45人，其中：管理人员11人（科级2人、副科级3人、科员6人），养护生产一线在编工人13人，借调轮训2人；聘用职工19人；离退休职工43人。全局设5个科室（即办公室、财务科、养护与工程管理科、安全与国有资产科、政工科），下属二层机构路政执法大队，编制9人，实有5人，下设那劳、八达、古障3个养护站和斗米、旺子2个养护工作组。

【公路养护】 2016年，西林公路管理局管养的总里程为197.650公里，按2016年新规划的行政等级划分为：国道196.911公里、省道0公里、县道0.739公里、乡道0公里；按公路技术等级分：一级公路0公里、二级公路97.173公里、三级公路 18 公里、四级公路 82.48 公里。

2016年，公路实际评定里程为：96.91公里，其中国道96.17公里、省道0公里、县道0.74公里、乡道0公里。市局下达2016年年末计划路况指标为：全部路线优良路率49.18%、全部路线差路率0%、国省干线优良路率49.49%、国省干线差等路率0%，西林公路管理局2016年末完成全部路线优良路率49.18%、完成全部路线差路率0%、国省干线完成优良路率49.56%、完成国省干线差路率0%。全部完成上级下达给西林公路管理局局的路况指标。

2016年，路面修补面积为95728.80㎡，自治区公路管理局下达管养线路年度路面修补面积95666㎡，完成率为100%，质量评定为合格。

【公路专项工程建设】 2016 年，百色公路管理局下达年度各项工程计划 6 项，计划投资 37.68 万元，至 10 月底，完成 6 项。2016 年市局下达给西林公路管理局的年度大中修工程共 3 项 :K140+050 ~ K140+215 浆砌片石三面光水沟 108 立方米、浆砌片石挡土墙 62 立方米；K134+975 ~ K135+135、K140+500 ~ K40+680 新建三面光水沟 367.20 立方米；桥梁修建检查道及处理桥头跳车、隧道小修保养。工程总投资约 103.86 万元，其中：路基大中修 24.55 万元，桥梁、隧道小修保养 31.81 万元，水毁修复 47.50 万元。

【路政执法管理】 2016 年，西林路政执法大队辖区内发生路政处罚案件 100 起，查处 100 起，罚没金额 266200 元；发生路损赔偿案件 8 起，结案 8 起，收回路产损失赔（补）偿款 113300 元，案件查处率达到 100%。开展路域环境整治活动，清理非标 276 块，制止私设平交道口 20 处，清理堆积物 44 处 617 立方米，清理临时搭棚 49 处 643 平方米，疏通人为堵塞的水沟 705 米。发放宣传资料 2000 余份，张贴宣传广告 20 处，悬挂横幅 16 处，接受法律咨询 150 余人次，走访重点企业 4 家，出版法制宣传板报 5 期，网页转发治超新规 3 篇。同时，按时高质量报送公路公安信息，共被自治区交通公安处《交通公安简报》采稿 2 篇。2016 年 1 至 11 月，西林路政执法大队累计检测货运车辆 4104 辆，查处违章超限车辆 100 辆，超限率控制在 4% 以内，有效地保护了路产、维护了路权。

【固定资产管理】 2016 年，西林公路管理局认真贯彻执行《事业单位国有资产管理暂行办法》及有关文件精神，全方位、多层次地加强和强化国有资产管理力度，优化资产配置，提高资产利用率，确保国有资产安全，防止国有资产流失。截止 2016 年 11 月底，西林公路管理局固定资产 245 件，资产原值为 807.48 万元，其中：土地 3764.77 ㎡ /1 处，资产金额 0 元；生产用房及建筑物 7213.99 ㎡ /19 栋（处），资产金额 234.31 万元；通用设备 1 台，资产金额 0.39 万元；专用设备 155 台，资产金额 276.06 万元；交通运输设备 25 台，资产金额 278.41 万元；电气设备 6 台，资产金额 5.60 万元；电子产品及通信设备 37 台，资产金额 27.57 万元；家具用具及其他类 1 件，资产金额 3.3 万元。及时办理设备资产变动、调出调入、改造及报废手续，做到机械设备资产账、卡、物数据齐全、账务相符。

截止2016年11月底，西林公路管理机（车）设备综合完好率为94.34%，综合利用率为73.03%；土石方工程机械利用率为72.72%、完好率为95.45%；路面工程机械利用率为68.18%、完好率为93.93%；路面养护机械（运输机械）利用率为78.18%、完好率为93.63%；各类机械设备的完好率和利用率均达到年初制定的管理目标。2016年无新增固定资产；报废和核销固定资产4件，资产原值11.1万元：其中1台振动压路机原值为8.4万元、2台卫星接收器原值为1.2万元、1套会议桌椅原值为1.5万元，都做到先审批后办理，无违规现象。

【安全生产】 2016 年，开办安全生产培训 2 期，出安全生产板报 4 板，印发安全宣传资料 200 份，宣传横幅 8 条，书写安全生产标语 50 余份，安全筒 200 个，灭火器 40 个，警示标志牌 30 块，参加县召开道路交通联席、重大节假日安全生产工作布署视频会议 12 次，积极开展“安全生产月”“打非治违”等各类专项活动。除每月下站日常安全检查一次外，组织专项安全生产大检查 6 次。全年排查各类安全隐患 37 项，有效整治 35 项。没有整治的项目（如：边坡塌方、路面塌陷等）现场已设好警示标志 10 块，埋设警示桩 20 根。全年无安全生产责任事故发生。

【党建和党风廉政建设】 2016 年，西林公路管理局党总支组织全体党员职工收看《钦州市征地拆迁中心腐败窝案警示录》《防城港市城投公司腐败窝案警示录》等5部电教片。按照自治区党委组织部《关于在“两学一做”学习教育中开展党费收缴专项工作》文件精神，补缴2008年4月至2016年12月的党费共计1.64万元。党政领导上党课3次，参加党课总人数69人，组织职工学习法律、党纪、政纪和专题廉政学习教育3次，单位领导专题学习党风廉政建设法规2次。职工开展“民主评议政风行风”活动，进一步引导领导干部讲党性、重品行、作表率，求真务实，真抓实干，切实提高领导干部廉洁从政能力，全年党政班子成员无违法乱纪行为发生。

【精神文明建设】 2016年，西林公路管理局积极开展公路文化活动。以“两学一做”活动为契机，创新工作机制，以教育为基础，狠抓党风廉政建设，不断提高职工整体素质，2016年共派驻2名职工到帮扶联系点古障镇西舍村开展2016年新一轮精准扶贫工作，共有8名管理干部帮扶联系43户贫困户，经两轮核验，2016年有31户脱贫，脱贫率72.09%。组织职工积极参与全县“美丽广西·宜居乡村”城乡清洁活动。局工会认真组织开展好西林公路管理局2016年“三八”妇女节活动、法定节日慰问困难职工、困难党员慰问、重阳节退休职工座谈会活动，切实履行好党内党员的帮扶机制，增强职工群众的团结和友谊。

组织机关职工干部撰写党建和思想政研论文和职教论文共2篇，题目是：《浅议新常态下工作条件艰苦地区如何做好公路职工教育培训工作》《浅析公路养护市场化改革对职工教育工作的影响》。制定了新闻宣传鼓励办法，坚持做好宣传工作，每季度出1版板报，每月向《百色公路》《百色公路信息》和《治超工作简讯》投稿3篇。公路局2016年政务信息和新闻稿件投稿56篇，市局政务信息采稿40篇，区局政务信息采稿11篇，每日交通动态采稿9篇，《百色公路》用稿21篇，《广西公路》用稿5篇、采用图片5张，《广西交通》用稿4篇；百色电视台采稿1篇，百色新闻网采稿1篇，交通部网站采稿2篇，《广西日报》采稿1篇，《广西工运》采稿1篇。

继续巩固了自治区“文明单位”“和谐单位”“文明庭院”“文明公路局”及“模范职工之家”称号。一年来，全局无一起有效投诉、无公路“三乱”违纪案件。

撰稿：农　琨
编辑：秦应海
何建泽

◎ 中国电信西林分公司

【机构人员】 中国电信股份有限公司西林分公司（简称电信西林分公司），管理八达支局、古障支局等2个支局所。2016年，用工总量57人，其中在岗合同制员工15人；内退6人，离退休17人，党员12人。本科（含双学士）学历20人，高中、技校26人，初中及以下文化11人。总经理：翁汛；总经理助理：农全伟。

【市场经营】 2016年，全县天翼手机用户11234部，宽带用户6311户，固话用户3241户。分公司的收入增长2.1%。

【通信建设】 2016年，电话（有线、无线）信号覆盖90个行政村，信号覆盖率达95.6%，覆盖521个屯，信号覆盖率达88.67%；天翼手机信号覆盖91个行政村，信号覆盖率达96.05%，覆盖350个屯，信号覆盖率达71.6%，公路沿线天翼信号覆盖率达100%，全县3G信号乡镇覆盖率达100%；光缆到达86村，到达率88.23%。

【队伍建设】 2016年，公司工会获年度模范职工之家；公司党支部获年度优秀党支部。

撰稿：赵丁信
编辑：秦应海
何建泽

◎ 中国邮政西林分公司

【机构人员】 西林县邮政分公司随着邮电体制改革，1998年8月30日设立西林县邮政局，2015年

5月改制为中国邮政集团公司广西壮族自治区西林县分公司（以下简称西林县邮政分公司）。

公司设有综合办公室、市场与网运部、财务室、邮政生产班组设邮政营业班、新兴路营业所、鑫达保安押运班、邮政营业投递班，乡镇设1个支局所、7个邮政代办所，设总经理兼党支部书记1人，副总经理兼工会主席1人，在职员工40人，其中AB类用工23人、劳务用工12人，劳务承揽人员5人；鑫达保安押运公司9人，委代办用工27人，退休职工23人；在职员工中大专以上文化27人、中专4人、高中以下文化8人。

【邮政网络和邮路】 全县邮路干线有6条，总长度324千米。城市投递段道3条，单程58千米；邮政汽车5辆其中邮运4辆。农村自办投递邮路25条，单程554千米，其中自行车邮路34条，单程1150千米；步班邮路4条，单程135千米。自有房屋建筑面积是6750平方米，其中邮政生产用房面积是1733平方米、营业用房 面积是134平方米、投递用房面积是166平 方米、内部处理用房面积是1553平方米；其他生产用房面积是2472平方米；非生产用房面积692平方米。

【业务经营】 公司经营范围有函件、包裹、报刊、集邮、速递、农资物流、机要、汇兑、储蓄、保险等业务。

经营完成情况。2016年业务总收入692.69万元，完成年度计划102.14 %，与去年同比增幅10.25%。各业务版块收入完成情况：邮务类：函件收入32.49万元，完成全年目标计划的145.03%，超任务目标10.49万元；包裹快递业务资费收入72.57万元，完成年目标计划151.19%，其中包裹收入10.96万元，完成年目标计划156.56%；集邮收入18.71万元，完成年目标计划114.26%；报刊收入62.59万元，完成年目标计划70.89%，负增长28.9%；代理金融收入424.08万元，完成年目标计划96.82%，增幅8.6%；代理金融储蓄余额全年净增1900万，余额规模1.96亿元；增值业务累计收入21.29万元，完成年计划的85.16%，同比增长-37.5%。农资分销业务：累计收入44.03万元，完成计划任务的169%，同比增长50.7%。

【普遍服务】 公司开办邮政普遍服务业务有函件、包件、义务兵免费信函、盲人读物免费寄递、机要通信、党报党刊以行等业务。经过多年建设，邮政逐步形成包括营业网点、运输网络、处理中心、信息系统和投递队伍在内的普遍服务运行体系，实现所有乡镇都有邮政网点，基本上做到有人的地方就有邮政服务 。

撰稿：张仕国
编辑：秦应海
何建泽

◎ 中国移动西林分公司

【机构人员】 2016年，中国移动广西西林分公司主要负责经营西林县所有中国移动通信业务，分公司内部设综合部、市场部、政企客户部、工程维护部4个部门，下设自营营业厅（县城1个、乡镇4个）。分公司员工35人，其中分公司总经理1人、副总经理1人、合同工31人、代理合同工2人；全部员工中大学本科文化26人、大学专科文化7人、中专（含高中）以下文化2人。营业服务网点：40个，其中自营营业厅5个；社会渠道联网点35个。

【业务经营】 2016年，年运营收入5926万元，同比增长23.02%；年手机终端销售1.52万台；发展客户8.38万户。

【网络建设】 2016年，建设开通基站38个，网络覆盖县城区、乡镇、各行政村；2016年，完成建设72个小区宽带，网络覆盖城区和各行政村；基站总数量：310个；建设通信管道管程21.41千米；建设架空通信光缆1168千米。

【客户服务】 2016年，分公司以4G发展为引领，拓展4G客户规模，强化存量、流量、集客、宽带四大驱动，加快转型发展，实现整体生产经营平稳向好。4G客户到达4.23万户，4G客户渗透率55.65%。宽带业务用户数3800户；集团信息化收入294.5万元。荣誉：完成西林句町文化艺术节暨沙糖桔节重大社会经济活动通信保障工作。

撰稿：谭启宁
编辑：秦应海
何建泽

国土资源　城建　环保

◎ 国土资源管理

【机构人员】　西林县国土资源局位于西林县八达镇鲤城路城北一巷 009 号，加挂西林县测绘地理信息局、西林县不动产登记局，辖全县 8 个乡（镇）国土资源管理所。内设办公室（加挂行政审批办公室、信息宣传中心）、规划管理与耕地保护股、土地利用管理股、地籍管理与测绘行政管理股、矿政管理股、地质环境股、政策法规与执法监察股、信访与调处股、财务室、纪检监察室（人事管理股）10 个职能股室。下设西林县国土资源局执法监察大队、西林县土地储备交易中心、西林县国土资源局土地整理中心、西林县不动产登记中心 4 个二级机构。

2016年末，全县国土系统在职干部职工78人。其中，在职在编人数局机关34人，乡（镇）国土所34人，国土资源局自聘人员10人。领导班子5人，设党组书记、局长1人，党组成员、副局长2人，党组成员、纪检组长1人、副局长1人。年内新增干部职工21人，调出5人，有3名干部提拔到副科级领导岗位。

【年度荣誉】　2016 年，西林县国土资源局获得县委、县人民政府通报表彰的工作有：全县开展查处发生在群众身边的“四风”腐败问题专项工作先进集体；西林县社会管理综合治理工作目前管理先进单位有 3 名工作人员评为先进个人，受到县委、县人民政府通报表彰。有 2 名工作人员被评为西林县优秀青年；安全生产工作先进单位；绩效考评三等奖。获得市国土资源局通报表彰的工作有：百色市不动产统一登记工作第三名；综合目标考评结果三等奖；获得国土资源部 2016 年地质灾害防治高标准“十有县”项目。

【耕地保护】　根据 2015 年西林县土地利用变更调查，年末耕地面积 22056 公顷，耕地保有量任务指标 21300 公顷，基本农田保护任务指标 17686 公顷。

2016年，百色市下达西林县年度新增建设用地指标40公顷。其中，农用地33.24公顷（耕地22公顷）。年度实际使用新增建设用地指标33.63公顷。其中，农用地30.86公顷，耕地14.97公顷。按照“占一补一、先补后占、占优补优、占水田补水田”的要求，执行占补平衡。

2016年12月底，西林县实际耕地保有量22056公顷，基本农田17686公顷，完成上级下达的耕地和基本农田保护任务。在那劳镇实施旱地改成水田提质改造项目14.28公顷，新增水田12.61公顷。永久性基本农田划定工作全部完成，已通过市区两级评审，在各乡（镇）设立基本农田保护标志牌8块，每个乡镇1块，村级永久性基本农田保护标志牌56块，达村级50%以上，基本农田保护界桩800根，每个乡镇100根界桩。明确了基本农田保护范围、保护面积、保护措施，广泛接受社会监督。

营造耕地保护的浓厚氛围。利用新闻媒体、网络、标语和在“4·22”世界地球日、“6·25”全国土地日及“8·29”测绘法定宣传日，大力宣传耕地和基本农田保护的政策法规，提高群众的耕地保护意识。

【土地利用规划】 2016年，计划供地总面积45.75公顷。其中，工矿仓储用地15.79公顷，商服用地8.90公顷，住宅用地9.65公顷，公共管理与服务用地11.40公顷。县人民政府批准供应国有建设用地使用权10宗12.65公顷。其中划拨供地7宗5.87公顷，挂牌出让供地3宗6.78公顷。完成古障镇等7个乡镇土地基准地价编制工作。执行基准地价编制和基准地价更新，发挥地价的杠杆调节功能，引导土地市场运行，合理配置土地资源，推进节约集约用地制度建设。执行土地供后监管，对欠缴土地出让金的15宗进行催缴；不按时开工的33宗，加收土地闲置费，闲置超过2年的依法收回土地使用权。为缓解建设用地供需矛盾，通过划拨、出让、调整安排的方式盘活土地存量7.10公顷，保障城镇建设和社会经济发展需求。

【土地开垦】 2016年，在普合、古障、那劳、西平、那佐和八达6个乡（镇）实施29个地块的土地开垦项目，实施总面积45.90公顷，新增耕地24.07公顷。其中，水田8.56公顷。总投资320.60万元。

【征地安置】 2016年度，对新的建设项目用地进行土地征收26.51公顷。其中：水利电业仓库设施项目用地，涉及征收土地面积约0.52公顷，已完成土地的测量和部分附着物的清点。西林县广播电视无线覆盖发射台建设项目用地，涉及征收土地面积0.71公顷；残疾人（老人）康复中心建设项目涉及征收土地面积0.35公顷；殡仪馆建设项目涉及征收土地面积0.52公顷，八达镇初级中学建设项目用地，涉及征收土地面积1.65公顷，以上安置补偿款已经兑现完成。西林县龙英水库扩容建设项目用地，涉及征收土地面积8.14公顷，已完成土地的测量和部分附着物的清点，正在兑现安置补偿款。县城西新区建设项目用地涉及征收土地约291.83公顷，该项目地块已完成八达镇新红村部分土地测量和附着物清点，明确土地面积14.63公顷，北街屯明确土地面积6.36公顷，火亮山屯、县林科所土地止在实地测量认定。阳光大桥建设项目，用地安置补偿款已经兑现完成。

【地质灾害防治】 2016年6月2日，在县会堂召开地质灾害防治工作群测群防应急避险知识培训会，县领导与8个乡（镇）领导签订了《西林县2016年度地质灾害防治工作责任状》，建立健全群测群防行政体系，在八达镇新达村新达屯进行地质灾害应急避让演练。

年内国土资源局汛期对发现的33个地质灾害隐患点进行定期不定期的重点巡查145人（次），发放工作明白卡和防灾工作避险卡730份。对65处易发地质灾害隐患点进行排查，确保24小时有人值班进行预警预报。县食品加工厂一、二期滑坡治理和1:5万地质灾害野外详细调查全部完成。

2016年10月15日，百色市国土资源局副局长黄永全同志带队到西林县古障镇文洞屯开展地质灾害点治理工程竣工验收工作

利用安全月、防灾减灾日、土地日开展地质灾害防治宣传培训10场次，参加培训611人，发放宣传手册3080份。按照国土资源部“有制度、有机构、有预警、有监测、有评估、有避让、有宣传、有演练、有效果”的十个标准要求，获全国地质灾害防治标准“十有”试点县。

【矿产资源管理】 2016年，西林县持证矿山21座，完成矿业权人年检矿山16座，收取矿产资源补偿费31.37万元，完成探矿权年检矿山7座。编制矿山储量年报12座，为矿山储量动态监管提供有效依据。出让采矿权矿山2座，收取价款 77.76 万元。有 16 座矿山应交纳矿山地质环境恢复治理保证金，15 座矿山已缴纳 69.89 万元，收缴完成率为 94%，并签订矿山地质环境恢复治理责任书。开展矿山安全生产隐患排查整治工作，发现 2 个矿山存在安全生产隐患，发出 2 份限时整改书，与 18 个持采矿证和 7 个持探矿证的矿山企业签订安全生产责任书。对持过期采矿许可证进行开采的马肚金矿矿山的机器设备和建筑进行依法拆除，遣散非法采矿人员，并把该矿山列入重点检查对象。年内完成第三轮矿产资源总体规划修编和听证。

【涉土信访和纠纷调处】 2016 年，收到涉土信访 29 件，接待群众来访 116 人（次），来信来访调查处理率为 100%。调处县内发生的山界土地权属纠纷案件两件。完成西林县委、县人民政府开展跨省跨市跨县“三大纠纷”案件和重点积案国土资源局牵头负责的山界土地权属纠纷案件的现场踏勘、勾图、调查取证工作。

【地籍与测绘管理】 2016 年，办理土地抵押登记业务 76 宗，在 6 月 15 日不动产登记中心开始受理业务之前，办理土地登记发证 36 本。完成年度土地变更调查与遥感监测图斑外业核实及数据上报工作，核实外业变更图斑 160 个，面积 104.39 公顷。

2016年，贯彻百色市国土资源局《关于开展2016年度县级测绘地理信息行政管理工作考评的通知》的精神。组织县城3家测绘资质单位做好“8·29”测绘法宣传日活动宣传；联合县保密局、工商局、文体广电局和公安局等单位对新华书店、馨雨书店和县图书馆做好“问题地图”检查及市场监管工作；组织地籍与测绘行政管理股做好测绘资质单位资质巡查工作；开展涉密测绘成果领用单位保密跟踪检查工作；组织乡镇国土所做好测量标志保护管理工作；组织地籍与测绘管理股积极开展国家版图意识宣传教育“进学校”手绘大赛活动；做好2000大地坐标转换前期准备工作（包括经费预算、经费请示、政府采购等）。

【不动产登记】 根据西编〔2015〕85 号《西林县机构编制委员会关于设立西林县不动产登记局的批复》，2016 年 1 月 8 日，西林县不动产登记局正式挂牌成立，为西林县国土资源局内设机构。西林县不动产登记局设立不动产登记中心，为国土资源管理的不动产登记业务辅助和技术支撑的事业单位，财政全额拨款，核定事业编制 6 名。登记中心设在县政务服务中心三楼，6 月 15 日开始受理业务，实现对外统一登记，新开旧停。至 12 月底颁发不动产权证书 121 本，不动产证明书 224 本。

【执法监察】 2016 年，坚持落实土地动态查处工作，出动车辆 263 辆（次），出动执法工作人员 1052 人（次），下发《责令停止违法行为通知书》140 份，立案查处农村违法用地建房 80 起，制止 21 起准备非法占地建房，全年收缴罚没款 12249.48 元。

2016年11月28日，县人民政府组织国土、住建、市政等部门在八达镇八达村八洋沟打击违法建筑现场

打击非法采矿资源。出动车辆35辆（次），出动执法工作人员156人（次）。对在巡查中发现的非法滥采矿点均按照拆除供水、供电、通风、提升、运输等生产设备设施，炸毁填平矿井井筒，清理收缴民用爆炸物品，没收非法采出矿产品，遣散非法矿山从业人员，依法查办非法矿主的要求处理。

【信息化建设】 2016 年，西林县国土资源局成立信息中心，设有独立的标准机房，计算机网络有专人管理、维护，有序开展国土资源政务信息网上公开工作，在政府信息公开统一平台录入 207 条年度工作信息，补录 2008 年至 2015 年度 523 条工作信息。

制订《西林县国土资源局政务信息公开制度》

《西林县国土资源局保密工作制度》《西林县国土资源局网络与信息安全管理应急预案》和《西林县国土资源局涉密计算机管理制度》，进一步规范和健全政务信息公开，提高信息服务质量，深化和完善政务信息公开工作。

【规费缴交】 2016年，规费缴交项目主要有：土地出让价款10428.46万元，采矿权出让价款91.21万元。

2016年5月26日，县人民政府组织打击马肚金矿非法盗采行为现场

西林县2016—2020年度各乡（镇）耕地和基本农田保护任务表

乡（镇）名称	耕地保有量（公顷）	基本农田保护面积（公顷）	保护率%
八达镇	2885	2037	70.60
古障镇	3300	2953	89.48
那劳镇	2875	2238	77.84
马蚌镇	1490	1206	80.94
那佐苗族乡	4110	3681	89.56
足别瑶族苗族乡	1485	1288	86.73
西平乡	2210	2003	90.63
普合苗族乡	2945	2280	77.42
合计	21300	17686	83.03

撰稿：卢德权
编辑：秦应海
何建泽

◎ 城乡建设

【机构人员】 2016年，西林县住建局设局长1名、副局长3名、地震局局长1名（局党组成员），内设机构有：办公室、计划财务股、城乡规划管理股、建设工程管理股、建设工程招标投标管理站（含造价站）、拆迁办等6个股（室）站。下属二层机构有：房改办、房管所、质监站、劳保站、白蚁防治所、墙改办、建筑设计室、村镇规划建筑设计室、建筑公司、规划监察大队等10个部门。挂靠单位有：县人防办、地震局2个单位。县政府临时在住建局设立办公机构有：危改

办、风貌办。住建系统年末在职人数76人，干部人数28人，工程师3人，助理工程师10人，中专以上学历达85%以上。其中住建局54人，建筑设计室12人，建筑公司10人。以上人数包含临时工人员。

【县城规划】 2016年城镇化水平达36.5%；城区规划面积3.5平方千米，新建城区面积3.0平方千米。

【县城建设】 2016年10月，完成办公集中区附属工程并投入使用，项目包括涉及停车场、篮球场、凉亭、绿化、亮化、景观道路等工程，投资800万元。鲤城新区山体公园一期工程。年末完成二级坝、A、B、C段挡土墙和E段挡土墙，正在实施水车基础工程，已完成总工程量的75%。山体公园工程建设，总投资1200万元。火亮山地质灾害治理工程。项目中标价510.89万元。年内，完成开挖土方量19.5万立方米，完成总工程量的48%。

10月份，动工建设新红新区路网工程，项目中标价1054.45万元。包含二条道路，分别是：新红1号路、新红2号路。新红1号路路线全长3 34.01米，路宽为18米；新红2号路路线全长为199.97米，路宽为18米。

八达镇新北路道路坍塌安全隐患工程。项目中标总价1080.64万元。包括道路工程、排水工程、照明工程、交通工程、绿化工程。规划建道路全长167.31米，路宽为22米；采用桩板式挡土墙结构。结合山体一期工程，年末完成河道部分施工。

城西新区工程。规划安置0.60万户2.50万人，预计总投资50亿元。工程发展整体定位为“居住、商业、文化、旅游”。2016年规划用地面积3.55平方千米，第一期工程为2.09平方千米，纳入14个建设项目。其中城乡建设局负责道路和公共服务用地的可研编制，自5月份起，委托广西华蓝设计集团有限公司着手对城西新区项目进行详细性规划。年末，规划编制单位已完成初期文本，相关部门正在开展路网施工设计及可研性评估报告等前期工作。同时，开展新区红线范围内的拆迁前期工作。截至12月20日，完成涉及房屋和厂房的测绘和评估公示；完成规划区内的杆线迁移设计。

【农村危房改造】 2016年，上级下达西林县农村危房改造任务1070户（含2016年建档立卡贫困户411户任务），下达西林县补助资金2354.47万元（其中中央补助资金834.57万元、自治区补助资金1145.40万元、市级160.50万元、县级214万元）。截至2016年12月20日，全县农村危房改造动工1070户，占任务数的100%，竣工935户。

【棚户区改造】 城市棚户区改造（国有土地上房屋征收工作）自2014年开始启动，2014年至2017年四年的改造目标任务为1000户。截止2016年12月份，已实施的棚户区改造情况如下：已完成2014、2015年的八达镇、那劳镇、古障镇等3个建制镇的旧区综合整治改造项目（原址改建项目），涉及458户，上级补助资金870.20万元；已完成2015年八达镇异地安置棚户区改造项目，80户，补助资金152万元；正在实施的2016年的棚改项目，任务为302户，其中八达镇棚户区改造192户（含原址改建、异地新建安置项目）、古障110户。古障镇棚户区综合整治项目已完成招投标；八达镇棚户改造项目正在公示房屋征收测量结果。将鲤城新区城投公司的92套住房作为安置拆迁户的回建房，房屋已建成并可投入使用。

【公租房建设】 2015年西林县公租房建设任务为6个建设点，建设任务套数96套。2016年该项目进展加快，消防大队、县城二中、古障镇政府、那劳镇政府公租房、马蚌镇政府公租房和环卫站公租房六个项目全部完工，完成投资700万元。

【房地产建设项目】 2016年，全县房地产建设项目10个，建筑总面积316553.07平方米，预算投资53478.33万元。其中：续建项目6个，即福宁佳苑C区、御景水岸一期工程、大东百货、福景佳苑、龙御尚城、阳光小区；新开工项目3个，即御景水岸二期工程、鲤城新区7号地和旧总工会电影院一带三星级宾馆；筹备施工项目1个，即鲤城新区K地块工程。

【建筑市场管理】 2016年，出具招标文件备案意见30份，招标金额14633万元。收缴建安劳保费5271066.26万元。受理建设工程报建申请和核准报建工程18个，发放《建筑施工许可证》28本（含补办），工程竣工验收备案6个，立案调查12件。

【建筑工程招标管理】 2016年，对过去使用的招标示范文本和相关表式作了修改，统一印制招标文件等各种规范性文件，使全县招投标文件更加规范统一。全县各类工程项目通过招投标选择施工单位的共计50项，其中公开招标47项，邀请招标3项，工程招标率、公开招标率、邀请招标率达到100%。

【建筑工程安全管理】 制订《西林县2016年建筑施工安全生产专项检查方案》《西林县建筑施工"质量月"活动方案》和《建筑施工安全专项整治方案》等，按照方案切实抓好建筑市场监管，严格建筑工程施工许可报建管理审批，杜绝违章建筑。加大对建筑工程质量和安全生产有关法律法规的学习、培训，提高建筑从业人员的安全生产意识，开展好建筑施工安全专项治理和质量、安全监督检查。经常性的组织工作人员分组对全县辖区内的在建工程项目进行建筑施工安全生产综合督查活动。加大重点工程的管理力度，加强工程质量监督管理，把好工程竣工验收备案关，消除质量安全隐患。

【建筑工程质量监督】 2016年，开展工程质量和安全生产大检查及隐患排查治理专项行动6次，出动检查人员52人（次），排查事故隐患146个，督促完成整改146个，发现重大事故隐患4个，督促完成整改4个，行政处罚金额2万元。

【建设设计】 规范设计市场。所有报建的施工图均要求进行施工图纸审查机构进行审查，并出具审查报告。严格把关外立面风格。全县项目的设计必须符合全县外立面风格，要具有坡屋顶回龙纹宫保风格和汉代建筑句町风格。全县主要的设计力量机构为西林县建筑设计室，2016年完成西林县八达镇八洋屯、宏达村的立面改造及道路硬化设计；鲤城新区办公集中区附属工程的规划设计；那劳宫保府规划设计；那佐供销商住综合楼设计等工程的设计工作，安排设计人员到外参加学习培训5人（次）。

【人防工作】 加大《人民防空法》和《实施办法》宣传力度，积极深入各中小学校、党政机关进行宣传，做好全县"9·18"防空警报试鸣及防空演练，提高全社会对新形势下人防建设重要性的认识，营造关心人防、支持人防、建设人防的良好社会氛围。规范行政执法行为，做好易地建设缴费工作，认真遵守人防相关法律法规，做到依法审批、依法收费，杜绝少交、拒交、拖交现象。

撰稿：王仁华
编辑：秦应海
何建泽

◎ 市政管理

【机构人员】 西林县市政管理局属参照公务员管理的政府服务类事业管理部门。2016年，局机关核定编制10人，在职11人，政府聘用人员1人，公益性岗位2人。内设有办公室、计财股、法制监察股、公用事业股、工程管理股等5个股室。

下属二级机构有环卫站、园林所、城建监察大队，负责全县市政工程、园林绿化、市容市貌、环境卫生、城市照明、城市供水、污水处理、燃气等各项市政建设管理工作。其中，环卫站12个编制，在编12人，政府聘用人员2人，一线环卫工人144人；园林所核定编制9人，在编7人，空编2人，公益岗位1人，自聘人员3人；城建监察大队核定编制20人，实有20人；自来水厂是归属市政系统的企业；县市政系统人员共有在编203人（不含自来水厂）。

【城市环境卫生】 2016年，市政局环境卫生管理站投入1万元，为县城4个公厕整体制订"公厕管理制度""公厕管理人员职责"及公厕标志牌、工作牌、环卫站人员公示、垃圾场工作人员公示牌等。建立服务监督台，规范服务言行，做到挂牌上岗，文明服务。

投入10万元进行灭蝇杀蚊、消毒、消杀等"防四害"卫生活动。争取县爱卫办赠送350个移动式垃圾桶，摆放县城区街道。通过政府采购新增电动保洁车10辆，小沟臂垃圾箱20个，摆放各单位小区固定垃圾桶142个，安放在鲤城新区各路段提示牌二十块。

年内，治理乱倒现象366起，治理车辆带泥上路15次，教育整改带泥、抛洒车辆12辆，治理和教育各门店门面1820次，发放宣传资料200份，送达整改通知113份，督促清理各类积存垃圾100吨。作业教育与业务技术培训。2016年，环卫站新增工人30人，进行业务培训3次，培训人员42人。争取与驾校和交警部门联办环卫工人D证驾驶员培训班，通过3个月培训，有78人报名考试，全部通过考试。

【城市街道绿化与亮化工程】 ①清除菟丝子。园林管理所针对县城区人行道树菟丝子猖獗，影响行道树生长、美观的情况，对新兴路、鲤城路、梦圆路等路段行道树进行为期4天的清除工作。②行道树、绿化苗木病虫害防治。3月份针对种植有天竺桂、秋枫、塔榕、彩叶扶桑苗木的路段进行农药喷施。③对路树、绿化苗木整枝。针对3至4月份西林县雨水较多，绿化苗木生长旺盛的情况，对县城区各个公园、绿地的绿化带、绿化苗木修剪整形。

园林管理所工作人员在民族文化广场绿化修剪

④花卉培育。园林管理所花卉基地年内培育一串红、孔雀草、矮牵牛等花卉1.50万盆，确保节假日摆花的需求，并及时对长势不好的盆花进行更换。⑤路树灾后处理。2016年，受大风影响，县城区多次出现的路树、林荫树发生枝条断裂情况，严重影响交通畅通和行人安全隐患。园林管理所及时派遣工作人员对这些断枝进行切除处理。4月19日晚，园林管理所苗木培育基地遭受大风，基地用于停放车辆、绿化养护工具的工棚倒塌。经过灾后自救工作，把损失减少到最低。⑥路树修剪、冲洗、补植，花卉摆放。12月16日，西林县举办第五届句町文化艺术节暨第六届沙糖桔产业、茶叶产业文化展示活动周，市政局组织员工对主干道路树的进行修剪、冲洗、补植和花卉的摆放工作。⑦路灯管护。年内完成县城区158杆（盏）路灯破损灯罩、灯泡及线路的更换及维修。按照夏季规律，调整好路灯的开关时间；对县城区路灯进行日常巡查工作，确保路灯照明安全。

【城市监察】 2016年，城管大队对各市场周边环境、学校周边、门面摊点、绿化带等违规占道经营、乱停车辆进行整治，全年查处100起处罚100起、发放宣传资料500份、下发各种通知书50份，清理小广告60起。

【文明执法与改善市容市貌】 在执法方面，树立大城管意识，长期抓，反复抓；全面推行执法事前提示、事中指导、事后回访制度；完善执法信息公开制度；全面深入落实行政调解制度；全面落实执法巡查制度；落实错时执法制度；七是更新理念，提高执法效率和水平。坚持“管理就是服务、教育为主、处罚为辅、教育与处罚相结合”的执法新理念，严格办案程序，健全和完善行政处罚案件审查、审批、备案制度，切实做到法为民所执，权为民所用，情为民所系，利为民所谋。

城建监察大队在欧艺市场整治占道经营

【市政基础设施建设】 2016年，加强市政基础设施、垃圾、污水、城市燃气的监管力度，如期完成上级要求的污水垃圾项目，保证县污水处理厂和生活垃圾填埋场正常、安全、高效运行。全县城镇居民生活污水集中处理率达94.88%，城镇居民生活垃圾无害化处理率达100%。

市政公用股工作人员检查维修市政基础设施

完成新城区道路建设。主要有金铺和园至二小路段、机耕队宿舍区到特殊学校路段，项目建设是打通金铺和园至二小路段及机耕队宿舍区到特殊学校路段的道路。项目已建设完工，拨付建设资金99.83万元。

句町泉乳景观工程建设。该项目建设是利用城西水厂的废水建设打造人工瀑布景观，项目建设资金278.40万元，2015年9月开工建设。2016年末，完成施工便道、净水器、设备房的土方开挖和蓄水池的建设、桁架的布置等全部工程，拨付建设资金142.30万元。

2015年，城镇生活垃圾处理设施和城市地下综合管廊海绵城市建设项目（渭猫路口旧增产垃圾），项目建设为清理渭猫路口旧增产垃圾，项目投资250万元，2016年末，项目全部完工，支付建设工程款78万元。

农村垃圾专项治理两年攻坚项目。项目在古障镇、马蚌镇、西平乡、那佐苗族乡、足别瑶族苗族乡5个乡镇片区和旺子村、土黄村、仙人掌村、水头村、马蚌村、那务村、坝盆村、平木村、那宾村、新丰村10个行政村级建设垃圾处理中心，项目总投资2050万元。2016年末，开工率80%。

公共厕所建设项目。项目为在民族公园和鲤城新区新建两座公共厕所，总投资24万元，2016年末，项目全部完工。

那劳镇污水处理厂建设项目。项目位于那劳镇那劳村，主要是处理生活污水处理，项目建设投资1400万元，其中自治区专项资金1000万元，地方财政配套资金400万元，项目于12月16日开工建设。

【县城燃气管理】 2016年，全县有3家燃气企业，其中1家天然气公司（奥德燃气公司），2家液化气企业（聚益气站和良安气站），天然气公司正在建设中，尚未投入生产营运，另两家燃气企业运营正常。年内对燃气企业进行检查12次，发现26处隐患，并下发整改通知书9份，责令整改，配合公安局扣押非法储存有燃气的燃气罐71罐。

撰稿：王海弟
编辑：秦应海
何建泽

◎ 城市投资建设管理

【机构人员】 西林县开发投资集团有限公司于2016年在西林县城市建设投资有限公司的基础上成立。西投集团下辖西林县达旺房地产开发有限公司、西林县农村投资有限公司、百色市西桂有色金属有限公司、广西西林驮娘江旅游开发有限公司等子公司。公司现有房产30处，土地42宗，经营性资产（铺面）98间，政策性房地产开发涉及到5各乡镇，经有关资质部门评估总资产约23亿元。2016年，公司设董事会、监事会、党支部、行政综合部、财务部、风险控制管理部、工程建设管理部、国有资产投资发展部、安全生产部、工会。在职员工45人（含试用人员）。

【公司职责】 依法持有和使用县人民政府授权范围内的县行政事业单位经营性国有资产并享有资产收益权和选择经营方式的权利；完成国有资产经营计划和责任目标，承担国有资产保值增值的责任；按照有关法律、法规，依法对授权范围内的国有资产进行资本运作、优化资源配置，运用国有资本金开展经批准的公司融资业务；承担县委、县人民政府安排和部署的其他工作；企业其他经营业务。

【经营范围】 对国有资产、市政设施及其附属资产、农村基础设施、农业综合开发（农业、林业、水产畜牧等）、粮食生产基地及其附属资产的投资和管理；土地收储及综合整治；对房地产开发、保障性住房等项目的投资、建设、运营；房地产信息咨询服务；房屋建筑工程施工；市政及市政道路建设；新城区建设；旧城镇和旧厂房改造；产业园区建设；学校、医院工程项目建设；对获得政府授权或特许经营基层文化基础设施建设的投资、建设、运营管理与项目引进；文化开发项目的规划、勘探、设计、咨询、科研；对文化产业投资、开发、经营与管理；会展、影视娱乐、演艺中介服务；国内外文化经营活动交流、服务、咨询；广告策划、制作；旅游服务及有关信息咨询、培训；旅游产品开发经营；文化产品、体育产品、旅游产品的设计、开发、营销；饮食业服务；物业经营管理、房屋、商铺租赁、楼宇机电配套设备维修、水电安装、清洁卫生、绿化养护服务；汽车租赁经营；政府授权的其他业务。

【在建项目】 2016年，公司主要在建项目有：旧城区拆迁回建房及限价房项目、县城易地扶贫搬迁安置区项目、各乡镇易地扶贫搬迁安置区项目、棚户区改造项目、教育专项项目、城西新区开发项目和物流园项目。

撰稿：岑国辉
编辑：秦应海
何建泽

◎ 住房改革

【机构人员】 西林县城镇住房改革制度办公室为西林县住建局管理的二级机构，财政全额拨款参照公务员管理的事业单位，未定机构级别。2016年，全额拨款事业编制为4名。管理人员3名；机关工勤人员1名。

【住房保障】 续建2015年公共租赁住房建设项目。2015年全县公共租赁住房的建设任务是96套，总投资约800万元。

截至2016年12月20日，消防队公租房12套、二中公租房18套、古障镇政府公租房12套、那劳镇政府、马蚌镇政府12套、环卫站公租房1#楼18套，2#楼12套公租房全部完工，完成投资约800万元。

截至2016年12月底，竣工、基本建成的保障性住房282套，期中：2014年乡镇公租房项目68套（即普合、那佐、足别、马蚌、西平等五个点公租房项目）；八达镇鲤城新区棚户区改造回建房118套；2015年公租房项目96套（即那劳政府公租房项目12套、古障政府公租房项目12套、马蚌政府公租房项目12套、二中公租房项目18套、消防大队公租房项目12套、环卫站公租房30套）。完成比率176.25%。

【保障性住房分配】 2016年末，全县分配入住保障房203户，其中：八达镇鲤城新区、阳光小区拆迁回建房的分配入住68户；2014年乡镇公租房公配入住68套（即普合、那佐、足别、马蚌、西平等五个点公租房项目）；阳光小区、八洋小区的公租房67套。完成比率135.33%。

【棚户区改造】 2016年，全县棚户区改造任务为302户，分别是：古障镇棚户综合整治项目110户；八达镇棚户改造项目192户。

截至12月底，古障镇棚户综合整治项目完成规划、设计、地质勘察、工程预算审计、招投标工作，工程开工并完成总工程量的30%；八达镇棚户改造项目完成火亮山路、商业坡棚户区域的规划、设计、地质勘察，办理用地、规划许可证等，并进行入户调查，房屋测量评估。

【廉租住房补贴】 2016年，全县新增发放补贴任务为30户，于4月份启动新增廉租住房补贴申请、审核及已保障家庭年度复核工作，截止12月底已完成发放任务30户，完成补贴发放任务的100%。

撰稿：黄冬梅
编辑：秦应海
何建泽

◎ 住房公积金管理

【机构人员】 西林县住房公积金管理部为正科级单位，2016年，定编人数为3人，主任1人，工作人员2名。管理中心调用1人，可聘用工作人员名额2人，到位聘用1人，实有工作人员3人。

【工作概况】 2016年，西林管理部累计归集住房公积金6526.79万元，职工提取1693笔，提取资金5976.53万元，累计放出住房公积金贷款128笔，放款资金3476.5万元。

撰稿：彭 蒋
编辑：秦应海
何建泽

◎ 环境保护

【机构人员】 2016年，西林县环境保护局内设办公室、法规宣教股、生态股（局机关设编制5个，实有人员8人）。下属二层机构：环境监察大队、环境监测站、农村饮用水水质监测中心。3个二级机构设编制17个，实有人员12人。

【污染物减排】 2016年，根据监测数据显示，全年累计完成化学需氧量、氨氮减排281吨、31.76吨。完成处理水量215.84万吨。完成办理机动车“绿标”发放920辆。

【环境质量】 2016年，对饮用水水源保护区水质进行每月29项，每季69项，每两年109项全分析，均达标。全县饮用水水源保护区内没有工业企业。对大气环境质量监测结果达标，环境质量指标总体保持稳定。

【重点区域污染防治和生态保护】 2016年，县环保局和云南罗平县、贵州兴义市等万峰湖周边县环保局共同编制完成《万峰湖2016年生态环境保护总体方案》，编制全县区域内的建设项目上报工作，积极申请国家财政部的支持。

组织开展2015年万峰湖生态环境保护项目，实施10个屯级污水处理设施，分别是马蚌镇八大河村平寨屯2个、鲁维村鲁维屯2个、平碰屯2个、那扛屯4个。项目支出进度按签订的合同进行并按时支付，截至2016年10月31日，支出项目资金830.15万元，按合同要求完成支付80%。所有工程已全部完工，12月底前将竣工验收。预计西林县万峰湖流域所有项目投入运行后可削减COD32.76吨，可削减氨氮3.8吨。

完成驮娘江威厚电站库区水面漂浮物清理工作，投入资金25万元，清理漂浮物约2万吨，清理河面面积7万平方米。

【农村生态保护】 配合县发改局申报全县列入国家级重点生态功能区并获得批准。完成《西林县2016年国家重点生态功能区县域生态环境质量监测评价与考核自查报告》，并按要求报送区环保厅审查。申报获得自治区级生态村命名7个。完成1000人以上农村饮用水源保护区划定上报工作。完成本年县城饮用水水源环境状况评估工作。

【环境监察监管】 开展环保违规建设项目清理整顿工作，累计出动清理整顿工作人员60人（次），在环保违规建设项目清理整顿4个未批先建项目，完成4个久拖不验项目的验收。做好建设项目环保服务与管理相结合，完成县级审批建设项目16项。三是加强污染减排环境监察，检查排查污染源点6个（处）。加强中高考环境、县城文化娱乐场所噪声的监管。强化环境信访的调处工作，全年调查处理环境信访件9件。环境排污申报登记企业12家，征收排污费6.9万元。

【环境监测】 全年完成县城饮用水源地龙英水库、地表水那宾电站8次24项进行水质监测；对完成县城污水处理厂四个季度监测，出具监测报告4份；完成全县环境空气进行每月一次监测共12次；完成乡镇级污水厂古障镇污水厂监督性监测每月监测一次，出具监测报告12份；完成2016年3个季度百色市污染源自动监控设施飞行抽检比对监测，出具对比监测报告22份。完成7次委托监测。

【督查整改】 按上级工作部署，完成迎接中央环境保护督查检各项资料收集，包括党委政府、生态环保及相关职能部门环保履职3大类的材料；开展中央进驻前和进驻中的环境监督检查工作，出动人员48人（次），检查隐患点6处，办理环境投诉2件；开展环境问题整改工作，完成整改事项8项，完成率达100%。开展督察反馈意见的阶段整改工作。

【环境保护宣传】 重点宣传新《中华人民共和国环境保护法》，加强6月宣传月的宣传。全年累计发放宣传单4500份，拉挂横幅20幅，在电视播放宣传标语口号10条，出版报10版。

【工作亮点】 会同云南罗平县、贵州兴义市等万峰湖周边县环保局共同编制完成《万峰湖2016年生态环境保护总体方案》，编制全县区域内的建设项目上报工作，积极申请国家财政部的支持。

承担完成百色市下达的飞行监测工作，是全百色能完成此项工作任务的3个县之一。

2016年6月22日，西林县环境监测站技术员到隆林县污水处理厂开展飞行抽检

对饮用水水源保护区水质进行每月29项，每季69项，每两年109项全分析，均达标。全县饮用水水源保护区内没有工业企业。对大气环境达标率为100%；环境质量指标总体保持稳定。

撰稿：曹金萍
编辑：秦应海
何建泽

商　务

◎ 商业贸易

【机构人员】 2016年，西林县商务局内设机构有办公室（含政策法规和信息职责）、市场建设与市场运行调节股（含市场建设、商贸服务管理、行政审批、市场运行和市场秩序）、外经贸管理股（含对外贸易、外国投资管理和对外经济合作）、财务股、4个股室，在职职工7人。

【企业管理】 国有商业企业自1996年以来一直实施门面租赁给企业内部职工或对外租赁的经营方式。职工拥有经营自主权，企业执行指导性管理与服务工作，不干预职工商品经营活动。

【市场运行监测】 制定市场运行监测工作的指导原则、工作目标、工作内容、方法步骤、具体措施。常年对反映商贸流通工作整体变化情况的市场规模、运行质量、消费结构、网点布局、重要商品、重点企业和组织化程度进行监测分析，形成生活必需品和重要生产资料的市场运行监测制度，对市场波动期和特殊期的市场运行状况进行预测预警，提出应对建议。保障全年人民生活必需品和重要生产资料的市场供应不断档、不脱销。

【企业监督管理和指导】 加强对直属企业的管理，继续开展“企业服务年”活动，努力为企业做好服务。强化为企业开展服务的意识，不干预企业经营自主权，不给企业下达硬性任务指标，为企业自主经营创造宽松环境。组织力量深入企业调查了解情况，努力为企业协调解决实际困难。帮助企业申报各种上级补助项目，积极争取扶助资金。督促指导企业实行事务财务公开、多为职工办实事，推进企业民主化管理。

【进出口贸易】 2016年，外贸出口备案登记企业6家，自主出口企业增加1家，外贸出口额实现新突破。2016年度，外贸出口额实现460万人民币，完成市下达年度目标任务的137.21%，同比增长60.25%，无进口贸易。

【社会消费】 2016年，完成社会消费品零售总额6.23亿元，同比增长10.49%。

【安全生产管理】 组织所属各公司开展安全生产及稳定的排查工作，对维护稳定、安全生产等工作进行重点布署，形成有安排、有布置、有落实、有总结的工作局面，增强各企业全面开展维护稳定和安全生产检查工作的自觉性，及时消除各种不安全隐患。2016年，商业系统没有发生重大的安全事故和出现不稳定因素。

【电子商务】 2016年11月，在西林县商务局一楼装修建成“西林县电子商务公共服务中心”，设立电子商务协会。协会有壮乡河谷、农园汇、町町赶街网、何姐店等50家会员网店，有党员6人。2016年全县通过电商销售沙糖桔等土特农产品达到1000万元，电子商务在扶贫工作中发挥了重要作用。

撰稿：梁红锋

编辑：秦应海

何建泽

◎ 西林县供销合作社

【机构人员】 西林县供销合作社属于事业单位，下设11个单位。其中：县供销合作社联合社1个，联合社直属企业4个，乡镇基层供销合作社6个。县供销合作社联合社是全县供销合作社主管部门，内设办公室、财会审计股、综合业务股。乡镇基层供销合作社是县联合社的成员社。全县供销合作社县、乡、村经营（生产）服务网点43个。2016年，全县供销合作社有在职职工52人，其中：县联合社7人，直属企业16人，乡镇基层供销合作社29人。

【城乡综合服务平台建设】2016年，兴建那佐供销综合服务站平台，销售日用品、农用产品，联系金融、电信等行业为群众提供便利服务，举办农业科技培训。

【综合改革】 改革目标任务：创新供销合作社组织体系，创新供销合作社服务体系，创新供销合作社经营体系，创新供销合作社管理体制。到2020年，实现供销合作社系统组织体系更加严密完整，经济实力显著提升，新农村现代流通服务网络基本建成，流通现代化水平提高，为农服务体系基本建成，服务社会化能力明显增强，发展农民专业合作经济组织取得较大进展，把供销合作社打造成为与农民联系密切、为农服务功能完备、市场化运行高效的合作经济组织。

【企业和市场建设】 县供销社有土产公司和农业生产资料公司两个企业，根据西林县人民政府《关于同意将那佐苗族乡弄汪农贸市场由县供销合作社联合社管理的批复》（西政函〔2016〕102号），那佐苗族乡弄汪农贸市场由供销合作社联合社管理。

【电子商务建设】 2016年11月，县供销合作社注册成立西林县合销电子商务有限责任公司，并与个体经营户黄杨华合伙联营，主要经营日用品、农副产品、土特产零售及网上销售。

【农民专业合作社联合社建设】 2016年9月，组织西林县那佐苗族乡弄合村实民沙糖桔销售农民专业合作社、西林县那佐苗族乡丰农沙糖桔种植专业合作社、西林县那佐苗族乡弄合村益友种养专业合作社联合组建鸿民农民专业合作社联合社，实行经营统一计划、市场统一开拓、投入统一采购、产品统一销售技术统一指导的为民服务机制。

【生产资料购销管理】 由下属企业经营，利用网络、农资农家店、综合服务站，县农资配送中心，实行“统一标识、统一经营、统一进货，统一价格、统一核算、统一服务的管理模式。

【助农增收服务】 开展土地托管、组建农民专业合作社联合社，从“户户联合”向“社社联合”转型，管理群众因外出务工或者缺少劳动力丢荒的土地，为农提供服务，促农增收；建设综合服务站，提供技术培训、金融、保险、电信代办，减少农民成本支出，促农增收；实施淡季农用物资储备，解决农受灾急用物资便利，减少农民成本支出，促农增收。实施乡村农资、日用品销售网络，建立农家店，为民提供便利服务，促农增收。

【经济指标完成情况】 2016年，全县供销合作社系统商品购进总额9323万元。其中：消费品购进5147万元。农业生产资料购进2455万元，农产品收购1721万元。商品销售总额9923万元。其中：消费品零售5337万元，售给农民的农业生产资料2635万元，农产品销售1952万元。

撰稿：岳化龙
编辑：秦应海
何建泽

◎ 粮食流通管理

【机构人员】 西林县粮食局下设办公室、储运基加股、审计监察股、财会股、购销统计股五个职能科室；下属单位有粮食购销管理中心、粮食市场管理稽查队、军粮供应站、储备粮管理中心4个单位。2016年，西林县粮食局全额拨款事业编制29名，其中局长1名、党组书记1名、纪检组长1名、副局长2名，共有在职人员31人（其中在编人员29人，编外人员2人）。

【粮食仓储建设和管理】 2016年，争取中央补助资金用于维修仓库，维修仓容230吨，投入维修资金9.75万元。

【粮食购销】 全年收购粮食148万吨（其中县级储备粮轮入148.04万吨、周转粮入库0.01万吨）；销售粮食146.59万吨（县级储备粮轮出146.56万吨、民政救济粮供应0.03万吨）。

【粮食行政执法】 2016年，粮食市场管理稽查队按照工作实施方案，在辖区内每月开展一次常规性检查工作，全年开展12次专项监督检查工作，抑制各种违法经营粮食行为，维护正常的粮食流通秩序，确保粮食安全。

【经营效益】 县粮食局二级机构年内未发生亏损，没有发生新增财务亏损挂账。

【乡镇站所】 自2003年底成立西林县粮食购销管理中心后，取消各乡（镇）粮所法人代表资格，各乡（镇）粮所由县粮食购销管理中心统一管理。多年来由于工作人员退休等原因不断减少，没有得到补充。2016年，除乡镇粮所（站）外，其他粮站已经不再进行粮食经营活动，现在每个粮所（站）只配有一名报账员兼粮食保管员。

撰稿：王政深 李 慎
编辑：秦应海
何建泽

◎ 烟草专卖

【机构人员】 2016年，西林县烟草专卖局（营销部），在职职工40人，其中局长（经理）1人，副局长1人，副经理2人。局（营销部）共设综合办（7人）、专卖股（11人）、客服办（7人）、弄汪烟叶收购点（6人）、物流中转站（5）人，有5个部门。专卖股设1个专卖稽查中队，2个专卖管理所。

【烟叶生产与收购】 2016年，全县有46户烟农签订46份烟叶种植收购合同。年内种植烤烟98.73公顷，收购烟叶3987.86担，完成任务199%。总产值456.99万元，均价10.94元/斤，上等烟比例45%，中等烟比例41%，下低等烟比例14%，公顷均单产40.50担，公顷均收益46285.35元（含产投）。

2016年6月16日，广西壮族自治区百色市烟草专卖局（公司）局长（经理）王五权到西林县普合苗族乡新民屯指导烤烟工作

【生产基地资金扶持】 2016年，组织专业人员对全县155座烤房进行检修，对其中存在问题的63座烤房进行重新维修。

【卷烟专卖市场监管与执法】 2016年，查处各类涉烟违法案件25起，其中：一般案件13起，无证案件12起；1万元以上的案件11起，完成全年任务5起的220%；1万元以上同比去年案件数6起增长了83.33%。查获各类违法卷烟12.52万支，同比去年查获违法卷烟11.28万支增长10.90%。查获烟叶3.80吨。全年涉案总案值为23.55万元。

2016年3月15日，西林烟草专卖局向广大消费者宣传如何辨别假烟现场

【烟草销售网络建设】 开展“专销零”三位一体工作，以“共管市场、客户盈利”为核心，重组自律互助合作小组。2016年，有条件的农村零售户100%纳入自律互助小组，同时以此为平台，促进客户在现代终端建设中硬件设施和软件设施的巩固和提升。同时通过开展抱团盈利活动，加强专销零互动，实现信息资源共享。开展

"走基层、访终端、进农村"深入市场调研，2016年完成农村482户客户地柜改造，利用地柜改造工作狠抓新品上柜引导，拓宽农村客户经营品牌宽度。在调好状态、提升结构基础上，重点加强对中低端市场的引导。2016年有效减少四五类烟销售、"四类转三类"的平稳过渡，三类烟增长6.83%。加强市场信息员的建设与培训力度，规范自律互助小组建设。2016年，有31个卷烟自律互助小组382户，占40.7%，67个信息员。西林局（营销部）以"专、销、零"三位一体开展为抓手，加强与信息员的沟通与培训力度，巩固旧成员，发展新成员，构建同盟军，提高其工作积极性和主动性，确保与市场信息员沟通顺畅及时，达到共管两烟市场，提升市场净化率的目标。

【经营效益】 2016年，西林烟草专卖局（营销部）卷烟销售4581.89箱，销售收入8892.40万元，创造税利为400.95万元；种植烤烟1481亩，收购烟叶3987.86担，总产值456.99万元，税利95.92万元。

撰稿：梁红艳
编辑：秦应海
何建泽

金 融

◎ 中国人民银行西林县支行

【机构人员】 2016年，中国人民银行西林县支行内设机构为综合办公室、会计国库股。领导职数设行长1人，副行长2人（其中1人兼任纪检组长），人员定编17人，在编17人。

【金融调控】 2016年，以深化改革创新为重要抓手，提高履职效能，积极支持地方经济平稳发展。

加强窗口指导，引导金融机构支持地方经济平稳发展。面对经济下行压力，积极引导辖区内银行业金融机构调整信贷结构，加大对实体经济的支持力度。截至12月末，辖内银行业金融机构各项存款余额34.83亿元，同比增长3.22%。各项贷款余额20.46亿元，同比增长20.98%，贷款增速比全市高6.45个百分点。其中：涉农贷款余额为18.45亿元，同比增长20.51%。

用活政策工具，加大扶贫再贷款支持力度。2016年为信用社发放5000万元扶贫再贷款，助推扶贫龙头企业和建档立卡贫困户发展。做好辖区内县级农业银行“三农金融事业部”年度达标考核和地方法人金融机构票据兑付后续监测、新增存款一定比例用于新增贷款等一系列考核，对考核合格的农村信用社执行下调存款准备金率一个百分点优惠政策，间接增加该社可用资金1815万元；认真贯彻落实广西财政县域金融机构涉农村信用社涉农贷款增量的审核工作，获得涉农贷款增量奖励资金159.4万元。

加大民生金融服务。制定金融精准扶贫工作实施方案和“十三五”时期扶贫规划；完善扶贫信贷风险分担机制，推动县政府出资2870万元扶贫信贷风险补偿基金；创建金融扶贫示范点；引导涉农金融机构加大对扶贫龙头企业和贫困户的信贷支持。截至12月末，扶贫小额贷款余额1.98亿元，同比增长10.72倍，涉及贫困户4259户，同比增长5.61倍。金融支少力度大幅提高。截至12月末，民贸贷款余额3060万元，累计为4家民贸企业办理贴息申请90.29万元，同比增长100.64%。金融促就业创业实现较大增长。推动县政府出资518万元创业信贷风险补偿基金以及推动邮储银行开办农民工创业担保贷款业务。截至12月末，创业担保贷款（小额担保贷款+农民工创业担保贷款）余额1705万元，比年初增加681万元，增长66.50%，涉及创业就业人数228人，贷款余额在全市排名第三。

各项农村金融改革取得新进展。农村信用体系建设取得新成果。已采集农户（含贫困户）信用信息26501户，占全县农户总数的85%；已评定信用户21445户、59个信用村和4个信用乡镇，占比分别达到70.39%、62.77%和50%，不仅完成市政府下达的“3个20%”的工作任务，创建信用村、信用乡镇的比例在全市排名第二；农村支付环境得到进一步改善。提前5个月消除行政村无金融服务空白，实现全市第三个消除行政村无金融服务空白县，同时，打造标准化农村金融服务站，推动惠农支付服务点和农村金融服务站（简称“一点一站”）财政补贴款资金13.08万元拨付到位。“一点一站”累计发生业务量1.8万笔、金额1991.23万元，同比分别增长210.34%和105.71%；保险服务体系建设取得新成效。结合三农金融服务室创建工作，中国人寿保险西林支公司在6个行政村挂牌成立农村小额保险服务站，进一步推进农村保险服务发展。2016年度农村保费收入233万元，同比增长88.38%，受益农户27462户（人）次，其中农业保险保费收入53万元，取得较好的经济社会效益；推动福林融资担保公司与农村信用社和邮储银行签署合作协议，并实现融资担保业务零的突破，为2户贫困户提供融资担保，金额25万元；村级服务体系建设实现全覆盖。推动县政府在94个行政村完成三农金融服务室的建立，实现村级服务体系全覆盖。

【金融管理】 2016年，相继对辖区金融机构开展金融统计检查、综合执法检查、征信业务行政执法检查、银行结算账户专项检查、反假货币业务检查等现场检查，还开展不良资产真实性现场评估等非现场检查履职工作。其中，综合执法检查投入176个工作日/人，核查西林县农村信用合作联社账户资料128户、规章制度65份、各类登记簿32本、会计凭证141本、其他业务资料1216份，检查发现8大项12类18个问题，对该社进行1万元行政处罚。此外，还开展对西林县农村信用合作联社新增城北分社开业辅导、参与工商局主办的“3·15”国际消费者权益保护日宣传活动、“加强支付结算管理，防范电信网络新型违法犯罪”宣传活动和261号文宣传及各项任务指标督导落实等“两综合、两管理和一保护”工作。

【外汇管理】 2016年，明确跨境业务岗位职责，分配分管行领导一名，部门负责人一名，跨境业务A岗一名，B岗一名。截至2016年年末，金融机构外汇存款为82.87万元，同比增加82.81万元，同比增长1381倍。截至12月末，西林汇泓工贸外贸出口56万美元。

【金融稳定】 坚持依法履职，履行反洗钱监管职责，加强对义务机构反洗钱工作的督导。关注辖区农村信用社改制农村商业银行动态，做好存款保险保费核算，确保农村信用社及时足额交纳保费。关注辖区各银行业金融机构特别是地方法人金融机构风险变化情况，及时分析和预警。截至12月末，辖区各银行业金融机构不良贷款额4831万元，不良贷款率2.36%，与年初持平。严格重大事项报备工作。加强对金融机构重大事项的管理和监督。做好“两综合、两管理和一保护”工作，强化金融秩序维护。组织对辖区各银行的金融统计、征信业务、银行结算账户、反假货币业务的现场检查和不良资产真实性非现场评估，并对农村信用社开展综合执法检查。

【金融服务】 截至12月末，办理国库收入16.31亿元，同比下降11.91%，其中：地方财政一般预算收入1.80亿元，同比增长7.14%；国库支出18.31亿元，同比增长9.57%。

撰稿：刘伯平
编辑：秦应海
何建泽

◎ 中国农业银行西林县支行

【机构人员】 2016年，中国农业银行西林县支行内设行长室、综合管理部、客户部、营业室四个部室，有在职员工34人，其中办理贷款业务的客户经理有9人；有人工网点1人，自助银行网点5个，分别位于迎宾路汽车客运站、外滩路、欧艺市场前面、鲤城新区、新兴路，自助银行网点可为广大客户提供存款、取款、转账、查询等金融服务。设有营业室党支部、机关党支部两个基层党组织，党员人数17人。

【存款信贷业务】 2016年末，各项存款余额10.49亿元，比年初增加1.34亿元，增长14.69%。其中对公存款余额6.87亿元，比年初增加1.32亿元，增长23.85%。蓄存款余额3.62亿元，增长0.56%。各项贷款余额2.86亿元，比年初增加0.23亿元，增长8.86%。其中对公贷款余额0.50亿元，个人贷款余额2.36亿元。全年累计投放贷款543

笔，金额0.84亿元。不良贷款余额266万元（含信用卡透支5万元），比年初增75万元，个贷不良率为1.11%。实现中间业务收入250万元，比上年增长6.84%。全年利润0.15亿元，比上年减少21.91%。

【体制改革】 2016年，农行实行网点标准化管理，转型发展，提高各项业务竞争力。优化整合人力资源，增加营销人力。通过调整营业室柜面、大堂人员，优化组合来盘活存量人力资源，充实营销岗位，转变员工营销意识，由“等待客户上门办业务”转变为“走出去营销，挖掘客户”，培养年轻业务骨干，组建专业的营销团队，增强对重点客户和重点项目的直接营销、服务能力。健全对公业务营销体系，提升业务效率，优化业务流程。推动中间业务转型升级，增加收入。提升客户的价值创造力，发挥优势，弥补不足。

【内部管理】 信贷基础管理，落实各项信贷管理制度规定，把紧准入关口，把严审查审批关，把好贷后管理关，确保贷款用途真实和押品足值有效，提高信贷资产质量。运营管理，加强柜面业务风险监控，促进柜员规范操作，加大对营业网点的操作指导和职责落实，防控集中作业风险。安全生产管理，推进“平安农行”和“三化三达标”建设，确保办公和营业场所安全。员工行为管理，加大员工行为排查力度，做好违规典型案例教育，提高员工合规意识，防范违规行为。

【支持地方经济发展】 2016年，重点围绕西林基础设施、金融扶贫、产业升级等地方经济建设，筹集资金，加大信贷投放，为三农及城镇化建设提供融资服务。年内，新增农户贷款366笔，金额0.32亿元。年末，农户贷款余额0.82亿元。为农民进城买房提供信贷支持，发放“农民安家贷” 38笔，金额866.80万元。为工薪人员提供住房贷款，2016年新增一手房贷款129笔，金额0.38亿元。支持居民购买商铺，2016年新增一手商业用房贷款7笔，金额483.70万元。

撰稿：覃学帆
廖莉琳
编辑：秦应海
何建泽

◎ 西林县农村信用合作联社

【机构人员】 2016年末，西林农信社有在职员工126人，其中，男职工74人，女职工52人。内设党委办公室、办公室、人力资源部、计划信贷部、资产风险管理部、财务会计部、市场开发部、电子银行部、稽核审计部、保卫部、法律合规部、监察室、营业部、网络中心、清算中心、后勤部16个部门，下辖1个营业部、7个信用社、5个分社13个对外营业网点，5个村级综合服务站，26台自助银行设备，116个助农取款服务点，形成覆盖县、乡（镇）、村三级的金融服务网络。

【体制改革】 2016年4月20日，西林农信社正式成立广西西林农村商业银行股份有限公司筹建工作小组，制定《广西西林农村商业银行股份有限公司筹建工作方案》，召开西林县联社第一届社员代表大会第十二次会议，审议通过改制设立广西西林农村商业银行股份有限公司的相关决议，签署有关组建农村商业银行的各种法律文书。5月26日完成清产核资和资产评估工作，2017年1月3日得到中国银监会广西监管局同意筹建的批复，2017年1月12日顺利召开西林农商行创立大会。

【电子化建设】 2016年末，农信社桂盛卡存量110490张，全年新增31484张，增幅39.85%。新增有效电子银行（手机银行+网银）3075户，新增ETC用户211户，新增POS机自主收单有效商户85户；有效便民点活动率85%，电子银行交易替代率77%；自助设备开机率为92%。在94个行政村布设助农取款服务点122个，实现机构网点、自助机具在乡镇、行政村两个全覆盖。电子银行业务以及支付系统在农村地区已经领先同行业。

【存款业务】 2016年末，各项存款余额达到21.46亿元，比年初增长1.43亿元。其中，对公存款余额9.24亿元，比年初增长0.73亿元，增幅8.52%；储蓄存款余额12.21亿元，比年初增长

0.71亿元，增幅8.31%。

【贷款业务】 2016年末，各项贷款余额17.38亿元，比年初增长3.24亿元，增幅22.94%，全年累计发放各项贷款8.82亿元。同比多放2.34亿元。中小企业贷款余额为5.53亿元，累计发放2.57亿元，比年初增长954万元，增长率为1.73%。

【服务“三农”】 2016年末，西林农信社涉农贷款余额为16亿元，占贷款总额的92.09%，比上年增长2.64亿元，增幅为19.76%。涉农贷款累计投放7.71亿元，占全年累放数的87.43%。在信贷方面落实“续贷”、可循环贷款、“惠企贷”优惠政策，开通网上申请平台，与西林福林担保公司开展贷款担保业务合作，对于民品民贸小微企业、扶贫龙头企业、在期限和利率上均给予优惠，拓宽企业融资渠道，降低企业融资成本。在费率方面推出“桂盛卡全球ATM取款免费”等17项惠民措施。

【金融扶贫】 截至2016年12月末，发放贫困户贷款4214户，发放贫困户贷款占剔除低保户后贫困户贷款比例为61.15%，金额1.96万元（完成总授信额度3.46亿元的56.55%），投放进度在全区91家信用社中排名第17名，在百色地区12家信用社中排名第3名。按照区联社统计口径，已发放2016年拟脱贫贫困户贷款1847户（完成2016年拟脱贫总户数2581户的71.56%）。扶贫贷款自主经营1867户，金额0.90亿元，主要用于发展水果种植、畜牧养殖。委托经营2347户，金额1.06亿元，有效支持西林县贫困户的生产发展和脱贫。

【内部管理】 西林农信社自成立以来没有发生过严重违法违规行为和因内部管理问题导致的重大案件；有符合任职资格条件的董事、高级管理人员和熟悉银行业务的合格从业人员；有健全的组织机构和管理制度；有健全的风险管理体系，能有效控制关联交易风险；有科学有效的人力资源管理制度，有较高素质的专业人才；具备有效的资本约束和补充机制；有符合要求的营业场所、安全防范措施和与业务有关的其他设施；建立与业务经营相适应的信息科技架构，具有支撑业务经营的必要、安全且合规的信息科技系统，具备保障信息科技系统有效安全运行的技术与措施；具有良好的公司治理结构；具备有效的资本约束与资本补充机制。

撰稿：李浩平
编辑：秦应海
何建泽

◎ 财产保险

【机构人员】 中国人民财产保险股份有限公司西林支公司是隶属中国人民财产保险股份有限公司的县分支机构。2016年，在职员工4人，保险个人代理人10人。

【业务情况】 公司业务员开办机动车辆保险、财产保险、意外健康保险、责任信用保险、船舶货运保险、农业保险等保险。2016年，公司实现保费收入1065.70万元，同比增长3.80%；其中，车险保费收入595.69万元；财产险保费收入146.58万元；责任信用险保费收入53.70万元；意外健康险保费收入126.50万元；船货险保费收入2.25万元；农业险保费收入140.98万元；全年支付理赔款660.28万元，同比增长40.09%。

撰稿：颜永坚
撰稿：秦应海
何建泽

◎ 人寿保险

【机构人员】 中国人寿保险股份有限公司西林支公司于1999年开始成立营销部，2006年正式提升为支公司，2007年11月报经保监局批准成立古障农村网点营销部。2016年，有在编员工5人，代理人员80人。公司内设经理室、综合办公室、客户服务中心、个人业务代理部、团体业务部、银行保险部共6个部门。

【业务情况】 公司从事的业务范围主要为人寿保险、健康保险、意外伤害保险等各类人身保险业务；各类人身保险服务、咨询和代理业务；国家保险监督管理部门批准的其他业务。2016年公司实现保费收入1351万元，同比增长22%；其中新单保费收入520万元，同比上年增加1%；团体保险业务473万元，同比上年增加37%，银行保险业务91万元，同比上年增长30%；理赔金额140万元。截至2016年12月，寿险业务市场占有份额为81%。

撰稿：黄丽慧
编辑：秦应海
何建泽

管理与监督

◎ 物价管理

【机构人员】 2016年，西林县物价局配局长1人（县发改局副局长兼任）。在编人数4人，其中行政编制2人，事业编制2人，编外1人，实际在岗人数5人。内设办公室、价格认证中心、价格收费管理股、价调办、价格监督检查分局。

【价格调控管理】 制订《西林县市场价格预警制度》，对主要关系群众生活密切的主要商品粮、油、菜进行价格监控。价格监测员每天掌握市场价格情况，实行每月逢5日、15日、25日向百色市物价局报送价格监测报表和市场价格形势分析，百色市物价局再编制《百色物价工作简讯》月刊公布各县价格。利用价格调节基金以奖代补方式补助平价超市20万元，补助5个养殖大户36万元。

【价格监督检查】 出台《关于开展宾馆住宿发廊等服务价格行为专项整治的通知》《关于开展餐饮行业价格行为专项整治的通知》，发放136份，跟踪检查所涉及单位。对医疗卫生服务价格进行检查1次，推进“一单两库一公开”措施，规范行业的明码标价行为。价格监督由事前监管变为事中事后监管，检查元旦春节、五一、国庆中秋等节假日商品和餐饮服务价格；房地产销售明码标价情况；“12358价格举报电话举报处置，全年受理来电话举报投诉、咨询5件，办结5件。

2016年5月19日，西林县物价局局长农贞建一行到市场进行价格检查

【价格收费管理】 取消对行政事业性单位收费许可证的核发和年审和对全县民办幼儿园收费实行备案制度管理，加强事中事后监管。

进一步明确最新的电价政策，加大电价政策的执行力度，为促进产业结构升级和淘汰落后产能提供价格政策保障。继续贯彻落实降价减负降成本措施，确保稳增长政策的良好执行。

继续执行降低工商业销售电价政策，在2015年降低一般工商业销售电价6.34分/千瓦时的基础上，2016年1月18日和5月13日收到自治区物价局《关于降低燃煤发电企业上网电价和一般工商业用电价格有关问题的通知》（桂价格〔2016〕2号）、《关于免收临时接电费用、降低高可靠性用电费用和改进基本电费计费方式有关问题的通知》（桂价格〔2016〕43号）等文后即刻转发县供电分公司执行。对新增的电力用户，继续执行免交临时接电费用；对新增电力用户，免收临时接电费用；企业生产办理用电减容手续的，不受次数限制。电费按实际使用、运行容量收取。

开展污水处理费收费标准的调整工作。从2016年11月起县城区污水处理收费标准调整为：居民收费标准由0.80元每吨调整为0.85元每吨；非居民收费标准由0.80元每吨调整为1.20元每吨。自2016年9月抄见水量起随水费统一征收。

2016年5月23日，水厂业务人员到物价局协商推进县城镇居民生活用水实行阶梯水价及污水处理费调整标准事宜

【价格服务】 2016年，受理价格鉴定评估93件，鉴定标的总金额599万元，比2015年同期分别增长12%和2%，其中涉案刑事财物价格鉴定77件，同比增长35%，涉案金额38万元；涉税财物价格认定16件，评估总金额561万元。

撰稿：农贞建
编辑：秦应海
何建泽

◎审　计

【机构人员】 2016年，西林县审计局核定行政编制7个，工勤编1个，设局长1名，纪检组长1名，副局长2名，总审计师1名，实有人数13人（含见习生岗2人，公益岗位2人，自聘1人）。

内设办公室、行政事业审计股、财政金融审计股、经贸审计股、经济责任审计股、固定资产投资审计股等6个股（室）；下辖两个二级机构（事业单位）即：西林县政府投资审计中心（核定事业编制5个，实有人数8人，含自聘4人）和西林县审计局经济责任审计中心（核定事业编制6个，实有人数5人）。

【财政审计】 实施2015年度财政预算执行和其他财政收支情况审计，发现问题8个，查出违规资金4274.23万元，管理不规范资金72.16万元，提出审计意见和建议6条。

【专项资金审计】 实施2016年西林县“美丽广西·生态乡村”活动财政专项资金审计调查，发现问题1个，提出审计意见和建议4条。实施2014～2015年全县中小学教育设备采购资金专项审计调查，发现问题7个，管理不规范资金148.33万元，提出审计意见和建议5条。

【经济责任审计】 西林县民族高级中学校长王国文任期经济责任审计，发现问题2个，管理不规范资金181.51万元，提出审计意见和建议5条。

西林县农业机械化管理局局长廖忠新任期经济责任审计，发现问题6个，查出违规资金342.74万元，管理不规范资金4.20万元，提出审计意见和建议5条。实施2012年至2013年新型合作医疗基金专项审计调查（续审），发现问题9个，管理不规范资金54.62万元，提出审计意见和建议4条。西林县水厂黄敏厂长任期经济责任审计（续审），发现问题10个，查出违规资金39.36万元，管理不规范资金127.87万元，提出审计意见和建议5条。

【固定资产投资审计】 实施西林县国土资源局（土地整理中心）2012～2014年土地整治七个项目财务决算审计，发现问题4个，查出违规资金6.09万元，提出审计意见和建议4条。

开展鲤城新区拆迁回建房及限价房建设项目3#、4#、10#楼工程结算审计，核减工程造价452.34万元。开展城投公司写字楼及楼前广场工程结算审计，核减工程造价1339.68万元；实施民族高中体艺中心工程跟踪审计（未审结），对该工程建设过程中出现的不规范行为，及时给予纠正，实现对重点工程项目的审计监督关口前移，规范工程建设管理。

【政府投资审计】 截至2016年12月30日，政府投资审计中心完成政府投资建设工程结算项目161个，送审金额2.88亿元，核减工程款1722万元，核减率为5.98%，通过审计，直接节约财政资金1722万元。

【机关建设】 开展“两学一做”学习教育活动，邀请县宣讲团专家到审计局授课，到挂点村开展“我到基层上党课活动”。6月，审计局获“2015～2016年西林县先进基层党组织”称号、玉有员同志获得“百名好党员”称号等。

党组书记、局长赵荣克同志到挂点村开展“我到基层讲党课”活动

落实“两个责任”，进一步深入推进审计机关党风廉政建设。为进一步加强纪检组织的建设，强化党风廉政建设主体责任，推进实现审计监督全覆盖，2016年5月，县委给审计局配备纪检组长，提升局纪检业务能力。

审计质量有提升。局干部王诚冈设计的新农合AO实例的应用课件入围审计署2016年网络课件，获2015年度广西审计机关计算机审计成果演示会第二组（县级AO实例组）二等奖，获2015年AO实用实例优秀项目。《西林县2013-2014年新型农村合作医疗基金专项审计调查》获2015年度全市优秀审计项目县级二等奖。

此外，西林县审计局还获2015年度西林县社会管理综合治理目标管理先进内保单位；2015年度绩效考评（政务服务类）二等奖；全县专项工作表现突出集体奖；第16批自治区文明单位。局职工赵为京同志获2015年度第二届“最美西林人之诚信人物”荣誉称号。

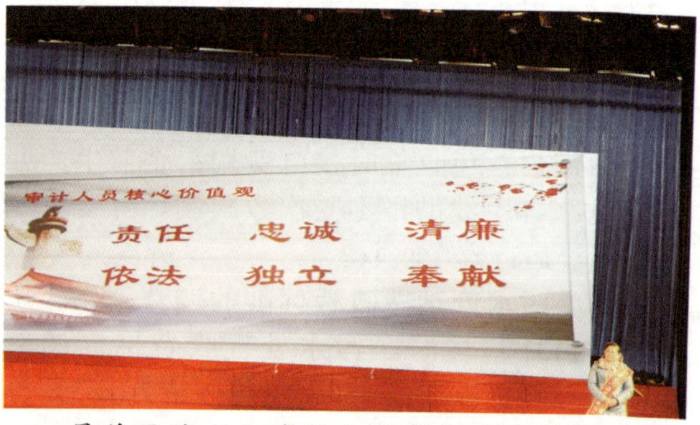

最美西林人之诚信人物获得者赵为京 颁奖现场

撰稿：黄碧超
编辑：秦应海
何建泽

◎统 计

【机构人员】 2016年，西林县统计局设局长1名，副局长2名，总统计师1名。核定行政编制7人，实有在编人员8人，普查中心核定参公编制6人，实有在编人员5人。内设机构为办公室、法规股、综合核算与服务业统计股、工业统计股、农村统计股、固定资产投资统计股、能源统计股、社会科技统计股等8个股室和1个普查中心。

【制度改革】 2016年，统计局严格按照国家统计局总体部署和《国民经济核算制度》要求，进一步规范核算资料来源渠道和核算方法，核算体系不断完善，核算水平不断提高。

根据自治区、市统计局要求，农业统计台账、服务业重点企业纳入“一套表”联网直报系统，固定资产总投资5000万元以上项目、规模以上工业、有资质的建筑业、房地产开发经营业、限额以上批发和零售业、限额以上住宿和餐饮业、规模以上服务业法人单位全部纳入国家联网直报。报表由项目法人单位、规模以上工业、有资质的建筑业、房地产开发经营业、限额以上批发和零售业、限额以上住宿和餐饮业、规模以上服务业法人单位直接通过联网直报，统计部门只作审核上报。其它总投资500万元以上5000万元以下的项目，由项目法人单位通过填写纸质报表报送统计部门，由统计部门录入系统上报。

【规范化管理】 每月报表工作完成后，专业人员按照局统计规范化的统一要求对报表进行装订，整理归档，电子文档等。2016年11月8日，县级及乡镇统计工作规范化建设通过市级验收，2016年12月1日县级统计工作规范化建设、那劳镇统计工作规范化建设分别以90.05分、103分的评分通过自治区验收。加大“规上企业”对统计工作的认知，召开重点服务业及限上工业企业统计工作培训班，要求四上企业做好企业档案管理和统计台账，有效促进企业统计工作的规范化运作。

【信息化建设】 2016年底，西林县统计系统人手配备1台电脑和1台打印机，全部联接互联网，基础设施配备得到提高和充实。

县统计局加大对全县统计系统人员的计算机使用及统计业务的培训力度，提高统计人员的计算操作及统计业务水平。加快统计专网建设，实现自治区、市、县三级网络线路开通联网。全县有8家规模以上业、7家房地产、1家建筑业、4家服务业企业、126家行政事业单位、8个乡（镇）的农村统计都已全部通过互联网直接向国家统计局报送报表，实现统计资料联网直报。

【业务改革】 基层统计建设。狠抓基层统计机构的设立，配齐统计人员；加强对基层统计基础工作的业务指导和统计人员的业务培训，提高统计人员业务素质；抓好基层基础规范化建设工作，针对部分乡镇统计力量薄弱，工作条件差和个别部门、行业统计人员兼职多，统计台帐、原始记录不全的状况，加强督查，争取领导重视，充实统计人员，要加大资金投入，解决经费问题和改善基层统计组织的工作条件。

【制度实施】 统计工作的对象为全县行政区域内的各类法人单位、法人单位所属的产业活动单位和个体经营户。统计范围包括：国民经济核算、农林牧渔业、工业、能源、建筑业、批零贸易及住宿餐饮业、房地产业、服务业、固定资产投资、劳动工资、人口、社会、科技、基本单位等统计业务，以及各项普查的组织实施和根据需要开展的其他统计调查。统计工作的标准以国家每年确认的《广西统计用区划代码和园区代码》为基本依据。本县内的法人单位向县统计局报送各类统计报表。该法人单位所属的产业活动单位或分支机构，不单独填报统计报表。个体经营户，按其实际经营活动所在地进行统计管理。

【法制建设】 2016年，重新调整统计法制工作领导小组，县统计执法队伍人员增加到8名。制订完善《统计法制工作规划》和《西林县统计法制宣传和培训计划》。年内在全县抽取涵盖医院、学校、工业企业、房地产企业等多个行业及乡镇60家单位作为统计执法检查对象，开展统计执法检查，发现问题8家，并下发责令改正通知书，立案查处统计违法案件2起。组织开展统计从业资格认定、继续教育、统计职称考试3项工作。考试合格取得从业资格证书26名；参加统计业务继续教育30名；参加职称考试4名。利用《中华人民共和国统计法》颁布周年纪念日、中国统计开放日等重要时点，通过电视、广播、网络等媒介开展普法宣传活动，提高统计法的社会知晓度。

【统计服务】 县统计局主要从地区生产总值（包括第一、二、三产业）、人均生产总值、农业总产值、工业总产值及增加值、固定资产投资总额、社会消费品零售总额、城镇居民人均可支配收入、农村居民人均支配收入、单位GDP能耗（吨标准煤/万元）、外贸出口（万美元）、财政收入等11项主要经济指标进行统计核算。每季度根据自治区反馈数进行分析全县经济运行态势，反映全县经济社会发展状况，每季度撰写1编全县国民经济运行分析材料、每年编写1本统计资料汇编上报县委、县政府领导。为县委、县人民政府提供科学决策依据，发挥统计“晴雨表”的作用。

2016年11月24日，县统计局局长韦益在本局会议室组织召开西林县农业普查办PDA操作培训会

【统计普查】 2016年1月至12月，开展第三次全国农业普查工作。按照自治区农普办和百色市农普办的统一部署，成立由分管副县长担任组

长，由各职能部门组成的西林县第三次全国农业普查领导小组及办公室。各乡（镇）都相应成立乡（镇）、村两级第三次全国农业普查领导机构。全县参加农业普查工作人员 655 人，其中县农业领导小组成员 24 人，县级普查办 25 人，8 个乡（镇）普查办 71 人，普查指导员 122 人、普查员 413 人。落实普查经费 86.5 万元。2016 年 11 月 25 日，完成全县农业普查清查摸底工作。

普查汇总结果：全县乡村人口户数31397户，非本乡镇户籍户数187户，全家外出户数1527户，普查对象30265户，其中:农户普查对象29316户，规模户889户。单位摸底总个数279个。

2016年人口抽样调查工作涉及全县4个乡镇、5个普查小区。根据工作安排部署，加强对抽中的点进行业务培训，受训人员达32人。落实工作经费2万元，抽样调查登记379户，登记总人口1579人，常住人口1560人，出生人口17人，死亡人口6人。出生率10.90‰，死亡率3.85‰，自然增长率7.05‰。

2016年11月10日，县统计局副局长廖秀花组织调查员在本局会议室召开1%人口抽样调查业务培训

【定期报表与基层统计】 定期统计报表要求以一定的原始记录为依据，按照统一的指标、分组、报送时间和报送程序填报。按照 GDP 统计核算可分为 3 个产业报表：

第一产业（即农林牧渔业）：

统计范围：包括全县所管辖行政区域内的农、林、牧、渔业生产以及农林牧渔服务业，即各种经济组织类型、各个系统的全部农林牧渔业生产和非农行业单位附属的农林牧渔业生产活动，以及对农、林、牧、渔业生产活动进行支持性服务活动。

统计指标数据的收集及质量监控：1.所有主要农产品产量数据统计上报由村委员会一级上报，要求村民委员会建立统计台帐。采取全面调查方式，由县统计局培训乡镇统计员，由乡镇统计员培训村文书上报。报表取得数据的从村委会上报，县乡村报表数据必须一致。2.乡镇汇总上报的数据报表与相关部门统计的数据衔接。

第二产业（包括工业和建筑业）：

工业统计主要范围是从事自然资源的开采，对采掘品和农产品进行加工和再加工的物质生产活动。工业统计分两个部分，分规模以上工业和规模以下工业，（即企业年销售收入达2000万元以上的为规模以上工业企业，2000万元以下的为规模以下工业企业）。

规模以上工业企业统计报表上报采用联网直报，由企业通过直报平台直接报送。主要填报规模以上工业产值及主要产品产量表月报表、规模以上工业企业财务状况月报表等15个统计月报、季报和年报表。报表先县审、后市审，到区审，最后到国家审。

建筑业企业统计报表分资质内建筑业和资质外建筑业两个方面，资质内建筑业报表上报采用联网直报，分为年报和季报，由企业通过直报平台直接报送。

第三产业（除第一、二产业以外的其他行业）：

批发零售业和住宿餐饮业需要上报的报表。

批发零售限上企业月报要求企业每月5号前上报完毕， 季报要求企业季后第一个月7号前上报完毕。批发零售限下企业月报要求企业月后5号前上报，季报要求企业本季末26号前上报。

住宿餐饮限上企业月报要求企业月后5号前上报完毕，季报要求企业季后第一个月7号前上报完毕。住宿餐饮限下企业月报要求企业月后5号前上报完毕，季报要求企业本季末26号前上报完毕。

限额以上企业由企业平台联网直报县级统计进行审核验收，限额以下企业由统计人员进行收集入录审核上报，并汇总反映限额以上企业的经营情况。限下以下企业及个体工商户由县级统计收集抽样的样本数据进行录入上报由市统计局，市局根据各县区抽样调查情况、国家统计局百色调查队服务业调查贸易业部分情况，结合第三次经济普查各县基础总量，推算出各县（区）限额以下的经营情况，并反馈给各县（区）使用。

大服务业范畴部分：所有行业属于的企业的均分为规模以上和规模两个部分。规模以上的标准为：1.辖区内年营业收入1000万元以上，或年末从业人员50人及以上服务业法人单位。包括交通运输、仓储和邮政业，信息传输、软件和信息技术服务业，租赁和商务服务业，科学研究和技术服务业，水利、环境和公共设施管理业，教育，卫生和社会工作；以及物业管理、房地产中介服务、自有房地产经营活动和其他房地产业等行业。2.辖区内年营业收入500万元以上，或年末从业人员50人及以上服务业法人单位。包括：居民服务、修理和其他服务业，文化、体育和娱乐业。

统计内容为调查单位的基本情况、财务状况，从业人员及劳动报酬、非金融资产投资、信息化和电子商务交易情况、生产经营景气状况等主要指标有19个。报表报送为年报及月报，由企业通过统计部门联网直报网络平台上报。

行政事业单位全部纳入日常报表，报送为每年1次，主要报表是单位财务状况表和劳动工资表。

撰稿：李炳雄
编辑：秦应海
何建泽

◎ 工商行政管理

【机构人员】 2016年，西林县工商行政管理局核定行政编制32名、机关后勤聘用人员控制数4名，全局实有30名公务员，设局长1人，副局长3人，纪检组长1人。大学以上文化17人，大专13人。

机关内设办公室（挂行政审批办公室、人事与财务股、监察室）、法规与行政执法督察股、反不正当竞争执法与商标广告监督管理股、市场与合同规范管理股、消费者权益保护股、企业注册与个体私营经济监督管理股等6个股、室，设八达、古障、马蚌、普合、那劳、足别、西平、那佐等8个工商行政管理所；设立西林县消费者权益保护委员会，在西林县工商行政管理局挂牌；设立经济检查大队和12315消费者申诉举报中心。

【反垄断与反不正当竞争执法】 2016年，开展2个重点专项工作。检查直销领域侵害消费者权益专项检查治理工作，在全县范围内检查直销企业的分机构和代销点，均未发现有违法行为。纠正医疗机械、医药购销和医疗服务中不正之风专项整治。以案件查处为抓手，不断纠正医疗机械、医药购销和医疗服务中发布的夸大医疗效果、虚假发布药品保健品作用的宣传等不正当竞争行为，均未发现有违法行为。

【消费者权益保护】 2016年，县工商行政管理局加强消费维权工作，受理消费者咨询31件，受理申诉5件，已办结5件，办结率为100%，为群众挽回经济损失0.10万元。

加强消费维权知识宣传。充分利用“3·15”国际消费者权益保护日、“诚信经营·放心消费”创建宣传月等活动宣传消费者权益保护法、商标法、合同法等法律法规，提高经营者的自律意识和人民群众的维权意识。

开展2016年春季“打假冒·反欺诈·保护老年消费者合法权益”专项整治行动。出动执法车辆6台次，执法人员20人（次），检查家用小电器，服装、鞋帽、儿童用品、日化用品、五金电料等生活消费品和涉农日用品等商店400户次，均未发现有违法行为。

开展红盾护农行动。县工商局集中力量加强对流通领域农资商品质量进行抽查检验，年内抽样检验农药、化肥类商品60个批次，立案查处销售不合格农资案件11起，案值12.14万元，罚没款12.10万元，没收不合格农资产品49.87吨。查处销售不合格铝型材案件3件，案值2.23万元，罚没款1.15万元。同时对无照经营行为及不正当竞争、售假和欺骗消费者等现象进行整治查处。清理规范流通领域农资、建材市场，切实维护消费者的合法权益。

【市场规范管理】 继续推进工商登记“先照后证”改革，加强事中事后监管，履行对各类市场的监管职能，连续开展一系列的市场专项整治活动。其中：“红盾护农”行动出动执法车辆20台次，执法人员67人（次），检查农资经营户105余户次，对40户农资经营店的60个样品的农药、化肥进行抽样送检。立案查处不建立健全制度农资经营户案件10起，不合格农资商品案件13起，结案13起，案值12.92万元，罚没款12.87万元，没收不合格肥料49.43吨。年内，在全县成品油市场随机抽样5个样品送检，合格率100%。

【合同监督管理】 全年出动车辆5台次，执法人员18人（次），备案格式条款合同16份，检查房地产企业7家，电信1家，联通1家，物流公司2家，快递业7家，物业公司2家，约谈企业16户，收集涉嫌不平等格式合同条款2条，发出行政指导3份，修改不平等格式合同条款3条，立案2起，罚款2000元，维护了广大消费者的合法权益。

【市场主体注册管理】 年内，全县新发展私营企业77户，注册资金4.33亿元；个体工商户914户，从业人员1910人，注册资金6310.60万元；农民专业合作社94户，出资总额2.49亿元。其中，农民专业合作社同比增长203%，助力西林县脱贫攻坚工作发挥工商的职能作用。在“三证合一、一照一码”的基础上，于2016年10月1日全面实行“六证合一、一照一码”登记模式，整合人力资源社会保障部门的社会保险登记证、统计部门的统计登记证和公安部门的企业印章准刻证，由工商行政管理局核发加载法人和其他组织统一社会信用代码的营业执照，截至2016年12月，核发载有统一社会信用代码的营业执照574份。2016年12月1日起，实施个体工商户营业执照和税务登记证“两证整合”登记制度改革，个体工商户只需填写“一张表”，向“一个窗口”提交“一套材料”即可办理个体工商户工商及税务登记，由县工商行政管理局核发加载统一社会信用代码的营业执照，个体工商户“两证整合”实施一个月，核发载有统一社会信用代码的营业执照119份。

【市场主体监督管理】 加强市场主体监督管理工作。加大宣传力度，做好2015年度市场主体年报工作，全县4545户各类市场主体已提交2015年度年报，其中企业851户，农民专业合作社161户，个体工商户已报3533户，年报率分别为91.90%、98.17%、95.67%。

根据《西林县人民政府办公室关于印发西林县实施“先照后证”改革后加强事中事后监管的工作方案的通知》（西政办发〔2016〕95号）要求，西林县工商行政管理局作为牵头单位，指导全县33个有行政审批事项的相关单位建立“一单两库一细则”，为“双随机一公开”监管工作的后续开展奠定基础。

在全县范围内集中开展为期4个月查处取缔无照经营专项执法行动，出动执法人员85人（次）、执法车辆26车次，检查4025户，发出责令改正通知书30份、行政指导书7份，引导办照43户。立案查处9件，结案9件，罚没8991元。

【商标监督管理】 2016年，全县有注册商标130件，待审24件，正在初审5件，其中获得广西著名商标1件，茶叶类商标9个。其中：“西林王子山有机茶业有限公司“王子山”商标（用于茶叶）、广西澳林木业有限责任公司“康木匠”商标（用于胶合板）、西林县嘉华木业有限公司“王子山”商标（用于半成品木材）作为县重点培育商标。

全年开展以食品药品、家用电器、儿童用品、汽车配件作为重点监管对象在商标使用情况进行突击检查，均未发现有侵权违法行为。

【广告监督管理】 年内，全县有广告经营主体52户，其中有限责任公司24户，股份有限公司1户，内资企业6户，非公司私营企业5户，个体工商户15户，全民所有制企业1户。开展广告执法监督检查6次，下达“行政指导建议书”1份，查处一起因没有建立健全承接广告业务登记、审查制度的广告案件1件，罚款1500元；依法查处虚假宣传案1件，罚款1500元。

【信息化建设】 依托互联网，创新举措，履行双告知职责，实现数据共享。在深化商事登记改革过程中，推行先照后证改革，强化事中事后监管，履行双告知职责，推进县工商行政管理局与其它政府部门之间的业务协同、数据共享和交换。建立《西林县工商行政管理局随机抽查事项清单》《西林县工商行政管理局执法人员名录库》《西林县市场主体名录库》并在政府信息公开统一平台上进行公示。

推进网络市场监管应用。按照党的十八大关于“加强网络社会管理，推进网络依法规范、有序运行”的要求，坚持“以网管网、依法管网、综合监管、协同推进”，逐步建立网络经营主体数据库，进一步规范网络经营主体。针对网络环境中的不正当竞争、虚假宣传、销售假冒伪劣商品、商标侵权、网络传销等突出问题，以网络交易平台、大型购物网站为重点对象，加强网络市场监管数据应用，不断提升网络监管效能。

依托自治区12315指挥中心和“天眼工程”监管平台，通过视频监控、移动执法、枢纽中心现场指挥等高科技手段和信息网络技术，实现对市场环境、交易行为和工商执法工作的全程监管、远程监控，提升监管维权工作的水平和效能。

工商政务管理信息化建设。进一步完善日常公文处理、行政事务处理、档案管理等功能，提高行政效率，降低行政成本。

【队伍自身建设】 强化执法意识。以“两学一做”主题教育活动为契机，通过强化政治教育，使干部职工深刻领会党的路线、方针、政策，清醒认识市场监管工作面临的新形势、新任务、新问题，端正执法思想，树立依法执政、执政为民的理念，进一步增强法律意识和法制观念。年内，开展集中学习会6期、讨论会4期、与挂点村西林县西平乡弄工村党支部联合上党课1期、撰写学习心得、体会、笔记本45篇（本），开辟“两学一做”宣传专栏1块，编写“两学一做”工作简报11期，组织干部职工观看《永远在路上》专题宣传片2次，观看人员50人（次）。

提高执法水平。以广西工商行政管理岗位应知应会为基础，以知识更新为重点，强调“干什么、学什么”以及“缺什么、补什么”，确保不断掌握新法规、运用新技能、适应新形势，并将之尽快应用于实践。2016年，组织开展各类业务培训6次，参加人员达120人（次）；派相关业务骨干外出参加各类工商业务专题培训60人（次）。

规范执法行为。坚持以制度管人，以制度约束人，以制度规范人，通过建章立制，切实落实行政执法责任，明确违法失职、滥用权力等行为应当承担的行政责任、法律责任和道义责任，防止错案的发生。2016年，办理各类案件36件，涉案金额26.30万元，罚没款15.32万元。属听证范围的案件11件，所办案件均无复议和诉讼。

撰稿：黎志远
编辑：秦应海
何建泽

◎ 各乡（镇）工商所概况

【八达镇工商所】 位于西林县八达镇迎宾路县工商行政管理局一楼，与县工商行政管理局合署办公。辖八达镇，城北、城中、城南3个社区，12个行政村，辖区面积218.90平方公里，辖区内有2个集贸市场，3个交易点，各类经营主体2635户，其中企业417户，个体工商户1978户，农民专业合作社26户。2016年，编制数5人，在职公务员5名，其中所长1名，副所长1名，所员3名。内设办公室、内勤组、3个巡查组，挂靠消费者协会、个体私营劳动者协会2个基层协会。主要职责是负责辖区范围内的个体工商户登记、市场监管和流通领域商品、食品质量监管、经济监督检查、合同管理、商标广告管理。

年内新发展私营企业53户，个体工商户417户，农民专业合作社9户。办理各类案件20件，涉案金额81763元，罚没款23670.14元。

【马蚌镇工商所】 位于西林县马蚌镇八大河村当地，距县城77千米，辖区为马蚌镇，管辖15个行政村，辖区面积411.14平方公里，辖区内有2处集贸市场，2个交易点，各类经营主体337户，其中企业45户，个体工商户270户，农民专业合作社22户。2016年，编制数2人，在职公务员2名。内设办公室、内勤组、1个巡查组。主要职责是负责辖区范围内的个体工商户登记、市场监管和流通领域商品质量监管、经济监督检查、合同管理、商标广告管理。

年内新发展私营企业1户，个体工商户61户，农民专业合作社1户。

【古障镇工商所】 古障工商所属西林县工商行政管理局的派出机构，位于古障镇当地，距县城以西53千米，辖区为古障镇，管辖19个行政村，辖区面积422.07平方公里。有古障、猫街、龙窝、泥洞、者夯5个集贸市场，各类经营主体709户，其中企业87户，个体工商户545户，农民专业合作社77户。2016年，编制数3人，在职公务员2名，其中所长1名，副所长1名。内设办公室、内勤组、1个巡查组，主要职责是负责辖区范围内的个体工商户登记、市场监管和流通领域商品质量监管、经济监督检查、合同管理、商标广告管理。

年内新发展企业1户，个体工商户114户，农民专业合作社19户。

【普合苗族乡工商所】 普合苗族乡工商所与八达工商所合署办公，位于西林县城东面普合苗族乡当地，距县城17千米，管辖7个行政村，辖区面积177平方公里，辖区内有1处农贸市场，2个交易点，各类经营主体214户，其中企业55户，个体工商户150户，农民专业合作社9户。2016年，编制数2人，在职干部2名，内设办公室、内勤组、1个巡查组。主要职责是负责辖区范围内的个体工商户登记、市场监管和流通领域商品、经济监督检查、合同管理、商标广告管理。

年内新发展私营企业6户，个体工商户31户，农民专业合作社1户。

【那劳镇工商所】 那劳工商所位于西林县城最东部的那劳镇当地，距县城50千米，辖区为那劳镇，管辖6个行政村，辖区面积228平方公里，辖区内有1处农贸市场，2个交易点，各类经营主体380户，其中企业54户，个体工商户308户，农民专业合作社18户。2016年，编制数2人，在职公务员2名。内设办公室、内勤组、1个巡查组。主要职责是负责辖区范围内的个体工商户登记、市场监管和流通领域商品、食品质量监管、经济监督检查、合同管理、商标广告管理。

年内新发展企业1户，个体工商户57户，农民专业合作社11户。

【西平乡工商所】 西平工商所位于西林县东南部西平乡当地，距县城45千米，辖区为西平乡，管辖12个行政村，辖区面积284.10平方公里，辖区内有1处集贸市场，2个交易点，各类经营主体255户，其中企业37户，个体工商户178户，农民专业合作社40户。2016年，编制数2人，在职公务员2名，其中所长1名，所员1名。主要职责是负责辖区范围内的个体工商户登记、市场监管和流通领域商品、经济监督检查、合同管理、商标广告管理。

年内新发展私营企业2户，个体工商户32户，农民专业合作社26户。

【那佐苗族乡工商所】 那佐苗族乡工商所位于西林县城东南部那佐苗族乡当地，距县城90千米，辖区为那佐苗族乡，管辖18个行政村辖区面积为319平方公里，辖区内有2处农贸市场，4个交易点，各类经营主体411户，其中企业51户，个体工商户336户，农民专业合作社24户。2016年，编制数2人，在职公务员2名。内设办公室、内勤组、1个巡查组。主要职责是负责辖区范围内的个体工商户登记、市场监管和流通领域商品、食品质量监管、经济监督检查、合同管理、商标广告管理。

年内新发展私营企业4户，个体工商户65户，农民专业合作社16户。

【足别瑶族苗族乡工商所】 足别苗族乡工商所位于西林县城东南部足别瑶族苗族乡当地，与那劳镇比邻，南、西与那佐苗族乡、西平乡接壤，距县城65千米，现与那劳工商所合署办公，辖区为足别瑶族苗族乡，管辖6个行政村，辖区面积244.2平方公里，辖区内有1处农贸市场，1个交易点，各类经营主体154户，其中企业22户，个体工商户126户，农民专业合作社6户。2016年，编制数2人，在职公务员1名。内设办公室、内勤组、1个巡查组。主要职责是负责辖区范围内的个体工商户登记、市场监管和流通领域商品、食品质量监管、经济监督检查、合同管理、商标广告管理。

年内新发展个体工商户30户，农民专业合作社6户。

撰稿：黎志远
编辑：秦应海
何建泽

◎ 质量技术监督管理

【机构人员】 2016年，西林县质监局人员编制10人，其中：行政公务员编制8人，在岗7人（其中：局长1人，副局长2人，纪检组长1人，干部3人）；后勤服务人员控制数1人，在岗1人；西林县计量检定测试所事业人员编制2人，在岗2人，其中本科学历4人，大专学历5人，高中学历1人。中共党员8人，其中在岗党员7人，退休党员1人。3月，局机关调离公务员1人；5月，局机关调入公务员2人；7月，局机关调入调离公务员各1人；12月，局机关调离公务员1人。内设机构有：办公室、法规监督股（稽查局）、综合管理股、特种设备安全监察股，下设西林县计量检定测试所。

【计量监督管理】 2016年，检定加油机112枪，台案秤398台件、压力表672块；6月，做好计量所计量检定员证延期工作，积极组织人员进行延期考试；结合“5·20”世界计量日、质量月开展系列活动，与全县四家大型商场超市、中石油、中石化、医疗部门等签订诚信计量承诺书30余份，发放计量宣传资料180余份，组织计量检定人员到全县各乡镇集贸市场开展免费检定活动，对台案秤等计量器具285余台件进行免费检定；完成对全县3个标准独立申证材料，并报区计量处。

【质量监督管理】 全年抽样送检烧结多孔砖、普通混凝土小型空心砌块24批次。对全县两家液化气充装站进行液化石油气抽样送检。对2家加油站进行车用成品油抽样送检；组织辖区内的3家获资质认定机构开展自查自纠工作，协助区局进行县宏兴建设工程质量检测有限公司、县环境监测站、县公安局物证鉴定室的资质认定现场评审工作；对全县获得有机认证的3家企业开展有机认证专项监督检查。

食品安全工作。配合参加食品安全宣传周活动，宣传食品相关产品法律法规，发放宣传资料250余份，接受群众咨询200多人次。开展食品定量包装净含量执法检查，对县辖区的两家超市销售的大米、食用油、零食等产品进行现场检查，出动执法人员60人（次）。配合食品药品监督管理局开展食品安全监督检查。执法人员重点对市场消费量大、群众生活必须的大米、食用油、肉制品、豆制品、糕点、桶装水等进行全面监督检查，督促销售企业进一步落实食品安全主体责任，规范食品生产经营行为；监督企业对存在的食品安全风险及时采取有效措施加强整改，消除安全隐患。2016年，全县没有发生产品质量安全重特大事故。

【标准化管理】 完善标准体系建设，组织开展广西地方标准制定（修订）项目申报，完成《地理标志产品西林沙糖桔生产技术规程》《地理标志产品西林沙糖桔标准果园建设规范》《地理标志产品西林麻鸭饲养管理技术规程》等3个广西地方标准制定及征求意见工作，12月，3个标准均顺利通过广西地方标准审定会评审。

【特种设备安全监管】 全年出动执法人员170多人（次），检查特种设备使用单位85家、特种设备140多台（件），发现各类安全隐患28处，下达特种设备安全监察指令书28份，落实整改28处。

实施特种设备动态管理。对全县特种设备进行逐个普查、登记、造册，并协助47家特种设备使用单位建立安全技术档案；根据安全宣传需要，制作宣传栏二板，发放《特种设备安全法》300余册。2016年全县未发生特种设备安全事故。

【国家地理标志产品保护】 2016年11月，“西林火姜”获国家质检总局批准实施国家地理标志保护产品，成为西林县第4个获准实施的国家地理标志保护产品，全县地理标志保护产品数量列居百色市第一，与横县并列居全区第一。

2016年5月，西林县有4家沙糖桔、1家麻鸭企业（合作社）获国家质检总局核准使用地理标志保护产品专用标志，已统一定制西林沙糖桔、西林麻鸭可追溯专用标志100万枚、可追溯专用胶带600卷，免费发放给企业使用。12月，再次组织西林县沙糖桔、麻鸭企业（合作社）开展西林沙糖桔、西林麻鸭产品抽样送检工作，经检验，有32家沙糖桔企业、1家麻鸭企业的产品达到地标产品要求。

2016年11月25日，西林县质监局领导为5家获准使用地理标志保护产品专用标志企业发放地标专用标志

2016年9月，启动创建地标保护示范区工作，成立示范区创建工作领导机构，制定《西林县创

建国家地理标志产品保护示范区实施方案》，计划2018年通过国家质监总局验收。核心示范区覆盖八达镇、古障镇、那劳镇、普合苗族乡等四个乡镇。西林沙糖桔示范区果园面积达3000公顷，西林麻鸭年出栏达50万羽，培育生产企业西林沙糖桔20家和西林麻鸭5家，实现示范区产值达4亿元。出台《西林县使用国家地理标志产品专用标志奖励补助办法》，县政府每年专门拿出100万元用于奖励补助，鼓励企业、农户申请使用地标专用标志，争取使示范区采标率达50%以上。

做好地理标志保护产品宣传工作。在南百高速路、二级路、县城周边路口设置西林沙糖桔、西林麻鸭、西林姜晶、西林火姜等国家地理标志保护产品形象宣传广告牌20版，制作宣传折页3000份，作为第六届沙糖桔产业、茶叶产业文化展示活动周宣传资料。

西林县质监局组织申报的“西林火姜”获国家质检总局批准实施国家地理标志保护产品

年内，西林县的地理标志产品保护工作得到区市质监局的高度肯定，分别在全区地理标志产品保护工作现场会和全市质监会上作典型发言。

【质量兴县战略】 推进质量兴县战略。县质量兴县办公室将年度质量兴县工作目标任务逐一分解到各成员单位抓落实，加强组织协调和督查督办，并纳入县政府绩效考评体系。11月，顺利通过市质量兴市考评组现场考评。根据《西林县县长质量奖评审管理办法》的有关规定，组织开展第二届县长质量奖申报评审工作。经过企业申报、资格审查和专家评审等工作环节，确定广西西林京桂古道茶业有限责任公司获2016年度西林县县长质量奖。

【行政执法】 2016年，结合3·15宣传活动，出动执法人员30人次，配合县有关职能部门，深入6个乡镇，检查化肥经销门店20多个，建材产品生产企业55家，发放宣传资料200份。行政案件立案3起结案3起。

【行政审批】 2016年，局行政审批项目为：计量标准器具核准核、承担国家法定计量检定机构任务授权、制造修理计量器具许可证核发、特种设备作业人员资格认定、计量检定员资格核发、特种设备使用登记、建立社会公正计量行（站）审批等7项。根据《广西壮族自治区人民政府关于取消和调整一批行政许可事项的决定》（桂政发〔2016〕75号）文件要求，按要求取消“计量检定员资格核发”事项。根据《质检总局关于取消建立社会公正计量行（站）审批事项的公告》（2016年第39号）文件精神，按要求取消“建立社会公正计量行（站）审批”事项。年内做好特种设备作业人员证的复审工作，共计复审特种设备作业人员证31本。

撰稿：李丽丽
编辑：秦应海
何建泽

◎ 食品药品监督管理

【机构人员】 2016年，西林县食品药品监督管理局内设办公室、综合协调股、食品生产监管股、食品流通监管股、食品餐饮监管股、药品生产流通和医疗器械监管股、保健食品化妆品监管股、财务股等8个职能股室；直属单位2个，为西林县食品药品稽查大队、西林县食品药品检验检测中心；派出8个乡（镇）食品药品监督管理所。2016年，人员编制数63名，实有在编人员52人，自聘2人。其中局各股室11人，县食品药品稽查大队10人，县食品药品检验检测中心5人，8个乡镇食品药品监督管理所26人。

【食品生产流通餐饮安全监管】 严格生产环节食品安全监管，确保食品生产环节的安全。结合农村食品安全整治，重点对全县白酒、粮食加工品、桶装饮用水、茶叶、蔬菜制品、糕点、豆制品等7个品种进行抽检。年内，抽样送检32批次，不合格2批次，合格率93.75%，不合格的样品已经依法立案查处。2016年，出动执法人员263人（次），检（巡）查食品生产企业及食品加工小作坊160户（次）。

严格流通环节食品安全监管。坚持日常监管和专项相结合，以校园及周边、食品批发店、土特产店、农贸市场为重点区域，深入开展“越南酸奶”专项检查、防控走私冷冻肉品流入市场综合整治行动、开展查处食品无证生产经营行为等专项整治。2016年，检查食品经营户2636家（次），责令改正81家。

严格餐饮服务环节的食品安全监管。2016年，西林县食品药品监督管理局将餐饮服务环节食品安全监管列为全局工作的重中之重，不断增强餐饮服务食品安全监管能力，加大对学校食堂和社会餐饮服务单位的日常监督检查力度，全县餐饮食品安全状况总体稳定向好。全年检查学校食堂和社会餐饮服务单位796家（次），责令改正75家。

【药品流通安全监管】 严格药品流通环节监管。坚持日常监管与专项整治相结合，开展药品流通领域质量安全隐患大检查大整治、疫苗质量专项检查、非法制售和使用注射用透明质酸钠、含特殊药品复方制剂经营管理专项整治检查及药店GSP跟踪检查等专项检查。全年出动执法人员45人（次），检查药品经营企业78家（次），检查医疗机构30家（次），完成药品质量抽验14批次（合格率100%），切实保证公众用药安全有效。

【医疗器械监管】 2016年，组织开展整治全县医疗器械流通领域经营行为工作、医疗器械经营使用环节、无菌和植入类医疗器械质量安全管理等专项整治，对辖区内医疗器械经营单位和医疗机构进行监督检查。全年出动执法人员51人（次），检查医疗器械经营使用单位120家（次），检查覆盖面100%。

【保健食品及化妆品监管】 全年检查保健食品店101家（次）、化妆品店91家（次）。

【食品药品安全治理整顿】 2016年，开展节前食品安全、夏季食品安全、学校食堂及周边、打击无证经营等专项整治行动，严厉打击“四品一械”各个领域的违法犯罪行为，促进全县食品药品市场净化。全年检查食品药品生产经营单位3778家次，抽检食品药品1915批次，责令改正156家，扣押并销毁不合格食品202.5公斤，立案查处29件，没收违法所得399.89元，涉案货值金额12203.99元，罚没款金额71765.39元。

【突发事件处置和应急能力建设】 完善食品药品安全应急管理制度和应急预案体系。建立包括应急值班制度、检查制度在内的应急管理制度体系，严格执行突发事件信息报告制度。强化应急队伍建设。为保证应急情况发生时，救援及时，将全县划分为“4个片区、8大块、97个网格”并成立“网格化”管理领导小组，全县97个行政村（社区）聘请97名食品药品安全协管员。配备应急装备。2016年，收到自治区配备的移动执法终端13套，实现食品药品电子监管模式，进一步提高应急管理水平。落实专人负责县食品安全办的日常工作，明确县食安委成员单位食品安全工作职责，建立打击危害食品安全犯罪协作机制。加强应急协作联动，强化同农业、畜牧、卫生、公安等部门间的应急协同机制，提升食品突发事件应急处置能力。组织县食安委成员单位开展中高考、钓鱼大赛、沙糖桔节等重大活动期间的食品安全保障活动，以及春节期间食品安全、水产品和肉品质量、农村食品安全等专项整治行动，切实保障全县食品安全。

【食品药品社会共治】 2016年，组织举办学校（幼儿园）食堂、餐饮服务单位食品安全培训班、食品销售业主、药械等食药安全培训班12期，培训人员1206人。通过“12331”投诉举报日、食品安全宣传周、“全国安全用药月”及重大节日多广泛开展食品药品宣传活动，积极宣传法律法规和食品药品安全知识，发放宣传资料55850份，接受群众现场咨询869人（次），受理群众投诉举报18次。

2016年6月13日副县长农海燕（左一）参加食品安全宣传周活动现场

撰稿：罗明东
编辑：秦应海
何建泽

◎ 安全生产监管

【机构人员】 西林县安全生产监督管理局同时承担安全生产委员会办公室工作，实行一套人马，两张牌子。2016年，核定编制13人，在岗11人，设局长1人，副局长2人，纪检组长1人。局内设有办公室、非煤矿山股、危化烟爆股、职业卫生股、政策法规股和安全生产执法大队。

【安全监察】 2016年，开展安全生产监督检查1476次，其中金属与非金属矿山158次，危险化学品72次，烟花爆竹1146次，工贸企业100次，涉及企业单位224家，行政处罚4次，处罚罚款3.10万元，实际收缴罚款3.10万元，收缴非法烟花爆竹1800余件，案值20多万元。查处一般隐患199处，完成整改199处。

实施安全生产质量标准化建设企业22家，达标22家。全县涉及职业危害健康企业有79家，其中非煤矿山4家、化工制造1家、石材加工8家、冶金制造1家、其他65家。71家企业已完成职业危害项目申报。9月，辖区内非煤矿山、危险化学品、商贸等行业接触职业危害因素的企业52家550人参加职业健康体检。对存在职业卫生危害的企业检查96次，下达整改通知书18份。完成职业危害因素监测27家。

【安全生产专项整顿】 2016年，列入市级重大安全生事故隐患监督整治的有1项，即县道弄汪至果木屯道路交通安全事故隐患整治项目，完成整改报市安委办销号。列为县级重大安全事故隐患监督整治的有3项：期中有县食品加工厂滑坡、县八达镇新北路道路坍塌、环城东路道路塌方。三项县级重大安全隐患项目全部整改完毕。

【事故及处理】 2016年，发生各类伤亡事故5起，同比上升400%；死亡4人，同比上升300%；受伤人数1人。其中地采探矿项目事故1起，伤1人；电力施工事故1起，死1人；游泳场经营性事故1起，死亡1人；足别瑶族苗族乡发生电力施工事故1起，死1人；触电事故1起，死亡1人。其他行业领域未发生人员伤亡的生产安全事故。

重大节日、活动期间，全县保持安全稳定，没有发生恶性生产事故。全年立案4件，结案4件，罚款上缴国库20万元。

【许可证核发】 2016年，按规定核发、换发危险化学品经营许可证5本；发烟花爆竹经营许可证102本；本年度没有核发、换发非煤矿山安全生产许可证。

【安全培训】 2016年，督促企业按照《国家安委会关于进一步加强安全培训工作的决定》开展教育培训工作，强化对企业领导、安全监管人员、特种作业人员的培训，举办2期培训班，培训工矿商贸行业的企业负责人、安全管理、特种作业人员395人。

【安全奖励】 对乡镇和县直单位实行安全生产年度目标考核办法，建立严格的安全生产工作奖惩机制，对2016年安全生产工作成绩突出的20个单位、45名个人给予了表彰奖励。

撰稿：苏　斐
编辑：秦应海
何建泽

财政　税收

◎财　政

【机构人员】　2016年，西林县财政局核定行政编制19人，事业编制33人，设局长1名，副局长3名。内设办公室（行政审批办公室、人事教育股）、预算股、国库股、行政政法股、教科文股、经济建设股、社会保障股（债务管理股）、农业股（农村财政财务管理股）、企业股（国有资产管理办公室）、综合股（票据管理中心、会计管理办公室）、政府采购管理办公室、财政监督检查股（纪检监察室、法规税政股）、乡镇财政管理股。

设8个二级机构：财政投资评审中心（9人）、公务用车定编管理办公室（1人）、乡镇财政管理办公室（5人）、农业综合开发办公室（2人）、民族经济发展资金管理所（2人）、国有资产管理办公室（2人）、财政稽查办公室（2人）、财政国库支付中心（6人）。下辖8个乡镇财政所。

【财政收入】　2016年，全县财政总收入16.82亿元，其中：地方公共财政预算收入0.96亿元，转移性收入15.85亿元（包括上级补助收入14.53亿元，上年结余收入0.35亿元，调入资金59万元，政府债券转贷收入0.93亿元，调入预算稳定调节基金383万元）。

地方公共财政预算收入完成0.96亿元：税收收入完成0.64亿元，同比增收11万元，增长2%。其中：增值税0.21亿元，增长63.28%；营业税0.11亿元，下降59.62%；企业所得税738万元，下降12.97%；个人所得税320万元，增长162.30%；资源税20万元，下降53.85%；城市维护建设税499万元，下降6.73%；房产税110万元，增长7.84%；印花税76万元，增长33.33%；城镇土地使用税43万元，下降45.57%；土地增值税236万元，下降77.46%；车船税98万元，增长13.95%；契税956万元，增长785.19%；烟叶税96万元，增长68.42%。非税收入完成0.33亿元，增长0.33%。其中:专项收入完成891万元，增长19.92%；行政事业性收费收入完成0.18亿元，下降6.08%；罚没收入完成131万元，下降64.31%；国有资源（资产）有偿使用收入387万元，下降19.88%。

【财政支出】　2016年，财政总支出16.49亿元，其中：公共财政预算支出16.12亿元，上解上级支出313万元，债务还本支出0.22亿元，补充稳定调节基金0.19亿元。收支相抵，年终滚存结余0.33亿元（均为专款结转）。公共财政预算支出完成年度预算的98.05%，增长9.58%。主要项目的完成情况是：一般公共服务支出1.58亿元，下降0.11%；国防支出176万元，增长33.33%；公共安全支出0.74亿元，增长24.42%；教育支出3.00亿元，下降16.01%；科学技术支出0.22亿元，增长0.09%；文化体育与传媒支出0.34亿元，增长44.41%；社会保障和就业支出16360万元，增长16.67%；医疗卫生与计划生育支出1.60亿元，下降4.78%；节能环保支出0.61亿元，下降22.25%；城乡社区支出1.01亿元，增长2倍多；农林水支出3.46亿元，增长11.68%；交通运输支出1.05亿元，增长1倍多；资源勘探电力信息支出218

万元，下降21.86%；商业服务业支出559万元，下降50.79%；国土海洋气象支出1170万元，下降30%；住房保障支出5802万元，下降1.39%；粮油物资储备支出580万元，增长51.04%；其他支出25万元；债务付息支出688万元，增长2倍多；债务发行费支出9万元，下降40%。

【民生事业保障】 2016年，全县公共财政预算支出中，农林水、教育、科技、医疗卫生、社会就业、文化体育、节能环保、住房保障等方面民生支出或与民生密切相关的支出投入13.67亿元，比上年增加1.21亿元，增长9.67%，占公共财政预算支出总额的比例高达84.85%，比上年提高了0.07个百分点，提高基本公共服务均等化水平。

支持农村中小学校舍建设和校舍维修，落实义务教育“两免一补”政策；资助农村义务教育家庭困难寄宿生生活费；实施农村义务教育阶段学生营养改善计划；推进农村义务教育薄弱学校改造计划；发展职业教育，加快职业教育项目建设；建设实验小学等。

全年筹措拨付就业专项补助资金356.50万元，支持公益性岗位援助、陪训基地和高校毕业生创业平台建设等，享受职业培训补贴人数850人，惠及城镇登记失业人员和进城务工农村劳动者逾850人（次）；财政投入0.62亿元支持基本医疗保障政策，新型农村合作医疗保险和城镇居民医疗保险的财政补助水平逐年提高，由2010年的年人均150元提高到2016年的年人均540元；全县年末基本医疗保险参保人数144866人。实现城乡居民社会养老保险制度全覆盖，全县城乡居民社会养老保险参保人数14802人，财政对城乡居民养老保险的补助支出0.19亿元，养老保障水平进一步提高。

全年投入1963万元用于基层医疗卫生机构基本药物综合改革和基层医疗队伍建设；投入0.20亿元完善公共卫生经费保障机制，其中安排基本公共卫生服务专项资金621万元，免费向城乡居民提供13类国家基本公共卫生服务；安排重大公共卫生专项资金430万元，专项用于艾滋病防治、结核病防治等疾病预防控制类、卫生人员培养类、妇幼健康服务类、食品安全保障类、监督管理类等重大公共卫生项目支出。

支持保障性住房体系建设，加快推进棚户区和农村危房改造等保障性安居工程建设。2016年全县开展建设棚户区改造302户投入1057万元，实施农村危房改造1070户投入2669.57万元。

加大扶贫资金投入。通过整合资源，投入到农村基础设施建设、扶贫培训、产业化开发、美丽乡村、扶贫对象精准识别和建档立卡以及扶贫生态移民等扶贫领域。2016年，通过各种渠道筹措资金5.75亿元。

西林县财政局组织干部进村入户开展精准扶贫工作

落实强农惠农政策。2016年，全县累计发放各类财政性农业补贴0.50亿元，其中：农业支持保护补贴0.20亿元、农机具购置补贴110万元、退耕还林粮食和现金补助933万元、森林生态效益补偿基金0.10亿元、林业和渔业生产用油补贴77.83万元、大中型水库库区移民后扶资金813万元。

【政府采购】 2016年，西林县财政局根据《中华人民共和国政府采购法》《政府采购非招标采购方式管理办法》《西林县政府投资项目建设管理办法（试行）》（西政发〔2014〕23号）文件规定，认真审核、批复部门政府采购计划申报表，并负责财政性资金的政府采购招投标文件审核、开标监督、招投（中）标文件上网公告及政府采购资金报表上报等相关事宜。

全年审批采购资金数4793笔3.38亿元，其中:货物类2885笔0.44亿元；工程服务类1908笔2.94亿元。全年采购资金数3.05亿元，其中:货物类0.40亿元；工程服务类2.65亿元，节约资金0.34亿元，节约率9.91%，节约资金，达到政府采购的预期效果。

◎ 乡（镇）财政所概况

2005年6月，撤并乡镇后乡（镇）财政所由原来的11个减为8个。乡（镇）财政所属县财政局的二级机构，单位性质为事业单位。近年来，随着财政体制改革的不断深入，乡（镇）财政所工作职能不断发生变化，所负责的工作由原来的征收管理工作发展到组织财政收入和管理财政支出；贯彻落实惠农政策，完善财政补贴农民资金“一卡通”发放机制，确保农业支持保护补贴资金、退耕还林粮食补助资金、农村危房改造补助资金等发放到农民群众手中；“一事一议”公益事业财政奖补资金；贯彻执行财经政策、加强财政资金项目监督管理；办理村级财务会计委托代理；组织村级公益事业建设，参与农村综合改革等。

2016年，全县8个乡（镇）财政所有工作人员22人，其中：八达镇财政所3人，古障镇财政所3人，马蚌镇财政所3人，普合苗族乡财政所3人，那劳镇财政所3人，足别瑶族苗族乡财政所3人，西平乡财政所1人，那佐苗族乡财政所3人。

撰稿：何　婵
编辑：秦应海
何建泽

◎ 国家税务

【机构人员】 2016年，西林县国税局内设有办公室、人事教育股、监察室、征收管理股、机关党办、政策法规股、收入核算股、纳税服务股、信息中心、稽查局、财务管理股11个直属机构和八达税务分局、古障税务所、马蚌税务所、那劳税务所4个派出机构。全局设有局机关、八达税务分局两个党支部。全局共有50人，在职干部34人，退休人员16人。

【税收收入】 2016年，各项国税收入0.92亿元，同比去年同期增收0.32亿元，增幅53.29%，国税收入增幅与全市国税系统平均水平持平。

【税收征管】 依托金税三期系统，以决策二包、税源后续管理平台为抓手，提高税源精细化管理程度。通过区局业务运维系统上报运维单7份。强化风险应对工作。2016年，接收上级下达的风险应对任务25个，其中纳税评估7户，税务核查18户。自行发起的风险应对任务5条，同时，加强风险应对复核，29户均全部按规定在风险管理系统中流转、上报、反馈结果，进一步提高风险应对工作质量。纳税评估风险应对复核命中率100%，风险提醒类数据核查复核命中率100%，补缴入库增值税款29.45亿元，企业所得税税款3726.38元，滞纳金66765.13元。

2016年3月15日，西林县国家税务局在七楼会议室召开国地税征管体制改革会

【税收服务】 2016年，认真落实“便民办税春风行动“工作部署，按上级布置推广“互联网+办税服务”，推广“办税便利通”上网申报平台，推广办税软件。开展便民办税实务，优化办税流程。积极推进《全国县级税务机关纳税服务规范》。继续实施“免填单”“首问责任制”“一次性告知”等工作制度。扩大通办服务，全面推行全市通办，落实限时办结、预约办理、延时服务、24小时自助办税制度，落实合理简并纳税人申报缴税次数。做好纳税人权益保护工作、涉税中介机构服务和监管工作，开展涉税中介活动情况自查工作、纳税人满意度调查迎检工作，入户走访、发放宣传资料498户次。落实《深化国税、地税征管体制改革方案》，整合服务资源，成立西林县国地税联合办税服务厅，不断深化国地税合作。

2016年4月14日，西林县国家税务和地税局联合开展全国税收宣传月活动

【政策落实】 全面落实小微企业税收各项优惠政策。2016年，享受小微企业免征增值税优惠政策6258户次，免征增值税584.77万元；享受小微企业所得税减免19户次，减免所得税10.53万元，优惠惠及率达100%。

【简政放权】 实施税收执法权力清单制度，按要求做好理清税收执法权力事项、编制税收执法流程工作，主动接受社会监督。根据上级局部署开展行政审批改革，2016年已按相关文件要求取消部分行政审批事项和所有非行政许可审批事项，仅保留4项税务行政许可事项。2016年10月1日起，落实国家关于工商营业执照、组织机构代码证、税务登记证、社会保险登记证、统计登记证、企业印章准刻证“六证合一”工作部署，与工商、地税等部门共同研究制定措施方案，并派出工作人员进驻政务服务中心，正式启动“六证合一，一照一码”登记模式。2016年12月1日与全国同步，对个体工商户实行营业执照和税务登记证“两证整合”。联合地税部门开展纳税人信用等级评价工作，评定118户纳税人，A级纳税人12户，B级纳税人90户，C级纳税人10户，D级纳税人6户，进行公示，倡导诚实守信的社会氛围。

撰稿：宁涓伶
编辑：秦应海
何建泽

◎ 地方税务

【机构人员】 西林县地方税务局2016年，设有办公室、监察室、收入规划核算和财务管理股、人事股、征管和科技发展股、征收服务股、法规税政股、党群办等7个内设机构，下辖八达税务分局、古障税务分局、西平税务分局、那佐税务分局、那劳税务分局。2016年，地方税务局配置局长1名，副局长2名，纪检组长1名。全局在职在编公务员31人、后勤聘用控制数4人（工人编制），助征员5名，其中：研究生1人，本科学历21人，大专学历15人，中专3人。

2016年，西林县地税局创建优质服务窗口

【征收税种】 2016年5月1日起在全国范围内全面推行营改增试点。营改增前，西林县地方税务局负责全县8个乡（镇）辖区内营业税、企业所得税、个人所得税、资源税、城镇土地使用税、城市维护建设税、印花税、土地增值税、房产税、车船税、烟叶税、耕地占用税、契税等13个税种和教育费附加、地方教育费附加、文化事业建设费、工会经费、残疾人就业保障金等7项基金和收费代征工作。营改增后，营业税在全国范围内取消，西林县地方税务局负责的其余12个税种和7项基金和收费代征工作保持不变，增加纳税人销售其取得的不动产和其他个人出租不动产的代征税款和代开增值税发票工作。

【税收收入】 2016年，组织地税收入6851万元，比上年同期减收0.17亿元，下降20.3%，剔除“营改增”因素后同口径增长7.8%，其中组织县政府考核收入0.66亿元，完成县政府调整年度收入目标0.63亿元的105.48%，超收345万元，超额完成县政府下达的组织收入任务目标。

【税收征管】 2016年，税收征管工作主要有：加强国地税合作规范化管理。共建西林县国地税联合办税服务厅，全面提升合作水平，实现“进一家门，办两家事”的联合办税模式。纳税人进一家厅就可以办两家事，缩短办税时间，提高工作效率。5～12月，联合办税服务厅完成国地税联办事项4655件，为纳税人节省1/4的办理时间，降低纳税人办税成本20%以上。

开展“便民办税春风行动”。推行预约办税、延时服务、“二维码”一次性告知、自助办税、财税库银联网缴税等便民服务方式，努力为纳税人提供办税便利化，全年为纳税人提供免费复印涉税资料1万余份，通过“免填单”服务办理涉税事项2926件，涉税事项办理效率比原来提高将近30%。

征管体制改革。加强国地税合作，助推征管体制改革。年内召开国地税联席会议2次，联合开展税收宣传活动2次，联合实施税收发票专项检查1次，联合建立国地税办税大厅，实现国、地税联合办税深度融合。双方联合办理设立、变更、注销登记359户，针对代开发票环节征收地方税费104万元。

“营改增”改革。先后将694户营业税纳税人、涉及1380万元税款的494条征管基础信息资料移交给国税部门；积极做好代征二手房交易、个人出租不动产增值税和代开增值税发票“双代”工作，实现新旧税制平稳转换。5～12月代征增值税8万元，免征增值税65万元。

资源税改革。1～12月资源税入库20万元，比去年同期增长54.67%，确保7月1日资源税全面改革在西林顺利落实落地。

商事制度改革。积极推进“三证合一、一照一码”登记制度改革，截止2016年12月5日，办理“三证合一”登记192户。同时，积极做好个体工商户“两证整合”准备工作，确保12月1日起顺利实施。

综合治税管理。主动加强与国土、住建、交通、交警等部门沟通协作，强化信息交流，做好数据对接。年内各综治成员单位提供2509条涉税信息，共征收入库税收收入0.11亿元，其中车船使用税97.6万元，契税956.7万元，资源税20万元。

税收风险管理。加快《金税三期管理决策2包（风险管理系统）》的推广应用，及时成立风险管理系统推广领导小组，制定推广实施方案，落实好推广各项工作。年内，办理由市局风险办扎口推送税务局二批42户企业税收风险管理数据，补缴入库税款3万元。

税务信息共享。国、地税双方立足金三系统，不断强化信息共享，按季将共管户定额、税户登记、窗口开票、税款征收等信息及时互相通报，有效减少国、地税之间信息数据传递环节和时间，将信息化成果转化成实实在在的税收工作成果。2016年，委托国税部门代征地方税费104万元。

2016年4月7日，国地税合作联席工作会议召开

【税收优惠】 2016年，减免地方各税851万元，是2015年同期减免税额的1倍，占地税收入的12.42%，为纳税人充分释放政策红利，有效助推供给侧结构性改革。落实社会民生领域优惠政策，减免税款629万元，改善民生；落实小微企业优惠政策，减免税款71万元，大力扶持小微企业；落实涉农优惠政策，减免税款83万元，促进三农发展；落实金融资本市场优惠政策，减免税款29万元，支持金融资本市场；落实鼓励高新技术、节能环保、文化教育等其他税收优惠政策，减免税款39万元，促进大众创业。

撰稿：班　雯
编辑：秦应海
何建泽

文化　广电　旅游

◎ 文化体育

【机构人员】 2016年，西林县文化和体育广电局设局长、党组书记1人，纪检组长1人，副局长4人。内设机构有办公室、文化股、体育股、宣传管理股、科技事业股，实有在职在编29人，设编制数32人；二级机构单位有：业余体校、图书馆、博物馆、文化馆、文化市场综合执法大队、句町文化保护传承展示中心、广播电视台。全局行政编7个；参公编32个，在编26人；事业编55个，在编52人；全局有干部职工124人，其中政府聘用、局自聘人员39人。其中，县业余体校在职6人，在编3人，设校长1人，教练员3名；县图书馆在职9人，在编4人，设馆长1人，副馆长2人；县博物馆在职23人，在编8人，设馆长1人，副馆长2人；县文化馆在职6人，在编9人，设馆长1人，副馆长2人；文化市场综合执法大队（副科级参公单位）在职6人，在编7人，设大队长1人，副大队长2人，执法员3人；句町文化保护传承展示中心有职工30人，在编人员18人，设主任1人，副主任3人，政治指导员1人；广播电视台在职23人，在编2人，设台长1人，副台长1人。

【群众文化】 2016年，全县举办文化活动70场（次），其中大型专题活动10场；下乡演出24场；群众性文化活动35场；对外交流5场；协助县直、乡镇各单位、学校演出17场，观众达93000人（次）；下乡辅导8次；荣获区级三等奖1个、优秀组织奖1个。

春节群众文化活动。县城春节活动有篮球赛、足球赛、拔河赛社区专场演出、卡拉OK比赛、广场舞比赛、民族山歌比赛以及元宵节广场游园活动，参加整个春节文体活动干部群众达5500余人，观众达万人之多，为广大群众欢度春节营造浓厚的节日氛围。

乡镇春节活动有那劳镇那劳村壮戏专场演出、歌舞文艺联欢晚会和那劳那佐壮剧团交流文艺晚会，西平乡木顶村春节文艺联欢晚会和元宵节山歌王演唱会活动。全县92个村举行形式不同的春节文体活动，70个村举行文艺演出活动和游园活动，35个村开展体育比赛活动。

大型专题活动。2016年，县文化和体育广电局举办、参加、协助各类大型专题活动。3月有“三八”妇女节广场舞比赛。4月有西平乡木顶村第二届“三月三”歌节和民俗民间文化展演活动、那劳村祭将军民俗文化活动、马蚌镇“三月三”歌节文化活动、普驮村举行祭祀“句町神坛”活动。6月有“六一”儿童节庆祝活动。7月有庆祝中国共产党成立95周年歌咏比赛活动。9月有“千团万场”群众文艺汇演器乐类比赛专场，有8支器乐队，100多个演职员参加比赛，观众约1000多人次。11月有“千团万场”群众文艺汇演戏剧曲艺类比赛专场，有各乡镇8个参赛队，观众约1500人（次）。12月有桂、滇、黔三省（区）句町故地民族山歌大赛和桂、滇两省（区）七县地方戏剧展演共演两场活动，其中山歌比赛有37个参赛队，75名歌手，戏剧展演有7个剧团，175名演员参加，观众达2万人次，参演人数250人。

文化交流，文化演出比赛。参加百色市桂西北五县2016年春节联欢晚会巡回演出、2016年中国—东盟中秋节国际联欢文艺晚会节目表演、百色市第四届专业文艺汇演。

【群众体育活动】 2016年，春节期间开展《欢乐城和谐壮乡》体育活动，有篮球、足球、气排球、乒乓球、羽毛球、三人板鞋比赛、拔河比赛以及元宵节广场游园活动，参加人数达2000人（次）。

年内组织第二届西林县全民健身运动会气排球联赛；第二届西林县全民健身运动会羽毛球比赛；第八届广西体育节西林分会场开幕式暨2016年“全民健身 健康广西”百万群众健身走（跑）西林县分会场活动，包括县四家班子领导在内的2000多人参加健身走（跑）活动，当天完成“澳瑞特杯”广西跳绳王民间争霸赛。

2016年8月，西林县2016年广西万名全民健身志愿者服务百县千乡活动工作总结会合影

县妇联开展“清廉巾帼舞动人生”庆三八妇女节舞蹈比赛；县政协开展第二届“联谊杯”气排球赛；县民族局开展庆祝壮族三月三“民族团结杯”篮球赛；县总工会开展庆祝五一国际劳动节气排球赛、县政协开展“同心杯”篮球赛；金融系统开展2016年金融工会联合会杯篮球赛；县委县政府举办广西西林第五届“驮娘江杯”野外钓鱼大赛等。

组队参加在平果举行的百色市第四届运动会，成年组参加篮球、乒乓球、气排球、羽毛球、足球、网球、游泳、田径8个项目，获得1金6银3铜共10枚奖牌；少年组参加篮球、足球、乒乓球、羽毛球、田径、举重、摔跤、游泳、跆拳道、拳击10个项目，获得38金54银38铜共130枚奖牌。西林县体育代表团总奖牌数为39金60银41铜共140枚，总分排行榜排在百色市第二名，同时获“体育道德风尚奖代表团”“县市区组竞技体育成绩突出奖单位”“县市区组竞技体育成绩优秀奖单位”等称号。

组队参加自治区（百色赛区）的比赛，第四届广西城乡万人气排球赛（百色赛区），男女队均获得第六名；2016年广西“拔群杯”篮球赛（百色赛区），女队顺利进入决赛。

年内完成群众体育星火燎原工程西林县国民体质监测360名监测对象的任务。

【体育设施】 2016年，完成1个全民健身路径工程、2个贫困村村级篮球场建设、2个中央集中彩票公益金乡镇农民体育健身工程的建设任务，西林县全民健身中心已立项，进入设计、地勘、可研等阶段。

【文化市场管理】 2016年，西林县文化市场综合执法大队加大对文化市场经营场所的监督检查力度，查处文化娱乐场所接纳未成年人、超时经营，无证经营或出租、零售非法音像制品等违法违规行为，规范文化市场秩序，确保全县文化市场繁荣稳定。

全年出动稽查人员1123人（次），检查各类文化经营单位349家次，其中检查歌舞娱乐场所57家次，出动稽查员221人（次）；检查网吧248家次，出动稽查员905人次；检查书报刊26家次，出动稽查人员97人（次）；检查音像制品经营单位33家次，出动稽查人员114人（次）；检查电子游戏室24家次，出动稽查员85人（次）；检查印刷业61家次，出动稽查员207人（次）；收缴盗版光碟204张，盗版图书143册，受理举报案件3件，全程监控营业性演出1场，责令改正6家次，警告6家次，办结案件9件，其中查处违规经营网吧4家次，罚款金额10600元；当场处罚违规音像店、打字复印店等6家（都是简易案件），立案调查违规经营网吧2家次。

【图书阅览】 2016年，开放阅览室、外借处、电子阅览室等3个服务窗口，年内接待读者65680人（次），外借阅人次40500人（次），馆外借阅书刊文献63360册次。

加强图书管理。分类新旧书、编目，登记，及时上架流通3482册，新订阅读者喜闻乐见的杂志报刊882种（份）。

做好免费开放工作。举办读者活动9次，有“喜气洋洋过大年”春节游园活动、“阅读，在图书馆！”经典美文诵读比赛、“4·23世界读书日”“快乐书童·争当故事大王”讲故事比赛、小小图书管理员、文化信息共享工程知网“畅知阅读”有奖体验月等，参加活动读者达4050人（次）。

开展送书下乡活动。向那劳镇群众和那劳文学社会赠送价值3000多元的各类图书，拓宽农民发家致富的渠道，满足农民群众的精神文化需求，为解决农民“买书难、借书难、看书难”的问题起到积极的推动作用。做好文化信息资源共享工程，发挥县级中心服务平台作用。

2016年，县图书馆到那劳镇开展文化下乡活动

【文物工作】 做好文物陈列厅的文物布展工作。全年接待中央、省（区）级领导、社会团体、区内外专家、学者、学生和人民群众达10万余人，其中青少年3万余人，充分地调动和利用西林县文物资源，为地方经济、文化繁荣发展应有的作用。

为庆祝第40个国际博物馆日，围绕“博物馆与文化景观”为主题，在县城及各乡镇开展“5.18国际博物馆日”宣传活动，制作12板宣传板报，录制《文物文物保护法》录音，拉挂文物保护宣传横额24幅，发放《文物保护法》《文物保护宣传知识问答》等宣传单5000份，句町历史文物陈列宣传册子1500份，接受咨询3000人（次）。同时，举办小学生“走进博物馆”主题活动及“我记忆中的铜棺、铜鼓”主题绘画活动，参与学生120名。

2016年5月18日，国际博物馆日学生参观博物馆

继续开展可移动文物普查工作。第一次全国可移动文物普查工作进入第三阶段，已完成数据录入上报工作100%，可移动文物藏品总数456件／套（实际件数2014件），其中已定级文物数为：一级1件，二级4件，三级171件／套。

场馆建设。西林县句町遗址博物馆项目总投资519万元，进入招投标阶段，待招投标结束后即开工建设。西林岑氏家族建筑群维修。一期工程总投资179.99万元，已经完成宫保府、荣禄第、南阳书院、增寿亭、将军庙、岑氏宗祠、思子楼、北闸门、孝子孝女坊等9座建筑的维修；二期工程总投资2480971元，开始维修寨墙，土司府完成主体维修，正在维修左厢房部分，完成木构架。开展西林岑氏家族建筑群历史名人生活起居用品征集及场景还原。项目完成7个单体建筑家具摆设恢复工作，楹联、匾额正在复制中，庭院环境整治及绿化工作也在有序开展。西林岑氏家族建筑群防雷工程和安防工程已完成方案制作和经费预算工作，安防工程方案已进入自治区、国务院评审阶段。

【图书发行管理】 西林县新华书店位于西林县八达镇新兴路016号，占地面积1357.99平方米，是自治区直属正科级单位，归口西林县县委宣传部。各项经济指标由百色市新华书店下达。机构设置有：经理室、财务室、办公室、业务室、教材发行股、仓库、门市部等科室。2016年有干部职工11人，其中本科生6人，专科生1人，高级出版物发行员2人，中级出版物发行员1人，初级出版物发行员1人，门市部是对外销售的窗口，营业面积有236.8平方米，其中文体、办公百货用品营业面积为68.5平方米主要经营国内版常备图书、报纸、期刊、外文图书、大中小学和学前教材、教辅图书、电子出版物、文体、办公百货用品等商品。

2016年，完成销售收入612.52万元，中小学课本销售收入313.17万元，一般图书销售收入264.16万元，福利彩票销售收入157.38万元。

撰稿：曹　君
黄际莒
编辑：秦应海
何建泽

◎ 广播电视宣传

2016年，县广播电视《西林新闻》栏目播出稿件1378条，制作播出展现西林发展的电视专题片12篇。对外宣传报道工作继续保持良好的发稿势头，在百色电视台《百色新闻》栏目播出西林题材新闻127篇；百色电视台《县区新闻联播》栏目播出西林稿件586篇；广西电视台《广西新闻》采用稿件4篇。完成摄录制作《西林专项整治懒政怠政宣传片》《安全发展在西林》等专题片12片。完成摄录制作《最美之旅畅游万峰湖》《出门踏青 感受青春气息》《走进瑶寨 探秘古老民俗度戒》《寻找春天美食之春笋》等电视专题片46片，并在句町故事栏目播出。

安全播出工作。严格按照上级目标要求，台领导岗前带班、靠前指挥，重要岗位值班巡查人员各尽其责、严密防范，形成层层落实责任的工作机制。在全国、全区“两会”期间及国庆节等重要保障期前，组织开展全台广播电视安全播出大检查，特别是对广播电视供配电系统、技术防范系统和制度落实进行全面检查，对存在的问题和薄弱环节进行整改，圆满完成各个重点时段和各个重大节假日的安全播出任务。

撰稿：农显慧
罗朝胭
编辑：秦应海
何建泽

◎ 旅　游

【机构人员】 2016年，西林县旅游局有在职干部职工6人，局领导班子中局长1名、副局长1名，一般干部职工4人。

【旅游资源】 自然风光资源。驮娘江发源于云南省广南县，流经广西西林县八达、普合、那劳和田林县的定安、八渡、八桂等乡镇后与西洋江汇合流入右江，是珠江源头重要水系之一。驮娘江在西林境内全长122千米，蜿蜒曲折，其两岸高山连绵起伏，原生森林茂密，竹林葱茏，野蕉婆娑倒映摇曳，生态环境保护较为完好。

王子山 位于西林西南部古障镇，距离县城88千米，其主峰海拔高1883.3米，为西林最高峰。王子山属省级雉类保护区，山脉呈南北走向，东面是古树参天、葱郁荫翳的原始森林；西面是山坡陡峻、沟壑纵横的灌木草场，使整个王子山呈现出两个截然不同的自然世界。王子山昼夜温差大，常年云雾缭绕，直射阳光少，湿度大，年平均气温16℃，极为适宜茶叶的生长，因此群众在山脚及山腰部份种植有大面积茶叶，有134公顷茶园通过欧盟有机茶认证机构（ECOCERT SA）认证，获得有机茶生产基地的称号。

万峰湖 地于云贵高原向广西丘陵过度的南盘江大裂谷断层地带，由国家重点工程——天生桥一级电站大坝将南盘江拦截而成。万峰湖面积800平方千米，西林境内面积约30平方千米，湖中有200多个全岛和半岛，分隔出大小几十处港湾与内湖，湖形奇特多姿，形如飞禽走兽的大小岛屿星罗棋布，山中湖，湖中山、山水相映，烟波浩淼。万峰湖西林段属万峰湖库尾地带，因有南盘江活水注入，野生鱼类繁多，是难得的野钓天堂，每年都吸引大量桂、滇、黔三省野钓爱好者至此休闲垂钓，湖区沿岸群众因势利导，农家乐、吃住一体的钓鱼浮房、运输等各种野钓相关服务设施应运而生，野钓产业初具规模。

九龙山 位于西林县足别瑶族苗族乡央龙村，主峰海拔1600多米，一年四季云雾缭绕，气候湿润，雨量充沛，自然植被保护完好，植物种类繁多，原生植被完整，有国家一级保护物种、被植物活化石之称的桫椤2000多株。九龙山内主要景观有桫椤林、竹海、九龙抱蛋、九龙溪、有机茶园、古茶树等。景区内生活着瑶族、苗族等少数民族，保持着传统的生活、劳作方式，现有集茶叶种植、加工、生态农业观光、采摘、制茶体验于一体的有机茶园，是个旅游资源富集、资源类型多样的综合性景区。

周邦洞群 位于县城八达镇东北面6千米的周邦村，石山巍峨，溶洞遍布。大小溶洞有30多个，大小各异，有耕牛洞、仙人洞、三角洞、颜家洞、黄云洞等。其中以北面与隆林县境相连的耕牛洞为最大，洞景最壮观，洞口小，洞内深广，借洞顶“天窗”透入光线，可见洞内的石柱、石河，潺潺流动。而仙人洞内有个圆拱形“大厅”，洞壁刻有许多历代名人诗作，供游客欣赏。

坝弄石林 位于普合苗族乡岩腊村，距县城12千米。盆地中间的一条小溪，自北面隆林县境的峡谷中流入，而后向南注入一个“无底洞”——坝弄洞。坝弄洞的三面平坦，绿草如茵，一面靠着高峻的山峰——望月山，翠竹掩映。坝子宽约34公顷，四面环山。离“无底洞”不远有一片石林，高高耸立着的石柱形态各异。其中有一对神奇的“恋人石”，各高8米，相距7米，活象一对情人相依相偎，石缝中生长着奇花异草。石林边有一棵石榕树，树枝上蔓藤牵绕，鸟雀集会于树上。

八行水源洞 位于县城东北面16千米的普合苗族乡境内普驮村。从驮娘江的八行河口，沿河逆水上行2千米，有一座大山，山下的石缝中有十多股地下水喷涌而出，这就是八行河的水源。在水源头左上方约200米的山腰，有一个大岩洞，从洞口走下去十多米，便听到叮咚的水声，用强光手电照去，可见一大水塘，水塘侧上方冲下一股泉水。水大时，其声轰隆，水雾徐徐上升。在水洞口的侧面又有一个往上延伸的大洞，当地人称为“通天洞”。顺着“通天洞”往上爬，左拐右弯，过“天桥”，爬“天梯”，石钟乳、石笋、石柱、石幔、姿态各异，尉为奇观。

历史文化资源。岑氏土司古建筑群（宫保府）景区。始建于明成化元年（1465年），是那劳岑氏一门三总督的故居（岑毓英，兵部尚书、云贵总督、两广总督；其弟岑毓宝代理云贵总督；其子岑春煊历任两广总督、邮传部尚、四川总督）。那劳岑氏土司古建筑群景区是桂西、桂西北壮族地区规模最大、延续时间最长、影响最大、保存最完整的一处古建筑群，仍保存有宫保府、南阳书院、荣禄第、增寿亭、思子楼、孝子孝女坊、岑怀远将军庙、岑氏宗祠、旧府、土司府等10个单体古建筑群。整个岑氏土司古建筑群依山而建，宫保府、南阳书院、增寿亭、岑氏祠堂、岑怀远将军庙等古建筑因地形地势和建筑的功能分布在村落山坡的不同位置上。建筑群气势恢弘，历史文化底蕴深厚，是桂西北壮族地区规模最大、延续时间最长、影响最大、保存最完整的一处古建筑群，是桂西历史文化的象征，更是壮民族文化的一个缩影，1994年被列为广西壮族自治区重点文物保护单位，2013年列入全国重点文物保护单位。

铜棺铜鼓出土遗址。位于西林县普合苗族乡普合村普驮屯。1969年冬季，在修建公路时，出土一具制作非常精致的铜棺，净重数百公斤。由于历史原因，铜棺出土后受到破坏。据专家对残片研究，铜棺的年代为西汉早期，墓主是古句町国王族。

1972年7月，西林县在普合村普驮修建粮站开挖地基，发现一座用铜鼓作葬具的西汉早期墓葬。墓的形制非常特殊，墓坑略作圆形，上面用一块大石板盖住墓口，石板下面并排放着十二块大小不等的石条，石条下面是铜鼓。铜鼓共有四件，分内外两组套合，类似内棺外椁。内层的铜鼓里堆放着骨骸。经鉴定，死者是男性，二十五岁左右。从骨骸的堆放情况看，应是壮族的“捡骨葬”葬俗。这座墓出土共有四百余件，其中铜器270余件，其余还有玉石器、玉玛瑙、绿松石、水晶石、铁器等。学术界认同这是句町国王者之墓。

民族风情旅游资源。那岩古木寨 位于广西西林县马蚌镇的西北部，是一个毗邻国家重点水电工程天生桥水电站库区万峰湖的壮家山寨，有120户，人口576人，房屋建筑形式为“干栏”式木楼，房屋布局“户户相联、家家相通”，该屯干栏式建筑群被专家喻为“广西壮族的标志性建筑”。

当地民风淳朴，居民仍织土布、穿土衣、讲土语，存壮民族的众多古朴习俗，全寨有140人能唱北路壮族清水江调山歌，103人会用木叶吹凑民族山歌，181人能用120台织布机纺织壮族各色土布和制作本民族服饰，285人会制作壮族特色菜谱。山歌中比较著名的有《种田种地歌》《种棉歌》《刺绣蜡染歌》《起房造屋歌》《酒歌》《问酒歌》《摆酒歌》《摩朽贯》，巫术中还有《立幡调》《挂幡调》《开茔调》《追叙调》《献羊调》《哭诉调》《献汤调》《廾路歌》《敬地脉龙神》《下葬调》等，是研究广西各路壮族不可多得的“活史料”。

那来壮族“欧贵”婚俗风情村 “欧贵”是壮音音译，意为“娶婿上门”，是千百年来一直在驮娘江流域盛行的一种古老婚俗。那来屯便是其中的典型代表，全屯45户人家，大部分人家都是“娶”男人入户。“欧贵”时要举行拦路对歌、劝酒猜谜、挑水上门、抢糯饭、闹洞房等独特的仪式。那来屯被誉为“女人世界，男人天堂”的“驮娘江畔女儿国”。

马白彝族风情村 距离西林县城12千米，是西林县唯一一个纯彝族聚居的自然屯。马白气候宜人，空气洁净，环境宜人，四季如春，有“彝人女神”崖像、“白马将军”踏陷的城墙和宝剑、情人谷、百米瀑布、古生物化石群、以及万千风情的石岩溶洞等。

除自然景观外，马白彝族群众还保持着古朴的饮食、服饰、婚恋等各种彝族生活习俗。当地彝族每年举办火把节，举行“送布谷鸟”“打磨秋”“抹黑脸”“抢亲”等彝族传统活动。

新民苗寨 新民屯距西林县城32千米，百色至昆明321线省道（西林至百色二级公路）横穿而过。当地苗族保持着古朴的民风民俗，有传统的纺织、蜡染、刺绣等传统工艺，以及糍粑、腊骨、羊瘪汤、玉米面饭等特色风味小吃。走进新民，能领略到魅力独特的芦笙舞和美妙的苗族琴声。

新丰野钓休闲渡假村 新丰村地处驮娘江边，距西林县城38千米，百色至昆明321线省道通过，有壮族居民132户668人。民居分布于江心小岛和江岸，村貌整洁如画，碧水蓝天、秀色迷人。居民热情好客，服饰古朴端庄、独特秀美。

2016年，已种植果树134公顷，主要有西林甜橙、沙糖桔、葡萄等优质水果。

新丰村依托沿路临湖的地利优势，通过实施楼房立面改造、修建环岛过道、游客中心、钓鱼台等野钓相关设施，以及绿化、农家乐等方面工作建设，大力打击电、炸、毒等非法捕鱼行为，加强对新丰湖野生鱼类资源保护力度，大力发展垂钓休闲旅游业。2012年起，县委、县人民政府每年都在该村举办全国性野外垂钓大赛，不断吸引全国各地野钓爱好者的到来，成为桂西名符其实的野外钓鱼休闲度假村。

【旅游发展定位与布局】 2016年，西林县充分发挥生态、民族、文化资源优势，以山水为骨架、历史文化为底蕴、生态为主题，依托“中国桫椤之乡”“广西休闲渔业示范基地”等品牌，重点打造“一江两山两湖”和“一府一贵一风情”旅游格局，打牢生态文化旅游基础。

优化旅游发展空间布局。依托驮娘江、九龙山、王子山、威后湖、万峰湖的“一江两山两湖”山水资源和宫保府、欧贵文化、民族风情的“一府一贵一风情”人文资源，打造西林特色旅游业，东部以“九龙山生态园—宫保府景区—宫保风情岛—那来“欧贵”婚俗体验区—驮娘江垂钓基地—普合句町文化园”生态旅游圈为重点。其中，县城以威后湖为重点；西部以王子山、万峰湖为重点。东西部串点成线，建成横跨西林全境的历史文化和生态乡村养生旅游带。

【旅游规划编制】 2016年，西林县开展旅游规划编制项目2个，《西林县九龙山生态旅游扶贫产业园总体规划》，规划编制费为28万元，规划编制工作已完成并通过专家评审。《西林县旅游发展总体规划》（2016～2025年），规划编制费为78万元，由于12月中旬才通过公开招投标方式确定编制单位，因此年内仅完成材料收集。

【旅游项目投资与建设】 2016年，西林县续建和新建旅游项目3个，其中续建项目1个，新建旅游项目2个。

续建项目为宫保府旅游基础设施建设项目，在上年度完成基础设施建设主体工程的基础上，本年度主要完成游客中心、旅游厕所外部装修，完成生态停车场、总督广场硬化铺装和停车场、总督广场临河面护栏安装，完成投资约180万元。

新建项目普合苗族乡新丰村乡村旅游富民工程于12月26日正式开工。工程主要建设内容为修建占地面积100.88平方米旅游厕所1座（AA级旅游厕所标准），3000平方米生态停车场1个及停车场道路、绿化等配套设施，项目总投资125万元。马蚌镇那托村平南屯乡村旅游开发项目为百色市恒利商贸有限责任公司投资兴建，项目用地面积为1.67公顷，主要建设内容为修建游客接待中心160平方米，旅游厕所50平方米，旅游停车场650平方米，旅游码头6米宽100米长，道路硬化1200平方米，垂钓浮房3个，钓鱼台3个，购置游船2只，救生快艇1艘。

【旅游公共服务设施建设】 2016年，西林县进一步加快旅游基础设施建设步伐，景区旅游环境和公共服务设施得到较大改善。宫保府景区大门、风雨桥、核心景区游览步道、风雨桥至宫保府道路、驮娘江路（通往游客中心、停车场的道路）已竣工；游客中心、旅游厕所完成主体工程和外墙装饰；总督广场、停车场完成硬化铺装。景区背景音乐、监控方案、邮政服务方案已定稿。

百色市恒利商贸有限责任公司在马蚌镇那托村平南屯投资兴建游客接待中心、旅游厕所、旅游停车场、旅游码头、垂钓浮房、钓鱼台等基础设施，使平南屯旅游环境得到进一步优化。

新建宫保风情岛旅游厕所1座，占地面积83.55平方米，完善岛内旅游标识标牌，于12月获评广西四星级乡村旅游区。

【旅游宣传】 提高旅游知名度与吸引力，县旅游局积极利用各种机会、多种渠道开展加大旅游宣传力度。利用参加各种博览会、交易会时机开展旅游宣传；在县外各大酒店投放旅游宣传折页，全年累计投放5000份；利用右江日报等传统媒体刊登县旅游信息。

在广南世外桃源景区设置旅游宣传广告牌，引导部份世外桃源景区的游客到西林县宫保府、宫保风情岛等地游览，促进世外桃源——宫保府跨省旅游线路的形成。

举办旅游节庆活动。举办第五届驮娘江杯野外钓鱼大赛；广西西林县第五届句町文化艺术节暨第六届沙糖桔产业、茶叶产业文化展示活动周。由乡镇人民政府主办的活动有马蚌镇“三月三”山歌节既泼水节，由民间举办的活动有山地自行车挑战赛、宫保风情岛音乐节、普合句町祭祀坛祭祀活动等。

撰稿：黄绍慰
编辑：秦应海
何建泽

科技　教育

◎ 自然科学与技术

【机构人员】 2016年，西林县科学技术局有编制6人，在职7人，其中在编6人，设局长1人，副局长1人，纪检组长1人，办公室人员1人，科技股1人，会计1人，保洁员1人。

【科技项目】 2016年，开展产学研合作及科技项目申报、管理、验收工作。自治区科技计划项目申报6个。年内获得自治区、百色市科研经费135万元。

【对外宣传】 组织参加第24届、25届广西科技活动周活动。展示西林县第五轮创新计划及自主创新能力建设和新技术、新产品开发创新取得的成果。主要内容包括西林县“十二五”期间科技重大创新成就：2011年被评为“中国沙糖桔之乡”“国家地理标志保护产品”认证、“全国重点产茶县”“全国生态文明示范工程试点县”“全国十大生态产茶县”“农产品地理标志”认证和首次通过全国县（市）科技进步考核，获得科技部“科技富民强县”项目支持。

进行西林县科技新技术、新产品展示：西林沙糖桔、西林茶叶系列产品、西林麻鸭及西林麻鸭蛋、铁皮石斛仿野生活树栽培产品、西林姜晶产品等。进行科技服务“三农”、服务企业成果展示和科技产品交流交易。

参加第19届中国北京国际科技产业博览会，汇报西林县获得国家科技计划项目实施情况和推介西林县一个特色科技计划项目。

【科技服务】 科普赶集、科普下乡活动，全年发放科普书籍3290册、宣传资料17600份，接受群众现场咨询各类问题396个。

继续与西林县广播电视台联合开办《农村科技新视界》栏目，组织符合全县产业的各种农村科技实用技术片源播放，进一步提高栏目播放的针对性和质量，为群众提供便利技术和创业脱贫道路。充分利用广西科技厅派驻县黄宏明、周生茂等11位科技特派员的科技人才资源，到农村、企业开展新技术咨询和实用技术培训工作。

【科技特派员管理】 做好2016年派驻贫困县贫困村科技特派员选派人选的推荐、三方协议书的签订和工作开展对接的协调服务。充分利用科技特派员深入贫困村、企业开展各项科技实用技术培训服务工作，对全县的企业发展及贫困村脱贫致富起到积极的作用。开展科技实用技术培训50期，培训农民3150人，发放宣传资料11760份，培训经费支出26.48万元。

【知识产权保护】 在县电视台播放知识产权维权知识、资助奖励兑现名单公示。结合各种活动开展发放知识产权宣传及申请专利补助宣传资料27000份。通过各种宣传途径，提高群众对知识产权知识的认识。

兑现2014年度企业（个人）的专利申请补助和获授权奖励3.66万元。

2016年，西林县获发明专利授权拥有量7件，每万人口发明专利拥有量增长75%，发明专利申请61件，全面完成百色市绩效考核任务。积极兑现西林县2015年度企业（个人）的专利申请补助和获授权奖励经费10.60万元。

撰稿：杨仁强
编辑：秦应海
何建泽

◎ 防震减灾

【机构人员】 西林县地震局挂靠县住建局，设有办公室有编制 3 人，配备局长 1 人（住建局副局长，兼办公室人员 2 人。

【防震减灾项目】 广西地震烈度速报与预警系统项目。该项目是全区防震减灾“十二五”规划确定的重点项目，拟定在西平乡新建广西地震烈度速报与预警系统项目基本站一个，投资 70.92 万元，其中：自治区配套资金 28.37 万元，县级配套资金 42.55 万元；在那佐苗族乡和马蚌镇新建两个 GNSS 站（全球导航卫星系统台网），投资 199.45 万元，自治区配套资金 79.78 万元，县级配套资金 119.67 万元；新建宏观观测点一个，投资 6.44 万元，其中：自治区配套资金 2.57 万元，县级配套资金 3.87 万元。四个项目建设需要县落实配套资金 166.09 万元，资金已落实到位。

【监测预报】 完善“三网一员”（地震宏观测报网、地震灾情速报网、地震知识宣传网和各乡镇防震减灾助理员）体系建设。按照自治区和市地震部门的工作要求，及时调整更新地震灾情速报员、防震减灾助理员和宏观观测员。2016 年，全县有 93 名地震灾情速报员（由各村支书或主任兼任）、8 名防震减灾助理员（由各乡镇民政助理兼任）和 11 名宏观观测员，并落实经费保障。

加强宏观观测点的管理。做好全县11个宏观观测点信息收集，及时报送自治区、市地震监测部门整理分析，为地震监测部门观测地震前兆提供科学数字依据，发挥群测群防在地震短临预报、灾情信息报告和普及地震知识中的重要作用。

落实普合龙浪测震台管理人员，做好测震台的维护管理工作，确保测震台正常运行，保障自治区台网监测部门能及时了解和收集到全县及附近区域地震活动情况，提高地震速报质量、时效及震情分析水平。

【抗震设防】 推进农村民居地震安全工程。以农村危房改造为切入点，组织住建、地震等相关部门引导农村居民建设使用抗震民居，提高民居抗震水平，确保农村民居地震安全工程工作顺利开展。

做好工程抗震设防管理和审批。严格建设工程抗震设计、施工监督和竣工验收制度，把抗震设防要求作为项目可行性论证、工程设计、施工审批和竣工验收的必备内容，重点加强对校安、保障性住房等工程抗震设防的审批。同时，做好重大建设项目及可能发生严重次生灾害建设工程的地震安全性评价申报工作的协调服务，确保工程项目能按照自治区相关部门的安评要求进行抗震设防。

【地震应急演练】 加强演练，增强群众防震避险技能。结合专项主题活动周，联合县教育局组织全县 49 所中小学校（含幼儿园、教学点）1 万多师生开展地震应急疏散演练活动。

开展地震应急演练。结合“5·12”防灾减灾日、“7·28”唐山大地震纪念日，组织乡镇社区、中小学校等开展地震应急演练，进行地震应急避险常识宣传培训，提高广大干群众和师生的地震灾害逃生、自我防范技能，提高救援人员的救护技能。

【防震减灾宣传培训】 充分利用“5·12”防震减灾宣传周、“7·28”唐山大地震纪念日、“安全生产月”和科技活动周等活动为契机，开展防震减灾知识进学校、进社区、进企业、进机关、进乡村、进家庭宣传活动。通过发放各种防震减灾宣传资料、开展防震减灾咨询、制作防震减灾宣传栏、播放防震减灾宣教片等形式加强防震减灾知识的宣传。

以县防震减灾科普教育基地为载体，利用多媒体展示、陈列防震科普知识和测震设备以及科普挂图等形式，组织干部群众和广大师生参观学习，增进大家的防震减灾科普知识，不断提高防震、抗震、避震和自救能力。

组织人员参加国家、自治区、市举办的各类防震减灾培训班学习，提高防震减灾工作人员的业务能力和水平。同时，邀请专家和技术人员到西林县开展防震减灾常识培训班，讲授地震群测群防和农村民居震害与抗震设防要求等知识，不断提高广大干群掌握抗震、防震、避震知识和临震自救互救能力。

撰稿：王仁华
编辑：秦应海
何建泽

◎ 水文事业

【机构人员】 西林县水文水资源局是经自治区水利厅批复成立的县域水文工作管理机构，具有信息枢纽、会商平台、服务三大职能，相当于正科、计划编制数 7 人。西林具体管理八达水文站（1958 年设立）、猫街水文站（1998 年设立）等 2 个国家基本水文站以及花贡、古障、那佐、西平等 4 处中小河流水文监测站，还管理 117 处雨量站和 8 处水质监测断面。

配备有先进的多普勒剖面测速仪（ADCP）、全站仪、激光测距仪、GPS定位仪等。辖区内各水文站的测洪能力提高到20年一遇标准；辖区内所有雨量站、水位站均实现雨量、水位信息自动采集和自动传输。

【水环境监测】 每月定期在驮娘江上游土黄水电站（坝上）断面、八达水文站（坝上）断面等水质监测断面进行水质现场分析采样，并将采集到的水质样品送达市水环境监测中心进行化验分析。

【水文设施】 八达水文站设立于 1958 年 11 月，是珠江流域西江水系驮娘江上游重要控制站，属国家基本水文站，八达水文站积水面积 1530 平方千米，主要测验项目有：水位、流量、降雨、蒸发、水质。管辖古障、坭洞、那烘、西平、那佐等 50 个托办雨量站，自建站以来，实测最高水位 690.90 米，实测最低水位 685.80 米，实测最大流量 716 立方米 / 每小时，历史调查最高水位 691.44 米，最大流量 935 立方米 / 每小时。

猫街水文站（前为设立于1985的中国人民武装警察部队水电第一总队三江口水文站）设立于1998年3月，位于西林县古障镇猫街村清水江江段右岸，是珠江流域西江水系清水江的重要控制站，属国家基本水文测站。系天生桥一级水电开发有限责任公司出资兴建的专用水文站，并委托百色市水文水资源局维护管理，其资料双方共享。2000年12月经自治区水利厅同意将猫街水文站纳入国家基本水文站网，担负对清水江水文信息的采集、传输以及向天生桥一级水电开发有限责任公司提供雨水情信息的任务。集水面积5110平方千米，主要测验项目有：水位、流量、降雨、水质。自建站以来，实测最高水位787.12米，实测最低水位780.37米，实测最大流量749立方米/每小时。

【水文资料】 2016 年，八达水文站年最大流量每小时 261 立方米，出现时间 2016 年 6 月 12 日；年最高水位 689.63 米，出现时间 2016 年 6 月 12 日；年最小流量每小时 0.600 立方米，出现时间 2016 年 4 月 15 日；年最低水位 688.30 米，出现时间 2016 年 4 月 15 日，年平均流量每小时 11.7 立方米。

水文监测点分布

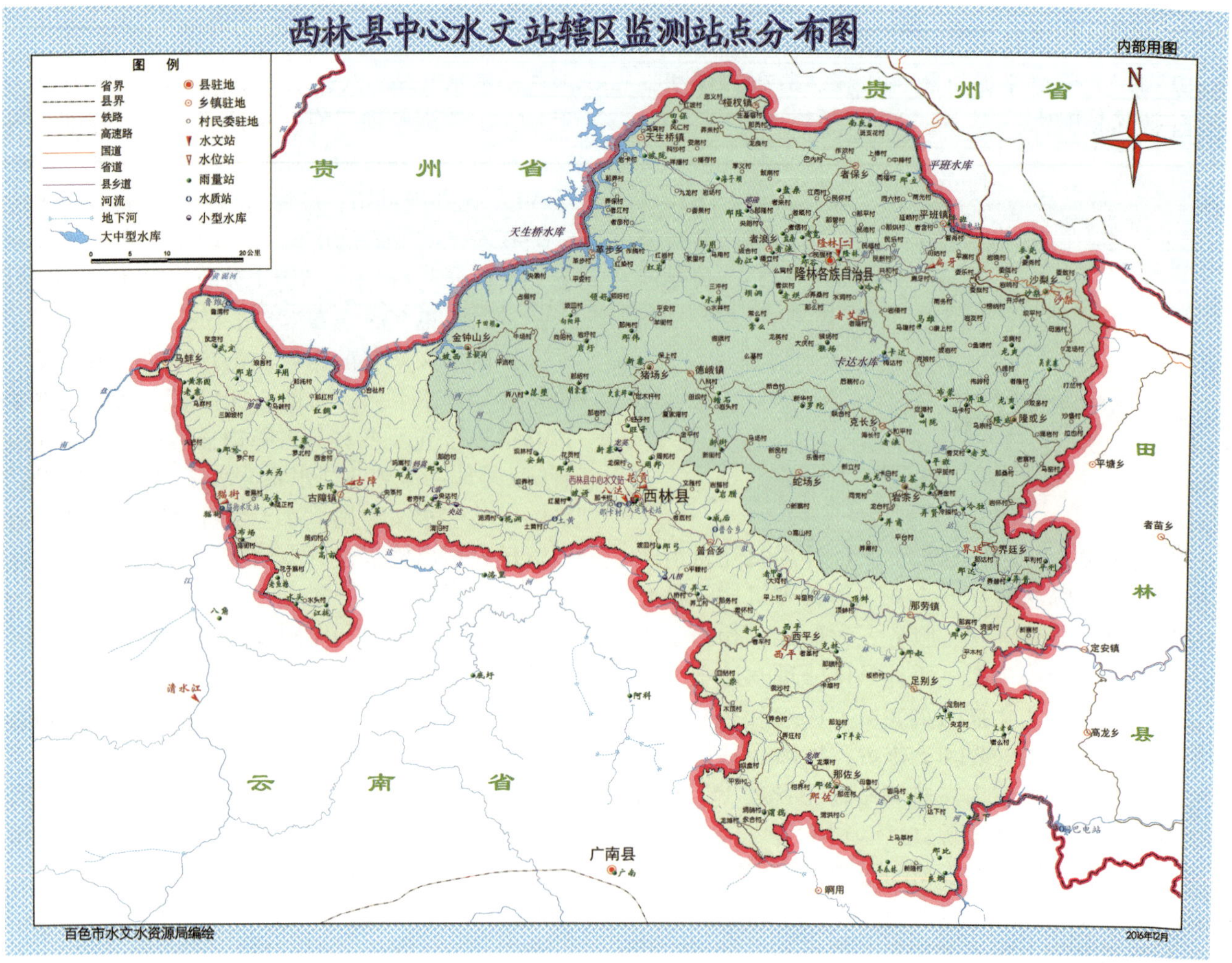

撰稿：贺　云
农世茂
编辑：秦应海
何建泽

◎ 气象事业

【机构人员】 2016年，县气象局在职职工7人，其中设局长、副局长、监察员各1人；本科6人，中专1人；工程师1人，助理工程师5人；局内设气象台、监测预警中心、人工降雨办公室、百色市防雷工程有限责任公司西林分公司、百色市防雷技术安全检测所西林分所和局办公室等组织机构。

【设备】 全部启用自动气象站仪器设备采集数据。2016年新的自动气象观测站和旧的自动气象观测站进行对比观测。2016年，新增DSG1型降水天气现象仪，建成那劳标准化人工增雨作业站。

【气温湿度】 2016年，年平均气温20.4℃，比历年平均值的19.5℃偏高0.9℃。月平均最高值出现在7月为27.0℃，月平均最低值出现在2月为11.1℃；极端最高温度38.4℃，出现在5

月7日；极端最低温度0.8℃，出现在1月24日。月平均相对湿度最高值出现在1月和11月为79%，月平均相对湿度最低值出现在3月为69%，全年平均相对湿度为75%，日最小相对湿度为12%，出现在3月8日。

【雨量】 2016年，年总雨量为958.3毫米，比历年平均降雨量1061.7毫米少103.4毫米。雨量高峰月出现在6月为298.3毫米。一日最大降水量为184.3毫米，出现在6月12日。全年降水日数136天；月最多降雨日数出现在8月为17天；月最少降水日数为6天，出现在12月。最长连续降雨日数为7天，出现在6月10～16日；最长无降水日数24天，出现在2月27日至3月21日。

【日照】 2016年，年总日照时数为1660.2小时，比历年平均1626.0小时多34.2小时。月最多日照时数为7月205.8小时；月最少日照时数为1月85.0小时。

【风速】 2016年，平均风速为1.2米/秒，定时最大风速为7.8米/秒，极大风速为16.7米/秒。

【灾害性天气】 2016年，1月23~24日受强冷空气影响，本县出现低温雨雪阴冷天气，对农业生产和群众的生活造成一定的影响。受冷空气影响；2月1~9日、14~20日和22~27日出现日平均气温≤12℃的低温阴冷天气，对农作物造成一定的影响；4月2日、4月11日和10月28日出现短时冰雹天气，但没有造成灾害；4月20日、6月12~14日、8月16日、9月7~8日本县出现大范围强降雨天气过程，这4次强降雨过程，致使全县农业生产遭受不同程度的损失。

【天气预报】 2016年，主要预报未来天气演变情况和重要天气现象；按预报时间的长短分为：长、中、短期预报。其项目包括：降水量、降水日数、气温、风向风速；生产季节性的春播期低温阴雨、汛期降水、秋季寒露风及强冷空气天气；灾害性天气的大风、雷电、强对流、冰雹、暴雨、霜冻等。

撰稿：骆炳兰
编辑：秦应海
何建泽

◎ 教育管理

【机构人员】 西林县教育局是县人民政府直属的教育行政部门。设有局长1人，副局长3人，纪检组长1人。内设办公室、人事股、职改办、支教办、计财股、教研室、资助办、工委办、基教股、审改办、职成股、安稳办、招生办、改善办、电教站、督导室、纪检监察室、后勤服务中心、校外活动中心19个股室。2016年教育系统实有在编教职工数1281人（不含147名中央特岗教师），其中研究生学历2人，本科学历611人，大专学历586人，其他学历82人；获得高级职称440人，中级职称555人，初级职称29人。教职工空编397名，空编率22.8%。

【办学条件】 全县有普通中学10所（其中高级中学1所，初级中学9所），中等职业技术学校1所，村级以上完全小学39所，教学点23个，幼儿园70所（其中公办7所）。现有在园（班）幼儿7118人，在校中小学生27130人，其中小学生16998人，初中生7796人，高中生2336人。专任教师1224人。其中小学专任教师723人，师生比为1/25；初中专任教师312人，师生比为1/25；普通高中专任教师95人，师生比为1/25，中等职业技术学校专任教师15人。全县小学现有校园面积24.86万平方米，生均14.62平方米；校舍面积13.06万平方米，生均7.69平方米。初中校园面积39.09万平方米，生均50.14平方米；校舍面积7.70万平方米，生均9.87平方米。普通高中校园 面积5.47万平方米，生均23.43平方米；校舍面积28175万平方米，生均12.06平方米。

【教育经费投入】 2016年，全县教育总投入30541.70万元，比上年少0.55亿元，下降15.24%。其中，财政补助收入2.97亿元，比上年少0.55亿元，下降15.68%；事业收入769.60万元，比上年多12.70万元，增长1.68%。教育经费总支出3.05亿元，比上年少0.55亿元，下降15.24%。其中，财政拨款支出2.97亿元，比上年少0.55亿元，下降15.68%；事业支出769.60万元，比上年多12.70万元，增长

1.68%。总支出中，人员经费支出1.72亿元，公用经费支出1.26亿元，基本建设支出649万元。

公用经费标准（单位：元/生·年）

学校类别	上级补助			县级	
	2010～2014	2014秋起	2016起	2015前	2016起
高中	540	540	540	300	400
初中	700	800	800	130	140
小学	500	600	600	100	110
特校	140	4000	6000	100	110
学前				100	200

【依法治教】 2016年，工作全面推进依法行政，通过依法行政带动依法治教和依法治校。梳理权力清单和制定责任清单，做到每一项权力都有法可依，让每项行政工作责任落实到科室乃至个人，确保做到法无授权不可为，法定职责必须为。落实依法行政工作的每一项要求，清理行政审批项目，加强行政决策、行政执法监督等依法行政全方位的制度建设，完善《西林县教育局机关建设制度》，对工作人员学习、考勤、请假；财务管理、办公设备使用管理、文件制定和管理、公务接待；领导班子成员民主生活会、民主决策、外出报告等都依法作出规定。

规范学校办学行为。根据教育部《全面推进依法治校实施纲要》，“坚守法治”思维，贯彻好党和国家的教育方针、政策、法规，落实好《教育法》《义务教育法》《中小学生守则》等各项法律法规，将法治内容纳入中小学校长、教师培训内容；强化法人责任制，增强工作责任感，不断提高学校依法管理水平，全面规范学校办学行为，推进依法治校。

依法规范教师从教行为。贯彻落实教育部关于《中小学教师违反职业道德行为处理办法》、区教育厅《关于规范教育行为，全面加强中小学教师师德建设的意见（试行）》文件精神，明确教师行为规则，强化师德建设，教育和引导广大教职工自觉抵制有偿家教，教师和学校签订“廉洁从教责任书”。

依法规范教育收费。加强民主监督，坚持科学管理，进一步推进政务、校务公开，全面推进招生、考试、收费、招标采购等工作的“阳光工程”。

规范经费管理。学校重大经济决策及大额资金使用，实行集体讨论决定。加强对重点环节和重点部位权力行使的监督。进一步健全完善招生、基建工程、大宗物品、教学设备采购招投标制度。对教育改革发展的重大决策、干部人事任免、教师招聘、职称评定、评先评优、初高中学生的招生等工作的一些关键环节加强监督，建立学校自查、主管部门常规检查和专项督查相结合的监督检查机制，充分发挥查处环节在纠风治乱中的惩戒和警示作用，从严查处违规行为，预防职务犯罪和腐败问题的发生。

依法做好信访工作。完善电话、网络、信访等多元化的监督投诉机制，严格按照国务院《信访条例》等相关规定受理、办理群众信访事项，及时核实，及时处理学校教师各种违规行为，进一步规范学校办学行为。

【教育督导】 推进义务教育均衡发展。完成学校办学基本条件、教学仪器配备、学校功能室的数据收集和统计工作 。

完成全面改善贫困地区义务教育薄弱学校基本办学条件自查摸底。制定西林县教育局义务教育均衡发展督导评估工作联合实施方案，明确目标、制定实施步骤、成立工作领导小组，细分各股室工作内容和职责，任务落实到人，既有分工又有合作。

开展校园安全、校园欺凌整治工作。制定《西林县校园欺凌专项治理实施方案》下发到学校，组成督查组到校检查。最后形成西林县校园欺凌工作自查报告上报市教育督导室。

此外，还开展普通中小学开齐开足国家课程专项行动，开展中心校截留经费问题专项督导的自查工作。

【绩效考评】 成立年度绩效考评领导小组，由主要领导担任绩效考评领导小组组长，副职领导任副组长，局各股、室、办负责人担任小组成员。认真学习、领会县委，县政府有关文件精神及绩效考评办法和各项指标要求。严格按照考核指标要求对县教育局和全县中小学校（园）进行年度绩效考评。对考评中存在的问题及时指出整改意见并限期整改。

【学校体育卫生艺术与国防教育发展】 体育教育。各中小学都能认真实施教育部、国家体育总局联合颁发的《学生体质健康标准》，贯彻落实《学校体育工作条例》。严格按照国家课程标准，开齐开足体育课程并按照教学大纲要求授课。并利用当地教育资源，开发具有民族、地域特色的体育课，每天安排一节活动课。每学期各学校都举行班级蓝球、乒乓球、拔河等比赛，2016年7月9日至15日全县举行中小学生体育运动会1次。2016年11月份举行中小学教师“园丁杯”气排球赛1次。

2016年12月，组织开展全县中小学大课间活动录像比赛1次。

做好学校卫生工作。有条件的学校安排有专门教师上健康课，没有条件的学校由班主任利用周日晚的班会每两周上1节健康课。各学校每天进行两次大扫除（早晚各1次），每季度进行1次全面消毒，进行灭鼠、灭蟑、灭蚊蝇等活动。每学期进行1次宿舍内务评比及安全大检查，美化清洁校园环境。

艺术教育。各中小学面向全体学生组织开展艺术活动，建立各种兴趣小组，小学和幼儿园利用“六一”儿童节（中学利用元旦、五四等）举行文艺晚会及各种游园画展等活动。教育局利用“教师节”举行尊师重教大型文艺晚会。充分利用学校校歌、广播、电视、网络以及校园、教室、走廊、宣传栏、活动场所等，营造格调高雅、富有美感、充满朝气的校园文化艺术环境。

国防教育。各中小学校要求开设国防教育课，高中及县城初中学年初都举行新生入学军训活动。各中小学校利用黑板报、广播站，广泛宣传国防教育知识。利用班会、国旗下讲话，结合国内外重大时事，对学生进行国防教育。通过纪念日，举办演讲会、报告会、革命歌曲比赛进行革命传统教育。定期放映革命战争题材的影片，提高国防教育的吸引力，增强同学们对国防的认识。组织青少年学生到军烈属家庭开展义务劳动。

【教师队伍建设】 2016年，在职专任教师1224人。其中，向社会公开招考招聘教师130人（含“双选”1人），特岗教师85人，全部安排到各学校。教师学历合格率为：小学99%，初中99.6%，高中100%。2016年，教师培训工作围绕“十三五中小学教师培训工作总体目标”稳步有效开展：组织实施市级以上各种培训。组织选派校长和教师520名外出参加“国培计划”“区培计划”和市级培训。开展县级培训，县政府按教师全年总工资2%预算80万元教师全员培训经费，培训中小学校长、教师1533人（次）。

2016年，调整任免学校中层领导76人。鼓励中小学教师在职学历深造，2016年，参加学历提升教师65人，其中就读北京师范大学33人，就读国家开放大学32人。同时，加强对教职工进行师德师风的整治，2016年8月，西林县教育局荣获全县开展查处发生在群众身边的“四风”和腐败问题专项工作中表现突出、成绩优异先进集体。教师工作待遇方面；投资812万元新建农村边远艰苦地区学校教师周转宿舍116套，建筑面积4060平方米，有效缓解农村教师住房难的问题。

【语言文字】 2016年，西林县语委、西林县教育局、语委办通过加大语言文字法律法规、方针政策的宣传力度，进一步规范社会用语用字。

【教育交流与合作】 2016年4月，组织全县100名教师，组成专家团队到蒙山中小学交流观摩学习。5月中下旬由教育局师训股、教研室主持，对全县中小学教师进行“5+1”有效合作课堂教学模式全员培训。各乡镇也组队到县城一、二小交流观摩学习；乡镇间校际交流活动不断开展，对提高全县教育教学质量提高起到积极的推动作用。

【学生资助】 2016年，抓好各项教育惠民工程，推进公平教育的落实，发放学前入园补助金103.85万元，资助困难儿童1683人（次），发放义务教育阶段学校寄宿生生活费补助资金1724.25万元，资助义务教育阶段贫困寄宿生31700人（次），发放普通高中免学费资金235.71万元，享受免学费学生人数4365人（次），发放普通高中国家助学金180.45万元，资助贫困高中生1505人（次），发放普通高中建档立卡等家庭经济困难学生免学杂费资金17.14万元，资助困难学生476人，发放家庭经济困难大学生入学补助97.27万元，资助困难家庭大学生688人，发放社会捐助助学金39万元，资助学生368人，为1532名家庭经济困难大学生办理生源地信用助学贷款，贷款额1057.99万元。

【学校安全】 组织开展全县学校安全大检查。检查各学校安全设施、安全管理制度和应急预案的建立、完善，紧急疏散演练的开展等工作；开展中小学校“安全宣传月活动”，印发《学生安全手册》《致学生家长的一封信》等宣传资料。组织或配合县有关部门对学校的安全、食品卫生、消防、防溺水、交通安全等工作进行检查3次，与综治、公安、食药监局、工商、市政、等部门对学校周边进行排查整治2次，及时消除学校存在的各类安全隐患。

2016年，争取县财政资金155万元在全县村完小以上学校安装视频监控设备和35万元在部分学校门口增设减速带和道路交通提示牌，有效增加学生及家长的交通安全意识，解决校园重点部位安全问题。

【教学科学研究】 2016年，县教育科学研究工作，得到县领导、教育局领导的重视，有效合作课堂、高效课堂，在全县已初步形成规模。由教研室具体负责，徐朝斌副主任执笔，草拟符合本县实际的“5+1”有效合作课堂教学模式科研课题，经过教育局领导、全体教研员、进修学校、中小学校长主任多次商讨，借鉴蒙山、杜郎口的先进经验，通过符合本县实际的“5+1”有效合作课堂教学模式科研课题。

10月，为加大科研课题研究推广力度，局领导再次组织50名教师，组成专家团队，到山东省杜郎口中小学观摩交流学习。再次耳闻目睹先进的有效合作新课堂。增强对“5+1”有效合作课堂教学模式科研课题研究力度，树立科研课题研究的信心和决心，如今，“5+1”有效合作课堂教学模式科研课题，已全县铺开，全县中小学教育教学质量不断提高。

【信息化建设与推进】 2016年，教学设备投入167.22万元。其中为西林县民族初级中学采购学生床架170套，课桌椅550套，资金22.14万元；为古障镇初级中学采购床架420套，课桌椅350套，食堂餐桌150套，资金46.78万元；为古障镇初级中学采购多媒体教学设备20套，为西林县民族初级中学采购多媒体教学设备8套、电脑30台，资金98.30万元。

【学前教育】 2016年，西林县有幼儿园65所，其中公办8所。在园（班）幼儿7118人；公办园幼儿人数1395人，私立园幼儿在园人数5723人）3年毛入园率74.8%。（园长65人，教职工590人，专任教师370人，保育员149人（其中公办园17人，私立园205人）。专任教师中有教师资格证 的370人，占全县教职工总数的62%。幼儿园园长、专任教师学历情况：本科67人，专科205人。园长专任教师年龄结构：50～59岁19人，占专任教师的5%，40～49岁32人，占专任教师的86%，30～39岁120人，占专任教师的32%，20～29岁211人，占专任教师的57%。2016年着力扩大公办园和普惠性民办园的覆盖率，由2014年的6所普惠幼儿园增至2016年的16所。优化学前教育规划布局，制定完善幼儿园布局规划，并将残疾儿童学前康复教育纳入学前教育发展总体规划。充分发挥县城幼儿园的引领和辐射作用，确保全县学前教育均衡发展。

【义务教育入学政策】 西林县人民政府办公室下发《关于印发西林县部分学校布局结构调整规划方案的通知》（西政发〔2016〕1号），《关于印发西林县脱贫攻坚教育帮扶实施方案的通知》（西政发〔2016〕20号），进一步整合、优化教育资源，促进各类教育健康、均衡发展，满足人民群众对优质教育资源不断增长的需求。把教育帮扶作为教育工作的重要任务，以2.7万农村贫困人口、8个乡（镇）、41个贫困村为重点，做到精准建设、精准帮扶、精准资助、精准就业。

县教育局下发《西林县2016年义务教育阶段学校招生工作实施方案》，根据免试就近入学、阳光招生的原则，实施划片招生，规范招生行为，依法保障适龄儿童少年接受义务教育，促进教育公平，维护社会和谐稳定。

【义务教育均衡发展】 2016年，启动西林县实施义务教育均衡发展工作，出台《西林县推进县域义务教育均衡发展工作实施方案》（西办发〔2016〕37号）。同时，根据人口分布情况，对全县各义务教育学校进行重新规划和布局。

在县城新建西林县实验小学、八达镇初级中学两所完全寄宿制学校。西林县实验小学（可容纳2000名学生）主要接收八达镇第一小学、八达镇第二小学分流出来的学生以及八达镇那卡小学的学生（地质灾害学校）。年末，该校主体工程建设已完成，计划于2017年9月1日开始招生；八达镇初级中学（可容纳3000名学生）已在筹建。届时，全县初中将主要在县城集中办学（乡镇只保留古障初中和那佐初中）。

迁建八达镇中心小学（规划学生数1500至2000人）、那劳镇中心小学迁入现在的那劳镇初级初中，宫宝府里的那劳村完小并入那劳镇中心小学（规划学生数1500人）。

撤并八大河希望学校初中部，保留小学；撤并马蚌初级初中，校舍、场地归马蚌镇中心小学使用；撤并弄汪希望学校初中部，保留小学部。

扩建足别瑶族苗族乡中心小学、那佐苗族乡中心小学、古障镇中心小学。扩建大部分村完小。到2020年，在县城新区再新建1所初中、1所小学，逐步实现初中向城镇集中、小学向乡镇集中、教学点向行政村集中，使全县学校布局合理、教育投入集中、教育教学资源配备相对均衡。

【农村义务教育学生营养改善计划】 西林县从2012年春季学期起，启动农村（不含县城）义务教育学生营养改善计划，标准为每生每天4元（全年按学生在校时间200天计算），2015～2016学年度春季学期享受营养改善计划学生15955人，秋季学期享受营养改善计划学生15872人，享受金额为1273.08万元。实施营养改善计划，切实改善西林县农村学生营养状况，提高农村学生健康水平。

【普通高中教育】 2016年，有西林民族高中一所普通高中，在校学生2336人，专任教师123人，师生比1∶19。

【特殊教育】 2016年，西林县有7～15岁“盲、聋哑、弱智”三类残疾儿童94人，入学80人。其中到特殊教育学校就读76人，随班就读8人，专任教师10人，师生比1∶7.6；入学率85.11%。

【基础教育教学改革】 2016年，全面实施基础教育教学大改革，年初，县教育局出台《西林县中小学全面推行“5+1”有效合作课堂教学实施方案》，由教研室具体组织各学校实施。“5+1”是指一种新的课堂教学结构，“5”即五个环节：出示目标、自主学习、合作探究、展示提升、达标测评，“+1”是指加上教师课后撰写的一个教学反思。全面推行“5+1”有效合作课堂教学模式，让全县中小学校教师更新教育教学理念，优化课堂教学结构，激发学生学习兴趣，教师快乐从教，学生快乐学习，全面落实课程目标要求，促进均衡发展，实现课堂教学效果的最优化。

4月，专家团队赴广西蒙山县跟班学习蒙山县中小学校的“新课堂”教学模式。10月，部分专家组成员和全县中小学校长赴山东省杜郎口中小学考察学习，丰富“5+1”课堂教学改革的理论和实践经验。

【中小学德育和校外教育】 2016年，利用各种宣传阵地和校园广播、主题班会等不断优化德育大环境。组织形式多样的主题活动，如清明节祭英烈活动，六一文艺晚会、元旦文艺晚会，学雷锋主题志愿服务月“传承中华文化，共筑精神家园”演讲比赛，征文比赛，烈士公祭纪念活动等一系列活动。进行日常德育检查、评比、表彰等，确保学校各项日常行为指标明显提高。

【现代职业教育体系建设】 2016年，学校与百色职业学院、钦州农校签订合作办学协议，分别采取“1+4”和“1+2”模式联合办学，加强中等和高等职业教育相衔接，为中职学生继续升学搭建平台。实施职业教育示范性特色项目，重点建设茶叶加工、汽车运用与维修、农产品保鲜与加工三大实训基地。新申报设置茶叶加工专业，增强全县职业教育服务“三农”的能力。

【职业教育校企合作】 2016年，分别与西林县汇宏有限责任公司、邦邦锑业、三鲜食品公司等三家企业加强沟通，全面了解企业用工需求。

【职业教育教学改革】 2016年，组织专业教师下到那劳镇新寨村开展电焊工培训班，培训在册贫困农民工50人。与钦州农校开展结对帮扶，安排学校中层以上教师到该校跟班学习。在初中阶段教育积极开展职业教育渗透活动。宣传高等职业院校自主对口招生中职学校毕业生、国家助学金和免学费等国家发展中职教育的政策。落实“非实名制”政策，学校自主聘请2名水果种植方面的技术人员作为培训教师。选派3名专任教师参加“自治区骨干教师培训班”学习。全面实施参与式教学，并积极开展校本培训，校本培训率达100%。

撰稿：陆廷贵
编辑：秦应海
何建泽

◎ 部分中小学及幼儿园简介

◆民族高级中学

【机构人员】 2016年，西林县民族高级中学有教师职工172人，其中专任教师123人，能够承担40个教学班的教学任务。教师数和师生比：2016年秋季学期专任教师有121人，在校生人数2239人，95%以上为壮族、苗族、瑶族、彝族、毛南族等少数民族的子女。师生比约为1∶20。

【办学条件】 校园总占地面积10公顷约102000平方米（其中新建校外体育场4.47公顷），现有校舍建筑面积35821平方米。有普通教学楼一栋，功能较齐全。设有40个普通教室，有37间配置多媒体、广播系统、监控等设备；另有教师休息间9间，配有宽带等设备；每层设有男女卫生间。2016年9月，新建成体艺综合楼一栋，设有36个体艺专用教室。

有图书（兼办公楼）、实验楼各一栋，其功能基本上满足师生的需要。师生食堂设施齐全，但空间较小，只能容纳500人同时就餐。

2016年9月，新建成并投入使用的男女生宿舍楼各1栋，新旧学生宿舍楼可容纳3000人住宿。12月建成投入使用的标准篮球场有4个、标准气排球场2个、标准羽毛球场1个。

【普通高中教育】 2016年，参加高考人数643人，上专科线以上632人，总上线率为98％（2015年为97％）；本科上线167人，其中一本上线5人，总成绩排在百色市同类学校第一。

【继续教育】 2016年，学校按照学校发展的实际需要，根据上级有关文件精神，学校组织教师按学科按专业参加区内外各种形式的培训，有效提高学校教育教学水平。

【教研工作】 紧紧围绕提高高考成绩、培养优秀人才和突破“低进高出”瓶颈的教研工作思路，2016年继续开展教师培训、课题研究、外出学习、校际交流，以及同学科统一备课等一系列教研活动，有效提高教师的教育教学水平。

【队伍建设】 2016年，学校通过各种途径新招老师31人，大程度地缓解师资紧缺的压力。

撰稿：班何成
编辑：秦应海
何建泽

◆西林中学

【机构人员】 2016年，西林中学专任教师在编人数133人，设有校长兼书记1人，副校长3人，实有专任教师139人，其中本科125人，大专14人，中专0人，高级教师5人，一级教师65人，二级教师47人；学校内设校长室、副校长室、校办室、财会室、党建办、绩效办、总务处、政教处、教务处、校团委、科研处11个处室；开设教学班47个，有在校学生3255人。

【办学条件】 学校位于县城新兴路045号，创建于1956年，是全县教育的龙头和窗口。校园占地面积57578平方米，现有学生宿舍楼5栋，教师宿舍7栋，教室47间，配有多媒体教室49间，教室办公室（包括行政办公室）38间；仅C教学楼未能每层设有卫生间，其他的教学楼每层都设有卫生间。学校布局合理、规范、科学，已初步形成教学区、生活区、运动区、美化绿化区，教学区位于校园的中心，一所花园式学校初露端倪；学校配有标准的物理、化学和生物实验室，各实验室配有仪器室和准备室，有语音室、多媒体教室、阅览室、图书室、微机室、音乐美术室和体育室。是西林县首个诚信教育基地。2016年荣获百色市有效课堂教学先进集体、优秀组织奖，百色市青少年科技创新大赛优秀组织奖，百色市城区类初中中考质量三等奖；西林县中小学生大课间活动录像展示评比一等奖，西林县先进内保单位，西林县中考质量一等奖。

【教学管理和研究】 西林中学在继续推行“和谐互助”教学模式的同时积极推进教育局倡导的“5+1”有效和作课堂教学模式，坚持开展“同科一课”教研活动，教研兴校。

2016年3月17日，县委组织部韦生部长到学校调研

组织好教师参加各类各级课堂教学评比，2016年有以下教师获奖：5月百色市中考备考教学视导展示课评比活动中：张宇琪、黎小祥、季思君、马兰芳、农彩汝获一等奖，黄彦枚、王清明获二等奖；10月西林县中小学信息技术与学科教学整合优秀课例展示活动：刘金凤、马兰芳、王韦英获一等奖；11月百色市中小学信息技术与学科教学深度融合课例展示观摩评比活动中刘金凤、王韦英获二等奖；12月西林县中小学2016年“5+1”有效课堂教学展示评比活动中：陆奎吕、叶年琼、农宗义、韦荣花、李秀珍、季思君、王光辉、陈富荣、李昌贤获一等奖，韦燕飞、李园飞获二等奖。

【德育工作】 2016年，学校始终将德育工作做为学校工作的重中之重，坚持把尊重、平等、公平、关爱做为学校德育工作的核心内容，践行社会主义核心价值观，结合家长学校建设，健全健康的学生成长平台。充分利用各种宣传阵地和校园广播、主题班会等不断优化德育大环境。组织形式多样的主题活动，如元旦文艺晚会，学雷锋主题志愿服务月，网上祭英烈活动，“传承中华文化，共筑精神家园”演讲比赛，征文比赛，新团员入团仪式，烈士公祭纪念活动等一系列活动。进行日常德育检查、评比、表彰等，确保学校各项日常行为指标明显提高。

【文体活动】 2016年，以提高学生艺术素养、促进学生健康发展为目的，全力推进学校文体工作迈上新的台阶。举办的活动丰富多彩——规范汉字书写比赛，五四演讲比赛，篮球比赛，学校运动会等。

【队伍建设】 2016年3月，学校响应县教研室积极倡导的“5+1”课堂教学模式改革，以教学改革为契机，狠抓学校教学管理和教师培训工作。2016年，学校参与各级各类培训达162人（次）。

西林中学一直秉持“爱生、乐教、善导、奉献”的教风，努力提高教师的教育教学理论基础和教学能力，加强教师队伍的师德师风建设。培养一大批热爱教育，乐于奉献，锐意进取、严谨治学的高素质教师。对推进义务教育均衡发展，促进学校教育改革，提高教育教学质量奠定扎实的基础。

【招生工作】 根据上级文件精神，2016年西林中学招生范围为八达镇第一小学、八达镇第二小学、八达镇第三小学、坡皿小学、周帮小学、旺子小学、花坝小学、龙保小学的应届小学毕业学生。2016年秋季学期在校生人数为3255人，共开设47个教学班，其中七年级17个教学班，八年级16个教学班，九年级14个教学班。

【办学理念】 学校以“创造适合山区孩子的教育，培养快乐成功的山区孩子”为办学理念，坚持“管理育人，服务育人，环境育人，以德育人”的办学思想，按照“环境美、校风正、质量高、声誉好”的办学目标，以“进德、修业、立志、荣校”为校训，践行“团结、奋进、求实、创新”的校风，“爱生、乐教、善导、奉献”的教风和“尊师、勤学、诚信、进取”的学风，形成了“和谐发展、善导乐教、追求卓越”的办学特色。

撰稿：何建强　季思君
符边林　庄舒杰
编辑：秦应海　何建泽

◆民族初级中学

【机构人员】 西林县民族初级中学事业编制50人，设有校长室，校长1人（兼党支部书记）；副校长室，副校长3人。下设校公室、教务处、政教处、总务处、电教处、科研处、电教处、党建室、工会、校团支部等二层机构10个。2016年学校开办22班级，有在校生1396人，有教职工102人。

【办学条件】 民族中学座落于驮娘江畔，距县城3公里，规划占地面积5.73公顷，规划总建筑面积3万平方米，总投资0.40亿元，规划五年后新增在校学生1200人，配备教师100人。2016年，学校拥有教学楼2幢、学生宿舍楼2幢，综合楼1幢，学生食堂1幢，年内新建学生宿舍楼1幢、学生食堂1幢。目前学校拥有总价值0.30亿元的现代化教学设备和3.60万册藏书。学校采取学生寄宿的全封闭管理模式。

【教学管理】 严格按课程计划开设课程，学校每学期均根据新课程标准开设，严格落实，科学规划，严把课程关、课时关。加强教师队伍建设，先后制定《西林县民族初级中学教师继续教育培训制度》《西林县民族初级中学结新老教师师徒结队方案与实施办法》，对每位教师在业务发展上提出了新要求，并定期进行考核和总结。制定《教学管理成效考核实施细则》。从教学计划的制定、设计到备课、上课、学生的作业、教研活动等方面均制定相应的管理制度来规范教师的教学行为，提高学校教师的整体教学质量。以教务处、科研处为主成立督察组，不定期的抽查教师的到位、“5+1”导学案编写、作业批改、单元测试等情况。成立课改专家组，研究符合本校教学的“5+1”教学模式，要求教师精心备课，多出创新型的、实用型的导学案。坚持听课制度，领导不少于 20 节，教师不少于 15 节。每学期每个教研组组织一至两次高质量的课堂技能大赛及优质课评选活动。加强对教师进行现代教育技术应用的培训，要求教师上室内课时必须使用电子白板、多媒体、网络等现代化教学设施设备。依据制度兑现奖惩，对在期末和各种竞赛考试中取得优异成绩的教师和学生进行表彰。

【教育教研】 学校创校以来以“团结建校、素质立校、质量兴校、人才强校”为办学思路，以“规范化、精细化、品牌化”为办学目标，倡导“一切为了学生，为了一切学生”的服务理念，全面实施素质教育。在教育改革的大背景下学校继续深化教学改革，全面推行“5+1”高效课堂模式，优化课堂教学结构，激发学生兴趣，促进学生均衡发展，实现课堂教学效果的最大化。

2016年10月，黄笑梅老师利用“5+1”教学模式在给学生上课

为提高教育教学，学校多次组织全体教师赛课、评课以及到县内外开展教育教学学习、交流等科研活动。据不完全统计2016年科研活动和教育理论学习16人／次；国家级培训2人；省级培训4人／次；市级培训32人／次；县级培训40人／次。2016年，学校教师已在国家级刊物发表论文2篇；在区级刊物发表论文4篇，在市级刊物发表论文5篇；2016年教师优质课件区级5个，市级2个；2016年教师优质课件区级3个，市级4个；2016年一位教师获市级教学大赛“一等奖”。

【德育工作】 以常规管理为重点，进一步完善班级常规管理制度和班级量化考评细则；学习贯彻《中学生守则》和《中学生日常行为规范》，要求各班主任把以上规则对学生逐条宣讲，使其认真领会并对照规则，从严要求；通过值日、值周、检查、评比等手段，评选出文明班级，在学生中形成为班级争先进、为班主任争荣誉的良好风气。

加强学生日常行为管理。对学生中的不良消费、不文明行为，尤其是着奇装异服、抽烟、带手机、破坏公物等现象。时刻监督、常抓不懈。课间休息期间，政教处、年级组、值周值日人员坚持在校园联合巡视，严禁学生相互追打、攀爬树木、践踏草坪。

开展系列德育活动。坚持开展升国旗、国旗下讲话及举行学生集体宣誓活动；开展“驮娘情怀，孝行天下”为主题的演讲比赛，培养学生正确的世界观、人生观、价值观。召开全体学生家长会。切实加强教师和家长的联系，及时了解到学生的成长环境、思想动态。

【文体活动】 2016年，学校举办丰富多彩的文体活动。在文化艺术方面举办：“迎五四”校园十大歌手比赛；国庆举办“驮娘情怀，孝行天下”班级演讲比赛；元旦举办元旦晚会。同年还举行如作文、绘画、书法等比赛。在体育方面组织学生参加县、市举行的各种运动会；同时还举办第二届校运会；在五四青年节、国庆节、教师节、三八妇女节等举行气排球、篮球、拔河等比赛。

【队伍建设】 学校成立以校长为组长的教师队伍建设领导小组，召开校代会专门讨论研究有关教师队伍建设的工作。管理规范，教师结构得到优化，教师编制逐年增加。2016年学校教师编制现为72人。教师学历得到普遍提高，专任教师中本科学历达标率为85.5%。成立校长为组长的中小学教师职业道德考核领导小组，要求教师按照职业道德八个规范要求，切实加强教师职业道德建设，号召教师履行职业道德，树立教师新形象，积极开展各种形式的教师职业道德教育活动。加强业务培训，教师素质得到提高。2016年组织参加新课程培训近5次，培训教师70多人次；开展形式多样的送教活动：邀请初中市级专家来校送教，培训教师30多人，组织学校县级学科带头人、骨干教师送教下乡2次，培训教师20多人。

【招生工作】 学校针对2015年的招生形势，提前准备招生宣传工作。2016年6月，全县小考毕业考一结束，学校招生工作人员就分成若干小组，由校领导带领，分赴各小学进行宣传。年内，根据上级的招生安排，招收普合苗族乡毕业生和八达镇的土黄小学、木呈小学、那卡小学、坝弄小学、红星小学毕业生345名初一新生。本年度实际招生574名。

撰稿：班何成
编辑：秦应海
何建泽

◆八达镇第一小学

【机构人员】 2016年，西林县八达镇第一小学设有7个处室，二级机构有校办室、教务处、科研处、政教处、工会、财会室、医务室。定编66人，实际在编62人，设校长1人，书记1人，副校长2人，专任教师59人，教辅人员2人，工勤1人，其中本科学历28人，大专学历28人，小中高级教师5人，中级教师41人，初级教师12人。

【办学条件】 学校占地面积为5891.27平方米，学校现有教学楼5栋，建筑面积5416平方米，3个标准篮球场2789平方米，共有25个教学班。学校设有仪器室1间，科学实验室2间，图书室1间，阅览室1间，体育室1间，美术室1间，音乐室1间，电脑室1间，多媒体教室1间。明德楼有3层楼，每层都有男女卫生间各有6个蹲位，共36个蹲位。学校宽带网全覆盖，校园监控设施完善。

【教学管理】 学校以课堂教学为主阵地，开展“5+1”有效合作课堂教学改革。行政人员到教研组开展备课、上课、听课、开教研会等活动，完成教研组大课，教师个人展示课工作。聚焦课堂，着力课堂教学新模式的构建。加强教学科研，提高教学科研含量。继续开展课题研究，通过加强研究课教学等途径提高教师的科研能力，从而提高教学质量。2016年小考，获百色市2016年小学教育教学质量一等奖。学校的语文、数学各项成绩指标均是全县第一。获中共西林县委员会、西林县人民政府颁发的西林县2016年小考成绩一等奖。

获得百色市2016年小学教育教学质量一等奖奖牌

八达镇第一小学“5+1”有效合作课堂专家韦丽娥老师在为全县教师作培训

【教学研究】 2016年，西林八达镇第一小学把教育科研作为学校教育教学质量最重要增长点来重视，学校出版《小学生优秀作文集》，经常采取“请进来”和“走出去”的方式开展丰富多彩的教研活动。多次派出语文、数学等科目教师参加市级、县级优质课比赛，并获多项荣誉。学校党支部书记李依娟论文在第六届中国移动和教育杯全国教育技术论文活动中获优秀奖；李依娟、黄丽雪两位老师指导的《古香古色的花瓶》在2015年全区中小学信息技术与学科教学深度融合优秀课例展示活动中，获三等奖；黄玉莲老师教学课件《可能性》获百色市2015年中小学“有效课堂”优秀教学成果评选一等奖；黄秋实老师教学课件〈平行线的认识和画法》获百色市2015年中小学有效课堂教学优秀教学成果评比一等奖；校长粟洪指导的黄秋实在2016年百色市小学数学有效课堂教学展示评比活动中获二等奖。

陆瑶、梁峻松老师参加西林县图书馆2016年“快乐书童、争当故事大王”讲故事比赛中，获指导三等奖；黄秀荷老师在开展西林县第二十三届全国青少年“传承中华文化共筑精神家园”爱国主义读书教育系列活动中，获指导特等奖；刘水珍编写的教学设计《有余数的除法（二）》在广西小学课程资源库建设第一期优秀成果评比中，获百色市数学学科一等奖；韦丽娥获百色市优秀教师称号；何芳月获百色市优秀班主任称号；田景华荣获百色市先进教育工作者称号；林学获西林县先进德育工作者称号；黄理芝、许柳芳、陆瑶荣、韦丽娥获西林县优秀教师称号；刘玉秋获西林县优秀班主任称号；黄炳能获西林县先进教育工作者称号；黄彩艳、黄秀荷、韦丽萍在2015～2016年学年度小学毕业水平测试中，获指导一等奖；在2015～2016年学年度小学毕业水平测试中，获指导一等奖，农哲、罗秀丹、岑立新获指导二等奖，粟洪获优秀指导奖。

学校在2016年全国小学生语文竞赛中，获优秀组织单位奖；参加广西教育杂志社《学苑创造》杂志主办的第四届“我是小画家”全区中小学绘画大赛中获小学组优秀组织奖；获先进集体称号；2015年度百色市教育系统安全稳定工作先进集体。校长粟洪被评为西林县2015～2016年度优秀党员。

【招生工作】 2016年，西林县八达镇第一小学根据西林县教育局招生文件精神，共招收5个班级320名新生，超额完成县教育局下达的招生任务。

【德育工作】 学校始终坚持“德育为首、全面育人”的办学方针，成立德育工作领导小组，校长带头抓德育，并设有主管德育工作的副校长。贯彻大德育理念，推行全员育人的德育工作制度。不断探索新形势下德育工作的特点，从多角度开展学生思想品德教育工作。在德育工作实施过程中，学校强抓学生日常行为规范的养成教育，保证学校正常的教学秩序。多渠道多形式开展国防教育活动。学校充分利用升旗仪式、主题班会、少队活动等阵地加强学生的思想教育。组织学生参加上法制课，国旗下的讲话，到烈士陵园参观，组织师生进行安全教育和演练，进行诚信明礼教育，关心困难学生和后进生，构建和谐学校。

2016年，学校获百色市表少年科技创新大赛优秀组织奖；西林县第23届全国青少年“传承中华文化共筑精神家园”爱国主义读书教育系列征文活动中获组织三等奖；被评为第31届广西青少年科技创新大赛基层赛事优秀组织单位。

【文体活动】 学校积极组织参与各种文体活动，并获佳绩。学校女气排球队获西林县第七届“园丁”杯气排球赛女子组第三名；在西林县第五届中小学生运动会中，学校代表队获小学组8字跳绳第一名；岑庭浩获象棋项目男子组第一名；陆志美获乒乓球项目女子组第一名；马英涛获象棋项目男子组第二名；马金铭获女子组800米第三名；何臣功获乒乓球项目男子组第三名；

王立善获男子组第三名；陆志美获女子组跳高第四名；杜双丽获乒乓球项目女子组第三名；彭炎西获男子组 200 米第五名；韦冷伊获女子组跳远第六名；岑文利获女子组 60 米第五名。

撰稿：向泰逸
粟　洪
编辑：秦应海
何建泽

◆八达镇第二小学

【机构人员】 2016 年，西林县八达镇第二小学定编 74 人，实际在编 72 人，设校长 1 人，副校长 3 人，专任教师 62 人，教辅人员 10 人，高级教师 6 人，中级教师 46 人，初级教师 20 人。学校设有 6 个处室，内设机构有校办室、教务处、政教处、后勤处、电教处、工会。另外，还有财会室、医务室。2016 年，学校开设 30 个教学班，有在校学生 2027 人。

【办学条件】 学校用地：现有校园占地面积 16168.90 平方米，其中：建筑用地体育运动场用地 7439.20 平方米；4663.90 平方米；绿化用地 4065.80 平方米。

学校校舍：现有校舍总建筑面积9579平方米，其中：教学及教行政教学办公用房554.70平方米；学辅助用房5853.30平方米；生活服务用房3171平方米；现有校舍共7栋，具体是3栋教学楼，分别是第一教学楼1718.20平方米，第二教学楼1550平方米，第三教学楼572平方米；1栋综合楼，建筑面积1966.50平方米；1栋学生宿舍楼，建筑面积1176平方米；1栋图书楼，建筑面积936平方米；1栋食堂楼，建筑面积1995平方米。

其他附属设施：学校大门1个（门卫室20平方米）。篮球场3个，2300平方米，水泥硬化，容易积水，地板已老化。

【发展思路】 学校始终坚持“以人为本、文化立校、质量强校、管理兴校、全面育人、和谐发展”的办理念；坚持“让每个学生获得最优发展，让每个学生都能走向成功”的办学宗旨；坚持“重素质、教方法、轻负担、高质量”的办学思路，努力打造“西林教育品牌”，提升对外影响力和辐射力，朝着现代化、高质量、有特色的市级示范学校目标奋进。

【德育工作】 学校以爱国主义为核心，全面开展理想教育、集体主义教育、法制教育和思想品德教育。学校成立了由党支部、校长领导，工会负责，政教处、少先大队组织实施，年级组和班级具体落实，科任教师积极参与的德育管理网络。安排优秀班主任做经验交流，采取不同形式提高班主任的工作水平和业务能力；组织学生认真学习《小学生守则》《小学生一日行为规范》和《八达镇二小学生文明礼仪规范》等。

班主任利用班会课开展丰富多采的主题教育活动；全校每周进行一次文明班级评比、卫生班级评比活动，将评比结果纳入班主任量化考核；坚持开展“五小活动”“文明标兵”“四好少年”和星级好少年评选活动等系列文明创建活动。充分发挥“红领巾广播室”的职能，利用校园广播系统播放《新学堂古诗词歌曲20首》《校园歌曲》《英语日常用语》等。校园及楼道内实行分块划分班级管理制；中层领导采取包年级、包楼层、包路队负责制，班主任实行护送路队到点签到制。出台《八达镇二小学校园环境文化规划设计》《八达镇二小班级文化建设方案》和《八达镇二小班级文化建设评比办法》等文化建设方案和办法，对校园进行了硬化、绿化、美化。

【学校安全】 健全校园安全工作机制。制定《八达镇二小安全巡查制度》《放学学生交接制度》《八达镇二小安全责任追究制度》等 12 种安全制度。新学期初，学校开展安全歌谣背诵比赛。为培养学生遇险应急自救能力，学校联合西林县消防大队，开展春秋两季消防应急演练。学期初和学期末，邀请社区民警来校做法制安全教育，开展安全教育周。利用班会、队会课对学生进行安全教育，使全体教师树立“人人都是安全工作者”的思想，增强“安全第一，预防为主”意识。每学年度，学校都为学生购买人身意外伤害保险。

【教学工作】 修订完善《教职工考勤管理办法》《八达镇二小教育教学评估与奖惩实施办法》《八达镇二小骨干教师认定实施办法》等管理制度。明确规定了作业、考试等的数量和要求，把教职工工作数量和工作质量有机地纳入到工作考核之中，和教师签订《目标责任书》。

狠抓教学常规和管理常规措施的落实，从保证教学时间到教学质量考核考评，从教师教案备写到学生作业批改这些日常工作入手，进行扎扎实实的检查和考评。教导处不定期的抽查教师的到位、教案备写、作业批改、单元测试等。

加强个性备课和二次备课，多出创新型的、实用型的教案，在全校语文学科和数学科中推行集体备课。

加强对教师进行现代教育技术应用的培训，教师上课必须使用多媒体、网络教学等现代化辅助教学手段。坚持听课制度，领导不少于16节，教师不少于12节。每学期组织一次高质量的课堂技能大赛及优质课评选活动。

增强学生体魄，每天体育锻炼不少于1小时，除上体育课外，每早做一次大课间操，有武术操、啦啦操、扇子舞、礼仪操等形式多样，大课间操之后，各班班主任带领本班开展形式多样的大课间活动。

【教研教改】 教研工作紧紧围绕“5+1有效合作课堂”这个主题，建立“导师带徒”制，开展“老带新，结对子”活动。形成“合作探究，快乐体验”的课堂教学模式，打造富有特色的校本教研文化。以教师专业水平不断提高为中心；实现教师教育观念与教学行为的转变；凸显三方发展：学生主体发展、教师专业发展和学校办学水平的发展。

抓好四大要素：校本培训、同伴互助、专业引领、自我反思为核心要素；注重理论学习、案例分析、校本论坛、教学反思、经验交流等为基本形式，有效地促进教师专业发展，促进学生健康成长，提高办学效益。

年内，学校开展《学生有效学习训练研究》《小学生计算能力的培养与提高研究》《有效课堂教学管理研究》《培优培坚有效策略研究》等“十三五”课题研究。

【设施建设】 2016年，县委、县政府投资300万元，新修建学生食堂，改扩建操场、花圃、文化长廊等设施，配备多媒体教学设备5套，交互式电子白板29套，安装校园监控系统，校园广播系统。接通校园互连网，配齐各类图书、实验仪器及一系列办公设施，推倒重建59米老化的围墙，扩建门卫室，大大的改善办学条件，为提高教育教学质量奠定坚实的基础。餐饮综合大楼正在建设中，建成后将优化内宿生饮食环境。

【办学成果】 学校先后获西林县“中小学育人环境建设先进学校”；百色市“现代教育技术实验学校”“素质教育一级甲等学校”“教研先进单位”；自治区“中小学德育工作先进集体”“校园文化先进单位”；中华希贤教育基金会“实验基地学校”、全国“素质教育实验基地”“全国最具影响力作文名校”等荣誉称号。

撰稿：蔡创新
编辑：秦应海
何建泽

◆八达镇中心小学

【机构人员】 中心小学设有4个处室，内设机构有党支部、教务处、总务处、教育工会、电教处、办公室、少先队大队部。另外，还有财会室、会议室、档案室。学校机构配备校长1人，副校长3人，2016年，学校在岗教职工42人，其中专任教师34人，专任教师中取得本科学历8人，大专以上学历26人，学历达标率100%；教师取得小教高级职称16人，小教一级职称18人，内设职称1人；学校现开设14个教学班，在校生814人，其中寄宿生370人；学校所辖适龄儿童150人，入学率100%。

【办学条件】 八达镇三小创建于1953年，学校地处城乡结合部，位于景色秀丽的驮娘江河畔上。学校占地面积4700平方米，建筑总面积3732.59平方米。

【教学管理】 学校秉承“求实、创新、团结、争光”的校风、“爱生、敬业、严谨、谦和”的教风、“勤奋、上进、团结、拼搏”的学风。以努力创办全市一流的镇级中心校为目标，以全面推进素质教育，提高教学质量为中心。加强常规教学；将重心下移到村小学，指导各村小学教学工作；深入开展兼职教研员、骨干教师送教到村小活动。

【教学研究】 以“5+1”教学作为学校教学的模式为抓手，学校大力开展校本钻研。继续深化教育改革，鼓励教师参加教育技术学习，掌握教学技能，学校积极探索现代远程教育技术在课堂中的有效运用、活用。提高教师的电脑动手操作能力，教师基本能够运用电脑进行教学。

【办学理念】 继续坚持“处处关心、教育耐心、孩子开心、家长放心”的办学宗旨，充分利用现代教育技术资源，转变教学理念，为创建办学质量高、文化品位高、教学质量高的一流学校奋进。

【德育工作】 以“做一个有道德的人”主题实践活动为主线，以学生行为规范养成教育为主要内容，以学校少先队活动为载体，以重大节日、纪念日为契机，开展生动活泼的德育教育活动，加强对学生进行爱国主义、集体主义、社会主义思想教育和道德规范教育。

深入开展“寻找雷锋足迹，弘扬雷锋精神”学雷锋系列活动、““同在蓝天下”全国助残日捐款活动，“童心飞扬、放飞梦想”第二届体育艺术节活动、“红领巾，心向党”学生征文活动、“我的梦，中国梦”书画作品展活动等，让学生在丰富多彩的德育活动中愉快地接受教育，形成良好品德。

学校党支部先后被评为百色市教育系统“先锋（优质）服务窗口”称号，全县创先争优“先进基层党组织”。学校被评为广西中英西南基础教育项目优秀项目学校，百色市合格学校等荣誉称号。

【文体活动】 学校体育活动蓬勃开展，并取得不俗的成绩。在第四届“园丁杯”篮球赛中，男女教师队取得第一名和第三名。学校组织学生参加西林县第三届中小学生运动会分获男子女子篮球第一名。

【教学队伍建设】 制定实施教师素质提升方案、教师读书方案和教师培训计划并贯彻实施；建立青年教师、骨干教师、新教师成长档案，以老带新，结对互助；认真组织校本培训和校本教研，号召全体教师大练基本功，提升教师理论水平、专业素质和道德水平。

学校“C类”培养人才2人，学科带头人6人，学校涌现了谭莹、农道英、廖又萱、汤芝柏等一批运用合作与探究进行教学的教师骨干。几年来，学校在德、智、体等方面取得了显著的成绩，教学质量稳步提升。近年来，在全县小学毕业测试中，学校语数两科“两率一分”排在全县各乡镇前列。

【招生工作】 期初做好调查摸底工作，深入学校所辖地区对未入学的学龄儿童进行户口摸底登记。除无学习能力者外，都要劝其入学。新生招生严格控制班生数，班生在45~50人，插班要视班生规模严格把关加以控制。招生、插班生情况要及时公示。做好新生的入学注册工作。严格把好入学原则，坚决做到不收取与报名挂钩的任何费用。就学年龄，适龄儿童入学年龄为6周岁以上，盲、聋、弱智等残疾儿童的入学年龄可推迟至7周岁。2016年，招收133名适龄儿童入学就读。

撰稿：巫卫民
农礼业
编辑：秦应海
何建泽

◆县直机关幼儿园

【机构人员】 2016年，全园教职工50人，管理人员3人，教师30人。设学前、大、中，小11个班级，在册幼儿410人。

【办学条件】 西林县县直机关幼儿园占地面积1258平方米，场地面积491平方米，建筑面积525平方米。

【教育教学】 学校要求教师根据不同年龄段幼儿接受的能力，调动幼儿学习的主动性，注重幼儿的参与性，在课堂上充分调动孩子的积极性，并能关注到每一位幼儿，注重他们的个体差异，让孩子在玩中学、学中玩，在游戏中锻炼他们的动手能力、合作技巧，创新能力，注重他们的兴趣培养，个性张扬。

开展丰富多彩的活动。为促进幼儿的全面发展，学校利用传统常规性的活动，让孩子们的生活，体验节日的快乐，陶冶道德情操。如“三八”妇女节的爱妈妈教育、传统民族风俗“壮语童谣大家唱”活动；庆“六一”“同享阳光快乐成长”文艺晚会儿童教育；参与“火灾逃生演练”等活动。

利用主题活动课，游戏等形式启发和培养幼儿的环保意识。提倡“节约一滴水、一张纸、一粒米、一度电”使幼儿从小养成良好的环保行为。本学年，学校组织参与“关爱生命，健康成长，”的防电、防水、食品安全、交通安全、玩具安全、防火安全教育等活动、“春游活动”大型户外活动、“庆六一文艺晚会”“壮语童谣大家唱”“教师三八趣味运动会”“为烈士献花圈”等活动，发展幼儿各方面的能力，体验成功的快乐，展现幼儿园师幼良好的精神风采。

本学年度，学校组织8人（次）优秀教师到各园及对口支援学校开展送课下乡活动3次，承办全县幼儿教师授课比赛2次，帮助她们提升教育理念，提高她们的教学水平，提升全县幼教整体水平。

【德育工作】 根据学校青年教师多、思维活、观念新的特点，学校注重对青年教师进行社会主义荣辱观、敬业、爱业、乐业的思想熏陶，组织全体教师参加查处“四风”和腐败问题专项工作约谈，帮助教师更新观念，提高全体教职工的政策水平和思想觉悟。并定期撰写学习心得、研讨专题与讲座相交替，通过学习讨论，对应该树立什么样的职业道德、树立什么样的价值观、教师观，建立什么样新型的师幼关系，都有了新的认识与提高。

创设环境、提供舞台，提高师德建设整体水平。学校注重为教师们创设正气、平等、宽松的心理环境。园领导以身垂范，起到很好的模范榜样作用。

以主题活动为载体，丰富幼儿德育活动的内涵 。三八国际妇女节以班级为单位开展“壮语童谣大家唱”庆祝活动；植树节带领幼儿进行护绿小卫士行动，教育他们要爱护绿化；五一节通过开展系列教育活动，激发幼儿爱劳动的情感；六一节，邀请家长们参加，使孩子有了与父母共同上台的机会，并让他们留下一份深刻的回忆。

学校对不同年龄阶段的幼儿提出不同的德育要求，教师注意为幼儿创造一切条件，让幼儿在日常生活中更多地与同伴及成人自由地接触和交往，在来园、游戏、洗漱、进餐、午睡、活动等各个环节贯穿德育内容，抓住有利的教育时机，有的放矢地进行教育。

【教师队伍建设】 本学年度，学校选派选派 6 名骨干教师赴百色、北海学习，开展青年教师公开课比赛，通过各种活动使园领导管理能力，教师的业务技能、保教水平得到了提高。

【校园文化建设】 硬件环境建设。2016 年，学校在原有的基础上继续加大硬件建设的投入力度，完成硬化地面 491 平方米，种植风景树 30 株；购置不锈钢炉灶一套，蒸饭车 1 台，和面机 1 台，一体机 12 台。

区域文环境建设。在教学楼走廊及每班教室内均设立幼儿美术区、语言区区、数学区、美工区、娃娃家、自然区等区域。根据班级的不同特点老师绘制了不同的游戏格式，既拓展孩子的游戏空间，又开发幼儿的智力。在楼道里，班级上都设计不同的知识：交通标志，音符，数字，安全标志。设置主题活动室，有适合儿童不同爱好的区域角，融知识性、趣味性，让幼儿既动手又动脑。

开展“我健康我快乐”体育活动。学校根据幼儿年龄的差异，开展跳绳、踢球、沙包等生动有趣的、形式多样的体育教育活动、游戏活动及户外活动，保证每天幼儿户外运动时间不少于1.5小时，让幼儿走向操场、走进大自然、走到阳光下，积极参加体育锻炼，培养幼儿对体育活动的兴趣，吸引幼儿的主动参与，让孩子们拥有一个健康快乐的心身。

【园务公开】 坚持园务公开。向全园教职工全面公开幼儿园规章制度、职评、评先、考核、捐款、财务开支等整个工作情况。使教职工对幼儿园发展前途、改革的目标、管理的方法、工作、程序进行全面深入了解，调动广大教职员工的积极性，增强广大教职工参与管理幼儿园的意识，加强幼儿园的民主建设。

【工会工作】 开展多种形式的活动，丰富教职工生活内容，愉悦教职工身心。为提高教职工的文化素养和生活质量，工会开展了一系列文明、健康、向上的文体活动。例如：“多姿多彩的三八国际妇女节”，活动激发了教职工的工作热情和乐观自信的生活态度。在融合的氛围中，教职工之间互相帮助，互相关心、爱护的精神得到了弘扬，集体凝聚力增强。

【安全防范】 加强保育员的培训，规范操作流程。全体的后勤人员都能在各自的岗位上完成工作任务。熟悉每日工作操作程序，能在规定的时间段完成相应的工作。且每人的动作都很娴熟有序把整个活动室搞得有条有理。排放整齐，无存在卫生死角。定期组织保育员学习业务知识、理论知识，现场操作活动并讨论学习。

落实各项安全制度，确保幼儿园工作安全正常的运作。把安全卫生工作作为头等大事来抓，成立安全领导小组，与各教师们签定安全责任状，增强责任感，食堂人员安全不松懈，严把食品入口关；保教人员时刻关注孩子，消除班级事故隐患。

本学年度，该园引进智能安全感应卡设备系统，推行智能IC“接送卡”制度，要求家长刷卡接送孩子，实行一个孩子由一个家长（成年）护送的“一对一”管理模式，有效解决了幼儿接送的安全问题。本学年校园未发生安全事故。

加强对教职工、幼儿处置突发事故的应急能力。2016年组织开展“地震疏散演练”“防火逃生演练“各一场，增强和提高广大教职工幼儿应急处突能力。

加强食品安全监测。食堂规范管理工作是幼儿园各项工作来说是重中之重。幼儿园十分重视食堂卫生安全管理工作，并将长期不懈地抓好，努力提高食堂服务质量和服务水平，为幼儿的健康饮食做好保障。

【获得荣誉】 截至2016年年底，获得自治区地区示范幼儿园、县级绿色学校、县级优秀平安单位、西林县“先进集体”单位等荣誉称号。

撰写：吴沛倩
编辑：秦应海
何建泽

◆西林县民族幼儿园

【机构人员】 2016年，全体教职工22人，在职在编教师有19名，自聘职工3名。管理者由一正一副，改为一正两副。设学前、大、中、小、托5个班，在册幼儿184人。

【办学条件】 西林县民族幼儿园位于西林县八达镇中街，占地面积730.48平方米，建筑面积591平方米，幼儿户外场所284平方米。2016年，教育局下拨给幼儿园10万元，对园内墙面进行全面翻新整修，搭建雨棚使得雨天二楼的幼儿有了可以活动的场地。幼儿教室、寝室的线路全部翻新，每间教室、睡房各安装消毒灯4盏；新增空调7台，使每班、每个寝室都能使用空调；更新活动黑板每班安装一体机，更换新的幼儿户外大型玩具。为了校舍的安全，西林县民族幼儿园新增若干台摄像头，做到监控摄像无死角。由于厨房工作量大，员工少，为提高工作效率，厨房新增搅面机和切菜机。办园条件的改善，进一步优化育人环境。

【园务管理】 提出“拥抱孩子”的服务理念，实行人本管理。根据本园实际情况，建立健全的幼儿园管理制度。遵循力所能及原则，做到人尽其才。针对不同老师的能力和特长安排工作，使所有教师能发挥长处，弥补不足。遵循合理组合原则，本园实施优化组合，教师自由选择喜欢的搭档工作。随着幼儿园年轻教师增多，实行三教轮保。为了加强班级工作管理，强化班级管理制度，提高班级工作管理效率，对班级工作实行量化管理。全面提高保育保教质量，以制度管理为依据，调动教师保育工作的积极性，营造科学化、规范化、民主化的管理轨道。

坚持园务公开。一是面向社会公开幼儿园招生介绍、收费标准、及幼儿园教育教学的重大活动；二是面向全体教职员工和家长公开幼儿园规章制度、幼儿资助项目、幼儿园重大事项、职称、评优、绩效考核及财务收支等工作情况。使得教职工对幼儿园发展、改革和管理方法深入了解，调动教职员工积极参与管理幼儿园的意识，推进幼儿园民主建设。

【德育工作】 德高为师，身正是范，师德是教师的灵魂。为此，本园着重从教师职业道德入手，狠抓师德教育。组织全体教职工开展师德学习活动，通过教研活动学习《教师法》《教育法》《新义务教育法》等，开展知识竞赛、写师德心得体会等活动，帮助教师树立敬岗爱业，乐于奉献的精神，促进教师职业道德风气的形成。组织全体教职工参加查处“四风”和腐败问题专项工作约谈，将腐败意识扼杀在萌芽中，为构建和谐校园创造良好条件。

根据幼儿年龄特点，把品德教育安排在幼儿日常生活环节之中，注重品德教育的随机性。日常生活幼儿品德的形成有多方面的影响，并且为幼儿提供了行为练习与实践的机会。教师充分捕捉各种教育时机，将幼儿良好的生活、卫生习惯的培养放在日常生活中，养成孩子生活自理的初步能力，并从中培养幼儿良好的品德。如:早晨来园时，注意培养幼儿使用礼貌用语；自由活动时，注意培养幼儿团结合作、友爱、谦让的精神；通过常规训练和严格执行生活制度，培养幼儿遵守纪律、诚实、勇敢、自信、关心他人、爱惜公物、不怕困难的品德和行为习惯等；在每周一早上的升旗仪式进行爱国主义教育；培养幼儿从小爱劳动及为他人服务的良好品德以及幼儿自我管理和组织能力，在此工作中培养幼儿严以律己和公正待事的良好品质。结合节日开展德育主题活动，每年3月5日“学雷锋活动日”设计一些适合幼儿的主题活动，以游戏化为主的教学渗透情感教育和道德教育。

【教育教学】 教师是现代教育中最活跃的因素，造就一支高素质的保教队伍是幼儿园开展工作的核心。加强教师的业务教研学习，每周四分别为业务、教研学习时间，要求教师们认真记好笔记，大胆交流。特别是业务学习的内容根据每一个阶段教师在教学中所呈现出来的教学或教育问题，找出相关的资料进行研讨，让教师们学有所获；加强对青年干部队伍的培养与建设，努力挖掘一些优秀的青年充实到干部队伍中，培养教师主持和演讲等能力。加大教师教学技能的练习，鼓励教师积极参加幼儿园各项比赛。

抓好课堂教学是提高教学质量的关键，在规范课堂教学过程中，要求教师严格执行教学“二认真”，认真备课和认真做好教学准备。运用课件进行教学，让孩子们在玩游戏中学到知识。强调突出教学环节“三优化”，从优化课堂结构、优化教学手段、优化教学评价着手，激发孩子学习的兴趣和求知欲望，提高教学效率。通过切实可行的措施，提高课堂教学有效性，在最大程度上增强教师日常教学的自觉性，促进教学规范化。

根据教育部门规定，西林县民族幼儿园使用的教材是广西主题式教学。在教学活动中，教师根据幼儿年龄特征和教学课程开展丰富多彩的活动。以知识和经验为载体，运用游戏方法让孩子们在玩的过程中学会知识。重在培养幼儿的动手能力、合作能力和创新能力，调动幼儿学习的积极性。如“六一”搓汤圆活动，冬季“大手牵小手、唱响亲子乐”操节活动，吸引孩子、吸引家长的同时更提高西林县民族幼儿园的教育教学质量。

【安全防范】 在幼儿园安全是第一位。落实各项安全制度，确保幼儿园工作安全正常运作。为每位幼儿购买校方责任险，与家长签订幼儿安全责任状。成立以园长为主的安全领导小组，加强教职工各项安全意识和责任感。分管后勤副园长，严把食品安全关。成立伙委会，为幼儿提供营养健康的菜谱。食堂人员做好幼儿饭菜、留样和食物卫生情况，确保食物安全卫生。采购人员要通过正规渠道购买合格食品，确保食物新鲜无毒，及做好蔬菜检测并记录。加强保育教师的培训，规范操作流程，做好各班教室卫生和消毒，做到卫生无死角。分管教学副园长，严把教学安全关。加强教师安全意识，让幼儿学习安全知识，增强幼儿各项安全意识。在教学活动中开展安全教育课，如每学期开学初进行的开学安全第一课、安全疏散演练、消防演练和交通安全课，让孩子们知道应急处理事故。加强班级常规意识，消除班级事故隐患。

【家园工作】 西林县民族幼儿园的工作离不开家长的配合，本园成立“家委会”，通过举办各种专题讲座等多种形式向家长宣传科学的家教知识，密切家园之间的联系。除家访、电话访问、家长开放日等形式外，还利用网络资源与家长交流，及时了解家长意见并进行反馈。

撰稿：颜　妍
编辑：秦应海
何建泽

◆苗苗幼儿园

【机构人员】 2016年，苗苗幼儿园有教职工106名，设园长1名，副园长3名，分管3个分园的各项工作，教研组长3名，分管3个幼儿园教育教学工作，安全组长3名，分管各个分园安全工作，后勤组长1名，分管幼儿园食堂及后勤卫生工作，专任教师50名，全园教师98%取得专科以上学历，部分教师取得本科文凭。

【办学条件】 在国家实行《中央财政扶持民办幼儿园发展奖补资金管理暂行办法》政策的关怀下，苗苗幼儿园3个分园都获得了“多元普惠幼儿园”补助。学校充分利用普惠资金及时改善园内的设备设施条件，苗苗一幼操场铺上朔胶地板，更大的保障孩子们户外活动的安全性，苗苗二幼重新改装了幼儿卫生间，加盖了楼顶防晒层。

【工作管理】 苗苗幼儿园一直把安全放在园工作的首位，每个分园内设均设有1名安全组长，安全组长定期召开安全会议，每个月开展两次安全演练，每周定期进行园内的设施安全检查维修，确保设施安全。利用家园栏，板报等对家长开展一些安全知识。平时通过家长开放日，家长会等让家长参与到我们的安全教育中来，提高家长与孩子们的安全意识。几年来，没有发生大的安全事故。注重孩子们的生活环境卫生。生活老师每天做好本班教室的清洁通风工作，幼儿用品、玩具、寝室等都定期进行消毒。在传染病高发季节把好传染关，坚持到疾控中心领取消毒药来对学校环境进行消毒；后勤组长把好食品安全关，从采购到烹饪都要严格把好每一个安全环节，确保幼儿的两餐一点是安全、卫生、营养均衡。

【教育教学】 作为有着25年办学经验的民办园，苗苗幼儿园更注重教学方面的成长和更新，该园以《3~6岁儿童学习发展与指南》为指导思想，从健康、语言、社会、科学、艺术五大领域来开展教学，从不同的角度促进幼儿情感、态度、能力、知识、技能等方面的发展；一日活动中遵循幼儿身心发展的规律和学习特点，以游戏为基本活动，保教并重，关注个别差异，促进每个幼儿个性的发展；在每一次的教学活动中注重幼儿的情绪，培养孩子的个性发展。

在师资上，苗苗幼儿园制定适合自己的教学管理体系，尽量根据园本情况来制定适合自己的培训方式，采取“走出去，引进来，园本培训、以旧带新、骨干老师与新老师一对一的帮扶”等方式来提高幼儿园的教育教学质量，教研组长经常加强检查、指导力度，不断提高幼儿园的教育教学质量。

家园共育是苗苗幼儿园的教育特色，在各种教学活动中，尽量要求家长配合或参与到其中来，通过家园栏、家长开放日、六一晚会、元旦家园联欢等让家长走到幼儿园、走到孩子们的教学中来，从而更明白幼儿园的教育教学。

【德育工作】 2016年，苗苗幼儿园把品德教育安排在幼儿日常生活的各个环节之中，注重品德教育的随机性，通过常规训练和严格执行生活制度，培养幼儿遵守纪律、诚实、勇敢、自信、关心他人、爱惜公物、不怕困难的品德和行为习惯；组织大班段幼儿到一小、二小参观，为他们上小学做准备，组织师生进行安全教育和演练，进行诚信明礼教育，关心需要帮助幼儿，构建和谐幼儿园，开展社会实践活动等。贯彻大德育理念，推行全员育人的德育工作制度。

【文体活动】 2016年，苗苗幼儿园教职工除了积极参加上级部门组织的各种文体活动（如园丁杯、全县六一文艺晚会）外，园内也经常开展各种活动，如“家园联欢”“教师节座谈会”“三八节联欢”等活动。

撰稿：岑玉梅
编辑：秦应海
何建泽

医疗卫生　计划生育

◎卫　生

【机构人员】　2016年，全县卫生系统有医疗卫生单位18个，其中县级医疗卫生单位有县人民医院、县疾病预防控制中心、县卫生监督所、县中医医院、县妇幼保健院、县边防站、县新农合办等7个；各乡镇卫生院11个。卫生系统有干部职工1314人（在编人员556人，临时工714人，政府聘用人员71人），其中有卫生技术人员1119人，管理人员21人，工勤人员201人。全县编制床位数636张，实际开设床位1077张。全县平均每千人口拥有卫生技术人员6.97人；平均每千人口拥有床位6.71张。

【制度改革】　2016年，制定下发《西林县县级公立医院综合改革实施方案》（西政办发〔2015〕81号）、《西林县县级公立医院综合改革工作领导小组》（西政办发〔2015〕111号）、《西林县城乡居民医药价格调整医保支付方案》（西政办发〔2015〕84号）、《西林县县级公立医院清产核资工作方案》（西政办发〔2015〕110号）、《西林县县级公立医院人事制度改革实施方案》（西政办发〔2016〕10号）、《西林县人民医院人员编制（控制数）》（西编〔2016〕6号）、《西林县中医医院人员编制（控制数）》（西编〔2016〕7号）、《西林县妇幼保健院人员编制（控制数）》（西编〔2016〕8号）、《西林县县级公立医院绩效考核实施方案》（西政办发〔2016〕41号）等9个配套方案。并按方案实施改革。

2016年1~12月，县级公立医院使用基本药物品种占全部药品品种的74.71%；基本药物采购金额占全部药品采购金额的71.51%；使用基本药物销售额占全部药品销售额的64.59%；平均药占比与去年相比下降7.15%；医院门急诊量与去年相比上升26.49%，患者门急诊均次费用与去年相比下降11.12%；医院住院量与去年相比下降12.55%，患者住院均次费用与去年相比下降7.89%。

【农村基层服务体系建设】　巩固完善基本药物制度，政府投资建设的村卫生室实施实现国家基本药物制度。全县11个乡镇卫生院全部实施国家基本药物制度，严格执行药品网上集中采购，实行零差率销售。继续推进国家基本药物制度在村卫生室实施。政府投入已建成的村卫生室83个（不包括10个不需建设标准化村卫室），其中80个村全部实施国家基本药物制度，覆盖率为96.39%。

继续深化基层医疗卫生机构人事制度改革，以健全聘用制度和岗位设置、岗位管理为重点，建立权责清晰、分类科学、机制灵活、监管有力的人事管理制度，实现由以前“人员入编”向“定编定岗、合同管理用人”转变，形成基层医疗机构卫生服务人员能进能出、岗位能上能下、待遇能高能低的新机制。

2016年，通过事业单位公开招聘到39名卫技人员，到各乡镇卫生院充实基层医疗机构技术队伍。落实农村订单定向医学生免费培养工作，为4名医学生办理用编手续，并安排上岗工作。

完善“托低不限高”绩效工资制度。完善乡镇卫生院基础工资和绩效工资分配结构，体现多劳多得、优绩优酬，充分调动医务人员工作积极性。全县11个乡镇卫生院全面落实基层医疗卫生事业单位绩效工资和实施综合量化考核，推行“托低不限高”的绩效工资制度。

推进乡镇卫生院财务制度改革。建立乡镇卫生院会计核算中心，继续实行乡镇卫生院财务集中核算。

【基础设施建设】 2016年，西林县卫生系统得到中央预算内资金下达的项目有4个，分别是西林县中医院整体搬迁项目、西林县妇幼保健院业务用房项目、西林县西平乡卫生院业务综合楼、西林县足别瑶族苗族乡卫生院业务综合楼。

年内，西平乡卫生院业务综合楼、足别瑶族苗族乡卫生院业务综合楼已竣工验收。县中医院整体搬迁项目主体工程楼完成基础工程；县妇幼保健院业务用房项目开挖基础；马蚌镇卫生院业务综合楼开工建设。

县中医医院项目工程2016年4月初开始施工建设，完成地下一层建设并启建地上第一层，完成投资2571万元，超额完成年度绩效定额目标。

【中医药事业】 年内完成全县11个卫生院的中医民族科建设，全县基层中医药民族医药服务能力得到了一定提高。增加18个村卫生室配置中医药壮瑶医服务包任务。各医疗单位可开展中医药民族医药适宜技术21项，中医科的就诊病人18660人（次），比上年略有上升。

加强中医民族医人员培训。针对县中医民族医人员短缺的状况，县中医医院年内派出医生2名，护士6名到广西中医药大学一附院进修学习3个月，为县中医医院引入多项目中医民族医特色治疗方法。县内举办5期中医适宜技术培训班，培训120人（次）。

开展中医药健康管理服务。根据国家卫生计生委《关于做好2013年国家基本公共卫生服务项目工作的通知》（卫计生发〔2013〕26号）的要求，西林县将中医药健康管理服务纳入基本公共卫生服务范围，进一步放大医改的惠民效果，丰富基本公共卫生服务的内涵和扩大中医药覆盖面，推动中医药工作的开展。年内，全县老年人中医药健康管理率已达42.37%，儿童中医药健康管理率为44.85%。

开展中医中药中国行“进乡村·进社区·进家庭”活动。邀请广西中医药大学第一附属医院专家到西林进行坐诊及开展中医药业务培训工作，促进县中医医院的中医药从业人员的业务水平，进一步推动中医药服务能力。持续开展中医技术服务基层活动，深入各乡镇义务为广大乡镇群众进行免费的义诊活动。县中医院组建中医义诊活动小组分别到足别、弄汪、西平、普合、那佐、古障等乡镇进行义诊服务活动及健康咨询活动，现场为群众免费进行推拿按摩、拔罐、针灸等中医特色治疗，以实际行动推进中医药知识宣传普及工作。全年免费为群众进行推拿按摩、针灸等中医特色治疗635人（次），发放宣传单1100份，提供健康咨询776人（次）人次。

【爱国卫生运动】 组织各乡镇、部门在春节前后开展以清洁环境为重点的爱国卫生活动，活动共清除垃圾20多吨；开展春秋两季县城和乡政府所在地除“四害”工作；开展以““清洁乡村，灭蚊防病”为主题的爱卫月现场宣传活动，和印发宣传资料发到各乡镇，活动覆盖人群5万多人次；开展农改厕项目，2016年验收农村无害化卫生厕所30个，发放改厕补贴1.69万元。

【医政管理】 认真贯彻执行《执业医师法》《医疗机构管理条例》《乡村医生从业管理条例》等法律法规，加强医疗机构校验工作，共对64家医疗机构进行校验。

建立投诉受理机制。坚持德法并举，排调并重，全力做好医患矛盾纠纷排查调处工作。及时调查解决医疗纠纷，积极预防和妥善处理医患纠纷，协调解决。2016年发生医患纠纷1起，经行政调解，妥善解决，未发生群体事件。

组织医师定期考核工作。全面落实卫生部《医师定期考核管理办法》，加强对医师执业的管理，规范医师的执业行为，提高医师的素质，保证医疗质量和医疗安全。年内，按照上级的要求，组织对全县143名执业医师进行了2014–2015年度考核。

执业医师资格考试和医师执业注册。加强卫生技术人员准入管理，年内，对全县90名参加执业医师资格考试考生进行资格审核、剔除不符合报考条件的考生5人；年内执业医师注册登记2人，变更注册6人。

开展“服务百姓健康行动”大型义诊周活动。全县有36名医务人员参加活动，为1465名患者义务诊疗，发放宣传资料2100份，减免医药费1652元。

【红十字会】 通过各种渠道，依法争取国内红十字会资金、物质援助，开展备灾救灾工作。依法积极推动无偿献血工作。完成西林县人民政府下发2016年任务，成功动员22名无偿献血志愿者成为造血干细胞志愿捐献者，完成市红十字会下达指标的110%。

【突发性公共卫生事件应急预案】 县卫生计生局编制《西林县突发公共卫生应急预案》，经县人民政府批准实施。

【卫生行风建设】 加大宣传力度，大力开展党风廉政和医德医风教育。采取多种形式深入开展理想信念、权力观教育，树立正确的价值观和权力观；继续深入开展宗旨意识教育、职业道德教育、廉洁从业教育和专业技术教育，提高广大医务人员的职业道德素质和专业技术水平。大力推动廉政文化进机关、进医院、进家庭，增强廉政文化建设的广泛性和长效性。坚持把维护党的政治纪律放在首位，督促党员干部不折不扣地执行党的路线方针政策，深入开展党的政治纪律教育。

加强药品、耗材、医疗器械集中采购的监督检查，对违规的医疗机构要追究直接责任人和医院领导的责任。对违规的生产经营企业，及时向社会公布其不良记录，并坚决按照药品集中采购的规定进行处理。

加强药品和医用耗材集中采购监管。严格实行以政府为主导、以自治区为单位的药品网上集中采购工作，加强监督，规范运行，确保集中采购工作健康、有效推进。加强对单位药品集中采购合同执行情况特别是“二次议价”采购的监督，严禁采购非中标药品；加强对医疗机构回款的监管，将按时回款情况纳入医疗机构的评价体系并从严考核，对无正当理由或恶意拖欠货款的医疗机构要严肃查处。

加大源头防控力度。进一步深化“廉政风险防范”管理工作，深化行政审批制度改革，严格审批程序，保证卫生行政权力依法、公正、透明运行。进一步推进政务公开，探索实行党务公开，促使权力在阳光下运行，实施全过程动态监控和公开透明运行，健全权力运行监督制约机制。

【艾滋病防治】 2016年，县财政按全县总人口数落实人均1元艾滋病防治经费划拨到位（县级配套15.85万元），到位率100%；全县新发报告病例数19例，不高于2015年的19例；艾滋病病人病死率为0。

【卫生法规宣传】 整合卫生计生宣传资源、内容和阵地，促进卫生计生宣传工作有机融合。投入22万元，打造幸福家园，卫生计生文化长廊和文化大院，乡（镇）、村级示范宣传阵地建设11个，为全县卫生计生事业改革发展营造良好的舆论氛围和社会环境。2016年度，开展各类宣传活动22次，接受群众咨询1255人（次），发放宣传资料60000余份，围裙10000余张，免费为群众健康检查1328人（次）。加强卫生计生文化建设，塑造行业精神。

加强对卫生计生新闻报道，鼓励各单位通信员撰写反映卫生计生改革发展实际、反映广大卫生计生工作者振奋精神、乐于奉献、敬业为民、创新发展，构建和谐医患关系的新闻稿件，组织开展卫生计生“三下乡”活动，打造行业文化，塑造行业精神。2016年度，在《右江日报》发表卫生计生新闻稿33篇，百色新闻网65篇，自治区卫计网站85篇，《广西人口与健康》杂志5篇，广西西林网69篇。

撰稿：陆贵文
编辑：秦应海
何建泽

◎ 乡（镇）卫生院概况

【机构人员】 全县有11个卫生院，其中中心卫生院3个，乡镇卫生院8个。辖区服务人口150629人。全县11个乡镇卫生院现有职工总数为323人，有医疗卫生技术人员263人，其中在岗在编技术人员212人，临时聘用技术人员51人，医疗卫生技术人员中具备执业资格人数96人，比例为36.50%；在岗在编管理人员22人，自聘管理人员7人；在岗在编工勤人员22人，自聘工勤人员9人。学历分布：本科学历31人；大专学历101人；中专及以下学历191人。

11个乡镇卫生院核定编制270人，在编在岗256人，空编率为5.18%；编外聘用人员67人，编外聘用比26.17%。

【人员聘用】 2016年，乡镇卫生院空编56人，拟向社会公开招聘西医临床岗位、中医临床岗位、医学技术岗位、护理岗位、药剂岗位、公共卫生岗位 51 人，笔试题和面试题均购买自治区人才交流服务中心题目。8 月 13 日完成公开招聘笔试考试，进入面试人员 194 人，其中笔试 77 人、免笔试 117 人，10 月 22 日完成面试考核工作。

【人员管理】 西林县基层医疗卫生单位在职在编人员 270 人，全部录入县级机构编制部门实名制管理信息数据库进行管理。用编人员全部实行同岗同酬，依法办理社会保险，用编人员每年继续教育培训时间在 12 天以上；全部实行人事档案管理，其中由卫计部门统一保管 183 人，由人社部门统一保管 67 人、由组织部门统一保管 20 人。招聘临时聘用人员 120 人，全部实行最低基本工资保障。全县 128 名村医生工资每月 300 元。

【财政补助】 基本公卫补助。2016 年，西林县常住人口 14.26 万人，按照人均补助经费 45 元计算，2016 年基本公卫补助资金应筹集 641.70 万元，截止 9 月份止，补助资金实际到位 642.70 万元，到位率 100.16%。

村级卫生室基本药物零差率补助。根据自治区卫生厅、发改委、财政厅、人社厅、食药监局、物价局《关于印发广西壮族自治区村卫生室实施基本药物制度实施细则（暂行）的通知》（桂卫办〔2012〕117号）文件精神，自治区和县财政按每个行政村补助1个村卫生室，对每个村卫生室每年补助3000元，其中自治区财政按每个1800元的标准进行补助，县财政按每个1200元的标准进行补助。西林县有94个行政村，县财政已于8月份给予94个村卫生室基本药物零差率补助资金11.28万元，到位率100%。

用编人员工资补助资。按照相关人事财政政策，对用编人员实行同岗同酬，给予发放基本工资、核拨人员经费、缴纳社会保险、缴纳住房公积金等，保证用编人员基础待遇。

绩效工资。乡镇卫生院实行“托低不限高”绩效工资政策，兑现年终结余30%的增量绩效工资，充分运用激励机制，提高医务人员工作积极性。

撰稿：陆贵文
编辑：秦应海
何建泽

◎ 卫生监督管理

【机构人员】 2016 年，西林县疾病预防控制中心设中心主任 1 名，副主任 2 名，有职工 36 人，在编 26 人，编外 10 人（其中财务后勤 5 人，在编 4 人、政府聘用 1 人）；卫生专业技术人员 29 人，其中本科 8 人、大专 17 人、中专 4 人；高级职称 2 人、中级职称 4 人、初级职称 16 人。

内设疾病预防控制科、艾滋病防治、免疫规划科（包括预防接种门诊）、基本公共卫生科、健康教育科、卫生监测科、检验科、质量管理科、办公室和财务科等个十个职能科室。

【配套设施】 疾病预防控制中心大楼建筑总面积 2000 平方米（减划给监督所的 850 平方米），其中实验室面积 900 平方米。固定资产 3160 万元，主要实验仪器有原子吸收分光光度计、原子荧光分光光度计、原子离子色谱、电子天平和全自动生化仪等精密仪器设备 110 台（套），价值 316 万元。

【食品安全风险监测】 年内，西林县疾控中心在辖区内的超市、食品批发店、农贸市场摊点、快餐店、冷饮店、农村学校食堂等开展食品采样抽检工作。2016 年自治区下达的任务数为 160 份，年内完成采样建成 162 份。

食品化学性污染物和有害因素常规监测。监测任务数65份，完成采样65份，上送自治区疾控中心检测35份，其中桶装饮用水类溴酸盐项目5份，无超标；散装白酒、自制白酒类甲醇、杂醇油、铅、氰化物项目10份，无超标；花生油的黄曲霉毒素B1项目5份、水产品的氯霉素项目5份，谷物大米类（散装）无机砷、铅、镉、硒、锌项目10份，检测结果没反馈。送自治区疾控中心检测完成率42.28%。本级检测30份，完成检测30份，检测结果均无超标，完成检测率100%。

食源性致病菌常规监测。监测任务95份，完成采样监测97份，完成率102.10%。检出致病菌13份，其中水产品及制品检测5份，检出副溶血性弧菌2份，检出率40%（2/5）。餐饮食品检测15份，检出蜡样胞杆菌2份，检出率13.33%（2/15）。桶装水检测5份，检出铜绿假单胞菌1份，检出率20%

（1/5）。学校周边小食品检测10份，检出蜡样胞杆菌7份，检出率70%（7/10）。肉类及其制品检测10份，检出金黄色葡萄球菌1份，检出率10%（1/10）。其他类食品未检出致病菌。

2016年，食品安全，微生物检出率13.40%（13/97），食品仍然存在安全隐患，主要是学校周边小食品和自制冷饮安全隐患较大，其次为水产品及制品。

【食源性疾病监测】 西林县监测哨点医院是县人民医院，监测内容包括：症状与体征记录、饮食暴露史、临检结果、临床诊断等个案信息。2016年，监测任务为120份以上，截止2016年12月15日完成报告115例，完成上报率95.83%。无食源性疾病暴发。

【健康体检】 截止2016年12月15日，全县体检人数2861人，发放从业人员健康合格证2850份。

【质量控制】 为确保监测工作质量和检验数据准确、可靠，实验室按照《国家食品安全风险监测质量管理方案》要求，加强实验室内和实验室间的质量控制，包括人员、仪器、环境、试剂质量控制要求，具体按工作手册和标准检验方法规定执行。

【农村饮用水卫生监测】 2016年，监测任务数为74份，全县8个乡镇纳入监测范围。2016年3月、9月，中心对8个乡（镇）所在地的供水工程和2014～2015年新建成投入使用的村屯级供水工程18个进行调查采样，共采样76份。出厂水（储水池）34份、末梢水（群众家水龙头）34份和学校食堂笼头水8份。

消毒设施及消毒情况。监测的18个乡村级供水工程中有消毒设施11个（占61.11%），没有消毒设施7个（占39.89%）；有消毒设施工程中，按要求使用消毒设施的有6个（占54.45%），偶尔使用的有2个（占18.18%），不使用的有2个（占18.18%），损坏1个（占9.09%）。具体见供水工程名称水质监测结果一览表。

检测结果。经对76份出厂水和管网末稍水进行微生物指标、毒理指标、感官性状和一般化学指标等32项水质指标进行检测，使用二氧化氯消毒剂消毒的供水工程增加检测二氧化氯和亚氯酸盐两项。

2016年，水质总合格率61.84%（47/76），出厂水61.76（21/34）、末梢水61.90（26/42）。其中枯水期合格率63.16%（24/38），出厂水64.71（11/17）、末梢水61.90（13/21）；丰水期合格率60.53%（23/38），出厂水58.82%（10/17）、末梢水61.90（13/21）。

全年对18个集中式供水工程水质进行监测，枯水期和丰水期32项检测指标全部合格11个，合格率为61.11%，其中枯水期合格11个、丰水期合格11个（含1个学校独立供水工程，具体见供水工程名称水质监测结果一览表。

（1）枯水期

①微生物指标：总大肠菌群合格率64.70%（其中枯水期70.58％、丰水期58.82%），耐热大肠菌群76.47%（其中枯水期82.35%、丰水期70.58%），菌落总数76.47%（其中枯水期64.70％、丰水期88.23%），大肠埃希氏菌100%（其中枯水期100％、丰水期100%）。

②毒理指标：砷、镉、铬、铅、汞、氰化物、氟化物、硝酸盐氮和亚硝酸盐等9个项目合格率均为100%。

③感官性状：色度、浑浊度、嗅和味、肉眼可见物以及和PH等5个项目合格率均为100%。

④一般化学指标：铝、铁、锰、铜、锌、氯化物、硫酸盐、溶解性总固体、总硬度、耗氧量、挥发酚类、阴离子合成洗涤剂、二氧化氮和氨氮等14个项合格率均为100%。

⑤消毒剂：使用二氧化氯消毒剂消毒的供水工程二氧化氯项目合格率100%（8/8）。

（2）丰水期

①微生物指标：总大肠菌群合格率64.70%（其中枯水期70.58％、丰水期58.82%），耐热大肠菌群76.47%（其中枯水期82.35%、丰水期70.58%），菌落总数76.47%（其中枯水期64.70％、丰水期88.23%），大肠埃希氏菌100%（其中枯水期100％、丰水期100%）。

②毒理指标：砷、镉、铬、铅、汞、氰化物、氟化物、硝酸盐氮和亚硝酸盐等9个项目合格率均为100%。

③感官性状：色度、浑浊度、嗅和味、肉眼可见物以及和PH等5个项目合格率均为100%。

④一般化学指标：铝、铁、锰、铜、锌、氯化物、硫酸盐、溶解性总固体、总硬度、耗氧量、挥发酚类、阴离子合成洗涤剂、二氧化氮和氨氮等14个项合格率均为100%。

⑤消毒剂：使用二氧化氯消毒剂消毒的供水

工程二氧化氯项目合格率100%（8/8）、亚氯酸盐合格率100%（8/8）。

附件1：供水工程名称水质监测结果一览表

序号	供水工程名称	消毒设施	是否使用	枯水期是否合格	丰水期是否合格
1	足别瑶族苗族乡供水工程（覆盖足别小学）	有	是	合格	合格
2	那劳镇供水工程	有	是	合格	合格
3	斗皇村3-4组供水工程	有	否	不合格	不合格
4	普合苗族乡供水工程（覆盖普合小学）	无	—	不合格	不合格
5	古障镇供水工程	有	是	合格	合格
6	者夯村供水工程	无	—	合格	合格
7	八索屯供水工程	有	是	不合格	不合格
8	八大河村供水工程	无	否	不合格	不合格
9	坡卡屯供水工程	无	—	合格	合格
10	马蚌村供水工程	有	是	合格	合格
11	西平平寨屯供水工程	无	—	不合格	不合格
12	木顶村3.4组供水工程	有	是	合格	合格
13	那佐苗族乡供水工程	有	是	合格	合格
14	弄汪村供水工程	无	—	不合格	不合格
15	达下新寨屯供水工程	无	—	合格	合格
16	平用村供水工程（覆盖平用小学）	有	是	合格	合格
17	坡芽屯供水工程	有	是	合格	合格
18	花坝小学供水工程（独立供水）	有	损坏	不合格	合格

【免疫规划】 全县有11个乡镇级卫生院，72个村卫生室；县级预防接种单位3个，其中仅承担新生儿乙肝、卡介苗接种医疗机构2个；乡级预防接种单位11个；接种点县级1个，乡级11个（提供定点＋上门接种服务）。

县疾病预防控制中心职工和乡镇卫生院防保人员工资待遇纳入政府预算，基本工资均得到财政全额拨款。2016年全县冷链经费按总人口人均1元的比例拨付158486万元，强化免疫经费5000元，其中按人均0.30元下拨到各个卫生院的计免冷链经费44278元；强化免疫经费按人均0.02元下拨3025元。还有12400元资金作为以奖代补年底通过检查评比结果，奖励得分前五名的乡镇卫生院。结余部分为县疾控中心免疫规划业务培训、督导等工作经费。县财政每年按每人每月补助300元拨付，全额发放给村医生。

预防接种补助经费：2015年，卫计局按常住人口下拨公共卫生专项经费到各个卫生院，县级接种单位预防接种经费从各个卫生院拨回57765元，其中县疾控中心41415元，县人民医院14925元，妇幼保健院1425元。

免疫规划针对性疾病的控制：

麻疹控制：截至12月31日，全县累计报告麻疹疑似病例6例，实验室确诊病例1例，发病率为0.63/10万（1/158922），排除病例5例（其中有1例为广南疾控中心报告）。AFP监测：截至12月31日报告1例AFP病例，报告发病率为2.66/10万（1/37633）。流行性腮腺炎：截至10月31日报告10例，发病率6.29/10万。白喉病、百日咳、流脑、乙脑、甲肝、风疹等均无病例报告。

常规运转情况：

2016年1~12月儿童出生上卡2322人，上卡率为14.61‰。

全县所有乡镇每月均开展1次常规冷链运转工作，截至12月31日各疫苗报告接种率分别为：卡介苗99.85%（2591/2595）、脊灰疫苗99.04%（6512/6575）、无细胞百白破99.48%（6657/6692）、麻风二联疫苗99.14%（2201/2220）、乙肝疫苗99.77%（7342/7359），其中乙肝疫苗首针24小时及时接种率为86.29%（2310/2677）。乙脑减毒活疫苗接种率99.25%（2118/2134）；A群流脑疫苗接种率99.29%（4058/4087）；A+C流脑疫苗接种率99.58%（2399/2409）；甲肝疫苗接种率99.15%

（2224/2243）。

常规加强免疫。截至12月31日各疫苗报告接种率分别为：含麻疹类疫苗99.20%（2107/2124），无细胞百白破99.51%（2227/2238），脊灰疫苗99.26%（2012/2027），乙脑疫苗99.23%（2066/2082），A+C流脑疫苗99.50%（1778/1787），白破联合疫苗99.73%（2196/2202）。

查漏补种工作情况。在3月和9月，各开展第一次查漏补种工作，查漏补种数据未完成统计。入托入学儿童预防接种证查验工作。疾控中心结合全县实际，制定全县工作方案，由县卫计局和教育局以文件形式联合下发到各接种单位和各小学及托幼机构，各接种单位按照新的查验流程开展查验工作。预防接种异常反应（AEFI）监测及报告情况。全县12个预防接种单位均开展日常监测工作，截至12月31日止，全年报告AEFI病例3例，为3个接种单位报告，有9个接种单位未报告病例。

【免疫规划管理】 2016年，县疾病预防控制中心设立独立免疫规划科，有独立办公室，有业务人员5名，人员配置达到自治区相关要求。全县11个乡镇级卫生院都设立防保组，均配置有3名以上防保专干，有防保专干35人。但实际配置达标的仅有古障中心卫生院、八达镇卫生院、普合卫生院，其余卫生院仅有一至两名名专职防保专干，其他人员为兼职或充数。全县94个行政村全部配置有至少1名村医生负责公共卫生和免疫规划工作，有村医123人。

乡镇“四室”建设。全县12个接种单位均完成免疫规划“四室”建设，四室面积基本达到50平方米以上，但全县尚无一个规范化接种大厅门诊。

预防接种单位管理：3个县级、11个乡级接种单位全部获得卫生行政部门颁发的《预防接种服务单位指定》证书；接种人员均获得预防接种上岗资质。接种门诊按照上级的规定设置一苗一桌、急救药品、公示疫苗免疫程序、种类等设备或内容；按规定对新生儿接种乙肝、卡介苗进行规范化管理。

人员培训。分别于2016年2月、6月、9月共举办3期免疫规划知识培训班。培训内容有预防接种规范管理、麻疹类疫苗强化免疫、查漏补种工作、预防接种工作规范、扩大国家免疫规划工作要求、儿童预防接种信息管理系统、传染病信息报告管理规范、入学入托接种证查验、AFP病例主动搜索和报告要求、基本公共卫生督导评估要求等，培训对象为各乡（镇）卫生院院长、防疫专干、县疾病预防控制中心及县直各医疗卫生单位有关业务人员，共培训99人（次）。

【传染病防控及突发公共卫生事件】 2016年，辖区内法定传染病发病报告乙丙类传染病1524例，年发病率为1054.41/10万，死亡4例，罹患率为0.26%。乙、丙类传染病按发病数排名前5位的是：手足口病701例、其它感染性腹泻420例、肺结核275例、乙肝114例、梅毒31例。无甲类传染病发病报告。乙丙类传染病报告分布为：八达镇435例、古障镇283例、那佐苗族乡233例、普合苗族乡167例、西平乡124例、足别瑶族苗族乡100例、那劳镇94例、马蚌镇85例。

传染病自动预警信息处理。全年接收预警信号126条，经及时应急调查处置后传染病疫情得到排除或控制。预警信号涉及病种5种，分别为其它感染性腹泻68条，手足口病50条，麻疹（含疑似麻疹）5条，疟疾2条，霍乱1条。对13种法定传染病首发病例进行流行病调查和对各类传染病发病情况实行监测处置，遏制传染病的扩散。

暴发疫情应急处置。2016年6月8日，马蚌小学发生一起水痘暴发性疫情，接到疫情报告，立即组织人员到疫区进行流病调查及处置。经过采取防控措施，该暴发疫情得以控制。

2016年6月7日11时左右，县人民政府农海燕副县长接县教育局“马蚌镇马蚌中心小学发生36例疑似水痘病例”报告后。农副县长立即率卫计局和教育局分管领导、马蚌镇书记、副书记以及县疾控中心专业人员于16时30分到达马蚌中心小学进行初步调查核实，6月8日马蚌镇杨创达副书记和县疾控中心韦李明主任又带领相关人员对在校学生进行检查和个案调查。经流行病学调查，调查结果是马蚌中心小学发生水痘暴发疫情，截至6月8日20时，发生水痘病例18例，18例现症病人病情稳定，无重症及死亡病例发生，定性为一般突发公共卫生事件。经过采取一系列综合性防控措施，疫情已有效控制，2016年6月9日至6月30日无新发病例，于2016年7月1日结案。

地方病防治。全年对食用盐碘监测检测300份，合格296份，合格率为：98.6%（296/300）检测结果数据已上报上级部门。共采样监测并检测46份水碘监测，检测结果：水碘含量小于5ug/L 38份、5~10ug/L 7份、大于10ug/L 1份，分别占所采水样数的82.6%、15.2%、2.2%。水碘中位数为1.8 ug/L。

疟疾防治。全年对371人作疟原虫镜检，发现疟原虫阳性病例1例，年带虫发病率为100%，其中发热病人357人（常住人口176人、外出回归12人、外来流动人口169人），常住健康人口普查8人，外来流动健康人群普查6人。无内源性疟疾病例发生，有1例输入性疟疾病例发生。2015年末人口数158922，2016年常住“三热”病人血检176人，占全年任务数212.05%（176/83），血检率1.11‰（174/158922）达疟疾联防协议的0.5‰；5 ~ 10月份常住发热病人共血检156人，占全年任务总数187.95%（156/83）达80%的协议要求，且每月血片数均达全年任务数的10%以上，其余各月的血检数不少于1%；外来流动人口血检达总人口20万以下县（市、区）血检任务数不低于150人的任务要求。并按年工作方案很好的做好健康教育与健康促进，质量控制与督导评估，传疟媒介监测病例报告、治疗和个案调查，传染源管理、病灶点病例主动筛查与处理等工作。

结核病防治。年内，接诊可疑肺结核746人（次），发现结核病人141例，其中新涂阳肺结核病人40例，占全年任务数的95.23%、复治涂阳1 例、涂阴99 例，结核性胸膜炎 1例。

新涂阳病人治疗。按要求对上年度发现的肺结核病人进行系统的免费治疗和管理，其中上年同期新涂阳病人登记数39人，治愈36例，治愈率92.3%。及时对涂阳病人接触者进行一般常规体检、痰检等检查，涂阳直接接触家庭成员数78人，接受筛查病人家庭成员人数76 人，筛查率97.44%，未发现肺结核病人。

业务培训与健康促进工作。年内举办3期结核病业务培训班，培训县、乡两级人员200余人。接受群众咨询约368 人次，免费测血压220人。“3·24”宣传活动出动巡回宣传车9辆、悬挂横额标语32条，发放宣传单5000份，宣传环保袋4500个、围裙3000张。

医疗机构结核病人报告和转诊。年内非结核机构网络报告可疑结核病病人214例，应转诊病人214例，转诊到位20人，转诊到位率9.35%

结防机构结核病人追踪及到位情况。年内应追踪病106人，追踪病人106人，追踪到位病人数92人，追踪到位率86.8%，总体到位 200人，总体到位率93.46%（200/214）。

结核病人系统管理。2016年，辖区登记病人数141人，系统管理病人数140人，系统管理99.29%。经抽查核对，网络系统运行情况优，抽查核对结果合格，资料质量优。

监测和检验工作。健康体检：全年开展对从业人员和外出务工人员健康检查，1月至12月份共体检2863人。城市生活饮用水监测：于3月、9月份（枯水期和丰水期），开展现场水样采集和水质检测工作。设立出厂水监测点 1个、末梢水监测点8个、二次供水监测点1个。采样出厂水（储水池）2份，末梢水16份和二次供水2份，共20份水样，经检测水质合格19份，合格率为95%。HIV初筛试验：237份，其中初筛检验结果阳性28份，阳性检出率为11.81%。结核病人痰涂片检验：全年共检818人，其中涂阳病人40人，阳性检出率为：4.89%。（人）狂犬抗体检测：检测168人，检测结果：抗体阳性168人。麻诊检测：检测6份，检测结果均为阴性。风诊检测：检测6份，检测结果均为阴性。食用盐碘监测检验：检测300份食用盐，合格296份，合格率为：98.6%（296/300）检测结果数据已上报上级部门。水碘监测：全年采样监测并检测46份，检测结果：水碘含量小于5ug/L 38份，5ug/L–10ug/L 7份，大于10ug/L 1份，分别占所采水样数的82.6%、15.2%、2.2%。水碘中位数为1.8 ug/L。鼠疫监测检验：血清学抗体检验409份，结果全部阴性；病源检验（细菌培养）379份，结果均未培养出鼠疫杆菌。

艾滋病防治工作。2016年，新报告HIV/AIDS共19例（其中HIV16例、AIDS 3例）。死亡病例去年同期4例，今年没有死亡病例报告。 新报告19例中，八达镇12例、西平乡3例、那佐苗族乡2例、古障镇1例、那劳镇1例。经异性途径传播19例（100%）。年内，全部完成本地新报告HIV/AIDS病例19例流行病学调查和病例网络直报，流调率 100 %。

完成结核病问卷调查和HIV检测的125人（次），比例为93.98 %（125/133），达到国家要求的90 %以上的指标。对感染者/病人随访及CD4检测完成比例97.37 %（148/152），达到国家及自治区攻坚工程考核要求的90%以上的指标。HIV/AIDS的配偶/固定性伴HIV抗体检测：91.3%（63/69），达到国家及自治区攻坚工程考核要求的90%以上的工作指标。抗病毒治疗比例为88.81%（94/106），达到国家及自治区攻坚工程考核85%的指标。

经性传播途径传播高危人群（暗娼月干预覆盖比例）：94.08 %（117/125），达到国家及自治区攻坚工程考核要求的90%以上的指标要求。自愿咨询检测（VCT）增长率：10.15%（累计完成434例，去年同期394例）按照攻坚工程要求需比去年同期增长10%。

完成监管场所在押人员HIV筛查62例，无阳性病例。完成暗娼哨点监测108例，全部进行HIV抗体和梅毒丙肝检测，发现HIV阳性1例。

鼠疫防治工作。全年分别对以下监测点进行监测：（1）固定监测点：6个疫点（八达镇的火亮山屯、八洋屯、城南、大田屯、下伟么屯、西平乡那务村那务屯）。（2）流动监测点：覆盖马蚌镇、古障镇、西平乡、那劳乡、普合苗族乡、那佐苗族乡、足别瑶族苗族乡的7个监测点。

2016年3月9日至5月8日，开展全县鼠密度调查，根据《西林县2016年鼠防工作方案》，选定原5个疫点（八达镇的大田屯、凉水井屯、火亮山屯，八洋屯及西平的那务屯）及周边10千米范围的村屯（八达镇的龙保屯、西平的猪街屯）作为调查点。灭前鼠密度 按照每个调查点300笼的方法，定时布笼、按时收笼。捕获鼠143只，采集血清135份，经IHA检验皆为阴性。鼠种主要以黄胸鼠为主；其中公鼠65只，母鼠78只。灭前的鼠密度为6.81%。灭后鼠密度 调查方法同灭前，捕获老鼠48只，采集血清40份，经IHA检验都是阴性；所捕获鼠种全为黄胸鼠；灭后鼠密度为2.28%。

监测结果。全年在监测点布笼3600笼次，捕鼠469只，采集鼠血清432份；完成宿主动物脏器病原学分离培养379份；搜获到死鼠3只。经血清抗体检测和病原学分离培养，检验结果均为阴性。灭前地面游离蚤指数检测：大田疫点监测，投放150张粘蚤纸，捕到鼠蚤15匹，室内游离蚤指数为0.10。灭后地面游离蚤指数检测：大田疫点监测，投放150张粘蚤纸，捕到鼠蚤5匹，室内游离蚤指数为0.03。

【健康教育】 根据传染病的流行季节，及时印制和下发宣传资料。以传单的形式编印《手足口病防治知识》《乙脑的预防》《结核病防治知识》《狂犬病的预防》《怎样预防艾滋》《乙肝的预防》等10种内容的宣传资料8万份，利用下乡、开会和培训、活动等形式及时把防病知识发放到人民群众手中。

开展重点健康宣传教育专题活动，增强群众的防病意识，营造防病宣传氛围。3月24日世界结核病防治日、4月25日全国儿童预防接种宣传日、4月26日全国疟疾日、5月15日全国碘缺乏病宣传日、5月31日世界无烟日、7月28日肝炎宣传日、10月8日全国高血压日、12月1日世界艾滋病日，县疾控中心均安排工作人员到市场人口活动密集地进行宣传，到学校宣传传染病知识和到社区进行健康教育巡讲。发放宣传册（单）31320份、贴出宣传标语1447条，受益人数5万人（次）。

出版手足口病等肠道传染病防治知识、冬春季常见呼吸道传染病的预防、结核病的防治知识、碘缺乏病的预防等宣传板报4期。

撰稿：农欣辉
编辑：秦应海
何建泽

◎ 妇幼保健工作

【机构人员】 2016年，西林县妇幼保健院编制18个，在职在编17人，空编1个；临时工32人，全院在岗49人。其中卫生专业技术人员35人，占全院总人数71.4%，非医药技术人员14人，占全院总人数28.6%。核定编制床位30张，实际开放床位30张。

【保护妇女儿童健康权益】 宣传《母婴保健法》。2016年，发放宣传资料2400份，免费咨询优生优育知识，使《母婴保健法》更加深入人心。对从事母婴保健专项技术服务的人员、机构进行培训和考核，全年举办4期培训。加强“出生医学证明”等证件的管理和使用工作，统一管理，保留存根做到有登记有制度，与“降消”项目相结合，提高产妇住院分娩率。2016年，发放出生证2627份，全县废证14本，废证率5.33‰；换证12本，换证率4.56‰。

实施增补服叶酸预防神经管缺陷项目。大力宣传增补叶酸工作，利用妇产科门诊、婚检等对妇女进行增补叶酸预防神经管畸形的健康教育、发放相关健康教育材料，签署知情同意书，并督促目标人群按时领取及服用叶酸。对领取叶酸的正常待孕妇女服药情况进行监督、随访和登记，定期对高危孕妇女进行追访工作，及时上报相关信息。2016年，叶酸应服人数1807人，服用人数1736人，叶酸服用率96.07%，完成上级下达80%的任务数；叶酸服用依从率97.23%，完成上级下达90%的任务数；随访率97.58%，完成上级下达80%的任务数。叶酸知识知晓率达94.26%，完成上级下达90%的任务数。

继续实施母婴安康“一免二补”幸福工程。县妇保院在全县范围内开展产前筛查和新生儿疾病筛查，2016产前筛查2122例，新生儿疾病筛查2304例。有效降低残疾儿童的发生率，提高出生人口素质。

开展免费婚检和地中海贫血防治计划项目。2016年，全县结婚登记有1231对，婚检1231对，免费婚检率达100%；全年地贫初筛夫妻双方阳性109对，符合基因诊断补助109对，实际补助数109对，地贫基因诊断补助率100%。地贫基因诊断主要是采取方便群众，双阳性夫妇到县妇幼保健院进行咨询后可直接抽血上送到市妇幼保健院，夫妇不用亲自到上级医院，减轻了群众的经济负担。

开展艾滋病初筛检查。开设艾滋病咨询室，对每位孕妇实行产前艾滋病初筛检查，乙肝、丙肝等化验检查。2016年，全县孕产妇2339人，艾滋病检测人数2308人，检测率达98.67%。同时发放宣传单1000份。

【妇幼保健】 做好孕产妇系统管理工作。推行住院分娩，做好孕产妇系统管理降低孕产妇死亡率，巩固县、乡、村三级网络建设，是妇幼保健工作的基础。2016年全县活产数2360人，产妇总数2339人，孕产妇系统管理2319人，孕产妇系统管理率99.14%，完成上级下达≥98.58%任务数；早孕建册率99.62%，完成上级下达≥90%的任务数；孕前健康管理率达99.62%，完成上级下达≥90%的任务数；住院分娩率99.83%，完成上级下达≥99.5%的任务数；产后访视率99.80%，完成上级下达≥99.55%的任务数。

做好儿童保健工作，提高儿童系统管理率，降低5岁以下儿童死亡率。2016年7岁以下儿童保健管理13458人，儿童保健管理率达93.15%，完成上级下达≥85%的任务数；儿童健康管理率93.25%，完成上级下达≥85%的任务数；新生儿访视率99.24%，完成上级下达≥90%和任务数。全县婴儿死亡数18人，婴儿死亡率7.62‰，低于上级下达11‰的任务数。5岁以下儿童死亡数23人，5岁以下儿童数死亡率为9.75‰，低于上级下达14‰的任务数。

继续实施“降消”项目。加大宣传力度，加强业务培训，全年举办4期培训班，培训各级妇幼保健人员189人（次）。2016年，全县无孕产妇死亡，新生儿破伤风发生0例。

【加强临床工作】 狠抓产科工作。院领导带领产科业务骨干深入村屯开展产后随访，动员孕产妇住院分娩。对到妇保院住院分娩的产妇实行限价收费、住院待产免费、30千米接送免费。以优质的服务和优惠的价格，吸引更多的孕产妇到妇幼保健院住院分娩。2016年住院分娩123例。

2016年，选送2名青年业务骨干到区、市级医院进修学习；对全院专业技术人员进行“三基”培训考试3次，考试合格率为100%。

撰稿：梁黎萍
岑孝怡
编辑：秦应海
何建泽

◎ 新型农村合作医疗

【机构人员】 2016年，西林县新型农村合作医疗管理中心核定编制33名，实有人员30名（其中县办6人，各乡镇人员24人）。各乡镇24名工作人员为八达镇3人、普合3人、那劳3人、足别3人、古障3人、马蚌3人、西平3人、那佐3人。2015年5月全县新农合办集中办公后，县合管中心设立审核股、财务股、信息股、稽查股、办公室5个股室，负责新农合定点医疗机构的报销审核、资金管理、信息录入核对和外伤督查及办公管理，同时在政务中心设有服务报销窗口。各乡镇均设有新农合经办点，有一名工作人员正常轮值，负责定点医疗机构的监管及新农合信息的修改和录入工作，同时配合乡党委、政府做好新农合的政策宣传和筹资工作。

【合作医疗机制建设】 2016年，新型农村合作医疗制度是由政府组织、引导、支持，农村居民自愿参加，个人、集体和政府多方筹资，以大病统筹为主的农村居民医疗互助共济制度。2016年，全县新农合参合有136986人，参合资金0.77亿元，农民参合率达到99.85%，比自治区下达98%的目标高出1.85%。全面建立和完善新型农村合作医疗制度是建立基本医疗卫生制度的重要内容，主要是巩固和完善制度建设，规范和完善管理体制，健全与完善符合农村实际要求的组织、筹资、基金使用、管理、监督等制度和运行机制，提高保障水平，逐步扩大受益面，推动新型农村合作医疗制度在新的起点上又好又快发。

【阳光监督体系建设】 接受县审计局对新农合基金进行专项审计，有效防范新农合基金被贪污、截留、挪用等违法违纪现象的发生。

实行实时监管。县新农合管理中心对点医疗机构实行严格监管，做到巡查到科室、核查到床头，坚持做到“四查四防”，即：一查住院病人，看是否与证件相符，实际住院人数是否与电脑显示相符，防止借证住院、挂床住院；二查住院病历，看护理记录和医嘱是否真实，防止弄虚作假、虚报冒领；三查处方，看用药和治疗是否符合规定，防止乱用药、大处方；四查费用，看收入检验、药品材料等收费是否符合规定，防乱收费、过度医疗和医疗费用不合理增长。

加强督查和现场指导。县新农合管理中心督查股对各定点医疗机构的服务行为、参合农民住院情况等进行定期和不定期督查，每月不少于一次，发现问题及时处理。利用新农合网络管理系统实行审核监控，发现问题及时处理。

落实“五公开”“一公示”制度。即新农合政策公开，用药目录公开，药品价格公开，医疗服务价格公开，补偿程序公开，参合农民住院费用及报补情况实行县、乡、村三级公示，增加基金使用透明度，确保参合农民的知情权和监管权，实现了社会全员监督。

【新农合服务管理】 2016年，新农合管理中心为完善新农合运行管理。扩大门诊统筹基金规模，报销政策向基层签约、门诊慢性病、门诊特殊病种以及日间手术倾斜。选择一些适合基层治疗的常见病、多发病实行基层机构与二类医院同一病种同一定价差异化补偿，引导参合群众主动在基层首诊。年内县域内就诊率达90%。细化新农合分级诊疗病种费用测算和按病种支付方式改革管理，在县内各定点医疗机构已经实行部分单病种的医疗支付方法。探索新农合基金支付与医疗机构控费、诊疗质量等挂钩，形成管理合力。同时增加和平安保险公司大病补偿的合作，使因患大病，花大额费住院用的患者得到有效的救助。

【新农合政策落实】 2016年，新农合人均筹资标准为540元/人，个人缴费120元/人。（国家财政和自治区财政补助324元/人，县财政代缴20%即每人96元）。

【医疗补偿待遇】 门诊统筹补偿。到县级和乡镇卫生院或定点村卫生所看病就医，可以获得门诊统筹补偿。门诊筹资标准为每人每年200元，报销比例为70%。慢性病补偿。慢性病分为5类，一类补偿封顶为5000元，二类补偿封顶为4000元，三类补偿封顶为3000元，四类补偿封顶为2000元。特殊病种补偿。特殊病种者的门诊费用，纳入住院补偿范围。狂犬病暴露后处置费用可获补偿。

【住院补偿】 普通疾病住院。因病到新农合定点医疗机构住院治疗的，超过住院补偿起付线的合规医疗费用将按同级医院住院比例获得新农合住院报销补偿。其中乡镇卫生院90%，县级及市二级医疗机构70%，市三级医疗机构55%。自治区级省外医疗机构50%。重大疾病住院。患重大疾病入院治疗的，住院报销比例和封顶线为15万元。

【大病保险补偿】 新农合大病保险由政府为参合人购买，个人不交费。参合人医疗费用在新农合报销后，还需个人负担的超出大病保险起付线的合规医疗费用，可以获得大病保险补偿，上不封顶。

【特殊对象参合保障】 农村五保供养、低保精准扶贫对象、残疾人及计生双户人员名单由县民政、扶贫等部门于2月底前提供名单给新农合经办机构，新农合管理中心及时做好身份信息的确认。2016 年全县有五保供养人员 493 人，计生双户 10089 人，精准扶贫对象 29010 人参加新农合，在医疗救助上得到很好的保障。

撰稿：黄勇宁
编辑：秦应海
何建泽

◎ 西林县人民医院

【机构人员】 西林县人民医院位于县城东面，占地面积 24313 平方米，现有业务用房约 14731.40 平方米，其中住院部占 7045.60 平方米，门诊业务用房占 6075.20 平方米。是全县的急救中心及医疗和业务技术指导中心，是本县唯一一家集医疗、教学、科研、预防保健为一体的一所综合性医院。主要承担全县及周边部分地区的医疗保健服务和急危重症病人的抢救，接收乡村两级卫生机构的转（会）诊，负责乡村两级卫生技术人员的进修培训以及业务技术指导任务，开展教学科研工作。

2016年，全院在职职工326人，其中正式在编125人，自聘员工201人；其中卫技人员263人（高级职称10人，中级职称52人，初级职称57人），管理人员9人，工勤人员54人。设有32个临床、职能科室，开放病床位220张。

【基础设施建设】 年内对院内急诊科中心供氧、急救室、结核病门诊、儿科病房扩建、消防控制中心、住院病房护士站、配药室等进行设施改造。安装了医院停车管理系统，规范院内停车，杜绝长期占用院内停车位的现象，改善就医环境。新购买一台全自动生化仪，提高诊疗水平。

【医疗技术】 医疗质量和医疗安全是全院业务工作重点，根据“进一步改善医疗服务行动计划”工作方案，坚持贯彻落实各项诊疗制度，坚特医疗质量持续改进。

医疗、护理业务技术继续教育。通过邀请上级医疗单位专家、学者或本单位深资历医护人员开展业务技术讲座、选派优秀医护人员到区内外参加短期业务培训和进修等方式，让医护人员业务技术及时得到更新和提高。全年举办业务技术讲座10次，参加短期业务培训129人（次），18人到上级医院进修学习。

持续改进医疗质量及护理质量服务。每月定期对病历书写包括门诊病历及抗菌药物的使用、科室的药物使用占比进行检查，其中全院抗菌药物平均使用率为31.67%（国家标准小于60%），使用强度控制在40个DDD，药占比为31.78%（县级标准32%以内），基药品种占全院药品种达68.96%，（国家标准：60%以上），基药使用金额占药品使用总金额的50.97%（国家标准：30%以上），对不符合规章制度要求的科室或个人给予相应处罚，对做得好的给予奖励，每月进行一次医疗质量考核。全院病房开展优质护理服务率达100%，临床护理岗位人员占全院护士的比例达95%，每月进行一次护理基础知识考试和护理质量考核，不断完善管理制度。

【医德医风建设】 贯彻落实“进一步改善医疗服务行动计划”工作，牢固树立“以病人为中心”的服务理念和为人民服务的宗旨，改善服务态度，规范医疗行为，提高医疗质量，确保医疗安全。完善制度，兑现奖惩，使行风建设有了切实的制度保证。突出重点，强化措施，纠正行业不正之风工作。召开 1 次新聘用、新调入职工及实习生岗前教育培训会，参会人共计 60 人。每季度定期开展病人满意度调查，满意率平均在 85% 以上。组织中层领导学习廉政建设和党风建设文件、知识 3 次。积极配合开展中央“八项规定”督查工作，全年单位无人违反中央“八项规定”。

2016年7月8日上午，家住县城的岑梦尚家属举着“医术精湛，医德高尚”的锦旗，来感谢西林县人民医院外科医生的精湛医术

【人才引进】 2016 年，招聘 58 人，均为单位自聘，其中 5 人为临床医生，5 人为医技人员，2

人为药剂人员，29 人为护士，6 人为护工 11 人为职能工勤，年内流失人才数为 18 人，其中调出 3 人，辞职 15 人（医技人员 8 人，护士 7 人）。

【年度业务】 年内，门急诊诊疗 103735 人（次），比 2015 年增加 15065 人（次），增长率 17%，平均费用每人 120.35 元，同比下降 0.14%；手术台次为 1074，同比增长 4.0%；住院病人 11206 人（次），同比增长 3.7%；出院病人 11122 人（次），同比增长 3.6%；病床使用率 54.3%，同比增长 0.02%。

出院者平均住院4.6日，同比下降0.1日，医疗费用平均3050元，同比下降0.6%；治愈率35.06%，好转率64.48%，未愈率2.88%，病死率0.58%，转诊率1.29%。体检9359人（次）。

业务总收入为0.54亿元（其中：财政补助收入668.13万元），比上年同期增长8.50%，其中医疗收入0.33亿元，比上年同期增长15.64%，药品收入0.14亿元，比上年同期降低10.78%。年度总支出约0.53亿元，其中医疗业务成本0.51亿元（其中386.09万元为全院在编职工工资自找部分，342.26万元为临时工工资），管理费用200.82万元，其他支出266.09万元。收支结余为32.44万元。总负债为0.32亿元。

【“120”工作】 院“120”急救中心全年总收入 234.83 万，比 2015 年增长 7.2%，其中急诊病人收入 164 万，比去年（103 万）增长 24.2%，留观病人收入 70 万，比去年（53 万）增长 22.1%，急诊病人 1000 人次，120 小组出诊为 368 人（次）。

撰稿：孙秋芸
编辑：秦应海
何建泽

◎ 西林县中医医院

【机构人员】 西林县中医医院由城北综合门诊部、住院部，火亮山康体中心门诊部组成。城北综合门诊及住院部座落在西林县县城城北中巷 029 号（原计生委大楼），火亮山康体中心门诊部位于火亮山路 006 号，交通便捷。两门诊占地面积 700 平方米，业务用房建筑面积 2980 平方米；医院总资产 3511.50 万元。

2016年，人员编制29人；有在职职工98人，其中正式职工25人，临时工73人，医技人员80人；在医技人员中：中级职称9人，初级技术人员34人，病床编制55张，实际开放80张。

开设临床科室8个（内科、外科、妇科、壮医科、脾胃病科、中医科、口腔科、康复理疗科）。医技科室4个（放射科、检验科、药剂科、供应室）。职能科室5个（办公室、医务科、护理部、财务科、后勤科）。

2016年，医院总收入909.50万元，门（急）诊病人13492人（次），入院人数2417人，病床使用率82%；治愈、好转率95%。

【基础设施建设】 中医医院建设项目，中央预算内投资于 2015 年 7 月下达计划（桂发改投资〔2015〕717 号、百发改〔2015〕48 号），项目中央预算内专项资金 2000 万元于 2015 年 8 月 19 日下达到位（西财建〔2015〕44 号），自治区配套资金 400 万元于 2015 年 10 月 8 日下达到位（西财社〔2015〕50 号）。截至 2016 年 12 月，县级投入资金 779.93 万元。

建设项目主体工程门诊住院综合楼于2016年3月完成招投标（中标价格2893万元，总建筑面积12913.70平方米），拟定工期15个月，4 月初，项目开始进行地下层施工，现已完成地下室钉板工作，2016年度计划完成主体工程门诊住院综合楼主体框架二至三层楼建设，截至12月底，年度累计支付1231万元，其中，完成工程中央预算内投资支付1700万元。

【公立医院改革】 继续实施“一取消、两同步”工作，执行药品零差率销售，实施新调整的医疗服务价格，并将其纳入医保和新农合报销范围。坚持医保支付方式实行按总额付费，新农合病人按比例给予报销；完善药品及耗材采购工作实行网上采购。在全县公立医院绩效考核方案出台前的过渡期实施绩效工资，推行绩效考核制度，重点向临床一线和重要岗位倾斜。完善电子病历，做好医院管理系统、医保系统、新农合管理系统的对接工作；继续开展医改相关宣传工作。

【医疗设备设施】 2016 年，西林县中医医院在原有设备上赠添体外超声排痰机、心脏除颤器、监护仪、电磁式双定位型体外冲击波碎石机、电子胃镜等。新设备的引进，为救治和服务能力提升奠定很好条件。

医院环境建设。根据《中医医院中医药文化建设指南》四个原则，县中医医院在环境建设方面，注重人与环境的协调关系，通过采用采光与通透性更强的玻璃幕墙，营造内外统一的植物景观。

【为民办实事好事】 2016年4月，组织全院党员深入开展者夯村、古障镇等开展义诊活动。2016年3月30日至4月8日，邀请到原自治区人民医院专家何鹏、徐碧云两位教授到医院开展健康检查和义务活动。2016年2月1日，为挂点村西平村贫困户、困难党员进行春节前慰问。慰问10户困难家庭、计生贫困家庭、困难党员等。每户200元、被子一套。

【医德医风建设】 成立院行风建设和治理商业贿赂工作领导小组，以院长担任组长，副院长担任副组长，各有关成员为成员。年内无医生收受红包等情况发生。

组织开展本院干部职工业务培训学习。主要学习卫生政策法律法规、执业医师法、护士管理法、处方管理办法、医护“三基”和病历处方书写等规范、新农合的文件要求等。

加强医德医风和服务态度工作力度。急病人之所急，想病人之所想，对病人服务做到语言文明、态度和蔼、服务热情，有求必应，有问必答。

积极配合自治区卫生厅、市卫生局组织参加政府药品、医疗器械、卫生材料网上公开招标，确保药品质量，保证患者用药安全有效。

完善员工身份公开，服务价格公开，药品价格、医疗服务项目价格公开，努力做到“合理检查、合理用药、合理收费、因病施治”的原则，不断提高医疗收费透明度。

撰稿：岑　艺
编辑：秦应海
何建泽

◎ 皮肤病防治

【机构人员】 西林县皮肤病防治站隶属县卫计局，是财政全额拨款事业单位，核定编制数9人。现位于西林县八达镇迎宾路，占地面积120平方米，建筑面积360平方米，业务用房230平方米，实验室20平方米。负责全县麻风病疫情调查与监测、预防和治疗、畸残防治与康复、人员培训、宣传教育、督导检查等工作，是全县麻风病防治业务技术指导中心。

【人员培训】 2016年参加国家级、省级短期培训有5人（次）。2016年，先后派出工作人员参加区皮研所举办的麻风病、性病培训班。通过参加全国、全省麻风病专业进修班、培训班学习和学历教育，麻防队伍素质有了明显提高，无论是麻风病诊断还是麻风畸残康复、麻风反应处理、基层医生培训、麻风病知识宣传等工作都能应对。

【麻风防治】 2016年，按照规定对现症病人每月作1次病情检查并记录，作1次细菌检查判断疗效；对治愈者进行1次临床和细菌学检查，了解有无复发；对麻风病人家属及密切接触者随访1次，监测发病动态。并通过普查、线索调查、疫源地调查、门诊等渠道监测麻风疫情动态。

2016年9月6日，自治区皮肤病研究所专家段启志到西林县开展麻风病防治督导工作

【皮肤病、性病防治】 坚持开展皮肤病、性病门诊，诊治各种皮肤病、性病。2016年，诊治皮肤病、性病10000人（次）。

撰稿：曾艳诗
编辑：秦应海
何建泽

◎ 人口和计划生育

【计生机构概述】 2016年，全县有计生办8个，计生服务所8个。年末，全县总人口16.36万人，常住人口15.59万人；出生人口数2315人，自然增长率8.56‰，其中男婴出生1214人，女婴出生1101人，人口出生性别比为110∶100。

年内，全县107户独生子女兑现保健费3.85万元，为795个计生家庭2787人代交新农合参合费33.44万元，为279个计生家庭824人购买爱心保险4.12万元。

跨年度区间完成计划生育手术1229例，其中绝育术4例，放环890例，取环225例，皮埋11例，人流65例，长效避孕率为66.8%。区间内农村人口当年生育在本期落实长效避孕措施1208人，其中放环883人，绝育术4人，农村人口当年长效避孕率为73.4%。

【人口和计划生育目标管理】 2016年初，计划生育目标管理责任指标目标：人口自然增长率9‰以内；出生人口性别比114以下；政策外多孩率3.0%以下；出生政策符合率90%以上；免费孕前优生健康检查目标人群覆盖率90%以上；产前筛查率75%以上；流动人口免费技术服务率95%以上；计划生育奖励扶助政策兑现率100%；贫困计生家庭脱贫率35%以上；全员数据库信息准确率95%；全员数据库信息变更及时率95%以上；人口计生事业经费投入严格按照人口计生事业经费投入新修订的《广西人口和计划生育条例》有关规定执行。

责任指标完成情况。跨年度区间内出生2315人，与去年同期比多20人，出生率为14.34‰，自然增长率8.56‰。其中一孩出生876人，一孩率37.84%；二孩出生1316人，二孩率56.85%；多孩出生123人，多孩率5.31%；男婴1214人，女婴1101人，出生人口性别比110.26，较上年同期低0.29个点。政策内出生2160人，政策符合率93.30%，与上年同期比低0.34个百分点，比市下达任务指标值90%高3.30个百分点。政策外多孩出生47人，政策外多孩率2.03%，比市下达指标值（3%）低0.97个百分点。

人口出生与去年同期差异情况。全县出生人口2315人，比去年同期多20人（多出生原因分析：二孩或多孩增加：实施“单独两孩”政策后。①再婚夫妇，如；再婚夫妇有一方再婚前有2个小孩子，另一方属“单独两孩”政策对象的。②部分群众不太了解“单独两孩”政策内容，认为是放开生育二孩政策。以上几点原因都可导致多孩出生现象）。

总人口和育龄妇女情况。本年度总人口数162751人，与上年同期比多1440人，其中自然增长1382人，比上年同期多出103人，主要原因是：流入人口的增加，人口规模的增大；部分农村群众生育观念还没有完全转变，群众未在法定年龄先生育后再领证，造成育龄妇女增多而女性初婚人数减少。

本年度人口出生中计划内为2160人，计划外155人。政策外出生监控仍面临严峻考验。

【全面两孩政策】 2016年，全县施行生育登记1080份，其中一孩生育登记311份，二孩生育登记716份，三孩生育登记21份，登记合格率100%。全县有32对夫妻提出再生育申请，已按程序办理再生育申请审批32对，办结率达100%。

年内，县卫生计生局对全面两孩政策和贯彻落实新修改的《广西壮族自治区人口和计划生育条例》进行宣传倡导，采取培训班、培训会等形式对县、乡镇卫计干部、村级计生专干、自然屯人口管理员进行全面两孩政策的宣传培训。加强出生人口监测预测，组织做好实施全面两孩政策后的出生人口监测和信息统计分析等工作，及时准确把握人口出生动态，加强人口和计划生育形势分析。配合上级做好全面两孩政策实施效果评估，强化风险防控，配合做好信访维稳等有关工作。

【诚信计生工作】 2016年，全县有97个行政村（社区）开展诚信计生工作，开展比例100%，建立1251个诚信计生小组，应签订协议书15924人，已签订14695人，签订率92.28%。

开展诚信计生“十县百乡千村”示范单位创建暨模范诚信小组长评选活动。组织做好诚信计生乡、村示范单位和模范诚信小组长评估评选工作。探索在实施全面两孩政策上深化诚信计生的管理和改革，落实诚信计生工作措施。针对诚信计生户在生产生活及养老等问题上遇到的实际困难，研究制定新的政策措施。

【流动人口计划生育管理】 2016年底，全县流动人口7671人，其中流入人口2240人，流出人口5431人。流动人口中成年育龄妇女2796人，其中流入成年育龄妇女584人，流出成年育龄妇女2212人。跨省流动人口3451人，其中流入1044人，流出2407人；跨省流动占总流动人口44.99%，省内流动人口4220人，其中流入1196人，流出3024人，省内流动占总流动人口55.01%；流动人口中务工经商的占到总流动人口88.84%。

跨省流出人口主要分布在广东、福建、海南、安徽等地。跨省流入人口主要来自贵州、云南、四川、浙江、湖北、江西等地，主要分布西林在西林县的八达镇、那劳镇、古障镇、八大河乡和街道办事处等。

抓好日常工作，准确掌握已婚育龄妇女的动态，做好流动人口"三查"信息的登记和反馈，澄清底数。每月核对流入和流出信息，做好流动人口以及用工单位和私房出租户的信息修正变更，每天定时，保质保量提交信息和反馈信息。年内，流入地流动已婚育龄妇女"三查"登记率74.94%，流入地流动人口出生统计登记率100%。

【生育服务证制度改革】 生育登记对象。生育第一个子女或者第二个子女的；夫妻因子女死亡只有一个子女，生育一胎子女的；夫妻因子女死亡无子女，生育两个子女的；再婚夫妻再婚前双方已各生育一个子女，生育一胎子女的。

登记时间：分娩前或者分娩后三个月内。

登记地点：夫妻一方户籍所在地或者现居住地乡镇人民政府、城市街道办事处。

登记所需材料。1.夫妻双方的户口簿、身份证、结婚证；2.其他相关证件：（1）属再婚夫妻的，还需提供离婚证或法院判决书原件；（2）属子女死亡后申请生育的，还需提供子女的死亡证明（公安部门或医疗机构出具的证明均可）。3.夫妻近期免冠2寸合影相片2张。4.填写"广西生育登记表"一份。

【计划生育政策宣传教育】 2016年，西林县卫生计生局紧紧围绕卫生计生重点工作，挖掘工作典型经验、典型事迹、典型人物，唱响宣教工作主旋律，弘扬正能量，有效促进卫生计生事业健康持续发展。加大便民利民惠民举措宣传力度，讲好卫生计生发展改革故事，增强广大群众"获得感"。

投入15万元，印制新修订的《广西壮族自治区人口和计划生育条例》、基本公共卫生知识读本、打击"两非"宣传读本、奖励扶助宣传手册等，免费发放到群众手中。同时，加强政策解读宣传工作，倡导科学文明进步的婚育观念，使依法生育、负责任养育成为风尚，宣传计划生育服务管理改革、优质服务新进展、幸福家庭建设和流动人口卫生计生服务均等化工作，为促进人口长期均衡发展营造良好氛围。

投入22万元，打造幸福家园，卫生计生文化长廊和文化大院，乡（镇）、村级示范宣传阵地建设11个，为全县卫生计生事业改革发展营造良好的舆论氛围和社会环境。

发挥人口学校、幸福家园功能。开展青春期、新婚期、孕产期、哺乳期、避孕期、中老年期"六期"保健知识宣传教育。通过集中培训、媒体传播、面对面咨询等方式，提高育龄群众自我保健意识，增强自我保健能力。借助学校阵地加强青春期教育，在中小学校开设人口理论、艾滋病预防、青春期教育课程并育等课程，邀请专家到各学校开展宣传教育活动。

发挥县、乡党校宣传倡导作用。采取培训班、报告会等多种形式对各级党政领导和乡村计生干部进行人口理论教育，实施两孩政策等培训。

2016年，先后举办培训班9期、报告会9场，接受宣传教育的县乡党政领导和计生干部达400多人次。发挥计生协会会员之家、农家书屋、农事村办服务站、党员活动中心的作用，将卫生计生文化融入群众的各项活动。发挥基层诚信计生小组长和中心户的示范带头作用，带动身边的人积极参与新农村新家庭建设。

【计划生育协会工作】 爱心保险项目。2016年，自治区下达全县计生爱心保险投保任务3310户，实际已为4024户12072人计生家庭购买爱心保险，投入保费20.12万元，投保率为121.57%，爱心保险投保覆盖全县8个乡镇97个村，覆盖率100%，爱心保险工作做到按时续保、应保尽保。

出险理赔情况。全年出险家庭18户，已全部理赔，理赔及时率为100%。全县爱心保险赔付总金额为19.18万元，总赔付率为95.33%。

保险卡发放情况。全县应发放爱心保险卡4024份，已发放4024份，发放率为100%。

小额贷款贴息项目。年内，全县新落实小额贴息贷款扶持137户，办理贷款412.50万元，完成上级下达任务27户的507.41%。全年兑现计生小额贷款到期贴息290户，贴息资金38.05万元，贴息率为100%。比上级下达指标70%高30个百分点。

协会宣传。2016年，全县各级计生协会举办各类培训活动33场（次），参加培训群众2938人（次），张挂宣传标语12幅，发放宣传品8374份，出版宣传稿件13篇，文艺演出23场。宣传活动受益人数8235人。

【工作经费投入】 2016年，在职人员工资预算629.14万元，全年实际投入数738.84元，完成年度预算117.44%。计生专干工资预算453.06万元，实际投入数535.16万元，完成年度预算118.12%。屯级信息员工资预算32.54万元，实际投入数32.54万元，完成年度预算100%。福利费预算101380元，实际投入数101380元，完成年度预算100%。公用经费预算53万元，实际投入数53万元，完成年度预算100%。

项目支出。创建“两无一提高”业务经费5万元；人口出生性别比综合治理2000元；卫生和计划生育宣传教育经费10万元；诚信计生家庭子女考取本科一次性奖励金10万元；术后并发症治疗费用1万元；免费基本技术服务经费10万元；生殖健康促进工作经费10万元；计划生育统计及抽样调查5万元；计划生育避孕药具经费10万元。

广西农村计划生育家庭一次性奖励县级配套10万元；非财政拨款企事业单位计划生育人员退休增发5%待遇20万元；免费孕前优生健康检查项目经费10万元；巩固“国优”业务经费3万元；诚信计生工作经费1万元；创建“四优一满意”业务经费10万元；流动人口计划生育管理及服务1万元；计生协会工作经费3万元；人口和计划生育目标责任制考核1万元；卫生和计生医疗机械设备购置1万元。

农村计划生育家庭成员新型农村合作医疗费用103万元；45周岁至59周岁农村计划生育家庭成员新型农村养老保险34万元；城镇下岗、待业职工和农村计划生育家庭独生子女保健费26万元；村级卫生、计生服务室维护管理经费5万元。

2016年总预算为920.14万元，实际投入数1029.84万元，2016年完成年度预算100%以上。

撰稿：陆贵文
编辑：秦应海
何建泽

◎ 乡（镇）人口和计划生育服务站工作概况

【八达镇】 2016年，全镇期间内出生人口505人，人口出生率13.26‰，人口自然增长率为9.3‰，其中男婴出生267人，女婴出生238人，人口出生性别比112:100。符合政策生育人数477人，符合政策生育率为94.46%，比县下达的任务指标92%高2.46个百分点，其中一孩符合政策生育率为96.1%，二孩符合政策生育率95.25%。多孩出生8人，政策外多孩率1.6%。农村人口当年落实长效避孕率50.84%。

全镇应立社会抚养费征收案25件，立案25件，立案率为100%，社会抚养费应征收364.78万元，已征收0万元，征收率为0%。其中当年应征收86.75万元，已征收0万元，征收率为0%，历年社会抚养费应征收278.03万元，已征收0万元，征收率为0%。

经自查，人口出生和主要工作指标经计合格率97%以上。

【古障镇】 2015年10月至2016年9月出生人口数，男孩288人，女孩255人，人口性别比为112%，比责任指标114%低2个百分点。年末总人口数34593人，2015年10月至2016年9月（跨年度）出生人口数543人，死亡168人，人口自然增长率10.8‰，比责任指标9.2‰高1.6‰。出生人口数543人中，政策内出生人口501人，出生政策符合率92.27%，比责任指标90%高2.27个百分点。政策外多孩出生18人，政策外多孩率3.3%，在指标任务控制范围内。

免费孕前优生健康检查159例。产前筛查率93.37%。出生人口数377人，产检人数352人，产前筛查率93.37%，比任务指标75%多18.37个百分点。流入成年育龄妇女83人，发放婚育证明80人，发证率96.38%，流动人口应享受免费技术服务3人已全部享受，免费技术服务率100%。

新一轮精准识别计划生育家庭贫困户1193户，2016年通过第一批和第二批脱贫验收768户，计生家庭贫困户脱贫率64.37%，比责任指标35%多29.86个百分点。

享受农村计划生育家庭奖励扶助114人，其中享受国家级奖扶59人84960元，享受区级55人39600元，奖扶资金全部兑现。2016年发放45-59周岁养老保险669人，金额66900元，发放农村计划生育家庭爱心保险卡239户11950元，兑现率100%。

全员数据库信息及时变更率100%。以月为单位，镇计生办干部及时更新上月镇辖区人口变动相关信息，限时在全员化数据库录入变更数据，全员数据库信息更新及时率达到99%，比责任指标多4个百分点。

【马蚌镇】 2015年10月至2016年9月全镇出生238人，死亡109人，人口自然增长率为7.45‰。出生238人，男孩127人，女孩111人，出生人口性别比114。符合政策出生229人，出生政策符合率为96.22%。政策外多孩出生6人，政策外多孩率2.52%。全年完成免费孕前优生健康检查66例。

2016年，全镇小额贷款计生户38户，超额完成贷款发放指标任务。全年发放小额贷款贴息补助计生户75户，超额完成全年应贴息金额。符合享受“爱心保险”的家庭有383户，发放爱心保险卡383份，完成投保383户，投保率100%。三是代缴农合和养老保险。

全镇贫困计生家庭有221户，2016年脱贫136户，脱贫率达61.54%。全员人口数据库准确率98%。及时变更全员数据库信息，更新及时率98%。流动人口发证率达96.8%，流入育龄妇女验证率达97.2%，登记率96.7%。

【那劳镇】 2015年10月至2016年10月，全镇期末人口9225人，已婚育龄妇女1834人，出生人数为142人，其中男孩74人，女孩68人。人口自然增长率7.86‰；出生人口性别比108.82：100。符合政策生育率95.77%；全镇保持无政策外多孩出生。计生奖扶政策兑现率100%；人口计生基本公共服务覆盖率为100%；贫困计划生育家庭脱贫率100%；免费孕前优生健康检查任务65对，已完成83对，完成率128%，免费孕前优生健康检查目标人群覆盖率98%。数据库信息准确率达到97%，全员数据库信息变更及时率达到97%。

截至2016年11月30日，已办理发放小额贴息贷款17户，发放小额贷款39.8万元。本年度到期小额贷款应贴息的有47户，分上半年和下半年发放贴息全额，其中上半年已发放贴息24户，贴息贷款金额59万元，应贴息22830元，已发放贴息金额22830元。下半年到期23户，贴息贷款49.10万元，贴息正在办理中。全镇农村计划生育家庭622户，已发放爱心保险卡608张，保险卡发放率为99.51%，投保率为98.09%。

及时兑现独生子女保健费，兑现率100%；并为独生子女、双女户交纳新型农村合作医疗。对独生子女和双女结扎户家庭在生产、生活等方面实行优惠政策倾斜，在每年的危房改造等工程建设中，优先考虑计生户，补助比一般农户多2000元。

【那佐苗族乡】 2016年，那佐苗族乡人口和计划生育办公室行政编制3人，事业编制9人、其中技术人员1人，18个行政村，配备有18个计生专干，141个自然屯配备有141个人口管理员。

全乡期末总人口27435人，已婚育龄妇女5221人，新出生人口348人（男173人，女175人），人口出生率12.68‰，自然增长率5.57‰。符合政策生育人数315人，符合政策生育率90.5%，比县下达的任务指标（90%）高0.50个百分点。多孩出生人数12人。政策外多孩率3.44%，比县下达的控制指标（3%）高0.44个百分点。全乡应落实当年长效避孕措施85%，全乡应立案33起，已立案33起，立案率100%；102.55万元，征收0万元。

免费为群众康检、妇检350人（次），查环、查孕、查妇科病200人（次）。

全乡107户独生子女兑现保健费3.85万元，为795个计生家庭2787人代交新农合参合费33.44万元，为279个计生家庭824人购买爱心保险4.12万元。

【普合苗族乡】 全乡总人口11772人，已婚育龄妇女2565人，已婚育龄妇女占总人口的比例为21.78%。

2015年10月至2016年9月全乡出生191人，其中男101人，女90人，出生婴儿性别比112，政策内出生182人，符合政策生育率95.28%。全乡一孩出生56人，政策内出生48人，一孩符合政策生育率85.71%；全乡二孩出生133人，政策内出生132人，二孩计生率 99.2%；政策内多孩出生1人；全乡无政策外多孩出生，政策外多孩率为0%。

全乡采取避孕节育措施103例，其中放环96例，取环7例，终止妊娠0例。农村人口当年长效避孕率为50.26%。

预防出生缺陷咨询和免费义诊200多人。为64对夫妇开展免费孕前优生健康检查，完成免费孕前优生健康检查目标人群覆盖率80%。

全乡流动人口701人，其中流入118人，流出585人；流动人口发证率:95%、验证率：96%、登记率：96%。

2016年，缴纳农村计划生育家庭爱心保险费137户，共计9050元，410人参险，落实率达100%。；实发计生家庭小额贷款贴息共计4户，7万元，全乡符合享受广西及国家奖励扶助对象48户，48人（60周岁奖扶对象27户，27人；55~59岁奖扶对象21户，21人），15120元，全部落实到位。发放独生子女保健费27人，9720元。

【西平乡】 全乡有 12 个行政村，总人口 14416 人，已婚育龄妇女 2800 人，全年出生 203 人，其中：一孩出生 77 人，二孩出生 122 人，政策内多孩出生 4 人；符合政策出生 191 人，出生政策符合率 94.08%，比县下达全年任务指标 92%高了 2.08 个百分点。人口出生男性 107 人，女性 96 人，人口出生性别比为 111.45，比县下达全年任务指标 112 低 0.55 个百分点。女性初婚 56 人，人口死亡 100 人，死亡率 6.93‰，人口自然增长 103 人，人口自然增长率 7.14 ‰，比县下年指标的 8.6‰低 1.46 个百分点。

免费孕前优生健康检查县下达任务 72对，完成 78对，是年任务的108%。完成计生“四术”162例，其中：结扎2例，放环94例，皮埋3例，取环52例，人流11例；2016年违法生育12例，应征收41.18万元，已征收0万元，征收率为零。

全乡12个行政村全面开展诚信计生工作，有126个诚信小组，1552人签订诚信计生协议书。计生家庭贫困户有246户，计生家庭贫困户脱贫101户，脱贫率达41.05%。

截至11月30日，办理一孩登记41人，二孩登记93人，再生育申请审批8人，发放服务手册137本。

【足别瑶族苗族乡】 2016 年，全乡人口自然增长率为 8.40‰，比县下达的 8.5‰低 0.1 个千分点。出生性别比为 83.54 ：100，比县下达的 113 ：100 低 29.46。符合政策生育率为 91.72%，比县下达的责任指标 90% 高 1.72 个百分点。政策外多孩率为 2.06%，比县下达的责任指标 3.2% 低 1.14 个百分点。

县级下达免费孕前优生健康检查任务为53例，到10月底完成53例，免费孕前优生健康检查任务完成率100%，项目覆盖率为91%。产前筛查率已达到80%，比县下达的责任指标75%高出5个百分点。

全乡符合享受各级各项计生奖扶政策623户1949人（次），兑现各项奖励扶助金10.62 万元，各种扶助政策措施全部落实到位，励扶金兑现率已达到100%。贫困计生家庭项目覆盖率为100%。

数据信息准确率为97%，比县下达的95%高2个百分点。全员数据库信息变更及时率为98.70，比县下达的95%高3.70个百分点。

流动人口免费技术服务率为96，比县下达的的责任指标95%高1个百分点。

爱心保险做到应保尽保，投保率100%，保险卡放到位。全乡符合享受各级各项计生奖扶政策623户1949人（次），兑现各项奖励扶助金10.62 万元。

撰稿：陆贵文
编辑：秦应海
何建泽

社会生活

◎ 民政服务管理

【机构人员】 2016年，西林县民政局行政编制7人，事业编制12人，设局长1人，党组书记1人，副局长2人，纪检组长1人。在职公务员4人，在职工人3人。局内设办公室、计财股、优抚安置和区划地名股、救灾救济股、城乡低保股、低收入家庭经济状况核对中心、社会事务股、婚姻登记处、社团组织和老龄股。

【救灾救济】 2016年，根据本地灾情工作实际，不断完善救灾应急预案内容，加强救灾工作的领导，明确各部门救灾职能，做好灾情收集统计和上报，确保在灾情发生24小时内将灾情逐级上报。年内发放救灾物资9400床（件、套），发放应急救助物资棉被100床、应急救助资金7万元，救助金189.30万元。完成受灾户维修农房42户，发放维修资金19万元。协调保险公司对受灾农房理赔57户，理赔率100%。完成2015年因灾倒损住房需政府支持重建有60户。

【双拥活动】 2016年，发放2015年入伍的义务兵家庭优待金37.31万元；发放各类优抚对象慰问金5.40万元；“八一”建军节共发放慰问金13.88万元。

【优抚安置】 2016年，为274名优抚对象（其中：重点优抚对象135人，60周岁以上农村籍退役士兵134人，60周岁以上烈士子女5人）发放补助金112.12亿元。为各类优抚对象缴纳参保参合医疗保险达2.63万元，解决医疗救助金3.33万元。

【城乡最低生活保障与社会求助】 2016年，城市居民最低生活保障标准由原来每人每年4295元提高到每人每年5177元（即每人每月358元提高至每人每月431元），农村居民最低生活保障标准由原来每人每年2048元提高到每人每年3100元（即每人每月171元提高至每人每月258元）。进一步提高低保补助标准，城市最低生活保障补助标准由原来每人每月280元提高到每人每月300元，农村最低生活保障由原来每人每月130提高到每人每月140元。年内发放城乡低保补助26990人，发放救助金4299.71万元。积极发挥低保政策对农村脱贫兜底作用，全县扶贫对象已纳入农村低保20789人，低保对象中贫困对象重合率为82.5%。受理医疗救助申请27355人，发放医疗救助金476.54万元，全县享受困难残疾人补贴940人，发放困难残疾人生活补贴57.94万元；享受重度残疾人护理补贴1012人，发放重度残疾人护理补贴38.40万元。

【落实五保供养政策】 2016年，提高农村五保集中供养标准，由原来每人每月380元提高到每人每月500元。农村“五保”分散供养标准由原来每人每月250元提高到每人每月300元。全年发放“五保”供养资金194.36万元，保障464人五保老人的基本生活；落实低保、农村五保、优抚对象人身意外伤害保险补助。县财政以每人每年保费18元的标准，为全县低保、“五保”、优抚对象共24587人缴纳人身伤害意外保险资金44.26万元；县财政出资8.80万元为11个敬老院采购11台电动三轮车解决院民就医、生活难用车难问题。

【社会福利】 2016年，组织开展留守儿童、留守妇女、留守老人摸底排查工作。全县排查出留守儿童1163名；留守妇女226名；留守老人1314名。全县孤儿人数为62人，其中社会散居孤儿52人，机构供养10人，全年发放孤儿保障金49.22万元。开展“寒冬送温暖”夜间巡查工作，出动救助车辆112车次，现场劝导、救助流浪乞讨人员16人（次），接待救助各类社会流浪乞讨人员37人（次），3人送医救治，发放食品60件次，御寒衣被20件次，支出救助金5.97万元。

【退役士兵安置】 2016年，组织30名退役士兵参加汽车驾驶培训，划拨培训经费9.24万元；年内对2名符合政府安排工作条件的退役士兵，分别安置到马蚌镇、那佐苗族乡机关工勤人员岗位工作。

【社会组织管理】 2016年，注册登记的民办非企业共有30个，社会团体共有31个。

【行政界线管理】 2016年，联合检查桂滇线西林—罗平段，全长40千米，界线走向北起广西、云南两省区交会点，南止广西西林县、云南省师宗县、罗平县三交点。西林——师宗段，桂滇线西林－师宗段，边界线长18.90千米，自西北向东南走向，弄亚小河交清水江中心起，沿清水江河道中心逆流而上至滑石板小河交清水江中心止。西林--富宁段两县的边界线全长17.25千米，全线贯通，自东向西南走向，由坐标点（X=2670300，Y=1857200）起，逆西洋江河流中心线至终点坐标（X=2658550，Y=1851400）止。界桩更换西林--丘北段2016年7月进行第三轮联检。界线沿清水江河道中心线往西南延伸650米至清水江河道中心线上的一点向北顺江下至广西壮族自治区西林县与云南省丘北县、师宗县三县交会点止，界线总长4.20千米，界线两侧地貌、地物没有变化，界线实地位置清晰可辨，界桩无变动，界线走向与原双方共同签订的协议书及附图相符。全线共埋设界桩2棵，界桩号：4553001A由西林县负责，位置：西林县古障镇猫街清水江桥头；界桩号：4553001B由云南省丘北县负责，位置：云南省丘北县温浏乡坝达村清水江桥头。均为双立单面型界桩。更换西林--广南段，全线实地埋设2个界桩，其中同号双面立桩2个：1.界桩号4553002（由西林县负责）。位置：广西西林县古障镇者夯村与云南省广南县坝美镇堂上村枫树丫口；2.界桩号4553003（由广南县负责）。位置：广西西林县那佐苗族乡龙滩村与云南省广南县杨柳井乡石笋村。

【地名普查】 2016年，全县全国第二次地名普查办公室共收集地名普查条目3974条，按照国家和自治区的有关要求完善地名标志，地名标志牌数量为118个；技术公司已建立地名和区划数据库并录入数据3974条，插入壮文1581条；对监理反馈会中提出的问题进行了整改，经整改已达到验收标准。

【贫困大学生救助】 2016年，为考入大学的新生发放路费补助251人，10.71万元。

【婚姻登记】 2016年，办理结婚登记1317对，补领280例；离婚登记172对，补领16例；登记合格率100%。

【收养登记】 2016年，共接待收养登记咨询60多人次，进行家庭寄养3名，办理国内收养登记13例。

【慈善事业】 2016年，广州捐赠一批物资（旧衣服10000件，鞋子2000双）给县社会福利院。

【老年人工作】 2016年，全县共有80周岁以上低收入老年人1781人，累计发放高龄生活补贴174.06万元。为全县60周岁以上老年人办理《老年优待证》26张。

【自然灾害】 2016年，全县受灾人口1816人，紧急转移群众238人，农作物受灾面积106公顷，其中农作物成灾面积为71公顷，绝收面积为35公顷，房屋倒塌5户15间，严重受损66户175间，一般受损35户110间。道路设施塌方、损坏多处，直接经济损失323万元。5月3日足别瑶族苗族乡足别村罩子同遭受冰雹灾害，受灾人口357人，房屋严重受损25户。6月11日晚因受强降雨天气影响，县境内普降大到暴雨，其中八达镇降雨量达203毫米，旺子村、龙堡村、赵家堡降雨量达180毫米，木呈村、坡皿村、岩腊村降雨量达100毫米，造成8个乡镇12个行政村遭受暴雨洪涝灾害。八达村八洋屯韦恩荣房子倒塌，岩怀屯刘亚养房后山体滑坡（未造成人畜伤亡），人畜饮水管道损坏700米。全年发放棉被、毛毯、保暖内衣、棉衣、套装衣服等应急救助物资9401床（件、套）。发放应急救灾资金7万元。发放口粮102吨，计35.70万元。完成2015年因灾倒房第二批重建24户，发放资金36万元；2016年因灾受损倒塌农房需重建13户，已完成重建12户。完成受灾户维修农房42户，发放维修资金19万元。农房政策性保险报案户数57户，理赔57户。发放冬春救助资金79.10万元。

撰稿：黄小春
编辑：乃艳飞
罗贞明

◎ 扶贫开发

【机构人员】 县扶贫开发办公室设综合股（行政审批办公室）、项目管理股、扶贫产业股、小额信贷贴息股、政策宣传培训股、扶贫信息管理中心。

西林县扶贫开发办公室行政编制13人，其中：主任1人，副主任3人，副主任科员1人，科员干部8人；事业编制16人；见习生2人；政府聘用人员3人。内设机构人员使用情况：在职领导4人，在职副主任科员1人；综合股6人，其中在编3人，政府聘用人员1人，临时聘用人员2人；项目股6人，在编3人；产业股3人，其中在编2人，临时聘用人员1人；培训股3人，在编2人，临时聘用人员1人；小额信贷股3人；信息中心4人，在编4人，财会室2人，在编1人，政府聘用1人。下设2个二层机构，分别为社会扶贫定点管理中心、林业科学研究所。社会扶贫定点管理中心核定编制2人，在编在岗2人，林业科学研究所核定编制4人，在编在岗4人。

【扶贫体制机制创新】

1. 精准扶贫“六到村，十到户”机制。

基础设施到村到户、产业扶持到村到户、教育培训到村到户、农村危房改造到村到户、扶贫生态移民到村到户、结对帮扶到村到户。

干部包扶到户；脱贫规划到户；产业扶持到户；项目推广到户；政策宣传到户；传递到户；技能培训到户；失学救助到户；跟踪服务到户；干部形象到户。

2. 精准扶贫进退机制。

全年对贫困村，所有农户进行普访入户调查，进行评分识别；对非贫困村，由群众对照《精准识别贫困户评估表》自行评分，认为符合贫困户标准的，自愿向村委提出贫困户申请，凡提出申请的农户均列为入户普访调查对象，进行评分识别。评估分值达到该县自定的贫困线分数线60分（暂定）以下的列入返贫对象，评估分值高于全县贫困分数线的的贫困户给予脱贫退出，并在扶贫系统更新数据。

3. 精准扶贫考评机制。

将贫困人口的减少、收入的增加、生产生活条件的改善作为主要指标，并将考核结果与干部选拔任用相结合。引导党政领导班子和领导干部把工作重点放在扶贫开发上。

4. 扶贫资金使用监管机制。

把资金分配与贫困人口减少和生活水平提高挂钩，创新以奖代补等竞争性分配方法。改革资金使用和投向，坚持项目资金到村到户，真正使资金直接用于扶贫对象。完善扶贫对象、扶贫资金和项目公告公示制度，引导贫困群众参与扶贫资金和项目管理，逐步引入社会力量，发挥社会监督的作用。

5. 教育精准扶贫机制。

引导农村贫困户初中、高中毕业生和青壮年劳动力免费接受学历教育和技能培训，提高扶贫对象的素质，增强就业和创业能力，实现脱贫致富的专项扶贫。

6. 扶贫管理工作机制。

设县扶贫管理信息中心；成立乡镇扶贫管理工作站；增加村级扶贫信息员。

7. 创新社会扶贫参与机制。

建立和完善广泛动员社会各方力量参与扶贫开发的制度。搞好谋划，建立机制，搭建平台，储备项目，使积极参与扶贫的组织和个人有针对性地参与社会扶贫。鼓励和引导各类企业、社会组织和个人自愿选择贫困村、贫困户结对帮扶。落实财税、金融等优惠政策，吸引各类市场主体到贫困村屯投资兴业，推动产业梯度转移和资源优化配置。支持民主党派、工商联、群团组织参与扶贫开发，健全鼓励高校毕业生到农村特别是贫困地区开展扶贫工作的服务保障机制。

【扶贫对象】　通过精准识别，全县8个乡镇共有41个贫困村366个贫困自然屯，7086个建档立卡贫困户，涵盖28911贫困人口；其中八达镇1234个建档立卡贫困户，涵盖5142贫困人口；古障镇1451个建档立卡贫困户，涵盖5856贫困人口；马蚌镇452个建档立卡贫困户，涵盖1836贫困人口；那劳镇347个建档立卡贫困户，涵盖1359贫困人口；普合苗族乡776个建档立卡贫困户，涵盖3159贫困人口；足别瑶族苗族乡380个建档立卡贫困户，涵盖1527贫困人口；西平乡427个建档立卡贫困户，涵盖1661贫困人口；那佐苗族乡2019个建档立卡贫困户，涵盖8371贫困人口。

【扶贫资金投入】　2016年，西林县扶贫开发办公室总共整合财政扶贫专项资金共5480.43万元。其中到户产业扶持补助资金项目506万元；部分基础设施建设（包括：屯内道路硬化，八达镇旺子村碰竹屯沙糖桔基地引水灌溉和生产道路维修工程，屯级道路硬化）投入共1721.43万元；教育扶贫项目投入150万元；金融扶贫投资共3013万元。

【贫困村基础设施建设】　2016年，实施项目建设总共有85处（条），总里程158.04千米，总投资0.24亿元，受益户数3704户，涵盖16617人。其中，基础设施建设76处（条），总里程105.30千米，总投资0.23亿元，受益户数3324户，涵盖14846人；其中屯级道路硬化4条3.77千米，总投资142.96万元，受益户数147户，涵盖696人；屯内道路硬化69条，总里程97.85千米，总投资0.20亿元，受益户数3027户，涵盖13371人；其他基建项目3处3.68千米，总投资63.02万元，受益户数150户，涵盖779人。屯内绿化项目共9处，总里程53.10千米，总投资102.21万元，受益户数280户，涵盖1771人。

【产业扶贫】　2016年，第一批切块到县产业扶持到户资金共506万元，其中八达镇164.10万元、普合苗族乡118.10万元、古障镇166.20万元、马蚌镇57.60万元，全部资金按每户4000元扶持扶持，截至2016年12月20日，完成全部拨付，拨付率100%，项目覆盖4个乡（镇）35个行政村，其中贫困村18个，1256贫困户5691人受益。项目发展沙糖桔种植168.67公顷，家禽1万只，水产10吨。

【扶贫移民搬迁】　2016年，西林县采取集中安置和分散安置方式，计划扶贫移民搬迁1307户5521人（含2014年、2015年尚未实施的数，其中：贫困户1222户5175人）。据统计，上半年有意愿搬迁的建档立卡贫困户1947户8306人。通过主体融资、争取国家发改委异地扶贫搬迁基建投资、中央财政专项扶贫资金和自治区本级补助资金等渠道，预计筹措扶贫移民搬迁项目资金3.31亿元。西林县古障新区、那劳新区、者夯村小区、马蚌村小区等4个扶贫移民搬迁小区已动工建设并出具规模。新开工建设八达镇火亮山、那公、八洋、驮娘江西桥和西平乡西平等扶贫移民搬迁小区6个。在县城规划福景新苑、阳光小区和驮娘江西桥头小区等3处扶贫移民安置点，规划总面积31708平方米，计划建设住房1005套，已建成。房屋采取政府定价方式向贫困户销售，其中，福景新苑购房价为2000元/平米，阳光小区购房价为1700元/平米，房子已简易装修，水电已安装好，贫困户购买即可入住。建房成本差价由政府从其他途径解决。截至6月底，已经落实703户3081人。

【扶贫培训】　2016年，共办理全县雨露计划学生学历教育补助：本科43人21.50万元；高职（新生）110人16.50万元，2015级2016年申请42人6.30万元，续补生159人23.85万元；中职（新生）47人7.05万元，2015级2016年申请28人4.20万元，续补生78人11.7万元；巾帼班（新生）4人0.80万元，2015级2016年申请2人0.40万元，续补生5人1万元。全县共符合雨露计划补助条件的学生518人，发放补助资金93.30万元，12月30日前全部将补助款划拨到学生账户。

【金融扶贫】　2016年，前期西林办已安排风险补偿金1000万元，按照1：10的比例，金融机构可放贷10000万元。截至2016年11月27日止，县信用联社发放贫困户贷款4098户共1.93亿元。

【社会扶贫】

中国能建集团。2016年，中国能建集团继续为西林脱贫添砖加瓦，投入资金155万元帮助足别瑶族苗族乡央龙村完善道路设施和扶持产业发展。明确将投入50万元，实施央龙村龙汉屯内道路硬化3千米，有效解决50户270人行路难问题。明确将投入65万元扶持央龙村养殖合作社发展壮大。帮助合作社购买羊种、建设羊圈、技术培训等，解决79户348人贫困人口产业增收问题。明确将投入40万元扶持央龙村有机茶种植示范园标准建设，以合作社+农户的形式建设13.33公顷标准有机茶种植示范园，有效解决79户348人贫困人口增收问题。此外，中国能建集团制定了《十三五定点扶贫工作规划》，为扶持西林如期实现贫困县摘帽目标，继续追加帮扶资金200万元，在央龙村在产业发展、道路建设、水网改造、卫生整治、公共服务基础设施等方面给予大力支持。在风能、太阳能开发利用上，积极寻求合作，实现共赢。

贵港帮扶。贵港市帮扶300万元资金，西林县扶贫开发办公室经过实地调研，该办计划帮扶八达镇周帮村龙弄、张家寨新移民点和古障镇同乐产业发展等两个项目。

广东帮扶。2016年，深圳扶持西林1000万元，重点用于产业扶持项目建设，全县规划2个产业扶贫项目，并编制项目建设建议书，一是西林县标准化扶贫茶园建设项目，二是西林县足别瑶族苗族乡400公顷标准化油茶基地建设项目。

【脱贫攻坚措施】

六个一批。2016年全县扶贫工作提出“六个一批”十大行动工作措施。

产业发展精准脱贫一批。到2019年，对有发展产业条件和有劳动能力的贫困户，通过产业发展，实现精准脱贫15000人以上。

转移就业精准脱贫一批。到2019年，对有劳动能力，但又受制于当地发展条件的贫困人口，通过转移就业培训，实现精准脱贫3000人以上。

扶贫移民搬迁精准脱贫一批。到2019年，对居住在生存条件恶劣、生态环境脆弱、居住分散、交通不便、扶贫成本高的贫困区域贫困人口，通过扶贫移民搬迁，实现搬迁脱贫16000人以上。

教育扶持精准脱贫一批。到2019年，对建档立卡中因子女上学负担重而致贫的，通过教育扶持，实现精准脱贫4000人以上。

医疗救助稳定脱贫一批。到2019年，对建档立卡中因病致贫或因病返贫的贫困人口，通过医疗救助，实现医疗应补尽补，不让一户因病返贫。

低保兜底精准脱贫一批。到2019年，对无法依靠产业扶持、就业帮助、移民扶贫搬迁脱贫的家庭，通过低保政策兜底，实现精准脱贫5100人左右。

十大行动。实施特色产业富民行动，实现产业扶贫到村到户。实施基础设施建设行动，实现基础设施扶贫到村到户。实施移民扶贫搬迁行动，实现移民扶贫搬迁到村到户。实施农民工培训创业行动，实现就业扶贫到村到户。实施电商扶贫行动，实现新型产业扶贫到村到户。实施贫困户产权收益行动，实现资产性收益扶贫到村到户。实施科教文化卫生扶贫行动，实现科技文化卫生教育扶贫到村到户。实施金融扶贫行动，实现金融扶贫到村到户。实施社会扶贫和社会关爱行动，实现结对帮扶到村到户。实施社会保障兜底行动，实现“兜底”保障到村到户。

【扶贫成效】 西林县贫困人口由2011年的72300人减少到2015年的29000人，贫困发生率从2011年的49.8%下降到2015年的19.8%，再到2015年的29000人到2016年的22000人，贫困发生率从2015年的19.8%下降到2016年的15.15%。

撰稿：王海江
编辑：乃艳飞
罗贞明

◎民族事务管理

【机构人员】 2016年，西林县民族事务局在职5人，其中局长1人，副局长1人，主任科员2人（享受副处待遇2人），司机1人。其中大学文化2人，大专文化2人，高中文化1人。核定编制3人，其中局长1人，副局长1人，办公室秘书1人（无人在职）。

【民族分布】 据统计局提供数字，2016年末全县总人口160561人，其中少数民族人口145606人，占全县总人口数的90.69%。人口较多的是壮族，人口数101931人，占全县总人口的63.48%；其次是苗族，人口数30228人，占全县总人口的18.83%；瑶族人口数6182人，占全县人口的3.85%；布依族人口数5924人，占全县总人口的3.69%；彝族人口数1194人，占全县总人口的0.74%；仡佬族人口数122人，占全县总人口的0.07%；回族人口数25人，占全县总人口的0.03%。其具体分布为：

八达镇总人口38142人，其中壮族人口17869人，汉族人口4643人，苗族人口8982人，瑶族人口131人，彝族人口741人，布依族人口5776人；古障镇总人口32916人，其中壮族人口26106人，汉族人口人3691，苗族人口2912人，瑶族人口35人，彝族人口61人，布依族人口111人；普合苗族乡总人口11899人，其中壮族人口5331人，汉族人口339人，苗族人口5223人，瑶族人口712人，彝族人口168人，仡佬族人口122人，布依族人口1人；那劳镇总人口9125人，其中壮族人口7018人，汉族人口1268人，苗族人口321人，瑶族人口479人，彝族人口39人，仡佬族人口人，布依族人口人；足别瑶族苗族乡总人口9409人，其中壮族人口4467人，汉族人口210人，苗族人口2497人，瑶族人口2235人；西平乡总人口14516人，其中壮族人口11473人，汉族人口523人，苗族人口2088人，瑶族人口408人，布依族人口24人；那佐苗族乡总人口27439人，其中壮族人口15205人，汉族人口2638人，苗族人口7430人，瑶族人口2166人；马蚌镇总人口17115人，其中壮族人口14461人，汉族人口1643人，苗族人口773人，瑶族人口16人，彝族人口185人，布依族人口12人，回族人口25人。

【政策宣传】 西林县聚居着15个民族，其中世居民族有汉、壮、苗、瑶、彝、仡佬等6个民族。2016年，民族事务局主要宣传党的民族政策法规，深入到各乡（镇）、县直有关单位进行调查研究，做好民族团结、平等、进步工作，帮助少数民族地区发展经济、文化教育事业。各族群众在生产生活中团结互助、和睦相处，年内未有发生影响民族团结的不利因素。

组织县老龄文艺队下乡演出。分别深入到普合苗族乡大河村新民屯等3个少数民族村屯和八达镇坡皿民族村中心小学等2所学校，开展巡演及民族政策知识互动有奖问答，受到各族群众和师生们的好评。还发放民族理论政策法律法规基本知识读本500册。

召开各民族群众代表“民族团结心连心”座谈会。4月1日，到八达镇坡皿民族村等民族聚居村屯组织召开各民族群众代表“民族团结心连心”座谈会。

组织召开“西林县少数民族知名人士座谈会”。开展“民族团结杯”篮球比赛。共有“苗族古笛队”“瑶族们佨队”“壮、汉、布依族联队”“汉族彝族联队”等11支篮球队、100多名各族各界的队员参赛。

在各乡镇、县直各部门以及县城主要路口悬挂张贴横幅标语，共37条横幅；在西林民族文化广场大型led屏幕播放民族政策宣传片4天。

指导和组织开展“三月三”民俗文化活动。以壮族“三月三”为契机，指导和组织西平、那劳、马蚌三个民族乡（镇）开展丰富多彩、健康向上的民俗与节庆活动的同时，积极开展民族理论、民族政策等宣传，悬挂横幅12条，达到了民族团结创建的宣传效果。

打造普合苗族乡新民屯和岩腊屯为民族团结示范点，投入资金5.10万元。另投入资金15万元创建普合苗族乡岩腊村“民族之家”。

【民族乡经济发展概况】 普合苗族乡农林牧渔总产值0.39亿元；农村人均纯收入8317元。那佐苗族乡生产总值0.57亿元；农民人均纯收入8492元。足别瑶族苗族乡生产总值0.41亿元；农民人均纯收入4850元。

【民族调研】 年内完成《出实招、下苦力、求实效——西林县精准扶贫的情况调研报告》（作者罗贞明）等调查研究课题。为自治区民委报送信息和稿件35篇（条），市、县等其他部门信息39篇（条）。

2016年12月20日，三省区9县（市）在西林县召开民族文化调研座谈会

【民族教育】 2016年，与教育部门协作，加强对八达镇二小民族班的招生和管理工作，做到民族班招收的各民族学生比例合理，同时确保补助经费及时兑现。做好少数民族特困优秀大学生和高中生入学困难补助费发放工作。补助特困优秀大学生11名，每人3000元，金额共3.30万元；补助特困优秀高中生11名，每人1000元，金额1.10万元。做好民族古籍编纂的收集和整理工作。

2016年9月27日，发放特困少数民族优秀学生补助仪式

【民族特色文化】 指导各村开展春节民族文化活动。春节前期，为组织和动员各村各族群众开展丰富多彩的民族民俗文化，活跃节日氛围，增进民族文化交流。在工作经费中安排2万元直接用于16个村春节期间组织开展民族文化活动的少数民族村屯的活动补助。通过扶持，各地开展的民族民俗文化各丰富多彩，民族民俗文化得以传承和弘扬，加强各少数民族之间的感情。组织开展民族节庆活动，弘扬民族传统文化。资助苗族“跳坡节”、瑶族“盘王节”和瑶族文化研究会成立及民俗活动、壮族“三月三”歌节活动等，投入经费共3.90万元。

【对外交流】 2016年与云南省文山壮族苗族自治州富宁县、广南县，云南省曲靖市罗平县和贵州省黔西南布依族苗族自治州兴义市签定了联办民族团结创建、民族文化交流的合作协议后，于4月28日在广南县者兔乡联合举办两省壮族山歌大赛，组织西林县山歌协会和壮族歌手10余人前往参赛。于7月16日参加丘北县举办的民间歌曲创作比赛活动。增进了与周边省份民族文化的交流。

【民族扶贫】 第一批少数民族发展资金。根据自治区民委《关于提前下达2016年少数民族发展资金分配计划的通知》（桂族发〔2015〕172号）和《关于下达2016年自治区本级少数民族发展资金的通知》（桂族发〔2015〕173号）文件精神，下达西林县2016年第一批（中央专项）少数民族发展资金和自治区本级少数民族发展资金项目资金65万元（其中中央专项资金40万元，自治区资金25万元）。根据县扶贫工作领导小组有关会议精神，建设普合苗族乡平安村平先屯道路硬化工程、那佐苗族乡上马草村甘支—者怀篮球场及挡土墙工程。西平乡平上村平上屯至三湾屯通屯道路硬化工程。11月全部完工投入使用。

第二批少数民族发展资金项目。根据自治区财政厅《关于下达2016年第二批少数民族发展资金的通知》（桂财行〔2016〕47号）和县财政局《关于下达2016年第二批少数民族发展资金的通知》（西财行〔2016〕36号）文件精神，下达西林县2016年第二批少数民族发展资金项目资金174万元（其中专项资金170万元，项目管理资金4万元）。根据县扶贫工作领导小组同意，于2016年12月至2017年4月建设那佐苗族乡那讪村满月坡屯屯内道路硬化工程、那佐苗族乡那讪村新寨屯屯内道路硬化工程、那佐苗族乡那讪村央纳屯屯内道路硬化工程、那佐苗族乡龙滩村新寨屯屯内道路硬化工程、那佐苗族乡龙滩村洞高屯屯内道路硬化工程、那佐苗族乡坝盆村拖盆屯屯内道路硬化工程、马蚌镇浪吉村那岩屯通屯道路硬化工程（二期）。

2016年6月25日，民族事务局到西平乡平上村开展扶贫工作

【民族成份管理】 加强宣传，提高群众对公民

变更民族成份的办理流程的知晓率。严格把关，认真审核公民变更民族成人申请有关材料，并及时上报市民委给予审核。全年共接待群众要求办理材料5份，办理5份，办结5份。

【民贸民品】 召开培训会和座谈会，组织42家企业上报自治区民委申报民贸民品企业的认定工作。经过严格评审，11月自治区民委下文确认全县24家企业为享受国家民贸民品优惠政策企业。

【少数民族生活习俗】 西林少数民族传统文化底蕴深厚。苗族有“跳坡节”，瑶族有“盘王节”“戒度”，壮族有“三月三”歌节、“尝新节”等，投入57000元指导和组织各民族节庆和民俗活动，丰富各民族群众生活。

【获奖情况】 2016年，西林县民族事务局获全县综治维稳工作先进单位。西林县民族事务局获全县绩效三等奖。《民族乡发展中亟待解决的问题及对策》《建立西林县民族关系状况监测评价机制探析》《西林民族文化精品建设对策探析》三篇论文（作者：罗贞明），同时获得“世界华人优秀学术成果金狮奖”，被世界华人名人协会、世界文化艺术研究院、中国毛泽东思想与特色社会主义研究会授予“世界华人学术贡献奖”荣誉称号。

撰稿：覃红星
编辑：乃艳飞
罗贞明

◆西林苗族民间文化习俗

【概述】 2016年，其境内有苗族同胞（分为白苗、偏苗两个支系）30228人，占全县总人口的18.83%。西林苗族和其他兄弟民族一样，在悠悠的历史长河中，在征服自然、改造自然、追求自由和谐，幸福美好生活的历史进程中，创造出灿烂的、多彩的、独具特色的民族文化习俗，它既是西林苗族先民们智慧的结晶，又是中华民族文化的重要组成部分，也是西林苗族同胞用真善美战胜假丑恶的一部民族史诗。

【风水文化】 纵观中国社会的发展史，“风水观念”出现在战国，形成于秦汉，到了西汉时期，“风水文化”开始流行于民间，且被西林苗族的历代先民一直传承。苗族历代的先民们都信仰：大地之中存在着孕育万物的生气，在藏风得水中，应视得水为上，而藏风次之，风水历来讲究的就是四神相应。

【建筑文化】 西林苗族的建筑文化习俗主要体现在：择屋基、破土动工、立柱、上梁、开门、建灶、入住主、立财门等程序上。

择屋基。宅基地一般在目测的基础上，再请风水先生或较熟悉风水常识的族长、寨老用罗盘、铜钱、大米、公鸡实地测择。若用大米，必须是用手驳去谷壳，不伤及米粒，然后按主人家的人口数、庄稼、畜禽、钱财、祖父母各用一粒大米为代表，在宅基地中央一平方米左右，铲平并夯实的平地上，以一只饭碗的内径为范围，分三小堆置放，然后用一只新饭碗倒扣罩住，待三早或七早启碗观看，若米粒完好并拢成一堆，那是上上，若米粒完好，但仍为三小堆，那是中上，若粒霉烂、发芽或粒数不全，那是下下。

破土动工。择好地基后，风水先生或主择人将建房方位、朝向和动土时间告知家主。是日家主点燃三柱香插于宅基地中央，在香脚处置放三张纸钱，同时将事先准备好的一只已会啼鸣的红公鸡当场杀祭，割杀后左手提鸡头，右手抓鸡双翅，顺时针方向沿宅基地的四至界线滴洒鸡血三圈，然后将那三张纸钱沾上鸡血点燃，告诉土地神：这块宅基地家主已向他付钱认购，求他日后多加保护（那只公鸡拿回家煮好后先祭祖后食用）。

立柱。立柱的时辰按风水先生或主择人的规定（下同）。立柱当天要杀一头中猪用于祭祀祖宗和犒慰前来帮工的亲朋好友。柱分中柱、二柱、三柱，中柱一般高一丈五尺七寸或一丈八尺六寸，柱一般立三排（两开间房）或四排（三开间房），苗族切忌建四开间房。立好柱后将男家主的一件旧上衣围系于中柱一人高处，意为主人已入注。

上梁。上梁除按吉辰外，还要杀鸡摆供，梁木中间用三枚铜钱或银币、硬币将一尺二寸的红布分三份点钉上。上梁时，先用绳子栓好梁的两头，再由两位木工（或家主的妻兄、妻弟或姐夫、妹夫）各带一些玉米种、谷种、五谷种、高粱种、火麻种、菜种、铜钱、硬币、爬上柱顶，双手收绳，将梁徐徐上吊至柱顶，再将带上的谷物等从上往下撒，众人在下面争相用兜接纳。同时燃烧香和纸钱，有条件的鸣放鞭炮，在热闹的气氛中把梁架装稳。

开门。西林境内苗族建房只开正门（即前门）和侧门，不开后门。前门的朝向亦按风水测择所定。若建房时，门的朝向不甚利，可设一障碍物遮挡，待朝向有利之时再将障碍物撤去。

建灶。苗族历代的先民们认为，一房之灶与全家的人丁畜禽兴旺与否息息相关。故新房建灶必须遵循择吉日和观朝向的规律，进而确定建灶的方位和朝向。

入住。房屋落成建好灶后，择吉日良辰入住。是时家主揣一盆燃烧的火炭，点一把明火，用一只大碗、小盆或其它盛具，先装上大米或面后装上代表全家人数、庄稼、畜禽、钱财、先父先母的鸡蛋各一枚，一同带入新房，并在新灶口旁燃起一堆堂火。接着家主在正门内置放一铲撒上蜜蜂蜡的燃炭，备一对鸡，面朝门外，手捧鸡蛋逐一鸡蛋所代表的人畜、钱财、先祖的魂喊进新房。待大件的东西已搬入，且饭菜已做好，由家主祭完祖（苗族一般不设神龛，只需饭桌或条凳替代）后，众人便可就餐。

立财门。苗族的历代先民们都认为，一个家庭的钱财与六畜兴旺与否，关键在财门神的护佑。故入住后都要立财门。立财门的人一般为世袭传承，不但精通立财门的程序，还要会唱立财门歌。是日，家主安排家人杀一头小或中猪作祭祀用，自己面朝外站在门内，立财门人手持一尺二寸红布面朝内站在门外，按程序逐段，逐句唱立财门歌，并不时向家主问“财门立了没有？”家主答“财门已立”。一问一答。待财门立好，并由立财门人用三枚铜钱、银币或硬币，将红布钉在门楣上完毕后，用杀好的猪头摆祭。饭前祭祖时，只需告诉历代先祖：财门神已请至并正式担负护佑重任，请历代先祖加予关照并各司其职。

【农耕文化】 西林的苗族历代都以种植玉米、旱稻、五谷为主，水稻次之。农耕除按时令耕作外，还特别注重每一年中的择地、开犁（包括开锄、斧、刀、耙等）、试犁、播种、驱病虫、防鸟兽、收割、选种、封犁等农事时节。比如播种，每在一块地播完种后，主人会在地边为山神土地、野兽、野鼠、野鸟各种一窝，并告诉它们：你们（特别是鼠、兽）已各有已份，不要再抢食人类的份下，以保庄稼免受其害。

【渔猎文化】 西林地处云贵高原余脉，其境内又有驮娘江、清水江和西洋江，自古以来，就山中有珍禽异兽，水中有鱼虾、龟鳖。故“山上打猎、下河捕鱼”便成为历代苗族同胞一种渔猎习惯。打猎的方法有弓弩猎、网猎、栏踏猎、陷井猎、石压猪、套索猎、吊弓猎、铁夹（又称铁猫）猎、枪猎（分狩猎、围猎）等。凡打猎者，大都供奉山神爷。如在某山猎获一头野猪，回到家后要将野猪头煮熟，用簸箕、筛子或滤米箕盛野猪头、猎器（猎获该野猪的猎器）、三柱香、三张纸钱在侧门外祭祀山神爷，告诉他：自己于某年、某月、某日，在某山猎取了一头野猎，现将钱奉上，望山神爷保佑，让每出猎都有所获。猎户中个别性氏还带有“猎狩师”，且世代传承、供奉。捕鱼多采用筑鱼梁、鱼牢、安跳栏、安鱼笼、围鱼、赶鱼、网鱼、罩鱼、钓鱼、叉鱼等方法。捕鱼者大都敬奉海龙王。

【饮食文化】 西林苗族历代都以玉米、大米为主食（现以大米为主），而以豆类、薏谷、小米、荞麦、红薯、芋头、磨芋、芭蕉芋为副食。另外，黑芝麻糯米饭、糯米甜酒、薏米汤圆、甜酒饵筷、连渣涝、辣椒骨、火熏腊肉是苗族的特色小吃。

【服饰文化】 西林苗族的服饰主要体现在女装方面。女装又以白苗、偏苗各为特色。白苗妇女衣扎裙内，衣领呈方形，向背后翻开，上绣、挑或车各种花纹图案，前胸开襟，内戴胸围，胸襟两边各镶一条约五厘米宽的花条或红布车花纹，衣袖窄，袖筒用彩色布接成五至七环，环间镶有花边，裙子为纯白色，主用自织麻布裁成，上截裙头为百折筒状式，下截裙脚为双层百折布，迎伸双层，裙前，后用围腰系遮。围腰宽约二十至三十厘米，与裙脚齐长，边沿镶花边或车花纹，腰系一至三条白麻布带或采带，腰后佩有腰袋，外侧绣、挑或车花纹图案，专用日用针和彩色线。全裙长约五十至七十厘米，上轻下重，走起来自然摆动，风度翩翩，脚裹黑布三角状裹脚，裹脚斜角边镶花条或车花纹或图案。盘头巾，平时劳动或在家比较从简，只盘一条花格方巾、白毛巾或土布黑帕，如节日，参加红白喜事、外出走亲访友、赶圩，需盘特制的苗锦帕巾、缎纱巾、佩带耳环、项圈、项链、手镯等。

偏苗的妇女上衣短齐腰，中老年人多穿蓝、黑色，年轻人员穿绿粉红色。前胸开前胸开襟，右襟及左下腋各有两根系绳，襟缘用彩色布条镶边，衣袖较宽，一般镶花边。裙长齐小腿，为三截式，上截为裙头，蓝底细布，印有腊染花纹图案，中截接双层黑布，并镶有三至五道花边和一道白色布条，下截接双层黑裙脚，一般不镶花边。穿戴时，裙两侧收褶，再系腰带，扎于外衣内。腿缠细纱白布长条绑腿。发形过去结髻于头右侧，髻上插一把木梳（已婚妇女），现多改为戴头巾。头巾已婚和未婚有别，已婚多包黑巾，用一条蓝色飘带从额前往后紧束，未婚包花头巾，平时只包一两条，走亲访友、参加婚丧、节日、赶圩加至三五条。

【礼仪文化】 中华民族历来都以“礼仪之邦”著称，西林境内苗族亦非常注重社交和日常生活礼仪。其礼仪大致包括：论辈称呼、下马让行人、晚辈给长辈让路、烟筒迎客、论辈落座、入席论宾主落座、妇女不陪宾客就餐、美食敬老人、鸡头敬客、迎宾设拦路酒、众女添饭等。“众女添饭”，就是当有贵客自远方到家作客时，主人在设宴款待贵客的过程中，由家中一名未婚姑娘到寨上邀约两名或多或同龄姑娘身着民族盛装一同到主人家以便为客人添饭（若主人家没有未婚姑娘，则由主人家主事的妇女亲自出马去邀约）。宴席开始后，应邀的姑娘便伫立桌旁的不同方位，随时准备为客人添饭菜。添饭菜时，为防客人谦让，几位姑娘须同时从不同角度，突然为同一客人添饭菜，使客人亲身体验“左右逢迎”的民族礼仪滋味。

【宗教文化】 西林虽因解放初期，残匪暴乱，一小撮匪首为实现其配合美蒋反攻大陆的政治野心，遂以宗教招收教徒为名，四处网罗原国民党或地方武器残余聚集于当时的八达（中街和东街）教堂待机起事，而被广西公安厅于1950年底至1951年初认定为“反动门会道”予以取缔，并宣布西林为无宗教县。但事实上，西林境内的苗族历代先民们，都普遍存在着万物有灵。特别是认为人死后还有灵魂，神就是死去的人的灵魂变成的。他们只不过是生活在另外的一个世界里，过着与人间同样方式的生活，并由他们决定赐予子孙吉凶祸福的决策权的原始宗教观念，并世代加予信仰。故，凡遇到天灾人祸或欠丰年景，都认为是神灵的意志所致，故必须宰牛羊、杀猪狗、劏鸡鸭献祭，以求保佑。自古至今，苗族村寨的村头、寨旁都设有土地庙，并于每年农历二月初二举行祭祀，是日各户由于一名男主事前往参加。

城内苗族原始宗教的表现形式为：自然崇拜（即包括太阳神、雷神、水神、社神、土地神、山神、树藤神、花神、禾苗神、蛇兽神）；祖先崇拜（如祭历代宗亲、太上老君、至圣先师、猎狩师、药王师）；图藤崇拜、巫术（包括卜卦、鸡卜、茅卜、签卜、木卜、水卜、卜筷、米卜、吊扫把、查时、喊魂、拦魂、驱鬼、捉鬼、扫房、扫寨、藏魂、保命、赶鬼圩、神判、画符箓，吸钉、解阴炮、乌海）；预兆（包括吉兆和凶兆，如蒸饭时，甑子突然在蒸锅中轰鸣，预示家中将有丧事）；禁忌（包括生产禁忌、生活禁忌、节日禁忌、婚姻禁忌、丧葬禁忌、妇女禁忌、翁媳禁忌、小孩禁忌等）。

【医学文化】 西林的苗族同胞，在漫长的历史长河中逐步创造和积累了丰富的防病治病经验，并不断地发展成为独特的医学文化。远古时，曾对本民族的世代先民的健康和治病救人作出了积极的贡献。当今仍在为本族群众和兄弟民族及世人的健康和救死扶伤起着非同寻常的作用。

域内苗医在病理上认为世间无论什么病，大都与动植物属类相关，故在立病时，一般都在动物物属类贯予一个“风”字。在诊断方法上用的是望、闻、切，在治疗措施上，采用的是银针（或火针）扎法、火点（或手点、烟杆点）法，熬药水淋（或洗）法、剪药服法、槌药敷法、火拔法、打瓦扎法、捶推法、油刮（或药刮、烟筒水刮）法， 水钳法、药酒擦（或内服）法、佩药法、佩锁（银镯锁、银项锁、银耳环锁、藤镯锁、彩线镯锁、彩线项锁）法等。

【文艺文化】 在悠悠的人类历史发展进程中，西林世代的苗族先民们在生产、生活、社交等社会实践中创造了丰富多彩的文艺文化。苗族喜欢唱山歌、吹芦笙、跳滚地龙舞、吹箫、吹口琴、吹响篾、弹月琴。吹芦笙时，跳滚地龙舞、顶碗舞、踩桩舞、走扁担（将扁担横架在大铁锅口上）舞、斗鸡舞等。

【生育文化】 西林苗族的生产、生活习俗虽不尽相同，但在生育习俗上与兄弟民族也有大同小异之处。如妇女怀孕期间切忌搬锅灶、床铺、忌过庙地、忌骑马、妇女坐月忌从大门进出、忌产女串门、忌客人穿鞋（尤其是草鞋）进屋。妇女生产时大都有挂喜（按男左女右将柚子叶挂于门首）、送喜（红鸡蛋）、三朝喊魂，起名（乳名）、送背带、送活项鸡、拜保爷、讨百家米、满月酒、留发藏魂、起书名等。

撰稿：罗贞明
编辑：乃艳飞
罗贞明

◎ 城乡居民生活

【人口状况】 2016年，西林县城乡居民总户数为41485户，比上年增加306户，同比增长0.74%；总人口为160561人，比上年增加1639人，同比增长1.03%。其中，乡村总户数为30691户，比上年增加225户，同比增长0.74%；乡村总人口为134395人，比上年减少311人，同比减少0.23%；城镇人口为26166人，比上年增加950人，同比增长3.77%。

【生产总值】 2016年，西林全县生产总值235000万元，比上年增加23753万元，同比增长11.24%。其中，农业总产值149589万元，比上年增加9389万元，同比增长6.70%；人均生产总值为14636元，比上年增加1344元，同比增长10.11%。

【固定资产投资完成额】 2016年，西林全县固定资产投资完成额为290229万元，比上年增加30606万元，同比增长11.79%。

【社会消费品零售总额】 2016年，西林全县社会消费品零售总额为62266万元，比上年增加5910万元，同比增长10.49%。

【中央地方财政收入】 2016年，西林全县中央地方财政收入为18216万元，比上年增加1429万元，同比增长8.51%。

【农村村民生活】 2016年，西林全县农村农民总收入175167万元，比上年增加74962万元，同比增长74.81%。其中，八达镇29600万元，比上年增加17213万元，同比增长138.96%；古障镇42480万元，比上年增加17136万元，同比增长67.61%；普合苗族乡113920万元，比上年增加104246万元，同比增长1077.57%；那劳镇10880万元，比上年增加5840万元，同比增长115.87%；足别瑶族苗族乡10480万元，比上年增加4880万元，同比增长87.14%；西平乡13753万元，比上年增加3287万元，同比增长31.41%；那佐苗族乡32160万元，比上年增加16466万元，同比增长104.92%；马蚌镇21894万元，比上年增加5894万元，同比增长36.86%。

2016年，全县农村农民可分配净收入110863万元，比上年增加45139万元，同比增长86.86%。其中，八达镇18500万元，比上年增加9324万元，同比增长101.61%；古障镇26550万元，比上年增加8802万元，同比增长49.59%；普合苗族乡8700万元，比上年增加3380万元，同比增长63.53%；那劳镇6800万元，比上年增加3268万元，同比增长92.53%；足别瑶族苗族乡6550万元，比上年增加3050万元，同比增长87.14%；西平乡10463万元，比上年增加3030万元，同比增长40.76%；那佐苗族乡20100万元，比上年增加10685万元，同比增长113.49%；马蚌镇13200万元，比上年增加3600万元，同比增长37.50%。

2016年，全县农村农民人均可支配收入为8604元，比上年增加2607元，同比增长43.47%。其中，八达镇8661元，比上年增加2868元，同比增长49.51%；古障镇8795元，比上年增加2252元，同比增长34.42%；普合苗族乡8452元，比上年增加2742元，同比增长48.02%；那劳镇8528元，比上年增加2963元，同比增长53.24%；足别瑶族苗族乡8317元，比上年增加2924元，同比增长54.22%；西平乡8554元，比上年增加2647元，同比增长44.81%；那佐苗族乡8492元，比上年增加2574元，同比增长43.49%；马蚌镇8659元，比上年增加2566元，同比增长423.11%。

2016年，全县粮食总产量57210吨，比上年减产1582吨，同比减少2.69%；农村人口均产粮426公斤，比上年减产10公斤，同比减少

2.69%。其中，八达镇8582吨，比上年减产233吨，同比减少2.64%；古障镇11527吨，比上年减产213吨，同比减少1.81%；普合苗族乡4794吨；比上年减产251吨，同比减少4.98%；那劳镇4586吨，比上年减产62吨，同比减少1.33%；足别瑶族苗族乡4794吨，比上年增产619吨，同比增长14.83%；西平乡4029吨，比上年减产2258吨，同比减少35.92%；那佐苗族乡6088吨，比上年减产5555吨，同比减少47.71%；马蚌镇6252吨，比上年减产187吨，同比减少2.90%。

【城镇居民生活】 2016年，西林县有城镇居民总户数10794户，比上年增加81户，增长0.76%；有城镇居民26166人，比上年增加950人，增长3.77%；城镇民人均可支配收入2.2502万元，比上年增加1774元，增长8.56%。

2016年，全县单位总数307个，比上年减少26个，同比减少7.84%；单位从业人员8240人，比上年增加364人，同比增长4.62%。其中，在岗职工7731，比上年增加188人，同比增长2.49%；劳务派遣人员119人，比上年增加12人，同比增长11.21%；其他从业人员398人，比上年增加172人，同比增长76.11%；从业人员工资总额39919.5万元，比上年增加9653.1万元，同比增长31.89%；劳务派遣人员工资总额387.4万元，比上年减少54.2万元，同比减少12.27%；其他从业人员工资总额823.4万元，比上年增加315.8万元，同比增长62.21%；从业人员平均工资4.9732万元，比上年增加1.0405万元，同比增长26.46%；在岗职工平均工资5.1447万元，比上年增加1.1538万元，同比增长28.91%；劳务派遣人员平均工资3.5218万元，比上年减少110元，同比减少0.31%；其他从业人员平均工资2.0952万元，比上年减少1608元，同比减少7.13%。

2016年西林县农村农民生活情况统计表（一）

项目单位	全年农村农民总收入			农民可分配净收入			农民人均可支配收入		
	总收入（万元）	比去年增减数（万元）	增减（%）	净收入（万元）	比去年增减数（万元）	增减（%）	人均收入（元）	比去年增减数（万元）	增减（%）
合 计	175167	74962	74.81	110863	45139	86.86	8604	2607	43.47
八达镇	29600	17213	138.96	18500	9324	101.61	8661	2868	49.51
古障镇	42480	17136	67.61	26550	8802	49.59	8795	2252	34.42
普合乡	113920	104246	1077.59	8700	3380	63.53	8452	2742	48.02
那劳镇	10880	5840	115.87	6800	3268	92.53	8528	2963	53.24
足别乡	10480	4880	87.14	6550	3050	87.14	8317	2924	54.22
西平乡	13753	3287	31.41	10463	3030	40.76	8554	2647	44.81
那佐乡	32160	16466	104.92	20100	10685	113.49	8492	2574	43.49
马蚌镇	21894	5894	36.84	13200	3600	37.50	8659	2566	42.11

2016年西林县农村农民生活情况统计表（二）

项目单位	全年粮食生产			农民人产粮		
	总产量（公斤）	比去年增减数（公斤）	增减（%）	人均产粮（公斤）	比去年增减数（公斤）	增减（%）
合计	57210000	−1582013	2.69	436	−10	2.29
八达镇	8582000	−233000	2.64	389	−13	3.23

项目单位	全年粮食生产			农民人产粮		
	总产量（公斤）	比去年增减数（公斤）	增减（%）	人均产粮（公斤）	比去年增减数（公斤）	增减（%）
古障镇	11527000	−213000	1.81	371	−4	1.07
普合乡	4794000	−251013	4.98	437	−29	6.22
那劳镇	4586000	−62000	1.33	552	−19	3.33
足别乡	4794000	+61900	14.83	578	+70	13.78
西平乡	4029000	−2258000	35.92	314	−177	36.01
那佐乡	6088000	−5555000	47.71	246	−228	48.10
马蚌镇	6252000	−187000	2.90	387	−15	3.73

数据提供：县统计局

编辑：乃艳飞

罗贞明

乡（镇）村 社区

◎ 八达镇

【机构人员】 2016年，八达镇党委、人大、政府在编人员58人，其中党委书记、镇长、人大主席各1人，纪委书记1人，副镇长3人，人大副主席1人，党委其他委员4人，妇联团委各1人，主任科员6人，副主任科员13人，科员20人，工勤人员5人。全镇设有党政综合办公室、人口与计划生育办公室、社会事务办公室、经济发展办公室、社会治安综合治理办公室、农业服务中心、社会保障服务中心、建设规划站、人口和计划生育服务站、文化体育和广播电视站、林业站、畜牧兽医站、财政所、新型农村合作医疗办等工作机构。

【经济建设】 2016年，八达镇把“稳增长”作为首要任务，狠抓经济增长不放松，农民人均纯收入由2015年的5838元提高到6423元，增幅达9.1%。粮食生产3047.33万公顷。水果种植：任务数333.33公顷，完成400公顷。为提高水果产业化水平，在那卡村、木呈村成立了2个沙糖桔农民专业合作社；秋冬种生产：完成蔬菜等秋冬种种植300公顷；特色产业：田七种植任务数23.33公顷，完成26.67公顷；蜜蜂养殖：任务数1400箱，完成2100箱；林下养鸡：任务数47万羽，完成49.50万羽；山羊养殖：任务数12000头，完成17274头。在实施新达村宏达屯大棚蔬菜基地建设，总面积达2.20公顷，投资326万元，已投入生产蔬菜；结合“退蔗还果”工程，打造那卡—木呈、花贡—红星两条优质水果产业带；扩大新红母猪养殖场和坡皿生猪养殖场规模，年出栏规模均达到3000头以上；培植和打造土黄村兴胜蛋品养殖场，采用“农超对接模式”，养殖场日产土鸡蛋5000枚以上。

【社会发展】 “美丽西林·清洁乡村”工作：根据《西林县“美丽西林生态乡村”活动方案》，认真开展“三化”工作。村屯绿化方面：共有示范点8个，总投资96万元，规划种植各类乔灌木约320株。一般村屯绿化54个，总投资16.20万元，规划种植各类宜村果树1620株。道路硬化方面：已全部竣工，正在等待验收结算。饮水净化方面：建设个数5个，涉及1个村，总投资78.40万元。在抓好“三化”工作的同时，该镇针对清洁乡村工作存在容易反弹的问题，重点抓好长效机制建设、硬件设施建设等工作，上半年以来，共开展统一行动4次，处理垃圾6吨，投入资金2万元。同时，在加大宣传方面，除了制作大型宣传广告、挂横幅、发放宣传单等传统型的方法以处，还重点以学校宣传为突破口，通过“学生带动家长”的方式，让更多群众积极投入到“美丽西林·生态乡村”建设工作中来。

【计生服务】 人口计划执行情况。全镇期间内出生人口505人，人口出生率为13.26‰，人口自然增长率为9.3‰，其中男婴出生267人，女婴出生238人，人口出生性别比为112:100。符合政策生育情况：全镇期间内符合政策生育人数477人，符合政策生育率为94.46%，比县下达的任务指标92%高2.46个百分点，其中一孩符合政策生育率为96.1%，二孩符合政策生育率95.25%。政策外多孩率情况：多孩出生8人，政策外多孩率1.6%。农村人口当年落实长效避孕情况：全镇当年长效避孕率为50.84%。社会抚养费征收情况：全镇应立案25件，立案25件，立案率为100%，社会抚养费应征收364.78万元，已征收0万元，征收率为0%。其中当年应征收86.75万元，已征收0万元，征收率为0%，历年社会抚养费应征收278.03万元，已征收0万元，征收率为0%。经自查，人口出生和主要工作指标经计合格率97%以上。

【医疗卫生】 2016年，进一步提高农村医疗卫生服务水平，做好新型农村合作医疗工作，逐步解决群众“看病难”“看病贵”的问题，2016年八达镇新农合参保人数26147人，参保率达100%，参保缴费188.26万元；城乡居民养老保险参保率任务数为92%，目前已完成96.5%；农村劳动力资源调查完成率100%；农村劳动力转移就业新增人数430人，完成率100%。切实加强疾病预防控制，落实好儿童计划免疫、妇幼保健、“降消项目”和积极开展“防艾”宣传工作。食品卫生安全方面，与各村签订食品安全责任书，做好食品安全宣传工作，积极配合相关部门开展各项检查和整治工作，年内无重大食品安全责任事故发生。

【教育事业】 2016年八达镇继续认真落实“两免一补”政策，扎实开展“控辍保学”，提高教育教学质量。认真落实农村义务教育学生营养改善计划、雨露计划，加强各项资金的监管力度，年内没有教育乱收费现象发生。此外，认真做好校园安全、校园食品卫生安全、学生交通安全、手足口病防治等工作，为学校和师生提供良好的教学环境。2016年八达镇辖区共有13所小学，94个班，学生3392人，教职工141人。幼儿园18所，97个班，学生2103人，教职工183人。

【文化体育】 2016年，着力打造农村文化书屋。充分利用远程教育“资源共享”的电视、接收机等设备，完善13个村3个社区农家书屋点设备更新，为群众获取知识提供便利。参加县举办的各项文体活动。结合实际，开展好群众性文娱活动，展现积极向上精神风貌。通过举办八达镇春节文体活动、马白彝族火把节，参加西林县“千团万场”器乐类、戏剧曲艺类群众文艺汇演和西林县第五届句町文化艺术节各项活动等，不断凝聚党心民心。

【基础设施建设】 小城镇建设方面。2016年全镇主要工作是完善八达村八洋屯、新达村宏达屯房屋立面改造工程及其他附属工程，各项工程已完成验收结算审计和结算验收支付工作。

“一事一议”项目。全镇共有“一事一议”项目3个，总投资达90万元，受益群众400人。坝弄村罗兰屯屯内道路硬化、土黄村果麻屯田间道路硬化；土黄村上寨屯便民桥项目已经完工且已完成验收结算、土黄村果麻屯接边联建优质水果种植示范基地田间道路硬化项目已经开工建设。

新农村建设方面。实施农村危房改造项目148户，已有140户竣工，并已做好材料的录入工作。

【安全生产和维稳工作】 2016年，全年共开展全镇性安全生产大检查和专项整治活动5次，出动检查人员30人（次），检查生产经营单位和场所58个（次），打击非法违法、治理纠正违规违章行为40起，全年无重特大安全生产事故发生。共排查化解各类矛盾纠纷8起，处理各类信访事项10件。在加强对日常矛盾纠纷排查化解的同时，和辖区内29所小学、幼儿园全部签订了安全生产责任书，重点做好学生上学、放学期间的交通安全工作。

八达镇作为县城所在地，各类矛盾纠纷隐患比较突出，强化落实信访工作领导责任制，加强对可能引发群体性事件和集体越级上访的矛盾排查、化解工作，特别是在全国和全区“两会”、纪念抗日战争暨世界反法西斯战争胜利71周年等重大敏感期加大信访维稳工作力度，确保全镇及全县的社会稳定。

【征地工作】 2016年，特别是新一届的县委、政府领导班子到位后，提出的建设一个占地面积为355公顷“新西林”即城西新区。历年已征85.33公顷，未征293.33公顷。共征得土地106.96公顷，其中，北街11.75公顷、八达林场1.27公顷、林科所77.61公顷，宏达屯16.45公顷。当前所征土地、测量涉及到八达林场、林科所，新达村宏达屯97户427人、八达村北街屯158户554人。地上附着物清点了竹子、枇杷、杨梅、枣树、芭蕉、桉树、芒果、番石榴、梨树、香蕉、花椒树、沙田柚、蔷薇、沙糖桔、三华李等，其中，北街672株，宏达473株。

【党建工作】 2016年，严格按照县委宣传部的有关要求并结合全镇实际，认真抓好宣传思想工作，深入贯彻落实党委意识形态规则。党委中心组集中学习培训为载体。以“两学一做”活动为契机，全方位开展理论宣讲活动。强化党委中心组理论学习，做好中习组学习辅导材料选摘工作，增加专题学习次数，不断优化学习内容，注重学习效果。结合“两学一做”重点学习十八大、十八届四中、五中、六中全会精神、党章党规及习近平总书记系列讲话。结合“两学一做”学习教育，抓村级干部和全体党员的学习。制定详细的学习计划，学习内容，定期进行学习，把宣传思想工作渗透到农村各个方面，使全镇的镇村干部、党员理论素质和政治思想素质明显提高，干部作用明显转变，发展活力明显增强。开展“两学一做”学习教育。5月9日召开了八达镇“两学一做”学习教育动员大会，会议传达了上级党委关于学习教育工作的要求，对全镇的学习教育工作做具体的部署。在13个村，结合当前脱贫攻坚、生态乡村建设等主题，重点开展“我为脱贫献一计”“争当乡村建设示范人”等活动；在3个社区，针对县城城区流动人口密度大、各类行政审批事项多等特点，重点抓好党员服务社区群众、做好各项政策宣传等工作；在土黄、木呈、坡皿等接边村屯，按照“资源共享，产业共兴”的目标，重点抓好跨省区党组织联建工作；在政府机关，开展“我下基层讲党课”“争当合格党员”演讲比赛等活动，有效促进党员领导干部在“两学一做”活动中带好头、做标杆。开展基层党建七项重点工作。党员组织关系排查工作：要求各支部重点排查党员组织关系是否在本支部、是否有转入转出的党员没有及时增删、老党员是否健在等情况，确保党员信息准确。经排查，全镇共有党员718人，流动党员60人，排查前失联党员31人，经查找取得联系党员26人，失联党员5人。党费收缴工作：全镇共补缴2008年至2016年党费2.024万元，其中村（社区）党支部补缴党费8243元，镇政府支部补交党费1.20万元；2016年度全镇共收缴党费2.33万元。抓好其他基层党建工作。抓好接边村跨区域联合党建工作，结合脱贫攻坚工作，重点围绕产业发展、基础设施建设等工作开展党建联建；抓好土黄、坝林等5个市、县两级“农事村办”服务中心建设，及时下放一批行政审批事项，最大限度方便群众；抓好发展党员工作，全镇2016年共发展党员22人；做好“七一”表彰和慰问工作，结合建党95周年镇党委共表彰45人优秀共产党员和4个先进基层党组织；抓好党代表考察和培训工作，进一步提升新一届党代表的履职能力；抓好党建信息上报工作，向各类媒体上报党建工作典型经验和先进模等，促进了基层党建工作的发展。

撰稿：廖家云
编辑：乃艳飞
罗贞明

◎ 八达镇所属各村和社区概况

◆八达村

【概况】 位于西林县县城的中心，全村辖中街、北街、东街、八洋、火亮山、驮牛厂、渭猫、上伟芒、小算盘、下伟芒、八角、合成、外滩等13个自然屯，18个村民小组，现有907户4267人，居住着壮、汉、苗、布依、彝等民族，是一个集沿河、沿路、城区、高山地区为一体、多民族杂居的行政村，全村有耕地面积9.57公顷，其中水田面积1.07公顷。村中现有1所小学和1个教学点（已拆）（八达镇第三小学和驮牛厂教学点），共有教师34名，在校学生734人，适龄儿童入学率达100%。2016年，农民人均收入6168元。

【领导班子】 党支部书记兼村委会支书、主任：陆绍起（壮族）；副主任：何丽珠（壮族）、王东健（壮族）、王斌（壮族）、欧敏（壮族）；团支书：杨永宁（苗族）；妇女主任：周建娟（壮族）。

◆红星村

【概况】 位于县城至八大河公路10千米处，驮娘江沿岸，全村辖平用、坡芽、坡固、弄内等4个村民小组，居住着壮、汉、苗等3个民族，现有300户1460人，是一个集沿路、沿江、高山地区为一体、多民族杂居的行政村。全村有耕地面积247.70公顷，其中水田39.90公顷，占耕地面积的16.1%。现种植沙糖桔、晚熟椪柑等优质水果42.67公顷，早甜玉米10公顷，蔬菜生产基地20公顷，果蔗、糖蔗50公顷，同时利用荒山发展畜牧业。每年都进行冬种生产。村内有一所中心校即红星中心校，有教师6名，在校生196人，小学生入学率100%。2016年，农民人均收入5774元。

【领导班子】 党支部书记兼村委会主任：黄平（壮族）；副支书：李海洋（壮族）；副主任：黄田仁（壮族）、黄誉诚（壮族）；团支书：李海洋（壮族）；妇女主任：黄丽梅（壮族）。

◆那卡村

【概况】 位于西林县城至八大河公路3千米处驮娘江沿岸，全村辖那卡、昌隆、木独、黄扭、伟林、伟社、八门、老肖、平那、法社、那汪、志色等12个自然屯，居住着壮、汉、苗等3个民族。现有568户2423人，是一个集沿路、沿江、高山地区为一体，多民族杂居的行政村，全村有耕地面积208.30公顷，其中水田面积43.50公顷。村中现有村完小学1所，共有教师17名，在校学生312人，适龄儿童入学率达100%。有西林民族中学一所，共有教师52人，在校学生1086人。有职业技术学校一所，共有教师23人，函授学员431人。2016年，农民人均收入5801元。

【领导班子】 党支部书记：王正林（壮族）；村委会主任：韦志松（壮族）；副主任：何胜（壮族）、杨少华（壮族）；团支书：农秀珍（壮族）；妇女主任：谭秀芳（瑶族）。

◆坡皿村

【概况】 位于八达镇东南部，距镇政府所在地12千米，东接普合苗族乡，南靠西平乡，西与云南省广南县坝美镇相邻，北面紧傍县城，是八达镇乃至西林县唯一的纯苗族行政村，是列入“十二五”时期整村推进扶贫开发规划的贫困村。全村辖坡皿、弄楼、那公、中寨、弄汪和豆腐6个自然屯，共有211户958人。全村行政辖区面积24.09平方千米，耕地面积191.73公顷（其中水田14.93公顷），林地面积1533.33公顷。全村主要经济收入以种植玉米、薏米、桐果、板栗、杉木和养殖牲畜为主。全村有村完小一所，共有教师7名（4名在编，3名自聘），在校学生242人，适龄儿童入学率达100%。2016年，农民人均收入5118元。

【领导班子】 党支部书记：熊祥红（苗族）；村委会主任：熊金祥（苗族）；副主任：杨方正（苗族）；妇女主任：杨海清（苗族）。

◆周帮村

【概况】 位于八达镇东面，距离乡政府所在地12千米，既是贫困石山村，又是少数民族村。全村有马白、大银子、马土、马新、马河、周帮、河新、河口、龙邦、龙弄、张家寨、伟坝等12个自然屯，现有527户2406人。全村总面积2562公顷，溶岩裸露面积1178.52公顷，占总面积46%，耕地面积135.70公顷，其中水田10.70公顷，封山育林面积239.03公顷，经济作物面积6.67公顷（含间种）。村中有村完小一所，共有教师9名，在校学生348人。2016年，农民人均收入5795元。

【领导班子】 党支部书记：罗发兵（苗族）；村委会主任：杨正高（苗族）；副主任：蔡家豪（汉族）、杨成彬（苗族）；团支书：杨辉（苗族）；妇女主任：杨瑛（苗族）。

◆坝林村

【概况】 位于八达镇西面，距离镇政府所在地20.50千米，全村共有田心、毛桃沟、小弄恒、那岩、龙门、弄恒、坝林、那湾、伟芒、安娜、大水井等11个自然屯，现有291户1467人。居住着壮、苗、汉等3个民族，坝林村是一个沿路、沿河、高山地区一体、多民族杂居的行政村，全村共有耕地面积209.30公顷，其中水田面积42.60公顷。2016年，农民人均收入5788元。

【领导班子】 党支部书记兼村委会主任：陆文友（壮族）；副支书：韦贵成（壮族）、副主任：韦林（壮族）；团支书：杨颜彰（苗族）；妇女主任：王国秀（壮族）。

◆新达村

【概况】 位于县城西北部，位于西林县城至西林县民族高中、花贡河沿岸，距镇政府所在地2千米，全村辖有宏达、新红、新合等3个自然屯。主要居有壮、汉两个民族，现有212户829人。村中有教学点1所，共有教师3名，在校学生31人，适龄儿童入学率达100%。2016年，农民人均收入5761元。

【领导班子】 党支部书记：王仲华（壮族）；村委会主任：贺尔杰（壮族）；副主任：农亮（壮族）；团支书：吴事家（壮族）；妇女主任：黄正香（壮族）。

◆花贡村

【概况】 位于西林县八达镇西北部，距镇政府驻地8千米。全村辖有榜洞、花贡、那烘、伟么、伟介、伟腊、新坡等7个自然屯。全村居住着壮、苗、毛南和汉等四个民族。现有422户1828人。花贡村常年气候温和，雨水充足，属于亚热带雨林气候。这里土壤肥沃，昼夜温差大，具有特殊的地理环境条件，是发展现代农业的理想之处。该村全村有耕地面积194.11公顷，其中，水田面积是43.98公顷（保水田面积24.60公顷），旱地面积150.13公顷（含不固定山面积134.53公顷）。村中现有教学点1处，村完小学1所，共有教师6名，在校学生309人，适龄儿童入学率达100%。2016年，农民人均收入5791元。

【领导班子】 党支部书记兼村委会主任：贺纯业（壮族）；副支书：王绍文（壮族）；副主任：韦国令（壮族）；团支书：王金优（壮族）；妇女主任：黄彩凤（壮族）。

◆龙保村

【概况】 位于西林县西北部，距镇政府所在地7千米，全村辖龙英、龙保、上龙河、下龙河、大田、羊角老、石炮等7个自然屯8个村民小组，主要有苗、壮、汉3个民族，共有329户1467人，龙保村是一个典型的多民族杂居的高山行政村，属国家“十二五”时期确定的重点帮扶贫困村。全村土地总面积为3320公顷，其中耕地面积为889.33公顷，林地面积为1934公顷），全村主要以种养业为主，主要粮食作物为水稻和玉米，主要经济作物为板栗、油桃，家畜家禽养殖主要以蜜蜂、生猪、黄牛、山羊和鸡、鸭等为主。龙保村因地制宜，结合自身实际，依托山地资源优势，积极进行产业结构调整，大力发展板栗、油桃种植和蜜蜂养殖产业，目前全村种植板栗166.67公顷，油桃10公顷，养殖蜜蜂200箱。村“两委”办公驻地位于龙英屯，有“两委”成员5人，现有党员24人。有村完小（龙保小学）1所，教师9名，学生332人。幼儿园（龙保幼儿园）1所，教师6人（其中：专任教师3人，保育员3人），学生105人。2016年，农民人均收入5782元。

【领导班子】 党支部书记：王福明（苗族）；副支书：杨丁荣（苗族）；副主任：毛臆和（壮族）；团支书：杨骑源（苗族）；妇女主任：罗美秀（苗族）。

◆土黄村

【概况】 位于八达镇西南部，距镇政府（县城）17千米，南与广南县坝美镇相邻。1995年土黄村村公所改设村民委，全村辖有老街、上寨、果麻、那汪、岩怀、平那、那龙等7个自然屯，现有356户1973人，均为壮族。全村集沿路、沿江、高山地区为一体，总面积6000多公顷，耕地面积220.80公顷（其中水田66.93公顷）。村中现有村完小学1所，共有教师8名，在校学生256人，适龄儿童入学率达100%。2016年，农民人均收入5802元。

【领导班子】 党支部书记兼村委会主任：张福星（壮族）；副支书：黄教仁（壮族）；副主任：韦任庄（壮族）；团支书：刘军（壮族）；

妇女主任：颜彩珍（壮族）。

◆坝弄村

【概况】 位于西林县城西北边 18 千米处，全村辖有那哈、新寨、坝弄、夜蒿、罗蒙、罗兰等 6 个自然屯，居住着壮、苗两个民族，现有 305 户 1319 人，是一个集沿路、沿河、高山地区为一体，多民族杂居的行政村，全村有耕地面积 152.70 公顷，其中水田面积 41.90 公顷。村中有村完小学 1 所，共有老师 4 名，在校学生 104 人，适龄儿童入学率达 100%。2016 年，农民人均收入 5781 元。

【领导班子】 党支部书记兼村委会主任：敖丁文（苗族）；副支书：黎明荣（壮族）；副主任：韦文准（壮族）；团支书：罗琳惜（壮族）；妇女主任：王卫英（壮族）。

◆木呈村

【概况】 位于八达镇西面的桂滇交界部，距县城 22 千米。全村辖有大木、小木、那坡、大从、小从、平浪等 6 个自然屯，聚居有壮、瑶两个民族，现有 352 户 1788 人，全村有耕地面积 194.30 公顷，其中水田面积 56.30 公顷。村中现有村完小学 1 所，共有老师 12 名，在校学生 213 人，适龄儿童入学率达 100%。2016 年，农民人均收入 5795 元。

【领导班子】 党支部书记兼村委会主任：何定开（壮族）；副支书：王良（壮族）；副主任：黄道勇（壮族）；团支书：林海军（壮族）；妇女主任：林团（壮族）。

◆旺子村

【概况】 位于县城北部，距离县城 18 千米，全村辖 16 个自然屯，居住着汉、苗两个民族，全村辖有旺子、碰竹、唐家湾、张家平、良扛、中寨、平子上、平浪、孟沙、半坡、新寨、上保、山友、大西平、凉水井等 15 个自然屯，现有 554 户 2836 人。旺子村主要以农林业和种养业为主，现有耕地面积 215.50 公顷，其中水田 23.73 公顷，是一个高、山、边、远、穷、环境较恶劣的村。村中有中心小学 1 所，共有老师 18 名，在校学生 291 人，适龄儿童入学率达 100%。2016 年，农民人均收入 5800 元。

【领导班子】 党支部书记、主任：杨文才（苗族）；副主任：罗成金（苗族）；副主任：邓正周（汉族）；团支书：张光耀（汉族）；妇女主任：黄耀仙（苗族）。

撰稿：廖家云
编辑：乃艳飞
罗贞明

◎ 城北社区

【机构人员】 2016 年，八达镇城北社区第五届党总支部委员会和居民委员会班子配备齐全。社区干部编制 6 人。党总支部委员会书记叶绍伦（任职时间从 2005 年 7 月至 2016 年 4 月），党总支部委员会副书记、居民委员会主任韦昌平，党总支部委员会宣传委员、居民委员会副主任农朝义，党总支部委员会纪律检查委员、居民委员会副主任黄慧香（2016 年 4 月叶绍伦提前退休，两委班子成员选举调整；2016 年 4 月起韦昌平任党总支部委员会书记），党总支部委员会组织委员、居民委员会副主任陆世华（2016 年 4 月起任居民委员会副主任），党总支部委员会纪律检查委员、居民委员会委员何俞澄（2016 年 4 月起任党总支部委员会纪律检查委员），居民委员会委员覃宏林。居民代表 53 人，居民小组长 27 人，党员 60 人。

【社区概况】 八达镇城北社区成立于 2002 年 8 月，地处西林县城西北面，辖区面积 1.50 平方千米。辖区内有街巷 15 条，驻区大小单位 47 个，产业活动单位 82 家，个体经营户 803 家，下设小区 6 个，居民小组 27 个；有壮、汉、苗、瑶、彝、毛南、布依、回、仡佬、仫佬、黎、傣、满等 14 个民族。城北社区是县城当地 3 个社区中流动人口最多而住户最复杂的一个社区，而且是集文化教育、体育娱乐、商业和饮食服务为一体的混合型社区。2016 年，社区住户 2640 户 7276 人，其中流动人口251户1002人。辖区有民族高中1所，教师148人，在校学生2423人；西林中学1所，教师157人，在校学生3241人，八达镇第二小学1所，教师76人，在校学生2024人，特殊学校1所，教师10人，在校学生74人。社区党总支部委员会有正式党员60人，社区干部7人。社区设立治安调解、社会保障、文体科教、环境保护、卫生和计划生育、妇女儿童等6个工作委员会。社区有办公楼1栋5层，建筑面积340平方米。设有综合服务室、办公室、会议室等。配有远程教育电视机、投影机、复印机和电脑，各种规章制度规范上墙。

【社区单位和个人荣誉】 2016年，八达镇城北社区认真贯彻落实中共西林县委员会、西林县人民政府关于村党支部委员会和村民委员会班子管理“1234工作法”实施方案，社区党总支部委员会和居民委员会（以下称“两委”）班子团结务实，开拓创新，认真履行职责，出色完成八达镇党委政府和县直有关部门交给各项工作任务。社区党总支部委员会书记黄慧香，2016年5月当选中国共产党八达镇第十一届党员代表大会代表和八达镇第十三届人民代表大会代表；2016年7月当选中国共产党西林县第十二届党员代表大会代表。

【社会治理理念】 2016年，八达镇城北社区全面贯彻落实党的十八届四中五中全会精神，认真学习习近平总书记关于严以修身、严以用权、严以律己，谋事要实、创业要实、做人要实的“三严三实”的重要讲话。以抓好党总支部委员会和居民委员会班子建设为重点，以创建党建示范社区、廉政文化建设示范社区和文明和谐社区为目标，根据社区党总支部委员会和居民委员会班子管理“1234工作法”（即一定目标，两次考核，三次公开，四次规范）要求和年初制订目标管理工作计划，为了把社区党总支部委员会和居民委员会班子成员打造成为“信念坚定、为民服务、勤政务实、敢于担当、清正廉洁”的新时代基层好干部做许多有利于民的工作，并取得一定成效，从而全面提升社区党总支部委员会和居民委员会班子服务群众、服务基层、服务发展能力和水平。

【社区党建】 2016年，八达镇城北社区党总支部委员会切实抓好党建工作。开展“两学一做”（学党章党规、学系列讲话，做合格党员）学习教育活动。制定“两学一做”实施方案，成立“两学一做”领导小组，及时传达市县镇关于开展“两学一做”活动要求。5月6日，社区党总支部委员会组织全体党员召开专题学习动员会进行全面动员部署。根据学习要求，强化理论学习，努力提高社区党总支部委员会和居民委员会班子成员理论素质和执政能力。通过开展党内政治生活，党员们决心做一个一心为民、廉洁奉公、严格遵守党纪党规的合格的中国共产党员。通过开展“两学一做”教育活动，进一步提高社区党总支部委员会和居民委员会班子成员理论素质和执政能力。

做好培养入党积极分子和新党员发展工作。城北社区党总支部委员会认真贯彻执行《中国共产党发展党员工作规划》，按照中央提出“控制总量、优化结构、提高质量、发展作用”总要求，加强入党积极分子培养教育工作，着重培养热爱党组织有志人员，坚持新时期党员标准，始终把政治标准放在首位，慎重发展，严格把关，规范发展党员程序，年内城北社区预备党员转为正式党员1人，入党积极分子吸收为预备党员1人，发展入党积极分子1人。发展新党员后，经常开展一系列理论知识教育，新党员和入党积极分子进一步加深对党的认识，端正入党动机，为党组织增添新鲜血液，充实社区党员队伍，增强党组织战斗力。

抓好载体，定期或不定期开展有教育意义的党内活动。在社区卫生责任区开展义工劳动，清理乱搭乱盖乱扔垃圾的“三乱”现象，还社区清洁卫生社会环境，从而在群众中树立党员良好形象。在建党95周年“七一”活动中，组织有关人员参加城中、城南、城北联合开展纪念建党95周年暨“两学一做”知识竞赛活动，城北社区选派党员何俞澄、熊恩贤、赵珍、岑桂琴和黄慧香参加比赛获得第一名，为城北社区争得荣誉。

【社会保障】 2016年，八达镇城北社区居民委员会做好贫困城镇居民享受最低生活保障待遇工作。年内城北社区居民委员会通过各种渠道宣传国家关于贫困城镇居民享受最低生活保障待遇政策，及时掌握城北社区贫困居民享受最低生活保障待遇情况，积极开展对贫困群体住房和生活状况进行调查登记和审核把关工作，坚持申报全程实行民主评议和“三榜公示”制度，做到公开公平公正。城北社区全年受理申请低保救济23户69人，比2015年43户少20户。经过开展入户调查，召开评议会，公示把关，符合享受城镇居民最低生活保障待遇条件15户，不符合享受城镇居民最低生活保障待遇条件8户。为社区居民办理申报廉租住房做好服务工作。年内社区居民办理申报廉租住房19户，经抽签中标后按时入住新区13户，解决居民住房难题。

城北社区低保测评

为在职职工和社区居民申请参加公租住房做好服务工作。年内辖区在职职工15户和社区居民5户提出申请参加公租住房抽签，经抽签中标入住新房14户。

城北社区班子慰问困难党员

【维护社会和谐稳定】 2016年，八达镇城北社区狠抓社会治安防范工作。积极参加县直有关部门开展交通安全和禁毒日禁毒宣传及其他各种维护社会稳定综合治理活动。年内在辖区内主动开展治安防范及安全检查3次，配合县有关部门对弱势群体和在校学生进行法治教育1次，清理整顿登记辖区流动人员1次。全年辖区内发生刑事案件18起，大多数属于摩托被盗和入室撬盗的刑事案件，发生治安案件57起，大多数属于赌博行为和打架斗殴案件。全年没有发生邻里纠纷和群体上访等现象，呈现辖区内社会和谐稳定，人心安定。根据中共西林县政法委员会综合治理办公室统一部署，城北社区积极投入网格化管理工作，登门采集社区居民构成状况，完成采集录入电脑系统1800户，完成年内任务70%。

【计划生育】 2016年，社区党总支部委员会和居民委员会班子成员根据国家全面实行二孩生育放开政策，深入辖区宣传政策，使国家计划生育政策能够做到家喻户晓。经过深入调查摸底，掌握育龄妇女孕情及人口新生和死亡状况，为计划生育部门提供第一手孕情材料数据。城北社区全年符合生育二孩条件的育龄妇女有405人。全年新生婴儿79人，其中男婴40人，女婴39人，辖区内死亡人口6人，其中男性4人，女性2人。此外，城北社区还摸底排查流入社区的外来人口，并对流入社区150位育龄妇女分别作政策宣传教育，促进城北社区新生人口在国家计划生育政策允许范围内有序增长。

【环境卫生】 2016年，城北社区党总支部委员会和居民委员会全面贯彻落实中共西林县委员会西林县人民政府关于开展“美丽西林、生态乡村”活动的工作部署，认真抓好落实。继续在社区卫生责任区内开展义工劳动，清理乱搭乱盖乱扔垃圾的“三乱”不良现象，指导居民做好门前“三包”，保持门前清洁卫生。组织党总支部委员会和居民委员会班子成员在卫生责任区内多次开展大扫除活动，鼓励居民树立创卫意识，坚持不懈狠抓环境卫生，为创建自治区级文明县城奠定良好基础，使社区居民能够在清洁卫生的环境中工作生活。

【县镇党代表和人大代表换届选举工作】 2016年，八达镇城北社区党总支部委员会和居民委员会团结协作，严格按照县镇党委和人大选举工作领导小组办公室统一部署。做好辖区内县镇党代表和人大代表换届选举工作，按时做好选民登记和组织选民投票，使辖区内换届选举工作依法而有序地进行，依法选出辖区内县镇党代表和人大代表，圆满完成辖区内县镇党代表和人大代表换届选举工作。

撰稿：黄文华
黄慧香
编辑：乃艳飞
罗贞明

◎ 城中社区

【机构人员】　2016年，八达镇城中社区第五届党支部委员会和居民委员会班子配备齐全。党支部委员会书记、居民委员会主任陈钰才；党支部委员会副书记、居民委员会副主任卢建芬（女）；党支部委员会宣传委员、居民委员会副主任颜桂艳（女）；党支部委员会组织委员、居民委员会委员代尔洪；党支部委员会纪律检查委员巫中元；居民委员会委员罗鹏。

【社区概况】　八达镇城中社区地处西林县城中心，辖区面积1.20平方千米，是中共西林县委员会和西林县人民政府办公所在地，也是西林县政治、经济和文化中心。2015年，社区下设网格化小区6个，居民小组20个；有壮、汉、苗、瑶、彝、毛南、布依、回、仡佬、仫佬、黎、傣、侗、满等14个民族。2016年，居民住宅楼255栋，住户2060户，总人口5518人，其中常住人口4348人，流动人口1170人。辖区单位111个，个体商业网点230个。社区党支部有正式党员42人，预备党员2人。社区设立治安调解、环保卫生、社会保障、文体科教、人口与计划生育、妇女儿童、工会、关心下一代工作委员会、残疾人协会、老年人协会和居家养老服务站等11个工作委员会。社区有办公楼1栋，建筑面积480平方米，设有综合服务大厅、党员活动室、会议室、老年人活动室等。配有远程教育电视机、投影机、复印机和电脑，各种规章制度规范上墙。

【单位和个人荣誉】　2016年，八达镇城中社区认真贯彻落实中共西林县委员会、西林县人民政府关于村党支部委员会和村民委员会班子管理“1234工作法”实施方案，社区“两委”班子团结务实，开拓创新，认真履行职责，出色地完成八达镇党委政府及有关部门交给各项工作任务。4月，被西林县社会管理综合委员会评为西林县平安社区；6月，社区党支部被中共西林县委员会评为2016年度先进村级党组织。6月，社区党支部被中共八达镇委员会评为2016年度先进基层党支部。社区党支部书记、居民委员会主任陈钰才被中共百色市委员会评为全市优秀共产党员，被中共西林县委员会西林县人民政府评为西林县2016年综治维稳防邪和平安建设工作先进个人。社区党支部副书记、居民委员会副主任卢建芬被中共八达镇委员会评为2016年度优秀共产党员。

【社区党建】　2016年，八达镇城中社区党支部深入开展学习习近平总书记系列重要讲话精神，抓好党支部建设，充分发挥基层党组织先锋模范作用。树立抓好党建工作就是最大政绩理念，切实履行管党治党责任，坚持规范党建治理，抓好党员教育学习工作。在圆满完成党的群众路线教育实践活动和“三严三实”专题教育基础上，扎实推进“两学一做”（学党章党规、学系列讲话，做合格党员）学习教育，制订“两学一做”实施方案，成立“两学一做”领导小组，及时传达贯彻市县镇关于深入开展“两学一做”活动要求。同时认真学习《习近平谈治国理政》及十八届六中全会精神等政治理论和业务知识。通过多途经学习实践，准确领会和掌握活动精神要求，不断提高党员干部政治理论水平和综合素质，充分发挥党员干部在构建和谐社会中的先锋模范作用，为开创社区各项工作新局面做出新贡献。社区党支部重视发展党员工作，加强对入党积极分子培养与教育工作，着重培育热爱中国共产党的有志人员。坚持新时期党员标准，严格规范发展党员工作程序。年内，预备党员转为正式党员1人，入党积极分子转为预备党员2人。

【提高社区居民幸福指数】　2016年，做好城镇贫困居民享受最低生活保障待遇工作。社区干部经常深入社区细致了解居民情况，经常上门慰问关心社区特困户，入户调查了解申请低保的居民，认真审核资料，开展民主评议并及时向外公示，做到公开公平公正，并接受居民监督。2016年7月，社区贫困居民享受城镇最低生活保障待遇对象253户，社区干部入户走访核查419人（次），清理停发享受城镇最低生活保障待遇对象22人，给予新申请享受城镇最低生活保障待遇对象12人，充分体现社会保障资金动态管理，做到应保尽保。协助县就业中心有效解决部分居民再就业问题。在鼓励居民自主创业的同时，推荐“4050”下岗失业人员再就业8人。抓好社区残疾人员科学管理。按照县和镇残疾人联合会工作要求，全面整理辖区内残疾人资料档案，因而社区派人上门核查残疾人资料档案86人（次），建立健全残疾人个人档案，完善残疾人管理工作制度，做好残疾人办理残疾证明宣传工作，使残疾人合法权益得到最大保障。关心弱势群体。社区经常开展送温暖活动。在春节和“七·一”期间，慰问贫困户、困难党员和残疾人18人，发放慰问金及物资折合人民币5200元。平时经常慰问年老及体弱多病的党员和生活困难的居民，切实送去党和政府的温暖。

【维护社区和谐稳定】 2016年，为维护城中社区和谐稳定，切实抓好社区综合治理工作，确保社区居民生命财产安全。年内加强群防群治，全面监控重点对象，社区没有发生一例上访事件。社区每月定期在辖区内实行巡查，消除安全隐患，保护居民群众安全。在辖区内开展治安防范活动。深入社区企业和店面进行“四防”（防盗、防火、防疫、防灾）宣传，发放《致居民群众一封信》等宣传资料1000份。与辖区企业和居民签订“禁毒目标责任书”。6月26日，社区干部会同县直有关部门在菜市场大转盘向广大居民群众宣传预防新型毒品小常识，发放预防毒品手册3000份，为强化居民防范意识与技能起到良好宣传教育效果。

【计划生育】 2016年，八达镇城中社区新生婴儿21人，其中男婴12人，女婴9人。社区认真开展计划生育优质服务工作，由社区负责计划生育专干黄菊辉每月做好核实申报，及时发放计划生育药具。完善育龄妇女全员信息台账，加大计划生育知识宣传力度，使育龄妇女了解计划生育政策和生殖健康知识，自觉遵守计划生育有关规定。社区重视流动人口管理工作，全面摸底登记辖区内流动人口，查清流动人口育龄妇女人数，及时了解流动人口育龄妇女生育情况，经常开展送资料和药具给流动人口，为西林县成功创建“全国计划生育工作优质服务先进县”做出新的贡献。

【推行社区网络化管理模式】 2016年，八达镇城中社区已全面推行社区网格化管理模式。社区居民做到邻里诚信、邻里友爱、邻里互助、邻里和睦，实现社区和谐稳定目标。

【宣传文化教育】 2016年，组织社区居民参加听取讲座和座谈会，观看远程教育节目，参加大型先进人物报告会，出版报、发放宣传资料等形式，宣传党的路线方针政策，宣传法律法规和科普知识，提升社区居民道德素养和文化素养。开展各类文艺活动，培育社区文化。组织健身队、老年篮球队、广场舞等群众文体娱乐活动队伍。2月11日上午，在西林县民族广场举行“猴年闹新春”联欢文艺演出活动，传递出社区节日喜庆祥和气氛，丰富群众文化生活，展现社区居民精神面貌，促进社区精神文明建设健康发展。

【做好县镇党代表和人大代表换届选举工作】 2016年，八达镇城中社区党支部委员会和居民委员会团结协作，认真做好辖区内县镇党代表和人大代表换届选举工作；按时做好选民登记和组织选民投票，使辖区内换届选举工作依法而有序地进行，依法选出辖区内县镇党代表和人大代表，完成辖区内县镇党代表和人大代表换届选举工作。

撰稿：黄文华
陆钰才
编辑：乃艳飞
罗贞明

◎ 城南社区

【机构人员】 2016年，八大镇城南社区第五届党支部委员会和居民委员会班子配备齐全。党支部委员会书记、居民委员会主任蒋瀚贤，党支部委员会副书记刘贺忠，党支部委员会组织委员、居民委员会副主任韦显标，党支部委员会纪检委员、居民委员会副主任黄平卷，党支部委员会宣传委员邓钰川（女）（2014年8月至2017年3月），党支部委员会宣传委员董桂兰（女）（2017年4月至2017年8月），居民委员会委员罗程。

【社区概况】 八达镇城南社区成立于2002年8月，地处西林县城东南面，辖区面积1.60平方千米。辖区内有民族路、新兴路、新西路、新南路、鲤城路、外滩路、环城东路、江南路、迎宾大道9条街道和八达镇、党校等60个驻区单位，下设小区10个，居民小组10个；有壮、汉、苗、瑶、彝、毛南、布依、回、仡佬、仫佬、黎、傣、侗、满等14个民族。是一个集沿河、沿路和城区为一体的多民族杂居的行政区域。2016年，社区住户3365户12691人，其中流动人口368户1288人。

社区党支部有正式党员42人，社区干部6人。辖区内有八达镇第三小学，教师42人，在校小学生813人。社区有办公楼1栋3层，建筑面积160平方米。设有综合服务室、办公室、会议室等。配有远程教育电视机、投影机、复印机和电脑，各种规章制度规范上墙。

【社区单位和个人荣誉】 2016年，八达镇城南社区认真贯彻落实中共西林县委员会、西林县人民政府关于村党支部委员会和村民委员会班子管理“1234工作法”实施方案，社区党支部委员会和村民委员会（以下称“两委”）班子团结务实，开拓创新，认真履行职责，完成八达镇党委政府及有关部门交给各项工作任务。2017年3月，城南社区党支部委员会被中共广西壮族自治区委员会组织部授予2016年度农村基层党组织评星定级四级党组织。2017年6月，城南社区党支部委员会被中共西林县委员会评为2016年先进基层党支部；2016年5月，城南社区党支部委员会被中共西林县委员会组织部授予2015～2016年度村级党组织星级创建五星级党组织；2016年7月，城南社区党支部委员会被中共八达镇委员会评为八达镇2015年～2016年度先进基层党组织。2016年6月，社区党支部委员会书记、居民委员会主任蒋瀚贤被中共西林县委员会授予“西林县2015～2016年度好支书”荣誉称号；2016年7月，社区党支部委员会书记、居民委员会主任蒋瀚贤被中共百色市委员会授予“市优秀党务工作者”荣誉称号；2017年6月，社区党支部委员会书记、居民委员会主任蒋瀚贤被中共八达镇委员会评为2016年度村级优秀党支部书记。社区党支部委员会书记、居民委员会主任蒋瀚贤，2016年5月当选中国共产党八达镇第十一届党员代表大会代表，2016年7月当选中国共产党西林县第十二届党员代表大会代表，2016年8月当选西林县第十二届人民代表大会代表，社区党支部委员会副书记刘贺忠2016年5月当选中国共产党八达镇第十一届党员代表大会代表；社区党支部委员会组织委员、居民委员会副主任韦显标2016年5月当选中国共产党八达镇第十一届党员代表大会代表，2016年5月当选八达镇人民代表大会代表；社区党支部委员会纪检委员、居民委员会副主任黄平卷2016年度被评为八达镇优秀共产党员和2016年5月当选中国共产党八达镇第十一届党员代表大会代表；社区党支部委员会宣传委员邓钰川2016年5月当选中国共产党八达镇第十一届党员代表大会代表；社区居民委员会委员罗程2016年度被评为八达镇优秀共产党员。

【社区党建】 2016年，八达镇城南社区党支部委员会扎实开展“两学一做”（学党章党规、学系列讲话，做合格党员）学习教育，制订“两学一做”实施方案，成立“两学一做”领导小组，及时传达市县镇关于深入开展“两学一做”活动要求。

党风廉政建设工作。制订具体实施方案，明确工作责任，认真开展线索排查。加强明察暗访和督查督办工作。认真做好来信来访，坚持集体会审，扎实开展廉政风险排查和反腐倡廉教育。在查处上明确重点，做到排查到位，坚决纠正发生在群众身边以权谋私、以民争权、侵犯群众利益的不正之风。在执行上动真碰硬，做到整治到位，坚持有群众反映必查和有问题线索必查，设立举报箱和举报电话，始终保持严查严惩的高压态势，严格履行监督职责，充分发挥监督作用。在长效上建章立制，做到预防到位。坚持查处与整改并重，坚持纠正问题与完善制度并重，建章立制，加强执法监督，防止问题反弹。结合“三严三实”专题教育，利用查处典型案例开展警示教育，坚持用身边人身边事教育党员干部，发挥查处一案、教育一片、警示一方的作用。完善社区党风廉政建设各项制度，扎紧制度笼子，让权利在阳光下运行，增强社区党员干部廉洁自律意识，做到依法行政，依规办事。完成专项工作纪委书记大接访活动的各项工作。

社区两委班子开展“1234工作法”。2016年，城南社区党支部委员会和居民委员会班子开展“1234工作法”管理。拟定社区党支部委员会和居民委员会工作责任目标和班子成员个人工作目标；其次是在社区公开栏公开责任书内容；做好“四个规范”；要求班子成员做好日常工作台账。年内推进社区党支部委员会和居民委员会班子“1234工作法”管理，基本完成年内自定工作目标任务。

抓党组织制度建设和组织建设。坚持党组织“三会一课”制度，年内社区党支部委员会组织召开党员大会4次，召开党支部委员会4次，召开党小组会4次，上党课6次。坚持收看党员远程教育视频。按照《关于组织党员收看教育纪录片〈红色传奇〉的通知》，社区党支部委员会组织委员收看《红色传奇》《山水绕西林》等相关视频。设专人负责管理，做好播放台账登记，坚持每周三按时收看，每个党员每月收看节目不少于3次，全年组织收看节目65场625人（次），确保党员干部学习取得成效。加强党员队伍建设。城南社区党支部委员会发展党员1人，预备党员转为正式党员1人，纳入发展对象的入党积极分子2人，基本实现1个社区一年发展党员1人的目标。完善党内民主制度。执行民主决策，社区党支部委员会按照年度工作计划，把党建工作、年度目标、党内开展重大活动及党员困难帮扶等纳入工作重要议程，实行党务居务公开，如党务居务在代表会上进行报告，把廉租房、低保评议、党员转正和党费收缴等进行公示，让社区党员居民充分享有知情权。社区全年开展党内重大活动1次，召开党员大会1次，召开居民代表大会1次，党务居务和低保评议各2次，帮助困难党员解决问题1人。做好党员组织关系集中排查和走访调研工作。根据《中共八达镇委员会关于印发〈八达镇开展党员组织关系集中排查实施方案〉的通知》（八发［2016］）16号文件精神，社区党支部委员会核查城南社区全体党员身份信息，摸清党员底数，理顺党员组织关系，健全完善党员档案，妥善处理与党组织失去联系的党员。在七一来临之际，组织社区党支部委员会和居民委员会班子成员分片下辖区走访调研，主要找重点难点问题，通过走访收集意见和建议归纳，主要有辖区道路硬化、路灯、就业、住房、低保和社会治安等问题，基本完成走访调研工作目标。做好建党95周年庆祝系列活动。联合城北和城中社区党支部开展“两学一做”知识党赛，开展走访慰问老党员和困难党员活动，再次开展丰富多彩的趣味游园活动。

【社会保障】 2016年，八达镇城南社区党支部委员会和居民委员会班子成员做好如下社会保障工作。完成对改革前获得荣誉改革后退休人员的退休补助审核登记工作；报送就业和社会保障政策信息宣传员和接收员26人，年内申请享受城镇最低生活保障待遇19户，申报符合享受城镇最低生活保障待遇条件11户；开展专项整治入户核查城镇居民享受最低生活保障待遇工作，深入居民家庭走访调查精准识别396户724人。协助县住建局公租住房通过抽签安排租住102户，帮助居民办理失业证明、户口迁移证明、姓名变更、无住房、养老保险、大病救助、残疾救助、粮食救助、困难学生救助、消户证明、车辆、经营场地和小额信贷等证明和申请568件。按时完成农业人口普查和新农合收缴等工作。

【维护社会和谐稳定】 2016年，八达镇城南社区县政法委开展暗访、督察、调研和采访平安建设活动，不断提升居民群众安全感。配合八达镇派出所开展防范和打击邪教组织及赌博等违法犯罪整治活动。协助县消防大队成立城南社区微型消防站。成立领导小组，建立组织机构，设站长1人，副站长2人，消防员5人。配备基本消防器材，制定城南社区应急疏散预案。11月9日，县消防大队与社区举办学习消防知识和应急疏散培训，让广大居民掌握基本消防技能。协助八达镇综合治理办公室做好社区维护稳定工作。完成对越自卫反击战参战退役人员排查、教育疏导和稳定控制工作。开展暗访检查山西、广西等14个重点省区“两清理一排查”专项活动；做好摸底排查本社区吸毒人员。做好全国“两会”期间信访维护稳定工作，确保会议期间社会稳定。落实社区主要负责人每天24小时值班制度和每天下午5时前上报当天稳定工作情况，做好预防交通事故专项整治工作。全面推行社区网格化模式管理。9月27日，社区召开全面推行网格化入户信息采集工作会议，在各小组长大力配合下，历经1个月时间完成采集工作。自实行规范网格化管理以来，社区定期召开网格化管理工作会议，及时汇总社区各种问题，对社会治安、安全生产、消防安全和居民情况进行每月排查1次。加强做好人民调解工作，全年调解矛盾纠纷事件3件，成功调解3件，及时把社会居民矛盾纠纷化解在萌芽状态，做到小事不出社区，大事不出镇，没有发生集体上访和越级上访事件，维护社区和谐稳定。

【计划生育】 2016年，八达镇城南社区抓计划生育工作主要是监测流动人口动态管理，完成全国人口变动情况抽样调查和社区流动人口出租房情况登记，严格办理婚育证明、未婚证明、二孩生育申请、计划生育爱心保险和计划生育各种证明等73件。积极宣传广西壮族自治区人民政府全面实行生育两孩政策文件。年内城南社区没有一例党员干部超生、无政策外多孩生育、无政策外生育。

【抗洪救灾】 2016年，八达镇城南社区在多雨季节坚持巡查走访社区。6月11日社区下大暴雨，社区党支部委员会和居民委员会立即组织人员巡查灾情，巡查发展西林县城迎宾路062号一带，住在水沟边7户居民受到不同程度水灾，社区党支部委员会和居民委员会班子成员第一时间赶到现场组织救灾工作，及时把情况上报八达镇党委政府，八达镇党委副书记、人大主席李和莲亲临现场了解灾情，并作出处理灾情意见。社区党支部委员会和居民委员会为受灾最严重居民雷玉兰一家捐款500元，同时为受灾居民向镇政府申请得到棉被和大米等救济物资。

【创建自治区文明县城活动】 2016年，八达镇城南社区由党支部委员会书记、居民委员会主任蒋瀚贤任组长，社区干部和居民小组长为成员，制订创建自治区文明县城工作实施方案，明确目标任务和责任。广泛深入地宣传发动，辖区内单位、住房发动率和创建率达到100%。社区根据层次居民，广泛开展做文明人、创文明家庭、学习型家庭、健康型家庭等活动，使各层次居民群体文明素质得到提升，从而推动自治区文明县城的创建工作。在青少年成长方面，社区开放农家书屋，通过借阅图书，让青少年有读书良好习惯，远离网络游戏危害借助与社区共建单位资源和居民优势来关心青少年成长。年内留守儿童和福利院孤儿，借阅图书731人（次）。通过开展系列活动，净化青少年心灵，学会从小讲文明语、做文明事、当文明人的理念。活跃社区文化，满足居民精神文化需求。社区利用三八妇女节和九九重阳节等节日，组织社区业余文艺队参加县镇举办各种文艺汇演，通过开展各种群众喜闻乐见的社区文化娱乐、体育、教育和科普活动，进一步繁荣社区居民文化生活。关心弱势群体，搞好社区服务，构建和谐社区。

【传承雷锋精神，社区有爱同行】 2016年，八达镇城南社区按照自治区党委印发2016年全区深入开展学雷锋活动月实施方案的通知精神，社区把该项工作列为重要日程，成立领导小组，制订实施方案，以社会主义核心价值观为根本，以推进西林县创建自治区文明县城这个中心工作为契机，把雷锋精神纳入精神文明建设全过程，结合开展“社区有爱同行”志愿服务活动，3月21日，社区党支部委员会和居民委员会班子成员和青年志愿者开展社区走访慰问活动，走进社区福利院和社区老年人家中，为生活不能自理及空巢老人提供生活照料、理发和心理疏导等志愿服务活动。捐赠音响一套给县社会福利院，让孤儿们生活有欢乐，让老年人生活有快乐。

【精神文明建设】 2016年，八达镇城南社区注重抓好廉政文化体育工作。3月8日，城南社区组织文艺队参加三八妇女节广场舞比赛。6月12日，社区选派两位老年同志参加县老年人太极拳和气排球骨干培训班，目的是为了帮助城南社区老年人提高太极拳和气排球技术水平，让更多的老年人参与到体育锻炼中来。积极组织文艺队参加西林县2016年度“千场万团”群众文艺汇演器乐类、戏剧曲艺类比赛，获得器乐类比赛三等奖。组织青年志愿者和业余文艺队参加广西西林县句町文化艺术节暨沙糖桔产业、茶叶产业文化展示活动周，为推进社区精神文明建设起到促进作用。

【开展“美丽西林、生态西林”活动】 2016年，城南社区结合全县创建自治区文明县城为契机，加强环境整治，创建优美环境。从解决脏乱差入手，加强日常保洁管理，加强防治烟尘、噪音和水污染等，搞好社区净化硬化绿化亮化美化，不断改善环境质量，年内督查卫生死角12处，及时清理12处，重点在硅铁厂水沟、居民住宿区和社区办公楼旁场地等，每周定期清理清洁区2次，每周督查居民门面自行清理1次。

撰稿：黄文华
蒋瀚贤
编辑：乃艳飞
罗贞明

◎ 古障镇

【机构人员】 2016年，古障镇党委、人大、政府在编人员68人，临时工1人，其中党委书记、镇长、人大主席各1人，纪委书记1人，副镇长3人，人大副主席1人，党委其他委员4人，妇联团委各1人。全镇设有党政综合办公室、人口与计划生育办公室、社会事务办公室、经济发展办公室、社会治安综合治理办公室、农业服务中心、社会保障服务中心、建设规划站、人口和计划生育服务站、文化体育和广播电视站、林业站、畜牧兽医站、财政所、新型农村合作医疗办等工作机构。

【概况】 古障镇位于西林县西部，距西林县城53千米，东面与八达镇相连，南面至西面与云南省广南县、邱北县、师宗县毗邻，北面与马蚌镇交界。

全镇辖古障、周洞、周约、水头、猫街、花子寨、陇正、者黑、央革、仙仁掌、西舍、同乐、者夯、妈蒿、渭归、央达、那哈、泥洞、大房等19个行政村，131个自然屯，139个村民小组，总面积649平方千米，总人口35000人，居住着壮、汉、苗、瑶、彝等五个民族。2016年，农民人均纯收入6500元。

古障镇物产丰富，盛产茶叶、水果、生姜、桐油、八角、麻鸭、水牛等，是全县茶叶第一大镇、水果第一大镇，素有“麻鸭之乡”“茶叶之乡”和“水果之乡”的美称。截至2016年底，全镇茶叶面积达7.50万亩，年产干茶3000吨，产值7000万元；全镇水果面积达3000公顷，投产面积1733.33公顷，产量7800万斤，产值1.50亿元。古障白毫茶、古障沙糖桔、古障水牛、古障麻鸭均是西林名产，镇内拥有王子山茶叶有限责公司、京桂古道茶叶有限责任公司、天韵茶业有限责任公司三大茶叶公司，王子山白毫茶系例、经专家、学者检测，认定为最佳天然饮料，远销国内外，成为古障的支柱产业。

古障境内王子山海拔1883米，是西林县第一高峰。王子山自然保护区是全区有名的鸟类保护区，区内山青水秀，风光独特，是旅游的好去处，具有很大的旅游开发潜力。随着城镇区道路硬化工程、绿化工程、美化工程、新农贸市场、古钟文化广场、城东生态移民搬迁开发区等小城镇建设项目的竣工，古障镇城镇品位不断提升。

【经济发展】 2016年，古障镇经济发展态势良好，各项指标圆满完成。国内生产总值增长53.9%；固定资产投资增长46.93%；农民人均纯收入增长47.2%；人口自然增长率控制在9‰以内。2016年来，全镇紧扣发展这一主题，用发展聚人心、树形象，呈现出持续发展、科学发展的良好势头。水果方面：不断扩大种植规模，全镇优质柑橘水果面积6.20万公顷，总产量4.10万吨，产值2.20亿元。在扩大种植规模的基础上，把工作重点转移到提高质量、打造品牌、拓宽销路和占有市场上来。建立起“古障百里优质柑桔水果带”，并培育了央达、八索水果示范点，成立水果专业合作社12个，建设央革水果交易市场，目前古障水果茶叶综合交易市场正在建设中。完成水果低产改造233.33公顷，水果品质不断提升，北京、山东、四川等外地客商纷纷上门收购，果农实现大幅度增收。茶叶方面：通过实施“王子山下百里茶谷”工程，茶叶面积5333.33公顷，投产面积3333.33公顷，产值6000万元。成立了古障镇茶叶商会，吸收会员300名，引进王子山茶业公司和京桂古道茶业公司两大龙头企业，做好服务协调工作，抓好有机茶叶基地建设，通过“公司+基地+合作社（协会）+农户”的经营模式，提高茶叶质量，扩大销路。完成茶园低产改造612.47公顷，积极打造古障茶叶品牌，推动全镇茶叶产业快速发展。特色养殖方面：大力发展林下养鸡和古障麻鸭产业，积极扶持生猪养殖和牛羊养殖，有效引导网箱养鱼和蜜蜂养殖，培育了新型养殖大户，打造养殖示范点，特色养殖效果明显，农民增收不断加快。

【社会发展】 教育、卫生事业不断发展，各项工作齐头并进。全镇人口出生率稳步在8‰，全面推进素质教育，投入5.60万元用于发展教育事业，建设了一批教学楼、宿舍楼、古障中学足球场，巩固提高“两基”成果，农村教育工作成效显著，全镇适龄儿童入学率每年达到100%；农村新型合作医疗、农村居民最低生活保障、农村五保供养等社会保障体系逐年健全，发挥了重要作用，有力地促进社会公平。“清洁乡村”和“生态乡村”有效推进。通过重点整治、配套垃圾桶、建设垃圾焚烧窑或垃圾池、制定保洁制度、配备保洁员、建立长效管理机制等一系列的整治措施，镇村面貌明显改观。狠抓责任落实，公众安全实现新提升。2016年来共开展13次大检查，查处各类安全隐患100处。全镇实现安全生产零死亡、零事故目标。2016年，全镇排查各类矛盾纠纷87起，调处87起，成功率100%。成功实现了刑事发案率下降，破案率上升，信访数大幅下降。

【基础设施建设】 道路建设方面。实施古障镇城区内古障中学路段、中学至林场、烈士陵园至古障村部、老粮所片区、古障小学路口至月亮湾、月亮湾至坡岩屯等几条主干道的硬化及维修工程，解决多年来城区内晴天尘土、雨天泥土，群众出行难、赶集难的问题。做好县城至八大河二级路项目古障辖区内的服务和协调工作，确保二级公路顺利施工。争取“一事一议”项目、革命老区项目，以“轻重缓急”的原则，逐步解决各村屯道路问题，特别是妈蒿、大房、那哈、仙仁掌、水头、猫街、花子寨等通村水泥路的建设，极大方便群众的出行和农产品的运输。水利饮水方面。新建牛圈坡蓄水池，抓好城区供水管网改造，镇政府驻地多年饮水不正常的问题得到解决。实施古障小河河流域治理工程项目，做到生态效益、社会效益和经济效益的有机统一。新建镇区污水处理厂、央革污水站并投入使用，确保水质达标，提高环境质量。做好央达水库、妈蒿水库除险加固工程，确保水库安全。实施水利渠道建设项目，确保群众农业生产用水充足。实施人畜饮水工程，逐步解决各村屯饮水难问题。基础设施建设方面。实施镇内绿化、亮化工程，安装路灯、新种路树、新置垃圾桶等，实现了古障旧城换新貌。建成农贸市场、古障室内篮球场，建成者夯村等4个村级文化体育活动中心，建成者夯垃圾中转站和古障垃圾中转站项目，新建村级垃圾池、焚烧炉。古障镇王子山扶贫生态移民新区和古障镇公租房已经开工建设，古障劳保所办公楼进入装修阶段。还完成泥洞、同书等坡改梯建设项目，西舍村上寨屯完成整体异地安置，古障村塘汪屯新农村建设示范点逐步建成。

【精准扶贫】 全镇派出19个工作组，108个工作队员深入村屯开展精准识别，完成入户评估5277户22584人，完善农户的建档立卡信息，确保实现精准识别、精准帮扶、精准脱贫。做实做细识别评分工作。精准识别贫困户是精准扶贫工作的前提。古障镇按照县委、县政府要求的“一进二看三算四比五议六查”识别方法扎实开展评分工作，严格识别程序做实做细每个环节。分析贫困户致贫原因。分析贫困户致贫原因是实现精准扶贫的重要工作环节。全镇针对6个贫困村共识别出的575户贫困户的基本情况认真分析致贫原因。开展贫困户谱访，实施动态管理。根据县委和县人民政府的安排部署，全镇在落实好结对帮扶的基础上又组织一次贫困户谱访工作，向贫困户宣传当前扶贫政策，签订贫困户脱贫攻坚承诺书，记录贫困户收支情况，制定出“一村一策、一屯一计、一户一方”和“因贫困原因施策、因贫困类型施策”的脱贫实施方案。

【清洁工程】 2016年，古障镇认真贯彻上级党委、政府关于开展“美丽西林·清洁乡村”活动的指示精神，全面清理村镇积存垃圾，改善全镇卫生条件和人居环境，全镇积极动员、全面部署、迅速行动，在全镇掀起一股“清洁家园、清洁水源、清洁田园”的热潮，使全镇村屯面貌和街容街貌得到明显改观。全镇共投入资金150万元（包含上级、各部门投入资金130万元及本级政府投入20万元）。

【生态乡村工作】 村屯绿化。2016年全镇大部分村都进行村屯绿化，按照县委县政府要求，对村屯500米内进行全面绿化，对入村道路和村屯内主要道路两旁的宜林地进行绿化，建设以果树、花灌木或景观树种为主的护路林。结合村屯实际打造了一批以种植大花紫薇、三角梅等为主的特色路，彰显地方特色和文化特色，已全部种植。

饮水净化。全镇列入2016年全镇新建成农村饮水安全工程17处，部分已开工建设，解决全镇农村的饮水安全问题，对各村水井、水塘、小河流、排水沟、下水道沉积污泥和水面漂浮的生活垃圾进行全面、彻底清理，清理污染严重池塘、沟渠的沉积污泥，疏通排水，净化池塘，提高水体自净能力，对水源保护区进行保护，按照规范和标志技术要求，完善饮用水水源保护区的界碑、界桩、警示牌、围网等环境保护设施，明确地域界限并予以公告，对保护区内的排污口、污染源进行全面清理，保障水源水质安全。

道路硬化。通过向上级财政、发改、移民、扶贫等各部门争取资金，以及结合，一事一议、革命老区建设等项目，全镇较多的村已得到屯内道路硬化建设的资金，工程已丈量实施。

【维稳与安全工作】 开展以镇政府牵头，派出所、工商、市场管理、农业、水利、船舶管理、卫生、中小学等单位全力配合的安全生产大检查活动，活动主要围绕道路交通、水上安全、危险化学品、液化气和烟花爆竹、公众聚集场所的消防安全、食品卫生、汛期安全等内容。做好安全隐患的排查摸底和督促整改，做到不留死角。检查组成员对辖区内的重大事故隐患做到心中有数，对查出的每一条隐患都要求记录在案，明确整改责任人、整改措施和整改期限，并认真进行

"回头看"，督促整改责任单位严格按照"五落实"的要求落实好隐患整改和防患措施，及时消除安全隐患。

【计生工作】 镇党委、政府把计生工作摆在重要的议事日程上，坚持党政主要领导亲自抓，负总责的原则，实行计生工作定期分析通报制度，每个季度镇党政主要领导都亲自主持召开计生专题分析汇报会，研究计生工作。工作早布置、早安排、早落实、早行动。镇党委、政府及早进行全面的安排部署，制定了严密的春季、秋季计生服务活动实施方案，并整合力量，抽调镇政府、镇直有关单位干部职工，集中投入抓春季计生服务活动，取得了很好的效果。

【党建工作】 把班子建设放在首位。坚持每周召开工作例会，重大事项、重要部署都提交会议讨论决定，做到集体研究、民主决策，不断提升班子的凝聚力和战斗力。以健全完善预防腐败体系为重点。加强教育监督，强化制度建设，全面落实领导班子、领导干部"一岗双责"责任制，深入抓好党风廉政建设，切实增强了领导班子拒腐防变能力和遵纪守法的自觉性。以开展"两学一做"学习教育为契机，进一步健全完善党员干部教育新机制。组织党员围绕"专题学，创新方式学，立足岗位做"的方式，通过自学、集中学，专题党课学，微信平台学，开展红色教育，围绕"四种人"标准通过自学、集中学习、主题发言、上党课、收看党员远程教育节目等形式，达到互相学习、共同提高的目的，确保学习入脑入心。

抓基层组织建设，筑牢战斗堡垒全镇排查出失联党员共22人，经查找取得联系的有20人，因特殊原因尚未取得联系的有2人，成功动员41人流动党员将组织关系转至工作单位或常住地；排查出违法违纪党员15人，给予党纪处分11人，其余4人正在清理；排查出未按期换届党组织20个，已经全部完成换届；排查出85人党员存在少交党费情况，追缴党费1.51万元。提升党员素质。督促各基层党组织按照从严治党的要求，严肃党内组织生活，严格落实村"两委"干部轮流坐班制度、组织生活会制度，创新"三会一课"制度，组织农村党员到百色起义纪念馆进行红色教育，到廉政教育基地接受廉政洗礼、通过微信、qq、远程教育等形式开展各种学习。同时通过采取走出去、引进来的模式，选派党组织书记、党员参加多种培训学习，聘请技术专家到农村开展产业培训，增强农村党员产业发展能力。把好党员入口。按照控制数量，提高质量的指导思想，注重把"政治优、年纪轻、文化高、致富强"的共青团员、复退军人、孝亲敬老优秀分子和妇女作为培养的重点，坚持成熟一个、发展一个，严把审核关，确保新发展党员的先进性和纯洁性。1—11月发展党员18人，其中女党员4人，大专及以上学历的党员2人，35岁及以下党员15人。管好流动党员。对119人流动党员实行动态管理，通过采取建立台账、保持联系、定期跟踪掌握思想动态、了解工作生活等方式，推动流动党员管理工作有序化。深化关爱机制。积极整合各方资源，深入实施各类党员关爱行动。在建党95周年"七一"走访慰问困难党员、老党员，33人，共计1.96万元，将组织的关爱送到困难党员身边。与此同时，将困难党员帮扶工作与中心工作进行对接，通过协调相关部门，将排查出的61户困难党员列入全镇党员干部与贫困户结对人单中，通过开展"1+1"帮扶，齐心协力助力困难党员早脱贫、快致富。加强建设村级组织活动场所。积极向上争取项目、资金，争取水头村办公场所活动场所进行标准化建设项目，古障村村部建设资金60万，者黑村村级活动场所建设项目，花子寨村村部维修资金，确保党员群众活动有场所、活动有舞台。提升服务能力。充分发挥"一办三中心"的优势，将"农事"落实到"村办"，建设一支从机关到村屯的服务队伍。2016年，共受理群众申请事件1732件，已办结1697件，办结率达98%；驻村服务队入户开展服务近2000人（次）；开展各类农业技术培训12期，受益人数1585人（次）；调解水利、山林、土地等各种矛盾纠纷92起，群众满意率大为提高。整顿软弱涣散基层党组织。年初及时对软弱涣散基层党组织整顿工作进行部署，对软弱涣散的基层党组织，制定详细可行的整改方案，派驻第一书记，按照方案措施及时约谈村党支部书记，并要求村两委、驻村工作队员做好督促整改工作。促进跨省区党组织联建。为进一步加强省区边界基层党建工作，提升基层党组织服务改革、服务发展、服务民生、服务群众、服务党员的"五个服务"能力，按照县委的工作部署，古障镇积极组织与接边乡（镇）、村的跨省区党组织联建工作。充分利用跨边联合委员会这个平台，加强接边村屯的交流，不断完善接边村屯的基础设施条件，为群众来往提供便利，树立开放发展、区域发展、统筹发展的党建工作理念，打破地域界限、建制束缚和行政壁垒，抹平区域服务盲区，全面推进接壤地区经济社会发展。加强跨省区党组织联建工作，全面提升基层党组织的服务能力。开展“1234工作法”。扎实推行“1234工作法”，年初及时与19个村“两委”班子、成员及区市县驻村“第一书记”签订任期目标管理责任书，把党建工作与经济发展、社会建设、生态建设、维护维定等各项工作一同部署，提高村级贯彻落实党的各项强农惠农政策。不断推动农村经济社会和谐发展。

抓骨干人才，提升引领致富作用。注重发挥农村实用人才致富带富作用，选好用好党组织带头人和致富带头人。将作风优、口碑好、实绩突出的党员选拔进“两委”班子。把思想政治素质强、发展能力强、责任意识强、奉献精神强的党员担任村级党组织书记；选派党组织书记参加多种培训学习，其成为工作服务的多面手；建立谈心谈话制度，开展村级党（总）支部书记集体约谈会，确保村党支部书记当好守纪律、讲规矩的表率。培养村级后备干部98人；加强6人第一书记的日常管理，打造了一支党性强、能力强、服务意识强的农村党组织带头人队伍。培育农村致富带头人，确保每村都有2~3人致富带头人。带动群众发展产业，增收致富。鼓励农村党员发展农村产业，发挥党员的先锋带头作用，培养出一系列先锋带头党员，如该镇妈蒿村党员农光禄，古障村王兰英、王丽萍和者夯村的韦德兴，为农村特色经济发展做出了良好表率。

抓党纪党规教育，推动党风廉政建设。加强对党纪党规的宣传力度，统筹抓好党纪党规的学习教育培训，创造条件让党员干部认认真真学、原原本本学、深入系统学、结合实际学，真正达到内化于心，外化于行。严格执行中央“八项规定”和落实党风廉政建设责任制，严格执行“四大纪律、八项要求”“六个不准”等廉洁从政规定。全面加强纪律建设，注重监督检查，继续抓好查处发生在群众身边的“四风”和腐败问题专项工作整治。强化党委主体责任，落实监督责任，坚持“一案双查”，严格责任追究，深入开展扶贫领域监督执纪问责工作。2016年1月以来，古障镇共查办各种违纪案件8件，已结案8件，时限内结案率达100%。给予3人党内警告处分，1人党内严重警告处分，1人留党察看二年处分，6人开除党籍处分。

抓党建引领，助推精准脱贫。开展“党建+帮扶干部”，推进脱贫攻坚帮扶精准化。扶贫攻坚，干部是关键。按照“一村一单位、一户一干部”的原则，实行帮扶全覆盖，由541人县、镇干部结对帮扶1451户贫困户，实现每位干部都在帮扶贫困群众，每户贫困群众都有干部帮扶。通过全镇与各后援帮扶单位的共同努力，镇第一批通过县级核验465户1969人，第二批通过核验488户2069人，超额完成上级下达490户2066人脱贫任务。开展“党建+特色产业”，推进脱贫攻坚产业长远稳定化。有产业才能促长远，有产业才能稳根基。古障充分利用水果、茶叶第一大镇优势资源，在巩固现有种植面积的基础上，积极推进水果、茶叶提质扩面，着力为贫困群众长远稳定增收打基础。2016年，古障镇新种沙糖桔面积1000公顷，投产达2666.67公顷；茶叶低产改造133.33公顷，茶叶投产面积从333.33公顷增加到4000公顷。与此同时，把工作重点转移到提高质量、打造品牌、拓宽销路和占有市场上来，不断促进贫困群众增收致富。同时，积极培育“短、平、快”特色养殖业，发展以麻鸭、黄牛、山羊、野猪、蜜蜂等特色养殖产业，重点抓好同乐村坡龙屯集中养猪区、妈蒿水库麻鸭、那哈、蜜蜂等典型示范养殖基地建设，特别是充分发挥党员带头作用，积极引领贫困群众共同养殖，最终实现脱贫致富的目标。开展“党建+服务”，推进脱贫攻坚服务优质化。古障镇把送政策、送项目、送资金与送知识、送培训有机结合起来，不断增强农村“造血”功能，为党建工作搭建一个实实在在的活动载体，形成互动互促的良性发展机制。2016年来，古障镇发放《致贫困户的一封信》1451份，《惠农宣传手册》6000份，金融部门小额信贷放款588户2701万元，实际农户能用贷款588户2701万元。向各部门申报争取到“一事一议”项目8个，总投资200万元。开展“党建+企业+合作社+贫困户+基地”，推进脱贫攻坚产业合作化。群众富不富，关键看支部，古障镇充分发挥党支部在经济社会发展中的引领作用，探索抓党建促脱贫攻坚工作新模式。依托水头村海拔高、常年雨雾、远离污染的自然地理优势，充分利用贫困群众种植的茶叶产业资源，着力打造水头村“有机茶”品牌。引进区农垦集团旗下的京桂古道茶业有限公司与水头村委对接，在党支部的带领下成立合作社，将贫困户的茶叶生产纳入、统一管理，茶业品质、价格都有明显提高，贫困农户收入明显增加。全村32户贫困户中有29户入社，入社后茶叶人均收入预计为3193元，比去年增加491元，到年底可实现全部脱贫。开展“党建+示范建设”，推进脱贫攻坚样板示范化。古障镇注重党建在促进脱贫攻坚的示范作用，在抓好贫困村脱贫攻坚的同时，积极探索在非贫困村中开展整屯脱贫示范样板，为整村脱贫方面提供经验和借鉴。

【特色文化】 泥洞村壮剧团成立于2016年，由本村几位八十年老壮剧演员招收新的演员组成，共有14名演员，其中由何树成为团长、编剧、导演，2016年参加西林县“千团万场”戏剧类节目《过年嘉喜》获三等奖。

撰稿：韦文先
编辑：乃艳飞
罗贞明

◎ 古障镇所属各村概况

◆古障村

【概况】 位于古障镇政府所在地，全村辖牛街、羊街、坡岩、塘汪、三卡、甘坝、从楼、者仙、三台、罗仕、陇西一、陇西二共12个自然屯。2016年全村共有864户2296人，现有贫困户123户504人。其中党支部党员87人，全村总面积5400公顷，耕地面积562.73公顷，其中水田面积1376公顷，旱地面积425.13公顷。古障村经济发展以农业为主，主种水果、茶叶、甘蔗、油桐、八角、生姜、薏谷等。全村人工造林800公顷，茶叶300公顷，水果439.13公顷，葡萄10公顷，马蹄13.33公顷，森林覆盖率达78%。全村村集体经济收入达1.20万元以上，2016年人均收入为6015元。全村12个自然屯的屯级公路已全部得到提级改造，各屯都已通电视、固定电话和移动电话，建有自来水设备。村中有1所中学，1所小学，2所幼儿园。

【领导班子】 党支部书记兼村委会主任：王兰英（壮族）；党支部副支书、副主任：江桂屹（壮族）；副主任（治保主任）：查兰勇（壮族）；副主任：朱清发（汉族）；团支书：陆勇杰（壮族）；妇女主任：王丽萍（壮族）。

◆同乐村

【概况】 位于古障镇北部，距镇政府所在地1千米，全村以山地为主，总面积218.67公顷，其中耕地面积160.67公顷。该村辖同乐、坡龙、古榕、医院4个安置点7个村民小组。2016年共有465户2304人，现有贫困户123户549人，劳动力604人，党支部党员14人，全村均为天生桥水电站隆林库区移民。当地群众主要以种植水稻、玉米、茶叶或外出务工为主要经济来源。该村是全县贫困村之一，2016年农民人均纯收入为2654元。村内现建设有村部办公用楼1幢、村小学1所、村幼儿园1所，村卫生室1间、公共篮球场1个。

【领导班子】 党支部书记兼村委会主任：韦雄（壮族）；党支部副支书、副主任：韦光胜（壮族）；副主任（治保主任）：梁尚能（壮族）；团支书：查兰兴（壮族）；妇女主任：罗慧娟（壮族）。

◆央革村

【概况】 位于古障镇东部，距镇政府驻地7千米。全村辖5个自然屯，12个村民小组。2016年居住着壮、汉、瑶3个民族，全村425户1967人现有贫困户63户226人，党支部党员47人。全村耕地面积338公顷，其中水田面积49.53公顷，旱地面积288.36公顷。该村经济以农业为主，主要种植水果、茶叶、水稻、玉米等，全村水果种植面积312公顷，茶叶种植面积265.33公顷，农民人均纯收入5986元。村内建有村小学1所、幼儿园1所、村卫生室1间，公共篮球场1个。

【领导班子】 党支部书记兼村委会主任：韦登明（壮族）；党支部副支书、副主任：杨明春（壮族）；副主任（治保主任）：王正标（壮族）；副主任：庄杰（汉族）；团支书：陆海（壮族）；妇女主任：马宁（壮族）。

◆西舍村

【概况】 位于古障镇西北部，距镇政府所在地8千米，全村辖上寨、下寨、小寨、西约、蚌德、塘房、田坝、小八达8个自然屯。2016年，居住着壮、汉、布依等民族，共有380户1776人，现有贫困户53户196人。党支部党员50人，西舍村属于天生桥国家重点工程库区淹没村之一，全村耕地总面积为219.07公顷，其中水田54.67公顷，旱地面积164.40公顷。全村主要经济作物为水果、生姜、桐果、茶叶。近年来大力发展种植水果，全村水果面积83.73公顷。2016年，农民人均纯收入分别为5460元。

【领导班子】 党支部书记兼村委会主任：农绍恩（壮族）；副主任（治保主任）：王永军（壮族）；团支书：郎国弟（壮族）；妇女主任：王志红（壮族）。

◆周洞村

【概况】 位于古障镇西部，距镇政府所在地5千米，辖周洞、冲子、新寨、上新寨、炮台、黄潭、达肯7个自然屯。2016年，共有335户1502人，现有贫困户96户390人，其中党员53人。全村共有耕地面积4282公顷，其中水田面积32.60公顷，旱地3956公顷，全村人均耕地面积0.30公顷。周洞村经济以农业为主，主要种植茶叶、水果、经济林木等作物和经济林木。2016年，全村农民人均收入5860元。

【领导班子】 党支部书记兼村委会主任：王胜炳（壮族）；党支部副支书、副主任：王志荣（壮族）；副主任（治保主任）：王兰江（壮族）；团支书：王胜海（壮族）；妇女主任：王爱欢（壮族）。

◆周约村

【概况】 位于古障镇西部，距古障镇镇政府所在地10千米，全村辖上街、下街、高公顷、比苦、青岗林、汪坡、大田、石拉8个自然屯。2016年共有338户1538人，现有贫困户46户164人，其中党员50人，主要民族成分为壮族、汉族和苗族。全村耕地面179.73公顷，其中水田面积61.20公顷，旱地面积118.53公顷。全村主要种植水稻、茶叶、水果为主，全村茶叶面积106.67公顷，水果面积70公顷，杉木66.67公顷，桐果13.33公顷，2016年农民人均收入为5968元。

【领导班子】 党支部书记兼村委会主任：王荣新（壮族）；党支部副支书、副主任：韦正荣（壮族）；副主任（治保主任）：岑勇（壮族）；团支书：李昌联（壮族）；妇女主任：韦玉娇（壮族）。

◆水头村

【概况】 位于古障镇南部，距离镇政府所在地29千米，位于全县最高的山峰王子山山脚，属古障镇水源林保护区，全村辖水头、江陇、坝卡、大新寨4个自然屯。2016年居住着265户1089人，现有贫困户32户129人，其中党员25人，民族成分主要由苗、汉民族组成。全村耕地面积197.93公顷，其中水田面积24.80公顷，旱地面积173.13公顷，人均土地面积为0.20公顷，主要种植茶叶、水稻等农作物，茶叶面积118.67公顷，全村农民人均纯收入2780元。

【领导班子】 党支部书记兼村委会主任：罗绍林（苗族）；党支部副支书、副主任：王金才（苗族）；副主任（治保主任）：杨发富（苗族）；团支书：杨国金（苗族）；妇女主任：陶玉珍（苗族）。

◆猫街村

【概况】 位于古障镇西部，距镇政府28千米，下辖大寨、布常、丫口、三家寨、龙山镇和龙脖子6个自然屯。居住着壮、苗、汉3个民族，共有220户1002人，现有贫困户87户368人，其中党员36人，全村总面积238.80公顷，其中水田33公顷，旱地205.80公顷。猫街村经济以农为主，主要种植茶叶、水果、油桐、杉木、生姜、薏谷等经济作物。目前全村共有人工造林70万公顷，茶叶面积101.67公顷，森林覆盖率高达80%。2016年农民人均收入分别为4850元。

【领导班子】 党支部书记兼村委会主任：陆金兵（壮族）；党支部副支书、副主任：李建东（壮族）；副主任（治保主任）：余文程（壮族）；团支书：罗为芬（苗族）；妇女主任：王梅英（壮族）。

◆花子寨村

【概况】 位于古障镇西南部，距镇政府所在地34千米，辖花子寨、安马沟、老鱼塘、新鱼塘和下塘5个自然屯。全村共有178户838人，2016年有贫困户66户312人，其中党员22人，居住着壮族、汉族、苗族3个民族，主要以苗族为主，占95%。位于本村的王子山主峰高达1884米，是西林县第一高峰。山上几棵20多厘米直径10多米高的古茶树，就是古障茶叶的始祖。全村耕地总面积185.60公顷，其中水田面积14公顷，旱地面积171.60公顷，主要经济经济作物有桐果、茶叶、生姜等，茶叶面积100公顷，经济来源单一，群众生活贫困，是百色市确定的贫困村之一，全村农民人均纯收入仅为2707元。

【领导班子】 党支部书记兼村委会主任：陶文新（苗族）；副主任（治保主任）：杨开强（苗族）；团支书：王志雄（苗族）；妇女主任：王绍丽（苗族）。

◆者黑村

【概况】 位于古障镇西南部，距镇政府所在地35千米，全村辖上者、下者、滑石板、孟利、坝孟一、坝孟二、卡麦一、卡麦二8个自然屯。全村共358户1705人，现有贫困户153户670人，主要民族成分为壮族、苗族和汉族。全村总面积3733.33公顷，耕地面积309.80公顷，其中水田面积42.80公顷，旱地面积267公顷。者黑村经济以农为主，主种水稻、玉米。经济作物有茶叶、油桐、生姜、薏谷等。茶叶面积13.33公顷，村内有1个水电站，1所小学。2016年，农民人均纯收入3600元。

【领导班子】 党支部书记兼村委会主任：李新国（苗族）；副主任（治保主任）：陶绍东（苗族）；副主任：陶光伟（苗族）；团支书：王海丽（壮族）；妇女主任：李桂英（壮族）。

◆陇正村

【概况】 位于古障镇南部，距镇政府所在地18千米，辖陇正、者么、马奎、央为、为林5个自然屯。全村共有312户1396人，现有贫困户43户201人，其中党员40人。全村耕地总面积117.33公顷，其中水田面积29.33公顷，旱地面积88公顷。陇正村经济经农为主，主种水稻、玉米。经济作物有茶叶、油桐、生姜、薏谷等。2016年，农民人均纯收入3450元。

【领导班子】 党支部书记兼村委会主任：农卫全（壮族）；党支部副支书、副主任：罗志文（壮族）；副主任（治保主任）：黄志兵（壮族）；团支书：马将（壮族）；妇女主任：李桂兰（壮族）。

◆者夯村

【概况】 位于古障镇东部，距镇政府所在地15千米，南与云南省广南县接壤，全村辖上者、下者、渭秋、那友、团保、昌房、上八索、下八索8个自然屯。杂居壮、汉等民族，共有545户2573人，现有贫困户61户239人，其中党员106人。全村耕地总面积208.87公顷，其中水田31公顷，旱地117.87公顷。农副产品是该村群众主要经济来源，者夯村是撤并乡镇之前原者夯乡政府驻地，全村水果面积达到280公顷，村内有1个变电站，1所供电所，1个卫生院，1个初级中学，1个完小，移动、联通、电信服务厅各1个。2016年，农民人均纯收入5670元。

【领导班子】 党支部书记兼村委会主任：韦德兴（壮族）；党支部副支书、副主任：农志文（壮族）；副主任（治保主任）：王世鸿（壮族）；副主任：韦桂林（壮族）；团支书：李东旭（壮族）；妇女主任：李翠英（壮族）。

◆妈蒿村

【概况】 位于西林县东北部，距离镇政府驻地22千米，东北部与隆林各族自治县相邻，西北部与马蚌镇接壤，辖那虎、文洞、那外、马路、龙保、妈蒿、弄汪、坡白8个自然屯。全村总面积4133.33公顷，耕地面积242.93公顷，其中水田面积60.73公顷、旱地182.20公顷。全村共有409户2006人，现有贫困户86户308人，其中党员43人。该村的经济以农业为主，主要种水稻，其次有旱谷、玉米及薯类。经济作物有水果、茶叶、油桐、生姜等。该村的妈蒿和文洞2屯地下藏有丰富的锑矿。2016年，全村农民人均纯收入5641元。

【领导班子】 党支部书记：岑昆（壮族）；村委会主任：庄兰建（壮族）；副支书、副主任：王德兵（壮族）；副主任（治保主任）：杨瑞通（壮族）；团支书：王正强（壮族）；妇女主任：梁正玲（壮族）。

◆仙仁掌村

【概况】 位于古障镇政府西北部，辖仙仁掌上、仙仁掌下、上俄、下俄、马加沟、弄汪沟、街子坝7个自然屯。全村共有367户1617人，现有贫困户83户308人，其中党员58人。全村总面积20.35平方千米，耕地总面积218.87公顷，水田828公顷，旱地163.67公顷。仙仁掌村经济以农为主，主种水稻、主米，经济作物有水果、茶叶、油桐、生姜、薏谷等。该村是全县贫困村之一，2016年，全村农民人均纯收入为2795元。

【领导班子】 党支部书记：何用（壮族）；村委会主任：苏铁安（壮族）；副主任（治保主任）：陆明正（壮族）；团支书：黄文杰（壮族）；妇女主任：王新梅（壮族）。

◆渭归村

【概况】 位于古障镇东部，距离镇政府驻地19千米，该村南面与云南省广南县接壤，辖渭归、央洪、那虎、新寨等4个自然屯。2016年共有251户1096人，现有贫困户12户37人，其中党员43人，全村总面积1866.67公顷，耕地总面积254.87公顷，水田20.40公顷，旱地234.47公顷。该村经济以农业为主，主要产业有水果、茶叶、油桐及木材等。渭归村央洪屯更是全县数一数二的社会主义新农村示范点。2016年，全村农民人均纯收入6120元。

【领导班子】 党支部书记兼村委会主任：李朝仁（壮族）；副主任（治保主任）：李东海（壮族）；副主任：韦正军（壮族）；团支书：农艳芬（壮族）；妇女主任：陆昌鸿（壮族）。

◆央达村

【概况】 位于古障镇东部，距离镇政府驻地20千米。全村下上央、下央、碗厂、同书等4个自然屯。居住着壮、苗等民族，共有310户1433人，现有贫困户55户219人，其中党员57人。全村面积2406.67公顷，耕地面积177.73公顷，水田61.53公顷，旱地116.20公顷。2016年，央达村群众为尽早甩掉贫困的帽子，立足本地，发挥资源优势，利用荒山荒地搞农业综合开发，调整产业结构。目前，全村共种有各种林木2408.10公顷，其中八角33.33公顷；茶叶50.40公顷；沙糖桔73公顷、椪柑8.33公顷。淡水养殖5.60公顷。全村森林覆盖率达60%；高压电入户率100%；沼气池入户使用率67%；电视入户率91%；程控电话入户率12%；移动通讯网络履盖全村大部分面积。2005年新建教学楼1栋350平方米；村部办公楼100平方米；村级卫生室80平方米。2016年全村人均收入6012元。

【领导班子】 党支部书记：韦昌林（壮族）；村委会主任：韦春华（壮族）；副主任（治保主任）：李罗元（壮族）；团支书：陆明（壮族）；妇女主任：王美红（壮族）。

◆那哈村

【概况】 位于古障镇东北部，距镇政府所在地30千米，全村辖龙窝、那哈、吊达、平佑、小信、落沙等6个自然屯。全村有371户1585人，现有贫困户118户465人，其中党员37人。主要由壮、汉、苗、彝等民族组成。全村有耕地面积216.40公顷，其中水田面积20.07公顷，旱地196.33公顷。全村以种养殖业为主，主要经济作物为杉木、松树、桐树、茶叶、水果等。该村是全县贫困村之一，2016年，农民人均收入为2850元。

【领导班子】 党支部书记兼村委会主任：杨顺光（苗族）；党支部副支书、副主任：杨顺荣（苗族）；副主任（治保主任）：吴定辉（苗族）；团支书：颜坚国（汉族）；妇女主任：杨朝会（汉族）。

◆泥洞村

【概况】 位于古障镇东部，距镇政府所在地25千米，东部与八达镇相接。全村辖泥洞、小房、马舍、双高、三棵树、落徕、落央等7个自然屯9个村民小组。全村有535户2498人，现有贫困户63户236人，其中党员53人。主要由壮、汉、苗等民族组成。全村耕地面积287.67公顷，其中水田面积89.60公顷，旱地面积194.47公顷。全村以种养殖业为主，主要种植水稻、玉米，经济作物以杉木、甘蔗、茶叶、水果等为主。2016年，农民人均收入为5989元。

【领导班子】 党支部书记兼村委会主任：黎海莲（壮族）；团支书：罗海明（壮族）；妇女主任：王爱兰（壮族）。

◆大房村

【概况】 位于镇政府驻地以东南30千米处，全村辖大房、上八保、下八保、新木、老木、者赖、那毛等7个自然屯。全村有453户2069人，现有贫困户88户335人，其中党员53人。全村耕地面积278公顷，其中水田面积87.47公顷，旱地190.53公顷。该村经济以农业为主，主要种植水稻、玉米，经济作物有油桐、杉木、茶叶、水果、八角等。2016年农民人均纯收入为5876元。

【领导班子】 党支部书记兼村委会主任：韦仁帮（壮族）；党支部副支书、副主任：查兰现（壮族）；副主任（治保主任）：韦成清（壮族）；副主任：韦生才（壮族）；团支书：王海（壮族）；妇女主任：王绍英（壮族）。

撰稿：韦文先
编辑：乃艳飞
罗贞明

◎ 普合苗族乡

【机构人员】 2016年，普合苗族乡行政编制25人，其中行政编23人，工勤人员编2人，实有人数23人。其中乡党委书记1人，副书记2人，党委委员6人（其中副乡长2人，组织委员1人，纪委委员1人，宣传委员1人，武装部长1人），人大主席1人（乡党委副书记兼任），人大副主席1人，乡长1人，副乡长4人。乡事业编制34人，实有人员31人。乡府设党政综合办公室、社会事务办公室、经济发展办公室、人口与计划生育办公室、社会治安综合治理办公室、农业服务中心、社会保障服务中心、人口和计划生育服务站、文化体育和广播电视站、林业站、畜牧兽医站、财政所、村镇规划建设站、新型农村合作医疗办等14个办公室及站所。

【概况】 普合苗族乡地处西林县中部，距县城15千米，东边与那劳镇相连，西与县城所在地八达镇接壤，南靠西平乡，北与隆林县的蛇场乡和德峨乡毗邻。全乡交通便利，西林至田林二级公路贯穿全乡，全乡已实现屯屯通公路、通电。乡政府驻地为普合村普驮屯，是全乡经济、社会、政治、文化中心。全乡辖7个行政村、46个自然屯、58个村民小组，居住着壮、汉、苗、瑶、彝、仡佬等6个民族，是西林县民族杂居最多的乡镇之一。全乡总面积177.20平方千米，其中：耕地面积为1344.20公顷，园地40.10公顷，牧草地1891.47公顷，全乡有林面积57.50公顷，森林覆盖率为70.30%。全乡地属亚热带季风气候，气候温和，年平均气温为19℃，年平均降雨量为1114毫米，经济以农业为主。2016年，全乡共有2993户11899人，共有贫困户数773户3174人，2016年已脱贫288户1248人。壮族人口4796人，占总人口40.3%，主要分布在新丰、大河、普合、者底等公路沿线四个村；苗族人口5296人，占总人口44.5%，主要分布在岩腊、文雅、平安三个高山村；瑶族人口582人，占总人口4.8%。

【经济发展】 2016年，完成粮食种植面积1040公顷；建驮娘江水果示范带（沙糖桔）共349.73

公顷；发展高效农业栽培示范基地 22 公顷；完成烟叶种植 23.33 公顷；其他农作物，如蔬菜、生姜、铁皮石斛和其它水果等共 133.33 公顷。完成麻鸭养殖达 3.20 万羽，蜜蜂养殖 1300 箱，黄牛出栏 750 头，水牛出栏 180 头，山羊出栏 4100 只。2016 年，全乡完成总造林面积 243.42 公顷，其中：杉木 23.46 公顷，油茶 49.93 公顷，核桃 46.20 公顷，香脆李 15.40 公顷，荒坡种果 109.75 公顷，完成率 119.7%；农村危房改造完成 34 户；全乡人口出生率 16.22‰，出生人口符合政策生育率 95.28%，实现无多孩乡镇的目标。新农合参合人数 11077 人，参加城乡居民养老保险人数 4867 人。

【基础设施建设】 2016 年，乡人民政府争取到 60 万资金，落实了文雅村上文雅屯与下文雅屯的屯内道路硬化项目，落实了由移民局建设的文雅村沙石口屯的 20 万通屯硬化工程；共投入 90 万元，完成了岩腊、月亮田、平安 3 个屯的屯内道路硬化；争取到普合村渭行屯的人畜饮水工程资金 30 万元；争取到第二批民族乡第一期项目建设资金 600 万元。投入 113 万完成小城镇建设项目普合句町集贸市场；2016 全年全乡完成农村危房改造对象共 34 户，已全部竣工并入住。

【乡镇企业】 引导现有乡镇企业强化管理，加大投入，从效益上求发展，在质量上求突破，充分发挥政府协调服务的职能，重点培育桂洁农业开发有限公司、澳林木业有限公司、八行生态养猪厂、西蒙农业有限公司、大西南松香厂等一批骨干企业，充分挖掘企业规模潜力、技术潜力和人才潜力，走品牌战略，扩大企业影响力，提高企业知名度，使企业经济效益和市场竞争力明显增强。乡镇企业总产值达到 3500 万元，乡镇企业年净利润总额 800 万元。

【精准扶贫工作】 2016 年，普合苗族乡已完成对四个贫困村三个非贫困村 773 户贫困户 3174 人的贫困人口进行帮扶，实现脱贫 288 户 1248 人，完成总任务的 40%。联合信用社开展评级授信工作，共有 773 户 3174 人完成了村级评级授信，已经发放贷款 757 户，共计资金 2829 万元。着力推进扶贫生态移民工程，依照建档立卡帮扶需求，全乡有 481 户选择实施危房改造和移民搬迁到县城购房。

县水产畜牧局到普合苗族乡为普合村贫困户发放洋鸭苗

【党建工作】 开展“两学一做”学习教育；抓好市县乡领导班子换届工作，通过前期认真准备，普合苗族乡顺利选举出乡党代表 77 人，出席县党代表 17 人，乡人大代表 47 人，出席县人大代表 13 人。并顺利实现该乡领导班子换届，选举出乡党委班子 10 人，政府班子 4 人，人大班子 2 人；开展七项党建重点工作，认真组织开展了党员组织关系集中排查工作、党代会代表和党员违法违纪未给予相应处理排查清理工作、基层党组织按期换届工作专项检查工作、党费收缴工作专项检查工作、集中推进非公企业和社会组织“两个覆盖”工作、抓党建促脱贫攻坚工作、抓严抓实领导机关党员干部学习教育工作；以党建促脱贫，坚决打赢脱贫攻坚战。全乡切实加强组织脱贫摘帽攻坚队伍，按照“不漏一户、不少一人”的要求结对帮扶。根据脱贫目标，普合苗族乡加强对贫困户产业扶持力度，已发放 771 户 308.40 万元（4000 元 / 户）的产业扶持资金。办理贫困户小额信贷贷款 3535 户，发放金额 2623 万元；推进村“两委”班子管理“1234 工作法”。2016 年初与村“两委”班子及成员签订“1234 工作法”目标管理责任书，2016 年上半年考评，综合公众评议、乡镇干部评议、领导班子评议情况，7 个村中有 2 个评为“优秀”，36 名村“两委”干部，有 7 人评为“优秀”，4 人第一书记有 1 人评为“优秀”；着力抓好农村党员干部教育培训和管理。以乡党校和村级远程教育站点为依托，邀请县委宣传部、县农业局、人社局、畜牧局等单位的领导和专家到该乡各村授课，共组织培训班 7 期，累计参训人数达 1000 多人；2016 年，全乡共发展党员9人，培养积极分子21人。

【清洁乡村】 全乡共承担着46个自然屯的清洁家园、416.47公顷的清洁田园和44千米的清洁水源任务，建立清洁乡村示范屯43个，垃圾卫生处理示范屯10个。主要采取创新垃圾清运模式，即城镇板块模式、高温焚烧模式、普通烧埋模式等三种模式。以新丰村作为试点，实行环境卫生清扫轮值制度模式，把全村分为18个轮值小组，每个小组由5户群众家庭组成，每个轮值小组清扫两天，并成立环境卫生监督考评组，加强日常监督检查，每月底进行一次检查评比，年终进行综合考评表彰。截至2016年底，全乡共投入活动经费227.64万元，其中宣传经费4.60万元，基础设施建设费用180.64万元，保洁经费42.40万元。组织召开群众会议80次，参加9650人，发放宣传资料30000份，制定固定宣传标语37幅，悬挂横幅32幅，宣传板报15期，出版简报6期，粘贴政讯通宣传彩图150份，与村民签订卫生“三包”责任牌2404份、“家庭承诺书”2404份；配备保洁员47人，整治陈年垃圾56处，44吨，治理污染水源11处，41千米；新建垃圾池37座，其中可焚烧垃圾池16座，普通垃圾池21座，焚烧炉6座；新修屯内道路硬化5处，8.40千米；新配垃圾桶245个，机动垃圾车2辆，非机动垃圾车56辆，铁铲86把，锄头60把。全乡各村村容村貌有了较大改观。

【民政工作】 2016年发放救济粮2890公斤；争取6户房屋受损户得到总计33000元的维修费，争取1户倒房重建户；发送临时救助25份，民政局发放资金43600元，受理医疗大病救助52份，全部上报民政局；受理2份五保申请，现普合苗族乡集中供养9人，散居供养15人；受理456户农村低保申请，办理好401户低保。享受低保671户，2420人。受理1份城市低保申请；发送两项制度补贴重度补贴56份，困难补贴23份；上报冬春救助对象143户397人，其中粮食救助17300公斤，衣被190套。

【社会各项事业】 坚持教育优先发展战略，努力深化教育体制改革，不断优化教育教学环境，大力推行素质教育，合理调整小学布局，加大义务教育学校C级危房校舍修善力度，投入120万元新建普合希望学校校舍1栋，已竣工投入使用；另投入约15万元进行校园文化建设，增加了3套多媒体教室；社会保障机制不断完善。2016年，新型农村合作医疗参合人数10747人，其中农民自筹10747人，财政代缴752人，民政代缴23人，参保率达97.00%；计生、卫生工作有序开展。全面做好“全面二胎”政策宣传服务工作。通过多种方式宣传二胎政策，使“二胎”政策进村入户，咨询台、电话咨询的人数达430人（次），办理证件52人（次），发放宣传资料8500余份，村村寨寨张贴宣传标语。认真抓好艾滋病攻坚工程工作，每个村委会在明显位置粘贴艾滋病固定宣传标语宣传图片材料；开展1次入户宣传、举行1期乡村领导干部培训；加大“三大纠纷”调解力度。2016年，共调解25起，调解成功25起，调解成功率达100%。严格落实“党政同责、一岗双责、齐抓共管”的要求，加强对非煤矿山、道路交通、建筑、消防、食品药品、地质灾害监测点、安全用水用电等进行排查检查，加大隐患整改力度，落实整改责任人和整改时限。2016年，组织开展安全隐患排查检查58次，排查出安全隐患348处，打击三无车辆86起，整改52处，整改率达100%。

撰稿：杨　潇
编辑：乃艳飞
罗贞明

◎ 普合苗族乡所属各村概况

◆普合村

【概况】 位于普合苗族乡乡政府所在地，是普合苗族乡最大的行政村。下辖普驮、那合、那龙、平美、八行、渭行、徕六、新行、那么、那后10个自然屯，居住有壮、汉、苗、瑶、彝等民族，共804户3101人，全村总面积4213.06公顷。村设党总支部，有党员68人，其中女党员10人。2016年9月，在政府的帮助下，建设了那合桥。普合村还有渭行屯、徕六屯、新行屯未实施通屯道路硬化，其余屯都已通硬化道路。2016年，普合村完成粮食总产量60万公斤，农村人均纯收入达到4772元，比上年增长18%；种植经济林43.33公顷，优质经果林30公顷，蔬菜30.67公顷，冬种面积25.33公顷；出栏肉猪3200头，出栏家禽12000羽；完成危房改造13户；修建沼气池5座；屯级道路扩建、维修4200米；完成水利设施扩建、维修2500米；完成农村贫困户148户精准扶贫工作。2016年，农民人均收入4772元。

【领导班子】 党支部书记兼村委会主任：农学光（壮族）；党支部副支书、副主任：李志高（苗族）；副主任：王定学（彝族）、鲁义（壮族）；团支书：岑永林（壮族）；妇女主任：谢沅芳（壮族）。

◆大河村

【概况】 位于普合苗族乡西北部，距乡府所在地15千米，全村辖9个自然屯，9个村民小组，2016年全村共有600户2330人；水田面积78.73公顷，旱地139.73公顷，以种养殖业为主，村集体经济纯收入1.70万元，农民人均纯收入4800元。全村共有党员80人，其中女党员13人。创建"党员中心户"10户，其中技术示范户3户。至2016年度底，大河村实现粮食总产量872000公斤，农村人均纯收入达到4800元。全村全年种植经济林78.67公顷，优质水果72公顷，蔬菜16.67公顷，冬种面积13.33公顷；林下养鸡11000羽，麻鸭养殖14000羽，出栏黄牛25头，出栏山羊1200头。完成全村危房改造10户；完成屯级道路扩建、维修35000米；完成水利设施扩建、维修35000米，修建蓄水池10座。其中新民屯群众通过大力发展种植烟叶，实现脱贫致富，2016年全屯人均纯收入超万元。2016年，农民人均收入4800元。

【领导班子】 党支部书记兼村委会主任：黎爱莲（壮族）；党支部副支书、副主任：黄元（壮族）；副主任：黎粮森（壮族）、黄胜学（壮族）；团支书：吴德忠（壮族）；妇女主任：王玉雪（苗族）。

◆新丰村

【概况】 位于乡政府东面，距乡政府所在地18千米，属天生桥一级水电站库区移民村，地全村共辖4个村民小组，现有89户385人，设有党支部1个，共有党员22人，其中女党员3人。人均山地0.67公顷，水田0.02公顷。近年来，群众利用水田和缓坡地发展沙糖桔57.33公顷，建8个蔬菜大棚、种植食用菌0.67公顷，充分利用家庭院落的空间、周围非承包的空坪隙地和各种资源种植果蔬、打造葡萄长廊等发展庭院经济，美化乡村生活，利用集中养殖小区发展生猪、山羊养殖。自2012年来已连续成功举办4届野外钓鱼大赛，吸引来自全国各地的钓队参赛。全村现有建档立卡贫困户49户217人，其中2016年脱贫39户。

【领导班子】 党支部书记兼村委会主任：熊章乐（壮族）；党支部副支书、副主任：农仕海（壮族）；副主任：王文盛（壮族）；团支书：农树刚（壮族）；妇女主任：何翠芬（壮族）。

◆者底村

【概况】 辖者底、上伟徕、下伟徕、那良、林场等5个自然屯，有壮、汉、苗、瑶台、彝等民族，各自然屯沿省级二级公路分散居住，其中上伟徕屯距县城仅8千米。全村共有396户1648人，该村地处普合苗族乡和八达镇（县城所在地）结合部，交通便利，土质肥沃，有"十里不同天"的气候，物产较为丰富。当地群众经济收入主要以种植水稻、蔬菜、和养殖业为主，外出务工创业为辅，全村人均纯收入高于全乡人均水平。主要发展经济特色为：上伟徕屯在二级路沿线的发展无公害蔬菜、草莓及经济型水果种植，为县城蔬菜市场的主要菜篮子之一；者底屯的水稻、玉米、油茶、桐油、水果种植和麻鸭养殖；那良、林场、下伟徕屯的退耕还林点，发展山羊、黄牛等畜牲养殖。2016年，者底村完成全村危房改造2户；完成改水改厕200处；完成生产交通要道扩建、维修1000米；修建蓄水池3座。2016年，农民人均收入6000元。

【领导班子】 党支部书记兼村委会主任：农教金（壮族）；党支部副支书、副主任：杨东霖

（苗族）；副主任：李奎霖（瑶族）；团支书：罗秉杰（壮族）；妇女主任：陆彩凤（壮族）。

◆平安村

【概况】 位于普合苗族乡的西南部，距离乡政府所在地6千米，下辖平安、渭松、那当、新寨、平先、石家山等6个自然屯，是西林县28个贫困村之一，也是普合苗族乡的少数民族聚居村，居住着瑶、苗两个民族，共有204户857人，全村总面积1817.40公顷，其中林地面积1129.60公顷，耕地面积208.33公顷，其中水田16.67公顷，占耕地面积32.6%。2016年底，粮食总产64万公斤，农村人均纯收入达到5803元。全年种植经济林66.67公顷，优质水果3.33公顷，蔬菜16.67公顷，冬种面积3公顷；出栏肉猪210头，林下养鸡1000羽，出栏黄牛100头，出栏山羊500头；完成全村危房改造6户；完成屯级道路扩建、维修4000米。至2016年底，除渭松屯、那当屯外，其余屯都已全部通硬化道路。2016年，农民人均收入5803元。

【领导班子】 党支部书记兼村委会主任：杨正荣（苗族）；党支部副支书、副主任：杨万宏（苗族）；副主任：黄玉军（瑶族）；团支书：陶金祥（苗族）；妇女主任：陶海英（苗族）。

◆文雅村

【概况】 位于普合苗族乡北部，距乡政府驻地约48千米。全村共有298户1329人，有6个自然屯，是仡佬、苗族等民族聚居之地。文雅村地处高山，耕地面积少，多为沙土质，常年缺水严重，全村耕地面积266.67公顷，其中水田面积13.33公顷，人均0.01公顷，旱地面积266.67公顷，人均0.25公顷。文雅村是贫困村，贫困面广，全村主要靠外出务工，养山羊、黄牛、生猪等为主要经济收入。2016年，完成全村危房改造5户；完成屯级道路扩建、维修4100米。至2016年年底，文雅村6个自然屯已全部通硬化道路。2016年，农民人均收入35000元。

【领导班子】 党支部书记兼村委会主任：王辉明（苗族）；党支部副支书、副主任：陈绍员（苗族）；副主任：罗文光（苗族）；团支书：王文华（苗族）；妇女主任：王秀梅（苗族）。

◆岩腊村

【概况】 位于普合苗族乡北部，是个少数民族聚居的高山村，村委会驻地岩腊屯，距乡府12.48千米。全村辖7个自然屯，其中古家寨屯至今没有通硬化道路。全村共有456户1807人。全村总面积2208.90公顷。北部有部分石山，南部有土山，耕地260.93公顷，其中水田12公顷，旱地228.93公顷，有森林面积207.07公顷。气候温和，全村主要种植水稻、玉米、黄豆、生姜等农作物为主。岩腊村是普合苗族乡文明古村，有三棵树百墓场、坝锁弄等句町文化遗址和岩腊古人类遗址等。古家寨气候凉爽，风景怡人，是理想的旅游胜地。至2016年底，全村实现粮食总产量420吨，农村人均纯收入达到3506元。全年种植经济林41.20公顷，优质水果0.67公顷，蔬菜1.47公顷，出栏肉猪123头，出栏黄牛28头，出栏山羊258头；全村完成危房改造9户。

【领导班子】 党支部书记：黄永克（彝族）；副支书、村委会主任：王镜富（苗族）；副主任：杨琪铭（苗族）、王贵东（苗族）；团支书：王斌（苗族）；妇女主任：杨慧（苗族）。

撰稿：杨　潇
编辑：乃艳飞
罗贞明

◎ 那劳镇

【概况】 位于西林县东部，距县城56千米，距百色市193千米，东面与田林县定安镇接壤，南面与足别苗族瑶族乡毗邻，西面与普合苗族乡、西平乡交界，北临隆林各族自治县的岩茶、界廷乡。省道20331线贯穿全镇境内，是西林通往东部地区的要道，全镇总面积229.33平方千米，辖6个村民委员会，39个自然屯，52个村民小组，总人口9073人，境内聚居着壮、汉、苗、瑶、彝等民族，少数民族人口占总人口的85%以上。

【领导班子】 2016年，那劳镇党委班子设10人，其中党委书记1人，副书记3人（1名兼任政府镇长，1名兼任人大主席，1名挂任扶贫专职副书记），委员6人（1名兼任镇纪委书记，1名兼任武装部长，2名兼副镇长，1人组织委员，1人宣传委员）；人大设主席1人，副主席1人；政府设镇长1人，副镇长4人。班子成员13人，平均年龄35岁，大学本科学历13人。

【机构设置】 工作机构设制：纪律检查委员会、人民武装部、共青团、妇女联合会、人大办、党政综合办公室、社会事务办公室、经济发展办公室、人口与计划生育办公室、社会治安综合治理办公室，镇直站所设有国土规建环保安监站、扶贫管理站、社会保障服务中心、水利站、林业站、人口与计划生育服务站、文化与体育广播电视站、派出所、司法所、财政所、农业技术推广站、畜牧兽医站、镇卫生院、养老院。

【经济发展】 2016年，全镇国内生产总值4228万元，同比增长8%；全社会固定资产投资1750万元，同比增长25%；农民人均纯收入4883元，同比增长8%。城镇人均可支配收入10080元，同比增长15.5%；粮食总产量4591000公斤人均有粮520公斤，与往年基本持平；全镇薏谷、油桐、玉米、生姜等衣副土特产品种植面积740.13公顷，产量3350吨；全年种植八角120公顷，优质水果433.60公顷，花生44公顷，油菜7公顷，蔬菜316公顷，甘蔗59公顷；年末大小牲畜存栏24500余头（匹、只），出栏16500头（匹），肉类产量达9170多吨；家禽48.30万羽，其中肉鸡29.80万羽，麻鸭18.50万羽，比上年增长15%。完成危房改造51座，受益人数186人。

【社会发展】 2016年，全镇继续稳步推进基础教育，加强教师队伍建设，提高办学质量和效益，加大“控辍保学”工作力度，进一步加强“基本普及九年义务教育”和“营养餐”工作。小学适龄儿童入学率达100%，巩固率达99.9%以上；认真落实有关优惠政策，做好外来工子女平等接受教育工作，外来务工子女100%就近入学；完成义务教育巩固率76.52%，超额完成0.02%；完成中职招生30名，完成率88.24%。那劳中心校和联合小学学生宿舍楼已竣工待验收，那劳初中教学楼竣工投入使用。

2016年，镇社会事务办公室共发放救灾救济粮1.90吨折合人民币6.65万元、城乡低保救助金31.40万元、五保救助金10.64万元、发放临时救助68户14.42万元。参加新农保人数4275人，参保率115.14%。

2016年，镇卫生院和村卫生室严格执行国家基本药物制度，对所有药品实行零差价销售，全年完成孕产妇系统管理孕产妇134人，全镇孕产妇住院分娩率达100%，7岁以下儿童750人，系统管理675人，管理率90%，高危住院分娩率达100%，孕产妇死亡率和新生儿破伤风发生率0%。接种疫苗1430人（次）（2520剂次），单苗接种率均达94%以上，全镇参合人数8324人，参合率97.04%，门诊统筹报销4994人（次）、报销金额27.08万元，住院即时报销629人（次）、报销金额22.10万元。

【基础设施建设】 2016年，全镇重点抓好扶贫生态移民新区的基础设施建设，推进并顺利完成扶贫生态移民新区土地平整工作，实施两期扶贫生态移民宗地抽签工作，共安排了179宗宗地进行抽签，第一期抽签的62户已完成主体建设进入装修阶段。加快基础设施建设工作，投入700多万元建设主干道路网，现已完成四条主干道路的基础硬化工作及绿化亮化建设；投入600万元建设镇中心幼儿园装修进入尾声阶段；游客接待中心及总督广场项目也即将建成。农贸市场已完成前期进行招投标工作。

2016年，全镇加大村级基础设施投入力度，投入220万元建设新寨屯、平上屯、横书屯、岩来屯、吴团屯、渭老屯、渭桑屯等屯内道路硬化，投入120万的维修新寨水库已竣工投入使用，投入100万元建设那维屯、那沙屯屯路灯项目，投资350的弄南至横书环村道路硬化项目已动工建设，投入70万元实施那维等农村饮水巩固提升建设，投入60万建设的那劳屯文化戏台即将竣工。二级路至渭老等7条共35千米通屯道路已完成设计、正在开展招投标工作。实施平上、岩来等人饮工程，全镇基础设施建设持续深入完善。

【精准扶贫】 2016年，全镇贫困人口规模为建档立卡户609户2444人，其中贫困户347户1359人，贫困发生率为15.54%。顶蚌、那宾和新寨为贫困村，新寨村列入全区2016年脱贫摘帽村。完成脱贫415人，新寨村通过自治区脱贫摘帽验收。

制定小额信贷评级授信实施方案，成立评级授信工作领导小组，召开会议动员部署等措施，顺利完成对347户贫困户的信用评级授信，其中可申请贷款5万的有210户；可申请贷款3万的共有104户；可申请贷款1万的共有9户。

2016年，全镇在全县率先完成小额信贷放贷任务；落实县“一帮一联”工作暨乡村脱贫攻坚落实平台建设培训会议精神和有关要求，及时召开会议开展“一户一册一卡”发放程序、步骤、时间安排、手册填写要求、手册管理等培训工作，并组织贫困村第一书记、驻村工作队员、村干部及帮扶联系人进村入户指导、帮助贫困户填写“脱贫攻坚精准帮扶手册”等相关资料台账准备工作。

全镇计划实施移民搬迁建档立卡户222户904人（贫困户165户645人），其中报名到那劳老乡家园安置区的建档立卡户151户613人（贫困户100户385人），报名到县城购房的建档立卡户46户201人（贫困户33户140人），易地搬迁投亲靠友报名建房的贫困户32户118人。报名到县城购房的，有2户建档立卡户在福景新苑房地产顺利购房，报名在寨子建房的贫困户共有32户。

全镇共有1017贫困人口纳入低保，低保贡献率达78.4%。全镇共将150万产业扶持资金拨付给贫困户。

2016年在上级的大力支持下，新寨、那宾、顶蚌三个贫困均购买门面，通过门面出租保持村集体经济稳定收入。同时，充分利用好上级给予那宾村的集体经济发展资金100万元发展壮大那宾村集体经济。

2016年11月18日，那劳镇开展扶贫领域监督执纪问责工作大接访活动

【**清洁工程**】 2016年，全镇继续加大对清洁乡村工作的投入，全年共投入经费30万元开展城镇及沿路村屯的保洁工作。采取以群众为主体的乡村清洁长效化机制，实行片区市场化清运生活垃圾。积极开展村屯绿化工作，投入36.40万元；实施了斗皇、弄南、新寨3个示范村屯及平阳、渭老2个普通村屯绿化工作。

【**维稳工作**】 2016年，镇综治委召开了镇、村组干部综治维稳专题会议4次，传达了上级有关维稳工作会议精神，就全镇各个时期的维稳形势进行分析，要求全体干部职工一定要提高思想认识，杜绝麻痹思想。各包村工作队加大矛盾纠纷的排查、调解力度，积极完善相关的预案，在敏感时间安排了领导值班，实行每日两报告制度，强化落实重点监控的人员人群和重点部位监督责任人。对老街和那洋土地纠纷引起群众维权行动时，及时采取有效措施，防止群众械斗事件发生。

【**安全工作**】 2016年，镇安监部门扎实开展“安全生产月”活动，依法对非煤矿山、中小学校、幼儿园及周边治安、危险化学品、烟花爆竹等重点行业的事故隐患点排查力度，落实各种安全防范措施，对隐患点责令相关单位限期整改。积极开展“两站两员”建设，完善道路交通安全监管机制，进一步加强对全镇农村道路交通安全监管，以“降事故，保安全”为目标，实行农村道路交通安全“人盯路、人盯车、人盯人”的“三盯”监管责任制，有效整改事故隐患，坚决取缔面包车、货车、低速载货汽车、拖拉机、三轮车等非法载人的行为。2016年，全镇辖区内无重大安全生产事故发生。

2016年12月8日，那劳镇交通管理站对过往机动车车辆进行检查

【**计生工作**】 2016年，期末全镇总人口9225

人，已婚育龄妇女 1834 人，人口总出生 142 人。其中：男婴 74 人，女婴 68 人，出生婴儿性别比为 108.82：100。符合政策生育率 95.77%，一孩符合政策生育 91.37%；二孩符合政策生育率 98.76%；人口出生和主要工作指标统计合格率达 100% 以上。

【党建工作】 2016 年，全镇结合开展“两学一做”学习教育工作，坚持理论学习不动摇，不断完善镇党委中心组学习制度，组织党员领导干部认真学习党章党规、学习习近平系列重要讲话精神，坚持学做结合，积极转变工作作风，理论联系实际，将理论运用到基层实际工作中帮助群众解决生产生活遇到的困难和问题，使领导班子整体素质得到提高。继续加强党组织监督检查，完成全镇 8 个党支部 347 人党员的查找联系工作，对 18 人流动党员及时取得联系规范管理。并以开展党员组织关系排查为契机，健全了党员档案；扎实推进党代会代表和党员违纪违法未给予相应处理排查清理。加强和纪委、人大、政协、法院、检察院、公安、司法和计生部门的沟通联系，对本届任期内党代会代、人大代表和政协委员中的党员进行严肃排查；稳妥开展党费收缴工作专项检查。严格按照 2008 年《党费收缴使用管理规定》，共完成党员党费自查报告 347 份，查出应补交党费的党员 44 人（其中确实有困难的党员经批准免交或少交 13 人），完成收缴补交党费 1.2316 万元，完成率 100%；推行村“两委”班子管理“1234 工作法”。在行政村全面推行村“两委”班子管理“1234 工作法”，明确了村“两委”工作目标任务，村“两委”干部更有责任心和积极性，干事创业、带领群众发展产业致富更有活力；创新党建新模式。结合开展精准扶贫工作实际，积极探索推出“党建 + 扶贫”“党员 + 贫困户”新党建模式，突出基层党组织在扶贫攻坚工作中基层堡垒作用，基层党员帮助贫困户理清发展思路，帮助解决产业发展资金、技术瓶颈，使基层党员想干事、能干事、干成事，成为助推脱贫攻坚的中坚力量。

2016年6月13日，那劳镇“三家”班子召开“两学一做”第一专题学习

【特色产业】 2016 年，全镇强力推进“优果工程”建设。发动群众种植天草橙、贡柑、沙糖桔等优质水果，打造具有那劳自身特色文化的水果品牌，目前种植优质水果 1180 公顷，实现人均 0.13 公顷优质水果以上，在新寨、洞坚、那宾、那劳等村推广芒果种植面积 133.33 公顷。大力发展养殖产业。建立了顶蚌、龙过、那洋、新寨等 4 个生猪养殖基地和平上种草养牛示范基地。大力发展林下和水面养殖，建有 8 个林下土鸡养殖点，5 个水面麻鸭养殖点，年出栏 200 万羽以上。

【特色文化】 2016 年，全镇积极鼓励支持村级文化娱乐活动，支持各村开展春节文艺表演，在镇政府举办村级篮球比赛，举办“三八国际妇女节”游园活动，组织群众参加“千团万场”文艺汇演、支持群众在公共场所开展广场舞、练太极等文化娱乐活动丰富了群众精神生活；加大对那劳农民文学社的指导，完善文学社的基础设施，造就一支能够推介那劳民俗风情和文化的镇土文学队伍。整合全镇 12 支村屯级文艺队，鼓励、扶持传承和发扬民俗文化，全面支持新寨唢呐队、那劳壮剧团和欧贵婚俗表演团队等民俗文化团体，积极把民俗文化品牌做精、做大、做强，推动全镇民俗文化发展；在农历三月三期间，结合生态旅游开发开展那劳屯祭将军活动，进一步发掘和传承了民俗文化，丰富了宫保府旅游开发的内涵，吸引了县内外游客、各地记者、摄影爱好者前来参观。利用法定节假日加强那劳生态旅游宣传，着力打造宫保府至宫保风情岛旅游线路，逐步打响了驮娘江流域民族民俗文化品牌，使西林县旅游融入到桂滇黔 3 省旅游脉络中去，为全镇乃至西林县生态旅游业的发展增添新的动力。

撰稿：冉丁宇
编辑：乃艳飞
罗贞明

◎ 那劳镇所属各村概况

◆那劳村

【概况】 位于那劳镇政府所在地，是那劳镇6个行政村中面积最大、人口最多的一个行政村，境内居住有壮、汉、苗、瑶等民族，民居住地主要分布于乡人民政府驻地沿线一带。2016年，全村有10个自然屯20个村民小组，共有779户2867人。全村有耕地面积618.67公顷，其中水田87.60公顷，旱地531.07公顷。那劳村土壤肥沃、物产丰富，农业产业主要以发展优质水果沙糖桔、贡柑、红心蜜柚、芒果等种植共计94.40公顷，年产量145.91万公斤。还生产有水稻、花生、玉米等粮食作物；出产有黄豆、薏米、桐果、生姜、香菇、云耳等农副土特产品；主要有松、杉、竹用材林和桐果、油茶、花椒等经济林。2016年，全村人均收入8538元。全村已实现通自来水，屯屯通公路，其中那劳、老街、那洋、那来等屯建成通屯道路硬化，改善当地群众出行。各屯完成农网改造，升级了照明、生产用电，移动互联网、卫星电视信号已覆盖全村。

【领导班子】 党支部书记（村委会主任）：卢一鸥（壮族）；党支部副书记（副主任）：黄志兵（壮族）；村民委副主任：岑建环（壮族）。

◆顶蚌村

【概况】 位于那劳镇西部，村部所在地那维屯，距离镇政府所在地约5千米。境内居住有壮、汉、彝等民族，民居住地主要分布于驮娘江两岸。全村有8个自然屯10个村民小组，共有337户1310人。全村有耕地面积139.06公顷，其中水田30.08公顷，旱地108.98公顷。顶蚌村土壤肥沃、气候宜人，物产丰富。全村生产水稻、玉米、花生等粮食作物；出产黄豆、薏米、桐果、生姜、香菇、云耳等农副土特产品；主要有松、杉、竹用材林和桐果、油茶、花椒等经济林。通过大力调整农业产业结构，主要发展优质沙糖桔、贡柑、红心蜜柚、芒果等水果45.60公顷，年产量73.82万公斤。同时大力发展水产立体养殖，养殖家禽4.50万羽，栏沟养鱼约3.33公顷，2016年全村人均收入为8543元。全村已实现屯屯通公路，其中顶蚌、那维等屯建成通屯道路硬化，极大改善当地群众出行。全村农户已经用上自来水，各屯完成农网改造，升级了照明、生产用电，辖区内水电资源丰富，建有电站2座，移动互联网、卫星电视信号已覆盖全村，通信十分便利。

【领导班子】 党支部书记（村委会主任）：岑耀聪（壮族）；党支部副书记（副主任）：岑伟民（壮族）；村民委副主任：罗志勇（壮族）。

◆洞坚村

【概况】 位于那劳镇东部，村部所在地为洞坚屯，距离镇政府所在地约10千米，境内居住有壮、汉、苗等民族，民居住地主要分布于乡驮娘江沿岸。全村有2个自然屯4个村民小组，共有149户619人。全村有耕地面积104.13公顷其中水田19.53公顷，旱地84.63公顷，人均耕地面积0.18公顷；洞坚村气候宜人，物产丰富。全村土壤肥沃，生产水稻、花生、玉米等粮食作物；出产黄豆、薏米、桐果、生姜、香菇、云耳等农副土特产品；主要有松、杉、竹用材林和桐果、油茶等经济林近年通过大力调整农业产业结构，发展优质沙糖桔、贡柑、红心蜜柚、芒果等水果32.87公顷，年产量55.98万公斤。2016年全村人均收入为8515元。全村已实现屯屯通水泥路、通电，全村自来水使用达100%，辖区内建有梯级电站1座，移动互联网、卫星电视信号已覆盖全村。

【领导班子】 党支部书记（村委会主任）：黄海石（壮族）；党支部副书记（副主任）：王奇椿（壮族）；村民委副主任：李健（壮族）。

◆斗皇村

【概况】 位于那劳镇西部，村部所在地斗皇屯，距离镇政府约15千米，境内居住有壮、汉、彝、瑶等民族，民居住地主要分布于镇人民政府驻地至那维电站沿线一带。全村有3个自然屯6个村民小组，共有176户736人。全村人均耕地138.87公顷，其中水田30.40公顷，旱地108.47公顷。90%的村民从事农业生产，其余有经商、运输等服务行业，群众经济来源主要以种植水稻、玉米、养殖畜禽为主。通过大力调整农业产业结构，主要发展优质沙糖桔、贡柑、红心蜜柚、芒果等水果35.26公顷，年产量59.09万公斤。2016年全村人均收入8520元。全村已实现屯屯通路、通电、通自来水，斗皇屯、伟努屯已建成通屯道路硬化，改善群众出行。建有沼气池92座，覆盖率为50%；移动互联网、卫星电视信号已覆盖全村。

【领导班子】 党支部书记（村委会主任）：岑国春（壮族）；党支部副书记（副主任）：农国政（壮族）；村民委副主任：岑志峰（壮族）。

◆那宾村

【概况】 位于那劳镇东部，村部所在地为那沙屯，距离镇政府所在地约8千米。境内居住有壮、汉、苗、彝等民族，民居住地主要分布于驮娘江沿岸。2016年，全村有10个自然屯7个村民小组，共有546户1950人。全村有耕地面积267.47公顷，其中水田89.47公顷，旱地178公顷。生产水稻、花生、玉米等粮食作物；出产黄豆、薏米、桐果、生姜、香菇、云耳等农副土特产品；主要有松、杉、竹用材林和桐果、油茶等经济林。通过大力调整农业产业结构，主要发展优质沙糖桔、贡柑、红心蜜柚、芒果等水果77.86公顷，年产量121.34万公斤。2016年，全村人均收入分别为8521元。全村已实现屯屯通路，其中那沙、岩然、八意、平阳、顶务、南岭、八或、八吹等屯建成通屯道路硬化，改善当地群众出行。全村农户已经用上自来水，各屯完成农网改造，升级了照明、生产用电，辖区内建有梯级电站2座，移动互联网、卫星电视信号已覆盖全村。

【领导班子】 党支部书记（村委会主任）：谢国川（壮族）；党支部副书记（副主任）：黄农武（壮族）；村民委主任：杜秀娟（壮族）；村民委副主任：岑强。

◆新寨村

【概况】 位于那劳镇东北部，村部所在地新寨屯距离镇政府18千米，境内主要聚居壮、汉等民族。2016年，全村有5个自然屯8个村民小组，共有216户826人。全村耕地面积127.07公顷，其中水田22公顷，旱地105.07公顷，山林地面积2718.67公顷；90%的村民从事农业生产，其余有经商、运输等服务行业，群众经济来源主要以种植芒果、糖蔗、板栗、沙糖桔、养殖畜禽为主，2016年，全村人均收入为8517元。全村已实现通自来水，屯屯通公路，其中新寨一组、二组已建成通屯道路硬化，改善当地群众出行。各屯完成第一次农网改造，升级了照明、生产用电，移动互联网、卫星电视信号已覆盖全村。

【领导班子】 党支部书记（村委会主任）：韦志雄（壮族）；党支部副书记（副主任）：吴志文（壮族）；村民委副主任：罗继董（壮族）。

撰稿：冉丁宇
编辑：乃艳飞
罗贞明

◎ 足别瑶族苗族乡

【概况】 2016年，足别瑶族苗族乡辖6个行政村，45个自然屯，其中者么村威猫屯和易地屯户口上属于同一个屯，全村有51个村民小组，共有2282户9409人。域内有一个国营扶贫林场。全乡农户2003户8291人，农村劳动力5323人。全乡总面积368.80平方千米，耕地面积2162公顷，其中水田258公顷（保水田185公顷），旱地1910公顷（不固定山地978公顷）。

【班子成员与工作机构】 2016年5月份经过领导班子换届人事调整，足别瑶族苗族乡党委书记为农珍艳（2016年3月份任职），乡党委副书记2

人：杨江平（兼乡长）、陆绎宇（兼乡人大主席、综治办主任）；扶贫专职副书记马绍生（2017年1月份任职），常务副乡长王绍生（党委委员），武装部长陆江峰，组织委员鲁祥，宣传委员兼统战委员汤景文；副乡长廖茄利（党委委员），副乡长刘凡，副乡长吴耀东，农云鹏任人大副主席；乡人民政府设有“一办三中心’、党政办公室、财会办公室、劳动保障事务所、民政办，扶贫站，乡直站所设有：司法所、财政所、农业服务中心、计生站、畜物兽医站、文化站、林业站、国土规建环保安监站，新型农村合作卫生医疗办，乡卫生院，敬老院。

【经济发展状况】 到2016年底，全乡生产总量7.40万元，年均增长10.4%；固定资产投资完成5.60万元，增长12%；全乡农民人均可支配收入完成5720元，增长11%。

【特色产业】 2016年全乡干部群众积极行动抢抓春耕春播，顺利完成春播任务，全年粮食产量达4055吨，同比下降了2.95%。全乡新种优质水果86.67公顷，规模达400公顷。全乡新增油茶产业36.67公顷，低产改造100公顷，油茶规模达突破666.67公顷；全乡新增蜂箱800箱，规模达2100箱；建成养殖规模500只山羊养殖场2个，存栏量达5000只，生猪养殖达2.50万头，黄牛养殖达750头，山羊养殖存栏达3.50万头，林下养鸡5万只，麻鸭养殖1.80万羽。利用足别瑶族苗族乡有利的气候环境，引导高山村群众大力种植杉木、马尾松等用材林面积，全乡用材林总面积达2600公顷，森林覆盖率达87.1%。

【大事记】 2016年，央龙村成为西林县今当唯一获得全国“一村一品”的示范村镇和全国有机农业示范基地；“一带一轴两翼”“一园五万”工程。产业发展方面，在板桥、南灰、足别3村，打造以水果、油茶为主的产业带；以央龙村为主轴，重点发展茶叶、山羊、油茶和生态旅游产业；以平木、者么村为两翼，在平木村重点发展蜂蜜、油茶产业，在者么村重点发展油茶、山羊产业，打造“一带一轴两翼”特色产业格局。重点实施“一园五万”产业工程，即九龙山生态旅游园，公顷沙糖桔、公顷优质油茶、公顷生态茶、万箱蜂蜜、万只山羊，力争“十三五”末，全乡实现人均有5个特色增收产业。

【扶贫工作】 2015年经过精准识别工作，央龙、平木和者么3个村为国定贫困村，全乡贫困户377户1530人，贫困发生率为16.55%。2016年经区市县三级核验，全乡核验脱贫125户贫困户504人，由于易地搬迁原因实际脱贫80户310人，回退45户194人，仍有297户1218人未脱贫（其中者么77户328人，央龙76户338人，平木28户111人，足别84户325人，板桥26户95人，南灰6户21人），贫困发生率为14.69%。2017年全乡预脱贫131户547人，其中者么村46户189人，央龙村25户107人，平木村26户105人，足别村14户61人，板桥村20户85人。

撰稿：汤景文
编辑：乃艳飞
罗贞明

◎ 足别瑶族苗族乡所属各村概况

◆足别村

【概况】 位于足别瑶族苗族乡政府东面部，全村有7个自然屯7个村民小组，有农贸小市场1个。2016年，共有444户1981人。全村人均耕地0.28公顷，其中水田0.40公顷，境内居住有壮、汉、瑶、苗等多个民族，其中龙头、赵子洞为苗族屯，那灯、那弄、布合为瑶族屯。60%的村民从事农业生产，其余有经商、外出务工、运输等服务行业，经济来源主要有林木、水果、劳务、经商、粮食生产等收入。全村已实现户户通水通电，已通硬化路足别屯、那灯屯、布合屯、那弄屯，100%的农户已安装电视、电话和手机等通讯设施。2016年，农民人均收入8500元。

【领导班子】 党支部书记：吴永龙（壮族）；村民委主任（副支书）：熊开华（苗族）；村民委副主任：王镜淳（苗族）。

◆南灰村

【概况】 位于足别瑶族苗族乡政府所在地，全村有7个自然屯7个村民小组，1个南灰农贸市场。2016年共有433户1785人。境内居住有壮、汉、苗等民族，其中苗族屯1个，52户248人。1998年，从天生桥库区搬迁到本地定居的移民32户172人。2016年，全村实有耕地393.87公顷，其中水田39.67公顷，人均拥有耕地0.27公顷，水田0.27公顷，粮食产量48.76吨。90%的村民从事农业生产，其余有经商、运输等服务行业，经济来源主要有林木、养殖、劳务、经商、粮食和水果等，村民居住地主要分布于乡人民政府驻地至八务水库沿线一带，全村已实现户户通路通电通水，除坡丫屯未实施道路硬化外，其他屯均已实现通屯硬化路。100%的农户已安装电视、电话和手机等通讯设施。2016年，农民人均收入8600元。

【领导班子】 党支部书记：潘卫红（壮族）；村民委主任：李永福（已经于2015年参加公务员考试离岗）；村民委副主任：李珍群（女，壮族）。

◆板桥村

【概况】 位于足别瑶族苗族乡政府西部，全村有5个自然屯5个村民小组，境内居住有壮、瑶、苗等4个民族。2016年共有334户1372人。人均耕地0.19公顷，其中，水田0.04公顷。全村主要从事农业生产，少部分从事劳务、经商、运输等行业，经济来源主要有林木、劳务、粮食和水果等收入，全村已经实现户户通电通水，除那队屯未实施道路硬化外，其他屯已通硬化路；100%的农户已安装电视、电话和手机等通讯设施。2016年，农民人均收入8500元。

【领导班子】 党支部书记：黄雄贵（壮族）；村民委主任（副支书）：黄韦谕（壮族）；村民委副主任：王万福（壮族）。

◆央龙村

【概况】 位于足别瑶族苗族乡政府东南部，全村有9个自然屯9个村民小组，央龙村以种植茶叶、杉木、油茶及养殖山羊、黄牛等为主要经济来源，以杉木、茶叶为主，杉木面积达1000公顷，茶叶面积133.33公顷，国家有机认证达120公顷。央龙村坐落于海拔1600米的九龙山之上，主峰达1800米，森林覆盖率达87.1%，有全国罕见植株密集的桫椤群达1153株，常年云雾萦绕的千公顷“苗岭茶台”，百年古茶树丛，分布大面积的原始森林，千公顷毛竹林，连片疏落达公顷的野生杨梅以及种类丰富的野生菌等，生态景观优美。2016年荣获农业部全国“一村一品”示范村称号，“全国有机农业示范基地”称号，全国休闲农业与乡村旅游星级企业（园区）评审委员会评为三星级休闲农业与乡村旅游园区。2016年，农民人均收入8400元。

【领导班子】 党支部书记：黄志东（苗族）；村民委主任：陶有财（苗族）；村委会副主任：宋柱石（苗族）。

◆者么村

【概况】 位于足别瑶族苗族乡东南部，与田林县高龙乡接壤，距足别瑶族苗族乡人民政府所在地22千米，全村共辖8自然屯，即上者么、下者么、那棉、弄红、平外、龙告、三保田、平报，2016年共有330户1320人，劳动力698人，其中建档立卡贫困户81户347人。者么村主要有壮、瑶、汉、苗3个民族，其中壮族占总人口数的90%以上。全村共有耕地83.93公顷，其中水田45.20公顷，旱地338.73公顷，人均耕地0.36公顷。全村已实现户户通水通电，主要从事农业生产活动，少部分人口从事劳务、经商、运输等行业。经济来源主要有粮食生产、林业、养殖等。2016年，农民人均收入8500元。

【领导班子】 党支部书记：龙凤（壮族）；村民委主任：黄志国（壮族）；村党支部副书记（副主任）：黄建豪（壮族）。

◆平木村

【概况】 位于足别瑶族苗族乡政府东北面，平木村位于足别瑶族苗族乡东部，与田林县定安镇接壤，距足别瑶族苗族乡人民政府所在地22千米，全村共辖8自然屯，分别为发当屯、平木屯、古木屯、伟志屯、央报屯、平雅屯、那忙屯、弄扛屯。2016年共有280户1154人，劳动力804人，主要有瑶、壮两个民族，其中瑶族占总人口数的90%以上。全村共有耕地383.93公顷，其中水田35公顷，旱地348.93公顷，人均耕地0.33公顷。全村已实现户户通水通电，目前平木屯、古木屯、渭季屯、那芒屯、弄杠屯、央报屯已实现道路硬化，只有法当和那芒未硬化路，平木村部到足别村那乔屯公路已建成水泥硬化。100%的农户已安装电视、电话和手机等通讯设施。2016年，农民人均收入7191元。

【领导班子】 党支部书记兼村委会主任村：盘向良（瑶族）；党支部副支书（副主任）：盘德辉（瑶族）；村民委副主任：盘昌奉（瑶族）。

撰稿：汤景文

编辑：乃艳飞

罗贞明

◎ 西平乡

【概况】 位于西林县东南部，距县城38千米，东邻那劳镇，西接云南省广南县坝美镇，南与那佐苗族乡交界，北与普合苗族乡、八达镇相连。全乡12个村委会，55个自然屯，81个村民小组，境内聚居着壮、汉、苗、瑶4个民族，2016年，全乡总人口为14000人，乡府所在地3000人，境内聚居着壮、汉、苗、瑶等民族。全乡总面积296.53平方千米，其中山地面积290平方千米，耕地面积2801.67公顷，水田面积614.73公顷，旱地面积2186.93公顷。全乡森林面积22000公顷，全乡土地肥沃，气候温和、湿度大，农作物以水稻、玉米为主；特色产业为水果，其中以沙糖桔、蜜桔、枇杷、红心蜜柚为主。西平乡的沙糖桔以皮薄易剥、肉脆汁多、清甜可口等特点而著称，2016年完成新种水果240公顷，全乡沙糖桔种植面积达1266.67公顷，投产面积533.33公顷。全乡农业总产值达8669万元，畜牧水产总产值4237万元，粮食产量达7607.20吨，农民人均纯收入达8554元。西平乡民间文艺活跃，人杰地灵，素有“文化之乡”“水果之乡”“油茶之乡”等美誉。

【班子成员与工作机构】 2016年乡镇换届前，乡党委书记1人；乡党委副书记、乡人民政府乡长1人；乡党委副书记、乡人大主席1人；乡党委委员、纪委书记1人；乡党委委员、副乡长2人；乡党委委员、乡组织委员1人；乡党委委员、武装部长1人；乡党委委员、宣传委员1人；乡人大副主席1人；副乡长1人；妇联主席1人；团委书记1人，主任科员2人，副主任科员5人，科员6人，工勤人员2人。乡机关设党政综合办公室、社会事务办公室、经济发展办公室、人口和计划生育办公室、社会治安综治治理办公室。

2016年6月乡镇换届后，乡党委书记1人；乡党委副书记、乡人民政府乡长1人；乡党委副书记、乡人大主席1人；乡党委扶贫专职副书记1人；乡党委委员、纪委书记1人；乡党委委员、副乡长2人；乡党委委员、乡组织委员1人；乡党委委员、武装部长1人；乡党委委员、宣传委员1人；乡人大副主席1人；副乡长1人；妇联副主席1人；团委副书记1人，副主任科员2人，科员6人，工勤人员2人。乡机关设党政综合办公室、社会事务办公室、经济发展办公室、人口和计划生育办公室、社会治安综治治理办公室。

【经济发展】 2016年，全乡农业总产值达8669万元，同比增长0.6%；畜牧水产总产值4237万元，同比增长1.17%；农民人均纯收入达8554元，同比增长62.25%。兑现各村支持保护补贴总计1903785.46元，完成粮食作物播种面积1400公顷，粮食产量达7607.20吨。2016年，完成新种水果240公顷，全乡沙糖桔种植面积达1266.67公顷，投产面积8000公顷。2016年，全乡新发展养牛672头、养猪5682头、养羊3240只、养鸭2.5万羽、养鸡4.60万羽、蜜蜂养殖865箱。新增平上、八桥、者车3处黑山羊养殖场和皿帖、木顶2处黄牛养殖场。全年完成植树造林面积464.07公顷，其中符合退耕还林27.50公顷，发放退耕还林补助69.30万元。严厉打击毁林开垦、乱砍滥伐等破坏森林资源违法行为，确保了森林资源和人民生命财产的安全。2016年，完成秋冬菜种植433.33公顷，促进农民增产增收。

【特色产业】 西平乡以“西林沙糖桔”获得“中国沙糖桔之乡”“国家地理标志保护产品”认证为契机，继续巩固和发展优质水果产业，坚持“保防控（保产业防控黄龙病）、提品质、扩面积、树品牌、拓销路”产业发展方针抓好百里名优水果长廊建设，扩大品牌效应。八桥至高维公路沿线百里名优水果带初显成效；克洋有机水果示范园水果品质进一步提升；水果专业合作社不断加强，优果工程经济带动和辐射作用明显增强。2016年，完成新种水果240公顷，全乡沙糖桔种植面积达6.67公顷，投产面积533.33公顷。水果产业已成为西平乡群众增收的一项主要来源，“水果强乡”目标逐步实现。

【社会发展】 推进素质教育和“控辍保学”工作。逐步改善办学条件，不断提升教育教学质量。提升计生优质服务水平。2016年，西平乡荣获西林县人口计划生育目标管理（党政线）先进奖、（计生线）二等奖和“诚信示范乡镇”；连续6年获“无政策外多孩生育乡（镇）奖”等荣誉。推行新型农村合作医疗和城镇居民医疗救助制度，群众看病难、看病贵问题进一步改善。完成乡卫生院综合楼建设，者怀村克洋屯荣获全区2016年“卫生村屯”荣誉称号。民政救助救灾工作推向深入，社会保障和就业工作体系进一步完善，劳动关系和谐稳定。稳步实施“文化兴乡”工程，推动文化产业繁荣发展。2016年，皿帖村荣获“文明村镇”荣誉称号。

【基层设施建设】 2016年，投入资金3100多万，实施了高维村路口至伟布屯、平上老寨路口至三湾屯、那务屯至元外屯至大地屯、皿贴村路口至木卡屯等9条通屯道路硬化和伟磨、那洋、者怀、弄聋等14条屯内道路硬化，新建木顶、克洋便民桥2座等。投入资金250万元，新建那务村级文化活动场所和完成弄工、平上、高维村级服务活动场所改扩建项目。完成平上村伟碰通屯道路硬化项目申报工作；完成非贫困村共6条通屯道路硬化和9条屯内道路硬化项目申报工作；完成平上至那劳渭努、西利至那劳伟老、布懒至大理松、伟亚至小理现等四条联网路项目申报。完成5座便民桥和2个屯内亮化项目的申报工作等。

【扶贫工作】 2016年，完成了平上村1个贫困村和全乡145户贫困户635个贫困人口的脱贫任务，全乡贫困发生率由原来13.06%下降到8%。完成了2015年86户建档立卡退出户验收达标工作。实施贫困村8条通屯道路硬化和7条屯内道路硬化。新建1个贫困村村级文化活动场所和完成3个贫困村村级服务活动场所改扩建工程。完成平上和高维等2个贫困村12处的人畜饮水巩固提升工程，改善了1128人的饮水条件。解决贫困户住房83户299人。其中：通过易地扶贫搬迁方式解决住房64户242人；通过危房改造方式解决住房19户57人。发放小额信贷1840.21万和产业扶持资金175.30万元，扶持贫困户发展产业或入股企业分红。

【美丽乡村工程】 在推进“清洁乡村”活动的基础上，开展“生态乡村”活动，围绕“农村环境优美、农民生活宽裕、服务保障有力、乡村和谐幸福”的总体目标，对乡村面貌进行升级改造。农村基础设施不断完善，环境卫生不断改善，清洁乡村工作进一步巩固。2016年，者怀村克洋屯荣获“自治区卫生村”、皿帖村荣获“自治区文明村屯”、木顶村荣获“自治区绿色村屯”。

【维稳与安全工作】 拓展“平安西林”和“平安和谐区域”创建活动，推进网格化服务管理，强化平安创建防控责任制落实，提高社会治理能力。加强矛盾纠纷排查调处化解工作。深入开展影响社会稳定突出问题和“三大纠纷”调处攻坚活动，认真化解信访积案和信访突出问题。全年无因民间纠纷引起的群体性事件、恶性事件和集体上访事件发生。做好重大活动、敏感节点重点人员、敏感群体的排查监控，维护社会稳定。坚持开展道路交通、建筑施工、烟花爆竹等领域安全生产检查整治工作，安全生产持续稳定好转。2016年皿帖村荣获“文明村镇”荣誉称号。

【计生工作】 强化责任，创先管理，提升服务，切实抓好人口和计划生育工作。2016年出生人口203人（2015年10月1日至2016年9月30日），其中：男婴107人、女婴96人。人口自然增长率为7.15‰，出生人口性别比为111.45%。符合政策生育191人，出生人口政策符合率为93.72%；无政策外多孩出生。2016年，西平乡荣获西林县人口计划生育目标管理（党政线）先进奖、（计生线）二等奖和“诚信示范乡镇”；连续6年荣获“无政策外多孩生育乡（镇）奖”等荣誉。

【党建工作】 2016年6月，获西林县委员会表彰先进村级党组织1个（者车村党支部）；获“十名好支书”称号1人（者车村支书黎炳忠）；获“百名好党员”称号2人（乡党委书记刘运日，党委委员、副乡长潘家劲）；获西林县委员会表彰优秀党务工作者1人（黄先）。

【特色文化】 壮剧、山歌等传统文化得到较好保留和传承，素有“文化之乡”的美誉。2016年，推进文体活动丰富开展，完善村级公共活动服务场所建设，依托广西歌圩——木顶村，成功举办“三月三”歌圩节，举办“脱贫梦·西平行”文艺晚会等群众文艺晚会4场次，2016年春节文艺晚会12场，“六·一”儿童节文艺晚会1场，“三·八”妇女节文艺晚会1场。因对传统文化的良好传承，2016年自治区文联授予木顶村“山歌·书法村”、西平村“戏剧村”称号。

撰稿：李 娜
编辑：乃艳飞
罗贞明

◎ 西平乡所属各村概况

◆西平村

【概况】 位于乡政府所在地，共辖13个村民小组。2016年总户数435户，总人口2042人。以壮族为主。全村总面积1688公顷，其中耕地面积302.60公顷，水田96.67公顷，旱地205.93公顷，林地面积1400公顷。粮食作物以水稻为主，特色经济作物沙糖桔，2016年沙糖桔种植面积达480公顷。农民人均纯收入为8725元。该村壮剧颇具特色，是西平乡地方文化的代表之一，被自治区文联评为“戏剧村”。村部位于平寨屯，村部建于1997年，共分两层，总建筑面积60平方米，村内设有村党员活动室、电教设施。
【领导班子】 党支部书记：罗志平；副书记、主任：罗乙；副主任：丁伟刚、黄雄、岑家盛；团支书：农玉松；妇女主任：黎美芬。

◆八桥村

【概况】 位于乡西北部，距乡府所在地21千米，辖6个村民小组。2016年全村总户数为172户，总人口为814人。主要由壮族、苗族、瑶族组成。全村总面积1455.33公顷，其中耕地面积247.40公顷，水田32.33公顷，旱地215.07公顷，林地面积1200公顷。粮食作物以水稻为主，经济作物油桐、杉木等，2016年，全村沙糖桔种植面积达75.54公顷，农民人均纯收入为8390元。村部位于八桥屯，建于2001年，共分两层，总建筑面积120平方米，村内设有村党员活动室、电教设施。
【领导班子】 党支部书记、主任：黄建民；副支书、团支书：黄国金；副主任：农永东、王立任；妇女主任：杨柳仙。

◆弄工村

【概况】 位于乡西北部，距乡府所在地17千米，辖6个村民小组。2016年全村总户数为163户，总人口为691人。以壮族、苗族为主。全村总面积1227.33公顷，其中耕地面积364.93公顷，水田21.87公顷，旱地343.07公顷，林地面积933.33公顷。粮食作物以水稻为主，特色产业0.40公顷。2016年人均纯收入为8524元。村部位于弄工屯，村部建于2005年，共分两层，总建筑面积90平方米，村内设有村党员活动室、电教设施。
【领导班子】 党支部书记、主任：陆世明；副支书、副主任：杨建中；副主任：罗源；团支书：王飞健；妇女主任：赵献情。

◆那务村

【概况】 位于乡西北部，距乡府所在地14千米，共辖7个村民小组。2016年全村总户数为271户，总人口为1253人，以壮族、苗族居多。全村总面积1714.67公顷，其中耕地面积220.47公顷，林地面积1466.67公顷，粮食作物以水稻为主，特色经济作物有沙糖桔、油桐、薏谷、茶叶和甘蔗，尤其以沙糖桔为主，2016年沙糖桔种植面积达231.27公顷。农民人均收入为8472元。村部位于那务屯，村部建于2007年，共分两层，总建筑面积80平方米，村内设有村党员活动室、电教设施。壮族山歌、苗族山歌深受群众喜爱。
【领导班子】 党支部书记：何军强；村主任：杨德金；副支书、副主任：黄丹红；副主任：杨启仁；团支书：何绍良；妇女主任：梁彩芬。

◆者怀村

【概况】 位于乡西北部，距乡府所在地10千米，辖5个村民小组。2016年，全村总户数为185户，总人口为828人。以壮族为主。全村总面积1534公顷，全村耕地面积98.33公顷，水田0.07公顷，旱地58.27公顷，林地面积1400公顷。粮食作物以水稻为主，特色经济作物有沙糖桔、葡萄、杉木，其中沙糖桔种植面积居全乡之首，2016年，沙糖桔种植面积达240公顷。农民人均纯收入为8814元。村部位于克洋屯，村部建于2007年，共分两层，总建筑面积60平方米，村内设有村党员活动室、电教设施。

【领导班子】 党支部书记、主任：韦炜；副支书、副主任：黄锋；副主任：王绍成；团支书：何志深；妇女主任：何彩玉。

◆者苇村

【概况】 位于乡东南部，距乡府所在地4千米，辖5个村民小组。2016年全村总户数为195户，总人口775人，以壮族和苗族为主。全村总面积2098公顷，其中耕地面积213.33公顷，水田31.73公顷，旱地181.60公顷，林地面积350.07公顷。粮食作物以水稻为主，特色经济作物以杉木、油桐、油茶为主，2016年沙糖桔种植面积达80.33公顷。农民人均纯收入为8648元。该村壮剧颇具特色，是西平乡地方文化的代表之一。

【领导班子】 党支部书记、主任：班贵生；副支书、副主任：涂猛；副主任：苏关；团支书：岑斌；妇女主任：陆玉芳。

◆那峨村

【概况】 位于西平乡东南部，村部距离乡政府所在地8千米，2016年全村共193户，总人口876人，辖区内共有5个自然屯，5个村民小组，主要由壮族、苗族、瑶族组成，区域总面积为1070公顷，其中：耕地面积104.07公顷，林地面积933.33公顷。该村粮食作物以水稻、玉米为主，经济作物有沙糖桔、甘蔗、杉木、桐油、茶果，2016年沙糖桔种植面积达1176公顷。农民人均收入8573元。村部位于那峨屯，村部建于2008年，共分两层，总建筑面积90平方米，村内设有村党员活动室、电教设施。

【领导班子】 党支部书记、主任：韦绍清；副支书：岑建忠；副主任：张松油、李建军；团支书：覃安龙；妇女主任：韦玉花。

◆高维村

【概况】 位于西林县西平乡的东北部，村部位于高维屯，村部建于2007年，共分两层，总建筑面积90平方米，村内设有村党员活动室、电教设施。村部所在地距乡人民政府所在地16千米，全村辖5个自然屯（高维、平塘、伟布、平沙、平新）8个村民小组共217户，总人口994人，居住着壮、汉、瑶等少数民族。全村总面积1740.67公顷，其中耕地面积463.40公顷，林地面积1466.67公顷，粮食作物以水稻为主，特色经济作物以沙糖桔、林木和甘蔗为主，2016年，沙糖桔种植面积达165.61公顷。全村5个屯都通屯级路。2016年，全村年人均收入8355元。

【领导班子】 党支部书记、主任：陆春光；副支书、副主任：陆恩高；副主任：蔡华良；团支书：王忠诚；妇女主任：岑素美。

◆者车村

【概况】 位于乡南部，距乡府所在地7千米，辖5个村民小组。2016年，全村总户数为135户，总人口678人。民族有壮族、汉族。全村总面积3067.33公顷，其中耕地面积137.87公顷，水田37.60公顷，旱地100.27公顷，林地面积2933.33公顷。粮食作物以水稻为主，特色经济作物以林木和茶叶为主，2016年沙糖桔种植面积达179.33公顷。农民人均纯收入为8782元。村部位于弄车屯，村部建于2007年，共分两层，总建筑面积60平方米，村内设有村党员活动室、电教设施。

【领导班子】 党支部书记、主任：黎炳忠；副支书、副主任：韦华；副主任：韦开前；团支书：黄建；妇女主任：韦美英。

◆皿帖村

【概况】 位于西平乡西部，距乡政府所在地21

千米，共辖木卡、弄桑、中寨、下寨、九宜、不懒、六楼、那洋、八柴9个自然屯。全村总户数为570户，总人口2648人，民族有壮族、苗族。全村耕地总面积878.80公顷，其中水田面积134.13公顷，旱地面积744.67公顷，经济林面积300公顷。全村土地肥沃，气候温和、湿度大，粮食作物以水稻为主，特色经济作物以沙糖桔、油茶、杉木和茶叶为主，特色产业为畜牧业。2016年人均纯收入为8481元。该村村部位于中寨屯，村部建于1998年，共分两层，总建筑面积120平方米。由于村部年久失修，2015年在县级各部门和乡党委、政府的支持帮助下，建成了皿帖村公共文化活动场所，项目总投资100万元，包括篮球场、戏台、村级政务服务中心、老年娱乐活动场所等建设。皿帖村村级政务服务中心项目总投资40万元，共2层，占地面积90平方米，包括阅览室、会议室、便民服务厅等功能。目前该村已实现通水、通电、通路，其中八柴至广南县坝美镇者烈村弄同屯的屯级道路硬化工程已完工。

【领导班子】 党支部书记：黄远东；副支书、主任：廖正遥；副主任：韦永昌、农绍明、何进春；团支书：韦道方；妇女主任：王秀雄。

◆木顶村

【概况】 2016年，全村共200户844人，民族有壮族。全村总面积1808公顷，耕地总面积219.73公顷，其中水田面积78.73公顷，旱地面积183公顷，林地面积1533.33公顷。全村土地肥沃，气候温和、湿度大，粮食作物以水稻为主，特色经济作物以杉木、沙糖桔、油茶和油桐为主。2016年，种植优质水果达26.67公顷。农民人均纯收入8536元。该村村部位于木顶屯一组，目前该村未建有村部，村部借用村文化中心办公，设有村党员活动室、电教设施。已实现通水、通电、通路。该村山歌、书法等传统文化习承风气浓厚，连续承办西平乡“三月三山歌节”，被评为“广西歌圩”和自治区“山歌·书法村”。

【领导班子】 党支部书记：农文高；副支书、主任：农金龙；副主任：黄宗辉、王建雄；团支书：何海茂；妇女主任：农兰芳。

◆平上村

【概况】 位于西林县西平乡的西北部，东临者革村，西临者怀村，北临普合苗族乡大河村，所在地距乡政府10千米，部位于平上屯，村部建于2007年，共分两层，总建筑面积110平方米，内设有员活动室、电教设施。辖5个自然屯（平上屯、三湾屯、伟碰屯、伟磨屯、岩外屯）6个村民小组共229户，总人口942人，主要居住有汉族、苗族两个民族。全村总面积3260.67公顷，其中村耕地面积375公顷，属于土山，2016年全村年人均收入8348元。主要粮食作物以水稻为主，特色经济作物沙糖桔、杉木、油茶、薏谷和油桐等，2016年，沙糖桔种植面积达1496.50公顷。

【领导班子】 党支部书记、主任：熊伟；副支书、副主任：马绍祥；副主任：熊彪；团支书：马江；妇女主任：李桂英。

撰稿：李　娜
编辑：乃艳飞
罗贞明

◎那佐苗族乡

【机构人员】 2016年，那佐苗族乡行政编制32人，事业编制31人，机关工勤事业编制3人。其中：乡党委设党委书记1人，副书记2人（1人由乡长兼任，1人由乡人大主席兼任）；武装部长1人（乡党委委员兼任）；纪委书记1人，组织委员1人，宣传委员兼统战委员1人；乡人大设主席1人（兼任乡党委副书记），副主席1人；乡政府设乡长1人（兼乡党委副书记），副乡长4人，其他实行助理员岗位制21人；乡事业编制核定54人（不含船舶管理站）。全乡设有党政综合办公室、社会事务办公室、经济发展办公室、人口与计划生育办公室、社会治安综合治理办公室5个行政综合办公室；设有国土规建环保安监站、水利站、扶贫管理站、林业站、文化体育和广播电视站、人口和计划生育服务所、社会保障服务中心等7个事业综合机构和新型农村合作医疗管理办公室经办点，再加上双重管理的财政所、水产畜牧兽医站、农业技术推广站、船舶管理站共12个事业机构。

【概况】 那佐苗族乡成立于1984年，处于西林县城东南部，乡政府驻地距县城91千米，东北面与足别瑶族苗族乡接壤，东南面与云南省富宁县毗邻，西面与云南省广南县交界，全乡总面积527平方千米，其中耕地面积4586.73公顷，水田867.33公顷，旱地3719.4公顷，森林面积41333.33公顷，森林覆盖率79.3%。共辖18个行政村（其中有5个村属石山村），119个自然屯，169个村民小组，主要聚居着苗、瑶、壮、汉等民族，共26741人，其中苗族人口6610人，占总人口的24.7%。

那佐具有独特地形地貌，平别、垌硝、永合、龙滩、坝盆5个村属石山村，其余那佐村等13个村属土山村，最高点胡家堡海拔1577米，最低点西洋江河谷海拔390米，平均海拔753米。水资源丰富，主要河流西洋江自云南省富宁县的板蚌入境，流经达下村，达下曾经是西洋江繁华商埠码头。有可供商业开发的矿藏资源，新隆村弯子屯分布有金矿、平别村有铁矿、坝盆村有白钙土矿、母鲁村未昔有锑矿。

那佐是西林县最大烤烟种植基地，年种植烤烟面积133.33公顷，烤烟品质优良，所产的烤烟远销上海中烟集团；那佐是西林县著名的“油茶之乡”，现有油茶面积2666.67公顷，是当地农民群众一项主要经济收入；那佐拥有933.33公顷的沙糖桔，果品甜美，深受广大商家及群众的青睐。那佐民族风情文化多姿多彩，苗族芦笙舞、坝盆“龙崖外”（当地俗语，即牛头舞）、平别壮族山歌、苗族刺绣等民间文化艺术独具特色，其中坝盆“龙崖外”已被列为自治区级非物质文化遗产，“龙崖外”文艺节目已成西林县民族演出的特色招牌。

【经济社会概况】 2016年，全乡地区生产总值2.35亿元，增长7.5%，固定资产投资2.90亿元，增长15.2%，社会消费品零售总额0.62亿元，增长10.49%，农民可支配收入8604元，增长9.8%，人均纯收入3412元。

【精准扶贫工作】 全乡严格对照贫困村“十一有一低于”、贫困户“八有一超”脱贫摘帽标准，按照入户核验、村级评议、乡级审核公示的程序和时间节点做好各项工作。2016年完成2019户贫困户全部入户核验，涉及人数8371人。通过区、市和县三级脱贫核验，全乡2016年超额完成脱贫摘帽共736户3330人。2016年，全乡共报送材料1212户5389人，已通过公示的459户1968人，其中投亲靠友建房的328户，并开发那佐新区、龙滩生态移民安置点，项目进展顺利；全力推进低保标准与扶贫标准“两线合一”，扶贫对象中已纳入农村低保人数7249人，低保对象与贫困对象的重合率达96.6%；做好小额信贷金融扶贫优惠政策的落实，全乡贫困户评级授信公示完成率100%，那佐信用社发放贫困户小额信贷资金867户，共发放贫困户小额信贷资金4131万元；大力发展村级集体经济，推广“坝盆模式”，鼓励百花竞放，完成9个贫困村入驻县贫困村村集体经济创业园，确保贫困村集体经济有长期稳定收入；提标实施贫困村屯道路建设，如期推进5条19.50千米屯级道路硬化工程，贫困村屯出行难得到极大改善。树立典型带脱贫。垌硝村副支书、副主任马义东积极响应乡党委、政府的号召，大力发展蜜蜂养殖，从2014年起，他常年保有200箱蜜蜂，蜜蜂年收入达到20万元。为了带领当地群众共同富裕，该同志建立了西林县那佐苗族乡山蜂养殖农民专业合作社。已有15户农户入社，其中贫困户6户。达下村达下屯组长黄成珠本身是贫困户，为了实现自身和当地贫困户脱贫，他成立养鱼合作社，带动当地群众发展网箱养鱼，该社养鱼200余箱，有8户农户入社，其中贫困户3户。发展烤烟种植基地，带动当地群众18户（其中贫困户8户）发展烤烟生产26.67公顷，年产值120万元，户均收入约7万元。2016年，他还创办了养牛合作社，成功吸引40户贫困户入股，注册资本达到200万元。自主发展要脱贫。那佐苗族乡土地资源丰富，群众现有产业类型多，种养产业发展潜力大。自小额信贷政策实施以来，得到贫困户积极响应，共给1127户发放产业扶贫资金325.40万元，新增水果种植面166.67公顷；根据《西林县2016年贫困户小额信贷评级授信实施方案》，积极开展贫困户小额信贷评级授信工作，全乡贫困户评级授信公示完成率100%，那佐信用社发放贫困户小额信贷资金资金545笔，共发放贫困户小额信贷资金2523万元，发放率达27.1%。其中贫困户自主使用小额信贷资金发展产业的有485户，解冻资金2238万元，实际用款365户，使用资金1698万；贫困户委托经营小额信贷资金发展产业的有60户，解冻资金285万元，实际用款60户，使用资金285万元；结对帮扶责任人未签字未解冻的有120户540万元。同时，根据易地扶贫搬迁政策，鼓励居住在深山、石山、高寒、荒漠化、地方病多发等生存环境差、不具备基本发展条件，以及生态环境脆弱、限制或禁止开发地区的建档立卡贫困户，按照分散安置、插花安置、集中安置、商品房安置等方式将贫困户搬迁出来。全乡共分为4批上报异地扶贫搬迁申请材料，第一批34户176人，第二批615户2842人，第三批50户230人，第四批186户750人。部门参与助脱贫。各县直包村单位根据县委、县人民政府及脱贫攻坚指挥部的工作安排，按时到到那佐苗族乡开展精准脱贫各项阶段工作，成为全乡推进脱贫攻坚工作的巨大助力。各后援单位对所包村给予资金或物资帮扶，如地税局帮扶渭洪村：资助7户养猪共28头，每户4头。一户养鱼：10000尾。两户养鸭，每户200只，共400只；卫计局帮扶上马草村：资助者怀屯建设活动室2000元。人社局帮扶母鲁村：资助一台电脑，一台复印机和3000元活动资金。资助2000元伙食补助。农业银行帮扶皆马村：资助王刚（贫困户）和罗进（非贫困户）的小孩上大学（路费）。资助一台电脑，一台复印机，慰问5户贫困户，其中3户每户200元共600元，两户每户一袋米一瓶油。30个垃圾桶，1000元伙食补助。审计局帮扶俄沙村：资助一台电脑，一台复印机。1000元伙食补助。粮食局帮扶弄汪村：资助七一党大会2000元，国庆晚会2000元，1000元伙食补助，10吨水泥水利维修。财政局帮扶垌硝村：资助6万元实施村级活动场所建设，建设内容有广场，综合楼，卫生间等，并配备40张办公凳子。社会帮扶推脱贫。2016年全县各单位积极为该乡进行资金帮扶助推脱贫，2016年县食药监局资助新隆村帮扶资金3500元，春节活动经费3000元，慰问贫困户140户2.80万元，推进了新隆村的文化事业发展和缓解贫困户的生活困难问题。全力推进重大项目建设。破解制约扶贫攻坚的瓶颈问题。2016年全乡异地扶贫搬迁共分2批，第一批34户176人，第二批615户2842人。

2016年贫困户产业扶持资金发放现场

【“三农”工作】 特色生态农业。不断壮大烟叶、油茶、沙糖桔、黄牛、蜂蜜等特色产业。2016年全乡新增种植烤烟农户45户，新增面积71.87公顷，年产值289万元，新增柑橘类水果种植面积262.33公顷；实现粮食播种面积2700公顷，粮食生产总量1.06万吨；猪出栏1.99万头，牛0.35万头、羊0.89万头，林下养鸡26.12万羽，麻鸭养殖10.90万羽，养殖蜜蜂110余箱，养殖马蜂900余箱，种植杉木8000余株，完成县级下达的各项任务。

推进生态旅游、生态文化建设。以母鲁村公颂原始森林为基础，积极主动融入九龙山扶贫生态旅游园规划，注重传承和保护特色民族文化，丰富群众文化生活和公共文化服务体系，举办坝盆村第六届龙崖外民间艺术活动，组织民间艺术爱好者参加2016年“千团万场”群众文艺汇演3场次，荣获器乐类比赛一等奖、戏剧和曲艺类比赛二等奖，以及最佳演员奖等奖项；组织参加红歌大赛，荣获县红歌大赛三等奖；组织参加中国·广西西林第五届句町文化艺术节暨第六届沙糖桔产业、茶叶产业文化展示活动周，展位展示荣获一等奖1个，二等奖2个，三等奖2个，荣获沙糖桔“果王”称号，充分展现了那佐传统文化魅力。

协同推进新型城镇化与生态文明建设。有效整治街道乱、脏、差现象，完成那佐新区生态移民安置点立项规划等前期工作，征地工作已进入收尾阶段；扎实开展“生态乡村”建设活动，2016年，投入140多万元到美丽那佐建设中来，其中宣传经费投入2.45万元；三清经费投入17.02万元，保洁经费投入43.07万元，3个示范村屯绿化和85个村屯绿化投入60.59万元，新种植各类苗木23485株。其他扶贫工作扎实推进，各项支农惠农政策全面落实。

【统筹推进其他工作】 切实抓好统战、工、青、妇等群团组织工作。创新工作思路，转变工作作风，充分发挥各群团组织的职能作用，深入开展各项创建活动。

全力推进交通公路工作，着力破解制约经济发展“瓶颈”问题，坚持交通优先发展战略。2016年，大力推进一事一议项目建设，全乡对6条道路进行硬化，共20余千米。道路管理养护55.77千米。

认真清查社会不稳定因素，确保社会和谐稳定。结合扶贫攻坚工作，深入开展“大排查、大接访、大调处、大防控”活动，及时把矛盾纠纷解决在基层，消除在萌芽状态，维护全县的和谐稳定。

【党建工作】 2016年，共深入村屯党建调研27次，组织召开8次基层党建工作专题会，研究解决党建工作遇到的困难和问题15个，推进了党建亮点打造和创新。注重问题导向，狠抓整改落实求突破。针对去年述职评议中查找的问题，邀请上级领导以及各村支书开展“调研思政大行动”和“我到基层讲党课”活动6次，先后主持召开4次专题党建工作党委会议；与各村支书签订党建工作责任状18份，党建目标承诺书53份，谈话谈心20余次；以坝盆村为试点多渠道实现乡村集体经济的快速发展，整改提升了垌硝村、龙滩村两个软弱涣散党组织。按期完成基层党建重点任务工作。完成全乡21个党支部779名党员集中排查工作，转出党员23人，注销死亡党员25人和“假党员”18人，新补漏录党员7人；排查出受到行政处罚而未给予相应处理的党员4人，并依纪依规给予党内处理；查出应补交党费的党员56名，完成收缴补交党费1.93万元。以学促做，强化干部作风。抓好“两学一做”学习教育，抓实“做”这个关键，突出“改”这个重点，抓干部作风建设，抓工作执行力，有效扭转了那佐干部给人慵懒安逸的工作状态和形象。提高党建促脱贫能力。通过“党建＋文化产业＋扶贫”模式，以“龙崖外”文化影响力，强化扶贫工作中的扶智；推行农村党员干部网格化管理和帮扶带动机制，做到每个贫困户都有党员“认亲戚”。

【宣传工作】 全年在各媒体上稿150篇。

【改革创新】 完成了“四所合一”改革工作。农村金融改革不断深入，被评为信用乡，12个村被评为信用村称号。

【社会事业】 做好交通网络建设的各项基础工作，共斥资1508万元，新增了甘界村、渭洪村、那讪村、上马草村、龙滩村、母鲁村、新隆村7个贫困村的道路硬化33条69.70千米，受益人群达1469户6747人。同时，为实现农村公路管理养护规范化，斥资20万元对全乡7条共55.77千米的公路进行养护。积极协助西林经那佐到云南富宁二级路前期工作，一直制约该乡发展的交通问题，正逐步得到解决，新的交通发展网络雏形基本形成。注重民生事业发展，提高群众幸福指数。坚持教育优先，抓好雨露计划，抓好“控辍保学”和“两后生”工作，2016年，全乡新建公立幼儿园1所，打破那佐没有公立幼儿园的历史；扩建那佐小学教学综合楼，解决了教学楼老化落后的问题；新建上马草小学，解决上马草、新隆等村孩子上学难的问题，完成普通高中招生28人，完成中职招送生85人以及中职非全日制招生任务。开展计生小额贴息贷款、爱心保险、免费婚前、孕前健康检查，认真落实国家基本公共卫生服务项目，整合优化妇幼保健计划生育服务及卫生计生综合监督执法资源。健全社会救助体系，不断加强民政救灾救助工作，在提高最低生活保障标准和补助标准基础上，将贫困人口7545人纳入农村低保，社会救助充分发挥兜底保障作用。强化情报信息工作，提高预警预测能力和突出问题的防范处理工作，全乡社会治安大局持续安全稳定。

【计划生育】 2016年1至12月，全乡应立案37件，已立案37件，立案率100%，合格率100%。全乡没有发生不经法定程序或因计生工作方式方法不当引发的恶性事件，没有因计生工作而造成的社会不稳定因素，群众对计生工作的满意率不断提高。

开展专项治理活动，严肃查处统计数字乱报、社会抚养费乱征收、二孩生育证乱发、行政执法乱作为、党员干部违法乱生、专项资金乱用等“六乱”行为。

全乡已完成开展诚信计生18个行政村的任务，成立诚信计生小组130个，参加诚信计生小组人数1543人，签订诚信计生率95%。深入开展创建“两无一提高”活动。深入创建乡、村无政策外生育活动，着力提高计划生育率。加强孕情跟踪服务管理，及时掌握孕情动态信息，不断巩固提高创“两无”活动成果，全乡共有达下村、皆马村、龙潭村、甘界村、弄合村、俄沙村、弄汪村七个村，占全乡18个村的38.88%。

【计划生育宣传教育】 2016年，全乡印发各种宣传品2500份，宣传品入户率95%；在公路旁、街头或村头设立人性化固定标语和永久性固定标语8幅。

【目标管理】 2016年，人口和计划生育工作列入《西林县目标管理考核暂行办法》，作为“一票否决”的考核指标。乡党委、乡政府与18个村村主任签订“人口和计划生育目标管理责任状”。年末组织乡人口与计划生育领导小组成员单位负责人对18村进行年度考核。

【计划生育服务】 2016年，组织计生医务人员深入乡村开展计生优质服务工作。免费为群众康检、妇检200人（次），查环、查孕、查妇科病200人（次），免费放环、结扎244例，优生优育指导人次。

【关爱女孩、综合治理】 2016年由乡党委、乡政府牵头组织公安、卫生等有关部门下到村各医疗单位或个人诊所进行检查处理违规违法行为，遏制个别单位或个人使用B超为他人进行胎儿性别鉴定的违规违法行为，从而使全乡出生人口性别比偏高趋势得到有效遏制。据统计，2015年10月1日至2016年9月30日跨年度全乡出生人口性别比为：95.43 ∶ 100。

2016年，为进一步抓好打击“两非”工作，在全县打击“两非”综合治理出生人口性别比偏高问题工作会议结束后，那佐苗族乡及时制定下发《那佐苗族乡2017年开展打击“两非”专项整治活动实施方案》，并将开展打击“两非”工作纳入年终考核范围。同时，要求各18村相应制定专项整治活动方案，明确责任，细化分工，建立宣传警示牌制度、内部目标管理机制、协作通报制度等工作制度，设立举报箱，向社会公布举报电话。并组成联合执法工作组，开展联合清理活动，形成经常性的联动机制。2016年，强力实施出生人口性别比偏高问题综合治理工作长效机制。制定下发《那佐苗族乡2016年开展打击“两非”综合治理出生人口性别比偏高问题工作方案》《那佐苗族乡2016年推行出生实名登记管理综合治理出生人口性别比偏高问题工作方案》。乡党委政府投入0.5万元专项活动工作经费并精心组织开展春、夏季度集中整治“两非”专项行动。

【奖励扶助】 2016年第一、二、三季度为279个计生家庭824人购买爱心保险4.12万元，购买养老保险250人、5万元。

【流动人口管理】 2016年，从强化相关部门功能和社区功能入手，查验“流动人口婚育证明”25本，发放“流动人口婚育证明”7本，免费放环5例，发放宣传品2000份。

【人口和计划生育统计】 2016年，那佐苗族乡牢固树立依法报实出生人口数的思想，把依法报实出生人口数作为年度和今后抓好人口和计划生育工作基本要求和首要任务，加强领导，采取措施。认真贯彻《中华人民共和国统计法》和《人口与计划生育统计工作管理办法》，统计员年度依法报实出生人口数工作会议，打消思想顾虑，按照自治区“摸实情、讲实话、做实事、报实数、求实效”的要求，年内开展人口计生自查自纠工作2次。

【计划生育协会】 2016年，18个村两级计生协会以村、组为主要工作阵地，积极开展协会工作。在开展“5·29”和“9·25”计生协会活动中接受群众咨询1200人（次），义诊150多人，为独生子女户和双女结扎困难户赠送暖被10床、发放宣传资料1200份。2016年，全乡期末总人口27816人，已婚育龄妇女为4454人，新出生人口385人（男188人，女197人），人口出生率13.84‰，自然增长率7.1‰。符合政策生育人数348人，符合政策生育率90.38%，比县下达的任务指标（90%）高0.38个百分点。多孩出生人数44人。政策外多孩率2.33%，比县下达的控制指标（3.5%）低1.17个百分点。

撰稿：蒋翔宇
编辑：乃艳飞
罗贞明

◎ 那佐苗族乡所属各村概况

◆那佐村

【概况】 位于那佐苗族乡乡政府所在地，距离县城 91 千米，全村共有 9 个自然屯 575 户 2367 人，其中贫困户 118 户，贫困人口 425 人。散居着壮、瑶、苗等少数民族。主要以种植水果和发展经济林为主。

全村有耕地面积426.47公顷，其中水田面积98.53公顷，旱地327.93公顷。当年，可开发土地面积20公顷，连片土地面积33.33公顷。土壤多为砂岩发育而成的山地土壤，土层具疏松、深厚、湿润、肥沃，农民以种水稻、甘蔗、油茶、板栗、核桃、山楂、八角、烤姜、薏谷为主，近年来大力种植沙糖桔和软枝油茶，已经颇具规模。

那佐村气候温和，光热充足，全年平均气温在19.9℃左右，平均日照时数为1659.5小时，平均降雨量为743.5毫米，土壤含量在20%左右，适宜发展种养业。

那佐村已完成通村水泥路的建设并投入使用，全村9个自然屯中7个已修通水泥硬化路，2个自然屯铺通砂石路，已实现四通“通路、通电、通水、通广播电视”。2016年，农民人均收入8511元。

【领导班子】 党支部书记、村民委主任：段松高（壮族）；村党支部副支书（副主任）：沈志彪（壮族）；村民委副主任：王岑丽（壮族）；村民委副主任：韦文生（壮族）；团支书：吴金成（苗族）；妇女主任：黄兰芳（壮族）。

◆弄汪村

【概况】 位于西林县东南面，距乡政府所在地 12 千米，全村辖 10 个自然屯 696 户 2603 人。有耕地面积 204.93 公顷，其中水田面积 105.40 公顷，旱地面积 99.53 公顷。

近年来，在上级党委、政府的关心和扶持下，村“两委”班子成员积极带领全村群众大力调整农业产业结构，种植优质水果沙糖桔等，全村水果面积22.80公顷，其中沙糖桔种植面积13.33公顷，均已挂果。另外还大力种植油茶、油桐等经济作物，其中油茶80公顷，油桐80公顷，有效带动农民经济收入增长。2016年，弄汪村以开展创先争优活动为契机，协助上级部门大力实施农村“亮化”工程，新装街道路灯35盏，安装新篮球架、球场照明灯，修建排水沟220米，建造敬老院1座共13间屋子及1间娱乐活动室，使村容村貌大为改观，民生工程深入人心。截至2016年底，全村砖房入住率达85%，人畜饮水基本上已得到解决。全村均已通路、通水、通电、通广播电视。2016年，农民人均收入8527元。

【领导班子】 党支部书记、村委会主任：农正怀（壮族）；村党支部副书记（副主任）：廖加彬（瑶族）；村民委副主任：岑聪颖（壮族）；村民委副主任：农小城（壮族）；团支书：农凤华（壮族）；妇女主任：农丽娟（壮族）。

◆甘界村

【概况】 甘界村属于那佐苗族乡 18 个村中的 9 个贫困村之一，位于那佐苗族乡西部，东面与那佐村相连，南与垌硝村相连，西平别村维接壤，北与龙潭村接壤。

甘界村村部（甘界屯）距离乡政府所在地8千米。全村分为4个自然屯，分别是甘界、上甘、下甘、角落，共163户754人，有苗、壮2个民族，其中苗族人口的3/4。村部所在地为甘界屯，甘界村行政区域面积20.50平方千米，耕地总面积109公顷，人均耕地面积0.15公顷，种植作物有稻谷、玉米、薏米等，用材林方面全村共种植杉木约1066.67公顷，经济林果有沙糖桔13.33公顷、油茶26.67公顷、油桐13.33公顷等。养殖业有大部分农户自养的肉猪，每家2至6头，部分农户还养有少量的牛、羊。2016年，农民人均收入8445元。

【领导班子】 党支部书记、村委会主任：项有专（苗族）；村党支部副书记、村民委副主任：李炳林（苗族）；村民委副主任：班少兵（壮族）；团支书：侯建荣（苗族）；妇女主任：王丽英（苗族）。

◆渭洪村

【概况】 位于那佐苗族乡东南方，村部所在地距乡政府所在地8千米，最远的屯距离乡府有17千米，距离县城104千米，全村辖区10个自然屯，10个村民小组，分别是上排、下排、串保、水安、半坡、口寨、小庆、下伟贡、龙树、卫阳，共303户1412人，设党支部1个，现有党员36人。其中贫困户120户525人，极端贫困户6户16人，五保户6户，低保户124户486人，2016年脱贫户数18户，人口86人，全村贫困发生率31.09%。既是特困村又是少数民族聚居村，居住有苗、瑶、汉等民族，其中苗族945人，占比66.9%，瑶族369人，占比26.2%，汉族98人，占比6.9%。各民族历来都有相互通婚的习惯，彼此也非常尊重他人的风俗习惯，并融入各自的民族风俗之中，每年各民族都会组织举办苗族的跳坡节、瑶族的盘王节，促进民族之间的团结和谐。

全村劳动力550人。劳动力文化结构为：小学文化及以下420人，初中文化110人，高中及以上文化20人。平均年外出务工人员70人，全家外出务工一年以上共25户125人。外出务工人员中绝大多数人为青壮年劳动力，主要往广东、深圳、东莞、海南等地打工谋生，由于外出务工农民的素质、文化、技能不高，收入普遍较低，在家的劳动力趋于中老年劳动力，农业产业生产受到严重影响，留守儿童、孤寡老人较多。

全村土地面积46.20平方千米，全村有耕地面积352.40公顷，其中水田面积29.40公顷，旱地面积323多公顷，经济林面积226公顷。可开发土地面积22.8公顷，连片土地面积14.13公顷。土壤多为砂岩发育而成的山地土壤，土层具疏松、深厚、湿润、肥沃，农民以种水稻、玉米、薏谷、水果、油桐、油茶、八角、蔬菜、中草药为主。2016年，农民人均收入8484元。

【领导班子】 党支部书记、村委会主任：张子兵（汉族）；村党支部副书记、副主任：吴军营（苗族）；村民委副主任：廖忠诚（瑶族）；团支书：吴有贵（苗族）；妇女主任：王丽美（壮族）。

◆那讪村

【概况】 那讪村属于那佐苗族乡18个村中的一个贫困村，位于那佐苗族乡东北部，东与足别瑶族苗族乡接壤，西与那佐村、龙潭村相连。北与西平乡高维村接壤，南面与母鲁村相连。

那讪村村部（那讪屯）距离乡政府所在地15千米。全村分为8个自然屯，分别是满月坡、下平安、沙梨、那讪、央纳、平瑶、新寨、石龙保，共308户1409人，有苗、壮、瑶3个民族，其中苗族人口占一半多。村部所在地为那讪屯，各自然屯间平均距离5千米。那讪村土地面积2800公顷，人均拥有土地面积2.07公顷。耕地较为零星分散，耕地总面积173.33公顷，人均耕地面积0.08公顷，水利灌溉设施落后、简陋。种植作物有稻谷、玉米、薏米、生姜、甘蔗等，用材林方面全村共种植杉木700公顷，经济林果有沙糖桔13.33公顷、油茶26.67公顷、油桐53.33公顷等。养殖业有大部分农户自养的肉猪，每家2至5头，部分农户还养有少量的牛、马、骡。2016年，农民人均收入8498元。

那讪村有村级小学1所（沙梨小学），开设1至3年级教学班，学生27名，教师2名。

【领导班子】 党支部书记、村委会主任：王学新（苗族）；村党支部副书记、副主任：黄念军（壮族）；村民委副主任：罗贞桦（苗族）；团支书：王晨（苗族）；妇女主任：陆金妹（瑶族）。

◆上马草村

【概况】 位于那佐苗族乡东南部，距乡政府所在地22千米，辖8个自然屯12个村民小组，居住有壮、苗、瑶等民族。共420户2046人，劳动力1703人。其中贫困户220户，贫困人口963人，是那佐苗族乡9个贫困村之一。

全村土地面积4800公顷，耕地面积765.27公顷，水田面积33公顷，山地面积726.27公顷。2016年，可规划的疏林地总面积为20公顷，其中可连片开发为6.67公顷，余下的全村林地均为天然林地和群众的用柴林地及经济林地。2016年全村有水果17.87公顷，杉木1333.33公顷，松木0.13公顷、油茶26.67公顷，年均种植中草药13.33公顷。2016年，农民人均收入8476元。

【领导班子】 党支部书记、村委会主任：马志福（苗族）；村党支部副书记、副主任：宋成就（苗族）；村民委副主任：陈国煌（瑶族）；村民委副主任：邓金明（瑶族）；团支书：宋奎（苗族）；妇女主任：熊玉林（苗族）。

◆母鲁村

【概况】 位于西林县南部，位于那佐苗族乡东部，距乡政府所在地8千米，距离县城98千米，既是贫困村又是少数民族聚居村。全村共有9个自然屯325户1436人，全村总面积1894公顷，耕地面积388.27公顷，其中水田面积34.53公顷，旱地353.73公顷，以种养殖业为主。

2016年，全村已通公路3个自然屯，已通电4个自然屯，已通广播电视1个自然屯，并建有地头水柜7座，建有沼气池62座。2016年，农民人均收入8465元。

【领导班子】 党支部书记、村委会主任：何贵波（壮族）；村党支部副书记、副主任：吴学金（苗族）；村民委副主任：黄广兴（瑶族）；团支书：王玉华（壮族）；妇女主任：岑利花（壮族）。

◆龙潭村

【概况】 位于那佐苗族乡西部，距乡政府所在地4千米，辖5个自然屯7个村民小组，全村共262户1112人，劳动力720人。全村土地面积2619.07公顷，耕地面积318.67公顷，水田面积514公顷，山地面积265.67公顷。在上级党委、政府的关心和扶持下，村“两委”班子成员积极带领全村群众大力发展水果、杉木、油茶等产业，现全村有水果17.33公顷，杉木766.67公顷，松木26.67公顷、油茶54.67公顷。龙潭村严格按照“美丽龙潭·生态乡村”活动要求，清洁好和保持好本村环境卫生，开展卫生整治，绿化美化村内和周边环境，截至年底，3个自然屯都已配备1人以上保洁员；都已建设垃圾池焚烧炉。2016年，农民人均收入8482元。

【领导班子】 党支部书记、村委会主任：农李和（壮族）；村党支部副书记、副主任：何永停（壮族）；村民委副主任：黄殿兴（壮族）；团支书：陆昌龙（壮族）；妇女主任：班梅红（壮族）。

◆新隆村

【概况】 位于那佐苗族乡东部，距乡政府所在地26千米，距离县城115千米，属土山村，全村总面积4176.87公顷，耕地面积406.53公顷，其中水田面积37公顷，旱地369.53公顷。

全村共有8个自然屯361户1587人，散居着壮、苗2个少数民族，小学文化占主体，新隆小学有3个年级75人，4个正式老师。全村辖8个自然屯，目前木隆屯（村部所在地）、良同屯已通水泥路，除新丫屯未建设外，其余5个自然屯正在施工屯级道路，最远是百家田14千米。新隆村产业结构单一，农户都是零星种植杉木和油茶、养猪、养羊等，已建立种养殖合作社，在县城有门面作为村集体经济。有水果、八角、板栗、油桐、油茶等特色产业72.87公顷，松树、杉树、桉树造林1000公顷，2016年全村新增种植软机油茶面积23.33公顷。2016年，农民人均收入8488元。

【领导班子】 党支部书记、村委会主任：岑卫华（壮族）；党支部副书记、副主任：熊志红（苗族）；村民委副主任：蒙岑华（壮族）；村民委副主任：卢彪（壮族）；团支书：何文成（壮族）；妇女主任：熊丽花（苗族）。

◆皆马村

【概况】 位于那佐苗族乡东面，距乡政府所在地12千米，全村辖2个自然屯175户838人，全部壮族寨子，有耕地面积83.05公顷，其中水田面积31.80公顷，旱地面积58.07公顷。

全村水果面积4公顷，其中沙糖桔种植面积3公顷。另外还大力种植油茶、杉木等经济作物，其中油茶3.33公顷，杉木20公顷，有效带动农民经济收入快速增长，群众的生活水平有了很大的提高。2016年，皆马村以开展创先争优活动为契机，协助上级部门大力实施农村“亮化”工程，硬化屯内，安装新篮球架，使村容村貌大为改观，民生工程深入人心。截止2016年年底，全村砖混房入住率达99.5%，人畜饮水基本上已得到解决。全村均已通路、通水、通电、通广播电视、通网络。2016年，农民人均收入8458元。

【领导班子】 党支部书记、村委会主任：何兵（壮族）；村党支部副书记、副主任：何黎军（壮族）；村民委副主任：王刚（壮族）；团支书：何相村（壮族）；妇女主任：黎明（壮族）。

◆达下村

【概况】 位于那佐苗族乡东南部，与云南省富宁县交界，西洋江河段码头曾是太平天国军队用于进攻云南省富宁县的港口之一，距乡政府所在地25千米，全村辖有壮、苗两个民族，5个自然屯，共278户1186人，劳动力650人。全村土地面积1333.33公顷，耕地面积240公顷，水田面积40公顷，山地面积1066.67公顷。

2016年，全村库区移民发展网箱养鱼有960箱，水产品产量达550吨，生态养殖山羊800只，黄牛200头，优质水果30公顷，杉木200公顷，油茶100多公顷，积极调整农业产业结构，依托当地气候特点大力发展蔬菜种植业，年均种植蔬菜100余公顷，不断开阔群众增收渠道，群众的生活水平有了很大的提高，生活上基本达到小康生活水平。

争取上级项目资金扶持，加强基础设施建设，实现了四通“通硬化路、通引用山泉水、通农村农网改造高压电、通广播电视台”。2016年，农民人均收入8498元。

【领导班子】 党支部书记、村委会主任：黎韦新（壮族）；村党支部副书记、副主任：农炳光（壮族）；村民委副主任：彭正祥（壮族）；团支书：李志辉（壮族）；妇女主任：岑乜建（壮族）。

◆俄沙村

【概况】 位于那佐苗族乡西北部，距乡政府所在地22千米，辖3个自然屯7个村民小组，共327户1266人。劳动力662人。

全村土地面积1133.33公顷，耕地面积114.93公顷，水田面积54.73公顷，山地面积866.67公顷。全村有水果11.53公顷，杉木121公顷，松木46.80公顷、油茶173.53公顷。2016年人均纯收入8489元。

【领导班子】 党支部书记、村委会主任：卢班团（壮族）；村党支部副书记、副主任：岑世荣（壮族）；村民委副主任：黄李忠（壮族）；团支书：农庆德（壮族）；妇女主任：李艳（壮族）。

◆弄合村

【概况】 位于那佐苗族乡西北部，距乡人民政府所在地16千米，东南面与弄江村接壤，西北面与俄沙村毗邻。全村辖1个自然屯6个村民小组，共286户1089人。其中贫困户41户，138人，全村土地面积1333.33公顷，其中耕地面积148.4公顷，水田面积38.27公顷，旱地110.40公顷。全村主要种植水稻、杉木、沙糖桔为主，以种植沙糖桔为主导产业。年饲养大牲畜15头，生猪120头，家禽750羽，2016年，人均纯收入8517元。

【领导班子】 党支部书记、村委会主任：何炳光（壮族）；村党支部副书记、副主任：何绍帮（壮族）；村民委副主任：农忠文（壮族）；团支书：王凌志（壮族）；妇女主任：陆小芬（壮族）。

◆平别村

【概况】 平别村地属西林县那佐苗族乡行政辖区，距乡政府所在地21千米，地处石灰溶岩山区，位于西林县西南面。全村共有330户1376人，主要由壮族、苗族、汉族同胞组成，是一个种养并举，二、三产业发展势头强劲的少数民族村。现有耕地面积117.47公顷。2016年，全村人均纯收入8514元。

【领导班子】 党支部书记、村委会主任：农贞锋（壮族）；村党支部副书记、副主任：劳剑（壮族）；村民委副主任：黄炳问（壮族）；团支书：黄专（壮族）；妇女主任：黄丹（壮族）。

◆坝盆村

【概况】 坝盆村地属西林县那佐苗族乡行政辖区，距乡政府所在地27千米，地处石灰溶岩山区，位于西林县西南面，与云南省广南县交界。全村共有292户1333人，主要由壮族、苗族、汉族等同胞组成，全村共辖坝盆、拖盆、龙腊3个自然屯8个村民小组。现有耕地面积109.20公顷，其中水田58.93公顷，旱地50.27公顷。2016年全村人均纯收入8509元。

全村有70%房屋属砖混结构，30%属砖瓦结构，是县精神文明示范屯，全村有46户被评为西林县"十星级"文明户。该村的民间文化"牛头舞"是那佐苗族乡的文化艺术瑰宝，2007年已被列入广西自治区非物质文化遗产保护项目。坝盆村街道卫生整洁，环境良好。全村人畜饮水基本上得到解决，但尚有龙腊屯人畜饮水工程一直没有得到解决，群众饮水非常困难。全村均已通路、通水、通电、通广播电视。

【领导班子】 党支部书记、村委会主任：农贞雄（壮族）；村党支部副书记、副主任：韦向阳（壮族）；村民委副主任：陆亮丰（壮族）；村民委副主任：陆家龙（壮族）；团支书：陆正华（壮族）；妇女主任：陆飞兰（壮族）。

◆垌硝村

【概况】 位于那佐苗族乡东南部，属于那佐苗族乡5个石山村之一，距乡政府所在地28千米，地处石灰溶岩山区，全村辖垌硝、同盆、里突、上八宝、下八宝、龙喊、卫鸦、龙骨单8个自然屯，共312户1368人。全村劳动力695人，平均年外出务工人员320人，占劳动力44.6%，全家外出务工一年以上共25户118人。外出务工人员中绝大多数人为青壮年劳动力，主要往广东、深圳、东莞、海南等地打工谋生，在家的劳动力趋于中老年劳动力，留守儿童、孤寡老人较多。据统计，全村土地面积750公顷，其中耕地面积123.33公顷（水田面积50公顷，旱地73.33公顷）。目前全村贫困户88户，贫困人口数363人，五保户2户，低保户38户150人。现全村有水果239公顷，杉木333.33公顷，油茶80公顷。2016，年人均收入8477元。

全村有8个自然屯通屯级水泥硬化路，其中下八宝屯的通屯硬化路，8月底竣工验收。8个自然屯都已实施农网改造。全村312户基本解决安全饮水问题。每个自然屯都配有1～2名保洁员，设有8个简易垃圾处理池，全村共配有人力手推车5个、机动三轮车1辆、手扶拖拉机1辆、垃圾桶35个；垌硝、里突、同盆屯都安装了太阳能路灯及栽种绿化路树等，乡村宜居设施比较完善。

【领导班子】 党支部书记、村委会主任：农强（壮族）；村党支部副书记、副主任：马义东（苗族）；村民委副主任：王绍荣（苗族）；团支书：陶有林（苗族）；妇女主任：余艳芬（壮族）。

◆永合村

【概况】 位于那佐苗族乡西南部，距乡政府所在地32千米，辖龙抗、龙佑、老称、者雷、新寨、龙包、懂角、南秋、大梁子等9个自然屯11个村民小组，共344户1599人，劳动力961人。全村主要以汉族为主，占人口总数的85.8%，其余的为苗族。全村土地面积83.07公顷，耕地面积49公顷，水田面积34.07公顷，山地面积1673.33公顷。发展烤烟、油茶、杉木、水果等产业，现全村有水果10公顷，杉木106.67公顷，松木5.33公顷、油茶100公顷。2016年，农民人均收入8501元。

【领导班子】 党支部书记、村委会主任：胡有文（汉族）；村党支部副书记、副主任：刘国权（汉族）；村民委副主任：罗义（苗族）；团支书：吴奇（汉族）；妇女主任：郭申艳（汉族）。

◆龙滩村

【概况】 位于那佐苗族乡人民政府西南方，龙滩村距离西林县城72千米，距离广南县城32千米，地处西林通往云南的咽喉要道，自古就是广西通往云南的必经之路，全村共辖10个自然屯15个村民小组，居住着壮、汉、苗3个民族，共有320户1417人，现有耕地面积119.33

公顷，其中旱田 39.13 公顷，旱地 802 公顷，村里主要发展种植业、养殖业。

全村现有劳动力793人，占全村总人口的55.9%，外出务工301人，占劳动力37.9%。经济收入主要靠种植玉米、稻谷、烤烟，畜牧养殖和劳务输出等。全村有耕地面积119.33公顷，其中旱地73.33公顷，人均0.05公顷；旱田39.13公顷，人均0.03公顷。2016年，农民人均收入8457元。龙滩村全村有贫困户174户，贫困人口有786人，占总人口55.4%，其中以龙徕屯、龙浪屯贫困面较大。

全村有10个自然屯通屯级路，10个自然屯已经水泥硬化。10个自然屯都已实施农网改造。至2016年，全村已建沼气池25座，沼气入户率7.8%。

全村养殖业以养猪、牛、羊为主。2016年，全村从事养殖的群众285户，其中养猪270户，存栏410头，年出栏250头；养牛67户，存栏302头，年出栏30头；养羊20户，存栏500头，年出栏200头。

【领导班子】 党支部书记、村委会主任：刘国清（汉族）；村党支部副书记、副主任：季正卫（汉族）；村民委副主任：王文亮（苗族）；团支书：王金国（苗族）；妇女主任：季正芬（汉族）。

撰稿：蒋翔宇
编辑：乃艳飞
罗贞明

◎ 马蚌镇

【机构人员】 2016 年，马蚌镇核定行政编制 32 人，实有在编人员 26 人，机关工勤事业编制核定编制 4 人，实有在编人员 2 人。其中：镇党委设党委书记 1 人，副书记 2 人（1 人由镇长兼任，1 人由镇人大主席兼任）；纪委书记 1 人，组织委员 1 人，宣传委员兼统战委员 1 人；武装部长 1 人；镇人大设主席 1 人（兼任镇党委副书记），副主席 1 人；镇人民政府设镇长 1 人（兼镇党委副书记），副镇长 4 人，综治办专职副主任 1 人，妇联副主席 1 人，团委书记 1 人，卫生与计划生育管理办公室主任 1 人；其他实行助理员岗位核定编制 15 人，实有在编人员 10 人；全镇设有党政综合办公室、社会事务办公室、经济发展办公室、人口与计划生育办公室、社会治安综合治理办公室 5 个行政综合办公室。原全镇事业编制核定 54 人（不含船舶管理站），实有在编人员 36 人。设有规划建设和环保环卫站、安全生产监督和交通管理站、水利站、扶贫管理站、林业站、文化体育和广播电视站、人口和计划生育服务所、社会保障服务中心等 8 个事业综合机构和国土资源管理所与新型农村合作医疗管理办公室经办点，再加上双重管理的财政所、水产畜牧兽医站、农业技术推广站共 13 个事业机构。2016 年 9 月，根据西办发〔2016〕22 号关于印发《西林县全面推进乡（镇）“四所合一”改革实施方案》的通知，将规划建设和环保环卫站、安全生产监督和交通管理站、国土资源管理所合并为“国土规建环保安监站”，事业机构由原来的 13 个变更为 11 个。

【基本概况】 马蚌镇地处桂、滇、黔三省（区）结合部，东北部连接隆林县，东南部联贯古障镇，西部接壤云南省曲靖市罗平县、师宗县，北部毗邻贵州省兴义市，一江连三省，一镇望五邻，素有一鸡鸣三省的美誉，是广西西进东出的重要通道。2006 年，由原八大河乡并入马蚌镇，乡政府驻地设在八大河，2016 年 1 月，经自治区人民政府同意，马蚌镇由乡建制改为镇建制。全镇总面积 368.27 平方千米，耕地面积 3065.26 公顷，库区水面面积 3266.67 公顷，321 线国道穿境而过，境内河流主要有南盘江和清水江。2016 年末，全镇下辖 13 个村民委，69 个自然屯，73 个村民小组，总人口 16138 人，其中，有 8 个移民村 2257 户 9218 人，是个移民大镇。镇圩驻有信用社、财政所、供电所、卫生院、邮政、电信、移动、联通、食品药品、兽医等单位。

【撤乡建镇】 根据《广西壮族自治区人民政府关于同意德保县那甲乡等 3 个乡改为镇建制的批复》（桂政函〔2016〕24 号）文件精神，2016 年 1 月 23 日马蚌镇由建制乡改为建制镇，所辖行政区域、隶属关系、政府驻地均保持不变。经中共西林县委、西林县人民政府同意，于 2016 年 5 月 24 日举行马蚌撤乡建镇揭牌仪式。

【换届选举】 按照县委统一部署，于2016年5月24日至25日召开了中共马蚌镇第一届党员代表大会第一次会议，大会听取并审议通过了《中国马蚌镇第十二届委员会工作报告》《中国共产党西林县马蚌镇第十二届纪律检查委员会工作报告》以及《马蚌镇党费收缴、使用和管理情况的报告》。会议选举产生了马蚌镇第一届党委委员9人、纪委委员5人以及马蚌镇出席西林县第十二次党员代表大会代表。农程亮同志当选为马蚌镇党委书记、农海宁同志当选为马蚌镇纪委书记。于2016年7月21日至22日，召开马蚌镇第一届人民代表大会第一次会议，会议听取和审议了马蚌镇人民政府工作报告、马蚌镇人大主席团工作报告，并选举产生了镇第一届人大主席、副主席、镇人民政府镇长、副镇长。李靖当选为马蚌镇第一届人大主席团主席、杨创达当选为马蚌镇人民政府镇长。

【经济发展】 完成粮食播种1784.67公顷；完成水果种植176公顷；茶园改造33.33公顷；巩固林业发展，完成补植补造面积34.19公顷；发挥林业资源优势，建立规范化苗圃4个，全年育苗250万苗，完成营造林330.09公顷；大力鼓励发展软枝油茶产业，完成油茶造林油茶42公顷；加强水产畜牧产业发展，2016年生猪出栏达到1.68万头，完成肉牛养殖0.27万头，完成肉羊养殖0.52万只，林下养鸡年出栏24.11万羽，完成麻鸭出栏9.01万羽，林下养蜂400箱；发展库区养鱼，完成集约化标准网箱养鱼11434箱，库汊围栏养鱼508公顷，年水产品产量14776吨。依托万峰湖丰富的渔业资源，大力发展鲁维、浪吉、那扛等沿河村屯的生态休闲垂钓产业，建有钓鱼台250个，年内共接待游客（钓客）20万人次，实现产值1600万元以上，生态休闲旅游产业初具雏形。2016年，全镇农民人均纯收入8659元。

【扶贫攻坚工作】 全镇建档立卡贫困户452户1836人，贫困发生率11.09%。整合县直14个挂村单位驻村干部和镇机关干部共131人，从领导到干部人人领任务、扛责任，贫困户户户落实帮扶责任人。基础设施改善，全面做好贫困村公共服务和基础设施项目申报，抓紧协调、配合关口，确保脱贫攻坚基建项目落地建设。全年新建、改造贫困村公共活动中心3个；新建农村安全饮水工程26处；进行通电道路硬化3条、屯内道路硬化5处；184户享受专项资金进行农村危房改造已全部竣工；马蚌镇易地扶贫安置点顺利开工建设。

全镇完成授信452户，共发放小额贴息贷款368户1464万元；立足贫困户产业支撑脱贫，发放产业扶持资金133户53.20万元；立足贫困户素质提升，加强劳动力培训，全年实施农村贫困青壮年劳动力培训800人（次）；严格按程序做好低保和扶贫衔接工作，实现重合率68.5%，贡献率67.1%；抓好扶贫易地搬迁工作，落实479户建档立卡户、贫困户2054人搬迁安置报名，其中有20户得到集中安置补助，有3户得到分散安置（投亲靠友）补助，有197户856人签订安置协议书，实现贫困户移民搬迁安置一批的目标。全年完成贫困户152户671人的“三双”认定工作和2015年退出户93户407人台账完善工作，顺利完成县、市、自治区初步核验工作。

【基础设施建设】 开工建设罗广至罗雄屯级公路，进行鲁维村村级道路硬化、马麻至弄旁道路硬化、三火路至弄旁道路硬化等一批通屯道路硬化，完成老王坡、上仁盘、黄果园、罗广、上下那托、田湾、平南等屯内道路硬化工程；投入180.20万元实施蚌关、清水江等26处工程，协调完成马麻应急供水点建设，解决镇政府驻地饮水难题；投入近200万元实施那扛村公共服务中心后续工程建设、那托村、马麻村、合社村公共活动中心建设，贫困村基层组织共服务设施大为改观；加快万峰湖环境综合治理，实施农村污水净化工程，完成鲁维、平寨、平蚌、那扛、坝桑等7处生活污水处理工程；实施马蚌镇12套公租房城镇保障性安居工程建设，完成184户危房改造项目，共计发放危改资金290万；开工建设马蚌卫生院综合楼、八大河希望学校综合楼，抓好马蚌村垃圾处理场、八大河垃圾处理场和八大河污水处理厂等项目的前期工作。

【城镇生态建设】 截至2016年年底，全镇共出动镇干部职工人员600人次，参加清洁卫生整治活动达10000人次，车辆机具80台（次），清理卫生死角120处，清除陈年垃圾20吨，清理河道22条（段），清理河道漂浮物10吨，清理田园面积166.67公顷，清理农业生产废弃物7吨，下达整改通知书40份，新置换宣传横幅35张、路边大型宣传牌8块、喷绘广告55块，新增垃圾桶600个，签订“门前三包”责任状和家庭承诺书，提高了群众参与清洁卫生的积极性和主动性，环境保护和整治工作成效明显。同时投入93.90万元实施7个绿化示范屯和33个一般绿化屯建设，完成13个饮水净化工程和罗北村太阳能路灯亮化工程，人居环境进一步绿化、亮化、美化。2016年，马蚌镇那扛村坝桑屯被评为广西“绿色村屯”。

【社会事业发展】 巩固、提高“普九”成果，九年义务教育巩固率达89.86%，比县级下达任务的89%高0.86个百分点。全镇完成中职送生46人，占县下达40名指标的115%。同时组织开展农村文化活动演出，做好镇文化站免费开放工作、村级公共服务中心、农家书屋、农民体育健身工程建设，举办2016年“三月三”跨省区联谊活动、“三八”“七一”“千团万场”、跨省区三乡镇气排球友谊赛、“资源共享互惠·教育协作交流”跨省区文化交流系列活动，积极参加县第六届句町文化艺术节暨沙糖桔、茶叶产业文化展示活动周。其中，在2016年“千团万场”的器乐类、小品歌舞类比赛中，马蚌镇唢呐队、小品节目都获得了三等奖的好成绩；在第六届句町文化艺术节中，该镇特色工艺品展位荣获三等奖，布依美食荣获一等奖。计生卫生工作稳步推进。全年出生238人，其中：一孩出生69人，二孩出生156人，政策外多孩出生13人；符合政策出生225人，出生政策符合率为94.54%，比县下达全年任务指标90%高了4.54个百分点。人口出生男性127人，女性111人，人口出生性别比率为114.4%，比县下达全年任务指标115%低了0.6个百分点。人口自然增长129人，人口自然增长率为7.45‰，比县下年指标的9.2‰低了1.75个百分点，免费孕前优生健康检查完成66对，完成县下达任务数。在卫生和食品安全方面，做好季节性流感和手足口病预防控制，艾滋病防治工作，积极开展儿童防疫工作，“五苗”接种率达100%，村级医疗卫生条件得到逐步改善，疫病防治体系不断健全，年内无重大疾病发生。加大对食品安全的宣传力度，增加对粮食制品、食用油、蔬菜、水果、畜禽肉、水产品、水产加工制品等7个品种抽检频率，完成95个批次的检查，确保群众饮食安全。分别荣获“自治区2016年度卫生乡镇”“西林县2015年度人口和计划生育工作先进集体一等奖”。在民政方面，年内核定低保户481户，发放低保金283.86万元；发放救济粮3.40万公斤，优抚、优待金154.23万元，高龄补贴19.87万元，五保金24.66万元；大病医疗救助92人，发放救助金28.07万元，临时救助34人，发放救助金3.90元。在劳保方面，完成新农保收缴人数5235人，完成任务的92%，全县排名第3；全镇共为1718名年满60周岁符合领取养老保险金的老人发放养老保险金，发放率达到100%。年内完成农村劳动力资源调查768人，共转移富余劳动力382人，实现劳务收入650万元。完成新农合收缴人数14221人，参合率97%，超额完成县下达任务。

【维稳与安全工作】 创新开展跨省区（域）平安建设以及社会治安（三省区）管理协调机制、司法合作机制、警务联动等工作机制，加大矛盾纠纷的排查调处力度，将各种矛盾纠纷处理在萌芽状态，维护三省结合部社会和谐稳定，实现跨省（区）域和谐发展。把安全生产工作放在重要位置，实行“党政同责，一岗双责，齐抓共管”，强化责任追究，与全镇13个村委会签订安全生产责任状。坚决执行盯车、盯路、盯人“三盯”工作责任，积极做好陆路、水上交通安全检查。坚持圩日和节假日组织镇安全员、派出所干警上路检查，严厉打击超载、无证驾驶等违法行为，确保道路交通、水上交通安全，实现综治信访维稳和安全生产目标。分别获“西林县2016年度安全生产工作先进单位二等奖”“2016年西林县社会管理综合治理目标管理先进乡（镇）二等奖”。

【基层党建工作】 开展“两学一做”学习教育活动，有力破除了妨碍发展的思想禁锢和陈旧观念，涌现出自治区优秀共产党员陆明照、“敬业标兵”汤芝碧、“百名好党员”韦福金、世家友等先进典型。抓党建统领龙头，创新基层党建。以创新基层党建工作为目标，加强对全镇经济、文化、社会等各项事业的全面领导，基层党建在创新中不断发展。以桂滇黔跨省区联合党工委为引领，深化接边联合党建活动，在区域统筹、资源共享、共建共兴上深入衔接，进一步探索推动滇黔桂绿色经济示范区、三省连片扶贫开发示范区、三省边民团结进步示范区、高原特色水体经济示范区四个“示范区”建设，跨省区域党建促发展的载体更加多元化，推动基层党建进一步创新发展。开展七项重点党建工作。镇党委高度重视七项重点党建工作，着力抓好党员组织关系集中排查、党代会代表和党员违法违纪未给予相应处理排查清理、基层党组织按期换届工作专项检查、党费收缴工作专项检查、集中推进非公企业和社会组织“两个覆盖”、抓党建促脱贫攻坚工作、抓严抓实领导机关党员干部学习教育等重点工作并取得扎实成效。排查出流动党员28名，经查找取得联系党员21人，基层组织换届2个，补缴党费4316元，开展到基层讲党课55次，开展集中学习14次，专题讨论学习28次。严格履行党风廉政建设“两个责任”，认真落实“一岗双责”，坚持从严治党，认真学习贯彻落实中央八项规定，深入开展作风建设，进一步完善制度，真正形成按制度办事、靠制度管人、以制度规范从政行为的有效机制。深化党风政风行风整治，强化督查，切实遏制干部违纪现象。突出抓好八项规定落实和“四风”突出问题整治，积极同各级领导干部开展谈心谈话活动，针对在廉政勤政方面出现的苗头性和倾向性问题，做到教育在前，预防在先，切实把党的政治纪律和规矩挺在前面。2016年，全镇共立案5件，结案5件，对违纪党员进行党纪处分5人，退回违纪资金2.21万元；同时，在扶贫开发领域、惠农政策落实等方面坚持常抓严抓，持之以恒纠正“四风”，强化党员干部的作风建设。

【特色产业】 马蚌镇紧紧围绕“渔牧富镇”发展主题，大力发展库面库汊围拦养鱼和网箱养鱼，效益显著，同时以战略资源开发、现代创新服务为导向，进一步完善万峰湖库区镇境内的基础设施，重点打造鲁维、浪吉、那扛等沿河村屯的生态休闲垂钓产业，建有钓鱼台250多个，年内共接待游客（钓客）20万人次，实现产值1600万元以上，生态休闲旅游产业初具雏形，吸引社会各界人士慕名前来考察、学习、采购；依托马蚌镇丰富山地资源，紧紧围绕“生态立镇、林业强镇”发展主题，大力鼓励植树造林，注重生态保护，全镇发展各种经济林25333.33公顷，其中用材林18666.67公顷。

【特色文化】 马蚌镇是以壮族为主体的多民族文化共生地，是骆越文化和云贵高原文化的结合部，拥有深厚的文化底蕴。以“三月三”歌圩为载体，重点发展唱山歌、泼水等特色文化，积极打造跨省区民族文化交流平台，举办马蚌镇“壮族三月三·八桂嘉年华”系列活动，形式多样化，氛围浓厚。历经十多年的打造，该歌节已成为滇、黔、桂三省（区）交界壮族人民展示民族文化的一个盛会，具有“歌声赛过百灵音，山歌唱响万峰湖”之称；进一步加强那岩古木寨基础设施维护及修复，那岩屯古木寨位于马蚌镇浪吉村那岩屯，是壮族群众居住在古老杆栏式的木楼，在保存着古时因军事防御而形成的“户户相联、家家相通”的房屋布局基础上，进一步加强那岩古木寨基础设施建设，展现独具一格的杆栏式木楼群，同时那岩的服饰也保持着传统特色（织土布和染布制作），其服饰用土布手工制作而成精美、亮丽、独具特色，被称为“广西壮民族服饰的典型代表”。独具一格的杆栏式木楼群、传统的民风民俗，不仅吸引着众多游客，许多考古专家和民俗学者还前来考察研究。

撰稿：陈秋彤
编辑：乃艳飞
罗贞明

◎ 马蚌镇所属各村概况

◆马蚌村

【概况】 位于马蚌镇腹部，村部所在地马蚌街上，是原马蚌镇的镇政府所在地，距离镇政府所在地25千米，境内居住有壮、汉、彝3个民族，民居住地主要分布于县道两旁。全村有10个自然屯10个村民小组。2016年，有518户2162人。全村共有耕地面积334.53公顷，其中水田50公顷，旱地284.53公顷。2016年全村粮食产量719吨，人均收入11027元。村中现有1所中学和1所小学（马蚌中学和马蚌小学），配有1所镇级卫生院，配有农村信用联社。

【领导班子】 党支部书记：韦福金（壮

族）；村民委主任：吕成（汉族）；村党支部副支书（副主任）：岑世桥（壮族）；村民委副主任：陆炳战（壮族）；团支书：郎文兵（壮族）；妇女主任：卢依田（彝族）。

◆八大河村

【概况】 位于滇、黔、桂三省（区）结合部，村部所在地清水江屯，位于镇政府驻地中心，是西林县的西大门，属天生桥一级水电站重点淹没村之一。境内居住壮、汉、苗、布依、彝族等多个民族，民居住地主要分布于清水江两岸。全村有7个自然屯7个村民小组，523户2135人。全村共有耕地面积326.67公顷，其中水田面积12.60公顷，旱地313.47公顷。2016年，全村粮食产量342吨，人均收入6997元。

【领导班子】 党支部书记：熊正忠（壮族）；村委会主任：韦平祥（壮族）；党支部副书记（副主任）：熊俊达（壮族）；村民委副主任：熊玉仙（壮族）；妇女主任：郎坚美（壮族）。

◆浪吉村

【概况】 位于马蚌镇东北部，村部所在地达南屯，距离镇政府所在地33千米，距县道西林至罗平8千米。属天生桥一级水电站重点淹没村之一。境内居住有壮、汉两个民族，民居住地主要分布于县道北面。2016年，全村有6个自然屯6个村民小组。有346户1408人。全村共有耕地面积518.33公顷，其中水田37.40公顷，旱地482.73公顷。2016年，全村粮食产量516吨，人均收入11168元。

【领导班子】 党支部书记：王文金（壮族）；村委会主任：黄春光（壮族）；村党支部副书记（副主任）：岑桔杏（壮族）；村民委副主任：吴正城（壮族）；团支书：岑杰（壮族）；妇女主任：岑艳（壮族）。

◆合社村

【概况】 位于马蚌镇东北部，北与隆林县金钟山镇相接，东与古障镇妈蒿村相交，村部所在地合社屯，距离镇政府驻地45千米，是马蚌镇距镇政府最远，交通最不方便的边远山村，属天生桥一级水电站重点淹没村之一。境内主要有壮、汉、布依3个民族居住，民居住地主要分布于南盘江南面。全村有6个自然屯6个村民小组。2016年，有226户941人。全村共有耕地面积165.13公顷，其中水田5.27公顷，旱地159.87公顷。全村粮食产量564吨，人均收入8977元。

【领导班子】 党支部书记（村委会主任）：王忠文（壮族）；村党支部副书记（副主任）：韦文尚（壮族）；村民委副主任：吴照坤（壮族）；团支书：韦文飘（壮族）；妇女主任：李德英（壮族）。

◆那扛村

【概况】 位于马蚌镇东北部，北面与贵州省兴义市罗万镇隔河相望，村部所在地坝桑屯，距离镇政府所在地56千米，距县道西林至罗平11千米，属天生桥一级水电站重点淹没区之一。境内主要有壮族居住，民居住地主要分布于县道北面。2016年，全村有4个自然屯4个村民小组，有295户1144人。全村共有耕地面积263.93公顷，其中水田27.67公顷，旱地236.27公顷。2016年，全村粮食产量525吨，人均收入8221元。

【领导班子】 党支部书记（村委会主任）：陆明照（壮族）；村党支部副书记（副主任）：黄坤（壮族）；村民委副主任：陆建军（壮族）；团支书：王志新（壮族）；妇女主任：何阿西（壮族）。

◆罗北村

【概况】 位于马蚌镇东部，与古障镇西舍村、陇正村相邻，村部所在地罗叶屯，距离镇政府所在地40千米，距西林至罗平县道5千米，境内居住有壮、汉两个民族，民居住地主要分布于县道南面。2016年，全村有5个自然屯7个村民小组，有297户1215人。全村共有耕地面积451.13公顷，其中水田36.40公顷，旱地414.73公顷。2016年全村粮食产量678吨，人均收入8527元。

【领导班子】 党支部书记（村委会主任）：陆明财（壮族）；村党支部副书记（副主任）：苏卫民（壮族）；村民委副主任：吴忠炳（壮族）；团支书：王友杰（壮族）；妇女主任：王

庭芬（壮族）。

◆罗广村

【概况】 位于马蚌镇东南面，村部所在地罗广屯，距离镇政府所在地25千米，距县道西林至罗平5千米。境内居住有壮、汉两个民族，民居住地主要分布于县道南面。全村有5个自然屯5个村民小组，340户1416人。全村共有耕地面积407.27公顷，其中水田34.20公顷，旱地373.07公顷。2016年，全村粮食产量642吨，人均收入7602元。

【领导班子】 党支部书记（村委会主任）：王礼辉（壮族）；村党支部副书记（副主任）：何定高（壮族）；村民委副主任：农智高（壮族）；团支书：农格（壮族）；妇女主任：卢凤香（壮族）。

◆那托村

【概况】 位于马蚌镇东北部，西北面与贵州省兴义市罗万镇隔河相望，东北面与那扛村接壤，南面与马蚌村相接，村部所在地下那托屯，距离镇政府所在地37千米，距县道西林至罗平12千米。属天生桥一级水电站重点淹没村之一。境内主要有壮族居住，民居住地主要分布于南盘江南面。2016年，全村有4个自然屯4个村民小组，有114户452人。全村共有耕地面积289.07公顷，其中水田11.67公顷，旱地277.40公顷。2016年，全村粮食产量446吨，人均收入8280元。村内有一所小学即田湾小学。

【领导班子】 党支部书记（村委会主任）：岑嘉国（壮族）；村党支部副书记（副主任）：黄华林（壮族）；村民委副主任：王正学（壮族）；团支书：王朝富（壮族）；妇女主任：熊亚外（壮族）。

◆三脚坡村

【概况】 位于马蚌镇东南部，村部所在地三脚坡屯，距离镇政府所在地18千米，距县道西林至罗平5千米。境内居住有壮、汉、苗等3个民族，民居住地主要分布于县道南面。2016年，全村有7个自然屯7个村民小组，254户1096人。全村共有耕地面积403.93公顷，其中水田14.40公顷，旱地389.53公顷。2016年全村粮食产量489吨，人均收入7602元。在三脚坡设教学点一个。

【领导班子】 党支部书记（村委会主任）：赵启合（汉族）；村党支部副书记（副主任）：张帮平（汉族）；村民委副主任：杨小方（汉族）；团支书：罗荣（汉族）；妇女主任：吴长秀（汉族）。

◆鲁维村

【概况】 位于马蚌镇东北部，与贵州省兴义市三江口镇安沙屯隔河相望，村部所在地鲁维上队，距离镇政府所在地19千米，距县道西林至罗平12千米，属天生桥一级水电站重点淹没村之一。境内居住有壮、布依两个民族，民居住地主要分布于南盘江河畔。全村有4个自然屯4个村民小组，245户1070人。全村共有耕地面积144.80公顷，其中水田面积5.20公顷，旱地139.60公顷。2016年全年粮食产量216吨，人均收入11865元。

【领导班子】 党支部书记（村委会主任）：王清林（壮族）；村党支部副书记（副主任）：刘世金（壮族）；村民委副主任：吴志新（壮族）；团支书：贺刚莲（壮族）；妇女主任：黄梦希（壮族）。

◆武定村

【概况】 位于马蚌镇东北部，村部所在地武定屯，距离镇政府所在地12千米，距县道西林至罗平3千米。境内居住有壮、汉、苗等三个民族，民居住地主要分布于县道两边。截至年底，全村有4个自然屯4个村民小组，240户995人。全村共有耕地面积179.27公顷，其中水田21.67公顷，旱地158公顷。2016年，全村粮食产量420吨，人均收入7623元。

【领导班子】 党支部书记（村委会主任）：农胜江（壮族）；村党支部副书记（副主任）：王绍文（壮族）；村民委副主任：马仁国（苗族）；团支书：何万吉（壮族）；妇女主任：何桂莲（壮族）。

◆马麻村

【概况】 位于马蚌镇东南部，村部所在地马麻下寨，距离镇政府所在地18千米，距县道西林至罗平10千米。属天生桥一级水电站重点淹没村之一。境内居住有壮、汉、苗等3个民族，民居住地主要分布于县道南面。截至年底，全村有5个自然屯，236户930人。全村共有耕地面积126.53公顷，其中水田17.73公顷，旱地108.80公顷。2016年，全村粮食产量427吨，人均收入6870元。

【领导班子】 党支部书记（村委会主任）：世家友（壮族）；村党支部副书记（副主任）：王正高（壮族）；村民委副主任：唐永明（壮族）；团支书：王建（壮族）；妇女主任：韦友应（壮族）。

◆火把村

【概况】 位于马蚌镇东南部，村部所在地火把屯，距离镇政府所在地30千米，属天生桥一级水电站重点淹没村之一。境内主要居住壮、汉两个民族，民居住地主要分布于清水江东面。截至年底，全村有3个自然屯3个村民小组，272户，1138人。全村共有耕地面积95.53公顷，其中水田9.53公顷，旱地86.00公顷。2016年，全村粮食产量283吨，人均收入7395元。

【领导班子】 党支部书记（村委会主任）：张辉（壮族）；村党支部副书记（副主任）：韦仕明（壮族）；村民委副主任：黄家帝（壮族）；团支书：韦成（壮族）；妇女主任：余梓铃（壮族）。

撰稿：陈秋彤
编辑：乃艳飞
罗贞明

人 物

西林县四家班子领导简介

（2016 年）

冉光富 中共西林县委员会书记。1970年2月出生，壮族，广西乐业县人，1990年10月参加工作，1992年1月加入中国共产党，研究生学历。1986年6月～1990年7月在广西大学法律系法学专业学习；1990年7月～1998年12月在广西百色地区公安处工作；1998年12月～2000年2月任广西百色地区行署办公室副主任；2000年2月～2005年3月任广西百色地区行署办公室副主任、党组成员；2005年3月～2007年10月任广西百色市建设与规划委员会副主任、党组成员；2007年10月～2008年4月任广西百色市政府副秘书长（副处级）、党组成员、政务服务中心管理办公室主任；2008年4月～2008年9月任广西百色市政府副秘书长（正处级）、党组成员、政务服务中心管理办公室主任；2008年9月～2010年2月任广西百色市建设与规划委员会主任、党组成员；2010年2月～2014年1月任广西百色市住房和城乡规划建设委员会主任、党组书记、中共百色市第三届委员会候补委员；2014年1月～2014年2月任中共田阳县委副书记、提名县长人选，百色新山铝产业示范园党工委书记；2014年2月～2016年5月任中共田阳县委副书记、县长，百色新山铝产业示范园党工委书记；2016年5月任中共西林县委书记至今。

黄建南 原中共西林县委员会书记。1965年8月出生，壮族，广西靖西市人，1986年1月参加工作，1995年10月加入中国共产党，广西区党校研究生学历。1985年6月～1990年1月任广西田东县林逢财政所征管员（其间：1987年9月～1990年1月在广西百色地区财经职工中专学校商经系财政专业脱产学习）（1986年1月8日招收为合同制工人）；1990年1月～1994年9月任广西田东县财政局干部、股长；1994年9月～1998年4月任广西田东县财政局副局长；1998年4月～1999年4月任广西田东县朔良镇党委副书记、镇长；1999年4月～2002年10月任广西田东县财政局局长（其间：1997年9月～1999年7月在广西经济管理干部学院商经系财务会计专业函授大专班学习）；2002年10月～2005年1月任广西那坡县人民政府副县长；2005年1月～2006年7月任中共田林县委常委、副县长；2006年7月～2006年10月任中共田林县委副书记、代县长；2006年10～2011年5月任中共田林县委副书记、县长（其间：2008年9月～2010年12月在广西区党校公共管理专业在职研究生班学习）；2011年5月～2016年5月任中共西林县委书记；2016年5月换届调出。

农建华 西林县第十二届人大常委会主任、党组书记。1963年5月出生，壮族，广西西林县人，1987年7月参加工作，1985年11月加入中国共产党。1984年9月～1987年2月任广西西林县那佐苗族乡达下村公所村长；1987年2月～1988年7月任广西西林县那佐苗族乡政府办公室秘书、统计助理员；1988年7月～1990年8月任中共西林县那佐苗族乡党委宣传委员、统战委员、团委书记兼那仙村党支部书记；1990年8月～1992年3月任广西西林县那佐苗族乡政府副乡长（1988年9月～1991年7月在广西区党校政治管理专业函授大专班学习）1992年3月～1993年6月任广西西林县那佐苗族乡人大主席；1993年6月～1994年1月任中共西林县那佐苗族乡党委书记；1994年1月～1998年6月任中共西林县委办公室副主任、县委政策研究室主任；1998年6月～1999年10月任广西西林县计划生育局局长；1999年10月～2002年9月任广西西林县政府办公室主任；2002年9月～2006年7月任中共西林县委常委、办公室主任（其间：2002年9月～2004年7月在中央党校函授学院行政管理专业本科班学习）；2006年7月～2011年7月任中共西林县委常委、政法委书记（其间：2007年9月～2009年12月在广西区党校公共管理专业研究生班函授学习）；2011年7月～2011年9月任广西西林县政协主席人选、党组书记；2011年9月～2016年5月任广西西林县政协主席、党组书记；2016年5月～2016年8月任广西西林县人大常委会党组书记、提名主任人选；2016年8月任广西西林县人大常委会主任、党组书记至今。

王正福　原西林县人大常委会主任、党组书记。1958年8月出生，壮族，广西西林县人，1976年9月参加工作，1991年6月加入中国共产党，在职教育中央党校大学，中央党校函授学院经济管理专业。1976年9月～1985年9月任广西西林县西平乡皿贴小学教师。1985年9月～1986年7月广西邕江大学学习；1986年7月～1991年7月任广西西林县西平中学教师、校长；1991年7月～1993年8月任广西西林县教育局教研室副主任；1993年7月～1994年3月北京师范大学学习；1994年3月～1996年6月任中共西林县委宣传部副部长；1996年6月～1998年8月任中共西林县马蚌镇党委书记（其间：1995年9月～1997年12月中央党校函授学院经济管理专业本科班学习）；1998年8月～2002年10月任中共西林县委常委、宣传部部长；2002年10月～2004年1月任中共西林县委副书记；2004年1月～2006年12月任中共百色市委宣传部副部长、文明办主任；2006年12月～2010年2月任中共百色市委宣传部副部长、文明办主任（正处）；2010年2月～2011年6月任百色市文化和新闻出版局党组书记；2011年6月～2011年9月任广西西林县人大常委会党组书记；2011年9月～2016年5月任广西西林县人大常委会主任、党组书记；2016年5月～2016年8月任广西西林县人大常委会主任、党组副书记；2016年8月～2016年10月任广西西林县人大常委会党组副书记；2016年10月任广西西林县人大常委会正处级干部至今。

欧阳可爽　中共西林县委副书记、县人民政府县长。1974年3月出生，壮族，广西凌云县人，1995年8月参加工作，1998年7月加入中国共产党，在职研究生学历。1995年8月～1999年9月任广西凌云县土管局地籍股股长；1999年9月～2000年12月任中共凌云县玉洪瑶族乡党委副书记；2000年12月～2001年8月任中共凌云县团委书记；2001年8月～2006年7月任中共凌云县加尤镇党委书记（其间：2002年7月～2005年6月在广西民族学院行政管理专业本科班学习）；2006年7月～2006年8月任中共田阳县委常委；2006年8月～2009年2月任中共田阳县委常委、组织部部长；2009年2月～2011年6月任中共田阳县委副书记；2011年6月～2015年7月任中共百色市委正处级组织员、市委组织部副部长（其间：2005年10月～2007年7月在广西大学物理学院项目管理专业研究生班学习）；2015年7月～2015年9月任中共西林县委副书记、县长人选、党组书记；2015年9月任中共西林县委副书记、县人民政府县长、党组书记、中共百色市第四届委员会委员至今。

李正荣　政协西林县委员会党组书记、主席。1969年12月出生，壮族，广西西林县人，1990年7月参加工作，1993年10月加入中国共产党，在职大学学历，毕业于广西民族大学法学专业。1990年7月～1998年12月任广西西林县职业中学教师；1998年12月～2000年12月任广西西林县农村工作领导小组办公室副主任（1998年12月定副科）；2000年12月～2002年9月任广西西林县扶贫开发办公室副主任兼水果办主任；2002年9月～2002年10月任中共西林县西平乡党委副书记；2002年10月～2003年11月任中共西林县西平乡党委副书记、乡长（2002年10月定正科）；2003年11月～2004年2月任中共西林县西平乡党委书记、乡长；2004年2月～2007年1月任中共西林县西平乡党委书记（其间:2004年9月～2006年12月在广西民族大学函授法学专业本科学习；2005年5月～2005年6月参加区委党校乡镇党委书记培训班学习）；2007年1月～2010年9月任中共西林县八达镇党委书记（其间:2007年9月～2007年11月在南宁市兴宁区二塘镇挂职学习；2008年6月～2008年9月参加百色市2008年中青年干部培训班学习）；2010年9月～2014年1月任中共西林县委常委、县委办公室主任；2014年1月～2016年5月任中共西林县委常委、统战部部长；2016年5月～2016年8月任政协西林县委员会党组书记、主席人选；2016年8月任政协西林县委员会党组书记、主席（2016年8月定正处级）至今。

刘　启　中共西林县委副书记。1982年7月出生，汉族，安徽怀远县人，2009年7月参加工作，博士学历。2000年9月～2001年7月在清华大学土木工程系本科班学习；2001年7月～2004年7月在清华大学经济管理学院经济系（转系）经济专业学习，获经济系学士学位；2004年7月～2009年7月在清华大学经济管理学院数量经济学专业学习（硕博连读），获经济学博士学位；2009年7月～2009年8月在家待业；2009年8月～2010年8月任广西壮族自治区商务厅对外经济合作处干部（2009届选调生）；2010年8月～2012年12月任广西壮族自治区商务厅对外经济合作处主任科员；2012年12月～2013年2月任广西壮族自治区商务厅对外经济合作处副调研员；2013年2月～2013年11月任广西壮族自治区党委办公厅政策法规处副调研员；2013年2月～2013年11月任广西壮族自治区党委办公厅政策法规处副处长（2015年11月～2016年5月挂任中共田阳县委常委、县人民政府副县长）；2016年5月任中共西林县委副书记至今。

张国革　原中共西林县委副书记。1973年3月出生，壮族，广西田东县人，1996年7月参加工作，1996年6月加入中国共产党，在职研究生学历。1992年9月～1996年7月广西农业大学林学院林学专业学生；1996年7月～2000年6月任广西百色地区营林站技术员；2000年6月～2002年7月任广西百色地区国营林场管理站副站长；2002年7月～2005年1月任广西百色市林业局办公室主任（其间：2000年10月～2004年6月在北京林业大学农业推广（林科）硕士研究生班学习）；2005年1月～2006年12月任广西百色市林业局营林科科长；2006年12月～2011年6月任广西岑王老山国家级自然保护区管理局（市老山林场）局长（场长）；2011年6月～2014年1月任广西百色市林业局副局长、党组成员；2014年1月任中共西林县委副书记、县委党校校长；2016年5月换届调出。

韩云飞　中共西林县委常委、县人民武装部政委。1971年10月出生，汉族，福建莆田市人，1990年3月参加工作，1994年6月加入中国共产党，在职大学学历，毕业于南京陆军学院政治工作专业。1990年3月～1992年9月在海南军区132师394团107炮兵服役；1992年9月～1994年7月在沈阳炮兵学院地炮指挥专业学习；1994年7月～1998年12月任广西军区边防五团八连排长；1998年12月～2000年10月任广西军区边防五团炮兵连副连长；2000年10月～2003年6月任广西军区边防五团炮兵连指导员；2003年6月～2006年3月任广西军区边防五团司令部协理员；2006年3月～2010年3月任广西军区边防五团三营教导员；2010年3月～2013年3月任广西军区百色军分区后勤部副部长；2013年3月～2015年2月任广西西林县人民武装部部长；2015年2月～2015年3月任广西西林县人民武装部政委；2015年3月任中共西林县委常委、县人民武装部政委至今。

李正对　中共西林县委常委、县人民政府常务副县长、党组副书记。1970年10月生，壮族，广西靖西市人，广西区党校研究生学历，1988年7月参加工作，1992年6月加入中国共产党。1985年9月～1988年7月在广西百色田东师范中师专业学习；1988年7月～1990年10月任广西靖西县新靖镇旧州小学教师；1990年10月～1992年8月任广西靖西县新靖镇东利小学教导主任（其间：参加广西师范大学中文专业高等教育自学考试学习）；1992年8月～1994年8月任广西靖西县城郊初中教师；1994年8月～1995年4月任广西靖西县教师进修学校教师；1995年4月～1998年4月任广西靖西县人民政府办公室秘书股长；1998年4月～1999年10月任河南省地方铁路局濮阳分局党办秘书；1999年10月～2001年6月任广西靖西县人民政府办公室秘书股长；2001年6月～2002年8月任广西靖西县国土资源局副局长；2002年8月～2004年10月任中共靖西县湖润镇党委副书记、镇长（其间：2000年4月～2002年12月参加中央党校法律专业函授学习）；2004年10月～2007年10月任广西靖西县人民政府办公室副主任（其间：2004年10月～2006年12月参加广西区党校宏观经济管理专业研究生班函授学习）；2007年10月～2007年12月任中共靖西县安宁乡党委书记；2007年12月～2009年3月任中共靖西县新甲乡党委书记；2009年3月～2009年6月任广西靖西县建设局党组副书记、局长；2009年6月～2009年11月任中共靖西县委常委、县委办主任兼县建设局党组副书记、局长；2009年11月～2011年6月任中共靖西县常委、县委办主任；2011年6月～2015年5月任中共田阳县常委、政法委书记；2015年5月～2015年5月任中共西林县委常委、县人民政府副县长人选；2015年5月任中共西林县委常委、县人民政府副县长、党组副书记至今。

李永斌 中共西林县委常委、纪律检查委员会书记。1976年9月出生，壮族，广西田林县人，1997年7月参加工作，1998年12月加入中国共产党。1993年9月～1997年7月在广西百色民族中等专业学校行政管理专业学习；1997年7月～1999年10月任广西田林县八桂瑶族乡团干、团委书记；1999年10月～2000年8月任广西共青团百色市田林县委员会办事员（其间：1999年10月～1999年11月在中央团校学习）；2000年8月～2002年7月任广西共青团百色市田林县委员会副书记（其间：2000年1月～2002年7月参加广西师范大学行政管理专科自学考试毕业，获大专学历）；2002年7月～2005年4月任中共田林县平山乡党委副书记、纪委书记（其间：2002年10月～2005年12月参加广西大学法律本科自学考试毕业，获大学学历、法学学士学位）；2005年4月～2007年3月任广西共青团百色市田林县委员会书记；2007年3月～2009年1月任中共田林县乐里镇党委副书记、镇长（其间：2008年4月～2008年10月挂任百色市扶贫办主任助理）；2009年1月～2011年5月任中共田林县八桂瑶族乡党委书记（其间：2008年10月～2010年12月参加广西大学在职研究生班民商法学专业学习毕业，获研究生学历、法学硕士学位；2010年6月～10月参加百色市2010年中青班学习，并挂任桂林市文化局局长助理）；2011年5月～2011年6月任中共广西田林县委办公室副主任（正科长级）；2011年6月～2014年1月任广西百色市工业区管理委员会党组成员、副主任（其间：2010年11月参加百色市青年干部培训班学习；2012年6月～10月挂任广州市高新区民营科技园管委会党委委员、主任助理；2012年3月～4月在清华大学参加百色市优秀青年干部高级研修班学习）；2014年～2016年5月任广西隆林各族自治县人民政府党组成员、副县长（其间：2015年3月～2015年6月参加广西区党校第54期县处级领导干部进修二班学习）；2016年5月任中共西林县委常委、纪律检查委员会书记至今。

何琪洸 原中共西林县委常委、纪律检查委员会书记。1965年12月出生，壮族，广西田林县人，1987年12月参加工作，1990年11月加入中国共产党，在职大学学历。1985年2月～1987年8月任广西田林县旧州镇人民政府通讯员；1987年8月～1992年9月任广西田林县旧州镇党委宣传干事兼党政办公室秘书（1987年12月聘用为合同制干部）；1992年9月～1994年5月任中共田林县委办公室干部（其间:1990年9月～1993年6月在广西区党校政治管理专业函授大专班学习）（1994年3月定副科级）；1994年5月～1995年6月任中共田林县委办公室秘书；1995年6月～1999年3月任中共田林县委办公室副主任（1995年10月定正科级）；1999年3月～2002年1月任广西田林县农机事业局局长；2002年1月～2002年11月任广西田林县农业机械化管理中心主任；2002年11月～2003年8月任广西田林县国土资源管理局党组书记兼副局长；2003年8月~2005年4月任中共田林县委组织部副部长；2005年4月~2008年5月任广西田林县建设局局长、党组书记；2008年5月~2011年6月任广西田林县人民政府党组成员、政府办公室主任（其间:2006年3月~2009年2月在桂林工学院土木工程系城市规划专业函授本科学习）；2011年6月~2014年1月中共田林县委常委、县委办公室主任（2011年6月定副处级）；2014年1月任中共西林县委常委、纪委书记；2016年5月换届调出。

黄健生 中共西林县委常委、宣传部部长、县人民政府党组成员、副县长。1974年4月出生，彝族，广西隆林县人，广西区党校研究生学历，1996年7月参加工作，2001年6月加入中国共产党。1993年9月~1996年7月在广西财政高等专科学校财政专业学习；1996年7月~1997年4月任广西隆林各族自治县财政局预算股干部；（1996年12月转为录用干部）；1997年4月~2000年10月任广西隆林各族自治县财政局预算事财股会计；2000年10月~2002年4月任广西隆林各族自治县财政局预算股总预算会计、副股长、股长（其间:1999年8月~2001年12月参加中央党校函授学院本科班行政管理专业学习毕业）；2002年4月~2003年12月任广西隆林各族自治县财政局副局长；2003年12月~2007年3月任广西隆林各族自治县财政局副局长、党组成员（其间:2004年9月~2006年12月参加广西区党校研究生班国民经济专业学习毕业）；2007年3月~2008年1月任广西隆林各族自治县民族事务局局长；2008年1月~2008年2月任中共隆林各族自治县桠杈镇党委副书记、主持政府全面工作；2008年2月~2008年9月任中共隆林各族自治县桠杈镇党委副书记、桠杈镇人民政府镇长；2008年9月~2011年5月任中共隆林各族自治县沙梨乡党委书记；2011年5月~2011年6月任广西隆林各族自治县人民政府党组成员（正科长级）；2011年6月~2014年1月任中共隆林各族自治县委常委、县委办主任；2014年1月~2016年5月任中共田林县委常委、纪委书记；2016年5月~2016年5月任中共西林县委常委、宣传部部长、县人民政府党组成员、副县长人选；2016年5月任中共西林县委常委、宣传部部长、县人民政府党组成员、副县长至今。

黄子锋 原中共西林县委常委、宣传部部长、县人民政府副县长、党组成员。1968年7月出生，彝族，广西隆林县人，1991年12月参加工作，1994年8月加入中国共产党，中央党校函授学院法律专业毕业，中央党校大学学历。1991年12月~1992月9月任广西隆林各族自治县常么乡政府办事员；1992年9月~1994年3月任广西隆林各族自治县常么乡政府秘书；1994年3月~1996年10月任广西隆林各族自治县常么乡团委干事（其间:1994年9月~1996年7月在广西农业大学成教院企业管理专业大专班脱产学习）；1996年10月~1996年12月任广西隆林各族自治县常么乡人民政府副乡长；1996年12月~1997年3月任中共隆林各族自治县常么乡纪委委员、副乡长；1997年3月~1999年9月任中共隆林各族自治县常么乡党委副书记；1999年9月~2001年3月任中共隆林各族自治县常么乡党委副书记、兼纪委书记；2001年3月~2002年7月任广西隆林各族自治县政府办公室秘书；2002年7月~2002年8月任中共隆林各族自治县长发乡党委副书记，主持乡党委工作；2002年8月~2005年6月任中共隆林各族自治县长发乡党委委员、书记（其间:2001年8月~2003年12月在中央党校函授学院本科班法律专业学习）；2005年6月~2006年4月任中共隆林各族自治县猪场乡党委委员、书记；2006年4月~2009年2月任中共隆林各族自治县蛇场乡党委委员、书记；2009年2月~2011年6月任中共西林县委常委、纪委书记；2011年6月任中共西林县委常委、宣传部部长、县人民政府副县长、党组成员（其间：2015年7月~2015年12月挂任广州市荔湾区委宣传部副部长）；2016年5月换届调到隆林各族自治县政协委员会工作。

韦荣黎 中共西林县委常委、县委办公室主任。1974年6月出生，壮族，广西凤山县人，1995年9月参加工作，1998年9月加入中国共产党。1995年9月~1996年10月任广西西林县五倍子公司资料员（1995年9月聘为合同工人）；1996年10月~2002年3月任广西西林县扶贫开发办资料员（其间：1993年9月~1995年12月在广西民族学院文秘与办公自动化专业自考大专班学习）（1998年6月吸收为录用干部）；2002年3月~2003年11月任广西西林县计划和统计局副局长（其间：2003年8月～2005年12月中央党校函授行政管理专业本科班学习）（2002年3月定副科）；2003年11月～2006年5月任广西西林县发展和改革局副局长（其间：2005年1月～2008年1月在广西民族大学经济学专业函授本科班学习）；2006年5月～2006年8月任中共西林县八达镇党委副书记；2006年8月～2008年8月任中共西林县八达镇党委副书记、镇长（2006年8月定正科）；2008年9月～2011年5月任广西西林县发展和改革局党组副书记、局长；2011年5月～2014年1月任中共西林县八达镇党委书记（其间：2012年10月～2012年12月参加百色市2012年中青年干部培训班）；2014年1月任中共西林县委常委、县委办公室主任至今。

徐广成 中共西林县委常委、组织部部长。1982年4月出生，汉族，广西临桂县人，2004年10月加入中国共产党，2005年7月参加工作。2001年9月～2005年7月中国政法大学商学院工商管理专业学生；2005年7月～2006年10月任广西平果县榜圩镇人民政府干部（2005届选调生）；2006年10月～2007年4月任广西平果县榜圩镇人民政府城建助理；2007年4月～2008年2月任中共平果县委办公室秘书；2008年2月～2009年6月任中共平果县委办公室副主任科员、第二秘书股股长；2009年6月～2010年7月任中共平果县新安镇党委委员、副镇长；2010年7月～2011年4月任中共平果县委办公室副主任（正科级）；2011年4月～2011年7月任中共平果县四塘镇党委副书记、提名镇长人选；2011年7月～2013年5月任中共平果县四塘镇党委副书记、镇长；2013年5月～2014年1月任广西平果县招商促进局局长；2014年1月～2016年3月任中共乐业县委常委、同乐镇党委书记、同乐镇党委政法委书记；2016年3月任中共西林县委常委、组织部部长至今。

韦　生 原中共西林县委常委、组织部部长。1974年3月出生，壮族，广西百色市人，1996年7月参加工作，1997年11月加入中国共产党，中央党校大学学历。1994年9月～1996年7月广西财经学校财务会计专业学生；1996年7月～1998年9月任广西县级百色市永乐乡财政所干部；1998年9月～1999年3月任广西县级百色市龙川镇财政所所长；1999年3月～2003年1月任广西百色市右江区组织部干部（其间:1998年9月～2001年6月在广西财政高等专科学校财政专业大专函授学习，2001年8月～2003年12月在中央党校函授学院法律专业本科班学习）；2003年1月～2004年10月任中共百色市右江区委员会副科级组织员；2004年10月～2005年3月任广西百色市人民政府办公室副主任科员（其间:2004年2月～2007年1月在北京化工大学法学专业本科函授班学习）；2005年3月～2006年7月任广西百色市人民政府办公室人事教育科副科长；2006年7月～2008年5月任广西百色市人民政府办公室人事教育科科长；2008年5月～2009年11月任广西百色市人民政府办公室人事教育科科长兼第六秘书科科长；2009年11月～2011年8月任广西百色市扶贫开发领导小组办公室综合科科长（其间：2010年6月～2011年6月挂任德保县县长助理）；2011年8月～2014年1月任广西百色市体育局副局长、党组成员；2014年1月任中共西林县委常委、组织部部长；2016年3月调离。

黄　云 中共西林县委常委、政法委书记。1970年4月出生，广西平果县人，大学学历，中共党员，1992年参加工作。1989年9月～1992年7月广西右江民族师范高等专科学校数学专业就读；1992年7月～1995年12月任广西平果县黎明初中老师；1995年12月～1999年9月任中共西林县委党校老师；1999年9月～2002年10月任广西西林县八大河乡人民政府副乡长；2002年10月～2003年11月任广西西林县八达镇人民政府副镇长；2003年11月～2006年4月任中共西林县八达镇党委副书记、副镇长；2006年4月～2006年9月任中共西林县那劳乡党委副书记；2006年9月～2010年1月任中共西林县那劳乡党委副书记、乡长；2010年1月～2011年5月任中共西林县足别瑶族苗族乡党委书记；2011年5月～2013年4月任广西西林县民政局局长、党组副书记；2013年4月～2014年1月任广西西林县水利局局长、党组副书记；2014年1月～2015年6月任中共西林县八达镇党委书记；2015年6月任中共西林县委常委、政法委书记至今（其间：1999年9月～2001年12月在中央党校经济管理专业函授本科班学习；2014年12月～2015年1月参加百色市中青年干部培训班）。

周俊杰 中共西林县委常委、县人民政府副县长（挂职）。1972年8月出生，汉族，湖南永州县人，在职大学学历，1991年12月参加工作，1996年11月加入中国共产党。1991年12月～1994年9月第26基地后勤部勤务营战士；1994年6月～1997年7月国防科工委指挥技术学院电子科技系机电设备专业学习；1997年7月～1998年7月第26基地南宁测控站雷达队技术14级干部；1998年7月～2000年12月第26基地南宁测控站雷达队技术员；2000年12月～2003年12月第26基地南宁测控站雷达队助理工程师（其间:2000年3月～2000年7月总装备部指挥技术学院机关政工班学习；2001年3月～2003年10月第26基地南宁测控站机关代理协理员；2004年6月～2007年7月广西大学新闻学专业学习）；2003年12月～2006年12月第26基地南宁测控站雷达队技术12级（其间:2000年7月～2004年6月广西大学自学考试新闻学专业本科学习；2003年10月～2004年2月第26基地新兵团八连指导员）2006年12月～2008年7月第26基地南宁测控站雷达队技术11级；2008年7月～2008年8月转业待安置；2008年8月～2010年6月任广西壮族自治区民政厅救灾救济处副主任科员；2010年6月～2010年8月任广西壮族自治区民政厅救灾救济处主任科员；2010年8月～2014年1月任广西壮族自治区民政厅救灾处主任科员；2014年1月～2015年2月任广西壮族自治区民政厅基层政权和社区建设处副处长（其间:2014年4月～2014年11月任自治区村（社区）"两委"换届选举工作领导小组室一组副组长）；2015年2月～2015年11月任广西壮族自治区民政厅社会救助局副局长；2015年11月～2015年12月任广西壮族自治区民政厅社会救助局副局长、中共西林县委常委、提名县人民政府副县长（挂任职一年）；2015年12月任广西壮族自治区民政厅社会救助局副局长、中共西林县委常委、县人民政府副县长至今（挂任一年）。

王世英 中共西林县委常委、统战部部长。1978年8月出生，苗族，广西西林县人，2000年7月参加工作，2006年6月加入中国共产党，广西壮族自治区党校行政管理专业毕业，大学学历。2000年7月～2000年9月任广西西林县足别瑶族苗族乡普通干部；2000年9月～2002年9月任西林县足别瑶族苗族乡妇联副主席；2002年7月～2010年2月任广西西林县足别瑶族苗族乡人民政府副乡长；2010年2月～2011年7月任中共西林县普合苗族乡党委副书记、乡长候选人；2011年7月～2013年4月任中共西林县普合苗族乡党委副书记、乡长；2013年4月～2016年5月任中共西林县普合苗族乡党委书记；2016年5月任中共西林县委常委、统战部部长至今。

韦　斌 中共西林县委常委、县人民政府副县长（挂职）。1970年11月出生，壮族，广西都安县人，大学本科学历，1993年7月参加工作，2007年12月加入中国共产党。1989年9月～1993年7月东南大学动力工程系热能工程专业学生；1993年7月～1994年7月广西电力工业勘察设计研究院火电室热能动力工程设计实习生；1994年7月～1996年7月广西电力工业勘察设计研究院火电室热能动力工程设计初二级设计师；1996年7月～1998年7月广西电力工业勘察设计研究院火电室热能动力工程设计初一级设计师；1998年7月～2000年7月广西电力工业勘察设计研究院火电室热能动力工程设计中二级设计师；2000年7月～2003年12月广西电力工业勘察设计研究院火电室热能动力工程设计中一级设计师；2004年1月～2005年3月任广西电力工业勘察设计研究院火电室热能动力工程设计高级工程师、火电部机务组副组长；2005年3月～2006年1月任广西电力工业勘察设计研究院火电部副主任（主持工作）；2006年1月～2008年12月任广西电力工业勘察设计研究院火电部主任、pdms三维设计科研项目负责人；2009年1月～2010年6月任广西电力工业勘察设计研究院火电分院院长兼火电分院管理部主任；2010年6月～2014年12月任广西电力工业勘察设计研究院副总工程师兼火电管理部主任；2014年12月～2015年4月任中国能源建设集团广西电力设计研究院有限公司副总工程师兼火电管理部主任；2015年4月～2016年8月中国能源建设集团广西电力设计研究院有限公司企业管理部主任、法务工作部主任兼副总工程师；2016年8月～2016年9月中国能源建设集团广西电力设计研究院有限公司企业管理部主任、法务工作部主任兼副总工程师、中共西林县委常委、提名县人民政府副县长人选（挂职2年）；2016年9月起任中国能源建设集团广西电力设计研究院有限公司企业管理部主任、法务工作部主任兼副总工程师、中共西林县委常委、县人民政府副县长（挂职2年）。

周家立 原中共西林县委常委、县人民政府副县长（挂职）。1975年1月出生，壮族，广西南宁市邕宁区人，1997年8月参加工作，2000年7月加入中国共产党，中国农业大学植保系植物病理专业，大学学历。1993年9月～1997年8月中国农业大学植保系植物病理专业学生；1997年8月～2000年9月任广西植保总站防治科助理农艺师（其间:1998年7月～2000年8月任借调到自治区农业厅办公室工作、秘书）；2000年9月～2003年10月任广西植保总站秘书（其间:2002年11月取得农艺师资格）；2003年10月～2004年12月任广西植保总站秘书（副科级）；2004年12月～2006年3月任广西植保总站办公室副主任（副科级）；2006年3月～2009年5月任广西植保总站办公室副主任（正科级）（其间:2007年3月～2008年7月在自治区农业厅人事处跟班学习）；2009年5月～2011年12月任广西植保总站办公室主任（其间:2009年12月取得高级农艺师资格）；2011年12月～2013年6月任广西钦州农业学校副校长；2013年6月～2016年3月任广西钦州农业学校副校长、中共西林县委常委、县人民政府副县长（挂职）。

朱雁林 中共西林县委常委、县人民政府副县长（挂职）。1970年4月出生，汉族，广西博白县人，1993年7月参加工作，1995年11月加入中国共产党，武汉大学政治学院思想政治教育专业毕业，在职研究生学历。1989年9月～1993年7月湖南长沙水利电力师范学院汉语言文学专业学生；1993年7月～1993年9月任广西水电工程局物供处办公室秘书；1993年9月～1995年11月任广西百龙滩水电站物供部办公室干事；1995年11月～1997年10月任广西水电工程局物供处办公室秘书（曾兼工程局文联理事）；1997年10月～1999年4月任广西水电工程局南宁市钢模板厂副厂长兼党支部书记；1999年4月～2003年4月任广西水电工程局监察处正科级纪监员（兼局机关工会委员）；2003年4月～2003年7月任广西水利电力建设集团有限公司政工部科员；2003年7月～2010年7月任广西水利电力建设集团有限公司党群工作部（监察）部副主任、团委书记（其间:2003年9月～2006年6月就读武汉大学政治与公共学院思想政治教育专业研究生）；2010年7月～2012年7月任广西水利电力建设集团有限公司党群工作部（监察）部主任；2012年7月～2013年9月任广西水利电力建设集团有限公司党群工作部主任；2013年9月～2015年1月任广西水利电力建设集团有限公司党群工作部主任、西林县人民政府副县长（挂职）；2015年1月～2016年3月任广西水利电力建设集团有限公司党群工作部主任、中共西林县委常委、县人民政府副县长（挂职）。

周　信 原中共西林县委常委、八达镇党委书记。1980年9月出生，汉族，广西玉林市人，2003年8月参加工作，2004年12月加入中国共产党，在职研究生学历。1999年9月～2003年7月广西大学动物科学专业学生；2003年7月～2003年8月待业；2003年8月～2006年4月任广西隆林县新州镇党政办秘书（2003年8月录用为选调生）；2006年4月～2007年3月任中共隆林县新州镇党委组织委员；2007年3月～2008年9月任广西隆林县水产畜牧局党组成员、副局长；2008年9月～2011年5月任中共隆林县团委书记（其间：2009年3月～2009年9月抽调到百色市科发办跟班学习；2009年7月～2011年7月在广西大学区域经济学专业研究生班学习）；2011年5月～2014年1月任中共隆林县克长乡党委书记（其间：2012年6月～2012年11月挂任广州增城市小楼镇党委委员）；2014年1月～2015年6月任中共西林县委常委、西平乡党委书记（2014年1月定副处级）；2015年6月～2016年4月任中共西林县委常委、八达镇党委书记；2016年4月任中共西林县委常委；2016年5月换届调出到百色市畜牧局。

廖晨伊 西林县人大常委会副主任。1966年9月出生，苗族，广西平果县人，1988年7月参加工作。1986年9月～1988年7月广西司法学校法律专业学生；1988年7月～1999年7月任广西西林县律师事务所专职律师（其间:1990年7月～1993年9月参加广西大学自考大专法律专业毕业）；1999年7月～2003年2月任广西西林县法制办公室副主任；2003年2月～2006年10月任广西西林县法制办公室主任（其间:2002年9月～2005年6月在广西大学法学院法律专业本科函授班学习；2005年6月～2005年9月参加百色市中青年干部培训班学习）；2006年10月～2011年5月任广西西林县政协副主席、县法制办主任（其间:2006年11月到中央民族干部学院学习；2008年3月到广州中山大学学习）；2011年5月～2016年5月任广西西林县政协委员会副主席（2011年9月连任）；2016年5月～2016年8月广西西林县人大常委会副主任人选；2016年8月起任广西西林县人大常委会副主任至今。

黄少能　西林县人大常委会副主任、党组成员。1965年9月出生，壮族，广西西林县人，1986年7月参加工作，1989年5月加入中国共产党。1989年1984年9月～1986年7月广西百色供销学校财会专业学生；1986年7月～1991年7月任广西西林县审计局审计员；1991年7月～1994年3月任广西西林县审计局副局长；1994年3月～1997年9月任广西西林县审计局局长；1997年9月～2002年1月任广西西林县土地管理局局长（其间:1998年9月～2001年7月在广西区党校经济管理专业函授大专班学习）；2002年2月～2002年8月任广西西林县国土资源局局长；2002年8月～2006年10月任中共西林县八达镇党委书记（其间：2002年9月～2004年7月在中央党校百色函授学院法律专业本科班学习；2004年6月～2004年9月参加百色市中青年干部培训班学习）；2006年10月～2011年9月任广西西林县政协副主席；2011年9月～2016年10月任广西西林县人大常委会副主任、党组成员；2016年10月任西林县人大常委会副主任、党组副书记至今。

肖怀兵　西林县人大常委会副主任、党组成员。1967年7月出生，汉族，广西西林县人，1986年11月参加工作，1989年7月加入中国共产党。1986年11月～1990年4月广西贵港53025部队服役；1990年4月～1992年11月任广西西林县弄汪乡龙滩村公所文书兼民兵营长；1992年11月～1993年12月任广西西林县弄汪乡武装干事兼龙滩村支书（1992年11月吸收为合同制干部）；1993年12月～1994年12月任广西西林县弄汪乡武装部第一副部长；1994年12月～1997年1月任广西西林县弄汪乡武装部部长（1994年12月定副科）（1997年12月转为录用制干部；1996年9月～1998年7月广西右江民族师专行政管理自考中专班学习）；1997年1月～1999年9月任中共西林县弄汪乡党委委员、武装部部长；1999年9月～2001年3月任中共西林县弄汪乡党委组织委员；2001年3月～2003年2月任中共西林县八大河乡党委副书记兼纪委书记（2000年9月～2003年7月在广西区党校行政管理专业函授专科学习）；2003年2月～2004年2月任中共西林县八大河乡党委书记（2003年2月定正科，2003年9月～2005年12月中央党校函授行政管理专业本科班学习）；2004年2月～2005年6月任中共西林县八大河乡党委书记、人大主席；2005年6月～2007年9月任广西西林县安全生产监督管理局局长；2007年9月～2009年3月任广西西林县移民办党组书记、主任；2009年3月～2011年5月任广西西林县水库移民工作管理局党组书记、局长；2011年5月～2011年7月任广西西林县水库移民工作管理局党组副书记、局长；2011年7月～2016年5月任广西西林县人民政府副县长、党组成员（其间:2012年3月1日～2012年5月31日在广西区委党校参加第48期县处级领导干部进修二班学习）；2016年5月～2016年8月任广西西林县人大常委会党组成员、副主任人选；2016年8月任广西西林县人大常委会副主任、党组成员至今。

杨国文　西林县人大常委会副主任、党组成员。1973年10月出生，汉族，广西田林县人，1996年7月参加工作，1998年10月加入中国共产党。1992年9月～1996年7月广西农业大学畜牧兽医专业学习；1996年7月～1999年7月任广西田林县人民法院旧州法庭书记员；1999年7月～1999年10月任广西田林县人民法院经济审判庭书记员；1999年10月～2000年1月任广西田林县洞弄乡人民政府乡长助理；2000年1月～2002年7月任广西田林县洞弄乡人民政府副乡长；2002年7月～2004年7月任中共田林县旧州镇党委副书记；2004年7月～2006年11月任广西田林县人民政府办公室副主任；2006年11月～2007年3月任中共田林县乐里镇党委副书记、主持镇人民政府全面工作；2007年3月～2010年10月任中共田林县浪平乡党委书记；2010年10月～2014年4月任广西田林县发展和改革局局长；2014年4月～2014年5月任广西田林县政府党组成员；2014年5月～2016年5月任广西田林县政府党组成员、办公室主任；2016年5月～2016年8月任广西西林县人大常委会党组成员、副主任人选；2016年8月任广西西林县人大常委会副主任、党组成员至今。

郑周成 西林县人大常委会处级干部。1963年5月出生，汉族，广西西林县人。1981年12月～1984年8月任广西西林县八达公社宣传干事及资料员；1984年8月～1985年8月任广西西林县人民政府办公室信息信访干事；1985年8月～1987年7月广西电大百色分校党政管理专业脱产学习；1987年7月～1987年9月任广西西林县人民政府办公室资料员；1987年8月～1993年3月任广西西林县八达镇宣传干事、宣传委员、副书记；1993年3月～1993年8月任中共西林县委宣传部副部长；1993年8月～1998年8月任中共西林县八达镇党委书记；1998年8月～2005年1月任广西西林县人民政府副县长；2005年1月～2012年2月任广西西林县人大常委会副主任（2006年10月～2011年9月连任）；2012年2月～2016年5月任广西西林县人大常委会党组副书记；2016年5月～2016年8月任广西西林县人大常委会副主任；2016年8月任广西西林县人大常委会处级干部至今。

魏　星 西林县人民政府副县长、党组成员、县公安局党委书记、局长、督察长。1971年8月出生，壮族，广西靖西市人，大学本科学历，1993年11月加入中国共产党，1995年7月参加工作。1990年9月～1991年7月广西民族学院预科部学生；1991年9月～1995年7月广西民族学院中文系学生；1995年7月～1996年7月广西百色地区公安处政治处试用民警；1996年7月～2002年7月任广西百色地区公安处政治部（处）科员（其间：1997年1月～12月参加局工作队到那坡县龙合乡扶贫工作）；2002年7月～2002年11月任广西百色地区公安局政治部副主任（副科级）；2002年11月～2007年12月任广西百色市公安局政治部副主任（其间:2003年3月～9月任在广州市公安局交警支队越秀大队挂任副大队长）；2007年12月～2008年5月任广西百色市公安局政治部副主任（正科级）（其间:2006年10月～2008年6月挂任百色市公安局新兴派出所副所长）；2008年5月～2011年6月任广西百色市公安局副督察长、政治部副主任（其间：2008年6月～2008年9月参加市委组织部中青年干部培训班；2010年10月～2011年6月凌云县公安局挂任局长助理）；2011年6月～2014年1月任广西隆林各族自治县公安局政委（2011年7月定副处级）；2014年1月～2014年3月任广西隆林各族自治县公安局局长；2014年3月～2016年5月任广西隆林各族自治县人民政府副县长、公安局局长；2016年5月～2016年5月任广西西林县人民政府党组成员、副县长人选、县公安局党委书记、局长、督察长；2016年5月任广西西林县人民政府副县长、党组成员、县公安局局长、党委书记、督察长至今。

农永烽 西林县人民政府副县长、党组成员。1976年7月出生，壮族，广西西林县人，在职大学学历，1998年7月参加工作，2000年6月加入中国共产党。1995年9月～1998年7月广西财政高等专科学校财务与会计专业学生；1998年7月～1999年3月任广西西林县那劳乡财政所农税征管员；1999年4月～2000年7月任广西西林县马蚌镇财政所会计；2000年7月～2002年5月任广西西林县移民办会计兼计财股股长；2002年6月～2002年9月任广西西林县财政局委派会计中心委派会计；2002年10月～2003年11月任广西西林县马蚌镇人民政府副乡长（2002年10月定副科级）；2003年11月～2005年6月任中共西林县马蚌镇党委委员、马蚌镇人民政府副乡长；2005年6月～2007年1月任广西西林县人事劳动和社会保障局党组成员、副局长（其间:2004年2月～2007年1月在广西民族大学法学专业函授本科班学习）；2007年1月～2010年1月任广西西林县审计局局长（2007年1月定正科级）；2010年1月～2010年3月广西西林县审计局局长、那劳乡党委副书记、乡长候选人；2010年3月～2010年

7月任广西西林县审计局局长、那劳乡党委副书记、那劳乡人民政府乡长；2010年7月～2011年5月任中共西林县那劳乡党委副书记、那劳乡人民政府乡长；2011年5月～2011年10月任中共西林县那劳乡党委书记；2011年10月～2012年2月任广西西林县财政局局长；2012年2月～2013年4月任广西西林县财政局局长、党组书记；2013年4月～2014年1月任广西西林县财政局局长、党组副书记；2014年1月～2014年2月任广西西林县政协党组成员、副主席人选、县财政局局长、党组副书记；2014年2月～2014年8月任广西西林县政协党组成员、副主席、县财政局局长、党组副书记（2014年2月定副处级）；2014年8月～2016年5月任广西西林县政协党组成员、副主席；2016年5月～2016年5月任广西西林县人民政府党组成员、提名副县长人选；2016年5月起任广西西林县人民政府党组成员、副县长至今。

周华东　西林县人民政府副县长、党组成员。1973年5月出生，壮族，广西田阳县人，在职大学学历，1995年7月参加工作，1996年9月加入中国共产党。1993年9月～1995年7月广西河池财经学校企业财务与会计专业学生；1995年7月～1997年1月任广西田阳县百育镇企业站会计；1997年1月～1997年5月任广西田阳县百育镇人民政府办公室秘书；1997年5月～2001年9月任广西田阳县人事局综合调配股副股长（其间：1996年8月～1997年7月在中南财经大学财会专业函授大专班学习）；2001年9月～2005年1月任广西西林县审计局副局长（其间:1999年9月～2001年12月在中央党校函授学院法律专业本科班学习）（2001年9月定副科）；2005年1月～2006年5月任广西西林县人民政府办公室副主任；2006年5月～2006年9月任中共西林县西平乡党委副书记；2006年9月～2008年8月任中共西林县西平乡党委副书记、西平乡人民政府乡长（2006年9月定正科）（其间：2005年1月～2008年1月在广西广西民族大学经济学函授本科班学习）；2008年8月～2011年5月任广西西林县经贸局党组书记、局长；2011年5月～2011年11月任广西西林县发展和改革局党组副书记、县经贸局局长；2011年11月～2015年6月任广西西林县发展和改革局党组副书记、局长（其间：2013年7月～2013年12月到广州南沙区发展和改革局挂职学习）；2015年6月～2016年5月任广西西林县发展和改革局党组书记、局长；2016年5月～2016年6月任广西西林县人民政府党组成员、提名副县长人选；2016年6月起任广西西林县人民政府党组成员、副县长至今。

农海燕　西林县人民政府副县长。1976年12月出生，壮族，广西西林县人，广西区党校研究生学历，无党派，1997年7月参加工作。1993年9月～1997年7月广西农校园林花卉专业学生；1997年7月～2006年8月任广西西林县建设局干部（其间:2001年9月～2005年7月在华南理工大学工业与民用建筑专业函授大专班学习）；2006年8月～2011年5月任广西西林县马蚌镇人民政府副乡长（2006年8月定副科）（其间:2006年9月～2009年1月在武汉工程大学城市规划专业函授本科班学习）；2011年5月～2012年3月任广西西林县发展和改革局副局长；2012年3月～2013年6月任广西西林县工商业联合会主席、民间商会会长、县发展和改革局副局长（2012年3月定正科）；2013年6月～2016年5月任广西西林县工商业联合会主席、民间商会会长（其间:2013年8月～2013年12月挂任百色市工业和信息管理委员会主任助理，2014年12月～2015年1月参加百色市中青年干部培训班）（其间:2012年9月～2014年12月在广西区委党校经济管理（宏观经济管理）专业在职研究生班学习）；2016年5月～2016年6月任广西西林县人民政府副县长人选、县工商业联合会主席、民间商会会长；2016年6月～2016年7月任广西西林县人民政府副县长、县工商业联合会主席、民间商会会长（2016年6月定副处级）；2016年7月任广西西林县人民政府副县长至今。

谢君稳　原西林县人民政府副县长、党组成员、县公安局党委书记、局长、督察长。1966年6月出生，汉族，广西乐业县人，1985年7月参加工作，1987年7月加入中国共产党，中国人民公安大学公安管理专业毕业，在职大学学历。1980年8月～1984年7月广西乐业县中学学生；1984年9月～1985年6月任广西乐业县花坪中学代课教师；1985年7月～1988年6月任广西乐业县公安局幼平派出所民警；1988年6月～1992年8月任广西乐业县公安局幼平派出所副所长；1992年8月～1993年12月任广西乐业县公安局幼平派出所所长；1993年12月～1999年8月任广西乐业县幼平乡党委副书记兼任派出所所长（其间:1994年12月通过中国人民公安大学公安管理专业大专自学考试）；1999年8月～2000年8月任广西乐业县公安局副局长；2000年8月～2006年8月任广西乐业县公安局副局长、党委委员（其间：2000年8月定正科级，2002年7月毕业于中国人民公安大学公安管理专业自学考试）；2006年8月～2011年6月任广西乐业县公安局政委、党委副书记；2011年6月～2012年5月任广西西林县人民政府党组成员、县公安局党委书记、局长；2012年5月～2012年11月任广西西林县人民政府党组成员、县公安局党委书记、局长、督察长；2012年11月～2016年5月任广西西林县人民政府副县长、党组成员、县公安局党委书记、局长、督察长；2016年5月换届调到田林县人民政府工作。

陈次平 西林县人民政府副处级干部。1968年12月出生，汉族，湖北大冶县人，1987年11月参加工作，1991年7月加入中国共产党，中央党校政法工作专业毕业，中央党校大学学历。1987年11月～1988年4月广州军区第二通信站战士；1988年4月～1990年9月任广州军区第二通信站四营三连电缆维护员；1990年9月～1993年7月桂林陆军学院通信士官训练大队无线电专业学员；1993年7月～1996年3月任广西百色军分区警通连无线技师；1996年3月～1996年7月桂林陆军学院步兵指挥专业学员；1996年7月～1997年7月任广西百色军分区警通连副连长；1997年7月～1999年10月任广西那坡县人民武装部政工科副连职干事（其中:1997年8月～1999年12月在中共中央党校函授学院政法工作专业函授本科学习）；1999年10月～1999年12月任广西百色军分区后勤部战勤科副连职参谋；1999年12月～2002年5月任广西百色军分区后勤部战勤科正连职参谋；2002年5月～2002年8任月广西军区边防第五团后勤处副处长；2002年8月～2004年1月任广西百色军分区后勤部战勤科副营职参谋；2004年1月～2004年7月任广西百色市右江区人民武装部后勤科代理科长（正营级）；2004年7月～2007年6月任广西百色市右江区人民武装部后勤科科长；2007年6月～2011年3月任广西百色军分区司令部通信科科长（副团级）；2011年3月～2014年11月任广西凌云县人民武装部部长（正团级）；2014年11月～2014年12月提名广西西林县人民政府副县长人选；2014年12月～2016年5月任广西西林县人民政府副县长、党组成员；2016年5月任广西西林县人民政府副处级干部至今。

杨登祥 原西林县人民政府副县长、党组成员。1968年8月出生，苗族，广西隆林县人，1991年7月参加工作，1994年12月加入中国共产党，中央党校函授学院政法专业毕业，中央党校大学学历。1987年9月～1991年7月广西右江民族师范专科学校预科部、历史专业学生；1991年7月～1999年6月任广西隆林各族自治县隆林中学历任该校教师、历史教研组组长、学校政教处副主任；1999年6月～2002年4月任广西隆林各族自治县人民政府办公室秘书（定副科）（其间:1996年8月～1998年12月在中央党校函授学院政法专业本科班学习）；2002年4月～2006年4月任中共隆林各族自治县蛇场乡党委书记；2006年4月～2007年3月任中共隆林各族自治县委办公室副主任；2007年3月～2011年6月任广西隆林各族自治县人民政府党组成员、办公室主任；2011年6月～2016年5月任广西西林县人民政府副县长、党组成员；2016年5月换届往隆林各族自治县人大常委会工作。

农丰供 原西林县人民政府副县长、党组成员。1973年9月出生，壮族，广西田阳县人，1994年7月参加工作，1994年6月加入中国共产党，华中师范大学汉语言文学专业毕业，在职大学学历。1991年9月～1994年7月广西百色市田东县民族师范学校普师专业学生；1994年7月～2003年3月任广西百色市田东县民族师范学校行政党支部书记、工会宣传委员、办公室副主任；2003年3月～2004年9月任广西百色市支教办秘书；2004年9月～2004年12月任广西百色市政府办第三秘书科秘书；2005年1月～2005年5月任广西百色市支教办秘书；2005年5月～2008年4月任广西百色市教育局办公室副主任、主任、行政党支部书记、市教师培训中心主任、教育宾馆总经理（其间:2003年7月～2006年7月在华中师范大学汉语言文学专业函授本科班学习，2006年8月定正科）；2008年4月～2009年4月任广西百色市交通局政策法规科科长；2009年4月～2009年10月任广西百色市交通局综合科科长；2009年10月～2011年6月任广西百色市交通局办公室主任、机关党支部书记（其间：2010年5月～2011年5月挂任西林县委书记助理）；2011年6月～2016年5月任广西西林县人民政府副县长、党组成员；2016年5月换届调到靖西市纪委工作。

黄彩雪 原西林县人民政府副县长。1976年11月出生，壮族，广西靖西市人，1996年7月参加工作，无党派，广西大学公共管理学院社会学专业毕业，在职研究生学历。1993年9月～1996年7月广西百色民族师范学校普师专业学生；1996年7月～2000年11月任广西西林县西林中学教师；2000年12月～2002年7月任广西西林县妇联干部；2002年7月～2002年10月广西西林县普合苗族乡人民政府副乡长人选；2002年10月～2006年4月任广西西林县普合苗族乡人民政府副乡长（2002年10月定副科）（其间2000年9月～2003年7月在右江师专汉语言文学教育专业专科函授班学习）；2006年4月～2007年3月任广西西林县招商局副局长；2007年3月～2009年3月任广西西林县工商业联合会会长（2007年3月定正科）（其间:2005年1月～2007年12月在中南民族大学汉语言文学专业本科函授班学习；2008年9月～2010年7月在广西大学公共管理学院社会学专业在职研究生班学习）；2009年3月～2011年6月任广西西林县招商促进局局长；2011年6月～2016年5月任广西西林县人民政府副县长（其间：2012年3月～2012年4月在北京清华大学参加百色市青年干部高级研修班学习）；2016年5月换届调到百色市人民政府办公室工作。

谭邦敏 政协西林县委员会党组副书记、副主席。1963年6月出生，毛南族，广西东兰县人，1987年7月参加工作，1989年3月加入中国共产党，在职大学学历，毕业于广西区委党校政治管理专业。1987年7月～1990年10月任广西西林县八达镇政府经管干事；1990年10月～1992年3月任中共西林县八达镇党委组织干事；1992年3月～1993年9月任广西西林县八达镇人民政府副镇长；1993年9月～1996年9月任广西西林县八达镇人大主席（其间:1992年9月～1995年6月在广西区党校政治管理专业函授大专班学习）；1996年9月～1998年10月任广西西林县八达镇人民政府镇长（其间:到百色市四塘镇挂职学习4个月）；1998年10月～1999年9月任中共西林县八达镇党委书记；1999年9月～2001年8月任中共隆林各族自治县天生桥镇党委书记（其间:到桂林市恭城县挂职学习3个月）；2001年8月～2002年6月任中共隆林各族自治县委常委、天生桥镇党委书记（其间:2001年5月～2001年7月参加百色地区中青班学习）；2002年6月～2002年9月任广西西林县人民政府副县长；2002年9月～2004年3月任中共西林县委常委、政法委书记；2004年3月～2006年8月任中共西林县委副书记；2006年8月～2006年10月任广西西林县人大常委会党组成员；2006年10月～2007年7月任广西西林县人大常委会党组成员、副主任；2007年7月～2016年5月任广西西林县人大常委会副主任、党组成员、县总工会主席；2016年5月～2016年8月任政协西林县委员会党组副书记、副主席人选县总工会主席；2016年8月任政协西林县委员会党组副书记、副主席、县总工会主席至今。

韦振英 政协西林县委员会副主席。1966年7出生，壮族，广西西林县人，1987年7月参加工作，无党派，在职大学学历，毕业于广西大学法律专业。1985年9月～1987年7月广西司法学校法律专业学生；1987年7月～1999年1月任广西西林县律师事务所副主任（其间：1989年3月～1992年6月参加广西大学法律专业大专班自学考试学习）；1999年1月～2006年10月任广西西林县政协副主席、西林县星云律师事务所主任、百色市律师协会副会长、广西律师协会理事（其间：2001年9月～2004年12月参加广西大学法律专业本科班自学考试学习）；2006年10月～2011年9月任广西西林县人大常委会副主任；2011年9月任政协西林县委员会副主席至今。

熊艳英 政协西林县委员会副主席。1962年6出生，苗族，广西西林县人，1980年10月参加工作，无党派，在职大学学历，毕业于百色地委党校政治管理专业。1980年10月～1984年10月任广西西林县八达公社妇联干事；1984年10月～1986年9月任广西西林县普合苗族乡计生助理；1986年9月～1988年8月广西隆林各族自治县党校中专学习；1988年8月～1990年11月任广西西林县普合苗族乡妇联干事；1990年11月～1991年3月任广西西林县普合苗族乡妇联主任；1991年3月～1991年9月任广西西林县普合苗族乡人民政府副乡长；1991年9月～1993年9月广西百色市地委党校政治管理专业脱产学习；1993年9月～1999年1月任广西西林县八达镇副镇长；（其间:1995年7月～1995年12月挂任田阳县头塘镇镇长助理）；1999年1月～2002年10月任广西西林县人大常委会副主任、县计生协会副会长；2002年10月～2011年6月任广西西林县人民政府副县长（2006年10月连任）（其间:2002年4月～2002年7月在广西社会主义学院学习）；2011年6月～2011年9月提名为广西西林县人大常委会副主任；2011年9月～2016年5月任广西西林县人大常委会副主任；2016年5月～2016年8月政协西林县委员会副主席人选；2016年8月任政协西林县委员会副主席至今。

黄必先　政协西林县委员会副主席、党组成员。1962年6月出生，壮族，广西靖西市人，1991年11月参加工作，1996年7月加入中国共产党，在职研究生学历，毕业于广西区委党校国民经济学专业。1988年8月～1990年2月任广西西林县那劳乡弄南小学代课教师；1990年2月～1991年11月在广西西林县那劳乡待业；1991年11月～1996年9月任广西西林县西平乡人民政府计生助理；1996年9月～1999年2月任广西西林县西平乡人民政府副乡长（其间:1994年7月～1997年7月在广西区党校经济管理专业大专函授班学习）；1999年2月～1999年3月任中共西林县八达镇党委副书记；1999年3月～2002年6月任中共西林县八达镇党委副书记、镇长（其间:1998年9月～2000年12月在中央党校函授学院经济管理专业本科班函授学习）；2002年6月～2002年9月任广西西林县民族事务局局长；2002年9月～2006年7月任中共西林县委常委、宣传部部长；2006年7月～2006年10月任广西西林县人大党组成员；2006年10月～2011年6月任广西西林县人大常委会副主任、党组成员（其间:2005年9月～2007年12月参加广西区委党校在职研究生班国民经济学专业学习）；2011年6月～2011年9月任政协西林县委员会党组成员；2011年9月～2012年2月任政协西林县委员会副主席、党组成员；2012年2月～2016年5月任政协西林县委员会党组副书记、副主席；2016年5月任政协西林县委员会副主席、党组成员至今。

西林县百岁老人

【百岁老人概况】　2016年年底，西林县民政统计数据显示，全县百岁以上老人5人，百岁老人以生活在农村为主。

【百岁老人简介】

罗实保，男，苗族，1910年9月出生，现107岁，家庭住址是那佐苗族乡苗族上马草村平安屯010号。

刘庆碧，女，汉族，1910年9月出生，现107岁，家庭住址是古障镇古障村羊街屯29号。

李乜团，女，壮族，1915年3月出生，现102岁，家庭住址是古障镇仙仁掌村仙仁掌屯。

杨楼奶，女，苗族，1913年11月出生，现103岁，家庭住址是八达镇周帮村河口屯013号。

王彤英，女，汉族，1915年7月出生，现102岁，家庭住址是八达镇旺子村良杠屯001号。

统计资料

◎ 2016年西林县国民经济指标统计

指标名称	单位	经济指标	指标名称	单位	经济指标
一、土地面积	平方公里	3020	#国有企业投资	万元	192631
二、人口和劳动力			#有限责任公司投资	万元	52509
年末总户数	户	41485	#股份有限公司投资	万元	0
#乡村户数	户	30691	#私营企业	万元	35630
年末人口合计	人	160561	#其他企业	万元	9459
#城镇人口	人	26166	中央地方财政总收入（实绩）	万元	18216
#农村人口	人	134395	#公共财政预算收入	万元	9630
出生率	‰	14.69	#上划中央税收入	万元	5995
死亡率	‰	5.00	#上划自治区税收收入	万元	2591
自然增长率	‰	9.69	附：政府性基金预算收入	万元	3934
年平均人口	人	159742	地方财政支出（决算数）	万元	161174
社会从业人员合计	人	94641	#一般公共支出	万元	15800
（镇）村从业人员	人	86401	#国防支出	万元	176
#男	人	79201	#教育支出	万元	29554
#女	人	39403	#卫生支出	万元	16033
其中：农业从业人员	人	63118	#交通运输支出	万元	10450
城镇从业人员	人	8240	#住房保障支出	万元	5802
#企业	人	2135	#社会保障支出	万元	16360
#事业	人	2969	#农林水事务支出	万元	34593
#机关	人	3070	#政府性基金预算支出	万元	9040
三、国民经济综合指标			财政收入占生产总值比重	%	8.0
生产总值（当年价绝对数）	万元	235000	城镇居民人均可支配收入	元	22502
第一产业（不含农林牧渔服务）现价	万元	96200	城镇从业人员劳动报酬总额	千元	399195
第二产业（不含工业服务业）	万元	46710	#企业	千元	82150
#工业	万元	26562	#事业	千元	157231
#建筑业	万元	20149	#机关	千元	157295
工业增加值（现价）	万元	26565	城镇从业人员年平均工资	元	49732
第三产业（含农服和工服）	万元	95690	#企业	元	39763
人均国内生产总值（现价）	元	14636	#事业	元	53865
固定资产完成投资总额	万元	290229	#机关	元	52890

指标名称	单位	经济指标	指标名称	单位	经济指标
农村经济总收入	万元	175167	成林抚育面积	公顷	10578
农村经济总费用	万元	64304	其中：中、幼龄抚育面积	公顷	9548
可分配净收入	万元	110863	木材采伐（蓄积量）	立方米	301573
农民人均可支配收入	元	8604	#出材量	立方米	194307
四、农村经济			主要林产品产量	吨	13237
乡镇	个	8	#油桐籽	吨	6870
村民委员会	个	94	#油茶籽	吨	2220
村民小组	个	763	#松脂	吨	3142
自然屯	个	594	#竹笋干	吨	73
通电视村	个	94	#核桃	吨	83
通宽带村	个	45	#板栗	吨	730
自来水受益村	个	70	#八角	吨	119
通电村	个	94	大牲畜年末存栏数	头	46200
农村整半劳动力	个	86402	#黄牛	头	11300
#男	个	42700	#水牛	头	11000
#女	个	43702	#马	匹	12100
耕地面积合计	公顷	23864	#驴、骡	匹	11800
1.水田	公顷	3816	其中：从事农事劳役的	头、匹	25000
#保水田	公顷	2529	其他牲畜年末存栏数	头、只	120100
2.旱地	公顷	16626	#生猪	头	82600
#不固定旱地	公顷	136835	#山羊	只	37500
农业用地合计	公顷	192430	农村居民饲养家禽	只	1049000
1.农用耕地	公顷	22056	#鸡	只	648000
2.园地	公顷	13404	#鸭	只	375800
3.林地	公顷	2380001	#鹅	只	25200
4.草地	公顷	14988	牧业主要产品	头、只	1611000
5.设施农业用地	公顷	6	#肉猪出栏	头	85600
农、林、牧、渔业生产总值	万元	148793	#肉牛出栏	头	16700
农业产值	万元	69073	#肉羊出栏	头	40200
林业产值	万元	26286	#家禽出栏	只	1468500
牧业产值	万元	32922	牧业主要产量	吨	
渔业产值	万元	17804	#猪肉产量	吨	6190
农、林、牧、渔业服务业产值	万元	2708	#牛肉产量	吨	1563
粮食总产量	吨	57210	#羊肉产量	吨	591
农村人口人均产粮	公斤	426	#家禽肉产量	吨	10994
农作物播种面积合计	公顷	22235	#蛋产品产量	吨	408
粮食作物	公顷	14467	淡水产品养殖面积	公顷	3183
经济作物	公顷	3452	淡水产品产量	吨	17870
其他农作物	公顷	4316	农业机械化年末拥有量		
主要农产品产量合计	吨	264384	农业机械总动力	千瓦	177501
粮食	吨	57210	1.耕作机械	千瓦	12906
油料	吨	1706	#小型拖拉机	台/千瓦	1306/12906
薏谷	吨	2539	#小拖等农机具	台	1334
甘蔗	吨	36933	农业机械动力	台/千瓦	21405/66990
烤烟	吨	199	1.农田排灌用动力机械	台/千瓦	1363/5420
药材	吨	2449	#柴油机	台/千瓦	530/2504
茶叶	吨	3186	#电动机	台/千瓦	833/2916
水果	吨	98989	2.农副产品初加工畜牧用机械	台/千瓦	18789/60343
蔬菜	吨	61173	#柴油机	台/千瓦	964/11563
林业造林面积	公顷	3016.9	#电动机	台/千瓦	17825/48780
#用材林	公顷	1954	3.工、副用动力机械	台/千瓦	1253/9148
#经济林	公顷	1062.9	#柴油机	台/千瓦	653/4693

指标名称	单位	经济指标	指标名称	单位	经济指标
#电动机	台/千瓦	600/4455	#重工业	人	629
排灌机械动力	台/套	1674/930	#国有企业（含控股企业）	人	467
#农用水泵	台	1674	#非国有工业	人	527
#喷灌机械	套	930	**六、交通运输、邮电通信**		
农用化肥施用量	吨	6645000	公路总里程	公里	1011
农用塑料薄膜使用量	吨	30	#省道	公里	265
有效灌溉面积	公顷	2158	#县道	公里	357
农村用电量	万千瓦/时	2219	#乡道	公里	26
五、工业			#专用道	公里	4
工业总产值	万元	73109	#村级公路	公里	359
（一）规模以上工业	万元	54934	邮政业务统计	——	——
#轻工业	万元	19289	国同函件	万件	19.5
#重工业	万元	35645	国内包裹	万件	0.74
（二）规模以下工业	万元	18175	国内汇票	万张	0.27
工业增加值	万元	26562	订销报纸累计份数	万份	9.01
（一）规模以上工业	万元	19655	订销杂志累计份数	万份	1.49
#轻工业	万元	5831	邮下储蓄平均余额	万元	17410.04
#重工业	万元	13824	邮政储蓄期末余额	万元	17682.9
（二）规模以下工业	万元	6907	集邮业务量	百枚	5.01
规模以上工业企业主要财务指标			本地固定电话	户	4520
（一）工业增加值（现价）	万元	19655	其中：住宅电话	户	2163
#轻工业	万元	5831	移动电话（含小灵通）	户	81903
#重工业	万元	13824	国际互联网	户	10892
#国有企业（含国有控股企业）	万元	9811	**七、批发零售餐馆业**		
#非国有工业	万元	9844	社会销费品零售总额	万元	62266
（二）资产合计	万元	245021	#城镇零售总额	万元	52343
#轻工业	万元	48869	#乡村零售总额	万元	9923
#重工业	万元	196152	批发零售贸易商品销售总额	万元	71554
#国有企业（含国有控股企业）	万元	192632	#批发业	万元	13109
#非国有工业	万元	52389	#零售业	万元	58445
（三）流动资产合计	万元	70249	**八、金融保险业**		
#轻工业	万元	38659	各项存款本期余额	万元	348316.07
#重工业	万元	31590	（一）境内存款余额	万元	348249.14
#国有企业（含国有控股企业）	万元	30169	1.住户存款	万元	179994.45
#非国有工业	万元	40080	#活期存款	万元	135364.77
（四）负债合计	万元	238705	#定期及其他存款	万元	44629.68
#轻工业	万元	39097	2.非金融企业存款	万元	16619.45
#重工业	万元	199608	#活期存款	万元	15101.95
#国有企业（含控股企业）	万元	198606	#定期及其他存款	万元	1517.51
#非国有工业	万元	40099	3.广义政府存款	万元	151635.24
（五）主营业务收入	万元	36035	#财政性存款	万元	5294
#轻工业	万元	16692	#机关团体存款	万元	146341.24
#重工业	万元	19343	（二）境外存款	万元	66.93
#国有企业（含控股企业）	万元	16696	各项贷款本期余额	万元	204588.83
#非国有工业	万元	19339	1.住户贷款	万元	142663.83
（六）利润总额	万元	-1424	（1）短期贷款	万元	22994.95
#轻工业	万元	1296	#消费贷款	万元	705
#重工业	万元	-2720	#经营贷款	万元	22289.95
#国有企业（含控股企业）	万元	-2831	（2）中长期贷款	万元	119668.88
#非国有工业	万元	1407	#消费贷款	万元	37014.8
（七）从业人员年平均人数	人	994	#经营贷款	万元	82654.08
#轻工业	人	365	2.非金融企业及机关团体贷款	万元	61925

指标名称	单位	经济指标	指标名称	单位	经济指标
（1）短期贷款	万元	14256	业务行政管理人员合计	人	21
（2）中长期贷款	万元	47669	（一）卫生部门		
（三）境外贷款	万元	——	#县人民医院	人	5
九、城乡居民家庭现金收支情况			#中医院	人	1
全体居民可支配收入	元	12586	#乡卫生院	人	3
城镇居民可支配收入	元	22502	#中心卫生院	人	9
农村居民可支配收入	元	8604	#皮防站	人	2
十、卫生			#疾病预防控制中心	人	0
机构总数	个	16	#妇幼保健院	人	1
（一）卫生部门	个		（二）工业及其他部门	人	——
#县人民医院	个	1	（三）私人从业人员	人	——
#中医院	个	1	工勤人员合计	人	201
#乡卫生院	个	8	（一）卫生部门		
#中心卫生院	个	3	#县人民医院	人	57
#皮防站	个	1	#中医院	人	8
#疾病预防控制中心	个	1	#乡卫生院	人	27
#妇幼保健院	个	1	#中心卫生院	人	92
（二）工业及其他部门	个	——	#皮防站	人	1
（三）私人从业人员	个	——	#疾病预防控制中心	人	3
床位总数		1077	#妇幼保健院	人	13
（一）卫生部门	个	1077	（二）工业及其他部门	人	——
#县人民医院	个	295	（三）私人从业人员	人	——
#中医院	个	80	**十一、教育**		
#乡卫生院	个	146	学校合计数	所	137
#中心卫生院	个	521	1.普通中学	所	10
#皮防站	个	5	#高中	所	1
#疾病预防控制中心	个	0	#县城初中	所	2
#妇幼保健院	个	30	#乡村初中	所	7
（二）工业及其他部门	个	——	2.职业高中	所	0
（三）私人从业人员	个	——	3.普通小学	所	62
总合计人数	人	1341	#县城小学	所	2
（一）卫生部门			#乡村小学	所	60
#县人民医院	人	326	4.幼儿园	所	65
#中医院	人	95	#县城幼儿园	所	10
#乡卫生院	人	202	#乡村幼儿园	所	55
#中心卫生院	人	623	班级合计	班	894
#皮防站	人	8	1.普通中学	班	187
#疾病预防控制中心	人	35	#高中	班	37
#妇幼保健院	人	52	#县城初中	班	91
（二）工业及其他部门	人	——	#乡村初中	班	59
（三）私人从业人员	人	——	2.职业高中	班	0
卫生技术人员合计	人	1119	3.普通小学	班	452
（一）卫生部门			#县城小学	班	71
#县人民医院	人	264	#乡村小学	班	381
#中医院	人	86	4.幼儿园	班	255
#乡卫生院	人	172	#县城幼儿园	班	115
#中心卫生院	人	522	#乡村幼儿园	班	140
#皮防站	人	5	年招生数合计	人	8489
#疾病预防控制中心	人	32	1.普通中学	人	3700
#妇幼保健院	人	38	#高中	人	884
（二）工业及其他部门	人	——	#县城初中	人	1706
（三）私人从业人员	人	——	#乡村初中	人	1110

指标名称	单位	经济指标	指标名称	单位	经济指标
2.职业高中	人	0	4.幼儿园	人	7118
3.普通小学	人	2462	#县城幼儿园	人	4070
#县城小学	人	640	#乡村幼儿园	人	3048
#乡村小学	人	1822	教职工人数		1290
4.幼儿园	人	2327	1.普通中学	人	425
#县城幼儿园	人	1376	#高中	人	98
#乡村幼儿园	人	951	#县城初中	人	205
在校学生数	人	34248	#乡村初中	人	122
1.普通中学	人	10132	2.职业高中	人	15
#高中	人	2336	3.普通小学	人	771
#县城初中	人	5036	#县城小学	人	126
#乡村初中	人	2760	#乡村小学	人	645
2.职业高中	人	0	4.幼儿园	人	79
3.普通小学	人	16998	#县城幼儿园	人	58
#县城小学	人	3378	#乡村幼儿园	人	21
#乡村小学	人	13620			

数据提供：西林县统计局

编制：秦应海

◎ 2016 年西林县 GDP 贡献率和结构

指标名称	不变价增量（万元）	贡献率%	拉力%	结构%
地区生产总值	15779	100	7.5	100
农、林、牧、渔业	5469	34.7	2.6	39.9
工业	743	4.7	0.4	11.3
建筑业	1764	11.2	0.8	8.6
批发和零售	1211	7.7	0.6	7.7
批发业	2	0.0	0.0	0.2
零售业	1209	7.7	0.6	7.5
交通运输、仓储和邮政业	218	1.4	0.1	2.2
住宿和餐饮业	472	3.0	0.2	3.2
住宿业	103	0.7	0.0	0.8
餐饮业	369	2.3	0.2	2.3
金融业	1391	8.8	0.7	6.0
房地产业	263	1.7	0.1	2.3
房地产业（K门类）	9	0.1	0.0	0.0
居民自有住房折旧	253	1.6	0.1	2.2
其他服务业	4250	26.9	2.0	18.9
营利性服务业	2578	16.3	1.2	3.9
非营利性服务业	1637	10.6	0.8	15.0
第一产业（不含农、林、牧、渔服务业	5406	34.3	2.6	39.4
第二产业（不含工业服务业）	2507	15.9	1.2	19.9
第三产业（含农服和工服）	7867	49.9	3.7	40.7

数据提供：西林县统计局

编制：秦应海

◎ 2016年西林县地区生产总值(GDP)

指标名称	序码	按当年价格计算		按2010年不变价格计算		增长速度%
		2016年	2015年	2016年	2015年	
地区生产总值	1	235000	211186	226965	211186	7.5
农、林、牧、渔业	2	93721	88202	93671	88202	6.2
工业	3	26562	19734	20477	19734	3.8
建筑业	4	20149	18506	20270	18506	9.5
批发和零售业	5	18150	16867	18078	16867	7.2
批发业	6	540	537	538	537	0.3
零售业	7	17610	16331	17540	16331	7.4
交通运输、仓储和邮政业	8	5071	4757	4975	4757	4.6
住宿和餐饮业	9	7404	6780	7252	6780	7.0
住宿业	10	1984	1846	1949	1846	5.6
餐饮业	11	5420	4934	5303	4934	7.5
金融业	12	14182	12714	14105	12714	10.9
房地产业	13	5309	5077	5340	5077	5.2
房地产业（K门类）	14	23	12	22	12	76.7
居民自有住房折旧	15	5286	5065	5318	5065	5.0
其他服务业	16	44452	38548	42799	38548	11.0
营利性服务业	17	9110	6416	8994	6416	40.2
非营利性服务业	18	35342	32132	33805	32132	5.2
第一产业（不含农、林、牧、渔服务业	19	92600	87196	92602	87196	6.2
第二产业（不含工业服务业）	20	46710	38240	40747	38420	6.6
第三产业（含农服和工服）	21	95690	85750	93616	85750	9.2

数据提供：西林县统计局

编制：秦应海

◎ 2016年西林县领导联系推进重大项目进度目标责任表(汇总)

序号	名称	项目个数	总投资（万元）	截止2015年完成投资（万元）	2016年计划投资（万元）	备注
	合计	78	2743814	73103	116853	
一	新开工项目	22	112201		48223	
二	续建项目	12	224675	44501	46635	
三	竣工项目	13	50597	28602	21995	
四	前期工作项目	31	2356341	0	0	

◎ 2016年西林县领导联系推进重大项目(新开工)进度目标责任表

序号	项目类别	项目名称	建设规模及内容	建设起止年限	资金来源	总投资	2016年投资计划	至目前工作完成情况
	22		新开工项目			112201	48223	
一	城建项目	6						
	1	西林县阳光小区二期工程	主要进行商铺房和回迁房建设	2016-2017	国家投资银行贷款	5100	3000	目前正在进行地基开挖工程
	2	西林县古障镇水果茶叶综合交易市场	占地总面积10814平方米(约15.96亩)。主要建设综合交易市场和配套基础设施等工程，综合交易市场建筑面积8900平方米。	2016~2017	国家资金、银行贷款、业主自筹	1446	1200	已完成项目可研、图纸以及场地平整、排水函管道工程。
	3	那劳水果综合交易市场	总面积10302平方米，约合15.45亩。水果交易市场占地4191平方米，农贸市场6171平方米。	2016-2020	国家资金、银行贷款、业主自筹	2000	500	已完成总体规划，已基本完成征地工作，正在开展三通一平。
	4	富强置业(鲤城新区K地块)	建设用地18379㎡，拟建筑面积82705㎡。	2016-2017	社会投资	9800	500	正在建设工棚，完成“三通一平”建设。
	5	旧国地税局地块(覃瑜)	建设用地4939.14㎡，拟建筑面积22226㎡。	2016-2017	社会投资	9000	500	正在办理供地手续
	6	旧总工会电影院一带三星级宾馆	规划用途为商服用地，按照三星级宾馆的标准建设，总建筑面积≤20950㎡，建筑限高45米以下。总投资8900万元。	2016-2017	银行贷款业主自筹	8900	500	正在进行“三通一平”
二	农业农村项目	7						

单位：万元

2016年工程形象进度目标	存在困难	下一步工作打算	用地指标需求情况	计划开工月份	项目业主联系人及联系电话	责任单位/责任人	县联系领导	备注
进行主体工程建设，完成工程50%。		加快建设进度		3月份	黄斌 18078648898	城投公司黄苧锋	李正对 肖怀兵	
年底完成土建基础	尚未落实土地出让手续	进一步明确项目业主，完善用地手续，完成规划设计等前期工作，筹集资金，并开工建设。		6月份	黄斌 18078648898	市场开发服务中心韦桂德城投公司黄苧锋	农建华 周华东	
完成地质堪探和图纸设计评审，争取开工建设。	落实市场具体用地指标，筹集建设资金，完善规划设计。	进一步明确项目业主，完善用地手续，完成规划设计等前期工作，筹集资金，并开工建设。		6月份	黄斌 18078648898	市场开发服务中心韦桂德城投公司黄苧锋	肖怀兵	
争取年内报设计方案	开发商未进行建筑方案设计	完成项目前期工作，并开工建设。		10月份	伍强 15077682566	住建局　班海勇	农建华 肖怀兵	
争取年内报设计方案	财政局等建筑群未搬迁。	完成项目前期工作，并开工建设。		10月份	覃瑜 18977619422	住建局　班海勇	李正对 肖怀兵	
已向县政府上报建设方案	目前尚未完成设计图纸，公司尚未成立，未完善报建手续。	完成项目前期工作，并开工建设。		10月份	贺勇 18977699888	住建局　班海勇	李正对 黄少能	

序号	项目类别	项目名称	建设规模及内容	建设起止年限	资金来源	总投资	2016年投资计划	至目前工作完成情况
	1	西林县全国生态文明示范工程试点县沙糖桔无公害水果生产基地	建设水果核心示范区5000亩，配套建设水果基地、核心示范区基础设施，建设水果基地、园区道路35公里，建设供水工程32处、饮水管路45公里。建设科研用房和产品展示交易区2000平方米。	2014–2017	中央、自治区、地方补助；企业社会投资。	6600	1200	1。已完成了广西百色西林县优质柑桔产业发展规划（2014–2020年）；2。正在编制可行性研究报告和项目的初步设计文本；3。西林县现代农业核心示范区（西林沙糖桔）规划已完成项目规划编制和评审工作。4。已列入自治区实施左右江规划重点推进项目，并取得自治区补助资金100万元。
	2	西林县重点水源龙英水库扩容工程	将龙英水库库容扩至780万立方米	2015–2017	国家补助、地方配套	12300	9000	可研报告、初步设计已通过评审和批复。目前正在开展环评、水保等14个专项工作，以及正在开展找图表、征地等前期工作。
	3	西平和足别应急抗旱供水工程	新建西平乡、足别瑶族苗族乡应急供水工程	2016	中央、地方	1100	1100	目前已开工建设
	4	那劳镇那俄小流域水土保持综合治理工程	那俄小流域水土流失面积21.11km2，年土壤流失量3.86万t，设计治理水土流失面积15.68km2，占流失面积的74.26%，其中建设梯田35.63hm2，蓄水池22座，生产道路4.8km，节水灌溉3.49hm2，沉砂池22座，截水沟1.29km，排水沟1.15km，营造水保林312.74hm2，种植经济林160.86hm2，封禁措施治理1059.37hm^2。	2016年2月/2016年10月	中央财政资金450万元，地方财政资金225万元，群众自筹资金27.6万元。	702	702	目前Ⅰ标已经动工，Ⅱ标完成封禁治理600hm^2。
	5	2016年西林县农村饮水工程	待定	2016	中央和地方配套	2000	2000	正在初设
	6	坝林河和马麻河应急供水工程	新建坝村河应急供水工程和马麻河应急供水工程	2016	中央和地方配套	1722	1722	已开工建设，进行供水管安装工程。
	7	古障和那劳应急抗旱工程	那劳镇：维修那伏屯高位水池1做，安装引水管等设施，新建消毒间5间，新建加压站1座等，总投资675.58万元。古障镇：安装输水管等设备，安装一体化净水器一台，消毒设备1台等设施，总投资661.03万元。	2016年	中央和地方配套	1337	1337	已完成招投标等工作，目前已开工建设。
三	社会事业、旅游招商项目	5						

2016年工程形象进度目标	存在困难	下一步工作打算	用地指标需求情况	计划开工月份	项目业主联系人及联系电话	责任单位/责任人	县联系领导	备注
开工建设核心区配套基础设施项目，新发展3万亩沙糖桔种植。	核心区用地流转尚未落实	争取落实核心区用地流转问题，开工建设核心区配套基础设施项目，切实加强水果种植、管护工作，新发展3万亩沙糖桔。		1月份	陆海城 18074769706	农业局 陆志伸	农永烽	已列入自治区实施左右江规划重点推进项目
开工建设并完成主体工程	前期工作时间长，地方配套资金压力大。	加快前期工作进度，落实地方配套资金，争取尽快开工建设。		3月份	郑存任 13877677615	水利局 岑 强	刘 启 农永烽	2016年市层面重大项目
完成计划下达目标	征地困难	加快建设进度		2月份	韦智 13877679855	水利局 岑 强	刘 启	
完成计划下达目标		加快建设进度	无	2月份	韦智 13877679855	水利局 岑 强	李正荣	
完成计划下达目标	点多面广、时间紧、任务重	待计划下达后，及时做好工程的预算送审和招投标及施工工作。		8月份	黄小松 13907764285	水利局 岑 强	李正荣 农永烽	
完成计划下达目标	征地困难	加快推进建设进度，争取年底建设完工。		1月份	韦智 13877679855	水利局 岑 强	周俊杰	
完成计划下达目标	征地困难	加快建设进度		3月份	韦智 13877679855	水利局 岑 强	熊艳英	

序号	项目类别	项目名称	建设规模及内容	建设起止年限	资金来源	总投资	2016年投资计划	至目前工作完成情况
	1	西林县残疾人康复服务中心、托养中心	拟建占地面积600平方米，总建筑面积3000平方米的5层西林县残疾人康复中心楼，建设占地面积500平方米，总建筑面积2000平方米的4层残疾人托养中心。	2016-2017	中央投资地方投资	900	200	已平整场地，建好挡土墙，已下地基。
	2	西林县妇幼保健院综合业务用房工程项目	项目建设总面积3269.68平方米，占地面积626.4㎡，地上5层。	2015年—2016年	中央预算内资金630万元，自治区专项补助资金126万元，地方财政配套304万元。	1060	800	目前项目已进入签订施工合同阶段
	3	西林县八达镇初级中学	新建校舍35620平方米，其中教学及辅助用房13370平方米，学生宿舍楼11000平方米，学生食堂4000平方米，行政办公用房1800平方米，锅炉房及厕所450平方米，教师宿舍5000平方米，新建校门、围墙、运动场、跑道、排污系统、校园绿化、美化、硬化等。	2016-2019	中央资金地方配套	10562	1000	已完成规划设计，正在进行地质勘察。
	4	西林县民族初级中学扩建项目	新建学生宿舍楼2991平方米，学生食堂3599平方米。	2015-2016	上级资金	1156	900	完成场地平整，宿舍楼、食堂的施工图正在评审。
	5	西林县食品药品检验检测中心	1500平方米、1400万	待定	中央财政、自治区、县配套	1400	600	立项、可研、环评、初设（进入实验室设计评审）、规划、选址、土地划拨和地勘。
四	工业交通项目	4						
	1	西林县220kv句町送变电工程	新建变电站工程8697万元，西林至隆林线路投资12238万元，在西林境内估算投资1.6亿元。	2016.01-2016.12	业主自筹	16000	16000	已得到林地占用批复和国土资源厅用地批复。正在开展招投标工作。
	2	隆林—西林（西林段）二级公路	山岭重丘区二级公路，路线长13.86千米，路基、路面工程。	2016-2018	国有投资地方配套银行贷款企业自筹	13600	1000	正在开展项目可研、设计等前期工作，待上级下达计划后实施。
	3	西林县通屯路网硬化工程	建设洛里二级公路-大木，平木-发当等127条通屯道路硬化1188千米。	2017-2018	银行贷款	3862	3862	正在编制规划

2016年工程形象进度目标	存在困难	下一步工作打算	用地指标需求情况	计划开工月份	项目业主联系人及联系电话	责任单位/责任人	县联系领导	备注
托养中心基本完成主体楼工程建设		保质，按时完成建设。		1月份	农双连 18897601931	县残联　邓永安	农海燕 杨国文	
完成项目前期工作并开工建设，完成工程70%工程量。	建设用地置换尚未到位	落实建设用地置换，尽快搬迁电业公司仓库，尽快开工建设。	已落实	5月份	刘江兵 13977648227	卫计局　李成学	农海燕 谭邦敏	
开工建设，完成土石方挖填及挡护墙、护坡等工程量的80%。	部分用地没有完成征地，前期费用（含土石方挖填及挡护墙、护坡等工程）的资金未落实。	加强沟通，完成征地工作，尽快开工建设，确保项目按时推进。	6.7亩	5月份	黄炳良 13517569532	教育局　玉　柱	黄健生	
主体完工	开挖土方量大，形成地质灾害，工程推进缓慢。	协调施工方加快工程进度		1月份	黄炳良 13517569532	教育局　玉　柱	刘　启 黄健生	
完成年度投资计划	无	完成规划设计等前期工作，并开工建设。	需用地6亩、已经划拨6亩。	10月份	农炳立 13517569488	食药监　岑立波	农海燕	
完成三通一平及厂区工程建设	由于业主资金问题，尚未开工建设。	协调业主加快落实建设资金和投资计划，进行场地平整工作及厂区工程建设。	已得到林地占用批复和国土资源厅用地批复	8月份	石　浩 13977605559	经贸局　韦建文	周华东 黄少能	
完成项目可研报告、设计等前期工作，待上级下达计划后实施。	资金尚未下达	完成项目可研报告、设计等前期工作，待上级下达计划后实施。		10月份	业主待定，由市政府招商	交通局　丁韦震	刘　启 周华东	
完成规划设计等前期工作，并开工建设。	正在开展规划设计等前期工作，资金待整合落实。	完成规划设计等前期工作，落实资金，并开工建设。		6月份	李朝义 18977679295	交通局　丁韦震	刘　启 周华东	

序号	项目类别	项目名称	建设规模及内容	建设起止年限	资金来源	总投资	2016年投资计划	至目前工作完成情况
	4	西林县城区桥梁建设项目	主要包括阳光小区大桥、江心岛步行桥，山体公园大桥（又称西林县新红桥）。	2016	中央资金地方配套	1654	600	阳光小区大桥正在进行桥墩建设；江心岛步行桥已完成拱桥框架建设；山体公园大桥正在开展规划设计。

◎ 2016年西林县领导联系推进重大项目（续建）进度目标责任表

序号	项目类别	项目名称	建设规模及内容	建设起止年限	资金来源	总投资	截至2015年底累计完成投资	2016年投资计划	截至目前工程进展情况
	13		续建项目			224675	44501	46635	
一	城建项目	5							
1		百色市西林县扶贫生态移民安置工程	主要建设内容移民安置用房，配套建设道路、电网、给排水工程、绿化亮化、学校、幼儿园、集贸市场、广场、街道等基础设施及公共服务设施等；项目占地面积984.60亩，规划总建筑面积435200平方米，原规划扶贫生态移民安置4650户18960人。目前，自治区下达我县2016—2020年全县扶贫移民任务为搬迁3718户15731人（含2014．2015年自治区下达计划搬迁建档立卡贫困对象），其中建档立卡贫困人口14225人，同步搬迁对象1506人。2016年搬迁任务1307户5521人，其中建档立卡贫困对象1222户5175人，同步搬迁对象85户346人。	2016-2020	申请国债、中央资金、地方资金、银行贷款、业主自筹	105000	3000	10000	已完成立项、可研、规划选址、用地预审、环评报告批复等前期工作。部分资金已落实，那劳新区正在进行统建房建设，目前10栋统建房正在进行一层框架柱建设；古障镇王子山扶贫新区完成三通一平，正在进行统建房建设，4栋楼二层主体已完成，2栋楼基础地梁已完成，3栋楼基础桩已完成，桥梁工程正在进行桥面混泥土浇筑；古障镇者夯新区已完成三通一平，目前安置房及配套综合农贸市场正在进行施工图设计；马蚌新区完成已完成场地平整；县城安置点目前分为三个：福景新苑安置小区已完成工程量80%，阳光安置小区二期已进行基础开挖，环城二级路扶贫生态移民安置区正在进行规划设计。

2016年工程形象进度目标	存在困难	下一步工作打算	用地指标需求情况	计划开工月份	项目业主联系人及联系电话	责任单位/责任人	县联系领导	备注
阳光小区大桥和江心岛步行桥完工	规划设计进度较慢	加快在建项目建设，争取年内完工，加快未开工项目规划设计，争取年内尽快开工建设。		6月份	李朝义 18977679295	交通局 丁韦震	周华东	

单位：万元

2016年工程形象进度目标	存在困难	下一步工作打算	用地指标需求情况	开工年月	项目业主联系人及联系电话	责任单位/责任人	县联系领导	备注
古障新区和那劳新区主体动工，马蚌和者夯完成三通一平，落实县城集中安置点并完成规划设计工作及开工建设。	搬迁建档立卡贫困对象尚未全部落实，古障新区和那劳新区主体动工，马蚌和者夯三通一平正在建设，县城集中安置点尚在落实和进行规划设计工作，古障镇葡萄园征地未完成，影响桥、路网工程无法正常开工。	登记落实搬迁建档立卡贫困对象，加快项目前期工作和已开工项目建设进度，落实县城集中安置点和进行规划设计工作并开工建设。	部分用地指标尚在申报	2015年8月份	城投公司 黄 斌 18078648898	发改局、扶贫办、城投公司	李正对 肖怀兵 周华东	该项目列入自治区级、市级层面重大项目

序号	项目类别	项目名称	建设规模及内容	建设起止年限	资金来源	总投资	截至2015年底累计完成投资	2016年投资计划	截至目前工程进展情况
2		龙御尚城（鲤城新区B地块）	建设用地15991.8㎡，拟建筑面积31983㎡。项目总投资6200万元。商住楼总建筑面积22610㎡。	2015-2016	自筹	9000	4500	3500	1#已基本完成主体建设，其他正在进行基础施工。
3		御景水岸（鲤城新区A地块）	建设用地36475.75㎡，拟建筑面积72950㎡。主要建设商住楼。	2014年-2017年5月	自筹	20500	2600	1800	第一期主体全部完成外墙施工。第二期工程正在施工。
4		山体公园第一期工程	建设挡土墙、一级漫水坝、二级漫水坝、浮雕、水车、瀑布、驳岸、绿化、地面铺装、栏杆和观景台求。	2015年9月至2016年12月	县财政资金	1050	472	578	完成工程量70%。
5		山东澳德集团西林管道天然气建设工程	建设天然气储备站及配套设施、城区中压管网及城区调压设施、小区庭院管网、用户室内管道设施、LNG、CNG汽车加气站等设施。	2012-2015	业主自筹	16000	5656	500	已完成8.6千米管道铺设，完成农机局、物资局、公安局、国税局、地税局小区铺设入户管道，正在办理做土地置换手续，目前项目停工。
二	社会事业、旅游招商项目	4							
1		西林县中医院整体搬迁建设项目	项目建设地点位于鲤城新区，总建筑面积13528.84平方米，主要建设门诊住院综合楼面积12572.48（其中，地下室建筑面积2337平方米、地上建筑面积10235.48平方米）、附属用房建筑面积956.36（其中，营养食堂321.44平方米、变配电房176.03平方米、水池及泵房315.3平方米、污水处理站45.54平方米、垃圾收集站及太平间98.05平方米）。	2015年—2016年	中央预算2000万，自治区配套400万，地方财政配套1350万。	3750	146	2527	该项目已全面进入施工状态，8.25日完成打桩工作，基坑开挖已完成60%。

2016年工程形象进度目标	存在困难	下一步工作打算	用地指标需求情况	开工年月	项目业主联系人及联系电话	责任单位/责任人	县联系领导	备注
2015年7月开工建设，2015年争取完成主体工程30%。		加快建设进度表		2015年7月份	西林万锦房地产（郑振忠 18778111888）	住建局班海勇	李正对	
2015年12月第一期主体竣工交房，第二期计划主体封顶。	加快工程建设进度，落实银行按揭问题。	加快工程建设进度，落实银行按揭问题。		2014年8月份	天瑞房地产西林分公司　梁宗森 18277652999	住建局班海勇	韦荣黎	
争取竣工		督促施工方加快进度		2015年	班海勇 13517569217	住建局班海勇	肖怀兵	
安装管道及建设厂区	厂站用地正在争取办理土地相关手续	1. 因置换的新地块无道路进入，无法铺设管道。2. 暂时计划在已铺设 管道附近租地作为供气点。3. 办理试运营前的证件手续。	按县政府统一规划，公司同意置换到新地建设，由于规划道路未建设。无法施工建设，望县人民政府及国土部门尽快给予协调土地事宜，尽快完成到试运营供气，完成目标。	2012年11月份	（奥德）温志刚 18677676708	市政局陆哲	黄少能	
主体开工建设，完成主体工程楼框架。	资金缺口大	协调进一步加快工程建设进度	已落实	2015年12月份	中医医院 王颜升 13321760529	卫计局杨文学	农海燕	2016年市层面重大项目

序号	项目类别	项目名称	建设规模及内容	建设起止年限	资金来源	总投资	截至2015年底累计完成投资	2016年投资计划	截至目前工程进展情况
2		西林县民族实验小学	总建筑面积规划约17580平方米。教学综合楼6620平方米；男生宿舍楼2439平方米；学生食堂2388平方米；女生宿舍楼2439平方米。	2015–2016	申请教育专项资金	5300	2000	2500	已完成土石方开挖和挡土墙建设，目前教学综合楼、男生宿舍楼、学生食堂、女生宿舍楼都已完成主体工程，正在装修；运动场和围墙也正在施工中。
3		西林县民族高中体艺中心	西林县民族高中体艺中心是全民活动中心二期工程，主要建设内容为：建设规模约9000平方米，规划3000个座位。	2016–2017	中央资金地方配套	5100	20	1260	已完成压覆矿和地基开挖工程，正在进行地梁施工。
4		西林县宫保府景区旅游基础设施建设项目	实施古建筑周边居民搬迁工程，修建游客中心、停车场、旅游厕所、景区交通车道，游览步道等配套基础设施，修建景区风雨桥，创建国家AAAA级景区。	2014–2020	中央、地方	5600	4800	800	景区风雨桥、核心区内游览步道、景区道路等已完工；游客中心、旅游厕所、停车场等已完成80%。
三	工业交通项目	3							
1		西林（土黄）至八大河公路升级改造（三期工程）	工程总投资67780万元，分三期实施，一期实施红星至土黄段和洛里支线长17.63公里，投资10920万元；二期实施起点至红星段和绕城公路长12.42公里，投资14120万元；三期实施土黄至终点八大河段长74公里，投资42740万元，一、二期工程将于2014年上半年建设完工，三期启动实施。	2015–2018	中央	46000	17102	20000	各合同段土石方工作基本完成，现主要正在进行桥涵、挡墙、调路槽、铺垫层、铺底基层等施工，路基土石方完成92%，涵洞完成了86%，垫层完成了35%。

2016年工程形象进度目标	存在困难	下一步工作打算	用地指标需求情况	开工年月	项目业主联系人及联系电话	责任单位/责任人	县联系领导	备注
争取完工		强力推进项目建设		2015年6月份	黄炳良 13517569532	教育局 玉柱	黄健生	2016年市层面重大项目
开工建设，完成工程量的20%。	部分项目设计变更	加快协调落实项目设计变更问题，加快项目建设进度。		2015年12月份	黄炳良 13517569532	教育局 玉柱	黄健生	2016年市层面重大项目
按AAAA级景区标准，完成游客中心、停车场、旅游厕所等旅游基础设施建设；完善景区导览图及指示标牌，编制景区宣传资料、光碟等并编制景区服务质量评定报告书。	目前景区后续建设所需经费800万元尚未落实	对照AAAA级景区标准，完成各项基础设施建设，积极申报AAAA级景区。		###	李广娜 15978091900	旅游局 李广娜	王世英	
争取在预定工期内完成整个项目建设	NO.8–NO.11合同段都不同程度遇到土地、房屋、电力通信杆线等征地拆迁问题，一定程度上影响施工进度。	加大协调力度，积极解决施工中遇到的问题，加快项目建设进度。		2015年4月	市公路局、二级路建设办 8682956	县交通局、县公路局 丁韦震	刘启 周华东 黄少能	2016年市层面重大项目

序号	项目类别	项目名称	建设规模及内容	建设起止年限	资金来源	总投资	截至2015年底累计完成投资	2016年投资计划	截至目前工程进展情况
	2	西林县混泥土搅拌站项目	总建筑面积5000㎡，建设办公楼、停车场及料场、维修车间，回收池等设施。	2014～2016	银行贷款 业主自筹	6000	4000	2000	正在进行场地平整
	3	者夯至堂上三级路	改建山岭重丘区三级公路，路线长5.5公里，路基、路面工程。	2016-2017	国家补助	1375	205	1170	已开工建设，正在进行路基开挖工程。

◎ 2016年西林县领导联系推进重大项目（竣工）进度目标责任表

序号	项目类别	项目名称	建设规模及内容	建设起止年限	资金来源	总投资	截至2015年底累计完成投资	2016年投资计划	截至目前工程进展情况
	13		竣工项目			50597	28602	21995	
一	城建项目	4							
	1	大东百货（西林宾馆地块）	土地面积1343.6㎡，规划用途为商服用地，商业建筑面积≤6700㎡，建筑高度地上12层，地下3层。	2015～2016	社会投资	8500	4000	4500	正在进行主体5层施工，完成主体工程80%。
	2	城投公司福景新苑（D地块）拆迁回建房及限价房项目	整个项目共11栋，总建筑面积约50000平方米。	2014～2015	国家投资 银行贷款	16000	11000	5000	一期工程：已交付使用。二期工程：已基本完成主体建设，正在进行外墙装修。

2016年工程形象进度目标	存在困难	下一步工作打算	用地指标需求情况	开工年月	项目业主联系人及联系电话	责任单位/责任人	县联系领导	备　注
竣工试投产	业主资金问题，目前处于停工状态。	落实资金问题，加快建设进度表。	已落实	2015年4月份	欧汉彬 18107716008 苏建雄 18677691108	经贸局 韦建文	周华东 黄必先	
争取年内完成年度计划目标	最后1千米涉及到云南堂上群众的征地拆迁问题。	请县政府与当地政府出面协调		2015年8月份	李朝义 18977679295	交通局 丁韦震	刘　启 黄少能	

单位：万元

2016年工程形象进度目标	存在困难	下一步工作打算	用地指标需求情况	计划竣工月份	项目业主联系人及联系电话	责任单位/责任人	县联系领导	备　注
完工		协调加快建设进度		12月份	邓锋兴 13977671777 何映春	住建局 班海勇	韦振英	
一期工程竣工验收并交付使用，二期工程预计今年交付1．2．11#楼，5．6．9．7．8．完成基础建设。	垫资过大，资金困难。	协调加快建设进度		12月份	黄　斌 18078648898	城投公司 黄苧锋	李正对	

序号	项目类别	项目名称	建设规模及内容	建设起止年限	资金来源	总投资	截至2015年底累计完成投资	2016年投资计划	截至目前工程进展情况
	3	西林县鲤城新区农副产品批发市场	新建农副产品批发市场，总建筑面积37780.58平方米，主要建设内容为农副产品批发市场、地下停车场、绿化等项目。	2014–2015	业主自筹	6578	3000	3578	主体完工，正在装修。
	4	36亩集中办公区（鲤城新区职能部门集中办公区院内基础服务设施工程）	球场，停车场，绿化，硬化，管网等。	2015年7月至2016年5月	县财政资金	750	375	375	完成工程量98%
二	农业农村项目	1							
	1	2015年西林县中央财政小型农田水利项目县建设项目	新建渠道24千米、维修加固堰坝48座、新建电灌站18座、新建水池69座；新建或改造附属建筑物85处。	2015–2015	中央和自治区	1580	290.00	1290	完成工程量70%
三	社会事业、旅游招商项目	6							
	1	西林县中心粮库	仓容0.5万吨，包括拱板仓、应急加工厂、粮油检测中心。	2015–2016	地方投入、上级补助	1058	600	458	拱板仓库主体工程：仓库主墙已砌砖完毕；目前搭好手脚架已搭好，正在建拱板模；大米加工车间已装修90%；粮油检测中心楼已装修完毕。
	2	西林县民族高中扩建项目	教学综合楼5346平方米；男生宿舍楼2752平方米；女生宿舍楼2476平方米	2015–2016	上级资金	1565	1158	407	主体完工，正在装修。
	3	2015年县财政投入建设的中小学校舍工程	泥洞小学学生宿舍楼、厕所1004平方米；古障镇初中教学楼2605平方米；西林中学教学楼2145平方米；西平乡初中教学楼1710平方米；那劳镇初中教学楼2755平方米；古障镇同乐小学学生宿舍楼1257平方米；普合苗族乡希望学校学生宿舍楼1588平方米。	2015–2016	县财政	1885	1499	386	泥洞小学学生宿舍楼、厕所，古障镇初中教学楼，西林中学教学楼、西平初中教学楼、那劳初中教学楼、古障镇同乐小学学生宿舍楼、普合苗族乡希望学校学生宿舍楼等都已竣工。

2016年工程形象进度目标	存在困难	下一步工作打算	用地指标需求情况	计划竣工月份	项目业主联系人及联系电话	责任单位/责任人	县联系领导	备注
争取2016年底竣工		协调业主加快项目建设进度		12月份	（福宁）林育茂 15807769111	住建局 班海勇	韦荣黎	2016年市层面重大项目
竣工		协调加快建设进度		12月份	班海勇 13517569217	住建局 班海勇	肖怀兵	
完成所有建设内容	征地困难	加强工程质量、进度的控制，使工程按质、按期交付使用。		12月份	黄小松 13907764285	水利局 岑 强	农永烽	
2016年12月竣工		加快工程建设进度		12月份	周家良 13977678626	粮食局 周家良	杨国文	
竣工验收		加快工程建设进度		2016年8月份	黄炳良 13517569532	教育局 玉 柱	黄健生	
竣工验收		加快工程建设进度		5月份	黄炳良 13517569532	教育局 玉 柱	谭邦敏	

序号	项目类别	项目名称	建设规模及内容	建设起止年限	资金来源	总投资	截至2015年底累计完成投资	2016年投资计划	截至目前工程进展情况
	4	2015年农村中小学校舍维修改造资金项目	八达镇中心校学生宿舍楼1425平方米；八达镇周帮小学教学综合楼1139平方米；西平乡中心校学生宿舍楼1039平方米；马蚌中心校教学综合楼1304平方米；古障镇中心小学学生宿舍楼1875平方米；民族实验小学围墙等；那佐苗族乡上马教学点学生宿舍楼283平方米；古障镇那哈小学学生宿舍楼857平方米。	2015–2016	上级资金	1653	991	662	马蚌镇中心校教学综合楼、八达镇中心小学学生宿舍楼、周帮小学教学综合楼、那佐苗族乡上马草学生宿舍楼已竣工；西平中心校学生宿舍楼、古障镇中心小学学生宿舍楼、民族实验小学围墙、那哈小学学生宿舍楼等正在装修。
	5	2015年“改薄”项目	八达镇旺子小学学生宿舍楼794平方米；足别瑶族苗族乡者么教学点学生宿舍楼370平方米；那劳镇中心小学学生宿舍楼1492平方米；古障镇者夯小学学生宿舍楼1106平方米；那劳镇联合小学学生宿舍楼600平方米；那佐苗族乡中心小学教学综合楼1504平方米。	2015–2016	上级资金	976	275	701	八达镇旺子小学学生宿舍楼、足别瑶族苗族乡者么教学点学生宿舍楼、者夯小学学生宿舍楼、那劳镇联合小学学生宿舍楼、那劳镇中心小学学生宿舍楼和那佐苗族乡中心小学教学综合楼等正在装修。
	6	2015年学前奖补资金项目（幼儿园）	西林县鲤城新区幼儿园教学楼2109平方米；普合苗族乡中心幼儿园教学楼1161平方米；那劳镇中心幼儿园教学楼2074平方米；那佐苗族乡中心幼儿园；古障镇中心幼儿园教学楼2106平方米。	2015–2016	上级资金	1777	214	1563	那佐苗族乡中心幼儿园已完成场地平整；鲤城新区幼儿园需重新选址，已停工；其他三个点正在装修。
四	工业交通项目	1							
	1	母鲁至足别三级路	山岭重丘区三级公路，路线长21.25公里，路基、路面工程。	2014–2015	上级资金	4275	2200	2075	已基本完成路基建设，小桥涵洞完成60%，完成项目总投资投资50%。
五	政法项目	1							
	1	西林县看守所改扩建（迁建）二期工程	武警综合楼、武警宿舍楼、民警的住宅楼、案件办公楼、民警备勤楼及食常、监舍综合楼、伙房、岗楼等总建筑面积7270平方米及配套设施。	2014.3–2016.4	争取中央专项资金、地方补助	4000	3000	1000	完成主体工程的85%。

2016年工程形象进度目标	存在困难	下一步工作打算	用地指标需求情况	计划竣工月份	项目业主联系人及联系电话	责任单位/责任人	县联系领导	备注
竣工验收		加快工程建设进度		12月份	黄炳良 13517569532	教育局 玉柱	黄少能	
竣工验收		加快工程建设进度		12月份	黄炳良 13517569532	教育局 玉柱	农海燕	
普合中心幼儿园教学楼、那劳幼儿园教学楼，古障教学楼年内竣工验收。	那佐幼儿园没有完成征地，鲤城新区幼儿园原址地质灾害，需重新选址。	加快3所已开工幼儿园的建设进度，加紧落实2所未开工幼儿园的址用地问题。		12月份	黄炳良 13517569532	教育局 玉柱	王世英	
争取年内完工并投入使用		协调加快建设进度	2016年12月份	12月份	李朝义 18977679295	交通局 丁韦震	黄必先	
完成主体、装修及配套设施。		加快工程建设进度		4月份	陈潇 13367863760	公安局 王国辉	黄云 魏星 王国辉	

◎ 2016年西林县领导联系推进重大项目（前期工作）进度目标责任表

序号	项目类别	项目名称	建设规模及内容	建设起止年限	资金来源	总投资	2016年计划投资
	31	四	前期工作项目			2356341	0
一	城建项目	8					
	1	普合苗族乡少数民族乡建设项目	1.新建旬町文化园环河路及绿化美化工程：道路硬化2.2公里、绿化乔树880株、灌木4400平方米、路灯110盏、涵洞8座、挡土墙2.2公里；2.乡政府驻地亮化工程（含街上、者底、那龙、普驮）：街道路灯200盏（用电）、那龙、者底、普驮太阳能路灯120盏；3.亲水码头、汀步桥、水岸灯光、水车绿地；4.旬町集贸市场大门和普合苗族乡政府大门建设；5.普合苗族乡府大院硬化绿化亮化净化工程：包括民族画墙80米、灯光球场改造、排污管网改造、路灯改造、院内绿化。	2016–2018	上级资金及政策性金融贷款	1200	
	2	那佐少数民族乡建设项目	1.进乡大道建设道路规格：主道290米X9米X0.2米；人行道580米X3米；开挖土方石2600立方米；种植路树116株；排污沟700米X1米X1米；挡土墙1500立方米；2.街道道路维修，道路规格：500米X9米X0.2米；种植路树100株；雨水污水管800米；3.民族文化活动中心至计生站道路建设，道路规格：800米X6米X0.2米；人行道：1600米X2米；种植路树320株；排污沟1000米，土方石5000立方米；4.供销社至民族文化活动中心道路硬化；道路规格：120米X3米X0.2米；人行道240米X2米；种植路树24株，排污沟200米；5.财政所至中学道路硬化，600米X6米X0.2米；人行道：1200米X1.5米；路树120株；排污沟600米X1米X1米；6.街道亮化绿化排水建设，重新铺设：5000米排污管道，规格：1米X1米涵管、新铺设：4000米街道路灯200盏、新铺设：1000米人行道路，规格：1000米X2米，路树100株；7.市场至那讪路口排水排污人行道建设，人行道：1600米X2米；排水排污涵管：800米X1米1米；路树320株。	2016–2018	上级资金及政策性金融贷款	1200	
	3	足别少数民族乡建设项目	1. 百色市西林县足别瑶族苗族乡城镇扩容：足别特色农产品综合交易市场建设、道路建设、绿化亮化建设、镇区道路提级改造；2. 乡中心校至南汪屯绿化、亮化工程：乡中心校至南汪屯绿化、亮化工程：绿化乔树80株、灌木400平方米、路灯30盏、涵洞2座。	2016–2018	上级资金及政策性金融贷款	1200	

单位：万元

至目前前期工作完成情况	2016年工程形象进度目标	存在困难	下一步工作打算	用地指标需求情况	计划开工月份	项目业主联系人及联系电话	责任单位/责任人	县联系领导	备注
完成施工图设计	争取开工建设		完成项目前期工作，争取开工建设。			黄林泽 18977677760	住建局 班海勇	韦荣黎 韦振英	
正在进行前期项目工作	争取开工建设		完成项目前期工作，争取开工建设。			黄林泽 18977677760	住建局 班海勇	韦荣黎 韦振英	
正在进行前期项目 工作	争取开工建设		完成项目前期工作，争取开工建设。			黄林泽 18977677760	住建局 班海勇	韦荣黎 韦振英	

序号	项目类别	项目名称	建设规模及内容	建设起止年限	资金来源	总投资	2016年计划投资
一	4	那劳镇污水处理厂建设工程	投资新建污水处理厂一座，处理工艺为一体化A/O+填料工艺。近期设计规模0.5万吨/d，远期设计规模1万吨/d，土建按远期设计。配套敷设污水收集管网DN300～DN600污水主干管约6.4公里。	2016.10–2017.12	申请国家补助资金1347.7万元，占总投资的80%；地方财政配套252.69万元，占总投资的15%；业主自筹84.24万元，占总投资的5%。	1685	
	5	马蚌镇污水处理厂建设工程	投资新建马蚌镇污水处理厂一座，建设规模0.5万吨/d，配套敷设污水收集管网DN300～DN600污水主干管4229m及厂区、围墙、绿化等配套设施。	2016.10–2017.12	申请国家补助资金1218.04万元，占总投资的80%；地方财政配套258.83万元，占总投资的17%；业主自筹45.48万元，占总投资的3%。	1522	
	6	西林县城污水厂扩建工程	新建西林县污水处理厂设计规模1.5万m3/d，建设污水收集管道共计7km。	2016.10–2017.12	申请国家补助资金5851.39万元，占总投资80%；地方财政配套1316.56万元，占总投资18%；业主自筹146.29万元，占总投资2%。	7314	
	7	那佐苗族乡污水处理厂建设工程	投资新建那佐苗族乡污水处理厂一座，建设规模0.5万吨/d，配套敷设污水收集管网DN300～DN600污水主干管5.6km及厂区、围墙、绿化等配套设施。	2016.10–2017.12	申请国家补助资金1294.4万元，占总投资的80%；地方财政配套242.7万元，占总投资的15%；业主自筹80.9万元，占总投资的5%。	1618	
	8	西林县城备用水源建设工程	拦水坝一座；提升量为1.65万 m3/d的取水加压泵站一间，泵站围墙、绿化等配套设施；管线总长9.4km 。	2016.10–2017.12	申请国家补助资金3556.08万元，占总投资的80%；地方财政配套800.12万元，占总投资的18%；业主自筹88.90万元，占总投资的2%。	4445	
二	农业农村项目	5					
	1	皿帖水库	库容280万m³。	2016–2018	中央、地方	8974	

至目前前期工作完成情况	2016年工程形象进度目标	存在困难	下一步工作打算	用地指标需求情况	计划开工月份	项目业主联系人及联系电话	责任单位/责任人	县联系领导	备注
完成项目建议书编制及批复、项目环评及批复、排污口论证批复、可研编制及批复、地灾压矿地勘服务及设计图设计中。	力争完成项目前期各项申报工作，待上级资金下达后方可开展项目开工计划等工作。	项目建设资金尚未下达	继续推进项目前期工作			李光可 13517766905	市政局 陆哲	周华东	
完成项目建议书编制及批复、项目环评及批复、排污口论证批复、可研编制及批复、地灾压矿地勘服务及设计图设计中。	力争完成项目前期各项申报工作，待上级资金下达后方可开展项目开工计划等工作。	项目建设资金尚未下达	继续推进项目前期工作	需供地		李光可 13517766905	市政局 陆哲	周华东	
1.完成项目建议书编及批复；2.项目环评编制；3.完成项目可研编制。	力争完成项目前期各项申报工作，待上级资金下达后方可开展项目开工计划等工作。	项目建设资金尚未下达	继续推进项目前期工作	需供地		李光可 13517766905	市政局 陆哲	肖怀兵 周华东	
1.完成项目建议书编及批复；2.项目环评编制及批复；3.完成项目可研编制。	力争完成项目前期各项申报工作，待上级资金下达后方可开展项目开工计划等工作。	项目建设资金尚未下达	继续推进项目前期工作	需供地		李光可 13517766905	市政局 陆哲	李正对 肖怀兵	
1.完成项目建议书编及批复；2.项目环评及批复；3.完成项目可研编制。	力争完成项目前期各项申报工作，待上级资金下达后方可开展项目开工计划等工作。	项目建设资金尚未下达	继续推进项目前期工作	需供地		李光可 13517766905	市政局 陆哲	韦荣黎 肖怀兵	
开展项目可研编制等前期工作，正在进行外业勘测调查。	加快推进前期工作进度，争取完成项目可研编制及评审工作。		加快推进前期工作进度，争取完成项目可研编制及评审工作。			韦智 13877679855	水利局 岑强	李正荣 农永烽	

序号	项目类别	项目名称	建设规模及内容	建设起止年限	资金来源	总投资	2016年计划投资
二	2	农业综合开发县项目	耕地整理、农田水利、道路等。	2015-2019	中央、地方	2000	
	3	那劳镇、普合苗族乡、八达镇、古障镇、马蚌镇、西平乡、那佐苗族乡、足别瑶族苗族乡8座垃圾片区处理中心建设	1.设备类：名称：冷凝式烟气处理焚烧炉（自动点火系统、抽风过滤系统、烟气处理装置、垃圾无害处理装置）； 2.土建类：厂房（占地约300㎡含配电房、值班室、可回收品贮存间、垃圾分拣场、不可燃烧类垃圾临时储存池、场地硬化绿化）、安全设施（围墙、铁门）、污水处理设施（过滤池、沉淀池、分流管道）； 3.附加类：小型铲车、流水线型供料带、分离式分拣台等。	2016-2018	上级资金、银行贷款	2400	
	4	贫困村屯小型垃圾焚烧炉183座建设	1.设备类：名称：新型环保小型生活焚烧炉（抽风过滤系统、垃圾无害处理装置）； 2.土建类：安全保护设施（围墙、铁门）、污水处理设施、化学反应池。	2016-2018	上级资金、银行贷款	3660	
	5	乡镇建筑垃圾无害化消纳场8座建设	1．设备类：破碎机、压路机、原型电动筛选机、铺膜机、铲车、制砖机小计； 2．土建类：占地约2000㎡（含干化场、淤泥堆场、原料棚、渣土堆场、制砖车间、破碎车间、填埋场、砖堆场、骨料堆场、初筛场、值班室、员工宿舍）； 3.附加类：围墙、铁门、绿化亮化、排污等。	2016-2018	上级资金、银行贷款	8800	
三	社会事业、旅游招商项目	10					
	1	西林县驮娘江乡村文化旅游带建设项目	整修驮娘江沿线廊道，修建那来屯、新民屯、新丰等民族村屯游客接待中心、停车场、旅游厕所、大门等旅游基础设施，沿线电站纳入景区修建体系，修建码头、游客中心、生态厕所、游览步道、购置旅游船及修建野钓相关设施等。建设农业观光带以及星级标准生态农家乐，建设平用竹寨文化主体生态园等。	2014~2025	国有投资地方配套银行贷款企业自筹	93873	
	2	西林县万峰湖生态保护与旅游开发项目	库区造林绿化7000公顷；沿湖周边村屯生活污水垃圾处理站（场）50座；完善八大河、马麻、鲁维、浪吉、巴桑、西舍、合社7个旅游景区基础设施，总占地面积150亩。主要建设内容包括30~100吨泊位码头7个，旅游服务中心、生态停车场、民族文化活动及垂钓设施、景区绿化亮化；省道321线二级路至各景区三级油路改扩建110公里；新建合社村沿湖而上至马麻村三级环湖水泥路240公里。	2016-2020	中央、地方配套	111750	
	3	西林县"中国桫椤之乡"九龙山国家生态公园	主要以九龙山珍稀植物桫椤群、千年古茶树群、高山湿地、瀑布、苗瑶族村寨古祭祀坛、茶山等旅游资源为主，开发建设成为集观光、探秘、休闲度假等一体的旅游区，规划总占地面积100公顷，主要建设游客集散中心、生态停车场、进入景区道路、景区内道路、游览步道以及供水、供电、通信等景区基础配套设施，创建国家AAAA级景区。	2015-2020	中央投资、地方投资	12000	
	4	西林县驮娘江国家湿地公园	利用威后库区建设国家湿地公园，总占地面积25KM2，建设环湖公路70公里，以及旅游区大门、停车场、钓台、旅游厕所、旅游服务中心等旅游基础设施；完善景区游憩休闲设施建设。	2016-2017	中央投资、地方投资	16000	

至目前前期工作完成情况	2016年工程形象进度目标	存在困难	下一步工作打算	用地指标需求情况	计划开工月份	项目业主联系人及联系电话	责任单位/责任人	县联系领导	备注
材料已经上报自治区财政厅	完成年度任务		完成项目前期工作，争取落实资金，开工建设。			赵荣来 13768467999	财政局 黎春宏	李正荣 周俊杰	
已完成项目选址工作	2016年开工建设		完成项目前期工作，争取开工建设。		8月份	王　瑜 15278681885	县乡村办	刘　启 农永烽	
已完成项目选址工作	2016年开工建设		完成项目前期工作，争取开工建设。		8月份	王　瑜 15278681885	县乡村办	农永烽	
已完成项目选址工作	2016年开工建设		完成项目前期工作，争取开工建设。		8月份	王　瑜 15278681885	县乡村办	熊艳英	
规划完成定稿	编制项目可研、建议书、环评等。		争取完成编制项目可研、建议书、环评等。			李广娜 15978091900	旅游局 李广娜	黄少能	
已进入左右江革命老区振兴规划，目前正在开展项目规划等前期工作。	完成项目总体规划前期工作，完成年度建设任务。	1. 环湖公路等基础设施建设总体规划尚未编制；2. 资金困难，需整合资金投入建设。	完成项目总体规划前期工作，整合资金，完成年度建设任务。			黄　前 13877676908	环保局 黄　前	王世英 周华东	
正在开展总体规划等前期工作	完成总体规划、可研编制、设计等前期工作。	开展总体规划设计	完成总体规划、可研编制、设计等前期工作。			李广娜 15978091900	旅游局 李广娜	黄健生 王正福	
目前该项目总体规划已上报到国家林业局审	要求国家林业局批复	已上报相关材料到国家林业局	争取国家林业局批复规划方案，完成配套项目前期工作规划设计，争取开工建设。			陆明东 13517569470	林业局 陆明东	王世英 周华东	

序号	项目类别	项目名称	建设规模及内容	建设起止年限	资金来源	总投资	2016年计划投资
三	5	西林县八达镇中心小学	迁建规划在校学生1500人，其中内宿生1000人，共34个班级。项目拟规划用地72亩（合约48000平方米），建筑总面积19810平方米，其中教学楼4000平方米、综合楼2250平方米、办公楼1065平方米、学生宿舍10000平方米、学生食堂2000平方米、厕所495平方米、校门一座、围墙、体育运动场、跑道、校园道路硬化、绿化、排水系统、水电安装等基础设施和配套相应教学、办公设备。	2016–2017	中央配套、地方资金	8000	
	6	西林县铜棺铜鼓遗址博物馆	总建筑面积约2500平方米。	2015–2016	地方投入、上级补助	800	
	7	马蚌镇浪吉村那岩屯建筑保护改造项目	对29栋古建筑木屋的保护改造建设，涉及装饰装修、电气工程、给排水、室外电气工程、室外给排水工程、挡土墙工程。	2016–2018	上级资金及政策性金融贷款	1000	
	8	西林县民族高级中学	教学及教辅用房3908平方米，学生宿舍楼3075平方米，学生食堂3185平方米，行政办公用房3185平方米，锅炉房350平方米，厕所1120平方米，教师周转宿舍350平方米。	2017–2019	申请国债银行贷款	3800	
	9	西林县中等职业技术学校	教学楼、综合楼，建筑面积8800平方米；学生宿舍，建筑面积8400平方米；学生食堂，建筑面积1400平方米，生活及附属用房3000平方米；教师周转房，建筑面积1000平方米，实施实训基地等附属工程一批。	2017–2020	申请国债银行贷款	10500	
	10	西林县那劳镇中心小学	实施教学楼、综合楼、行政办公楼、学生宿舍、教师周转宿舍、学生食堂、学生厕所、校门、围墙、运动场、跑道等19900平方米。	2017–2020	申请国债银行贷款	6300	
四	工业交通项目	5					
	1	田林至西林（桂滇界）高速公路	高速公路200公里，主线双向四车道，路基宽24.5米，设计时速80公里。	2016–2020	国有投资地方配套银行贷款企业自筹	2000000	

至目前前期工作完成情况	2016年工程形象进度目标	存在困难	下一步工作打算	用地指标需求情况	计划开工月份	项目业主联系人及联系电话	责任单位/责任人	县联系领导	备 注
目前完成立项和环评	完成项目前期工作	选址未落实，无法开展规划设计。	完成征地等项目前期工作			黄炳良 13517569532	教育局 玉 柱	黄健生 杨国文	
可研编制已完成，正在进行项目的设计和预算。	完成项目前期工作，力争6月份开工建设。	未完成征地工作	完成项目前期工作，力争6月份开工建设。		6月	王正文 18977679895	文体广局 王正文	谭邦敏	
已上网公开招投标	争取开工建设		完成项目前期工作，争取开工建设。			黄林泽 18977677760	住建局 班海勇	黄健生	
完成规划	完成征地设计等前期工作		完成项目前期工作，争取开工建设。			黄炳良 13517569532	教育局 玉 柱	黄健生 农海燕	
完成规划	完成征地设计等前期工作		完成项目前期工作，争取开工建设。			黄炳良 13517569532	教育局 玉 柱	黄健生 廖晨依	
完成规划	完成征地设计等前期工作		完成项目前期工作，争取开工建设。			黄炳良 13517569532	教育局 玉 柱	黄健生 廖晨依	
已列入自治区县县通高速公路大会战规划和左右江革命老区振兴规划，列为地方招商引资建设项目，正在开展选线等前期工作，计划于2017年开工建设，2020年建成通车。	争取完成选线、编制可研等前期工作。	落实前期工作经费，开展选线、编制可研等前期工作。	争取完成选线、编制可研等前期工作。			业主待定，由市政府招商。	交通局 丁韦震	刘 启 周华东	

序号	项目类别	项目名称	建设规模及内容	建设起止年限	资金来源	总投资	2016年计划投资
	2	那劳–足别（含平燕–板桥支线）三级路	三级水泥路25公里。	2017–2019	上级资金及政策性金融贷款	8600	
	3	西林–西平二级路	二级水泥路40公里。	2017–2019	上级资金及政策性金融贷款	24000	
	4	西林旺程驾培公司驾驶培训基地	项目占地面积150亩，年培训驾驶学员5000名。新建办公楼、宿舍、食堂，考试训练场地145亩，及配电、供暖、围墙、消防设施、紧急救护设备等辅助设施和教练车50台和相关设备配套。	2016–2017	社会投资	6000	
	5	百色市西林县民兴汽车驾驶培训学校	项目拟占地82亩，年培训驾驶员4000名二类驾驶学校。新建办公楼、宿舍、食堂2000平方米，考试场地20亩，及配电、供暖、围墙、大门等辅助设施和教练车45辆（大车20辆、小车25辆）、电脑60台等相关设备配套。	2016～2017	社会投资	3200	
五	政法项目	3					
	1	西林县公安局八达/古障派出所	1. 八达：户籍室、值班室、会议室、监控室、执法办案场所等820平方米；2. 古障：整体搬迁，办案区、服务区、办公区建筑面积共820平方米土建工程及配套设施。	2016.6–2016.12	争取中央专项资金、地方补助	1000	
	2	西林县公安局业务技术用房	主楼、附属楼总建筑面积8000平方米及训练场等配套设施。	2015.12–2018.12	争取中央专项资金、地方补助	2500	
	3	西林县交通安全执法服务站	总占地面积3000平方米，总建筑面积400平方米包括待检区、检查区、停车区、办公区等配套设施。	2016.4–2016.12	争取中央专项资金、地方补助	1000	

至目前前期工作完成情况	2016年工程形象进度目标	存在困难	下一步工作打算	用地指标需求情况	计划开工月份	项目业主联系人及联系电话	责任单位/责任人	县联系领导	备注
已完成可行性研究正在开展环评、水保。	争取完成各项前期工作		争取完成各项前期工作			县交通局	交通局 丁韦震	周华东	
已完成可行性研究正在开展环评、水保。	争取完成前期工作并开工建设		争取完成各项前期工作			县交通局	交通局 丁韦震	刘　启	
目前，该项目征地工作已结束，环评、压覆矿产、地质灾害等项目评估已获批，正在办理林地转用报批，用地指标已解决，项目没有开工建设。	争取年内开工建设并竣工投入使用	原教练场已被征用，无法正常开展培训业务，1000多名学员无训练场地，单位40名员工面临失业。	落实用地，完成前期工作，争取开工建设。			西林旺程机动车辆驾驶培训有限公司	交通局、运管所 丁韦震	黄少能 钟日山	
项目已在发改备案，已获得办学手续和汽车年审资格，选址在环城路新火亮山桥往遂洞方向右侧约250米处，占地面积约120亩。	解决用地问题，争取年内开工建设。	未得到用地批复，未开展征地工作。	落实用地，完成前期工作，争取开工建设。			西林县民兴汽车驾驶培训学校	交通局、运管所 丁韦震	黄必先 岑万旺	
八达点已完成已立项，古障正在办理用地规划。	完成主体装修及配套设施	已与政府协调并同意划拨建设用地，古障派出所从古障镇府大院内迁出另建。	完成前期工作，争取资金，开工建设。		2016年6月	陈　潇 13367863760	公安局 王国辉	黄　云 魏　星	
完成场地平整土石方工程。	落实主体工程建设资金，争取开工建设主体工程。	缺乏主体建设资金。	争取国家专项资金，推进进度。	已报自治区未批复	2015年6月份	陈　潇 13367863760	公安局 王国辉	黄　云 魏　星	
已办理用地规划手续，已完成场地平整及挡土墙工程。	完成项目前期工作，争取开工建设，完成主体装修及配套设施建设。	资金尚未落实	落实建设资金，完成项目前期工作，争取开工建设，完成主体装修及配套设施建设。		8月份	陈　潇 13367863760	公安局 王国辉	黄　云 魏　星	

◎ 广西区内外招商引资分县、区、开发区统计汇总表

填报单位：西林县招商促进局

指标	序号	本年新签合同项目			实施项目						新开工项目					
		项目数	项目总投资	其中：区外投资	项目数（个）		投资总额		区外投资总额		项目数		项目投资总额		区外投资总额	
					合计	其中：本年新签	合计	其中：本年新签	合计	其中：本年新签	本年累计	其中：本月新开工	合计	其中：本月新开工	合计	其中：本月新开工
甲	乙	1	2	3	4	5	6	7	8	9	10	11	12	13	14	15
合计	1	6	40300	40300	14	6	177800	40300	177800	40300	7	1	47300	4000	47300	4000
百色市西林县	2	6	40300	40300	14	6	177800	40300	177800	40300	7	1	47300	4000	47300	4000

统计时间 :2016 年 1–12 月

到位资金								区外固定资产		
合计累计到位		本年到位县外资金（含外资）			本月到位县外资金（含外资）			本年累计县外固定资产投资额		
合计	其中区外到位	合计	其中：本年新签	其中：历年签约项目	合计	其中：本年新签	其中：历年签约	合计	其中：本年新签	其中：历年签约
16	17	18	19	20	21	22	23	24	25	26
114910	114910	63938	7325	56613	3915	1745	2170	0	0	0
114910	114910	63938	7325	56613	3915	1745	2170	0	0	0

数据提供：县招商局
编制：陈　荣

◎ 广西区内外招商引资项目明细表

填报单位：西林县招商促进局

序号	项目名称	新成立公司名称及联系人、联系电话	外来投资单位名称、联系人、联系电话	外来投资单位所属市	项目总投资									
					合 计	其中：区外投资	其中：区内市外投资	其中：市内县外投资	其中：县内投资	历年累计到位资金				
										合计	累计区外资金	累计区内市外资金	累计市内县外资金	累计县内资金
甲	1	2	3	5	7	8	9	10	11	12	13	14	15	16
1	旺盛中央花园	百色市国兴房地产开发有限公司 冯杰 13517761215	广东省佛山市客商 邓建明 冯杰 13517761215	广东省	25000	25000	0	0	0	25000	25000	0	0	0
2	西林县伟丰林场造林项目	广西西林县伟丰林场 农伟锋 18275772515	广东省汕头市湖南区客商 连镇标 农伟锋 18275772515	广东省	13000	13000	0	0	0	13000	13000	0	0	0
3	普合苗族乡那龙葡萄种植基地项目	广西西林金谷生态农业发展有限公司 叶建友 13517569788	浙江省乐清市龙西乡庄屋村客商 叶建友 13517569788	浙江省	12000	12000	0	0	0	12000	12000	0	0	0
4	江滨花园广场项目	西林县多德房地产开发有限公司 刘贤 18677256811	福建省福清市江阴镇客商 林清华 刘贤 18677256811	福建省	13500	13500	0	0	0	13500	13500	0	0	0
5	西林时代广场项目	百色瑞安房地产开发有限公司 丁朝城 18807868888	浙江瑞安市马屿镇客商 丁朝城 18807868888	浙江省	20000	20000	0	0	0	20000	20000	0	0	0
6	龙御尚城项目	西林万锦房地产开发有限公司 郑振忠 18778111888	福建省长乐市鹤上镇客商 郑振忠 18778111888	福建省	21000	21000	0	0	0	16360	16360	0	0	0
7	西林县沙糖桔综合开发项目	西林县西蒙农业发展有限公司 刘宝珠 13731803566	台湾客商 孙保霖 15977710698	台湾省	26000	26000	0	0	0	3442.8	3442.8	0	0	0

统计时间：2016年1–12月

到位资金										固定资产	签约时间	开工时间	项目性质	进展情况	备注
本年累计到位资金					本月累计到位资金					本年累计固定资产投资额					
合计	累计区外资金	累计区内市外资金	累计市内县外资金	累计县内资金	合计	累计区外资金	累计区内市外资金	累计市内县外资金	累计县内资金	合计					
17	18	19	20	21	22	23	24	25	26	27	29	30	32	33	36
8450	8450	0	0	0	0	0	0	0	0	0	2013.4.2	2013.4.20	续建	竣工	
2730	2730	0	0	0	0	0	0	0	0	0	2013.8.2	2013.8.6	续建	竣工	
4140	4140	0	0	0	0	0	0	0	0	0	2014.1.20	2014.3.3	续建	竣工	
4240	4240	0	0	0	0	0	0	0	0	0	2014.6.10	2015.3.2	续建	竣工	
13040	13040	0	0	0	0	0	0	0	0	0	2015.3.10	2015.5.8	续建	竣工	
14170	14170	0	0	0	1520	1520	0	0	0	0	2015.4.8	2015.7.19	续建	开工	
2822.8	2822.8	0	0	0	650	650	0	0	0	0	2015.9.19	2015.11.7	续建	开工	

序号	项目名称	新成立公司名称及联系人、联系电话	外来投资单位名称、联系人、联系电话	外来投资单位所属市	项目总投资									
					合计	其中：区外投资	其中：区内市外投资	其中：市内县外投资	其中：县内投资	历年累计到位资金				
										合计	累计区外资金	累计区内市外资金	累计市内县外资金	累计县内资金
8	西林县生姜综合开发项目	西林县津海姜制品有限公司 朱红梅 施海平 13878833586	广东省深圳市盐田区 朱红梅 施海平 13878833586	广东省	7000	7000	0	0	0	7000	7000	0	0	0
9	西林县普合苗族乡斗米特色水果种植基地项目	广西佳汇农业发展有限公司何碧涛 王立贵 13877676996	云南省曲靖市罗平县 何碧涛、王立贵 13877676996	云南省	2100	2100	0	0	0	2100	2100	0	0	0
10	高产无公害水果种植示范基地	西林县泽西农业发展有限公司 徐洪轩 刘卫东 18276072597	安徽省阜阳市 徐洪轩 刘卫东 18276072597	安徽省	6500	6500	0	0	0	2760	2760	0	0	0
11	山羊保种与精准扶贫养殖项目	西林县远西牧业有限公司 蔡培坤 15977600111	广东省化州市 蔡培坤 15977600111	广东省	22500	22500	0	0	0	630	630	0	0	0
12	中国能源建设集团西林县测风项目	中国能源建设集团广西电力设计研究院有限公司 韦斌 15978168886	中国能源建设集团广西电力设计研究院有限公司 韦斌 15978168886	北京市	200	200	0	0	0	115	115	0	0	0
13	西林县远程商品混凝土项目	西林县远程混凝土有限公司 曾令绍 张湘朝 18507860988	湖南省浏阳市 曾令绍 张湘朝 18507860988	湖南省	5000	5000	0	0	0	1530	1530	0	0	0
14	西林县万亩油茶开发项目	广西八桂凌云茶业有限公司 肖小科 13807767303	广东省韶关市 肖小科 13807767303	广东省	4000	4000	0	0	0	200	200	0	0	0

到位资金										固定资产	签约时间	开工时间	项目性质	进展情况	备注
本年累计到位资金					本月累计到位资金					本年累计固定资产投资额					
合计	累计区外资金	累计区内市外资金	累计市内县外资金	累计县内资金	合计	累计区外资金	累计区内市外资金	累计市内县外资金	累计县内资金	合计					
7000	7000	0	0	0	0	0	0	0	0	0	2015.9.19	2016.2.22	新建	竣工	
2100	2100	0	0	0	0	0	0	0	0	0	2016.6.23	2016.6.28	新建	竣工	
2760	2760	0	0	0	690	690	0	0	0	0	2016.9.11	2016.9.14	新建	开工	
630	630	0	0	0	10	10	0	0	0	0	2016.9.11	2016.9.18	新建	开工	
115	115	0	0	0	75	75	0	0	0	0	2016.8.18	2016.11.2	新建	开工	
1530	1530	0	0	0	770	770	0	0	0	0	2016.10.8	2016.11.13	新建	开工	
200	200	0	0	0	200	200	0	0	0	0	2016.9.20	2016.12.2	新建	开工	

数据提供：县招商局
编制：陈　荣

荣誉录

◎ 2016年荣获市（副厅）级以上表彰先进集体（单位）

单位	获奖名称	授予单位	授予时间
西林县财政局	2015年度全市财政宣传工作先进单位	百色市财政局	2016年11月
西林县财政局	荣获2015年度市县财政支出管理绩效综合评价我县排在全区（县区部分）的第三名	广西壮族自治区财政厅	2016年8月
西林县那劳镇	授予那劳镇百色市新农村建设十佳魅力乡镇（街道）	百色市精神文明建设委员会办公室	2016年4月16日
西林县那劳镇	授予那劳镇2015年度乡级计划生育先进单位奖	百色市委、市人民政府	2016年4月
西林县那劳镇	授予那劳镇百色市先进基层党组织	中共百色市委员会	2016年7月
西林县那劳镇	表彰那劳镇2016年广西乡镇统计工作规范优秀单位	自治区统计局	2016年12月
西林县司法局	荣获全区司法行政系统集体二等功	广西壮族自治区人力资源和社会保障厅、广西壮族自治区司法厅	2016年1月
西林县人民法院	继续保留自治区文明单位荣誉称号	桂文明办发〔2016〕12号	2016年12月28日
西林县人民法院	荣获2015年度全市法院调解工作绩效考评三等奖	百色市中级人民法院	2016年2月
西林县人民法院	荣获2015年度全市法院安保和法警工作绩效考评三等奖	百色市中级人民法院	2016年2月
西林县人民法院	荣获2015年度全市法院诉讼与非诉讼相衔接矛盾纠纷解决工作机制改革绩效考评三等	百色市中级人民法院	2016年2月
西林县人民法院	荣获2015年度全市法院信息化建设和司法技术管理工作绩效考评三等奖	百色市中级人民法院	2016年2月
西林县人民法院	荣获2015年度全市法院涉诉信访工作绩效考评二等奖	百色市中级人民法院	2016年2月
西林县人民法院	荣获2015年度全市法院阳光司法工作绩效考评三等奖	百色市中级人民法院	2016年2月
西林县人民法院	荣获2015年度全市法院新闻宣传报道和舆情导控工作绩效考评三等奖	百色市中级人民法院	2016年2月
西林县人民法院	荣获2015年度全市法院信息工作绩效考评三等奖	百色市中级人民法院	2016年2月
西林县人民法院	荣获2015年度全市法院审判质量效率绩效考评二等奖	百色市中级人民法院	2016年2月
西林县人民法院	荣获2015年度全市法院党风廉政建设责任制绩效考评一等奖	百色市中级人民法院	2016年2月
西林县统计局	获得广西农村贫困监测调查联席会议办公室颁发2016年度农村贫困监测调查工作考核三等奖	自治区统计局	2016年12月15日

单位	获奖名称	授予单位	授予时间
西林县统计局	获得自治区统计局颁发2016年广西县级统计工作规范示单位奖	自治区统计局	2016年12月27日
西林县统计局	获得百色市统计局颁发人事教育统计工作三等奖	百色市统计局	2016年11月7日
西林县统计局	获得百色市统计局颁发综合、核算统计工作三等奖	百色市统计局	2016年11月7日
西林县统计局	获得百色市统计局颁发工业统计工作三等奖	百色市统计局	2016年11月7日
西林县统计局	获得百色市统计局颁发能源统计工作三等奖	百色市统计局	2016年11月7日
西林县统计局	获得百色市统计局颁发建设领域统计工作三等奖	百色市统计局	2016年11月7日
西林县统计局	获得百色市统计局颁发农业统计工作二等奖	百色市统计局	2016年11月7日
西林县统计局	获得百色市统计局颁发1%人口变动调查工作二等奖	百色市统计局	2016年11月7日
西林县统计局	获得百色市统计局颁发劳动工资（含两套表）统计工作二等奖	百色市统计局	2016年11月7日
西林县统计局	获得百色市统计局颁发服务业统计专业二等奖	百色市统计局	2016年11月7日
西林县总工会	授予西林县总工会2015年度全市工会工作先进单位称号	百色市总工会	2016年
西林县总工会	授予西林县总工会2015年度全市工资集体协商工作三等奖称号	百色市总工会	2016年
西林县社科联	荣获广西社科联应用对策课题研究三等奖	广西壮族自治区社会科学界联合会	2016年1月11日
西林县社科联	荣获自治区社科联关于资助全区县级社科联开展2016年度应用对策课题研究优秀课题三等奖	广西壮族自治区社会科学界联合会	2016年3月
西林县社科联	荣获百色市社科联系统年度工作综合奖二等奖	百色市社会科学界联合会	2016年3月16日
西林县社科联	荣获百色市社科系统年度科学普及工作三等奖	百色市社会科学界联合会	2016年3月16日
西林县社科联	荣获百色市社科系统年度课题科研工作奖二等奖	百色市社会科学界联合会	2016年3月16日
西林县社科联	荣获百色市社科系统年度业务刊物先进单位	百色市社会科学界联合会	2016年3月16日
马蚌镇人民政府	“自治区2016年度卫生乡镇”	自治区爱卫会	2016年12月30日
马蚌镇八大河村清水江屯	“自治区2016年卫生村”	自治区爱卫会	2016年12月30日
共青团西林县委员会	2016年度重点青少年群体服务管理和预防犯罪工作先进单位	共青团百色市委员会	2016年12月14日
百色市西林县古障镇中心小学少先队大队	广西优秀少先队集体	共青团百色市委员会	2016年10月13日

◎ 2016年荣获市（副厅）级以上表彰先进个人

单位	获奖名称	授予单位	授予时间
李玉孟	2015年度全市财政宣传工作先进个人	百色市财政局	2016年11月
黄剑盟	全市优秀共产党员	中共百色市委员会	2016年6月29日
蒋瀚贤	全市优秀党务工作者	中共百色市委员会	2016年6月29日
韦义良	优秀乡镇公务员二等功称号	广西壮族自治区委员会组织部、广西壮族自治区人力资源和社会保障厅、广西壮族自治区公务员局	2016年12月2日
王锦军	授予镇计生办2015百色市“十佳人口与计划生育干部”	百色市委、市人民政府	2016年4月
黄李果	表彰镇建设站“2015年度百色优秀共青团员”	自治区统计局	2016年11月
农炳祝	表彰“2015年度百色市动物卫生监督工作先进工作者”	百色市水产畜牧兽医局	2016年9月
覃宗政	“市优秀党务工作者”荣誉称号	中共百色市委员会	2016年7月

单位	获奖名称	授予单位	授予时间
林　华	“市优秀党务工作者”荣誉称号	中共百色市委员会	2016年7月
韦文君	“市优秀党务工作者”荣誉称号	中共百色市委员会	2016年7月
蒋瀚贤	“市优秀党务工作者”荣誉称号	中共百色市委员会	2016年7月
农贞雄	“市优秀党务工作者”荣誉称号	中共百色市委员会	2016年7月
陆　恩	2015年全市法院优秀书记员	百中法发〔2016〕2号	2016年2月26日
赵仁芳	2015年度全市法院优秀人民陪审员	市中院 百中法发〔2016〕2号	2016年2月26日
王艳芳	2015年度全市法院新闻宣传工作先进个人	市中院 百中法发〔2016〕2号	2016年2月26日
陆昱伶	2015年度全市法院信息工作先进个人	市中院 百中法发〔2016〕2号	2016年2月26日
潘冠霖	2015年度全市法院调研工作先进个人	市中院 百中法发〔2016〕2号	2016年2月26日
林　兴	2015年度全市法院调研工作先进个人	市中院 百中法发〔2016〕2号	2016年2月26日
李景茂	2015年度全市法院精品案件	市中院 百中法发〔2016〕2号	2016年2月26日
谭献婵	2015年度全市法院精品案件	市中院 百中法发〔2016〕2号	2016年2月26日
黎美凤	2015年度全市法院精品案件	市中院 百中法发〔2016〕2号	2016年2月26日
刘季花	2015年度全区法院优秀书记员	市中院 百中法发〔2016〕2号	2016年1月27日
赵仁芬	2015年度优秀人民陪审员	区高院（桂高法〔2016〕18号	2016年1月27日
潘冠霖	全区法院系统第二十六届学术讨论会获奖论文	桂高法〔2016〕9号	2016年1月19日
欧致畯	全区法院司法警察技能大比武男警手枪实战射击第六名	区高院（桂高法〔2016〕228号	2016年9月12日
谭献婵	全区法院优秀裁判文书三等奖	桂高法〔2016〕319号	2016年12月24日
李一芳	全区法院优秀裁判文书三等奖	桂高法〔2016〕319号	2016年12月24日
韦胜成	全区法院优秀裁判文书三等奖	桂高法〔2016〕319号	2016年12月24日
黄莉英	荣获百色市第四届运动会气排球县区组“第五名”奖项	百色市第四届运动会组织委员会	2016年5月
农　胜	荣获自治区疾控中心授“十二五”期间“广西地方病防治工作先进个人”称号	广西壮族自治区疾病预防控制中心	2016年11月
农正光	在百色市第五次哲学社会科学优秀成果评奖工作中表现突出，被评为先进个人	百色市第五次哲学社会科学优秀成果评选委员会办公室	2016年3月6日
农正光	荣获百色市社科系统年度先进工作者	百色市社会科学界联合会	2016年3月16日
农正光	撰写的《广西供给侧结构性改革对策研究》，荣获由自治区社科联主办的第十八期广西发展论坛优秀论文三等奖	广西壮族自治区社会科学界联合会	2016年10月
王春梅	“市优秀共产党员”荣誉称号	中共百色市委	2016年7月
梁文壮	2016年被评为全市开展查处发生在群众身边的“四风”和腐败问题专项工作表现突出个人	百色市纪律检查委员会	2016年8月1日
李　翮	2016年被评为全市开展查处发生在群众身边的“四风”和腐败问题专项工作表现突出个人	百色市纪律检查委员会	2016年8月1日
陆明照	自治区优秀共产党员称号	中共广西壮族自治区委员会	2016年6月
农海宁	“关于在全市开展查处发生在群众身边的“四风”和腐败问题专项工作中表现突出个人表扬”。	百色市纪律检查委员会	2016年8月1日
马国林	广西日报社“2015年度优秀通讯员称号”	广西日报社	2016年3月1日
马国林	广西人民广播电台“2015年度通讯报道先进通讯员称号”	广西人民广播电台	2016年4月
何万吉	2015年度“百色优秀共青团干部”	共青团百色市委员会	2016年11月
杨文鑫	全区第40期选调生培训“优秀学生”	广西干部学院	2016年10月22日
魏岳光	优秀党务工作者	百色军分区	2016年5月
罗春光	嘉奖	百色军分区	2016年12月
杨美英	作品《手工传承》荣获百色市2016年“产业带回家留住妈妈”工程摄影比赛优秀奖	百色市妇女联合会	2016年3月
盘　峥	荣获2014–2015年度全区“美丽广西”乡村建设（扶贫）优秀工作队员	中共广西壮族自治区委员会组织部	2016年4月

附 录

◎ 2016 年重要文件目录

一、西委文件

文号	日期	文件标题	备注
109	5.31	关于《关于县、乡（镇）人民代表大会代表换届选举工作相关事项的请示》的批复	√
110	5.31	关于《关于调整县人大及其常委会机构设置编制事项的请示》的批复	√
111	5.31	关于《关于要求审定2015年度年终绩效考评结果和后续计发绩效奖励的请示》的批复	√
112	5.31	关于《关于要求审定西林县2015年度人口和计划生育工作先进集体和先进个人表彰决定的请示》的批复	√
115	5.31	关于《百色市第七批专业技术拔尖人才推荐表》的批复	√
131	6.15	关于《关于要求审定推荐全市优秀共产党员、优秀党务工作者和先进基层党组织名单的请示》的批复	√
180	7.20	关于《关于要求审定我县拟慰问党龄60年以上农村老党员名单的请示》的批复	√
186	8.16	关于《中共西林县人民政府党组关于要求审定〈西林县2016年秋季撤并学校工作实施方案〉的请示》的批复	√
187	8.16	关于《中共广西西林县人民政府党组关于要求划拨西林句町博物馆征地安置经费的请示》的批复	√
188	8.16	关于《中共西林县人民政府党组关于解决易地搬迁项目征地补偿经费的请示》的批复	√
189	8.16	关于《中共西林县人民政府党组关于举办广西 西林第五届“驮娘江杯”野外钓鱼大赛的请示》的批复	√
208	9.27	关于《中共西林县人民政府党组关于审定印发〈西林县全面推进乡镇“四所合一”改革方案〉的请示》的批复	√
209	9.27	关于《中共西林县人民政府党组关于审定〈西林县村（社区）干部离任生活补助暂行办法〉的请示》的批复	√
210	9.27	关于《中共西林县人民政府党组关于要求审定〈西林县2016年乡（镇）、县直单位绩效考评工作方案〉的请示》的批复	√
211	9.27	关于《中共西林县人民政府党组关于要求审定〈西林县庆祝第32个教师节活动方案〉的请示》的批复	√
224	11.01	关于《县人大党组要求批转〈西林县2016年县、乡新一届人民代表大会部分选区重新选举人大代表工作方案〉的请示》的批复	√
230	12.14	关于《审定西林县人民政府工作规则的请示》的批复	√
231	12.14	关于《审定2016年公开选拔高校毕业生就业见习工作实施方案和高校毕业生就业见习工作管理办法的请示》的批复	√
232	12.14	关于《要求审定福地投资有限公司与县城投公司投资合作协议书的请示》的批复	√
233	12.14	关于《要求审定西林县易地扶贫搬迁安置新区项目综合开发协议书的请示》的批复	√
234	12.14	关于《要求实行西林县开发投资集团有限公司年薪制管理办法的请示》的批复	√

二、西发文件

文号	日期	文件标题
1	2.01	关于表彰2015年度“最美西林人”的决定
3	2.25	关于进一步加强在全县开展查处发生在群众身边的“四风”和腐败问题专项工作的通 知
4	2.23	关于坚决打赢“十三五”脱贫攻坚战的决定
6	3.21	关于印发《关于加快构建西林县安全发展长效机制的实施意见》的通知
8	4.26	关于表彰2015年西林县社会管理综合治理日标管理先进乡（镇）、先进单位、先进个人暨“十佳”政法干警的决定
9	4.26	关于授予李建荣同志2015年见义勇为积极分子的决定
10	5.12	关于中国共产党西林县第十二次代表大会代表选举工作的通知
11	5.17	关于提名县级党员领导干部到乡（镇）、县直党（工）委参加县第十二次党代表大会代表选举的通知
13	5.30	批转西林县人大常委会党组《关于做好2016年我县县、乡（镇）两级人民代表大会换届选举工作的意见》的通知
14	5.26	关于印发西林县环境保护“党政同责、一岗双责”责任制实施办法（试行）的通知
15	6.06	关于表彰2015年度绩效考评先进单位的决定
19	6.15	关于表彰2015年度人口和计划生育工作先进集体和先进个人的决定
21	6.21	关于印发《西林县创建自治区文明县城工作实施方案》的通知
22	6.27	关于表彰西林县2015—2016年度先进基层党委、先进村级党组织、先进基层党组织、“十名好支书”“百名好党员”和优秀党务工作者的决定
26	9.08	关于表彰2015—2016学年度优秀教师、优秀班主任、优秀校长、先进教育工作者、先进德育工作者和先进集体的决定
27	9.08	关于表彰2016年高考、中考、小学毕业水平测试成绩优异学校、教师和学生的决定
29	10.13	关于成立隆林（常么）至西林（西林段）、西林至西平（40千米）二级公路、那劳至足别三级公路项目建设协调指挥部的通知
31	12.13	转发《县委宣传部、县司法局关于在公民中开展法制宣传教育的第七个五年规划（2016-2020）》的通知
32	12.14	关于印发修订后的《中共西林县委员会议事工作规则》的通知
33	12.21	关于印发《西林县供销合作社综合改革实施方案》的通知

三、西办发文件

文号	日期	文件标题
1号	2.24	关于印发《西林县开展查处发生在群众身边的“四风”和腐败问题专项工作督查调研活动方案》的通知
4号	3.15	关于印发《西林县2016年乡镇党委领导班子换届选举工作实施方案》的通知
5号	3.21	关于印发《2016年西林县安全生产工作方案》的通知
6号	3.30	关于印发《西林县全面深化改革督察实施办法（试行）》的通知
7号	4.13	关于印发《西林县换届风气督查工作方案》的通知
8号	4.18	关于印发《2016年西林县领导联系推进重大项目建设责任制工作方案》的通知
9号	4.22	关于印发《关于在全体党员中开展“学党章党规、学系列讲话，做合格党员”学习教育实施方案》的通知
10号	5.20	关于印发《西林县2016年县乡领导班子换届工作总体方案》的通知
11号	6.28	关于印发《西林县人大常委会机关职能配置内设机构和人员编制方案》的通知
12号	7.13	关于印发《西林县防治艾滋病攻坚工程实施方案（2015—2020年）》的通知
13号	8.01	关于对全县开展查处发生在群众身边的“四风”和腐败问题专项工作中表现突出、成绩优异单位和个人进行通报表扬的决定
14号	8.09	关于转发《西林县政协换届工作方案》的通知
18号	9.06	关于印发《西林县加强扶贫领域监督执纪问责工作方案》的通知
21号	9.19	关于印发《西林县2016年度乡（镇）、县直绩效考评工作方案》的通知
22号	9.27	关于印发西林县全面推进乡（镇）“四所合一”改革实施方案的通知
23号	9.29	关于印发《西林县各乡（镇）、县直单位档案工作年度检查办法》的通知
25号	9.30	关于印发《西林县科级领导班子和科级领导干部约谈暂行办法》的通知
27号	10.24	关于印发《西林县脱贫攻坚工作问责办法（试行）》的通知
30号	11.07	关于印发《西林县巡察工作实施方案》的通知
32号	12.07	关于印发《西林县供销合作社综合改革试点实施方案》的通知
35号	12.23	关于印发《西林县人才引进工作管理办法》的通知
36号	12.26	关于印发《西林县加快构建现代公共文化服务体系实施方案》的通知
37号	12.28	关于印发《西林县推进县域义务教育均衡发展工作实施方案》的通知

非物质文化遗产简介

欧贵婚俗：“欧贵”是壮语音译，即“娶婿上门”之意。“欧贵”是盛行于驮娘江流域民间一种普遍的婚姻方式，也就是“嫁”男人。千百年来，句町部族民间一直普遍盛行一种男子到女方家上门当女婿的婚姻方式。这种婚俗文化与其他民族的上门入赘，具有本质上的不同。因为她摈弃了男尊女卑的封建思想，体现了男女平等和孝道文化内涵，对改变封建礼教统治下的婚姻观念具有十分重要的意义和作用。该项目已于2013年列入区级保护名录。

春牛舞：春牛舞壮语叫“龙崖外”，舞牛舞之意，因该舞在每年的春耕时节进行，故称“春牛舞”。这一仪式在句町古国区域的壮族村寨中一直广泛流行，至今已有上千年历史。新中国成立后，广西西林县、云南广南县等地仍有这项活动。“文革”时期，受“极左”思想影响，因该舞涉及祭祀活动，被视为“五老四旧”而禁止演出。现仅西林县那佐苗族瑶族乡坝盆村拖盆屯仍在流传，所以也称为”拖盆牛头舞”。该项目已于2006 年列入区级保护名录。

唱娅王：“娅王”是整个壮族地区民间传说中的一位具有超凡能力和高度智慧、能将大众救出苦海的菩萨式的巾帼英雄。她既是人，又是神。关于娅王的传说，至今已有上千年的历史。在这漫长的历史进程中，由于历史的局限性，唱娅王活动逐渐演变成一种神秘的巫文化现象。在句町民间，“娅”是壮语对老一辈女性的尊称，意为“奶”或“婆”。“王”具有“帝王”之意，“娅王”亦即“女王”。《娅王经》是一部流传于民间的壮语口头诗经，有人亦认为是一首叙事长诗。她内容十分丰富，包罗万象，无所不有。诗经包含着为人处世和无穷的生活哲理，有着极为深奥的文化内涵，对进一步深入研究和探讨古代句町民风及民俗文化等，都具有很高的价值。

瑶族“度戒”：西林瑶族地区普遍流行一种成人礼——“度戒”，“度戒”是一种良俗，至今已有400年以上的历史。凡年满9至12岁的男孩，都要举行一次受戒仪式，经过“度戒”的男孩表示已经成人。“度戒”时，师父向受戒弟子传授诸多戒律，这些戒律要求受戒人净化灵魂、诚心向善，传输不损坏公德、不败坏民风民俗、不嫖不赌、不偷不抢、尊老爱幼、救死扶伤等观念，培养不避艰险、敢往直前的男子汉精神，认为这样才可以避灾消难、逢凶化吉。“度戒”活动以舞、念、唱为主要形式。“度戒”仪式活动开始之前，受戒者必须经历四个考验，即失去行动自由的考验、磨练意志的考验、忍饥受饿的考验及跳云台的考验，这期间受戒者不得外出见天、不得杀生、不得吃肉类，日夜盘腿静坐或侧卧，直到师公念完经书为止，然后跳云台。整个“度戒”过程大致分11个步骤和内容进行，依次为动鼓、功遭、贺楼、召龙、请圣、“度戒”、行朝、九晕童儿、禾聚禾瑟禾魂、安壇、晕等。一般“度戒”时间为3天3夜，也有的连续7天7夜。

八音坐唱：“八音坐唱”是桂西壮族村民在生产劳动和日常生活中创作形成的一种民间音乐。这种民间音乐人们常见于边奏边唱，演唱时多用假嗓。“八音坐唱”有多种曲调，有的旋律高吭激昂，有的低婉深沉。这种“八音坐唱”形成了桂西壮族民乐独特的艺术风格，并且具有广泛的群众性和民间传承性。“八音坐唱”因采用马骨胡、二胡、板胡、竹笛、秦琴、小鼓、小钗、木鱼等八种乐器来演奏，故称“八音”。

那劳土戏：那劳土戏初期叫板凳戏，规模很小，一般都是在门前或较宽敞的院子里摆几张凳子，由几个乐手和戏子进行表演。随着规模不断扩大，才搭起戏台，登台表演，故称为“土戏”。由于喜爱这一戏种的大都是壮族村民，台词、唱腔也都使用壮语，故又称“壮戏”。

手工技艺：西林保留有许多经过千百年不断改进的传统技艺，如染布、服饰制作、农具制作、木楼建筑等，无不具有独特的民间艺术风格。这些手工技艺凝聚着西林各族人民的聪明才智，反映了西林各民族传统文化在漫长的历史进程中的时代特征。同时也反映了西林人民独特的审美观念以及她们用自己的双手创造美好生活的理想和愿望。

民间器乐：西林文化底蕴深厚，民间文化艺术源远流长，制造和使用大量的民族乐器，演奏多种民族音乐，不少器乐在族人中传承，代代相传，至今已有数百年乃至上千年的历史。西林民间演奏的器乐大致分为吹奏、弹拨、拉弦、打击乐等四类。吹奏类有箫、无膜竹笛、唢呐、口弦、芦笙等，弹拨类有月琴，三弦等，拉弦类有二胡、马骨胡、板胡等，打击类有铜鼓、大小鼓、锣、钗、木鱼等。

民间医药：西林地处滇黔桂三省（区）结合部，属亚热带季风气候地带。西林的先祖们长期在与自然灾害、自身伤病的斗争实践中积累了大量的治疗疾病、疮伤的经验，至今仍流传不少医治良方和秘方。例如壮族的陶针、针刺、拨火罐、刮痧、抽风疗痧，苗胞的中草药等等，都是自古以来人们常用的治病疗伤的有效药方。

民间饮食：西林如今还流传许多种民间传统饮食。有些饮食品的制作工艺已流传了数百年，制作过程复杂，工序繁多，制成品后芳香四溢，别有风味，也有些食品制作过程相对简单，但也唇齿留香，回味悠长。现在还流传的主要有：糜蔑、手撕牛肉、酸米粉、五色糯饭、糍粑、腊肉、腊骨、涟渣涝、水豆豉、羊瘪汤、豆腐乳等。

民间书画：西林是广西五大文学创作强县之一，除了文学创作成就比较辉煌之外，西林的民间书画艺术也硕果颇丰，人才辈出。那劳村村民班忠业从小喜好绘画，几十年间利用工余时间绘制了大量的以岑氏家族为题材的绘画作品，将两代三总督的人物形象栩栩如生地呈现出来。西平乡木顶村农少杰等人也创作了不少享誉区内外的绘画、书法作品。木顶村还在2014年间建成了西林第一个书画长廊，收集了该村藉书画艺术人才之作品数十幅，形成了别具一格的景观，在西林乃至整个广西恐怕都是仅见的。这些成就的取得缘于句町古国故地浓郁的文化氛围和深厚的文化土壤。

（西林山歌分为：驮娘江山歌调、清水江山歌调、西洋江山歌调、平别山歌调、苗族山歌调、瑶族山歌调）

撰稿：黄达纯
编辑：乃艳飞
罗贞明

◎ 2016年度干部考核结果

中共西林县委组织部关于重新评定王丰景等同志2016年度考核结果的通知

西组通字〔2017〕29号

各乡（镇）党委，县直各党（工）委、党组、党（总）支部：

经县委同意，对王丰景等6位同志的2016年度考核结果进行了重新评定，现将结果通知如下：

一、评为“称职”等次人员（3人）

王丰景　韦义良　王荣海

二、评为“合格”等次人员（2人）

黄膳榶　王镜沣

三、评为“不称职”等次人员（1人）

玉　柱

中共西林县委组织部
2017年7月27日

中共西林县委组织部关于西林县科级干部2016年度考核结果的通知

西组通字〔2017〕5号

各乡（镇）党委，县直各党（工）委、党组、党（总）支部：

经县委同意，现将西林县科级干部2016年度考核结果通知如下：

一、评为“优秀”等次人员（127人）

颜露锋　李　树　韦文健　罗志斌　吴大忠
余李农　韦美莲　农程亮　陈天海　农海宁
王岑仕　毛志华　罗　津　蒙　雷　韦义良
韦天甲　罗耀强　农珍艳　杨江平　刘运日
黄　先　农珠梅　杨世科　韦学坤　宋春霖
覃宗政　黄光常　王朝毅　罗志芳　陆志华
罗世金　陆桂芬　劳永争　黄美珍　农雪艳
梁世雷　黄学忠　黄登位　韦美岁　黄云峰
李泳宏　姚茂鸿　陆权诗　农启红　王心怡
李一芳　许爱秋　韦　翔　黄贵斌　李华杰

许爱攀 陈纪新 覃　进 李传海 王金玲
易望军 孙　勇 王　琳 王系亿 蒙应祥
陆绍光 黎译桢 韦素雪 杜耀和 罗兰花
农双连 龙化勇 何志葵 盘　峥 农舒桦
谭邦淇 黎前荣 农晓琼 黎　霞 黄小春
龚　洁 李广娜 何昱英 杨升晟 盘兰芳
王遵雄 罗建斌 农定霖 杨　帆 陆灵芝
李成学 岑福泽 韦李明 农卫兵 谭　力
岑立波 颜振华 黄　文 彭　华 黄铃翔
黄伟炽 颜能成 韦开元 班海勇 陈　刚
陆　哲 欧远宽 韦建文 黎远明 吴　海
李朝义 黄　坤 林东明 周家良 周文仁
农铭章 胡福巧 黄后生 黄炜炬 胡　勇
张国芳 陆志伸 陆国语 农　冬 陆明东
农忠献 陆少东 吴善广 农炳武 岑　强
王志鸿 韦仕祥

二、评为“称职”等次人员（564人）

黄剑盟 李和莲 罗　明 韦　新 王　源
吴海燕 梁鸿森 彭　庆 唐寸舒 蒙昆仑
覃　蓉 李则均 农仕江 黄严庆 陆雄文
潘仕立 班超乐 陆柳芳 杨志娟 韦文先
黄　宵 余吉玲 农植尊 陆晓燕 罗林康
韦圣宗 杨创达 李　靖 岑忠俊 农学延
何　飘 聂　康 陆俊宇 邹　华 赵连喜
黄　灿 宋秀艳 林　华 熊振深 黄　勇
蒙　飞 李盛辉 王奕璎 韦　岚 陈玉宁
牙昱权 黄利芳 黄瑾一 韦建文 黎　平
黄忠毓 黄赞踴 韦家文 黄　贤 黄　定
曹金敏 刘科麟 盘嘉龙 岑敏文 刘　迅
黄灵娇 黄忠实 黎志朝 陆绎宇 王绍生
田维鹏 汤景文 廖茄利 陆江峰 鲁　祥
吴耀东 刘　凡 农云鹏 农利智 杨金林
郑云耀 曾智琼 李　翮 潘家劲 黄丽迷
刘福财 劳永靖 王荣飞 鲁　华 王天富
卢德堃 陆华昌 卢贵平 王廷国 岑旖旎
吴永权 韦　晖 杨金荣 熊思贵 李春谕
潘清贵 陆　准 陈耀甲 周爱云 农正新
王耀平 陆海忠 韦正华 王丽秋 岑立坚
黄卫梅 王荣彪 黄显进 陆　桃 韦定明
梁冰云 韦　振 何　萍 李　强 岑家福
农荞羽 李东育 刘昱辛 岑海榕 农　海
王绍成 梁燕山 陈春琼 王显达 刘　鹏

李思阳 李正然 韦秀林 王志金 杨兴富
农丽娟 黄志安 蓝荣敏 梁素云 农安坤
农定超 黄家胜 卢　华 韦建权 劳永盛
李应王 农思用 李艳霞 王春梅 陆　翔
马绍生 郎文贵 梁文壮 韦文君 李仁忠
吴　一 陆　槿 黄厚凯 颜文婧 王祖敏
黄民乐 陈建华 刘万兵 黄树雄 韦永成
卢伊艳 李汶和 韦　明 袁平秀 黄林生
黄维东 黄秀环 黄玉林 黎涛源 何　松
李志颖 韦佳妙 罗苑华 邹　剑 潘美香
黄紫山 黄少文 班百佐 李景茂 罗美芳
黄宣榕 岑念坡 黄丽萍 马建华 黄卉菁
何炳亮 罗金祥 黄志海 岑启全 邓胜荣
熊保明 王　勇 吴　洸 农德新 谭献婵
李在英 陆昱伶 谭志美 潘冠霖 郭明生
李　鲲 苏建光 黄学辉 何　盛 颜　涛
陆春屹 黄福仕 罗皓云 农田金 李　静
黄绍林 黄志荣 罗绍金 黄生波 黎　勇
梁绍烈 李荣福 黄志海 吴万林 罗国安
蓝芝勇 吴照方 黄忠杰 黄忠文 黄　岗
田维芬 肖怀青 主义锋 翟红梅 农文峰
王维坚 韦业昌 黄　华 曾　俏 黄振江
梁　阅 廖世芳 农凯雄 唐　斌 李心少
梁　军 农建文 覃振恒 王绍庭 杨　杰
何　计 梁　波 刘　宁 李俊钢 黄丽丽
何　实 王　黎 唐思军 王　伟 甘庆良
李龙飞 韦贵廷 黎美凤 黄文华 王奕沣
黄永新 廖世锋 梁红燕 岑建杰 陆　友
农超仁 杨美英 农建斌 陆亭光 袁春桃
黄远昌 张　山 梁　德 黄永旗 李秀青
王清学 王正英 黎炳锋 王文飞 沈现启
李光琳 岑　斌 林裕昌 何彦呈 岑海禄
陈光敏 李一依 邓永安 李　诚 农世官
吴兴才 廖　峰 巫清丽 刘建开 农正光
岑伟凤 冯文琉 韦荣波 何芳志 王志华
韦建管 王小议 农小妹 卢绍辉 农喆成
庄兰敏 王彦蘅 农建荣 韦文艺 石仕规
王绍东 陆廷昆 韦正文 农金锦 吴茂平
王向平 黄贞宁 黄馨叶 黄林争 农正江
赵荣克 陆　毅 农青海 李永进 赵为京
赵仁华 王　前 王有成 何美音 周建明
李　娜 陆　靖 覃红星 李继宁 罗贞明
廖俊清 王芳震 王俊懿 吴志雄 蒙清莉

农金沛 熊浩植 岑家仁 覃世忠 熊中华
韦志芳 农正洪 刘代庆 陈佑赞 吴凤英
卢德权 蒙　刚 卢军学 李长承 王大盛
谢广林 梅炳新 陆　照 黄正涛 黄怀毅
李振华 秦应海 王合兵 郑　彬 农春日
韦绍东 韦登华 黄仕忠 农彩凤 黄有志
黄炳良 王国文 韦丽群 韦贵才 农业丰
岑远平 王岑华 陆　明 王正文 谢丽芸
甘兆均 农显慧 韦荣峰 班秀华 罗振涛
黎海滨 张建设 兰　也 韦　飞 韦抒彤
何文新 赵志强 宁代杰 韦　峰 汤芝碧
李　春 陈昌盛 岑伟莲 农炳立 杨正芳
龙安林 梁爱萍 罗志荣 陆星堂 李明岳
毛志刚 方剑锋 黄松仁 马贵明 陆其沙
陈　江 盘天文 邓正甜 何　强 韦高平
颜俏健 陆文龙 岑国昌 覃德忠 岑广伦
岑彩谷 韦德新 农贞建 农　勇 吴宝福
农丽芬 李文才 陆振杰 黄江峰 韦　益
廖秀花 黄晓力 农建恒 李正军 黄苧锋
黄玉鹏 周　鹏 李光可 黎晓鹏 王海弟
黄向东 韦志贤 陆兴文 黄　前 卢钟畅
张　舜 李九涛 何玉芳 何治伸 岑剑琪
李定嵘 韦建学 黄　予 宁浩淳 颜建雄
陆光明 黄　海 盘世开 颜小赛 郑　平
杨树林 王惠杰 梁立新 丁韦震 苏　阳
袁平香 梁何昌 罗荣新 黎春宏 黄良军
宁慧娟 李　清 陆艳群 王朝宗 黎姿缨
陆　彤 黄林珍 陆志东 岑洪庆 龙文辉
韦仕荣 黄炳育 王政深 韦胜辛 汤芝斌
汤芝录 黄加伟 陆永祥 黄炳华 曾仕诚
余赛花 岳化龙 黄仕伟 岑福方 梁正芳
陶永明 陆恩铁 李　筱 陶贵荣 苏江鸿
梁明军 韦抒邑 杨书华 苏素英 陆文新
农绍明 王朝炳 李智章 岑志芳 王镔植
麦梦义 罗国忠 陈建权 何建泽 韦艳芳
李中山 李世华 赵仁芬 陆海城 何志辉
邓朕元 赵光策 颜雪伦 韦子健 杨正德
张桃莲 黄贵发 黄金杰 覃海云 农国芳
王仁东 何金忠 农忠仁 梁　琳 王始炳
覃秋莲 韦　智 黄红红 郑存任 陆　胜
黎明泽 邓永寿 韦吉俊 韦信福 黄学勇
盘文龙 谢文龙 玉少伟 农永青 农忠连
黄基华 何政军 岑志明 农　丹 陈荣斌
张盛勇 赵恩毛 廖忠新 吴纯静 陆秀兰
李世安 黄承道 陆正雄

三、评为“合格”等次人员（69人）

温业斌 王洪江 王仕祥 黎树颜 何永新
马国林 王昱灿 陆　辉 黄锐南 王锦军
岑如峰 何世荣 梁润梅 黄桂锋 王正庭
汤芝文 凌桂英 李俊弘 宋忠明 李娟科
黄　晟 韦　戬 陆海平 何建强 韦　农
劳永敏 黄建萱 黄　锋 邹　岑 王德忠
林　泉 张光筋 吴文献 岑桂珍 黄国祥
农家隆 王颜升 农　晔 刘江兵 黄正波
黄林泽 梁海江 苏宇忠 覃显基 农岑光
张　尚 唐景池 黄建文 黄茂景 黄孝平
廖正宗 韦　敏 周　明 刘陶泽 苏荣诚
覃韦威 陆建国 李继春 农文辉 黄达宁
黎天任 黎　军 王文荣 廖世才 黄小松
黄　敏 赵泳吉 童锡海 黄保兵

四、评为“不称职”等次人员（7人）

吴安华 黄炳智 陆明峰 王爱国 罗朝荣
农昌全 王承勇

五、不定考核等次人员（2人）

韦克斌 王立金

六、暂不定考核等次人员（5人）

王镜沣 王丰景 王荣海 黄膳楝 玉　柱

七、不予考核人员（2人）

侯金学 王振军

中共西林县委组织部
2017年3月24日

◎ 会议纪要

十一届第63期

二〇一六年一月二十六日

2016年1月14日，县人民政府县长欧阳可爽在县政府四楼大会议室主持召开十一届县人民政府第63次常务会议，审议《2016年政府工作报告》等议题，现将会议内容纪要如下：

一、关于解决西林县城投综合楼项目3号楼建设缺口资金问题

会议听取县移民局关于解决西林县城投综合楼项目3号楼建设缺口资金的情况说明。会议审议并同意从古障林场至中学移民点剩余7宗地挂牌拍卖所得资金82.68万元中解决西林县城投综合楼项目3号楼建设缺口资金（以最终审计为准），由县移民局严格按规定程序拨付。

二、关于解决司法局新业务用房后坡地质灾害紧急治理所需经费问题

会议听取县司法局关于解决司法局新业务用房后坡地质灾害紧急治理所需经费的情况说明。会议审议并同意由县司法局实施新业务用房后坡地质灾害紧急治理，工程（含监理费）预算156.5497万元（以最终审计为准），经费由县财政安排解决，拍卖司法局旧办公楼所得上缴国库。工程设计费由县国土局向县财政申请支付。会议要求，请李正对常务副县长负责组织盘活各单位闲置的办公用房，尽快研究形成处置方案报审。同时，各单位今后要做好项目选址的评估和防护措施，杜绝类似情况的发生。

三、关于实施那劳镇扶贫生态移民新区给水消防及弱电管线配套工程问题

会议听取那劳镇关于实施那劳镇扶贫生态移民新区给水消防及弱电管线配套工程的情况说明。会议审议并同意由县城投公司按方案一负责组织实施那劳镇扶贫生态移民新区给水消防及弱电管线配套工程，即整个新区全部一次性建设，预算资金175.35万元（以最终审计为准）。会议要求，那劳镇要与城投公司做好移交工作，工程设计要充分征求供水、供电、通讯等部门意见，确保科学合理实用。

四、关于解决龙英水库扩容工程征地补偿资金问题

会议听取县水利局关于解决龙英水库扩容工程征地补偿资金的情况说明。会议审议并同意由县财政先划拨250万元作为龙英水库扩容工程征地补偿资金，以实际征地补偿发生额为准。

五、关于解决新合至龙保、县城至坝林两条农村公路安全隐患整改经费问题

会议听取县交通局关于解决新合至龙保、县城至坝林两条农村公路安全隐患整改经费的情况说明。会议认为，新合至龙保、县城至坝林两条农村公路已开通公交线路，为确保安全，要实施安全隐患整改，安装坡型护栏。会议审议并同意实施新合至龙保、县城至坝林两条农村公路安全隐患整改，预算投资69.0376万元（以最终审计为准），经费由县财政安排解决。

六、关于实施大湾至鲁渭、团保至渭归、坝弄至坝林、周约至大寨、土黄至岩怀等5条农村公路问题

会议听取县交通局关于实施大湾至鲁渭、团保至渭归、坝弄至坝林、周约至大寨、土黄至岩怀等5条农村公路的情况说明。会议认为，2016年我县即将开工建设隆林–西林二级公路等重点交通项目，地方配套压力大。会议审议并同意先实施大湾至鲁渭、坝弄至坝林、周约至大寨三条农村公路，不足部分由地方财政配套解决，其余两条农村公路视工作推进情况再研究讨论。

七、关于解决县残疾人托养中心县级配套经费问题

会议听取县残联关于解决县残疾人托养中心县级配套经费的情况说明。会议审议并同意从存量资金中解决县残疾人托养中心县级配套经费76.0629万元。会议要求，由杨登祥副县长负责做好该项目的规划设计、施工以及开展托养等指导工作，确保项目真正发挥应有作用。

八、关于《广西壮族自治区审计厅关于西林县2013–2014年财政扶贫资金管理和使用情况的审计决定、审计报告》

会议听取县审计局关于《广西壮族自治区审计厅关于西林县2013–2014年财政扶贫资金管理和使用情况的审计决定、审计报告》的情况说明。会议决定，由李正对常务副县长根据《审计决定、审计报告》提出的意见和会议提出的整改原则，于1月15日前召开专门会议进行部署整改，整改完后及时形成报告报县委。

九、关于解决扶贫生态移民（非贫困户）购房补助资金问题

会议听取县扶贫办关于解决扶贫生态移民（非贫困户）购房补助资金的情况说明。会议审议并同意由县财政安排解决扶贫生态移民（非贫困户）购房补助资金163.8万元。会议要求，县扶贫办等部门要加强扶贫移民安置的调查审核和管理，杜绝倒卖住房、地皮等骗补现象的发生。

十、关于解决新丰村新丰沿河道路硬化等项目资金问题

会议审议并同意解决新丰村新丰沿河道路硬化等项目资金149万元。

十一、关于解决那劳宫保府至风情岛道路工程和新丰野外垂钓基地道路钓鱼台维修建设资金问题

会议审议并同意解决那劳宫保府至风情岛道路工程和新丰野外垂钓基地道路钓鱼台维修建设资金115万元。

十二、关于《西林县水域滩涂规划（2016–2020）》

会议听取县水产畜牧兽医局关于《西林县水域滩涂规划（2016–2020）》的起草说明。会议审议并原则同意《西林县水域滩涂规划（2016–2020）》，由县水产畜牧兽医局按照会议提出的意见对规划发展目标、水面利用率等相关数据进行科学评估测算并修改完善后按程序出台实施。会议要求，县水产畜牧兽医局、公安局等部门要加强渔政联合执法，加大对电鱼、毒鱼、炸鱼等违法行为的打击力度，切实保护好水域生态环境。

十三、关于《西林县2014年渔业用油补贴资金发放工作方案》

会议听取县水产畜牧兽医局关于《西林县2014年渔业用油补贴资金发放工作方案》的起草说明。会议审议并同意《西林县2014年渔业用油补贴资金发放工作方案》，由县水产畜牧兽医局按照“公开、公平、公正”的原则做好符合对象的审核把关，并及时公示和兑现补贴。

十四、关于《驮娘江威后库区非法养殖设施清理工作方案》

会议听取县水产畜牧兽医局关于《驮娘江威后库区非法养殖设施清理工作方案》的起草说明。会议决定，由驮娘江威后库区非法养殖设施整治工作领导小组召开会议对该方案进行研究修改完善后，再适时提交县政府审定实施；同时，要加强宣传动员引导和正常开展日常巡逻，严格控制新增网箱、浮房等养殖设施。

十五、关于《西林县加快发展电子商务实施方案》《西林县促进电子商务产业发展扶持试行办法》

会议听取县商务局、团县委关于《西林县加快发展电子商务实施方案》《西林县促进电子商务产业发展扶持试行办法》的起草说明。会议认为，电子商务是发展的一个必然趋势，有利于拓宽我县特色优势产品销售渠道。会议要求，电子商务工作领导小组要认真深入研究，尽快按照会议提出的意见对方案中的指导思想、目标等内容进行修改完善，特别是扶持政策，要做好电商、物流方面调研，在充分征求意见的基础上再研究制定完善，切实做到“政府主导、电商支持、群众拥护”。

十六、关于公开拍卖县人社局旧办公楼筹措资金用于新建“西林县基层就业和社会保障服务设施”问题

会议听取县人社局关于公开拍卖县人社局旧办公楼筹措资金用于新建“西林县基层就业和社会保障服务设施”的情况说明。会议审议并同意公开拍卖县人社局旧办公楼筹措资金用于新建“西林县基层就业和社会保障服务设施”，由县人社局、财政局、国土局等单位共同依法按程序做好公开拍卖工作。

十七、关于《西林县句町博物馆房屋征收补偿标准》

会议听取普合苗族乡人民政府关于《西林县句町博物馆房屋征收补偿标准》的起草说明。会议审议并同意采用方案二，即按照《西林县人民政府关于印发西林县土黄至八大河二级公路房屋征收补偿标准的通知》（西政发〔2014〕19号）作为西林县句町博物馆建设项目房屋补偿标准。会议要求，普合苗族乡、文体广电局等部门要加快房屋征收进度，确保尽快动工建设博物馆。

十八、关于提高城乡居民最低生活保障补助标准问题

会议听取县民政局关于提高城乡居民最低生活保障补助标准的情况说明。会议审议并同意调整城乡低保对象补助标准，城市低保对象补助标准从每人每月270元提高到每人每月280元，农村低保补助标准从每人每月110元提高到每人每月130人，执行时间从2015年10月1日起。

十九、关于提高我县农村五保供养标准问题

会议听取县民政局关于提高我县农村五保供养标准的情况说明。会议审议并同意提高我县农村五保供养标准，农村五保集中供养标准从每人每月380元提高到每人每月500元，农村五保分散供养标准从每人每月250元提高到每人每月300元，执行时间从2015年10月1日起。

二十、关于推荐西林县人民政府法律顾问候选人问题

会议听取县法制办关于推荐西林县人民政府法律顾问候选人的情况说明。会议审议并同意县法制办推荐的六名西林县人民政府法律顾问候选人，聘请方式为一年一签，法律顾问每年总工作经费20万元，聘请工作经费支付方式为先支付每人每年5000元，其余根据办理案件等工作情况发放，由县法制办负责做好经费使用管理。

二十一、关于《西林县公用经费定额标准》

会议听取县财政局关于《西林县公用经费定额标准》的起草说明。会议审议并原则同意《西林县公用经费定额标准》，其中城管、调处、信访、疾控、法制等外业工作较多的单位公用经费在原定档次上提高一个档次标准。报县委审定。

二十二、关于《西林县2015年预算执行情况和2016年预算的报告》

会议听取县财政局关于《西林县2015年预算执行情况和2016年预算的报告》的起草说明。会议审议并原则同意《西林县2015年预算执行情况和2016年预算的报告》，报县委审定。

二十三、关于《关于西林县2015年国民经济和社会发展计划执行情况与2016年国民经济和社会发展计划草案的报告》

会议听取县发改局关于《关于西林县2015年国民经济和社会发展计划执行情况与2016年国民经济和社会发展计划草案的报告》的起草说明。会议审议并原则同意该报告，由县发改局按照会议提出的意见和再次征求各部门意见修改完善分送各位县领导审改并报县政府主要领导审核后报县委审定。会议要求，各涉及的部门要于1月15日前召开班子会认真讨论修改，以书面形式提交意见。

二十四、关于《西林县全面建成小康社会实施方案》

会议听取县发改局关于《西林县全面建成小康社会实施方案》的起草说明。会议审议并原则同意《西林县全面建成小康社会实施方案》，由县发改局按照会议提出的意见和再次征求各部门意见修改完善分送各位县领导审改并报县政府主要领导审核后报县委审定。会议要求，各涉及的部门要于1月15日前召开班子会认真讨论修改，以书面形式提交意见。

二十五、关于《2016年政府工作报告》

会议听取县政府办公室关于《2016年政府工作报告》的起草说明。会议审议并原则同意《2016年政府工作报告》，由县政府办公室按照会议提出的意见和再次征求各部门意见修改完善分送各位县领导审改并报县政府主要领导审核后报县委审定，由县发改局、统计局共同做好各项经济指标数据测算具体说明。会议要求，各涉及的部门要于1月15日前召开班子会认真讨论修改，以书面形式提交意见。

二十六、关于解决西林县看守所迁建二期项目进度款问题

会议听取县公安局关于解决西林县看守所迁建二期项目进度款的情况说明。会议审议并同意先解决西林县看守所迁建二期项目进度款300万元。

出席人员：欧阳可爽、李正对、黄子锋、魏岳光、陈次平、农丰供、黄彩雪、肖怀兵、谢君稳、黄训才、王荣海。

缺席人员：周家立、朱雁林、周俊杰、杨登祥、盘忠贵、陆绎名。

列席人员：县政协黄必先，县委办颜露锋，县政协办农丽娟，县政府办赵仁华、黎前荣、农珍艳、黄光常、张山、周文仁、李广娜、王志华、岑海榕、王文东，县监察局韦建权，县财政局赵荣克，县发改局颜能成，县法制办陈　江，县移民局何政军，县审计局黎春宏，县扶贫办陆明峰，县住建局黄玉鹏，县国土局农正洪，县司法局陆星堂，县水利局岑　强，县交通局丁韦震，县残联韦志贤，县民族局罗荣新，县旅游局黄仕伟，县经贸局农炳武，县统计局韦开元，县环保局李九涛，县公安局王文波，县林业局农　海，县商务局汤芝录，县农业局谢文龙，县人社局吴茂平，县民政局韦文艺，县卫计局杨文学，县教育局王　柱，县检察院袁平秀，县科技局农定霖，县综治办郑　彬，县文体广电黄学勇，团县委陈光敏，县畜牧局韦　益、蒙　森，县质监局刘运日、黄红红，县水厂郭申伟，县城投公司韦盛译，县电业公司黄　强，八达镇颜小赛，古障镇陆志伸，那劳镇林　华，马蚌镇农程亮，普合苗族乡熊振深，足别瑶族苗族乡廖俊清，西平乡王丰景，那佐苗族乡那朝荣。

十一届第64期

二〇一六年三月八日

2016年3月4日，县人民政府县长欧阳可爽在县政府四楼大会议室主持召开十一届县人民政府第64次常务会议，审议《关于落实中小企业“惠企贷”平台信贷引导资金的函》等议题，现将会议内容纪要如下：

一、关于落实中小企业“惠企贷”平台信贷引导资金问题

会议听取县经贸局关于落实中小企业“惠企贷”平台信贷引导资金的情况说明。会议审议并同意落实首批信贷引导资金100万元，由县财政安排资金款项。

二、关于安排农民工创业贷款担保基金问题

会议听取县人社局关于安排农民工创业贷款担保基金的情况说明。会议审议并同意先安排100万元作为农民工创业贷款担保基金，后期根据贷款担保情况再安排资金投入农民工创业贷款担保基金。

三、关于完善城投写字楼消防通道设施问题

会议听取县城投公司关于完善城投写字楼消防通道设施的情况说明。会议认为，该报告内容属公司建设问题，由公司自主决定，会议不予讨论。

四、关于解决西林县鲤城新区幼儿园不稳定斜坡地质灾害治理项目资金问题

会议听取县教育局关于解决西林县鲤城新区幼儿园不稳定斜坡地质灾害治理项目资金的情况说明。会议决定，一是由县教育局会同县国土局聘请权威机构专家对鲤城新区幼儿园选址的科学性、安全性作出鉴定；二是由县教育局会同县国土局聘请权威机构专家对县教育局提出针对该选址的地质灾害整治方案是否有效、整治后是否适合建幼儿园作出科学鉴定；三是根据专家对幼儿园选址作出鉴定情况，由肖怀兵副县长组织教育、国土、住建、八达镇等部门就鲤城新区幼儿园选址问题进行磋商并提出选址方案。

五、关于调整西林县党政机关差旅费标准等有关事项问题

会议听取县财政局关于调整西林县党政机关差旅费标准等有关事项的情况说明。根据自治区和百色市政策精神，会议原则同意调整西林县党政机关差旅费标准，处级、科级及以下干部职工住宿费按同一标准执行。

六、关于核定西林县2015年政府债务限额问题

会议听取县财政局关于核定西林县2015年政府债务限额的情况说明。会议审议并核定我县2015年政府债务限额为26900万元。

七、关于解决西林县足别瑶族苗族乡中心小学扩建用地问题

会议听取县教育局关于解决西林县足别瑶族苗族乡中心小学扩建用地的情况说明。会议审议并同意足别苗族乡中心小学扩建用地8337平方米。会议要求，县教育局要结合足别瑶族苗族乡城镇建设做好学校建设规划。

八、关于韦文益、李美英、陆冬松请求转为政府聘用人员问题

会议听取县机关事务管理局关于韦文益、李美英、陆冬松请求转为政府聘用人员的情况说明。会议认为，自2012年以来，我县针对政府聘用人员执行“只减不增”政策，会议不同意县机关事务局要求将韦文益、李美英、陆冬松转为政府聘用人员的请求。根据工作需要，并结合目前政策，会议同意通过政府购买服务方式解决韦文益、李美英、陆冬松就业待遇问题，由县财政局测算后按政策规定执行。

九、关于《西林县种植柑桔新品种（沃柑、金秋沙糖桔）示范实施方案》

会议听取县农业局关于《西林县种植柑桔新品种（沃柑、金秋沙糖桔）示范实施方案》的起草说明。会议决定，由县农业局根据会议提出的意见修改完善方案，提交县农业农村工作组研究形成统一意见后再提交政府常务会讨论。

十、关于《西林县2016年烤烟生产实施方案》

会议听取县农业局关于《西林县2016年烤烟生产实施方案》的起草说明。会议决定，由县农业局就实施方案作出测算，并与乡（镇）做好对接，进一步完善内容后再报县政府常务会审定。会议要求，涉及到经费的方案都必须做好测算，并给相关部门提出意见。

十一、关于西林县发展林下经济林下种植田七补助面积以县农业局验收数据为准问题

会议听取县林业局关于西林县发展林下经济林下种植田七补助面积以县农业局验收数据为准的情况说明。会议审议并原则同意西林县发展林下经济林下种植田七补助面积以县农业局验收数据为准。会议要求，由杨登祥副县长全面统筹田七种植的补助资金，杜绝出现多报、瞒报、虚报、重复报现象。

十二、关于调整充实县专业森林消防队员和村级护林员问题

会议听取县林业局关于调整充实县专业森林消防队员和村级护林员的情况说明。会议审议并原则同意调整充实县专业森林消防队员和村级护林员。会议要求，由杨登祥副县长与县林业局研究制定消防人员和护林员的招聘及管理办法，今后出现森林消防队员和护林员缺额，由县林业局按管理办法自行补充，不用再上报县政府审批。

十三、关于西林县小型水利工程管理体制改革相关配套文件问题

会议听取县水利局关于西林县小型水利工程管理体制改革相关配套文件的起草说明。会议审议并原则同意西林县小型水利工程管理体制改革相关配套文件（即《西林县小型水利工程确权发证试行办法》《西林县公益性小型水利工程维修养护经费管理办法》《西林县小型水库管理暂行办法》），由杨登祥副县长组织县水利局研究出切实可行的管理办法。

十四、关于西林县2014年度扶贫攻坚先进单位集体和先进个人名单问题

会议听取县扶贫办关于西林县2014年度扶贫攻坚先进单位集体和先进个人名单的情况说明。会议决定，表彰活动暂缓，待时间节点成熟后由县扶贫攻坚指挥部根据脱贫目标任务完成情况开展表彰活动。

十五、关于实施电力材料仓库置换用地项目增加工程量问题

会议听取县住建局关于实施电力材料仓库置换用地项目增加工程量。会议审议并原则同意实施电力材料仓库置换用地项目增加工程量，由肖怀兵副县长与对方达成统一意见后形成书面协议，限时搬迁。

十六、关于《西林县普及高中阶段教育实施方案》

会议听取县教育局关于《西林县普及高中阶段教育实施方案》的起草说明。会议审议并原则同意《西林县普及高中阶段教育实施方案》。

十七、关于实施那劳旅游文化名镇总督新区挡土墙工程问题

会议听取县旅游局关于实施那劳旅游文化名镇总督新区挡土墙工程的情况说明。会议决定，由李正对常务副县长、陈次平副县长组织县财政局、审计局、旅游局、那劳镇就该项目建设情况及解决办法形成书面意见后再报审。

十八、关于《西林县王子山风电场项目开发协议书》

会议听取县招商局关于《西林县王子山风电场项目开发协议书》的起草说明。会议审议并原则同意《西林县王子山风电场项目开发协议书》，县招商局根据会议要求对协议书进行修改，双方协商无异议后以意向合作形式签订意向协议书。

十九、关于县政府领导工作分工

鉴于周家立副县长、黄训才副县长挂职已结束，根据工作需要，会议审议并同意由周俊杰副县长挂职期间协助杨登祥副县长分管农业农村工作。

出席人员：欧阳可爽、李正对、黄子锋、周俊杰、陈次平、杨登祥、农丰供、肖怀兵、谢君稳、王荣海。

缺席人员：周家立、朱雁林、黄彩雪、盘忠贵、陆绎名。

列席人员：县人大黄少能、县政协廖晨伊，县委办何芳志，县人大办陈春琼，县政协办农丽娟，县政府办赵仁华、黎前荣、农珍艳、黄光常、张山、杨创达、周文仁、李广娜、王志华、岑海榕、王文东，县监察局韦建权，县财政局赵荣克，县发改局周华东，县法制办陈　江，县经贸局农炳武，县金融办李　智，县人社局韦正文，县城投公司岑伟志，县教育局王　柱，县国土局农正洪，县消防大队邓广福，县审计局黎春宏，县住建局班海勇，县农业局韦建文，县烟草公司许志华，县机关事务局农小妹，县编制办陆明东，县林业局李　树，县水利局吴宝福，县公安局李　鲲，县卫计局何文新，县扶贫办李长承，县检察院韦　明，县旅游局卢军学，县招商局黄后生，县安监局梁立新，县环保局黄前，八达镇颜小赛，那劳镇林华，普合苗族乡熊振深，足别瑶族苗族乡廖俊清，西平乡王丰景。

十一届第65期

二〇一六年四月七日

2016年3月25日，县人民政府县长欧阳可爽在县政府四楼大会议室主持召开十一届县人民政府第65次常务会议，审议《西林县2016年脱贫攻坚督查专责工作方案》等议题，现将会议内容纪要如下：

一、关于《西林县2016年脱贫攻坚督查专责工作方案》

会议听取县扶贫开发攻坚战指挥部督查专责小组关于《西林县2016年脱贫攻坚督查专责工作方案》的起草说明。会议认为，督查是保证各专责小组工作正常运转和达到预期目标的一项工作措施，要做到有布置、有落实、有回音。会议审议并原则同意《西林县2016年脱贫攻坚督查专责工作方案》，由督查专责小组按会议提出的意见修改完善后按程序行文实施。

二、关于《西林县2016年贫困村和贫困人口脱贫工作方案》

会议听取县扶贫开发攻坚战指挥部扶贫信息管理专责小组关于《西林县2016年贫困村和贫困人口脱贫工作方案》的起草说明。会议审议并原则同意《西林县2016年贫困村和贫困人口脱贫工作方案》，由扶贫信息管理专责小组按照会议提出的意见修改完善后按程序行文实施，特别是要明确总体目标任务和验收标准等内容。

三、关于《西林县2016年脱贫攻坚宣传工作方案》

会议听取县扶贫开发攻坚战指挥部政策宣传专责小组关于《西林县2016年脱贫攻坚宣传工作方案》的起草说明。会议认为，新闻方面要抓好各乡镇脱贫攻坚工作的宣传报道，形成脱贫攻坚的浓厚工作氛围；宣传的相关政策内容要与各相关部门做好对接，确保不错不漏。会议审议并原则同意《西林县2016年脱贫攻坚宣传工作方案》，由政策宣传专责小组进一步修改完善后按程序行文实施。

四、关于《西林县2016年脱贫攻坚教育帮扶实施方案》

会议听取县扶贫开发攻坚战指挥部教育培训专责小组关于《西林县2016年脱贫攻坚教育帮扶实施方案》的起草说明。会议审议并原则同意《西林县2016年脱贫攻坚教育帮扶实施方案》，由教育培训专责小组按会议提出的意见进一步修改完善后按程序行文实施。

五、关于《西林县2016年脱贫攻坚劳动力培训实施方案》

会议听取县扶贫开发攻坚战指挥部就业指导专责小组关于《西林县2016年脱贫攻坚劳动力培训实施方案》的起草说明。会议认为，培训要以菜单式进行点单培训，根据群众需要开展针对性的培训，培训方法和方式要灵活，可通过政府购买服务的方式进行培训，县人社局要做好培训后的就业率及工资水平调查工作，以便做好今后培训计划。会议审议并原则同意西林县2016年脱贫攻坚劳动力培训实施方案》，由就业指导专责小组按会议提出的意见修改完善后按程序行文实施。会议要求，各乡镇要做好群众培训意愿的调查摸底和统计，并将培训需求情况提供给相关培训部门。

六、关于《西林县2016年脱贫攻坚社会保障实施方案》

会议听取县扶贫开发攻坚战指挥部社会保障专责小组关于《西林县2016年脱贫攻坚社会保障实施方案》的起草说明。会议认为，为更好的承接和落实自治区的政策，脱贫攻坚社会保障方案要分解为人社、卫生、民政等方面来草拟方案后再上报讨论。

七、关于《西林县2016年脱贫攻坚基础设施实施方案》

会议听取县扶贫开发攻坚战指挥部基础设施建设专责小组关于《西林县2016年脱贫攻坚基础设施实施方案》的起草说明。会议审议并原则同意《西林县2016年脱贫攻坚基础设施实施方案》，通屯道路建设原则上20户以上的村屯要全部硬化。会议要求，基础设施专责小组要深入到实地进行调研和指导，拿出准确数据，确保以最短里程、最少投资达到最佳效果。

八、关于《西林县2016年脱贫攻坚金融扶贫实施方案》

会议听取县扶贫开发攻坚战指挥部资金保障和金融扶贫专责小组关于《西林县2016年脱贫攻坚金融扶贫实施方案》的起草说明。会议审议并原则同意《西林县2016年脱贫攻坚金融扶贫实施方案》，由资金保障和金融扶贫专责小组按会议提出的意见修改完善后按程序行文实施。

九、关于《西林县2016年脱贫攻坚移民搬迁实施方案》

会议听取县扶贫开发攻坚战指挥部生态移民专责小组关于《西林县2016年脱贫攻坚移民搬迁实施方案》的起草说明。会议审议并原则同意《西林县2016年脱贫攻坚移民搬迁实施方案》，其中，县城安置点“老乡家园”调整为：1. 计划拟用福景新苑、阳光小区安置300户1281人；2. 计划拟用新红新区A、C地块建设集中安置区；3. 计划拟用火亮新区、驮娘江西桥一带物流集中区建设综合集中安置区，满足搬迁需求。会议要求，各乡镇要把生态移民搬迁与城镇化建设工作有机结合起来，特别是还没有规划搬迁安置小区用地的普合苗族乡、足别瑶族苗族乡、那佐苗族乡要结合实际尽快规划落实安置用地，如涉及基本农田的，县国土、住建部门要做好规划调整；已规划有安置小区的乡镇要加快搬迁力度，确保全年搬迁任务的完成。

十、关于《西林县2016年脱贫攻坚产业发展实施方案》

会议听取县扶贫开发攻坚战指挥部产业发展专责小组关于《西林县2016年脱贫攻坚产业发展实施方案》的起草说明。会议审议并原则同意《西林县2016年脱贫攻坚产业发展实施方案》，其中，关于贫困户产业发展启动资金标准问题，会议决定：被确定为2016年脱贫对象的贫困户，鼓励其加入合作社，加入合作社的贫困户给予每户5000元产业扶持资金，由于特殊原因不能加入合作社但自行选择其它产业的给予每户4000元产业扶持资金（资金使用由扶贫工作队指导、把关），因个人原因无能力进行产业开发的贫困户暂不安排产业扶贫资金。关于贫困户贷款问题按照桂政发〔2014〕33号文件规定执行。《产业发展脱贫实施方案》由产业发展专责小组按照会议提出的意见进一步修改完善后按程序行文实施。

十一、关于《西林县普合苗族乡句町博物馆项目建设涉及房屋征收补偿及安置方案》

会议听取普合苗族乡人民政府关于《西林县普合苗族乡句町博物馆项目建设涉及房屋征收补偿及安置方案》的起草说明。会议审议并原则同意《西林县普合苗族乡句町博物馆项目建设涉及房屋征收补偿及安置方案》，由县住建、国土等部门负责相关政策表述的把关，政府办公室进一步修改完善后按程序行文实施。会议要求，普合苗族乡人民政府要按照会议精神依法按程序开展工作。

十二、关于将县水泥厂拆迁款用于缴纳在册职工历年欠缴养老金问题

会议听取县经贸局关于将县水泥厂拆迁款用于缴纳在册职工历年欠缴养老金的情况说明。会议审议并原则同意将县水泥厂拆迁款209.5353万元用于缴纳在册职工历年欠缴的养老金，由县经贸局指导企改办做好缴纳工作。会议要求，在实施过程中要履行好相关手续，确保职工的知情权与参与权。

十三、关于西林县公租房租金标准及收取规定问题

会议听取县房改办关于西林县公租房租金标准及收取规定的情况说明。会议决定，我县公共租赁住房租金按县城区2.5元/月/平方米，乡镇1元/月/平方米的标准收取。

十四、关于《2016年西林县领导联系推进重大项目建设责任制工作方案》

会议听取县发改局关于《2016年西林县领导联系推进重大项目建设责任制工作方案》的起草说明。会议认为，为便于工作的开展，项目建设的联系负责领导要根据分管工作及工作组分工进行安排。会议审议并原则同意《2016年西林县领导联系推进重大项目建设责任制工作方案》，由县发改局按会议提出的意见和重新征求相关部门意见进一步修改完善，并通过各联系领导审核后按程序行文报县委。

十五、关于将八阳至新红二级公路管理权移交市政管理局管理问题

会议听取县交通局关于将八阳至新红二级公路管理权移交市政管理局管理的情况说明。鉴于该路段保质期还没有到期，暂缓讨论。

十六、关于民族高中体艺中心机械冲孔桩桩径变更问题

会议听取县教育局关于民族高中体艺中心机械冲孔桩桩径变更的情况说明。会议审议并决定，在该项目设计单位出具书面意见确保本次机械冲孔桩桩径变更后其上层建筑工程今后不需要再变更设计及增加工程量的前提下，同意将民族高中体艺中心机械冲孔桩桩径为ф600mm、ф700mm的桩孔改为ф800mm，预算投资增加约116.179055万元，以最终审计为准。由县教育局按会议精神做好对接。

十七、关于表彰2015年度安全生产先进单位和先进工作者问题

会议听取县安委办关于表彰2015年度安全生产先进单位和先进工作者的情况说明。会议审议并原则同意表彰2015年度安全生产先进单位和先进工作者，报县委审定。

十八、关于给予农武刚开除公职处分问题

会议听取县监察局关于给予农武刚开除公职处分的情况说明。会议审议并同意给予农武刚开除公职处分，由县监察局按程序办理。

十九、关于《西林县2016年第一批财政专项扶贫资金（发展资金）分配方案》

会议听取县扶贫办关于《西林县2016年第一批财政专项扶贫资金（发展资金）分配方案》的起草说明。会议审议并同意《西林县2016年第一批财政专项扶贫资金（发展资金）分配方案》，以县人民政府办公室名义行文下发，并抄报自治区、百色市扶贫办。会议要求，专项扶贫资金必须要按上级精神使用，资金的投向及实施的项目要做好公示、公告。

出席人员：欧阳可爽、黄子锋、李正荣、黄云、周俊杰、陈次平、杨登祥、肖怀兵、谢君稳、盘忠贵、王荣海。

缺席人员：李正对、魏岳光、农丰供、黄彩雪、陆绎名。

列席人员：县委办颜露锋，县人大办王绍成，县政府办赵仁华、黎前荣、农珍艳、黄光常、张山、周文仁、李广娜、王志华、岑海榕、王文东、黄永强，县监察局韦建权，县委宣传部王祖敏，县财政局赵荣克，县发改局颜能成，县法制办王志华，县畜牧局陈天海，县食药监局岑伟莲，县水利局岑　强，县卫计局岑福泽，县金融办黄苧锋，县绩效办王岑华，县交通局李继宁，县林业局农忠献，县农业局韦建文，县人社局庄兰敏，县扶贫办陆明峰，县民政局黄小春，县教育局王　柱，县安监局农忠诚，县住建局黄玉鹏，县市政局李正军，县国土局农正洪，县编制办梁红燕，县法院陆权诗，县公安局郭明生，县文体广电局王德忠，八达镇颜小赛，古障镇陆志伸，那劳镇韦义良，那佐苗族乡李仁忠，普合苗族乡熊振深，马蚌镇农程亮，足别瑶族苗族乡廖俊清，西平乡王丰景。

十一届第66期

二〇一六年四月二十七日

2016年4月20日，县人民政府县长欧阳可爽在句町艺术中心二楼小会议室主持召开十一届县人民政府第66次常务会议，审议《西林县党政机关公务交通补贴发放实施方案》等24个议题，现将会议内容纪要如下：

一、关于《西林县党政机关公务交通补贴发放实施方案》

会议听取县车改办关于《西林县党政机关公务交通补贴发放实施方案》的起草说明。会议审议并同意《西林县党政机关公务交通补贴发放实施方案》，执行时间从2016年1月起。会议要求，县车改办要进一步做好车辆和补贴发放对象的审核。

二、关于《西林县全面推进村（社区）人民调解委员会规范化建设工作方案》

会议听取县司法局关于《西林县全面推进村（社区）人民调解委员会规范化建设工作方案》的起草说明。会议审议并原则同意《西林县全面推进村（社区）人民调解委员会规范化建设工作方案》，由领导小组按"多调多得"的原则制定资金补助细则。

三、关于解决西平乡新区开发遗留问题

会议听取西平乡人民政府关于解决西平乡新区开发遗留问题的情况说明。会议决定：

1.由李正对常务副县长牵头组织审计、国土、财政等部门负责协调理顺西平乡新区开发遗留问题，在完善审核相关材料后工程款按最终审计价由县财政先安排解决；征地补偿款需进一步调查核实，并待该片区土地处置后再解决。

2.由县城投公司结合生态移民搬迁安置工作，对该片区土地进行整合处置。

四、关于引进实木免漆生态板及实木复合地板项目问题

会议听取县招商局关于引进实木免漆生态板及实木复合地板项目的情况说明。为充分利用我县丰富的林业资源，拉长林产加工产业链，提升资源利用率，会议审议并原则同意引进实木免漆生态板及实木复合地板项目。会议要求，县国土局、林业局、招商局、古障镇人民政府等单位要做好相关手续办理服务工作，力争项目尽快开工投产。

五、关于《西林县推进财政资金统筹使用方案》

会议听取县财政局关于《西林县推进财政资金统筹使用方案》的起草说明。会议审议并同意行文下发《西林县推进财政资金统筹使用方案》，由李正对常务副县长组织涉及部门认真学习和贯彻落实。

六、关于解决龙英水库扩容工程森林植被恢复费问题

会议听取县水利局关于解决龙英水库扩容工程森林植被恢复费的情况说明。会议审议并同意由县财政安排解决龙英水库扩容工程森林植被恢复费128.7832万元。

七、关于拨付农村公路水毁危桥重建经费问题

会议听取县交通局关于拨付农村公路水毁危桥重建经费的情况说明。会议审议并同意县财政从年初预算水毁经费中安排110.1302万元作为农村公路水毁危桥（那徕桥、团保桥、妈蒿桥、罗北桥）重建经费，如上级项目资金到位，优先使用上级项目资金。

八、关于解决2011–2015年财政专项扶贫项目资金归还原渠道问题

会议听取县扶贫办关于解决2011–2015年财政专项扶贫项目资金归还原渠道的情况说明。会议审议并同意由县财政从收回部门存量资金中安排1113.12万元作为归还2011–2015年财政专项扶贫项目资金，由县审计局、财政局负责指导县扶贫办做好归还工作。

九、关于以政府购买服务方式聘用机关事业单位养老保险业务工作人员问题

会议听取县人社局关于以政府购买服务方式聘用机关事业单位养老保险业务工作人员的情况说明。会议审议并同意县人社局以政府购买服务方式聘用6名机关事业单位养老保险业务工作人员，总费用每年16.669512万元（含工资、五险个人和单位部分），实行一年一聘。

十、关于调整人民警察警衔津贴问题

会议听取县人社局关于调整人民警察警衔津贴的情况说明。会议审议并同意按照《广西壮族自治区人力资源和社会保障厅、广西壮族自治区财政厅转发〈人力资源和社会保障部、财政部关于调整人民警察警衔津贴标准的通知〉》精神，调整县公安局、县人民法院和县人民检察院对已授衔的人民警察津贴，执行时间从2015年1月1日起。

十一、关于《西林县各级各类班主任岗位奖励性绩效工资管理办法》

会议听取县教育局关于《西林县各级各类班主任岗位奖励性绩效工资管理办法》的起草说明。会议审议并同意县财政按当年实际在校生人数每月每生6元标准划拨资金作为班主任岗位奖励，由县教育局牵头组织研究具体的发放和管理办法，确保激发班主任的积极性。

十二、关于安装从火亮山到西林县民族初级中学校门路灯问题

会议听取县教育局关于安装从火亮山到西林县民族初级中学校门路灯的情况说明。会议审议并原则同意安装从火亮山到西林县民族初级中学校门的电路灯，学校及火亮山附近路段按双边对称布置，其余路段按单边布置，由县市政局组织实施。

十三、关于《西林县看守所警戒围墙建设方案》

会议听取县公安局关于《西林县看守所警戒围墙建设方案》的起草说明。会议审议并同意《西林县看守所警戒围墙建设方案》，即看守所警戒围墙增高到9米，同时对围墙进行装修、安装电网、刀刺网和监控、报警等物防技防措施，增加投资约65万元（以最终审计为准）。

十四、关于建设西林县公路交通安全执法服务站（环桂检查站）问题

会议听取县公安局关于建设西林县公路交通安全执法服务站（环桂检查站）的情况说明。会议审议并同意县公安局依法按程序组织实施西林县公路交通安全执法服务站（环桂检查站）工程，工程造价控制在110.75万元以内，工程资金优先使用上级项目资金，不足部分由县财政安排解决。

十五、关于解决县公安局网安、技术侦察、合成作战指挥平台等部门办公区域问题

会议听取县公安局关于解决网安、技术侦察、合成作战指挥平台等部门办公区域的情况说明。会议要求，由李正对常务副县长组织县公安局与县法院协商解决。

十六、关于解决拖欠县检察院旧综合楼及附属工程24.55万元工程款问题

会议听取县检察院关于拖欠旧综合楼及附属工程24.55万元工程款的情况说明。会议审议并同意由县财政安排解决拖欠旧综合楼及附属工程24.55万元工程款。会议要求，县检察院要与债权人理清好债务，并完善好协议等手续。

十七、关于解决拖欠住宿楼及附属工程62.68万元工程款问题

会议听取县检察院关于拖欠住宿楼及附属工程62.68万元工程款的情况说明。会议审议并同意由县财政安排解决拖欠住宿楼及附属工程62.68万元工程款。会议要求，县检察院要与债权人理清好债务，并完善好协议等手续。

十八、关于组建广西西林农村商业银行股份有限公司问题

会议听取县信用联社关于组建广西西林农村商业银行股份有限公司的情况说明。会议审议并支持西林县农村信用合作联社在整体改制的基础上，组建广西西林农村商业银行股份有限公司。

十九、关于那劳镇老街屯失地农民补偿问题

会议听取那劳镇人民政府关于解决老街屯失地农民补偿的情况说明。会议要求，由县民政局牵头做好全县类似情况的清查后提出处理意见。

二十、关于解除那劳镇地质灾害项目用地划拨决定书问题

会议听取县国土局关于解除那劳镇地质灾害项目用地划拨决定书的情况说明。会议审议并同意解除那劳镇地质灾害项目用地划拨决定书，并将该地块纳入政府土地储备库，由县国土局依法按程序办理。

二十一、关于解除县公安局业务技术用房建设项目国有建设用地划拨决定书问题

会议听取县国土局关于解除县公安局业务技术用房建设项目国有建设用地划拨决定书的情况说明。会议审议并同意解除县公安局业务技术用房建设项目国有建设用地划拨决定书，并将该地块纳入政府土地储备库，由县国土局依法按程序办理。

二十二、关于《西林县人民政府办公室关于成立西林县八达镇城区棚户区改造工程项目建设工作领导小组的通知》

会议听取县城投公司关于《西林县人民政府办公室关于成立西林县八达镇城区棚户区改造工程项目建设工作领导小组的通知》的起草说明。会议审议并原则同意该通知，由县政府办公室按照会议提出的意见修改完善后按程序行文下发。

二十三、关于《西林县扶贫生态移民安置工程项目专项贷款资金使用计划方案》

会议听取县城投公司关于《西林县扶贫生态移民安置工程项目专项贷款资金使用计划方案》的起草说明。会议审议并原则同意《西林县扶贫生态移民安置工程项目专项贷款资金使用计划方案》，其中要增加各乡镇安置小区项目和那劳、古障综合交易市场等项目，以及县扶贫开发攻坚战指挥部生态移民专责小组讨论确定的项目。会议要求，县城投公司要按照“公司研究讨论—上报专责小组—再报县人民政府”的程序研究制定扶贫生态移民安置工程项目的议事规则。

二十四、关于《西林县人民政府重要会议决定事项办理落实督查办法（试行）》

会议听取县人民政府督查室关于《西林县人民政府重要会议决定事项办理落实督查办法（试行）》的起草说明。会议审议并同意《西林县人民政府重要会议决定事项办理落实督查办法（试行）》。

会上，县人民政府欧阳可爽县长还就扶贫、城建、农业、项目等工作作了安排部署。

出席人员：欧阳可爽、李正对、黄子锋、周俊杰、陈次平、杨登祥、肖怀兵、谢君稳、王荣海。

缺席人员：魏岳光、农丰供、黄彩雪、盘忠贵、陆绎名。

列席人员：县人大谭邦敏，县政协黄必先，县委办何芳志，县人大办陈春琼，县政协办农丽娟，县政府办赵仁华、黎前荣、农珍艳、黄光常、张山、周文仁、王志华、岑海榕、王文东、黄永强，县监察局韦建权，县委政法委郑郑，县人民检察院钟日山，县人民法院黄宣榕，县财政局赵荣克，县发改局周华东，县法制办陈江，县卫计局岑福泽，县司法局陆星堂，县审计局黎春宏，县人社局韦正文，县调处办岳化龙，县国土局农正洪，县招商局黄后生，县环保局黄前，县林业局农海，县经贸局农炳武，县扶贫办李长承，县水利局岑强，县旅游局黄仕伟，县农业局韦建文，县交通局丁韦震，县编制办陆明东，县教育局玉柱，县市政局李正军，县民政局黄小春，县住建局班海勇、黄玉鹏，县机关事务管理局农舒桦，县文体广电局黄学勇，县生态移民办颜能成，县人民银行岑杨森，县银监办李文清，县信用联社农定丰，八达镇颜小赛，古障镇陆志伸，那劳镇林华，那佐苗族乡罗朝荣，普合苗族乡熊振深，马蚌镇农程亮，足别瑶族苗族乡廖俊清，西平乡王丰景。

十一届第67期

二〇一六年五月二十七日

2016年5月17日，县人民政府县长欧阳可爽在县政府四楼大会议室主持召开十一届县人民政府第67次常务会议，研究县人民政府领导分工，安排部署重点工作，审议《2015年度年终绩效考评结果和后续计发绩效奖励》等议题，现将会议内容纪要如下：

一、关于县人民政府领导分工

会议审议并原则同意《关于政府领导工作分工调整的通知》，由办公室按会议提出的意见修改完善后按程序行文下发。

会议要求，政府领导班子成员要尽快进入角色，要加强对分管部门的日常业务工作了解和督查，加快推进工作，做到争先创优，不拖后腿。一要加强学习，尽快熟悉了解分管业务和政策。二要加强能力建设，特别是组织、协调、决策方面的能力。三要加强作风建设。进一步保持廉洁自律，夯实工作作风，积极深入一线开展工作，多到部门、乡镇、农村解决和指导推进工作。四要加强沟通、请示和汇报。工作上要做到分工不分家，沟通上讲规矩，服从县委和主要领导，重点工作做到每月汇报1–2次。五要加强团结协作。坚决维护班子团结。

二、关于《关于做好西林县学校布局调整后闲置资产管理的通知》

会议听取县教育局关于《关于做好西林县学校布局调整后闲置资产管理的通知》的起草说明。会议认为，因没有生源而暂停办学的学校，要采取“以用代管”的方式，才能确保学校校舍及财物等资产不受破坏和侵吞。会议审议并原则同意《关于做好西林县学校布局调整后闲置资产管理的通知》，其中闲置校舍要优先免费提供给乡村作为办公场所或文化室、读书室等公共服务场所。由办公室和财政部门根据会议提出的意见修改规范好文字表述后，按程序行文实施。

三、关于《2015年度年终绩效考评结果和后续计发绩效奖励》

会议听取县绩效办关于《2015年度年终绩效考评结果和后续计发绩效奖励》的起草说明。会议审议并同意按照百色市《关于2015年度绩效考评结果运用兑现县（市、区）和市直部门年度绩效奖励的通知》（百绩发办发〔2016〕11号）要求，确定我县2015年度绩考评奖励系数，即个人岗位绩效系数最低为1.35，最高为3.0，奖励基数为12000元。报县委审定。

四、关于县委政法委机关干部职工享受调整后的警衔津贴待遇问题

会议听取县委政法委关于给予机关干部职工享受调整后的警衔津贴待遇的情况说明。会议审议并同意给予县委政法委机关干部职工按照《广西壮族自治区人力资源和社会保障厅、广西壮族自治区财政厅转发〈人力资源和社会保障部、财政部关于调整人民警察警衔津贴标准的通知〉》精神享受调整后的警衔津贴待遇，执行时间从2015年1月1日起。

五、关于调整艰苦边远地区津贴问题

会议听取县人社局关于调整艰苦边远地区津贴的情况说明。会议审议并同意按照《广西壮族自治区人力资源和社会保障厅、广西壮族自治区财政厅转发〈人力资源和社会保障部、财政部关于完善艰苦边远地区津贴增长机制和调整艰苦边远地区津贴标准的通知〉》精神，调整我县艰苦边远地区津贴标准，执行时间2015年1月1日起。

六、关于解决西林县看守所迁建整体搬迁项目第三次进度款问题

会议听取县公安局关于解决西林县看守所迁建整体搬迁项目第三次进度款的情况说明。会议审议并同意解决县看守所迁建整体搬迁项目第三次进度款300万元，由县财政从上级专项资金中划拨安排。

七、关于给予罗朝荣、陈居明、王承勇、黄炳铭行政记大过处分问题

会议听取县监察局关于给予罗朝荣、陈居明、王承勇、黄炳铭行政记大过处分的情况说明。会议审议并同意给予罗朝荣、陈居明、王承勇、黄炳铭行政记大过处分，由县监察局按规定办理。

八、关于解除原县财政、地税和国税局宗地出让合同问题

会议听取县国土局关于解除原县财政、地税和国税局宗地出让合同的情况说明。会议审议并同意解除原县财政、地税和国税局宗地出让合同，并收回该宗地土地使用权，由县国土局依法按程序办理。

九、关于《西林县加快发展电子商务实施方案》《西林县促进电子商务产业发展扶持试行办法》

会议听取县商务局关于《西林县加快发展电子商务实施方案》《西林县促进电子商务产业发展扶持试行办法》的起草说明。会议审议并同意《西林县加快发展电子商务实施方案》《西林县促进电子商务产业发展扶持试行办法》，试行一年，奖励经费控制在120万以内。

十、关于《关于表彰2015年度人口和计划生育工作先进集体和先进个人的决定》

会议听取县卫计局关于《关于表彰2015年度人口和计划生育工作先进集体和先进个人的决定》的起草说明。会议审议并原则同意《关于表彰2015年度人口和计划生育工作先进集体和先进个人的决定》，其中主要领导受到处分的单位不得列入评先评优对象，评选对象要做好公示。报县委审定。

十一、关于开展“两学一做”学习教育工作经费问题

会议听取县委组织部关于要求解决开展“两学一做”学习教育工作经费的情况说明。会议审议并同意由县财政先安排解决全县开展“两学一做”学习教育工作经费100万元。

会上，县人民政府欧阳可爽县长还就各分管领导当前的一些重点工作作了安排部署。

出席人员：欧阳可爽、李正对、黄健生、周俊杰、农永烽、魏星、周华东、农海燕、王荣海。

缺席人员：魏岳光、陈次平、盘忠贵、陆绎名。

列席人员：县政协韦振英，县委办覃宗政，县人大办陈春琼，县政协办农丽娟，县政府办陆友、何芳志、王朝毅、盘峥、李强、岑家福、农荞羽、岑海榕、王文东、黄永强，县监察局李应王，县委组织部孙勇，县委政法委陈建华，县财政局黎春宏，县发改局黄伟炽，县法制办韦建管，县教育局黄有志，县绩效办蒙应祥，县审计局赵荣克，县人社局韦正文，县编办廖世锋，县公安局陈潇，县国土局农正洪，县商务局周文仁，县质监局黄红红，县工商局黄后生，县畜牧局农炳武，县卫计局李成学，县住建局班海勇、黄林泽，八达镇颜露锋，古障镇吴大忠，那劳镇韦天甲，那佐苗族乡杨世科，普合苗族乡熊振深，马蚌镇杨创达，足别瑶族苗族乡杨江平，西平乡曾智琼。

十一届第68期

二〇一六年六月二十八日

2016年6月23日上午，县人民政府县长欧阳可爽在县政府四楼大会议室主持召开十一届县人民政府第68次常务会议，审议《西林县2016年第1期（扶贫生态移民项目）国有建设用地使用权挂牌出让方案》等议题，现将会议内容纪要如下：

一、关于《西林县2016年第1期（扶贫生态移民项目）国有建设用地使用权挂牌出让方案》

会议审议并同意《西林县2016年第1期（扶贫生态移民项目）国有建设用地使用权挂牌出让方案》，由县国土局依法按程序做好挂牌出让工作。

二、关于西林旺程驾培公司新校址项目问题

会议听取县国土局关于西林旺程驾培公司新校址项目的情况说明。会议认为，当前我县正在进行新区规划，如该项目用地不符合规划，可另行调整地块；如符合规划，由县国土局依法按程序做好项目用地挂牌出让工作，项目用地"三通一平"工程费用控制在16万元/亩以内，工程费用由县财政安排解决，由李正对常务副县长按会议精神做好组织协调工作。

三、关于县国土局聘请工作人员问题

会议听取县国土局关于聘请工作人员的情况说明。会议审议并原则同意县国土局以政府购买服务方式聘请10名工作人员，由县人社局负责研究草拟政府购买人事服务的具体办法报县人民政府审定后牵头统筹全县的招聘工作。会议要求，政府购买人事服务的具体办法要明确招聘程序、约定年限、解聘程序和人事管理等内容。

四、关于追加2016年政府专职消防员伙食费问题

会议听取县公安消防大队关于追加2016年政府专职消防员伙食费的情况说明。会议审议并同意按每月25天、每人每天26元的标准追加政府专职消防员伙食费。

五、关于组建县人武部营区常驻民兵应急分队问题

会议听取县人武部关于组建营区常驻民兵应急分队的情况说明。会议决定：

1.同意组建营区常驻民兵应急分队，人员共15人，其中10人从政府专职消防员中安排，余下5人由县人武部自行招聘，伙食费等资金由县财政核拨。

2.同意将原民兵训练基地餐厅、员工宿舍楼推倒，在原址上新建常驻民兵应急分队综合楼及配套基础设施。

六、关于实施西林县民族初级中学新建学生宿舍楼后不稳定斜坡地质灾害治理项目问题

会议听取县教育局关于实施西林县民族初级中学新建学生宿舍楼后不稳定斜坡地质灾害治理项目的情况说明。会议审议并同意实施西林县民族初级中学新建学生宿舍楼后不稳定斜坡地质灾害治理项目，项目投资预算约117.2万元（以审计结算为准），资金由县财政从年初预算中小学地质灾害、洪灾等自然灾害应急项目中安排。

七、关于西林县2016年度中央预算内投资农村饮水安全巩固提升项目建设资金问题

会议听取县水利局关于要求解决西林县2016年度中央预算内投资农村饮水安全巩固提升项目建设资金的起草说明。会议审议并同意2016年度中央预算内投资农村饮水安全巩固提升项目先按2015年农村饮水安全工程的配套资金数额（约200万元）进行配套实施建设，由县水利局以通过扶贫验收为标准，在全县预脱贫的16个贫困村中对项目进行再优化，待自治区下达具体的任务和资金后再讨论实施第二批项目。

八、关于G357平吉至八大河公路伟徕至西林县交警大队（K139+000–K148+000）段改线工程前期工作经费问题

会议听取县交通局关于要求解决G357平吉至八大河公路伟徕至西林县交警大队（K139+000–K148+000）段改线工程前期工作经费的情况说明。会议审议并同意解决G357平吉至八大河公路伟徕至西林县交警大队（K139+000–K148+000）段改线工程前期工作经费150万元，以实际支出为准。

九、关于《西林县加快推进交通物流业发展工作方案》

会议听取县交通局关于《西林县加快推进交通物流业发展工作方案》的起草说明。会议审议并同意《西林县加快推进交通物流业发展工作方案》。

十、关于引进西林县远程混凝土有限公司建设商品混凝土搅拌站问题

会议听取县经贸局关于引进西林县远程混凝土有限公司建设商品混凝土搅拌站项目的情况说明。会议审议并原则同意引进西林县远程混凝土有限公司在普合苗族乡岩腊村石场附近建设年产35万方混凝土的搅拌站，但要按程序办理完相关手续后方可开工建设。

十一、关于向市人民政府上报建设加油站项目问题

会议听取县商务局关于向市人民政府上报建设加油站项目的情况说明。会议审议并同意以县人民政府名义向市人民政府上报建设古障镇田坝、央革、联谊三个加油站项目。会议要求，县商务局要与上级主管部门沟通对接，对申报获批后超过年限不建的加油站项目如何取消资格问题，并与业主签订协议进行约定明确。

十二、关于西林县电子商务服务中心及县商务局办公室问题

会议听取县商务局关于要求解决西林县电子商务服务中心及县商务局办公室的情况说明。会议审议并同意在不影响国有资产盘活的情况下，从各部门新区的办公用房或从已搬入鲤城新区部门的旧办公用房及已合并的部门办公用房中整合解决西林县电子商务服务中心及县商务局办公室，由周华东副县长牵头负责组织调配。

十三、关于《西林县人民政府关于第一批清理规范行动审批中介服务事项的决定》

会议听取县编制办关于《西林县人民政府关于第一批清理规范行动审批中介服务事项的决定》的起草说明。会议审议并同意《西林县人民政府关于第一批清理规范行动审批中介服务事项的决定》。

十四、关于县发改局等48个部门权力清单和责任清单问题

会议听取县权清办关于县发改局等48个部门权力清单和责任清单的起草说明。会议审议并同意县发改局等48个部门权力清单和责任清单，并按要求和程序及时公布。

十五、关于给予吴安华行政降级处分问题

会议听取县监察局关于给予吴安华行政降级处分的情况说明。会议审议并同意给予吴安华行政降级处分，由县监察局按程序办理。

十六、关于申请中国农业发展银行棚户区改造项目中长期贷款资金问题

会议听取县城投公司关于申请中国农业发展银行棚户区改造项目中长期贷款资金的情况说明。会议审议并同意县城投公司的子公司西林县达旺房地产开发有限公司向中国农业发展银行申请18年中长期项目专项贷款28000万元。

十七、关于《贷款资金监管协议》

会议听取县城投公司关于《贷款资金监管协议》的起草说明。会议审议并同意《贷款资金监管协议》，县人民政府作为丙方与广西农村投资集团有限公司第一分公司（甲方、借款人）、中国农业发展银行广西壮族自治区分行营业部（乙方、贷款行）、中国农业发展银行隆林各族自治县支行（丁方）、西林县城市建设投资有限公司（戊方）签订该协议。

十八、关于成立西林县开发投资集团有限公司、西林县农村开发投资有限公司、百色市XX有色金属有限公司问题

会议听取县城投公司关于成立西林县开发投资集团有限公司、西林县农村开发投资有限公司、百色市XX有色金属有限公司的情况说明。会议审议并同意组建成立西林县开发投资集团有限公司、西林县农村开发投资有限公司、百色市XX有色金属有限公司，并将西林县农村开发投资有限公司、百色市XX有色金属有限公司、西林县城市建设投资有限公司、西林县达旺房地产开发有限公司、广西西林驮娘江旅游开发有限公司作为西林县开发投资集团有限公司的子公司。

十九、关于《西林县八达镇城区棚户区改造工程购买服务协议》

会议听取县城投公司关于《西林县八达镇城区棚户区改造工程购买服务协议》的起草说明。会议审议并同意《西林县八达镇城区棚户区改造工程购买服务协议》，县人民政府作为甲方与西林县达旺房地产开发有限公司（乙方）签订该协议。

二十、关于《西林县柑橘无病毒苗圃建设招商办法》

会议听取县农业局关于《西林县柑橘无病毒苗圃建设招商办法》的起草说明。会议审议并同意建设柑橘无病毒苗圃，由县农业局根据会议精神和全县每年苗木需求情况草拟供苗协议报县人民政府审定后，通过招投标程序确定建设供苗企业，由企业在西林县境内自行投资建设柑橘无病毒苗圃。

二十一、关于《西林县新建芒果验收标准及办法》

此问题由县农业局按相关规定制定实施。

二十二、关于《西林县2016–2020年油茶产业发展实施方案》

会议听取县林业局关于《西林县2016–2020年油茶产业发展实施方案》的起草说明。会议认为，发展油茶产业，要做好示范林、示范区建设，才能发挥示范、辐射和带动作用，同时该《实施方案》未明确所需发展资金等内容。会议要求，由县林业局根据会议提出的意见对该《实施方案》进一步修改完善后再报审，油茶产业发展资金由李正对常务副县长、农永烽副县长统筹全县产业发展资金后，合理切块分配。

出席人员：欧阳可爽、李正对、黄健生、周华东、农海燕、王荣海。

缺席人员：周俊杰、魏星、农永烽。

列席人员：县委组织部徐广成，县人大廖晨伊、县政协谭邦敏，县人武部魏岳光，县委办覃宗政，县人大办李正然，县政协办农丽娟，县政府办陆友、王朝毅、盘峥、李强、岑家福、农养羽、岑海榕、王文东、黄永强，县监察局韦建权，县财政局黄坤，县发改局吴宝福，县法制办王志华，县住建局周鹏，县扶贫办玉少伟，县审计局农青海，县人武部黄剑，县消防大队邓广福，县人社局农喆成，县编制办廖世锋，县教育局玉柱，县水利局岑强、陆胜，县交通局袁平香，县商务局周文仁，县经贸局韦建文，县统计局廖秀花，县国税局黄炳权，县环保局李九涛，县安监局颜小赛，县工商局黄后生，县农业局陆志伸，县招商局王大盛，县国土局农正洪、龚洁，县机关事务局农舒桦，县林业局余李农，县城投公司黄苧锋、韦盛译、岑伟志，县民族中学黄建萱，县旺程公司农文果。

十一届第69期

二〇一六年八月三日

2016年7月22日，县人民政府县长欧阳可爽在县政府四楼大会议室主持召开十一届县人民政府第69次常务会议，审议《西林县2016年第2期（那劳镇扶贫生态移民项目C地块）国有建设用地使用权挂牌出让方案》等议题，现将会议内容纪要如下：

一、关于《西林县2016年第2期（那劳镇扶贫生态移民项目C地块）国有建设用地使用权挂牌出让方案》

会议审议并同意《西林县2016年第2期（那劳镇扶贫生态移民项目C地块）国有建设用地使用权挂牌出让方案》，由县国土局依法按程序做好挂牌出让工作。

二、关于《西林县2016年第3期（那劳镇扶贫生态移民项目D地块）国有建设用地使用权挂牌出让方案》

会议审议并同意《西林县2016年第3期（那劳镇扶贫生态移民项目D地块）国有建设用地使用权挂牌出让方案》，由县国土局依法按程序做好挂牌出让工作。

三、关于提高我县城乡居民最低生活保障标准问题

会议听取县民政局关于提高我县城乡居民最低生活保障标准的情况说明。会议审议并同意将我县城市居民最低生活保障标准从原来的每人每年4295元提高到每人每年5177元（即每人每月358元提高到每人每月431元），农村居民最低生活保障标准从原来的每人每年2048元提高到每人每年3100元（即每人每月171元提高到每人每月258元），执行时间从2016年8月1日起。

四、关于解决那佐苗族乡易地搬迁项目补偿经费问题

会议听取那佐苗族乡人民政府关于解决易地搬迁项目补偿经费的情况说明。会议审议并同意由县财政安排资金解决那佐苗族乡易地搬迁项目补偿经费200万元，视项目实际补偿情况多还少补。此问题报县委审定。

五、关于划拨西林县句町博物馆征地安置经费问题

会议听取普合苗族乡人民政府关于划拨西林县句町博物馆征地安置经费的情况说明。会议审议并同意由县财政安排资金解决西林县句町博物馆征地安置经费（涉及粮所、供电所、畜牧站3个单位的房屋补偿和住房安置）206万元，由普合苗族乡人民政府依法按程序办理。此问题报县委审定。

六、关于《西林县扶贫小额信贷实施方案》

会议听取县金融办关于《西林县扶贫小额信贷实施方案》的起草说明。会议审议并同意《西林县扶贫小额信贷实施方案》。

七、关于《西林县金融扶贫小额信贷资金委托经营工作实施方案》

会议听取县金融办关于《西林县金融扶贫小额信贷资金委托经营工作实施方案》的起草说明。会议决定：

1.扶贫小额信贷放款的对象主要为有能力、有资源、有条件的贫困户；

2.参与入股分红的贫困户必须是脱贫条件“八有一超”中“一超”难以能完成的贫困户（即人均收入不超过脱贫线的贫困户）；利用金融扶贫贷款吸纳贫困户入股分红的企业原则上以我县城投公司为主体，其它企业要求利用金融扶贫贷款吸纳贫困户入股分红的，由县信用联社根据企业业绩和贷款偿还能力等进行评估后报县扶贫攻坚指挥部审定。

3.原则同意《西林县金融扶贫小额信贷资金委托经营工作实施方案》，由县金融办根据会议提出的意见修改完善后按程序行文下发。

八、关于《西林县扶贫小额信贷风险补偿资金管理办法》

会议听取县财政局关于《西林县扶贫小额信贷风险补偿资金管理办法》的起草说明。会议审议并同意《西林县扶贫小额信贷风险补偿资金管理办法》。

九、关于《西林县人民政府关于取消一批中央指定地方实施行政审批事项的决定》

会议听取县编制办关于《西林县人民政府关于取消一批中央指定地方实施行政审批事项的决定》的起草说明。会议审议并同意《西林县人民政府关于取消一批中央指定地方实施行政审批事项的决定》。

十、关于《西林县2016年秋季撤并学校工作实施方案》

会议听取县教育局关于《西林县2016年秋季撤并学校工作实施方案》的起草说明。会议审议并原则同意《西林县2016年秋季撤并学校工作实施方案》，只撤并普合希望学校初中部，八年级、九年级学生及普合苗族乡2016年秋季小学毕业生安置到西林民族初级中学就读。会议要求，县教育局要做好宣传引导、教师安置、学校资产管理等工作。此问题报县委审定。

十一、关于提高村级计生专干工资待遇问题

会议听取县卫计局关于提高村级计生专干工资待遇的情况说明。会议审议并同意将村级计生专干工资待遇从670元/月/人提高到900元/月/人，执行时间从2016年1月1日起。

十二、关于乡镇林业站护林员社会养老保险和工资待遇问题

会议听取县林业局关于解决乡镇林业站护林员社会养老保险和工资待遇的情况说明。为统筹解决好全县类似问题，会议决定由县人社局牵头对全县各单位自聘人员进行调查和清理，提出具体处置方案上报。

十三、关于《西林县扶贫生态移民安置工程项目委托代建政府购买服务协议》

会议听取县城投公司关于《西林县扶贫生态移民安置工程项目委托代建政府购买服务协议》的起草说明。会议审议并同意《西林县扶贫生态移民安置工程项目委托代建政府购买服务协议》。

十四、关于减少西林县城市建设投资有限公司对西林县达旺房地产开发有限公司出资额问题

会议听取县城投公司关于减少西林县城市建设投资有限公司对西林县达旺房地产开发有限公司出资额的情况说明。会议审议并同意西林县城市建设投资有限公司收回西林县达旺房地产开发有限公司转为注册资本的2500万元流动资金，其对西林县达旺房地产开发有限公司的投资额变更为500万元，由新股东中国农发重点建设基金有限公司投资5000万元作为西林县达旺房地产开发有限公司注册资本金，使西林县达旺房地产开发有限公司的总注册资本金为5500万元，其中中国农发重点建设基金有限公司占股90.9%，西林县城市建设投资有限公司占股9.1%。

十五、关于解决西林县全民健身活动中心球类馆、健身馆项目设计费和地勘费问题

会议听取县文体广电局关于解决西林县全民健身活动中心球类馆、健身馆项目设计费和地勘费的情况说明。

1.关于项目选址问题，为提高土地利用效率，会议决定该项目选址由江心岛调整到县城投写字楼与足球场之间的空地，增加羽毛球、乒乓球、器械运动等功能区。

2.关于项目勘察费问题，会议决定同意先支付原选址（江心岛）地质勘察费用；关于设计费问题，由设计单位按照在球类馆、健身馆加层新建会议室的要求调整设计方案报审采纳后，再由县文体广电局向县财政申请资金支付项目设计费。

十六、关于《农业局、畜牧局一带国有土地上房屋征收补偿安置方案》

会议听取县住建局关于《农业局、畜牧局一带国有土地上房屋征收补偿安置方案》的起草说明。会议审议并原则同意《农业局、畜牧局一带国有土地上房屋征收补偿安置方案》，其中，房屋征收实施部门为县征地拆迁安置办公室；如被征收人取得安置房“就近面积”超过“安置应补偿面积”的，超出部分按成本价购买。由县住建局按照会议提出的意见修改完善后按程序行文下发。

十七、关于调整我县城市供水价格问题

会议听取县物价局关于调整我县城市供水价格的情况说明。会议审议并原则同意调整我县城市供水价格，由县物价局向百色市物价局提出申请。

十八、关于《西林县农村公路养护管理任务责任书》

会议听取县交通局关于《西林县农村公路养护管理任务责任书》的起草说明。会议审议并同意《西林县农村公路养护管理任务责任书》。会议要求，县交通局要做好具体考核办法。

十九、关于给予黄炳智行政记大过处分问题

会议听取县监察局关于给予黄炳智行政记大过处分的情况说明。会议审议并同意给予黄炳智行政记大过处分，由县监察局按程序办理。

二十、关于《西林县国民经济和社会发展第十三个五年规划纲要（草案）》

会议听取县发改局关于《西林县国民经济和社会发展第十三个五年规划纲要（草案）》的起草说明。会议审议并原则同意该规划纲要，由县发改局按照会议提出的意见和再次征求各部门意见修改完善分送各位分管领导审改并报县政府主要领导审核后报县委审定。

二十一、关于《政府工作报告（讨论稿）》

会议听取县政府办公室关于《政府工作报告》的起草说明。会议审议并原则同意《政府工作报告》，由县政府办公室按照会议提出的意见和再次征求各部门意见修改完善分送各位县领导审改并报县政府主要领导审核后报县委审定。

二十二、关于《西林县县级公立医院医改编聘用控制数岗位设置方案》

会议听取县医改办关于《西林县县级公立医院医改编聘用控制数岗位设置方案》的起草说明。会议审议并原则同意《西林县县级公立医院医改编聘用控制数岗位设置方案（一）》，但人员招聘要按业务实际情况解决，招聘数量由县财政局、人社局、卫计局等部门共同核算。

二十三、关于举办广西·西林第五届“驮娘江杯”野外钓鱼大赛问题

会议听取县文体广电局关于举办广西·西林第五届“驮娘江杯”野外钓鱼大赛的情况说明。会议审议并原则同意：

1.委托西林县万峰湖旅游开发有限公司承办广西·西林第五届“驮娘江杯”野外钓鱼大赛，承办经费总额控制在70万以内；

2.比赛时间拟定于2016年9月23日至25日；

3.比赛地点视工程进度情况拟定在宫保风情岛或新丰湖；

4.加快规划建设宫保风情岛钓鱼基地基础设施，宫保风情岛钓鱼台的设计要按照“水面以下用水泥柱作基础工程、水面以上用实木或仿实木搭建栈道式的钓鱼台”的要求进行设计和预算，先进行整个宫保风情岛栈道式钓鱼台的设计，再根据财力逐年实施，今年先设计实施宫保风情岛至果园沿湖路段，栈道宽度以确保两人安全并行为准。由设计单位按会议提出的意见重新调整设计后提交讨论。

举办广西·西林第五届“驮娘江杯”野外钓鱼大赛属重大事项报县委审定。

二十四、关于解决鲤城新区县城投公司13#综合楼建设资金问题

会议听取县畜牧局关于解决鲤城新区县城投公司13#综合楼建设资金的情况说明。为统筹解决好鲤城新区各单位办公用房类似问题，会议决定由李正对常务副县长牵头组织县财政局、审计局、城投公司等部门对各单位类似情况进行调查核算，提出统一解决方案。

会上，欧阳可爽县长还就落实常务会议事项进行了强调，今后凡是常务会议审议没有通过、但要求补充完善的事项，必须在下一次常务会上提交讨论。

出席人员：欧阳可爽、李正对、黄健生、周俊杰、魏星、周华东、农海燕、王荣海。

缺席人员：农永烽。

列席人员：县委组织部徐广成，县人大黄少能、县政协熊艳英，县委办黄光常、覃宗政，县人大办陈春琼，县政协办农丽娟，县政府办何芳志、王朝毅、盘峥、李强、岑家福、农荞羽、岑海榕、王文东、黄永强，县监察局李艳霞、王春梅，县委宣传部王祖敏、黄学忠，县财政局宁慧娟，县发改局颜能成、李文才，县法制办王志华、韦建管，县住建局黄林泽，县扶贫办王志鸿，县国土局龚洁，县民政局黄小春，县统计局韦益、黄晓力，县文体广电局王正文、谢丽芸，县审计局农青海、农晓琼，县残联邓永安，县人社局农喆成，县县编制办廖世锋、梁红燕，县地税局周才植，县国税局简恒新，县教育局玉柱，县环保局李九涛，县卫计局李成学，县林业局陆明东，县工商局梁明军，县畜牧局农炳武，县农业局陆志伸，县物价局农贞建，县水利局黄红红，县交通局丁韦震，县粮食局周家良，县旅游局李广娜，县质监局李筱，县经贸局韦建文，县公安局何盛，妇联罗兰花，县水厂李光可，县城投公司韦盛译、岑伟志，县福林担保公司黄保兵，人民银行黄海源，农业银行杨宗坤，县信用联社陆建君，邮政银行张庆，县中医院王颜升，县妇幼保健院刘江兵，县人民医院黄国祥，县钓协彭炜桦，马蚌镇何飘，普合苗族乡熊振深，那佐苗族乡陆准，西平乡曾智琼。

十二届第1期

二〇一六年九月七日

2016年9月2日，县人民政府县长欧阳可爽在县政府四楼大会议室主持召开十二届县人民政府第1次常务会议，组织学习扶贫领域监督执纪问责相关文件精神，研究部署党风廉政建设和安全生产“一岗双责”工作，审议《西林县2016年度乡（镇）、县直绩效考评工作方案》等议题，现将会议内容纪要如下：

一、组织学习扶贫领域监督执纪问责相关文件

会议听取李正对常务副县长主持学习扶贫领域监督执纪问责相关文件精神。

会议指出，加强扶贫领域监督执纪问责工作是整治懒政怠政、查处发生在群众身边的“四风”和腐败问题工作的延伸，是实施“精准监督”，为“精准扶贫”保驾护航，确保打赢脱贫攻坚战、同步全面建成小康社会的一项重要措施。

会议强调，脱贫攻坚是我县的头等大事，各乡镇、各部门在集中精力开展扶贫工作的同时，要认真贯彻落实好相关纪律的要求，严格遵守扶贫各项规章制度，按规定程序办事，积极推动脱贫攻坚政策落实到基层，杜绝违纪违规行为的发生，确保我县农村贫困人口早日脱贫奔康。

二、关于党风廉政建设和安全生产“一岗双责”工作

会议认为，新一届县人民政府领导班子，受命于“十三五”规划开局的重要时期，也是西林脱贫攻坚、全面小康进入决战决胜阶段的关键时刻，工作的状态和成效，不仅关系到个人的进退荣辱，还关系到西林15万各族群众的幸福安康，更关系到西林未来的发展前景。市委、市人民政府寄予厚望，西林百姓充满期待和关注。

会议指出，当前经济下行压力不断加大，但国家从扶贫、金融改革等层面来加快推进经济社会发展，这对西林是一个难得的发展机遇。新一届县人民政府领导班子，各乡镇、各部门必须拿出坐不住、等不起、慢不得，卯足干劲抓发展的精神状态，才能很好的抓住机遇，实现西林跨越发展。

关于党风廉政建设“一岗双责”，会议强调，一是新一届领导班子成员，各乡镇和各部门主要负责同志要切实担负起党风廉政建设的主体责任，带头执行廉洁自律的各项规定，要把廉政建设的要求体现到业务工作和管理工作，重要工作亲自部署，重大问题亲自过问，重点任务亲自督办；班子其他成员要对职责范围内的党风廉政建设切实负起领导责任，落实“一岗双责”，既要抓好工作，又要带好队伍。二是县政府分管领导要对自己分管的部门负责，要经常督促检查，落实廉政工作，部门要对下属负责，一级负责一级，层层传导压力。三是各乡镇、各部门近期要对本单位财经进行自查自纠，县审计、财政要组织人员对资金流量大的乡镇和部门进行一次财务清查，确保从源头上堵住漏洞。

关于安全生产“一岗双责”，会议强调，一是要严格落实安全生产“党政同责、一岗双责、齐抓共管”的责任体系，各位县领导要履行好分管责任，认真按照要求，实行分管工作与安全生产工作同部署、同检查、同落实；二是各乡镇、各部门党政主要领导必须亲力亲为、亲自动手抓，副职领导要具体抓；三是各行业主管部门要按照“管行业必须管安全、管业务必须管安全、管生产经营必须管安全”的要求，积极主动做好所监管、所服务行业领域的安全生产工作；四是各乡镇、各部门要迅速适应新要求新常态，把“党政同责、一岗双责、齐抓共管”的体制机制落实到脱贫攻坚、全面建设小康社会等全县重点工作上来，确保全县各项工作任务全面圆满完成。

三、关于《西林县2016年度乡（镇）、县直绩效考评工作方案》

会议听取县绩效办关于《西林县2016年度乡（镇）、县直绩效考评工作方案》的起草说明。会议审议并原则同意行文实施《西林县2016年度

乡（镇）、县直绩效考评工作方案》，其中绩效奖励具体额度等待市级明确再研究讨论。报县委审定。

四、关于《西林县统筹使用财政专项资金管理暂行办法》

会议听取县扶贫攻坚指挥部办公室关于《西林县统筹使用财政专项资金管理暂行办法》的起草说明。会议审议并同意《西林县统筹使用财政专项资金管理暂行办法》。

五、关于《西林县2016年开展统筹整合使用财政涉农资金支持精准扶贫工作实施方案》

会议听取县扶贫攻坚指挥部办公室关于《西林县2016年开展统筹整合使用财政涉农资金支持精准扶贫工作实施方案》的起草说明。会议审议并原则同意以县政府名义行文上报《西林县2016年开展统筹整合使用财政涉农资金支持精准扶贫工作实施方案》，待上级反馈后再根据工作实际对相关项目进行调整。会议要求，县扶贫攻坚指挥部办公室要统筹未来几年扶贫的重点及资金情况，研究制定资金整合总方案，总方案要明确对象、范围、内容、程序，今后逐年根据工作重点从总方案中筛选确定项目，项目筛选确定程序为“领导小组讨论明确投资方向—各乡镇、各部门包装上报—县委、县政府筛选确定”。

六、关于《西林县2016年油茶产业发展实施方案》

会议听取县林业局关于《西林县2016年油茶产业发展实施方案》的起草说明。会议审议并原则同意《西林县2016年油茶产业发展实施方案》，其中，补助标准要重新进行成本核算后再确定；低产油茶林改造要根据改造规划按年度、按面积、按地点、按图班逐步推进。会议要求，县林业局要抓紧制定全县油茶发展规划。

七、关于《西林县全面推进乡镇“四所合一”改革实施方案》

会议听取县编制办关于《西林县全面推进乡镇“四所合一”改革实施方案》的起草说明。会议审议并原则同意以“两办”名义行文下发《西林县全面推进乡镇“四所合一”改革实施方案》，报县委审定。

八、关于《西林县庆祝第32个教师节活动方案》

会议听取县教育局关于《西林县庆祝第32个教师节活动方案》的情况说明。会议审议并原则同意《西林县庆祝第32个教师节活动方案》，报县委审定。

九、关于全县涉及征地户享受农村低保处理意见

会议听取县民政局关于全县涉及征地户享受农村低保处理意见的情况说明。会议审议并同意对不符合低保保障条件的征地户，全部清理退出农村低保保障，由县财政安排过渡性资金作为征地户生活补助，由李正对常务副县长牵头按照会议精神研究解决失地农民生活补助问题。会议要求，各乡镇、各部门在今后征地拆迁工作中，不能以纳入低保保障等作为征地拆迁的条件。

十、关于引进西林县石油液化气供应站项目问题

暂缓讨论。

十一、关于向市人民政府上报建设西林县西平乡皿帖加油站项目问题

会议听取县商务局关于向市人民政府上报建设西林县西平乡皿帖加油站项目的情况说明。会议审议并同意以县人民政府名义向市人民政府上报建设西平乡皿帖加油站项目，县商务局要与业主单位约定好建设的时限等。

十二、关于将新源物流地块置换成驾培用地及物流用地问题

会议审议并原则同意将新源物流地块置换成驾培用地及物流用地，由县国土局、住建局依法按程序做好规划供地工作，企业已预付的征地资金按最终竞买价多还少补。

十三、关于《广西西林县那劳村名村保护规划（2014-2020）》《西林县马蚌镇浪洁村那岩屯传统村落保护发展规划（2014-2020）》

会议审议并同意《广西西林县那劳村名村保

护规划（2014–2020）》《西林县马蚌镇浪洁村那岩屯传统村落保护发展规划（2014–2020）》。

十四、关于《西林县城区（八达镇八达村、新达村范围内）征地补偿标准》《西林县八达镇（八达村、新达村除外）、普合苗族乡、那劳镇征地补偿标准》《西林县古障镇、马蚌镇征地补偿标准》《西林县那佐苗族乡、西平乡、足别瑶族苗族乡征地补偿标准》

会议审议并同意《西林县城区（八达镇八达村、新达村范围内）征地补偿标准（方案一）》《西林县八达镇（八达村、新达村除外）、普合苗族乡、那劳镇征地补偿标准（方案一）》《西林县古障镇、马蚌镇征地补偿标准（方案一）》《西林县那佐苗族乡、西平乡、足别瑶族苗族乡征地补偿标准（方案一）》。

十五、关于二级公路沿线茶叶加工房（坊）补偿标准

会议听取县二级公路协调办关于制定二级公路沿线茶叶加工房（坊）补偿标准的情况说明。会议审议并同意二级公路沿线茶叶加工房（坊）补偿标准为150元/平方米，以县人民政府名义行文下发。

十六、关于"西林县易地扶贫移民搬迁安置新区"13个项目（209公顷）前期工作经费

会议要求，由李正对常务副县长按照会议精神牵头组织相关部门研究解决。

十七、关于县残疾人康复、托养中心项目平整土地经费问题

会议听取县残联关于解决县残疾人康复、托养中心项目平整土地经费的情况说明。会议审议并同意解决县残疾人康复、托养中心项目平整土地经费（预算审定价为106.0134万元），以结算审计价为准。

十八、关于西林县基层就业和社会保障设施建设项目工程款问题

会议听取县人社局关于解决西林县基层就业和社会保障设施建设项目工程款的情况说明。会议审议并同意由县财政先解决西林县基层就业和社会保障设施建设项目工程款216.85845万元，由县人社局继续加快推进县人社局旧办公楼拍卖工作。

十九、关于百色市西林县新红新区路网工程问题

会议听取县住建局关于百色市西林县新红新区路网工程的情况说明。会议审议并同意由县住建局作为项目业主组织实施百色市西林县新红新区路网工程，其中，新红1号路全长334.01米，路宽18米；新红2号路全长199.969米，路宽18米。工程总造价1055.0674万元。

二十、关于偿还欠李保裕工程债务问题

会议听取那佐苗族乡人民政府关于偿还欠李保裕工程债务的情况说明。会议审议并同意偿还欠李保裕工程款619626.07元、利息5万元和执行费用9194.39元，共计人民币678820.46元。会议要求，由县财政局牵头组织相关部门对各乡镇的债务进行清理核实，杜绝今后出现类似债务。

二十一、关于公开招聘岑氏家族建筑群专职消防员、保卫员和绿化管理员问题

会议听取县文体广电局关于公开招聘岑氏家族建筑群专职消防员、保卫员和绿化管理员的情况说明。会议审议并同意以政府购买服务方式招聘岑氏家族建筑群专职消防员、保卫员3名，保洁员2名，导游讲解员和管理人员5名，共10名（含原有人员），人员工资（含五险一金）等总经费为每年30万元，由县财政纳入预算后统一划拨到县文体广电局，再由县文体广电局按不同岗位的工资标准划拨到各工作人员个人账户。

二十二、关于确认西林县看守所迁建工程二期增加预算问题

会议听取县公安局关于确认西林县看守所迁建工程二期增加预算的情况说明。会议审议同意变更工程并确认西林县看守所迁建工程二期增加预算355.1万元，由项目业主按程序办理。

二十三、关于追加看守所在押人员食堂工友工资问题

会议听取县公安局关于追加看守所在押人员

食堂工友工资的情况说明。会议审议并同意从2016年8月起追加看守所在押人员食堂工友工资，由每人每月1000元提高到每人每月1600元，并纳入年度财政预算。

二十四、关于《西林县村（社区）干部离任生活补助暂行办法》

会议听取县委组织部关于《西林县村（社区）干部离任生活补助暂行办法》的起草说明。会议审议并原则同意《西林县村（社区）干部离任生活补助暂行办法》，报县委审定。

二十五、关于申请西林县扶贫生态移民安置区给水系统改扩工程项目中长期贷款资金问题

会议听取县城投公司关于申请西林县扶贫生态移民安置区给水系统改扩工程项目中长期贷款资金的情况说明。会议审议并同意西林县城市建设投资有限公司的子公司西林县农村投资有限公司作为融资平台向政策性银行申请项目中长期专项贷款和项目专项建设基金共55000万元。

出席：欧阳可爽、李正对、周俊杰、魏星、农永烽、周华东、农海燕、王荣海。

缺席：黄健生（外出开会）。

列席：县委组织部徐广成，县人大杨国文、县政协谭邦敏，县委办黄建荣，县人大办陈春琼，县政府办何芳志、王朝毅、岑家福、农荞羽、岑海榕、王文东、黄永强，县监察局韦建权，县财政局黎春宏，县发改局黄炜炽，县法制办王志华，县统计局韦益，县检察院韦明，县公安局王国辉，县市政局陆哲，县交通局袁平香，县扶贫办黄学勇，县文体广电局王正文，县质监局陆明峰，县移民局何政军，县食药监局岑立波，县国税局简恒新，县经贸局韦建文，县地税局周才植，县环保局卢钟畅，县人社局韦正文，县畜牧局陈天海，县审计局赵荣克，县林业局农忠献，县农业局陆志伸，县教育局黄有志，县安监局杨树林，县工商局黄后生，

县民政局黄小春，县国土局农正洪，县住建局班海勇，县民族局覃红星，县编制办廖世锋，县卫计局岑福泽，县司法局陆星堂，县旅游局李广娜，县水利局黄红红，县法院陆权诗，县绩效办蒙应祥，县汽车总站农文果，县招商局王大盛，县志办王合兵，县城投公司岑伟志，县残联邓永安，县消防大队陆镇智，县水厂李光可，二级公路协调办廖正宗，八达镇颜露锋，古障镇吴大忠，马蚌镇杨创达，普合苗族乡熊振深，那劳镇韦天甲，足别瑶族苗族乡杨江平，西平乡曾智琼，那佐苗族乡杨世科。

十二届第2期

二〇一六年十月三十一日

2016年10月18日，县人民政府县长欧阳可爽在县政府四楼大会议室主持召开十二届县人民政府第2次常务会议，审议《中国·广西西林第五届句町文化艺术节暨第六届沙糖桔产业、茶叶产业文化展示活动周实施方案》等议题，现将会议内容纪要如下：

一、关于《中国·广西西林第五届句町文化艺术节暨第六届沙糖桔产业、茶叶产业文化展示活动周实施方案》

会议听取县文体广电局、农业局关于《中国·广西西林第五届句町文化艺术节暨第六届沙糖桔产业、茶叶产业文化展示活动周实施方案》的起草说明。会议审议并原则同意《中国·广西西林第五届句町文化艺术节暨第六届沙糖桔产业、茶叶产业文化展示活动周实施方案》。会议要求，县文体广电局、农业局要根据会议要求对方案进行修改完善。报县委审定。

二、关于提高我县城乡居民最低生活保障补助水平问题

会议听取县民政局关于提高我县城乡居民最低生活保障补助水平的情况说明。会议审议并同意提高我县城乡居民最低生活保障补助水平。

三、关于调整退休人员基本养老金问题

会议听取县人社局关于调整退休人员基本养老金的情况说明。会议审议并原则同意按上级有关文件精神调整我县退休人员基本养老金。

四、关于实施西林县人民检察院边坡崩塌治理问题

会议听取县市政局关于实施西林县人民检察院边坡崩塌治理的情况说明。会议审议并原则同意实施西林县人民检察院边坡崩塌治理。会议要求，县市政局要聘请专家进行评审，并根据专家评审意见制定治理方案。

五、关于《妇幼保健院综合业务用房场地平整项目滑坡灾害应急治理方案》

会议听取县住建局关于《妇幼保健院综合业务用房场地平整项目滑坡灾害应急治理方案》的起草说明。会议审议并原则同意增加资金实施妇幼保健院综合业务用房场地平整项目滑坡灾害应急治理。会议要求，县妇幼保健院要聘请专家按程序评审，加快推进项目滑坡灾害治理进度，县住建局要彻查导致灾害原因，严肃追究责任，由农海燕副县长负责协调好各项工作，督促治理工作和妇幼保健院综合业务用房项目的推进。

六、关于西林县驮娘江沙糖桔核心示范区展示厅和西林县农业示范区桂洁园景观台长廊建设项目问题

会议听取县农业局关于实施西林县驮娘江沙糖桔核心示范区展示厅和西林县农业示范区桂洁园景观台长廊建设项目的情况说明。会议审议并同意实施西林县驮娘江沙糖桔核心示范区展示厅和西林县农业示范区桂洁园景观台长廊建设项目。

七、关于实行西林县开发投资集团有限公司年薪制管理办法问题

会议听取县城投公司关于实行西林县开发投资集团有限公司年薪制管理办法的情况说明。会议要求，县城投公司要参照自治区国资委下发文件的相关规定重新修改年薪制管理办法，待完善后再报县人民政府审定。

八、关于《百色市西桂有色金属有限公司金属贸易运营方案》

暂缓讨论。

九、关于《西林县征地青苗和地上附着物补偿标准调整技术报告》

会议听取县国土局关于西林县征地青苗和地

上附着物补偿标准调整技术报告的情况说明。会议审议并原则同意西林县征地青苗和地上附着物补偿标准。会议要求，县国土局要参照全市各县征地补偿标准，结合我县实际对《西林县征地青苗和地上附着物补偿标准》作调整后再实施。

十、关于西林县贫困村通屯农村公路建设项目中长期贷款资金等贷款问题

会议决定，由李正对常务副县长组织县城投公司、教育局、卫计局、水利局等部门研究讨论我县项目贷款问题，形成总的贷款包后报县人民政府审定。

十一、关于西林县易地扶贫搬迁安置新区项目综合开发协议书

会议听取县城投公司关于西林县易地扶贫搬迁安置新区项目综合开发协议书的起草说明。会议决定，由李正对常务副县长组织相关部门研究并修改完善协议书，报县人民政府常务会审定通过后再报县委审定。

十二、关于《西林县进一步加快牛羊产业发展实施方案》

会议听取县畜牧局关于《西林县进一步加快牛羊产业发展实施方案》的起草说明。会议审议并原则同意《西林县进一步加快牛羊产业发展实施方案》。会议要求，方案在结合我县实际的基础上确保完成上级分配的任务。

十三、关于《西林县牛羊产业发展奖励扶持试行办法》

会议听取县畜牧局关于《西林县牛羊产业发展奖励扶持试行办法》的起草说明。会议审议并原则同意《西林县牛羊产业发展奖励扶持试行办法》，并试行一年。其中，奖励金额要重新进行成本测算后再确定。

十四、关于西林谢氏牧业有限公司生猪生态养殖场项目问题

会议听取县招商局关于西林谢氏牧业有限公司生猪生态养殖场项目的情况说明。会议审议并原则同意实施西林谢氏牧业有限公司生猪生态养殖场项目。会议要求，西林谢氏牧业有限公司务必做好各项前期工作，通过环评后方可实施。

十五、关于《西林县使用国家地理标志产品专用标志奖励补助办法》

会议听取县质监局关于《西林县使用国家地理标志产品专用标志奖励补助办法》的起草说明。会议审议并原则同意《西林县使用国家地理标志产品专用标志奖励补助办法》，由县质监局会同县农业局、畜牧局对奖励补助金额重新进行成本测算，并研究修改完善办法后才实施。

十六、关于西林县2015年度新型职业农民认定候选人审查问题

会议听取县新型职业农民培育工作领导小组办公室关于西林县2015年度新型职业农民认定候选人审查的情况说明。会议审议并同意认定西林县2015年度新型职业农民候选人，由县新型职业农民培育工作领导小组办公室按程序公示后发文颁证。

十七、关于《西林县公共租赁住房和廉租住房并轨运行管理暂行办法》

会议听取县房办关于《西林县公共租赁住房和廉租住房并轨运行管理暂行办法》的起草说明。会议审议并原则同意《西林县公共租赁住房和廉租住房并轨运行管理暂行办法》。

十八、《西林县那劳镇镇区消防规划（2016–2030）》《西林县古障镇镇区消防规划（2016–2030）》

会议听取县消防大队关于《西林县那劳镇镇区消防规划（2016–2030）》《西林县古障镇镇区消防规划（2016–2030）》的起草说明。会议审议并原则同意《西林县那劳镇镇区消防规划（2016–2030）》《西林县古障镇镇区消防规划（2016–2030）》。

十九、关于《西林县足别瑶族苗族乡“4.28”电杆倒杆事故调查报告》

会议听取县安监局关于《西林县足别瑶族苗族乡“4.28”电标倒杆事故调查报告》的情况说明。会议审议并同意《西林县足别瑶族苗族乡“4.28”电标倒杆事故调查报告》。

二十、关于城西新区命名问题

会议听取县住建局关于城西新区命名的情况说明。会议审议并同意以“城西新区”“鲤城西区”“鲤城新区”三个候选名报县委审定。其中，如以“鲤城西区”命名，则将原“鲤城新区”更名为“鲤城东区”；如以“鲤城新区”命名，则将原“鲤城新区”更名为“花贡新区”。

二十一、关于请求百色市发改委员会上报西林县国家重点生态功能区产业准入负面清单及编制说明问题

会议听取县生态办关于请求百色市发改委员会上报西林县国家重点生态功能区产业准入负面清单及编制说明的情况说明。会议审议并原则同意请求百色市发改委员会上报西林县国家重点生态功能区产业准入负面清单及编制说明，由县生态办根据会议要求修改完善清单及编制说明后报县委审定。

二十二、关于西林县人民政府与广西德兴永合投资开发有限公司合作协议问题

会议听取县招商局关于西林县人民政府与广西德兴永合投资开发有限公司合作协议的起草说明。会议审议并原则同意西林县人民政府与广西德兴永合投资开发有限公司合作协议，由县招商局根据会议要求修改并完善合作协议。

二十三、关于调整县人民政府领导及处级干部分工问题

会议审议并原则同意《关于调整县人民政府领导及处级干部分工调整的通知》，由办公室按会议提出的意见修改完善后按程序行文下发。

出席：欧阳可爽、李正对、黄健生、周俊杰、韦斌、农海燕、王荣海。

缺席：魏星（外出培训）、农永烽（外出开会）、周华东（外出开会）。

列席：县政协黄必先，县委办黄光常，县人大办李正然，县政协办杨兴富、县政府办王朝毅、盘峥、李强、岑家福、农养羽、王文东、黄永强，县委组织部韦文君、县委宣传部黄学忠，县财政局黎春宏、黄坤县发改局农勇，县监察局李艳霞，县招商局何昱英、县法制办王志华、县文联王文飞、县食药监局岑立波、县团委何彦呈、县交警大队李传海、县住建局班海勇、周鹏、黄林泽，县卫计局韦抒彤、县民族局陆靖，县商务局周文仁、县市政局陆哲、县消防大队邓广福、县公安局何盛、县旅游局李广娜、县工商联黎泽桢、县扶贫办谢文龙、县人社局吴茂平、农喆成，县民政局蒙清莉，县审计局赵荣克、县国土局农正洪、县检察院李泳宏、县安监局颜小赛、县妇幼保健院刘江兵、县林业局岑海成、农忠献，县农业局陆国语，县经贸局韦建文、黎远明，县畜牧局陈天海、县水利局岑强、县统计局韦益，县粮食局周家良，县教育局玉柱、县中医院谭力、人民银行岑杨森，县交通局丁韦震，县畜牧局农炳武，县科技局农定霖，县环保局戴子杰，县质监局陆明东，县商务局黄加伟，县物价局农贞建、县总工会何志葵，县民政局吴志雄，县生态办王应华，县文体广电局王正文，县城投公司黄苧锋、岑伟志、韦盛译，八达镇李和莲、古障镇吴大忠、那劳镇黄贤、马蚌镇杨创达、普合苗族乡熊振深、足别瑶族苗族乡杨江平、西平乡曾智琼、那佐苗族乡杨世科。

十二届第 3 期

二〇一六年十一月七日

2016年11月2日，县人民政府县长欧阳可爽在县政府四楼大会议室主持召开十二届县人民政府第3次常务会议，审议《关于要求行文明确开展城西新区征地工作的请示》《关于要求审定西林县城西新区房屋征收决定公告的请示》等议题，现将会议内容纪要如下：

一、关于开展城西新区征地工作问题

会议听取了县国土局关于城西新区征地工作筹备情况汇报，会议决定同意县国土局开展城西新区征地工作，相关部门及八达镇要全力配合征地工作组开展工作。

二、关于《西林县城西新区房屋征收决定公告》

会议听取县住建局关于《西林县城西新区房屋征收决定公告》的起草说明。会议审议并原则同意《西林县城西新区房屋征收决定公告》。会议要求，公告名称要明确房屋征收的名称和具体位置，由县住建局对公告名称进行修改后行文公告。

三、关于西林县扶贫移民搬迁安置新区项目综合开发协议问题

会议听取县城投公司、福地公司关于西林县扶贫移民搬迁安置新区项目综合开发协议书的起草说明。会议要求，由县城投公司、福地公司与相关部门根据会议要求再进行研究并修改完善协议书后，报县人民政府审定。

四、关于城投公司要求实行年薪制相关事宜

暂缓讨论。

五、关于《农业局、畜牧局一带国有土地上房屋征收（棚户区改造）补偿安置方案》

会议听取县住建局关于《农业局、畜牧局一带国有土地上房屋征收（棚户区改造）补偿安置方案》的起草说明。会议审议并原则同意《农业局、畜牧局一带国有土地上房屋征收（棚户区改造）补偿安置方案》。

六、关于《西林县八达镇移民新区选址方案》

会议听取县住建局关于《西林县八达镇移民新区选址方案》的起草说明。会议审议并原则同意采用选址方案二。

七、关于实施火亮山安置地（B地块）滑坡长效综合治理工程问题

会议听取县住建局关于实施火亮山安置地（B地块）滑坡长效综合治理工程的情况说明。会议要求，由县住建局聘请区内外有关专家再次对治理方案进行评审，尽量优化方案后，再次提交县人民政府审定。

八、关于实施西林县鲤城幼儿园场地填方工程问题

会议听取县住建局关于实施西林县鲤城幼儿园场地填方工程的情况说明。会议审议并原则同意由住建局作为业主实施西林县鲤城幼儿园场地填方工程。

九、关于《西林县2016年第四期（生源酒业技改扩建）国有建设用地使用权出让方案》

会议听取县国土局关于《西林县2016年第四期（生源酒业技改扩建）国有建设用地使用权出让方案》的起草说明。会议审议并原则同意《西林县2016年第四期（生源酒业技改扩建）国有建设用地使用权出让方案》。

十、关于《西林县八达镇中心敬老院与养老院服务中心建设项目国有建设项目国有建设用地使用权供地方案》

会议听取县国土局关于《西林县八达镇中心

敬老院与养老院服务中心建设项目国有建设项目国有建设用地使用权供地方案》的起草说明。会议审议并原则同意《西林县八达镇中心敬老院与养老院服务中心建设项目国有建设项目国有建设用地使用权供地方案》。

十一、关于《西林县残疾人康复服务中心、残疾人托养服务中心建设项目国有建设用地使用权供地方案》

会议听取县国土局关于《西林县残疾人康复服务中心、残疾人托养服务中心建设项目国有建设用地使用权供地方案》的起草说明。会议审议并原则同意《西林县残疾人康复服务中心、残疾人托养服务中心建设项目国有建设用地使用权供地方案》。

十二、关于《西林县古障镇古障村民委员会建设项目国有建设用地使用权供地方案》

会议听取县国土局关于《西林县古障镇古障村民委员会建设项目国有建设用地使用权供地方案》的起草说明。会议审议并原则同意《西林县古障镇古障村民委员会建设项目国有建设用地使用权供地方案》。

十三、关于《西林县古障镇幼儿园建设项目国有建设用地使用权供地方案》

会议听取县国土局关于《西林县古障镇幼儿园建设项目国有建设用地使用权供地方案》的起草说明。会议审议并原则同意《西林县古障镇幼儿园建设项目国有建设用地使用权供地方案》。

十四、关于委托广西百色农村投资有限公司实施西林县易地扶贫搬迁安置新区土地开发整理工作问题

暂缓讨论。

十五、关于修建那劳镇宫保风情岛钓鱼基地基础设施问题

会议听取县文体广电局关于实施那劳镇宫保风情岛钓鱼基地基础设施的情况说明。会议审议并原则同意实施那劳镇宫保风情岛钓鱼基地基础设施。会议要求，由县文体广电局分别以仿木水泥栏杆、防腐实木、PPC材料为原材料再次进行设计预算后报县人民政府审定。

十六、关于《西林县使用国家地理标志产品专用标志奖励补助办法》修改条款

会议听取县质监局关于《西林县使用国家地理标志产品专用标志奖励补助办法》修改条款的起草说明。会议审议并原则同意《西林县使用国家地理标志产品专用标志奖励补助办法》修改条款。

十七、关于《西林县人民政府关于西林县推行乡镇政府权责清单制度工作实施方案（送审稿）》

会议听取县编办关于《西林县人民政府关于西林县推行乡镇政府权责清单制度工作实施方案（送审稿）》的起草说明。会议审议并原则同意《西林县人民政府关于西林县推行乡镇政府权责清单制度工作实施方案（送审稿）》。

十八、关于将拍卖粮食购销企业资产收入偿还西林县粮食购销管理中心贷款欠息问题

会议听取县粮食局关于将拍卖粮食购销企业资产收入偿还西林县粮食购销管理中心贷款欠息的情况说明。会议要求，由县粮食局会同县财政局对拍卖粮食购销企业资产收入进行收支核算后，由县粮食局主动对接农发行隆林支行商讨偿还贷款欠息问题。

十九、关于调整城区污水处理收费标准问题

会议听取县物价局关于调整我县城区污水处理收费标准的情况说明。会议审议并原则同意调整我县城区污水处理收费标准。

二十、关于调整基本工资标准和增加离休费问题

会议听取县人社局关于调整基本工资标准和增加离休费的情况说明。会议审议并原则同意调整基本工资标准和增加离休费。

二十一、关于《2016年公开选拔高校毕业生就业见习工作实施方案和高校毕业生就业见习工作管理办法》

会议听取县人社局关于《2016年公开选拔高

校毕业生就业见习工作实施方案和高校毕业生就业见习工作管理办法》的起草说明。会议审议并原则同意《2016年公开选拔高校毕业生就业见习工作实施方案和高校毕业生就业见习工作管理办法》，由县委组织部、县人社局按照会议提出的意见修改完善后报县委审定。

二十二、关于修建西林县便民水果交易市场项目问题

会议听取县农业局关于修建西林县便民水果交易市场项目的情况说明。会议审议并原则同意修建西林县便民水果交易市场项目。会议要求，县农业局要进一步落实项目的科学规划、合理布局及规范管理等问题，今年先进行简易的场地平整作为便民水果交易市场，明年再根据实际情况进行建设。

二十三、关于《2016年财政预算调整方案（草案）》

会议听取县财政局关于《2016年财政预算调整方案（草案）》的起草说明。会议审议并原则同意《2016年财政预算调整方案（草案）》，由县财政局进一步完善方案后报县人大审议。

二十四、关于《县委议事规则》《政府工作规则》修改意见

会议听取县政府办关于《县委议事规则》《政府工作规则》修改意见的起草说明。会议审议并原则同意《县委议事规则》《政府工作规则》修改意见，由办公室按会议提出的意见修改完善后报县委审定。

出席：欧阳可爽、黄健生、周俊杰、韦斌、魏星、农永烽、周华东、农海燕、王荣海。

缺席：李正对（外出开会）。

列席：县委组织部徐广成、县人大廖晨依、县政协谭邦敏，县委办覃宗政，县人大办李正然，县人大办王显达、县政府办王朝毅、李强、岑家福、农荞羽、黄华、黄永强，县财政局黎春宏、县发改局颜能成，县监察局韦建权，县法制办韦建管、县住建局黄林泽、县国土局农正洪、县农业局陆国语、县畜牧局农炳武、县审计局赵荣克、县教育局黄炳良、县民政局黄小春、县残联吴兴才、县文体广电局谢丽芸、县旅游局李广娜、县编办廖世锋、县粮食局周家良、县物价局李向东、县市政局李光可、县人社局谭邦淇、县城投公司黄苧锋、岑伟志、卢韦华、八达镇颜露锋、古障镇吴大忠、普合苗族乡熊振深。

十二届第4期

二〇一六年十二月二日

2016年11月23日上午及25日上午，县人民政府县长欧阳可爽分别在县政府四楼大会议室、县迎宾馆二楼会议室主持召开十二届县人民政府第4次常务会议，审议《广西西林福地投资有限公司与县城投公司投资合作协议书》等议题，现将会议内容纪要如下：

一、关于《广西西林福地投资有限公司与县城投公司投资合作协议书》

会议听取县城投公司关于《广西西林福地投资有限公司与县城投公司投资合作协议书》的起草说明。会议审议并原则同意《广西西林福地投资有限公司与县城投公司投资合作协议书》。报县委审定。

二、关于《西林县易地扶贫搬迁安置新区项目综合开发协议书》

会议听取县城投公司关于《西林县易地扶贫搬迁安置新区项目综合开发协议书》的起草说明。会议审议并原则同意《西林县易地扶贫搬迁安置新区项目综合开发协议书》。会议要求，为加快推进项目进度，由西林县福临投资有限公司先按《协议》尽快运作实施。报县委审定。

三、关于2016-2017西林县开发投资集团有限公司重大项目融资问题

暂缓，待完善后再议。

四、关于《实行西林县开发投资集团有限公司年薪制管理办法》

会议听取县城投公司关于《实行西林县开发投资集团有限公司年薪制管理办法》的起草说明。会议审议并原则同意西林县开发投资集团有限公司年实行年薪制。由县财政局向市国资委详细了解实行年薪制相关管理办法，会同县城投公司根据市国资委相关规定进一步完善《西林县开发投资集团有限公司年薪制管理办法》后并同组织架构报县委审定。

五、关于委托广西百色农村投资有限公司实施西林县易地扶贫搬迁安置新区土地开发整理工作问题

会议听取县国土局关于委托广西百色农村投资有限公司实施西林县易地扶贫搬迁安置新区土地开发整理工作的情况说明。会议审议并原则同意县土地储备交易中心以购买服务方式委托广西百色农村投资有限公司实施西林县易地扶贫搬迁安置新区土地开发整理工作。

六、关于弄汪粮所等3宗地（2013年第十九期出让）土地闲置处置问题

会议听取县国土局关于弄汪粮所等3宗地（2013年第十九期出让）土地闲置处置问题的情况说明。会议审议并原则同意采用方案一处置弄汪粮所3宗闲置土地。

七、关于《西林县2016年第5期国有建设用地使用权挂牌出让方案》

会议听取县国土局关于《西林县2016年第5期国有建设用地使用权挂牌出让方案》的起草说明。会议审议并原则同意《西林县2016年第5期国有建设用地使用权挂牌出让方案》，由国土局按程序挂牌出让。

八、关于西林县2016年第6．7期国有建设用地使用权挂牌出让两个方案

会议听取县国土局关于西林县2016年第6．7期国有建设用地使用权挂牌出让两个方案的起草说明。会议决定，由县国土局按照规划部门规划调整第6．7期国有建设用地使用权挂牌出让方案面积后，根据供地程序形成出让方案再报县人民政府常务会审定。

九、关于实施西林县八达镇初级中学主教学楼场地平整工程问题

会议听取县住建局关于实施西林县八达镇初级中学主教学楼场地平整工程的情况说明。会议审议并原则同意实施西林县八达镇初级中学主教学楼场地平整工程。会议要求，县住建局要尽快实施场地平整，县教育局要加快招投标进度，各相关部门要做好协调配合工作。

十、关于《2016年西林县农村危房改造暨脱贫攻坚建档立卡贫困户危房改造实施方案及农户类型资金补助方案》

会议听取县住建局关于《2016年西林县农村危房改造暨脱贫攻坚建档立卡贫困户危房改造实施方案及农户类型资金补助方案》的起草说明。会议审议并原则同意《2016年西林县农村危房改造暨脱贫攻坚建档立卡贫困户危房改造实施方案及农户类型资金补助方案》。会议要求，县住建局要尽快办好相关手续，县财政局加快资金拨付力度，各乡（镇）加快推进实施进度。

十一、关于农村垃圾专项治理建设项目垃圾处理工艺问题

会议听取县市政局关于农村垃圾专项治理建设项目垃圾处理工艺的情况说明。会议审议并原则同意采用生活垃圾焚烧处理工艺（方案一）。

十二、关于《西林县农村垃圾专项治理两年攻坚建设项目实施模式方案》

会议听取县市政局关于《西林县农村垃圾专项治理两年攻坚建设项目实施模式方案》的起草说明，会议审议并原则同意采取EPC（设计、工程总承包）模式实施（采用方案一），县市政局要尽快组织实施。

十三、关于《土黄至者夯段公路绿化作业设计方案》

会议听取县林业局关于《土黄至者夯段公路绿化作业设计方案》的起草说明。会议审议并原则同意《土黄至者夯段公路绿化作业设计方案》。会议要求，县林业局要广泛调研，选择好树种、选择好种植期，会同县公路局加强管理，确保成活率，使之种出成效。

十四、关于《西林县人才引进工作管理办法（送审稿）》

会议听取县委组织部关于《西林县人才引进工作管理办法（送审稿）》的起草说明。会议要求，由县委组织部按照会议要求修改完善后再报县人民政府常务会审定。

十五、关于增建西林县全民健身中心地下停车场问题

会议听取县文体广电局关于增建西林县全民健身中心地下停车场的情况说明。会议审议并同意增建西林县全民健身中心地下停车场。

会上，县人民政府欧阳可爽县长还就各分管领导当前的绩效考评、项目资金支出、上级下达的任务等重点工作作了安排部署。

出席：欧阳可爽、李正对、韦斌、魏星、农永烽、周华东、农海燕、王荣海。

缺席：黄健生（外出培训）、周俊杰（外出开会）。

列席：县委组织部徐广成，县人大黄少能、廖晨伊，县政协韦振英、熊艳英，县委办覃宗政、岑立坚，县人大办陈春琼，县政协办农丽娟，县政府办陆友、王朝毅、农养羽、王文东、黄永强，县委组织部李仁忠，县财政局黎春宏，县发改局黄伟炽、吴宝福，县监察局韦建权，县法制办王志华，县审计局赵荣克，县人社局农喆成，县住建局班海勇，县国土局农正洪、龚洁，县城投公司黄苧锋、岑伟志，县教育局玉柱、黄炳良，人民银行西林支行岑杨森，县水利局郑存任，县水厂李光可，县交通局丁韦震，县粮食局周家良，县文体广电局谢丽芸，县林业局陆明东，县扶贫办黄文，县乡村办黄敏，县市政局陆哲，县环保局苏宇忠，县编办岑建杰，县建设办黄林泽，八达镇颜露锋，古障镇吴大忠，那劳镇黄贤，马蚌镇农海宁，普合苗族乡熊振深，足别瑶族苗族乡农珍艳，西平乡曾智琼，那佐苗族乡韦学坤。

十二届第5期

二〇一六年十二月二十七日

2016年12月15日，县人民政府县长欧阳可爽在县人民政府四楼大会议室主持召开十二届县人民政府第5次常务会议，审议《西林县2016年度年终一次性奖金发放实施方案》等议题，现将会议内容纪要如下：

一、关于《西林县2016年度年终一次性奖金发放实施方案》

会议听取县财政局关于《西林县2016年度年终一次性奖金发放实施方案》的起草说明。会议审议并同意《西林县2016年度年终一次性奖金发放实施方案》。

二、关于要求解决广西西林第五届句町文化艺术节暨第六届沙糖桔产业、茶叶产业文化展示活动周活动经费问题

会议听取县文体广电局关于要求解决广西西林第五届句町文化艺术节暨第六届沙糖桔产业、茶叶产业文化展示活动周活动经费问题的情况说明。会议审议并同意安排广西西林第五届句町文化艺术节暨第六届沙糖桔产业、茶叶产业文化展示活动周活动经费346万元。会议要求，活动周各工作组要严格按照八项规定要求，控制在预算内开支，厉行节约，杜绝铺张浪费；活动结束后各工作组要尽快进行资金审结。

三、关于《西林县2015年度脱贫户脱贫产业到户扶持资金方案》

会议听取县扶贫办关于《西林县2015年度脱贫户脱贫产业到户扶持资金方案》的起草说明。会议审议并原则同意《西林县2015年度脱贫户脱贫产业到户扶持资金方案》。会议要求，产业扶持资金要在第三方核验后才能全部发放，县脱贫攻坚指挥部产业开发专责小组要制定好产业扶持资金支出的管理办法，使产业扶持资金在脱贫攻坚中发挥成效。

四、关于《西林县2017年新型农村合作医疗筹资工作方案》

会议听取县卫计关于《西林县2017年新型农村合作医疗筹资工作方案》的起草说明。会议审议并原则同意《西林县2017年新型农村合作医疗筹资工作方案》。

五、关于进一步完善城乡低保分类救助制度问题

会议听取县民政局关于进一步完善城乡低保分类救助制度的情况说明。会议审议并原则同意行文下发《关于进一步完善城乡低保分类救助制度的通知》。

六、关于《西林县推行“一村一警务助理”工作机制实施方案》

会议听取县公安局关于《西林县推行“一村一警务助理”工作机制实施方案》的起草说明。会议审议并原则同意《西林县推行“一村一警务助理”工作机制实施方案》，其中兼职“警务助理”月工资在原发基础上增发500元。

七、关于实施西林县城区应急供水工程问题

暂缓讨论

八、关于《八达镇坡皿村等4个村级集体经济试点村发展项目方案》

会议听取县委组织部关于《八达镇坡皿村等4个村级集体经济试点村发展项目方案》的起草说明。会议审议并原则同意《八达镇坡皿村等4个村级集体经济试点村发展项目方案》。会议要求，请县委组织部加强对集体经济地管理，努力探讨集体经济可行性发展路径，以试点为契机，努力将我县集体经济做大做强；县财政局要抓好集体经济资金地使用和管理；各乡（镇）要加强对集体经济资产的监管，出台集体经济资产管理办法。

九、关于《西林县人才引进工作管理办法》

会议听取县组织部关于《西林县人才引进工作管理办法》的起草说明。会议审议并原则同意试行《西林县人才引进工作管理办法》。报县委。

十、关于《西林县林产业加工区和聚益液化气站房屋征收补偿方案》

会议听取县住建局关于《西林县林产业加工区和聚益液化气站房屋征收补偿方案》的起草说明。会议审议并同意《西林县林产业加工区和聚益液化气站房屋征收补偿方案》。

十一、关于《西林县那劳镇人民政府建设项目国有建设用地权供地方案》

会议听取县国土局关于《西林县那劳镇人民政府建设项目国有建设用地权供地方案》的起草说明。会议审议并同意《西林县那劳镇人民政府建设项目国有建设用地权供地方案》。

十二、关于《西林县发展农村经济集体留用地管理暂行办法》

会议听取县国土局关于《西林县发展农村经济集体留用地管理暂行办法》的起草说明，会议审议并原则同意《西林县发展农村经济集体留用地管理暂行办法》。报县委。

十三、关于《西林县新红新区路网建设项目国有建设用地使用权供地方案》

会议听取县国土局关于《西林县新红新区路网建设项目国有建设用地使用权供地方案》的起草说明。会议审议并同意《西林县新红新区路网建设项目国有建设用地使用权供地方案》。

十四、关于西林县教育用地专项规划

会议听取县教育局关于西林县教育用地专项规划的起草说明。会议审议并原则同意西林县教育用地专项规划。

十五、关于《购买技术服务协议书》

会议听取县农业局关于《购买技术服务协议书》的起草说明。会议审议并原则同意《购买技术服务协议书》。会议要求，由县农业局制定购买服务具体管理办法，切实把购买技术服务工作做出成效。

十六、关于《西林县柑橘无病毒苗圃建设实施方案》

会议听取县农业局关于《西林县柑橘无病毒苗圃建设实施方案》的起草说明。会议审议并原则同意试行《西林县柑橘无病毒苗圃建设实施方案》，其中，要研究苗圃的建设条件，确定苗圃的补偿标准，设定苗圃的建设规模，建设规模与投入资金要形成正比。县农业局要按照会议要求修改完善方案。

十七、关于《西林县人民政府关于完善村级劳动保障平台的实施方案》

会议听取县人社局关于《西林县人民政府关于完善村级劳动保障平台的实施方案》的起草说明。会议审议并原则同意《西林县人民政府关于完善村级劳动保障平台的实施方案》，其中，将工作经费纳入村委会的办公经费统筹安排。

十八、关于《西林县整合城乡居民基本医疗保险制度工作方案》

会议听取县人社局关于《西林县整合城乡居民基本医疗保险制度工作方案》的起草说明。会议审议并原则同意《西林县整合城乡居民基本医疗保险制度工作方案》。

十九、关于《西林县乡（镇）政府权责清单》

会议听取县编办关于《西林县乡（镇）政府权责清单》的起草说明。会议审议并原则同意《西林县乡（镇）政府权责清单》。

二十、关于《西林县八达镇江心岛游泳场“6·2”学生溺水事故调查报告》

会议听取县安监局关于《西林县八达镇江心岛游泳场“6·2”学生溺水事故调查报告》的起草说明。会议审议并原则同意《西林县八达镇江心岛游泳场“6·2”学生溺水事故调查报告》。

会上，县人民政府欧阳可爽县长还就县人民政府班子各成员今年的工作总结以及明年的工作谋划等工作作了安排部署。

出席：欧阳可爽、李正对、黄健生、周俊

杰、魏星、农永烽、周华东、农海燕、王荣海。

缺席：韦斌（外出开会）。

列席：县委组织部徐广成，县人大廖晨伊，县政协黄必先，县委办覃宗政，县人大办李正然，县政府办陆友、何芳志、王朝毅、李强、岑家福、农荞羽、王文东、黄永强，县财政局黎春宏，县发改局黄伟炽，县监察局李应王，县法制办王志华，县编办廖世锋，县审计局李永进，县绩效办蒙应祥，县扶贫办陈光敏，县卫计局李成学，县统计局黄晓力，县公安局何盛，县水利局岑强，县水厂李光可，县住建局班海勇，县国土局农正洪，县教育局玉柱，县文体广电局杨帆、谢丽芸，县民政局黄小春，县社保局黎前荣，县妇联罗兰花，县残联农双连，县农业局陆志伸，县林业局陆明东，县科技局王岑华，县招商局谢文林，县环保局黄前，县人社局王彦蘅，县畜牧局农炳武，县安监局颜小赛，八达镇颜露锋，古障镇罗志斌，那劳镇韦天甲，马蚌镇何飘，普合苗族乡林华，足别瑶族苗族乡杨江平，西平乡曾智琼，那佐苗族乡王丰景。

◎ 西林县2016年度获中高级专业技术人员名录

姓名	性别	单位名称	职称名称	现聘任岗位及职务	授予时间	备注
农快妹	女	西林县疾病预防控制中心	疾病控制副主任医师	专业技术七级	2016年	西林县疾病预防控制中心
何建辉	男	西林县那劳镇中心卫生院	口腔科副主任医师	专业技术七级	2016年	现工作于八达镇卫生院院长
袁平花	女	西林县计划生育服务站	妇产科副主任医师	专业技术七级	2016年	
岑善学	女	西林县人民医院	护理学副主任医师	专业技术七级	2016年	
牙文文	男	西林县农业技术推广站副站长	农艺师	助理农艺师	2016年	西林县农业局
黄达纯	男	文化馆馆长	群文馆员	专技十级	2016年	西林县文化和体育广电局
蒙　森	男	西林县水产畜牧兽医局	水产工程师	专技十级	2016年	
黄树美	女	西林县八达镇林业站	林业工程师	专技十级	2016年	八达镇
岑建余	男	西林县那佐苗族乡林业工作站	林业工程师	专技十级，西林县林业技术推广站	2016年	现工作于西林县林业局
温然予	女	西林县林业局	林业工程师	专技十级，西林县林业技术推广站	2016年	
韦俊杰	男	西林县国有古障林场	林业工程师	专技十级	2016年	
农玉洁	女	西林县国有古障林场	林业工程师	专技十级	2016年	
吴美凤	女	西林县国有八达林场	林业工程师	专技十级	2016年	
岑　明	男	西林县民族高级中学	中学高级教师	专技七级	2016年	
岑　王	男	西林县民族高级中学	中学高级教师	专技七级		
黄　晟	男	西林县民族高级中学	中学高级教师	专技七级	2016年	
蒋海燕	女	西林县民族高级中学	中学高级教师	专技七级	2016年	
张树梅	女	西林县民族高级中学	中学高级教师	专技七级	2016年	
王铁儒	男	西林县那劳初级中学	中学高级教师	专技七级	2016年	
陈远忠	男	西林县西林中学	中学高级教师	专技七级	2016年	
黄世群		西林县西林中学	中学高级教师	专技七级	2016年	已调去田林
潘　勇	男	西林县西林中学	中学高级教师	专技七级	2016年	
蔡华军	男	西林县西平乡中心小学	小学中的高级教师	专技七级	2016年	
季俊材	男	西林县古障镇初级中学	中小学一级教师	专技岗位十级，西林县古障镇初级中学校长	2016年	
农永珉	男	西林县民族初级中学	中小学一级教师		2016年	

姓名	性别	单位名称	职称名称	现聘任岗位及职务	授予时间	备注
黄耀娴	女	西林县民族初级中学	中小学一级教师		2016年	
彭辉艳	女	西林县西林中学	中小学一级教师		2016年	
王丽妮	女	西林县民族幼儿园	中小学一级教师	专技岗位十级，西林县民族幼儿园教师	2016年	
农凤云	男	西林县那佐苗族乡中心小学	中小学一级教师	专技岗位十级，那佐小学副校长	2016年	
岑若兰	女	西林县古障镇者夯小学	中小学一级教师	专技岗位十级，者夯小学教师	2016年	
田艾灵	女	西林县古障镇者夯小学	中小学一级教师	专技岗位十级，者夯小学教师	2016年	
杨　艳	女	西林县八达镇中心小学	中小学一级教师	专技岗位十级级岗位，教师	2016年	
李江华	男	西林县教育研究室	中小学一级教师		2016年	
牙　翔	男	西林县那佐苗族乡中心小学	中小学一级教师	专技岗位十级，那佐小学教师	2016年	
王秀兰	女	西林县马蚌镇中心小学	中小学一级教师	专技岗位十级，马蚌镇中心小学教师	2016年	
贺尔忠			中小学一级教师		2016年	
王雯萍	女	西林县民族实验小学	中小学一级教师	专技岗位十级西林县民族实验小学教师	2016年	
韦菁华	女	西林县民族实验小学	中小学一级教师	专技岗位十级西林县民族实验小学教师	2016年	
陶子红	男	西林县古障镇中心小学	中小学一级教师	专技岗位十级，古障镇中心小学副校长	2016年	
农美连	女	西林县古障镇中心小学	中小学一级教师	专技岗位十级，古障镇中心小学教师	2016年	
邓凤修	女	西林县马蚌镇中心小学	中小学一级教师	专技岗位十级，马蚌镇中心小学教师	2016年	
王汉庄	男	西林县古障镇中心小学	中小学一级教师	专技岗位十级，古障镇中心小学教师	2016年	
黄　花	女	西林县古障镇中心幼儿园	中小学一级教师	专技岗位十级，古障镇中心幼儿园园长	2016年	
黄粲洪	女	西林县八达镇中心小学	中小学一级教师	专技岗位十一级岗位，教师	2016年	
王玉堂	男	西林县八大河希望学校（小学部）	中小学一级教师	专技岗位十级西林县八大河希望学校教师	2016年	
贺　坚	男	西林县马蚌镇中心小学	中小学一级教师	专技岗位十级，马蚌镇中心小学教导主任	2016年	
王丽娟	女	西林县民族实验小学	中小学一级教师	专技岗位十级西林县民族实验小学教师	2016年	

姓名	性别	单位名称	职称名称	现聘任岗位及职务	授予时间	备注
张应龙	男	西林县古障镇中心小学	中小学一级教师	专技岗位十级，古障镇中心小学教师	2016年	
王思林	男	西林县马蚌镇中心小学	中小学一级教师	专技岗位十级，马蚌镇中心小学教师	2016年	
农启德	男	西林县弄汪希望学校（小学部）	中小学一级教师	专技岗位十级、弄汪学校工会主席	2016年	
韦国光	男	西林县八达镇中心小学	中小学一级教师	专技岗位十级岗位，教师	2016年	
张有田	女	西林县特殊教育学校	中小学一级教师	专技岗位十二级级西林县特殊教育学校教师	2016年	
韦福顺	男	西林县弄汪希望学校（小学部）	中小学一级教师	专技岗位十级、教师	2016年	
曾爱娇	女	西林县普合苗族乡希望学校小学部	中小学一级教师	专技岗位十级，普合希望学校老师	2016年	
李鸿田	男	西林县普合苗族乡希望学校小学部	中小学一级教师	专技岗位十级，普合希望学校老师	2016年	
岑洁梅	女	西林县八达镇中心小学	中小学一级教师	专技岗位十级岗位，教师	2016年	
蒙超苾	女	西林县古障镇中心小学	中小学一级教师	专技岗位十级，古障镇中心小学教师	2016年	
汤细线	女	西林县普合苗族乡希望学校小学部	中小学一级教师	专技岗位十级，普合希望学校老师	2016年	
农志华	男	西林县民族实验小学	中小学一级教师	专技岗位十级西林县民族实验小学教师	2016年	
刘玉萍	女	西林县那劳镇中心小学	一级教师	专技岗位十级，那劳镇中心小学教师	2016年	
何德旭	男	西林县那佐苗族乡中心小学	中小学一级教师	专技岗位十级，那佐小学教师	2016年	
贺熊勇	男	西林县八大河希望学校（小学部）	中小学一级教师	专技岗位十级西林县八大河希望学校副校长	2016年	
黄贵明	男	西林县西平乡中心小学	中小学一级教师	专技岗位十级，西平乡小学教师	2016年	
陆志刚	男	西林县古障镇中心小学	中小学一级教师	专技岗位十级，古障镇中心小学教师	2016年	
陆旭金	男	西林县那佐苗族乡中心小学	中小学一级教师	专技岗位十级，那佐小学教师	2016年	

《西林年鉴·2017》编后记

根根据国务院《地方志工作条例》自治区人民政府《广西壮族自治区实施〈地方志工作条例〉办法》的要求，为进一步贯彻落实《全国地方志发展规划纲要（2015-2020年）》《广西地方志事业发展规划（2016-2020年）》《全国年鉴事业发展规划（2016-2020年）》，全力推进综合年鉴如期实现一年一鉴全覆盖目标，按照自治区地方志办公室的工作安排和县委、县人民政府的统一部署，由西林县人民政府主办，西林县地方志编纂委员会办公室负责组织编纂《西林年鉴·2017》。（为规范《年鉴》书名时间，达到与全区同步，根据自治区地方志办公室的安排，将《西林年鉴·2016》更名为《西林年鉴·2017》，所收录的资料为2016年的资料。）

《西林年鉴·2017》（以下简称《年鉴》）是西林县第四部综合性年鉴。中共西林县委员会、西林县人民政府对编纂这部《年鉴》十分重视。2017年4月13日，中共西林县委办公室、县人政府办公室联合印发《西林年鉴·2016》编纂工作方案下发至各乡（镇）、县直各单位，要求有编纂《年鉴》任务的单位务必于2017年5月中旬完成《年鉴》材料的上报工作。

2017年4月20日，西林县人民政府组织召开二轮县志、综合年鉴编纂工作推进暨培训会，正式起动《年鉴》的编纂工作。2017年5月《年鉴》编辑部陆续收到各单位提交的年鉴稿件，7月《年鉴》责任编辑开始对各单位报送的稿件进行收集整理和修改工作，并将修改稿发至《年鉴》编辑部，9月底基本完成《年鉴》稿件的收集整理、修改和编辑，10月上旬全书统稿，10月中旬制成样书发到各责任编辑重新修改校对和补充完善，11月中旬样书（送审稿）呈报（送）西林县委、县人大、县人民政府、县政协、百色市志办、县直各有关单位审核，12月下旬编辑部根据审核意见对《年鉴》内容进行修改、补充完善。按照县人民政府的要求，《西林年鉴·2017》样书（送审稿）于2018年2月6日提交西林县第十二届人民政府第二十八次常务会议审议，原则同意《西林年鉴·2017》。根据常务会议的要求，由县人民政府分管领导黄健生常委、副县长组织编辑部人员按会议精神对《年鉴》再次修改完善。2018年2月《年鉴》修改稿呈报县委常委、宣传部长、县人民政府副县长黄健生审定。2018年2月底送出版社公开出版发行。

为按时完成《年鉴》的编纂工作和确保年鉴质量，鉴于编辑部人手不足，经县人民政府同意黄文华、李金银、何建泽、罗贞明四位同志参与本《年鉴》的编纂工作。在编辑中，黄怀毅（主编）、黄文华（编辑）同志负责总纂（包括：封面设计、图片策划）、书前、四家班子成员名单、特载、县情总貌、党政机关等文字材料的编辑修改和样书复审；李振华（副主编）、李金银（编辑）负责社会团体、法治、人民武装和消防、农林 畜渔 水利等文字材料的编辑修改和样书的复审；秦应海（副主编）何建泽（编辑）负责工业、交通 邮政 通讯业、国土资源 城建 环保、商务、金融、管理与监督、财政 税收、文体 广电 旅游、科技 教育、医疗卫生 计划生育等文字材料的编辑修改和样书复审；乃艳飞（副主编）、罗贞明（编辑）负责社会生活、乡（镇） 村 社区、人物、统计资料、荣誉录、附录文字材料的编辑修改和样书复审；王晓敏（编辑）负责各单位稿件的收集整理和归类，负责提交稿件由各编辑负责人修改编辑，并根据各编辑的修改意见进行电脑修改入编，负责全书电脑排版。颜翠娟（编辑）负责协助王晓敏的工作。

本书在编写过程中得到县委、县人民政府领导特别是分管领导的大力支持，得到县直各单位、各乡（镇）的鼎力相助，《西林年鉴·2017》得以出版，凝聚着全体供稿人和编辑人员的艰苦劳动和辛勤汗水，在此深表感谢！由于编辑水平有限，本年鉴错漏在所难免，敬请广大读者给予批评指正。

《西林年鉴·2017》编辑部

2018年2月

索 引

使用说明：

一、本索引包含类目、分目、条目，按照首字汉语拼音字母顺序排列。

二、索引类目采用黑体字，其他采用宋体字，数字表示内容所在的页码。

◎ C

◎ D

◎ E

◎ F

◎ G

◎ H

◎ J

◎ K

◎ L

◎ M

◎ N

◎ P

◎ Q

◎ W

◎ X